해상물품운송 계약론

서헌제 김 현 정재곤

傳 英 社

본서는 중앙대학교 해운물류전문인력양성사업단에서
국토해양부의 지원사업으로 출간되었다.

머 리 말

이 책은 국토해양부(구 해양수산부)의 해운물류전문인력 양성계획의 일환으로 마련된 해운물류교재 시리즈의 하나로 출간되었다. 해운물류전문인력의 양성에 있어서 해상운송계약에 대한 지식과 경험의 축적이 필요함은 물론이다. 이는 해운물류활동이 법적인 차원에서는 물류제공자와 이용자간의 계약을 기초로 하고 있기 때문이다. 운송계약을 바탕으로 화주들은 물류운송의 수단을 확보하고, 해운물류기업들은 운임을 취득함으로써 기업을 경영할 수 있는 것이다 나아가 운송중에 수없이 발생하는 화물의 멸실 · 손상 · 지연 등의 손해에 대한 배상책임도 운송계약을 기초로 해결된다.

해운물류계약에 관련된 제반 분쟁은 국내적으로만 문제되는 경우는 드물고 대부분 국제적인 차원에서 제기된다. 이에 따라 많은 국제해운협약들이 체결되어 있으며 우리나라도 대부분의 협약에 가입되어 있다. 이러한 관점에서 이 책은 해운물류 종사자로 하여금 해상운송계약의 법리를 이해할 수 있도록 관련 국제협약과 우리 상법을 대비하여 설명하였다.

이 책은 다음과 같은 몇 가지 점에 유의하여 집필하였다.

첫째, 저자들이 여러 해 동안 해운물류과정에서의 강의 경험을 바탕으로 법률전공자가 아니라도 쉽게 이해할 수 있도록 평이하게 서술하였다. 나아가 해운물류업계의 관행과 실무적인 내용을 최대한 많이 반영하였다.

둘째, 추상적인 이론이나 법리보다는 사례위주로 구성하였다. 이를 위해 대법원이나 각급 법원에서 내려진 해운관련 판례를 각 사안별로 사건의 개요, 쟁점, 판결요지, 해설 등의 순으로 재구성하여 비전공자라도 쉽게 그 내용을 파악할 수 있도록 하였다. 특히 복잡한 사례에 대해서는 사건의 흐름도를 만들어 독자의 이해에 도움을 주고자 하였다. 국내에 사례가 없는 경우에는 외국 사례도 소개하였다.

셋째, 해운계약에 관련되는 법과 국제협약은 빠르게 변하므로 이 책에서는 가장 최근에 개정된 2008년 해상법을 기초로 하였고 헤이그-비스비규칙은 물론이고 UNCITRAL 신협약도 반영하였다.

넷째, 직접 해운계약에 관련되는 것은 아니더라도 기초적으로 알아 둘 필요가 있는 선주책임, 공동해손과 선박충돌 및 해난구조와 선박금융 등에 관해서는 별도의 장으로 구성하여 다루었다.

이 책은 학계와 법조계, 해운업계에 종사하는 공저자들이 함께 집필하였다. 공저인 관계로 서로의 저술 스타일이나 관점이 달라서 이를 한 데 묶어 냄에 있어 많은 어려움이 있었다. 책의 내용 중 통일되지 못한 부분이 눈에 띄는 것은 전적으로 공저자들의 능력 부족 때문이며 이는 앞으로 독자들의 비판과 질책을 받아 개선해 나가고자 한다.

이 책이 나오기까지 재정적으로 지원해 주신 국토해양부와 교재의 기획과 준비과정을 책임진 중앙대학교 방희석 단장에게 감사드린다. 나아가 책의 출간을 위해 애써 주신 박영사 편집부 직원들께도 감사드린다. 이 책이 우리나라 해운물류전문인력 양성에 조금이나마 보탬이 되었으면 하는 마음 간절하다.

2009년 2월

공저자 대표 서 헌 제

목 차

제 1 장 해상운송계약의 기초

제 2 장 개품운송관련 법 · 협약 · 약관

제 3 장 개품운송인의 의무

제 4 장 개품운송인의 책임

제 5 장 개품운송인의 권리

제 6 장 용선계약

제 7 장 운송증서

제 8 장 선주책임제한 등

부 록

사례목차

제 3 장
개품운송인의 의무

제 4 장

개품운송인의 책임

제 5 장
개품운송인의 권리

제 6 장
용선계약

제 7 장
운송증서

제 8 장
선주책임제한 등

CHAPTER

1

해상운송계약의 기초

제 1 절 해상운송계약의 의의

1-1 의 의

해상운송계약이란 당사자 일방(해상운송인)이 상대방(송하인 또는 용선자)에 대하여 해상에서 선박에 의한 물건의 운송을 인수하고, 상대방은 이에 대하여 보수를 지급할 것을 약속함으로써 성립하는 계약이다. 이는 일정한 보수를 받고 물건의 운송이라는 일의 완성을 약정하는 것이므로 도급계약에 속한다.[1]

(1) 해상에서의 운송

해상운송계약은 그 운송의 장소가 해상(바다)이라는 점에서 다른 운송계약과 구별된다. 육상운송이 호수와 하천 및 항만에서의 운송을 포함하므로(125) 비록 선박에 의한 운송이라도 해상운송은 이들을 제외한 구간, 즉 외항지역의 운송만을 포함한다. 해상운송계약에는 육상운송에서는 찾아볼 수 없는 많은 특유한 규정들(가령, 항해과실의 면책) 또는 선박우선특권을 포함하고 있는데 이는 운송지역인 바다가 가지는 특성이 반영된 것이라고 하겠다.

1) 대판 1983.4.26, 82누92; 서헌제, 상법강의(하)(법문사, 2005), 342면.

(2) 선박에 의한 운송

해상운송계약은 선박에 의한 운송계약이다. 여기에서 선박이란 상행위 기타 영리를 목적으로 항해에 사용하는 선박을 가리킨다(740). 선박이란 첫째, 영리를 목적으로 해야 한다. 그러므로 영리를 목적으로 하지 않는 학술탐사선이나 개인용 레져보트 등은 선박의 개념에 포함되지 않는다.[1] 그러나 영리행위 중에서도 물품의 운송이 아닌 예선·도선·선박인양 등은 포함되지 않는다고 보아야 할 것이다.

둘째, 선박이란 항해에 사용하는 수단이다. 셋째, 선박은 운항능력이 있어야 한다. 다시 말하면 선박은 운항에 사용되는 설비를 말하므로 항해능력이 있어야 한다. 그러므로 부표라든가 폐선을 이용한 해상호텔 등은 비록 모양은 선박과 같이 생겼으나 운항용이 아니므로 선박이 아니다.[2] 또한 단정(보트)이라든가 사람이 노로 저어야 갈 수 있는 선박(노요선)은 해상법의 적용대상에서 제외된다(741②). 넷째, 선박은 선박법에 의해 적용범위가 확대된다. 선박법은 "상법 제5편 해상에 관한 규정은 상행위를 목적으로 하지 아니하더라도 항행용으로 사용되는 선박에 관하여는 이를 준용한다. 다만 국유 또는 공유의 선박에 관해서는 그러하지 아니하다"고 규정하여 비영리선에도 해상법의 적용범위를 확대하고 있다.

(3) 물품의 운송

운송의 목적인 물건은 운송할 수 있는 모든 유체동산을 의미하는데, 살아있는 동물은 물론이고 유류와 같은 액체, 가스와 같은 기체라도 상관없다. 상법은 운송계약의 목적물을 운송물(791 이하), 적하(752), 하물(699) 등으로 표현하고 있다.

1-2 내 용

(1) 계약의 당사자

해상운송계약의 당사자는 운송인(carrier), 송하인(shipper), 수하인(consignee)이다. 운송계약에 따라서는 수하인 외에 통지처(notify party)가 있으며 운송주선

---

1) 서헌제(하) 342면.

2) 대판 1975.11.11, 74다112.

인이 개입하는 경우도 있다.

(2) 운송인의 권리와 의무

운송인은 운송의 전단계에 걸쳐 운송물을 안전하게 보관하여 운송을 완수하고 이를 수하인에게 인도할 의무가 있다. 그리고 이러한 의무를 자기 또는 이행보조자의 고의·과실로 위반하여 화주에게 손해를 가한 때에는 그로 인한 손해를 배상할 책임이 있다.

운송인은 운송의 대가인 운임을 청구할 권리가 있다. 운임청구권은 운송계약의 내용에 따라 달라지는데 운송계약이 도급계약인 이상 운송의 완수후에 청구하는 운임후불(freight collect)이 원칙이지만 운송물의 수령과 동시에 지급할 것을 약정하는 운임선불(freight prepaid)도 있다. 화주가 운임을 지급하지 않는 경우에는 운송인은 운송물의 유치, 공탁 및 경매권이 인정된다.

(3) 화주의 권리와 의무

화주는 운송계약에 내용에 따른 운송을 청구할 권리가 있으며 운송완료후에는 운송물의 인도청구권을 가진다. 그리고 운송인측의 잘못으로 운송물에 손해가 발생한 경우에는 손해배상청구권이 있다.

제 2 절 해상운송계약의 유형

상법은 해상물건운송계약을 개품운송계약과 용선계약으로 나누고 있지만 그 외에도 여러 기준에 의해 구분할 수 있다.[1)]

---

1) 서헌제(하) 342면; 채이식, "해상운송계약법의 체계와 입법에 관한 연구", 한국해법회지 제22권 제 2 호(2000.11), 41면 이하 참조; 채이식, "해상물건운송법 체계의 재검토", 한국해법회지 제24권 제 1 호(2002.4), 187면.

1. 개품운송계약

1-1 의 의

해상운송인이 개개 물건의 운송을 인수하고 송하인 또는 수하인이 이에 대해 운임을 지급할 것을 약정하는 계약이다(791). 대개는 일정한 항로에 정기적으로 취항하는 선박에 의한 운송에 주로 이용된다. 오늘날 선박의 규모가 커지고 컨테이너의 이용이 증대하면서 개품운송계약이 해상물품운송의 중심이 되고 있다.

1-2 부합계약

개품운송은 해상운송인이 다수 화주들의 물건을 한 데 모아 대량으로 운송하기 때문에 일일이 개별 화주들과 운송계약의 내용을 정할 수 없고, 선하증권의 이면에 인쇄된 약관에 따라 정형적으로 체결되는 부합계약이다. 그런데 약관에는 운송인에게 일방적으로 유리한 조항이 삽입되는 경우가 많으므로 이를 방치하면 화주의 이익이 침해될 우려가 많다. 또한 해상운송은 국제운송이 많은 부분을 차지하기 때문에 선하증권상의 조항을 둘러싼 운송인과 화주간의 이해조정은 국제적으로 이루어져야 할 필요가 있다. 이에 따라 선하증권에 대한 국제적인 규율을 위한 노력이 일찍부터 이루어져 왔고 이는 1924년 헤이그협약, 1968년 헤이그-비스비협약 등으로 그 결실을 보았다. 우리 상법도 이러한 협약의 내용을 수용하여 화주의 보호를 꾀하고 있다.

2. 용선계약

2-1 의 의

용선계약(charter party: CP)이란 해상운송인이 선박의 전부 또는 일부를 운송을 위하여 제공하여 여기에 적재된 물품을 운송할 것을 약속하고, 상대방인 용선자는 이에 대하여 보수인 운임을 지급할 것을 약속하는 운송계약이다. 따라서 용선계약에서는 선박의 개성이 중요시되고 운송물은 중시되지 않으므로 개품운송계약과는 달리 용선계약의 조건에 반하지 않는 한 어떠한 운송물을 적재해도 상관없다.

그러나 용선계약은 주로 대량화물을 운송하기 위해 이용되는 것이므로 화물의 종류가 곡물인가, 목재인가, 유류인가 또는 철광석인가에 따라 각 품목의 용선계약에 이용되는 전형적인 표준계약조항들이 마련되어 있다.

2-2 비 교

(1) 정기용선 · 선체용선

정기용선과 선체용선(선박임대차)은 부족한 선박을 일시적 또는 장기적으로 보충하기 위해 타인으로부터 배를 빌려 이를 자기의 해상기업에 투입하는 해상기업의 주체인 점에서, 화물의 운송에 주안점을 두고 타인의 선박을 이용하는 용선계약과 구별된다. 용선계약에서도 용선한 선박의 일부를 이용하여 재운송할 수 있으며 그 한도 내에서 용선자는 해상운송인의 지위에 있지만, 궁극적인 책임의 주체는 선박소유자이다. 따라서 용선한 선박을 이용하여 제 3 자와 운송계약을 체결한 때에 선체용선의 경우에는 용선자(임차인)가 일차적으로 책임을 지지만(850①), 용선계약(정기용선 포함)의 경우에는 그 계약의 이행이 선장의 직무에 속한 범위안에서 선박소유자도 용선자와 함께 책임을 진다(809).

(2) 개품운송계약

용선계약은 화물이 선박을 구하는 관계에 있다면 개품운송계약은 선박이 화물을 구하는 관계에 있다고 말할 수 있다. 전자는 선박의 개성을 중시하면서 비교적 소형선박에 의한 부정기항해에서 행해지고 원칙적으로 계약자유의 원칙이 지배하는데 반하여, 후자는 선박의 개성을 묻지 아니하고 대형선박에 의한 정기항해에서 행하여지며, 당사자간의 개별적 절충이 곤란하여 약관에 의해 계약이 체결되는 것이 일반적이다.[1)]

2-3 종 류

용선계약은 운송에 제공되는 공간이 선박의 전부인가 아니면 일부에 그치는가에 따라 전부용선과 부분용선으로, 선박의 이용기간에 따라 기간용선과 항

1) 서헌제(하) 343면.

해용선으로 구별된다. 그러나 용선계약은 특정 대량화물의 운송에 주안점이 있으므로 대부분 하나의 항해를 단위로 체결되는 항해용선(voyage charter)이 대부분이다.

3. 재운송계약

[사례 Ⅰ-2-1: 대판 1998.1.23, 97다31441]

X해운사는 그 소유선박에 대한 항해용선계약을 용선업자인 A와 체결하면서 재용선에 동의하였다. A는 원목수입업자인 Y1회사와 파푸아 뉴기니로부터의 원목 운송을 위한 재용선계약을 체결하였으며, Y1은 원목 수입대행계약을 Y2종합무역상사와 체결하였다. 이 선박의 선장은 Y1, Y2가 수입하는 원목을 선적한 후 선하증권 8통을 발행하였는데, 이 선하증권 이면약관은 용선계약의 모든 조항이 선하증권에 편입된다고 규정하고 있었으며, A도 4통의 선하증권을 발행하였다. 원목이 인천항에 도착하자 Y1은 선하증권을 X에게 제출하고 원목을 수령하였으며, Y2도 A가 발행한 선하증권과 화물선취보증서를 제출하고 원목을 수령하였다.

① X가 A로부터 운임(용선료와 체선료)을 받지 못한 경우 선하증권의 소지인이며 원목의 수하인인 Y1, Y2에게 그 지급을 청구할 수 있는가? ② 만일 Y1, Y2가 수령한 원목 중 일부가 유실된 경우, X와 A 중 누구를 상대로 손해배상청구를 할 수 있는가?

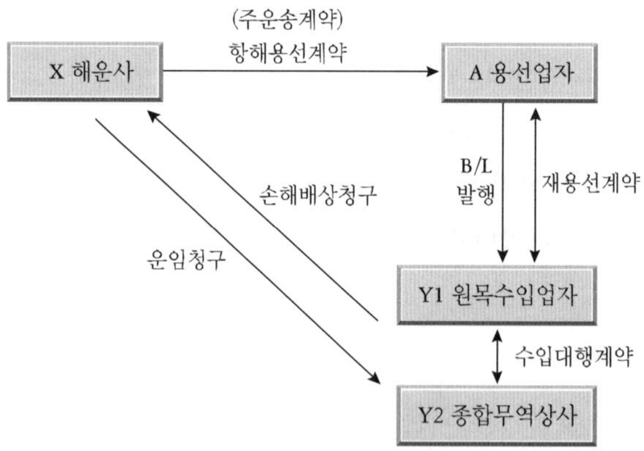

3-1 의 의

재운송계약(sub-charter)은 용선자가 용선한 선박의 일부 또는 전부를 이용하여 타인의 화물을 운송하기 위해 체결하는 계약을 말한다. 이로써 용선자는 자신이 지급할 용선료와 재운송으로 인한 운임수입의 차액을 얻게 된다.

(1) 조건 · 형태

재운송계약은 용선계약(주운송계약)과는 독립한 계약으로서 그 조건 및 형태는 주운송계약과 일치할 필요는 없으며, 따라서 그 형태는 용선계약(재용선)이든 개품운송계약이든 상관없다.[1] 그러나 [사례 I-2-1]에서 보는 것처럼 용선계약(주운송계약)은 특정한 화물(목재)의 운송에 적합한 선박을 빌리는 것이므로, 재운송계약도 동일한 화물의 운송, 즉 용선계약인 것이 대부분이다. 이로써 재운송자(A)는 선박소유자(X)와 화주(Y1)의 중간에서 용선할 선박을 매개하고 그 수수료를 챙기는 중개인과 유사한 역할을 하는 것이 현실이다.

(2) 동 의

용선계약에서는 선박의 공간을 이용하는 것이 중요할 뿐 누구의 화물을 선적하는가는 그다지 중요하지 않으므로 선박소유자의 동의 없이도 재운송계약을 체결할 수 있다. 그러나 [사례 I-2-1]과 같이 실무상으로는 용선계약에서 재운송계약(재용선)에 대한 사전 동의를 받는 것이 일반적이다.

3-2 선박소유자와 용선자의 관계

선박소유자와 용선자(재운송자)간의 관계는 재운송계약의 영향을 받지 않고 용선계약에서 정하는 바에 따른다.[2]

3-3 재운송자와 상대방의 관계

재운송계약의 내용에 따라 운임청구권을 취득하고 운송의무를 부담한다. 그러므로 [사례 I-2-1]의 ②에서 재운송인(A)은 운송물(목재)의 유실로 상대방(Y1, Y2)이 입은 손해를 배상할 책임이 있다(809).

1) 서헌제(하) 345면.
2) 채이식, "선박소유자 및 해상운송인(의장자)의 개념", 한국해법회지 제24권 제 1 호(2002.4), 45면 이하 참조.

3-4 선박소유자와 상대방의 관계

용선계약(주운송계약)과 재운송계약은 별개 독립이므로 선박소유자와 상대방간에는 직접적인 법률관계가 없다.

(1) 운임청구

이와 관련하여 [사례 I-2-1]의 ①과 같이 선박소유자(X)가 재운송자(A)로부터 운임을 받지 못한 경우에 운송물의 수하인(Y1, Y2)에게 이를 청구할 수 있는가 하는 점이 문제된다. 이에 대해 대판 1998.1.23, 97다31441은 "재용선계약의 경우에는 선주(X)와 용선자(A) 사이의 주된 운송계약과 용선자(A)와 재용선자(Y1) 사이의 재운송계약은 각각 독립된 운송계약으로서 선주(X)와 재운송계약의 운송의뢰인(Y1)과의 관계에서는 아무런 직접적인 관계가 없으므로 선주가 직접 재용선자에 대하여 주된 운송계약상의 운임 등을 청구할 수는 없고, 수하인(Y1, Y2)에 대한 관계에서도 수하인이 화물을 수취하여도 수하인은 재용선계약의 운송인인 용선자(A)에 대하여 운임 지불 의무를 부담하는 것일 뿐 선주(X)가 수하인(Y1, Y2)에 대하여 주된 운송계약의 운임 등을 직접 청구할 수는 없다"고 판시하였다. 다만 수하인 등(Y1, Y2)이 재운송자(A)에게 운임을 지급한 경우에도 선박소유자(X)는 운송계약상의 용선료를 받을 때까지 운송물을 유치할 수는 있다(807②).

(2) 운송물에 대한 책임

이와 같이 선박소유자와 제3자간에는 직접적인 법률관계가 없지만, 예외적으로 재운송자의 제3자에 대한 계약의 이행이 선장의 직무에 속한 범위 안에서는 선박소유자도 제3자에 대해 감항능력주의의무(794)와 운송물에 관한 주의의무(795)에 의한 책임을 진다(809). 이는 용선자에게 책임을 추궁할 재산이 없는 경우 등에는 제3자의 보호가 소홀할 수 있으므로 용선자와 제3자(가령 재용선자) 간의 계약의 이행이 선장의 직무에 속한 범위 안에서는 이를 감독하는 선박소유자에게 직접 책임을 추궁할 수 있도록 하려는 취지이다. [사례 I-2-1]의 ②에서 운송물(목재)의 유실은 선장의 직무에 속한 범위내라고 할 수 있으므로 선박소유자는 제3자(Y1, Y2)에 대해 책임을 진다. 다만 선박소유자는 상법 제797조에 의한 개별적 책임제한 및 상법 제769조 이하의 총체적 책임제한을 주장할 수 있다.

아래 [사례 I-2-2]는 선박이 선체용선(나용선)된 경우 화주에 대한 책임이 누구에게 있는가 하는 점을 보여준다.

[사례 I-2-2: 대판 2004.10.27, 2004다7040]

[사실관계] 선박소유자 A는 선박을 B에게 나용선(선박임대차)하였고 B는 다시 Y에게 동선박을 나용선하였다. Y는 동 선박을 다시 B에게 항해용선 주었고 B는 다시 C에게 일부용선하였다. C는 D와 일부용선 계약을 체결하고, D는 X1, X2와 어획물 운송을 위한 용선계약을 체결하였다. 그런데 용선계약서에는 선박소유자는 A로 되어 있었고, 선하증권은 제 2 나용선자인 Y가 발행한 것으로 되어 있다. 냉동꽁치가 심하게 건조되어 변색된 것이 발견되었다. X보험사는 X1, X2에게 보험금을 지급하였다. 화물손상을 입은 X1과 X2를 대위한 X보험사는 Y에게 손해배상청구를 할 수 있는가?

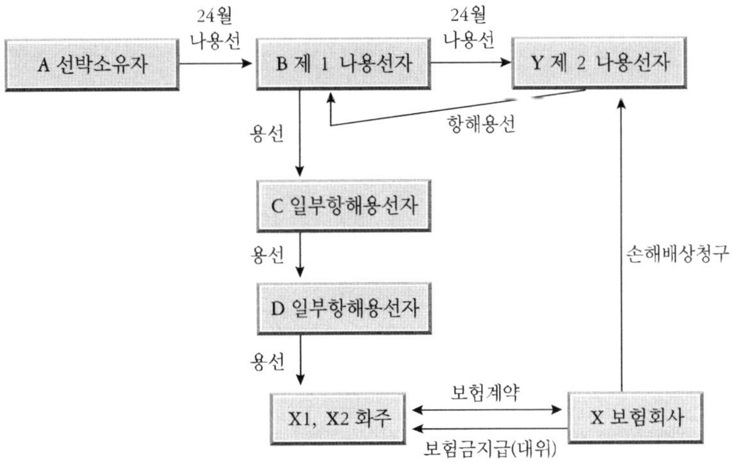

[판결요지] 선박의 소유자(A)가 선박임대차계약에 의하여 선박을 임대하여 주고, 선박임차인(Y)은 다른 자와 항해용선계약(B)을 체결하여, 그 항해용선자(B)가 재용선계약에 의하여 선복을 제 3 자인 재용선자(C,D)에게 항해용선하여 준 경우에 선장과 선원에 대한 임면·지휘권을 가지고 선박을 점유·관리하는 자는 선박의 소유자(A)가 아니라 선박임차인(Y)이라 할 것인바, "선박임차인이 상행위 기타 영리를 목적으로 선박을 항해에 사용하는 경우에는 그 이용에 관한 사항에는 제 3 자에 대하여 선박소유자와 동일한 권리의무가 있다"고 규정한 상법 제766조 제 1 항(신상법 850①)

의 취지에 따라, 선박임차인(Y)은 재용선자인 제 3 자(C)에 대하여 상법 제806(신상법 809)조에 의한 책임, 즉 자신의 지휘·감독 아래에 있는 선장의 직무에 속한 범위 내에서 발생한 손해에 관하여 상법 제787(신상법 794)조 및 제788(신상법 795)조의 규정에 의한 책임을 진다 할 것이고, 이는 재용선자가 전부 혹은 일부 선복을 제 3 자(D)에게 재재용선하여 줌으로써 순차로 재재재용선계약(D-X1, X2)에 이른 경우에도 마찬가지라 할 것이다.

X1과 X2는 Y에 대하여 첫째, 운송인으로서의 채무불이행책임과 둘째, 상법 제809조에서 말하는 선박소유자로서의 책임을 묻고 있다. 선박임차인으로부터 선박이 순차 재재재항해용선된 경우에 선박임차인인 Y는 운송계약상의 운송인은 아니나 위 운송계약을 체결한 D와 그 전자인 B, C를 통하여 운송의 최종수요자로부터 화물운송의 전부 또는 일부의 이행을 순차로 위임받아 Y의 지휘·감독하에 있는 선박에 의하여 위 운송계약을 실제로 이행한 자라 할 것이므로, 화물이 자기의 관리하에 있는 동안 자기 또는 선박사용인의 고의·과실로 인하여 손해가 발생하였다면 불법행위로 인한 손해배상책임을 면할 수 없다 할 것이다.[1)]

4. 통운송계약

4-1 의 의

통운송계약(through carriage)은 여러 구간의 운송을 하나 또는 수인의 해상운송인이 전부 인수하여 전구간의 운임을 받고 운송하는 계약이다. 통운송계약에는 하나의 운송인이 전구간의 운송을 인수한 후 이를 각 구간별 운송인에게 맡기는 하수운송과 수인의 운송인이 처음부터 공동으로 전구간의 운송을 인수하여 각자의 구간운송을 담당하는 공동운송으로 나뉘어진다. 통운송계약은 각 운송구간의 접점에서 발생하는 시간낭비나 비용을 절감할 수 있고 화주로서도 전구간에 걸친 운송책임의 소재와 비용을 미리 알 수 있어 편리하다는 이점이 있다. 통운송 중에서도 운송구간이 해상·육상·항공 등으로 복합적

1) 김인현, "상법 제806조의 선박소유자의 정의", 한국해법회지 제27권 제 2 호(2005.11), 302면.

으로 이루어져 있고, 운송의 형태가 하수운송인 경우를 특히 복합운송이라고 한다.

4-2 책임관계

하수운송에서는 계약운송인은 자기의 운송구간에 관계없이 전구간의 운송에 대해 하주에게 책임을 지며 공동운송에서도 운송인은 전구간에 대해 연대책임을 부담한다(57①). 그러나 통운송계약에 기해 발행되는 선하증권에는 자기의 운송구간에서만 책임을 담당한다는 책임분할약관이 삽입되는 것이 보통이다.[1)]

5. 복합운송계약

5-1 의 의

복합운송(multimodal transport, combined transport)이란 해상운송과 철도운송, 도로운송과 항공운송과 같이 서로 다른 두 가지 이상의 다른 운송수단이 결합하여 출발지에서 최종목적지까지 일관하여 운송하는 것을 말한다. 이때 복합운송인은 송하인에 대하여 운송의 전구간에 대해 단일 운임을 지급받고 운송물에 생긴 손해에 대한 책임을 부담하게 된다. 송하인으로부터 운송을 인수받은 복합운송인은 자신이 직접 운송을 담당할 수도 있지만 대개의 경우 각 구간별 운송인과 하수운송계약을 체결한다.

복합운송을 이용하게 되면 송하인은 여러 구간별 운송인들을 상대하지 않고 1인의 복합운송인과 모든 문제를 처리하면 되기 때문에 계약 체결이나 운임지급 및 책임추궁에 있어서 매우 편리하다. 이러한 복합운송은 각 구간별운송 수단을 유기적으로 연결할 수 있는 컨테이너 등이 도입되면서 비약적인 발전을 하게 되었다.[2)] 복합운송인책임에 관해서는 1980년 유엔복합운송협약이 체결되었으며 개정 상법은 제816조에 조문을 신설하여 입법적인 해결을 하고 있다.

---

1) 서헌제(하) 347면.
2) 서헌제, 콘테이너복합운송인의 책임법리(삼지원, 1986) 참조.

5-2 복합운송협약의 내용

(1) 의 의

복합운송을 이용하면 편리한 점이 많지만 전구간의 운송을 인수한 복합운송인에게 어떠한 책임을 지울 것인가 하는 문제가 있다. 가령 육상운송과 해상운송 및 항공운송이 결합된 복합운송에 있어서 각 운송인의 책임원칙과 조건 및 한도액이 구간별로 서로 상이하기 때문에 복합운송인의 책임을 어디에 맞출 것인지 곤란하다. 국제복합운송이 이상적으로 실현되기 위해서는 단일운송주체와 단일책임원칙이 필요하다. 즉 육해공 등 각종 상이한 운송기관이 하나의 운송인에 의해 통합될 필요가 있었다. 이를 실현하기 위해 수 차례의 노력을 하였으나 뜻을 이루지 못하고 있었다. 1972년 11월 TCM 개정안이 백지화되자, 국제복합운송조약은 UNCTAD의 무역개발 이사회 내에 설치된 정부간 준비그룹(IPG)로 넘어갔다. IPG는 수차에 걸친 회의 끝에 1979년 3월에 조약초안을 작성하였다. 그 후 여러 가지 문제를 검토한 후 1979년 11월과 1980년 5월에 제네바에서 소집된 전·후기회의에서 「1980년 유엔국제물품복합운송협약(UN Convention on Internatioanl Multimodal Transport of Goods)」이 채택되었다.[1)]

(2) 책임원칙

복합운송인의 책임에 있어서는 복합운송을 구성하는 여러 구간운송인(하수운송인)의 책임과 복합운송인의 책임을 동일하게 할 것인가 아니면 이들과는 다른 별개의 책임체계에 의할 것인지가 최대의 쟁점으로 되고 있다. 특히 컨테이너운송에 있어서는 운송물에 생긴 손해가 최종목적지에 가서야 발견되는 소위 숨은 손해(concealed damages)인 경우가 보통이기 때문에 더욱 복잡하다. 복합운송인과 구간운송인의 책임을 동일하게 하는 책임제도를 네트워크(network) 시스템이라고 하며, 이와는 별개로 일관된 책임을 부담시키는 제도를 통일(uniform) 시스템, 그리고 양자를 절충한 변형통일(modified uniform)시스템이 있는데, 1980년 유엔협약은 마지막 유형을 채택하고 있다.[2)]

---

1) 손주찬, "복합운송계약론법 시안론", 한국해법회지 제26권 제 2 호(2004.11), 12면 이하 참조.
2) 김창준, "복합운송에 관한 상법규정의 신설", 한국해법회지 제26권 제 2 호(2004.11), 338면 이하 참조.

(3) 주요내용

1) 적용범위 복합운송인이 화물을 수취하는 지점 및 복합운송인에 의해서 화물이 인도되는 지역에 의해서 연결되어 있는 경우 자국이 이 조약의 체약국이 아니더라도 상대국이 체약국이면 이 협약이 적용된다.

2) 책임체계 책임원칙은 전구간 단일로 하지만, 책임제한액은 일정액 및 그 구간에 적용되는 강행법규에 의한 한도액중 높은 면의 금액으로 정한다.

3) 책임제한 포장 또는 단위당 920SDR 또는 1kg당 2.75SDR 중 높은 면을 초과하지 않는 금액을 책임제한액으로 한다. Container, Pallet로 운송되는 경우의 포장수 등을 세는 방법은 헤이그-비스비규칙이나 함부르크규칙과 동일하다.

4) 면책사유 책임은 과실책임주의에 따르고, 면책사유는 열거하지 않고 있다. 위험물품에 대해서는 특별규정이 있다.

5) 손해통지기간 화물의 인도일의 다음 영업일까지 손해가 외부로부터 인정되지 않는 경우에는 인도후 6일 이내, 연착에 대해서는 인도된 일의 다음 일로부터 60일 이내에 통지하지 않으면 운송인은 책임을 부담하지 않는다.

6) 제척기간 2년간 소송을 제기할 수 있고, 이는 서면에 의한 운송인의 선언 및 당사자의 합의에 의하여 연장될 수 있다.

7) 책임제한 배제 멸실 훼손 또는 인도지연을 발생시킬 의도를 가지고 또는 무모하게 또는 손해가 발생할 우려가 있다는 것을 인식하면서 행한 운송인의 작위 또는 부작위로 이들 손해가 발생한 것이 증명되었을 때 운송인은 이 협약에 규정된 책임 제한의 이익을 가지는 권리를 상실하게 된다.

5-3 상법상 복합운송인의 책임

상법 제816조는 첫째, "운송인이 인수한 운송에 해상외의 운송구간이 포함된 경우 운송인은 손해가 발생한 운송구간에 적용될 법에 따라 책임을 진다"라고 하여 손해가 어느 구간에서 발생하였는지가 밝혀진 경우의 적용될 책임법을 정하고 있다.

다음 어느 운송구간에서 손해가 발생하였는지 불명한 경우 또는 손해의 발생이 성질상 특정한 지역으로 한정되지 아니하는 경우에는 운송인은 운송거리가 가장 긴 구간에 적용되는 법에 따라 책임을 진다. 다만, 운송거리가 같거나 가장 긴 구간을 정할 수 없는 경우에는 운임이 가장 비싼 구간에 적용되는 법에 따라 책임을 지도록 하였다.

제 3 절 해상운송계약의 체결

1. 계약의 당사자

1-1 해상운송인

해상운송의 인수인은 해상운송인이다. 해상운송인에는 선박소유자뿐 아니라 선박임차인과 정기용선자가 포함됨은 물론이지만 용선자가 용선한 선박으로 재운송을 할 경우(809)에는 용선자도 포함한다. 인명과 재화의 안전을 꾀해야 할 해상운송업의 특성상 해상운송인은 해운업법에 의해 면허를 받고 운송약관의 인가를 받아야 한다(해운 4). 그러나 이러한 면허나 인가는 운송계약의 효력에는 영향을 미치지 아니한다.

1-2 상 대 방

개품운송의 경우에는 송하인 또는 운송주선인이 운송계약의 상대방이며, 용선계약의 경우에는 용선자가 상대방이다. 목적지에서 운송물을 수령할 자를 송하인 외에 따로 지정한 경우에는, 운송계약은 제 3 자(수하인)를 위한 계약이 된다. 그리고 운송계약에 기해 선하증권이 발행된 경우에는 증권소지인이 운송계약상의 권리자가 된다. 아래 [사례 I-3-1]에서는 FOB계약에서 운송계약의 당사자가 매도인과 매수인 중 누구인가 하는 점이 문제되었다.

[사례 I-3-1: 대판 1996.2.9, 94다27144]

[사실관계] Y는 필리핀국 A회사로부터 생파인애플을 수입하기로 하는 계약을 체결

하고 B은행에 A를 수익자로 하는 취소불능 화환신용장 4건의 개설을 의뢰하였다. 해상운송업자인 X는 A회사와 운송계약을 체결하고, A회사의 의뢰에 따라 생파인애플을 X소유의 17개 냉동컨테이너에 적재하여 선적한 후 송하인 및 수출자는 카나츄회사, 수하인(CONSIGNEE)은 B은행이 지시한 자(TO ORDER OF BANK OF SEOUL), 통지선(NOTIFY PARTY)은 Y로 하는 선하증권 6장을 A회사에 발행하였다. 이들 선하증권의 이면 약관 제13조에는 "… 송하인, 수하인, 선하증권 소지인 및 화물의 소유자는 모든 운임, 체선료, 공동해손 및 운송인에게 지급될 금액을 회수함에 있어 발생하는 … 비용의 지급에 있어 운송인에게 연대하여 책임을 진다" "운송인에게 지급될 모든 금액은 손해를 입었을 때에 지급되며 미화로 전액 지급되거나 운송인의 선택에 따라, 이에 상응하는 선적항 또는 양하항의 통화 또는 요금표나 합의양해서에 명시된 대로 전액 지급되어야 한다"고 기재되어 있고, 같은 약관 제11조에는 "… 운송인이 화물을 수하인에게 인도하는 항구에서는, 화물이 인도준비가 되있는데도 수하인이 화물을 즉시 인수하지 아니한 경우 그 이후의 화물은 수하인 자신의 위험과 비용으로 된다"고 기재되어 있다. 화물이 부산항에 도착한 후 X는 수 차례에 걸쳐 Y에게 이를 인수하여 가도록 통고하였음에도 불구하고 Y가 이를 인수하지 아니하여 X는 이를 저렴한 가액으로 타인에게 처분함으로써 상당한 손실을 입었다. 이에 X는 Y에게 운임 및 화물처리로 인해 발생한 비용의 청구를 하였으나 Y는 사신이 운송계약의 당사자가 아니므로 운임 및 손해의 배상의무가 없다고 항변하였다.

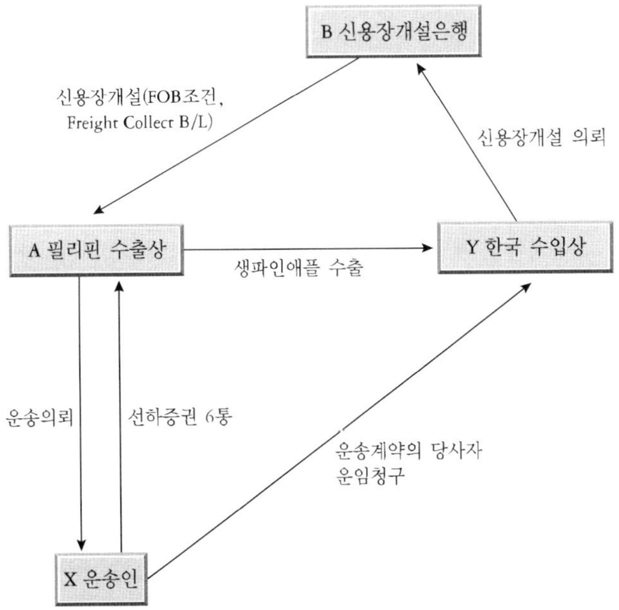

[판결요지] 본선인도조건(F.O.B.)과 같은 신용장상의 운송조건은 기본적으로는 수출입계약 당사자 사이의 비용 및 위험부담에 관한 약정이지만, 본선인도조건(F.O.B.)으로 체결된 수출입매매계약에 있어서는 당사자 사이에 특별한 약정이 없는 한, 매수인이 용선계약을 체결하거나 기타 선복을 확보하여 화물을 선적할 선박을 매도인에게 통지하여 줄 의무가 있는 것이고, 매도인에게는 스스로 선복을 확보하여 화물을 선적할 의무가 없는 것이므로, 매도인과 매수인이 본선인도조건(F.O.B.)으로 수출입매매계약을 체결하면서도 매수인이 선복을 확보하지 않고 매도인이 수출지에서 선복을 확보하여 운송계약을 체결하되, 운임은 후불로 하여 운임후불(FREIGHT COLLECT)로 된 선하증권을 발행받아, 매수인이 수하인 또는 선하증권의 소지인으로서 화물을 수령할 때 운송인에게 그 운임을 지급하기로 약정하였다면, 이는 매수인이 매도인과의 내부관계에서는 운임을 부담하되, 운송인과의 관계에서는 매도인이 매수인의 대리인이 아닌 본인으로서 운송계약을 체결하는 것으로 볼 것이 아니라, 매수인이 매도인에게 자신을 대리하여 운송계약을 체결하는 권한까지 부여하였다고 봄이 상당하다고 할 것이다. 그러므로, 이 사건에 관하여 보건대, Y와 A회사 사이에 체결된 이 사건 수출입매매계약 중 본선인도조건(F.O.B.)으로서 운임후불(FREIGHT COLLECT)이라고 표시된 선하증권을 요구하고 있는 신용장에 의하여 체결된 수출입매매계약의 경우는, 위 매매계약이 본선인도조건(F.O.B.)임에도 그 목적물의 운송을 위한 선복을 매도인인 A회사가 확보하여 그 운송계약을 체결한 점에 비추어 보면, Y와 A회사 사이에 위 매매계약 체결 당시 위 매매계약을 본선인도조건(F.O.B.)으로 체결하면서도 목적물의 운송을 위한 선복은 매도인인 A회사가 확보하기로 약정하였던 것으로 인정되고, 이에 위 신용장에서 운임후불의 선하증권을 요구하였고, A회사가 X와 운임후불의 운송계약을 체결하여 운임후불이라고 기재된 선하증권을 발행받은 사실을 함께 참작하면, 위 매매계약 체결 당시 매수인인 Y가 매도인인 A회사에게 자신을 대리하여 운송계약을 체결할 권한을 부여하였고, 이에 기하여 A회사가 Y를 대리하여 운송계약을 체결하였다고 봄이 상당하다고 할 것이다. 따라서, Y는 각 선하증권에 기한 운송계약의 당사자로서, 위 운송계약상의 운임과, X주장의 입항료, 체화료 및 멸각비용을 운송계약의 약정에 따라 책임을 부담한다.

1-3 운송주선인

[사례 Ⅰ-3-2: 대판 2000.3.10, 99다55052]

A회사는 태국의 B회사와 TV 브라운관 수출계약을 체결한 다음, X보험사와 해상적하

보험계약을 체결하였다. A는 운송주선인인 Y1회사에 운송을 의뢰하였고, Y1은 다시 Y2해운사에 운송을 의뢰하였다. 이에 따라 Y2는 부산항에서 화물을 그 소유선박에 선적한 다음, Y1에게 "송하인: A사를 대리한 Y1, 수하인 및 통지처: Y1의 태국 대리점"으로 된 선하증권(제 1 선하증권)을 발행·교부하였고, 한편 Y1은 별도로 A에게 "송하인: A, 수하인 및 통지처: B"로 된 선하증권(제 2 선하증권)을 발행·교부하였다. B가 방콕항 내 컨테이너야드에 반입된 화물을 반출하다가 화물이 적입된 컨테이너의 뚜껑부분이 찌그러져 있었고, 그 내용물을 조사해 본 결과 브라운관의 일부가 손상되어 있음을 알았다. 이에 B는 A에게 손상된 화물을 반송하였으며, X는 A에게 보험금을 지급하고 이를 헐값에 처분하였다. X는 Y2에 대해 보험자대위에 기한 구상권을 행사할 수 있는가?

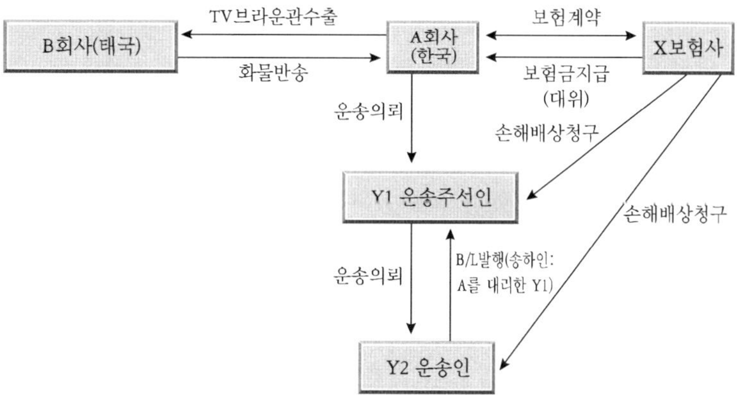

해상운송계약의 체결에는 [사례 I-3-2]와 같이 송하인(A)과 운송인(Y2) 사이에 운송주선인(Y1)이 개재하는 경우가 많다. 이때 운송물에 생긴 손해에 대해 운송주선인(Y1)과 운송인(Y2) 중 누가 책임을 지는가 하는 점이 문제되는데, 이는 운송주선인의 법적 지위와 관련을 가진다.[1] 운송주선인은 자기의 이름으로 타인의 계산으로 운송계약을 체결하는 자로서 운송계약의 주체는 운송주선인(Y1)이므로 운송인(Y2)과 위탁자(A)간에는 아무런 법률관계가 생겨나지 아니한다(114, 116, 119②). 따라서 위탁자는 운송인에 대해 직접 손해배상청구를 할 수 없다.[2] 다만 운송주선인(Y1)이 취득한 선하증권(제 1 선하증권)을 위탁자(A)가

1) 정영석·우보현, "2007년 해상법 판례동향과 그 연구", 상사판례연구 제21집 제 4 권(2008), 504면.
2) 서울고판 1982.5.12, 82나168.

배서양도 받은 경우에는 예외적으로 위탁자(A)가 운송인(Y2)에 대해 운송계약상의 권리를 행사할 수 있다.[1)]

그런데 [사례 I-3-2]에서는 위탁자(A)가 운송인(Y2)이 운송주선인(Y1)에게 발행한 선하증권(제1선하증권)을 배서양도 받지는 않았지만, 송하인의 표기를 'A사를 대리한 Y1'으로 기재한 점에서, 운송인(Y2)과 위탁자(A)간에 직접적인 운송계약관계를 인정할 수 있지 않은가 하는 의문이 제기된다. 이에 대해 대판 2000.3.10, 99다55052는 "선하증권의 송하인란을 기재함에 있어서는 반드시 운송계약의 당사자만을 송하인으로 기재하여야 하는 것은 아니고, 넓은 의미의 하주(荷主)를 송하인으로 기재할 수도 있으므로 피고(Y2)가 발행한 선하증권상의 '송하인' 표시가 '엘지상사(A)를 대리한 태평양(Y1)'으로 되어 있다는 것만으로 그 선하증권에 의한 운송계약의 상대방이 태평양(Y1)이 아닌 엘지상사(A)라고 단정할 수는 없다"고 판시하여 보험사(X)에 대한 운송인(Y2)의 직접책임을 인정하지 아니하였다.[2)]

다음 [사례 I-3-3]에서는 운송주선인이 개입권을 행사한 여부 및 확정운임주선계약체결 여부가 문제되었다.

[사례 I-3-3: 대판 1987.10.13, 85다카1080]

[사실관계] 사우디아라비아의 건설현장에서 쓸 철 구조물을 선적하기 위하여 Y회사는 운송주선업회사인 A에게 위 화물 1입방미터당 운임을 미화 40불씩으로 하되 선적완료 즉시 지급하기로 하여 운송주선하여 줄 것을 위탁하고 이에 따라 A는 해상운송회사인 B와의 사이에 운임은 미화 38불로 하는 물건운송계약을 체결하였으며, 이에 따라 B는 화물을 사우디아라비아의 목적항구까지 무사히 운송하여 Y의 현지실무자에게 인도하였다. A는 사우디아라비아의 현지 상인이면서 A와 상호대리인 관계에 있는 M.T.A.의 선하증권용지에 M.T.A.의 대리인 자격으로 위 화물에 관한 선적선하증권을 발행하여 Y에게 교부함에 따라 Y는 은행에서 화물의 수출대금을 회수하였다. 한편 A는 자금사정의 악화로 어려움을 겪게 되자 채권자인 X에게 Y에 대한 운임채권을 양도하고 이를 확정일자 있는 증서로서 통지하였다. 이에 따라 X는 Y에

---

1) 대판 1987.10.13, 85다카1080; 서헌제(상) 327면.
2) 김인현, "마스터 선하증권상의 운송인의 상대방 확정", 한국해법회지 제23권 제2호(2001.11), 247면 이하 참조.

대해 운임지급청구를 하였으나 B는 A가 단지 운송주선인에 지나지 않고 Y와의 운송계약은 직접 자신과 체결되었다고 주장하고 자신에게 운임을 지급할 것을 Y에게 청구하였다.

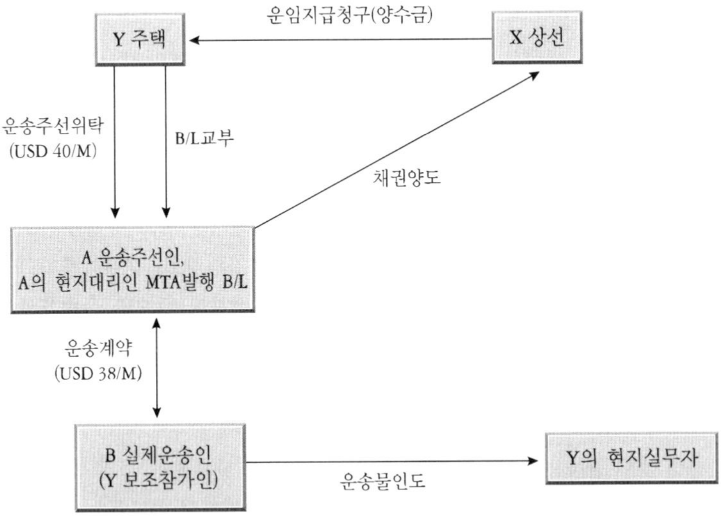

[쟁　점] Y에 대한 운임청구권이 B에 있는가, 아니면 운송주선인인 A로부터 채권양도를 받은 X에게 있는가? 이는 법적 지위가 운송주선인인가 아니면 운송주선인인 동시에 운송인으로서의 지위도 가지고 있는가에 달려 있는바, 이는 다시 A가 B와 운송계약을 체결하면서 상법 제116조의 개입권을 행사하였거나, 상법 제119조에 따르는 확정운임주선계약을 체결하였는가에 달려 있음.

[쟁점 1] 개입권행사여부　1. A가 MTA 발행선하증권을 피고에게 교부한 것이 상법 제116조②에서 말하는 "운송주선인이 작성한 증권"에 해당하는 여부 2. MTA는 도착지운송주선인에 해당하는데 제116조에서 말하는 운송주선인에 해당하는 여부

[쟁점 2] 확정운임주선계약체결여부　1. A와 B간에 체결된 운송계약에서 송하인을 Y로 표시한 것만으로 확정운임주선계약이 되는 여부 2. 제119조②에서의 "운임의 액"이 실제운임 외에 송하인으로부터 수하인까지의 모든 비용을 포함하는 여부 3. A가 단순한 확정운임주선계약을 체결하기 위해서는 운송인으로서 재산적 기초를 갖추고 있는 여부

[판결요지] 가. 상법 제46조 제12호, 제114조에 의하여 자기의 명의로 물건운송의 주선을 영업으로 하는 상인을 운송주선인이라고 하고 여기서 주선이라 함은 자기의 이름으로 타인의 계산 아래 법률행위를 하는 것을 의미하는 것이므로 운송주선계약은 운송주선인이 그 상대방인 위탁자를 위하여 물건운송계약을 체결할 것 등의 위탁을 인수하는 계약으로 민법상의 위임의 일종이기 때문에 운송주선업에 관한 상법의 규정이 적용되는 외에 민법의 위임에 관한 규정이 보충적용된다.

나. 운송주선인은 자기의 이름으로 주선행위를 하는 것을 영업으로 하는 것이지만 하주나 운송인의 대리인이 되기도 하고 위탁자의 이름으로 운송계약을 체결하는 경우에도 운송주선인임에는 변함이 없다.

다. 운송주선업은 운송의 거리가 육해공 삼면에 걸쳐 길어지고 운송수단도 다양할 뿐만 아니라 공간적 이동이 필요불가피한 화물도 복잡다양화, 대형다량화 되어짐에 따라 송하인과 운송인이 적당한 상대방을 적기에 선택하여 필요한 운송계약을 체결하기 어렵게 되었으므로 송하인과 운송인의 중간에서 가장 확실하고 안전신속한 운송로와 시기를 선택하여 운송을 주선하기 위한 긴요한 수단으로서 발달하게 된 것이다.

라. 운송영업을 겸하는 운송주선인에 대하여는 그 역할수행의 물적 보장을 위하여 여러가지의 법령에 의하여 시설기준 등을 정해 놓고 있으며(예: 철도소운송업법, 자동차운수사업법, 항공법 등) 해상운송주선업에 대하여도 구 해상운송사업법에서는 해상운송주선업의 면허기준 가운데 주선업을 경영하는 자의 책임범위가 명확한 경영형태일 것과 재정적 기초가 확실할 것 등을 요건으로 하고 있는 점에서 본다면 해상운송주선인 가운데에서 해상운송인으로서의 기능수행이 가능한 주선인이 됨에는 그에 상응하는 재산적 바탕(선박 등의 영업설비나 아니면 상업신용)이 있어야 한다.

사. 해상운송주선인 A가 선적선하증권을 자기의 명의로 발행한 것이 아니고 양륙항에서의 통관 및 육상운송의 편의를 위하여 화주의 부탁을 받고 양륙항의 현지상인이면서 A와 상호대리관계에 있는 MTA의 대리인자격으로 발행한 것이라면, A와 MTA간에 상호대리관계가 있다하여도 그것만으로는 이 선하증권이 상법 제116조의 개입권행사의 상법조건이 되는 “운송주선인이 작성한 증권”으로 볼 수는 없다.

아. 운송주선계약으로 운임의 액이 정해진 경우라도 그것을 확정운임운송주선계약으로 볼 수 있으려면 주선인에게 해상운송인으로서의 기능을 수행하는 것이 가능한 재산적 바탕이 있어야 하고 또 그 정해진 운임의 액이 순수한 운송수단의 대가 즉 운송부분의 대가만이 아니고 운송품이 위탁자로부터 수하인에게 도달되기까지의 액수가 정해진 경우라야만 한다.

다음 [사례 I-3-4]에서는 운송주선인과 운송인간의 계약이 송하인을 위한 계약(제 3 자를 위한 계약)으로서 송하인에게 운송계약상의 권리의무가 당연히 귀속되는가 하는 점이 문제되었다.[1)]

[사례 I-3-4: 서울고판 1982.5.12, 82나168]

[사실관계] 운송주선업을 하는 A는 X회사로부터 X회사가 아프리카의 리비아공화국에 수출하는 군용 피스톨 벨트 84,000개(840상자)와 군용 요대 22,000개(74상자)에 대한 운송주선을 인수하고 여객 및 화물자동차운송사업 등을 목적으로 하는 Y회사와의 사이에 이 물품에 대한 운송계약을 체결하였다. Y회사는 대형 트레일러 화물자동차에 이 물품을 적재한 후 부산소재 고려해운 간만 컨테이너 야드까지 운송하여 부산세관에 하역하였다. 그런데 Y회사는 화물자동차의 화물적재함 부분에 덮개를 허술하게 씌운 채 위 자동차를 운행케 함으로써 물품 운송 중 폭우를 만나 빗물이 물품으로 스며들어 완전히 침수된 결과 군용 피스톨 벨트가 금구류 부분에 녹이슬어 완전 불량품이 되었고 나머지 물품도 모두 변질되어 부산세관으로부터 물품인수를 거절당하였다. 그리하여 X회사는 물품을 모두 반송받아 완전불량품이 된 벨트 1,910개를 다른 것으로 완전 대체하고 나머지 물품의 하자부분을 개수하여 재포장한 후 다시 부산세관에 반입신고 하였다. X는 Y회사에 대해 운송인으로서의 계약책임 불이행과 물품보관인으로서의 불법행위책임을 물을 수 있는가?

[쟁 점] 쟁점 1: 피고의 원고에 대한 운송인으로서의 계약책임
운송주선인과 피고간에 체결된 운송계약상의 권리의무가 원고에 당연히 귀속되는가?
운송주선인과 피고간에 제 3 자(원고)를 위한 계약이 체결되었는가?

쟁점 2: 피고의 물품보관인으로서의 불법행위책임
피고는 원고의 물품을 운송중 우천에 대비해서 잘 보관할 책임이 있는데, 그 피용자인 운전기사의 잘못으로 비에 손상을 입었을 경우 사용자책임이 있는가? 원고는 우천에 대비한 포장상의 과실은 없는가?

1) 조성극, "판례를 통해 본 해상복합운송주선업자", 제26권 제 2 호(2004.11), 379면 이하 참조.

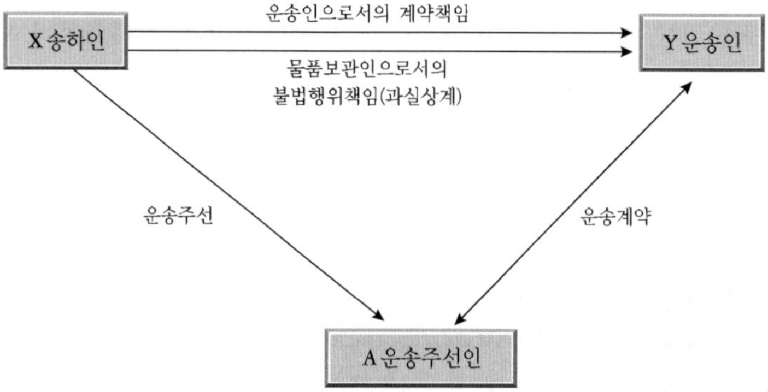

[판결요지] X의 주장과 같이 Y회사가 X와 직접, 또는 X회사를 대리한 A와 운송계약을 체결하였다고 인정하기 부족하고 다만 A가 X로부터 물품에 대한 운송주선을 인수하고 Y회사와의 사이에 본 물품에 대한 운송계약을 체결한 사실을 인정할 수 있을 뿐이므로 X·Y회사 사이에 본 물품에 대한 운송계약이 체결되었음을 전제로 한 X회사의 위 주장은 이유 없다 할 것이다.
Y회사는 화물 자동차운송사업자로서 서울에서 부산까지 장거리간을 운송하게 되었는바 화물을 자동차에 적재하고 위 자동차를 운전하는 등 화물운송에 관계하는 Y회사 소속 피용인들은 우천시 등에 대비하여 적재함에 실려 있는 화물에 빗물이 스며들지 않도록 화물위에 덮개를 잘 씌우는 등 세심한 주의를 기울여 물품을 운송하였어야 함에도 불구하고 이를 게을리 하여 화물적재함에 덮개를 엉성하게 씌운 채 본건 물품을 운송한 과실로 운송도중 폭우를 만나 빗물이 물품으로 스며들어 물품이 완전히 침수, 훼손된 사실을 인정할 수 있으므로 Y회사는 운전사 등 Y회사 소속 화물운송관계직원 등의 사용자로서 동인들의 위와 같은 업무수행상의 과실로 인하여 본건 물품의 소유자인 X회사에게 입힌 제반 손해를 배상할 의무가 있다 할 것이다.
한편 피해자인 Y회사로서도 본건 물품이 빗물에 젖으면 금구류 부분에 녹이 슬게 되고 그 녹이 면 웨빙에 오염되는 등 쉽게 불량품이 될 우려가 많은 물품이면 이를 포장함에 있어 본건 물품을 방수재료인 비닐 등으로 한번 포장한 후 이를 다시 박스로 포장함은 물론 박스외부에 본건 물품이 물에 젖으면 쉽게 훼손될 우려가 있으나 특히 물에 젖지 않도록 주의하여 취급하라는 취지의 주의문을 알아보기 쉽게 표기하여 놓음으로써 이를 취급하는 사람들로 하여금 주의를 환기시키는 등 침수로 인한 훼손에 대비한 최소한의 예방조치를 강구하여야 할 의무가 있음에도 불구하고 아무런 방수조치 없이 침수에 약한 종이박스로만 그대로 포장한채 A에게 운송주선을 의뢰한 결과 본건과 같은 피해를 입게 된 사실을 인정할 수 있으므로 사고는 피해자인 X회사의 주의의무 해태의 과실도 경합되어 발생하였다 할 것이니 손해배상액을 정함에 있어 이를 참작하기로 한다.

2. 계약의 체결방식

2-1 낙성계약의 원칙

해상물건운송계약은 청약과 승낙의 합치만 있으면 성립하며 특정한 서식의 작성을 요하지 않는다는 점에서 낙성계약이라고 할 수 있다. 그러나 해운실무에서는 계약체결시에 반드시 용선계약서·선하증권 등의 일정한 서식의 발행을 요구하고 있는데, 이들은 계약내용을 증명하기 위한 증거자료에 지나지 않을 뿐 계약성립의 요건은 아니기 때문에, 낙성계약으로 보는 데에는 지장이 없다.[1)]

2-2 용선계약서

용선계약의 당사자는 상대방의 청구에 의하여 운송(용선)계약서를 교부하여야 한다(828). 용선계약서는 운송의 목적물별로 국제적인 표준계약조항이 정해져 있지만 당사자는 이에 구애받지 않고 그 조항의 일부를 수정하거나 가감할 수 있다. 개품운송의 경우에는 운송인이 작성한 선하증권에 의해 일률적으로 계약이 체결되므로 따로 운송계약서를 작성하지 않는다.

2-3 선하증권

운송인은 운송물을 수령한 후 용선자 또는 송하인의 청구에 의하여 1통 또는 수통의 선하증권을 교부하여야 한다(852). 선하증권은 개품운송계약에서는 물론이고 용선계약에서도 발행된다.

---

1) 서헌제(하) 351면.

CHAPTER

2

개품운송관련 법·협약·약관

해상운송은 국내연안 운송도 있지만 대개는 국제간에 이동하는 선박에 의한 국제해상운송이다. 그러므로 해상운송계약상의 여러 법률문제에 대해 각국의 법을 통일할 필요성이 크다고 할 것이며, 그 초점은 해상운송인의 의무와 운송물에 생긴 손해에 대한 운송인의 책임을 어떻게 정하는가에 모아졌다. 운송에 관한 국제협약은 주로 선하증권에 의한 부합계약의 형태로 이루어지는 개품운송에 해당하는 것으로서 대량의 화주가 선주와 1 대 1로 계약하는 용선계약에는 해당되지 않는다. 용선계약은 국제간에 널리 이용되는 표준계약서식(Baltime Charter, NYPE)이 이용되지만 계약자유의 원칙에 따라 그 내용을 변경할 수 있다.

제 1 절 1924년 헤이그규칙 및 1968년 헤이그-비스비규칙

1. 1924년 헤이그규칙

해상운송은 전통적으로 영국을 중심으로 발달하여 왔기 때문에 영국법이 이러한 국제해상운송법 체계에 미친 영향은 매우 큰 것이었다. 그러나 종래 영국의 해상운송법이 지나치게 선주의 보호에 기울어져 있었기 때문에 미국을 위시한 각국의 반발이 커지자 그 타협으로서 성립한 것이 '1924년 선하증권통일에 관한 헤이그협약(International Convention for the Unification of Certain Rules of Law Relating to Bills of Lading)'이다(이를 간단하게 '헤이그규칙'이라고 한다). 헤이그규칙은 선주의 과실책임을 기본원칙으로 하는 감항능력주의의무와 운송물에 관한 주의의무를 인정하고, 일정한 면책사유와 책임제한을 허용하되 그 이상의 면책사유나 책임제한에 대해서는 이를 무효로 하였다.

1-1 헤이그규칙의 내용

[사례 Ⅱ-1-1: 헤이그규칙 내용]

(1) 헤이그규칙의 제정배경은?
(2) 헤이그규칙의 적용구간은?
(3) 헤이그규칙 주요가입국은?
(4) 헤이그규칙의 문제점은?

19세기에 운송인은 강대한 경제적 힘을 이용하여 송하인과 해상물건운송계약을 체결할 때 지나치게 면책약관을 남용하였으며 운송인 자신의 과실책임에 대해서까지 운송인을 면책시키는 것이 관행이었다. 이를 과실약관(negligence clause)이라고 하는 데 이 같은 약관은 송하인에게 지나치게 가혹하여 미국 등 각국은 과실약관의 유효성을 전면적으로 재검토하였다. 그런데 이 과정에서 각국 법원은 과실약관에 대하여 각기 상이한 해석을 하였기 때문에 결과적으로 각국의 해상법에 통일성이 결여되게 되었다.

이 같은 결과를 시정하기 위하여 국제법협회(International Law Association)와 세계해법회가 앞장서서 해상물건운송인의 권리의무에 관한 국제적인 통일규칙 제정작업에 착수하였다. 수 년간의 작업 끝에 국제법협회는 1921년의 헤이그회의에서 이른바 '1921년 헤이그규칙'을 채택하였다. 그 후 동규칙을 바탕으로 한 국제조약초안을 작성하여 벨기에정부가 이를 1922년 10월에 브뤼셀에서 개최된 제5차 해상법국제회의에 제출하였다. 국제회의에서는 이 조약초안을 좀 더 수정하여 1924년 8월 25일 브뤼셀에서 '선하증권에 관한 규정을 통일하기 위한 국제조약'(International Convention for the Unification of Certain Rules of Law Relating to Bills of Lading) 이른바 헤이그규칙을 채택하였다. 영국, 미국, 유럽제국, 일본은 헤이그규칙을 비준하고, 동규칙의 취지에 따라 국내법을 제정하였으며 우리 상법도 헤이그규칙의 원칙에 따른 규정을 많이 두고 있다.

헤이그규칙의 제정목적은 해상물건운송에 관하여 완벽한 법체계를 수립하는 것이라기보다는, 갑판적 화물과 생동물을 제외한 운송물이 선적되었을 때부터 양륙될 때까지 멸실, 훼손된 경우의 운송인의 책임에 관한 규칙을 통일하기 위한 것이었다. 헤이그규칙의 적용을 받는 선하증권에는 운송인의 최소한의 의무가 규정되어 있으며 당사자의 합의에 의하여 그 의무를 변경시킬 수는 없다. 또 선하증권에는 계약당사자들이 별도로 합의하지 않는 한 운송인이 주장할 수 있는 면책사유가 기재되어 있다. 원칙적으로 운송물의 선적 · 취급 · 적부 · 보관 · 운송 · 양륙에 대한 운송인의 과실책임을 면제하는 조항이나 운송인이 감항능력 있는 선박을 제공하여야 할 의무를 경감하는 조항은 무효이다(799①). 반면에 운송인은 항해 또는 선박의 관리에 대한 과실 책임으로부터는 면책된다(795②). 또 헤이그규칙은 동규칙의 체약국에서 빌행한 모든 선하증권에 대하여 적용된다.

[해 설]

(1) 헤이그규칙은 운송인의 면책약관의 남용에 따른 견제의 필요성과 면책약관의 통일성을 기할 필요가 있어 제정되었다.

(2) 헤이그규칙은 선적 시부터 양륙 시까지만 적용된다.

(3) 선진해운국 등 80여 개국이 헤이그규칙을 비준하였다. 미국, 일본, 스페인, 포르투갈, 오스트레일리아, 사이프러스, 아일랜드, 이란, 쿠웨이트, 마카오, 말레이시아, 페루, 터어키, 큐바, 케냐, 알제리, 앙골라, 아르헨티나 등이 비준하였다. 비준하지 않은 주요국가는 한국, 대만, 중국, 러시아, 캐나다, 그리스, 인도, 이라크, 사우디아라비아 등이다.

(4) 각국이 헤이그규칙의 일부조항만을 수용하는 경우가 많아 통일적 적용이 어렵게 되었다. 적용구간이 제한되어 있고, 갑판적이나 생동물에는 적용되지 않아 적용범위에 한계가 있다.

1-2 헤이그규칙의 적용

> [사례 Ⅱ-1-2: 대판 1999.12.10, 98다9038]
> 송하인 A가 운송인 B에게 화물운송을 의뢰하였고, 위 화물은 수하인에게 인도되기 전에 멕시코 현지에서 멸실되었다. 멕시코 국내의 공로 및 고속도로 등에서 화물 불법탈취, 무장강탈 등 불법행위가 빈번하게 발생하는 사정을 감안하여 당초의 선하증권상의 약관과는 별도의 특약사항으로서 멕시코법을 준거법으로 하여 책임제한을 하기로 하였으며, B의 선하증권 이면약관에는 분쟁에 관하여 관할권을 가지고 재판을 할 법원의 소재국에서 헤이그규칙이 효력을 가지는 경우에는 운송계약에 따른 법률관계의 준거법으로 지정한다는 지상약관(Clause Paramount)을 규정하고 있다.
>
> (1) 헤이그규칙이나 우리 상법이 위 약관에 기해 또는 약관과 관계없이 적용될 수 있는가?
> (2) 멕시코의 책임제한 조항을 적용하는 것이 국제사법 제10조(선량한 풍속 기타 사회질서)에 반하는가?
> (3) B가 육상강도를 이유로 면책을 주장할 경우, B는 면책될 수 있는가?

[해 설]

(1) B의 선하증권이면약관에는 멕시코법이 준거법으로 규정되어 있으므로, 멕시코법에 따라 운송인의 책임이 규정되어야 한다. 헤이그규칙이 적용되기 위해서는 이면약관에 규정하고 있는 바와 같이 관할권을 가진 법원의 소재국인 대한민국에서 헤이그규칙이 효력이 있어야 한다. 그런데, 한국은 헤이그규칙을 비준한 바 없어 헤이그규칙이 대한민국에서 효력을 가진다고 볼 수 없으므로, 헤이그규칙이 준거법으로 적용될 수는 없다. 즉 (i) 한국법이 준거법으로 규정된 바 없고, (ii) 한국은 헤이그-비스비규칙/함부르크규칙/미국COGSA와 같이 강제적으로 적용된다는 규정을 두고 있지 않아, 한국 항구가 출발항이라거나 한국 항구에서 선하증권이 발행되는 등의 사정이 있다고 하더라도 한국법이 사례의 운송에 강제적으로 적용되는 것은 아니다. 여기서 강제적으로 적용된다는 것은 당사자가 위 규칙 또는 협약들을 당해 해상화물운송계약의 해석에 있어서 준거법으로 적용되는 것을 배제할 수 없다는 것으로 당해 해상운송계약의 해석에 적용되는지 여부를 정하는 문제로서 법이 적용될 경우 이에 반하는 내용을 허용하지 않는다는 것을 의미하는 강행규정과는 별개의 차원의 문제이다.

(2) 한국 상법이 준거법이 아닌 이상, 멕시코의 책임제한 조항에 의할 경우 상법에서 정한 책임제한액이 소액이라고 하더라도, 국제사법 제10조에 규정하고 있는 선량한 풍속이나 기타 사회질서에 위반하는 경우로 보기는 어렵다고 할 것이다.

(3) 해상강도와는 달리 육상운송도중 강도로 인한 운송물의 멸실은 불가항력으로 인한 운송인의 면책사유로 보기 어렵다. 그러므로 무장강도를 이유로 운송인의 무과실이 추정된다고는 볼 수 없으므로 운송인은 멕시코법에 의할 경우 육상강도가 면책사유라는 것을 입증하거나 운송인과 그 피용인 등의 무과실을 입증하지 않는 한 책임을 면할 수 없다. 또한, 화물운송 도중에 강도의 행위에 의해 화물이 멸실되었다고 하더라도 그 것만으로 송하인의 손해와 인과관계가 부인되는 것으로 볼 수도 없다.

2. 1968년 헤이그-비스비규칙

헤이그규칙이 성립한 이후 해운분야는 컨테이너화 등 비약적인 기술의 진보를 보였으며 운송물이 고액화 되고 물가 상승 등으로 인해 헤이그규칙에 정한 배상액의 한도가 비현실적으로 되었다. 이에 따라 헤이그규칙의 골격은 그대로 유지한채 일부만 개정하여 1968년의 헤이그-비스비규칙으로 성립하였다. 헤이그-비스비규칙은 영국, 프랑스, 일본 등 많은 국가들이 이를 비준하였고 또 미국은 이를 비준하지는 않았지만 판례와 학실에 의하여 사실싱 이를 수용하고 있기 때문에 국제해운법체계의 기본을 이루고 있다.

2-1 헤이그-비스비규칙의 내용

[사례 Ⅱ-1-3: 헤이그-비스비규칙 내용]

(1) 헤이그-비스비규칙의 제정배경은?
(2) 헤이그-비스비규칙의 적용구간은?
(3) 헤이그-비스비규칙 주요가입국은?
(4) 헤이그-비스비규칙의 문제점은?

헤이그규칙 채택 당시 각국은 동규칙을 제정함으로써 해운국간의 이해관계의 대립과 운송인 · 송하인간의 이해관계 대립이 해소되고 국제적으로 운송인의 책임에 관한 법리가 통일될 것으로 믿었다. 나아가 각국은 헤이그규칙이 적용되는 문제에 대하여는 소송이 어느 체약국의 법원에 제기되든 동일한 결과가 나올 것이라고 예상하였으나 이 같은 낙관론은 실제로는 실현되지 않았다. 왜냐하면 대부분의 해운국이 헤이그규칙을 비준 또는 수용한 것은 사실이지만 많은 국가들이 동규칙을 정식으로 수용하지 않은 채 동규칙의 일부조항만을 받아들여 특별법을 제정하였기 때문이다. 그 결과 각국의 해상법이 원칙적으로 통일되기는 했지만, 운송인의 책임과 선하증권상의 과실 약관의 효력에 대하여 각국 법원이 견해차를 가지고 있는 것은 여전하며 각국의 입법이 조금씩 상이하기 때문에 그 해석이 구구한 것이 현실이었다.

1968년에 국제해법회의 요청에 의하여 벨기에정부가 외교회의를 소집함으로써 '헤이그규칙에 대한 브뤼셀 개정의정서(비스비규칙(Visby Rules))'가 채택되었다. 비스비규칙이 성립하게 된 가장 중요한 이유는 헤이그규칙 이후 44년의 세월이 흐름에 따라 헤이그규칙상의 포장당 영화(英貨) 100파운드로 운송인의 책임을 제한하는 개별적 책임제한(package limitation)조항 및 다른 조항들을 보다 현실적으로 개정할 필요가 있었기 때문이었다. 비스비규칙에서는 운송인의 개별적 책임제한액을 운송물의 총중량 1킬로그램당 30포왕카레 프랑(약 2SDR) 또는 운송물 1포장당 10,000포왕카레 프랑(약 666.67SDR)으로 대폭 인상하였다. 1포왕카레 프랑은 표준순도 1,000분의 900인 금 65.6밀리그램에 상당하는 화폐단위이다. 비스비규칙[1]은 1977년 6월 23일에 발효하였는데 영국 등 다수 해운국이 동규칙을 수용하였다.

비스비규칙을 비준[2]하고 있는 나라들로는 영국,[3] 프랑스,[4] 이탈리아, 네덜란드, 벨기에, 노르웨이, 스웨덴, 덴마크, 핀란드, 스위스, 폴란드, 싱가포르, 이집트, 시리아, 레바논, 에콰도르, 스리랑카, 통가 등을 들 수 있다.[5] 독일[6]은 비스비규칙을 수용하였으나 체약국으로 볼 수 있을지 의문이다. 한편 미국은

1) Protocol to Amend the International Convention for the Unification of Certain Rules of Law Relating to Bills of Lading, Brussels, 1968, 2(U.N.) Register of Texts, ch.2. 비스비규칙에 대하여는 Diamond, "The Hague-Visby Rules," [1974] L. M. C. L. Q. 225면.

2) 헤이그-비스비규칙 체약국, 이를 채택하고 있는 국가, 그리고 이를 수용한 나라가 동일한 것인지 여부가 문제될 수 있다. 예를 들어 독일의 경우 헤이그-비스비규칙을 수용하고 있음에 의문이 없으나, 체약국이라 볼 수 있는지는 논란의 여지가 있다. 비준을 하지 않은 경우 체약국으로는 보기 어렵다고 본다.

3) 영국은 헤이그규칙 및 헤이그-비스비규칙을 비준하였다.

4) 프랑스는 헤이그-비스비규칙과 1979년 선하증권에 대한 규정의 통일에 관한 국제협약 개정의정서에 비준하였다.

5) 심재두, 해상운송법, 길안사(1997), 467면.

6) 독일은 1985.12.19. 상법전의 해상법규정을 개정하면서 헤이그-비스비규칙과 동일하게 개정하였으나, 체약국으로 보기는 어려운 면이 있다고 판단된다.

아직 비스비규칙을 비준하지 않았으며, 우리 상법은 비스비규칙의 중요규정을 대폭 수용하였으나 우리나라는 비준하지는 않았다.

그런데 1971년에 금본위제도가 폐기됨으로써 이 제도에 기초한 포왕카레 프랑을 더 이상 화폐단위로서 사용할 수 없게 되었으므로, 1979년에 국제통화기금(IMF)이 사용하는 특별인출권(Special Drawing Right, SDR)을 계산단위로 사용한다는 내용의 비스비규칙에 대한 개정의정서가 채택되었다. 특별인출권의 가치는 영국, 미국, 독일, 일본 등 주요국의 통화가치에 바탕하여 결정되며 매일 공표된다.

이같이 특별인출권의 가치가 매일 변동하므로 비스비규칙을 비준한 국가 중 다수는 금약관협정(gold clause agreement)을 채택하여 운송인의 개별적 책임제한액을 자국통화로 표시하고 있다. 그 결과 비스비규칙을 비준한 국가들간에서도 구체적인 개별적 책임제한액이 다른 경우가 많다.

[해 설]

(1) 헤이그-비스비규칙은 헤이그규칙의 제정에도 불구하고 각국의 입법이 상이하여 통일되지 않은 문제점을 해결하고 헤이그규칙의 책임제한 규정을 현실화 할 필요가 있어 제정되었다.

(2) 헤이그규칙과 마찬가지로 선적 시부터 양륙 시까지만 적용된다.

(3) 본문 참조.

(4) 헤이그규칙과 마찬가지로 헤이그-비스비규칙을 비준하지 않은 나라가 많고 해운시장에 있어서 중요한 위치에 있는 미국, 중국, 한국 등이 이를 수용하지 않거나 수용하더라도 일부만 수용한 경우도 있어 통일적 적용이 어렵게 되었다. 또한, 적용구간이 제한되어 있고, 갑판적이나 생동물에는 적용되지 않아 적용범위도 한계가 있다.

2-2 헤이그-비스비규칙의 적용범위

(1) 일반적 적용

[사례 Ⅱ-1-4: 헤이그-비스비규칙이 적용되는 해상운송계약의 유형]

(1) 한국 부산항에서 중국 상해항으로 운송으로서 부산에서 선하증권 발행되고 선하증권에 한국법을 준거법으로 규정하고 있으며, 헤이그규칙/헤이그-비스비규칙/

미국 COGSA 중 강제적으로 적용되는 것이 있는 경우 이를 적용한다는 지상조항을 두고 있는 경우
(2) 한국 부산항에서 영국 런던항으로의 운송으로서 한국에서 선하증권이 발행되고 한국법을 준거법으로 규정한 경우
(3) 한국 인천항에서 영국 런던항으로의 운송으로서 영국 런던에서 선하증권이 발행되었으며, 선하증권에는 한국법을 준거법으로 정하고 있는 경우
(4) 영국 런던항에서 한국 인천항으로의 운송으로서 영국에서 선하증권이 발행되고 선하증권에는 영국법을 준거법으로 규정한 경우
(5) 영국 런던항에서 미국 로스엔젤레스항으로의 운송으로서 선하증권이 미국에서 발행되고 선하증권 지상조항에는 헤이그-비스비규칙을 적용한다는 취지가 기재되어 있지 않은 경우
(6) 중국 광주항에서 영국 런던항으로 운송으로서 선하증권이 중국에서 발행되고 선하증권에는 준거법을 중국법으로 정하고 있는 경우
(7) 한국 광양항에서 영국 런던항으로의 운송으로서 영국법을 준거법으로 규정한 경우
(8) 한국 광양항에서 중국 천진항으로의 운송으로서 준거법을 프랑스법으로 규정하고 있는 경우
(9) 영국 런던항에서 한국 인천항으로의 운송으로서 선하증권이 발행되지 않은 경우
(10) 프랑스 마르세유항에서 한국 부산항으로의 운송으로서 생동물을 선적한 경우
(11) 프랑스 마르세유항에서 한국 부산항으로의 운송으로서 갑판적한 경우
(12) 미국 로스앤젤레스항에서 미국 뉴욕항으로의 운송의 경우
(13) 영국 런던항에서 미국 뉴욕항으로 운송으로서 항해용선계약을 체결한 경우

헤이그-비스비규칙은 ① 체약국에서 선하증권이 발행된 경우, ② 체약국에 소재한 항구로부터의 해상운송[1] 및 ③ 선하증권에 포함되어 있거나 이에 의하여 증명되는 운송계약에서 이 협약 또는 이 협약에 효력을 부여한 어떤 국가의 법률이 그 운송계약을 규율한다고 규정하고 있는 경우에는, 선박, 운송인, 송하인, 수하인 기타 이해관계자의 국적을 불문하고 두 개의 다른 국가에 소재한 항구사이의 화물운송에 관한 선하증권에 적용된다(헤이그-비스비규칙 제10조).

헤이그-비스비규칙은 ③에서 규정한 바와 같이 선하증권이면약관에 규정하고 있는 준거법조항 또는 지상약관(Clause Paramount)을 매개로 하여 비로소

1) 이를 실무상 outbound 또는 outward라고 하며, 미국 해상물건운송법 및 함부르크규칙이 inbound, outbound 모두에 강제적으로 적용되는 것과 차이가 있다.

적용되는 경우도 있으나, ①, ②의 경우는 지상조항과 상관없이 강제적으로 적용[1]하는 효력을 가지고 있다. 영국 1924년 해상화물운송법에서는 지상약관을 매개로 하여 적용된다는 규정을 두고 있었으나, 영국 1971년 해상화물운송법에는 이러한 내용을 포함하지 않고 있다. 영국법원은 The Morviken 사건[2]에서 헤이그-비스비규칙이 선하증권이면약관이나 당사자의 합의와는 상관없이 영국법으로 적용됨을 확인한 바 있다.

(2) 화물의 적용범위

헤이그-비스비규칙은 동물과 갑판적에 대해 그 적용을 제외하고 있다(헤이그-비스비규칙 제1조 (C)). 살아 있는 동물은 생존을 보장하기 어렵고, 갑판적의 경우 화물의 멸실이나 훼손의 위험성이 높아 당사자들의 의사에 따라 계약조건을 정할 필요가 있기 때문이다. 다만, 1971년 영국해상화물운송법에는 동물 및 갑판적의 경우를 적용범위에 포함시켰다(동법 제1조 제6항). 갑판적을 이유로 헤이그-비스비규칙의 적용을 배제할 수 있기 위해서는 실제로 갑판적 되어 운송되고 운송계약에 갑판에 선적되어 운송된다는 사실이 표시되어야 한다. 이러한 표시는 갑판적 사실이 확실히 알 수 있는 정도로 표시되어야 하고, 단순히 선하증권에 운송인의 선택에 따라 갑판적 운송을 할 수 있다는 조항이 있다는 것만으로는 부족하다.[3] 송하인의 동의 없이 갑판적을 한 경우에는 헤이그-비스비규칙의 적용을 배제하지 못할 뿐만 아니라 영국법상 본질적 계약위반(fundamental breach of contract)의 문제가 아울러 발생할 수 있다.

통상의 운송계약과는 달리 특별한 계약체결이 필요한 특정화물에 대해서는 선하증권을 발행하지 않고 양도불능 증권으로 헤이그-비스비규칙과 다른 약정을 할 수 있다(헤이그-비스비규칙 제6조).

[해 설]

①에 해당하는 경우는 (3),(4) ②에 해당하는 경우는 (4),(5), 그리고 ③에 해당하는 경우는 (4),(7),(8)을 들 수 있다. (3),(4),(5),(7),(8)의 경우 헤이그-비스비규칙이 적용된다고 할 것이다. (3),(4),(5)의 경우는 지상조항과 관계없이 헤이그-비스비규칙조항 자체

---

1) 통상 선하증권 지상약관에는 "apply compulsorily"라는 표현을 사용하고 있다.

2) The Morviken(1983) 1Ll.R.1.

3) Svenska Traktor v. Maritime Agencies(Southampton)(1953) 2 Q.B.295.

의 효력만으로 강제적으로 적용되는 경우이고 (7), (8)의 경우는 선하증권의 규정에 의해 또는 선하증권을 매개로 하여 헤이그-비스비규칙이 적용되는 경우다. (4)는 헤이그-비스비규칙만으로 또는/그리고 선하증권을 통해 적용되는 경우이다.

(3) 운송구간별 적용범위

[사례 Ⅱ-1-5: 운송구간별 적용범위]
송하인 A가 운송인 B에게 한국에서 노르웨이까지 컴퓨터 부품 300상자(이하 "화물")의 운송을 의뢰하였는데, 양륙 후 수하인에게 인도되기 전에 화물이 멸실되었다. B의 선하증권이면약관에는 노르웨이법을 준거법으로 규정하고 있으며, B의 책임을 헤이그-비스비규칙에 비해 운송인에게 유리하게 규정하고 있다.

(1) 헤이그-비스비규칙에 비해 B의 책임을 감경하고 있는 선하증권이면약관은 유효한가?
(2) 만약 위 선하증권이 복합운송증권으로, 복합운송의 경우와 항구간의 운송의 경우의 책임제한 조항을 달리 규정하고 있는 경우, 복합운송증권의 효력은?
(3) 만약 위 사례에서 한국법을 준거법으로 정하고 있는 경우 B의 책임은?

헤이그규칙은 선박의 선적 시부터 선박에서 양륙 시까지의 기간만을 화물운송구간으로 규정하고 있고(헤이그규칙 제1조 (e)), 화물이 해상운송되는 선박에 선적되기 이전 및 양륙된 이후에 있어서의 화물의 멸실이나 훼손에 대한 책임 등에 대해 특약 등으로 달리 약정할 수 있음을 규정하고 있다(헤이그규칙 제7조).

헤이그-비스비규칙도 이와 마찬가지로 선적되는 때로부터 양륙될 때까지만 적용되고 적용구간 외의 영역에서는 운송인에게 유리한 내용을 정하더라도 유효하다(헤이그-비스비규칙 제7조).

해상운송구간에 있어서 헤이그-비스비규칙에 반하는 운송인에게 유리한 약정을 하는 것은 무효라고 할 것이나, 해상운송구간 외의 운송구간에 있어서 책임제한 내용을 달리 규정하고 있다고 하더라도 헤이그-비스비규칙에 반하는 것은 아니다.

복합운송의 경우 헤이그-비스비규칙은 해상운송구간에 대해서만 적용된다. 통상 복합운송증권에는 이종의 운송수단으로 운송할 경우 구간별로 운송인의 책임내용을 달리 규정하고 있는데, 헤이그-비스비규칙이 해상화물운송과 관련하여서만 적용됨을 규정하고 있기 때문에 해상운송구간에 있어서는 그 적용을 피할 수 없다(헤이그-비스비규칙 제1조 (b)).

화물을 다른 선박으로 환적하기 위해 양륙하고 있던 중 화물이 멸실 또는 훼손된 경우에는 하나의 해상운송으로 보아 헤이그-비스비규칙이 적용된다고 본다.[1] 다만 해상운송이 종료되고 육상운송이나 항공운송 등 해상운송이 아닌 이종 운송을 위해 양륙된 경우에는 하나의 해상운송의 과정으로 볼 수 없기 때문에 헤이그-비스비규칙이 적용되지 않는다.

우리나라 상법은 헤이그규칙이나 헤이그-비스비규칙과는 달리 화물을 인수한 때로부터 인도한 때까지를 상법의 규율 대상으로 정하고 있는 바, 운송인의 포장당 666.67SDR 책임제한은 인도할 때까지 적용된다. 그러므로, 해상운송구간 외의 구간에 있어서 운송인이 선하증권에 운송인에게 유리한 책임제한 규정을 두더라도 한국법이 적용되는 경우에는 666.67SDR에 반하는 책임제한 규정은 적용되지 않는다.

[해 설]

(1) 헤이그-비스비규칙은 양륙 후에는 적용되지 않으므로, B에게 유리한 내용을 약정하더라도 유효하다.

(2) 헤이그-비스비규칙이 적용되는 운송계약에 있어서, 복합운송증권에 헤이그-비스비규칙에 반하는 내용을 규정하더라도 선적 후 양륙 전의 구간 외의 구간에 있어서는 유효하다.

(3) 사례에서, 한국 상법이 적용될 경우 한국 상법의 포장당 666.67SDR의 책임제한 조항은 화물을 인도할 때까지 적용되므로 이보다 운송인의 책임을 제한하고 있는 경우 한국법에 따라 그 적용이 배제될 수 있다.

3. 1978년 함부르크규칙

3-1 개 관

헤이그규칙이나 이를 부분적으로 보완한 헤이그-비스비규칙은 기본적으로는 영미법을 근간으로 한 선주의 보호에 치중하였다. 특히 항해과실의 면책

---

1) Mayhew Foods v. O.C.L.(1984) 1 Ll.R.317.

등 수많은 면책사유의 인정은 과실책임원칙에 입각한 일반적인 책임법의 영역에서는 찾아볼 수 없는 예외적인 것으로서 많은 비판의 대상이 되었다. 이에 따라 제 3 세계의 국가들을 중심으로 이러한 선주 위주의 국제해운법질서를 근본적으로 개편하기 위한 새로운 국제해운협약을 준비하여 마침내 1978년의 함부르크에서 개최된 UNCITRAL 총회에서 '유엔해상물품운송협약(United Nations Convention on the Carriage of Goods by Sea)'(일명 '함부르크규칙')으로 채택하는데 성공하였다. 함부르크규칙은 항해과실면책 등 면책리스트를 없애고 과실책임의 일반원칙으로 돌아가 운송인에게 운송물의 멸실·훼손에 대한 책임이 있는 것으로 추정한 다음 운송인의 반증에 의하여 이 같은 추정을 번복할 수 있도록 하였다.

3-2 함부르크규칙의 내용

> [사례 Ⅱ-1-6: 함부르크규칙 내용]
>
> (1) 함부르크규칙의 제정배경과 제정과정은?
> (2) 함부르크규칙의 적용구간은?
> (3) 함부르크규칙 주요 가입국은?
> (4) 함부르크규칙의 문제점은?

1970년대 후반에 들어와 국제정치적으로 77그룹 등 개발도상국들의 발언권이 강화되면서 개발도상국들은 국제해법회 같은 조직이 자신들의 이익을 충분히 보호할 수 없으며 기존 해상법체계는 선진해운국에 의하여 주도되었기 때문에 선박소유자 및 운송인에게 부당한 특혜를 부여하였다고 생각하게 되었다. 이 같은 개발도상국의 입장이 가장 분명하게 나타난 것은 개발도상국들이 수적으로 우세한 유엔이었으며, 특히 유엔무역개발위원회(UNCTAD) 및 유엔국제거래법위원회(UNCITRAL)는 개발도상국들의 주장을 받아들여 해상운송에 관한 모든 국제조약을 전면 재검토하기 위한 상설해운위원회(Permanent Committee on Shipping)를 설립하였다. 그런데 헤이그-비스비규칙의 수호자를 자임하는 국제해법회와 국제해사기구(IMO) 같은 전통적 해사기구들은 유엔의 이 같은 새로운 움직임에 반발하였으므로 양자간에 긴장관계가 생기게 되었다.

이 같은 반발에도 불구하고 1978년에 유엔무역개발위원회와 유엔국제거래법위원회는 해상운송인의 책임에 관하여 종래의 헤이그-비스비규칙 체계를 대체하기 위한 함부르크규칙(United Nations Convention on the Carriage of Goods by Sea, 1978, 약칭 Hamburg Rules[1])을 성립시켰는데 동규칙은 1992년 11월에 발효되었다. 현재 동규칙을 비준한 국가는 서인도제도의 바베이도스를 비롯하여 보츠와나, 부르키나파소, 칠레, 이집트, 기니, 헝가리, 케냐, 레바논, 레토소, 말라위, 모로코, 나이지리아, 루마니아, 세네갈, 세에라리온, 탄자니아, 튀니지, 우간다, 잠비아 등 20여 개국이다.[2]

헤이그-비스비규칙이 운송인과 화주간에 복잡한 위험배분방식을 취하는데 반하여, 함부르크규칙에서는 운송인에게 보다 무거운 책임을 부과하기 위하여 일단 운송인에게 운송물의 멸실 또는 훼손에 대한 책임이 있는 것으로 추정한 다음 운송인의 반증에 의하여 이 같은 추정을 번복할 수 있다. 그 결과 함부르크규칙에 대하여 많은 논란이 있어 왔고 화주국과는 달리 주요해운국들은 동규칙을 수용하지 않고 있다. 2008년 11월 유엔에서 UNCITRAL 신협약을 제정함으로써 함부르크규칙은 제대로 정착되지도 못한 상황에서 폐기될 처지에 놓여 있다.

[해 설]

(1) 화주국들은 헤이그규칙이나 헤이그-비스비규칙에 비해 화주에게 유리한 국제협약 제정의 필요성을 인식하고 77그룹 등 개발도상국들이 유엔 및 유엔의 기구를 이용하여 새로운 협약을 제정하였다.

(2) 본문 참조.

(3) 함부르크규칙은 항해과실을 비롯한 면책카탈로그에서 규정한 면책사유를 폐기하였음은 물론이고, 제척기간을 연장하고 책임제한액을 상향조정하는 등으로 운송인의 책임을 가중시키는 조항을 다수 포함하고 있는바, 선주국에서 이를 채택하지 않고 개

1) U.N. Doc. A/CONF. 89/14(1978), reprinted in 17 ILM, 608면(1978). 함부르크규칙에 관하여는 Sweeney, "The UNCITRAL Draft Convention on Carriage of Goods by Sea(Part I)", 7 J. Mar. L. & Comm. 69면(1975); (Part II), 위 잡지, 327면(1976); (Part III), 위 잡지, 487면(1976); (Part IV, 위 잡지, 615면(1976); Selv ig, "The Hamburg Rules, The Hague Rules and Marine Insurance Practice," 1mmJ. Mar. L. & Comm, 299면(1981); S. Mankabady ed., The Hamburg Rules on the Carriage of Goods by Sea(Leyden/Boston : A.W. Sijthoff, 1978); Note, "The Hamburg Rules Fault Concept and Common Carrier Liability under U.S. Law," 19 Va. J. Int'l L. 433면(1979); 임동철, "함부르크규칙의 발효에 즈음하여", 한국해법회지, 제14권 제 1 호, 43면(1992).

2) 선협회보, 16면(1992.10.28).

발도상에 있는 화주국들만 주로 가입하고 있다. 함부르크규칙에 선주국이 가입하게 될 경우, 운임이나 보험료의 상승이 불가피하여 그 조정이 필요할 것으로 보인다.

4. UNCITRAL의 신협약

4-1 개 관

헤이그규칙이나 이를 부분적으로 보완한 헤이그-비스비규칙은 기본적으로는 영미법을 근간으로 한 운송인인 선주측 보호에 치중하여 화주국으로부터 비판을 받아 왔다. 그 후 화주국의 의사를 반영한 1978년 함부르크규칙이 채택되었으나 운송인측의 반대로 새로운 질서를 형성하는 데는 실패하였다. 이들 협약들은 제정주체가 달라 상당한 입장의 차이가 있어, 운송인과 화주들이 수용할 수 있는 통일적인 새로운 협약의 필요성이 대두되었다. 이에 유엔국제거래법위원회(UNCITRAL)는 1996년 협약 제정 방침을 정하고 국제해법회(CMI)와 공동연구를 거쳐 2002년부터 본격적으로 협약 심의에 착수하여 수차례의 회의를 통해 의견을 조율한 후, 2008년 11월 가을 유엔총회에서 공식적으로 UNCITRAL 신협약(이하 '신협약'이라고 함)을 채택하였다.

4-2 UNCITRAL의 신협약의 내용

[사례 Ⅱ-1-7: UNCITRAL 신협약 내용]

(1) UNCITRAL 신협약의 제정배경과 제정과정은?
(2) UNCITRAL 신협약의 적용구간은?
(3) UNCITRAL 신협약에서 정한 운송인의 책임제한 한도액은?
(4) UNCITRAL 신협약의 문제점은?

신협약은 제18장 98개 조항의 방대한 분량으로 구성되어 있으며, 신협약은 신협약에 가입할 때는 헤이그-비스비규칙이나 함부르크규칙을 폐기하도록 명시하여 신협약의 실효성을 담보하고 있다. 또한 적용범위를 해상운송구간에 한정하지 않고 도로나 철도 등의 복합운송에까지 확대하고 있으며, 전자운송거래(electronic transport records)를 도입함에 따라 기존 운송법질서에 큰 변화를 줄 것으로 보인다. 그런데 신협약에는 기존의 협약들에 비해 운송인에게 상당히 불리한 내용이 포함되어 있다. 즉 운송인의 항해과실 면책조항이 폐지되고, 화재 면책조항을 축소되었으며, 책임제한 한도액도 포장당 875SDR, 중량당 3SDR로 높아지고, 운송지연 손해한도액도 운임의 2.5배로 상향 조정되었다. 주요 해운국이 운송인에게 불리하다는 이유로 함부르크규칙에 가입하지 않은 예에 비추어 볼 때, 함부르크규칙보다 운송인에게 불리한 내용을 다수 포함하고 있는 신협약을 주요 해운국이 쉽게 비준을 할 것인지는 의문이다. 다만 통일적 국제협약의 필요성에 대한 광범위한 공감대가 형성되어 가고 있어 조기에 신협약이 발효될 가능성도 있어 보인다. 한편 화물을 장기간 대량으로 운송하는 계약(volume contract)에 있어서는 계약자유의 원칙에 따라 협약에서 정한 여러 규정을 합의로써 배제할 수 있도록 하였는데, 이는 전통적으로 화주국인 미국의 주장에 따른 것이다. 계약자유의 원칙을 인정한 것은 신협약의 장점으로 인식될 수도 있으나, 이는 신협약의 적용범위를 스스로 제한하는 것이 되어 신협약의 실효성을 반감시키고 있다. 또한 협상능력에 따라 협약과 관계없이 운송조건이 정해질 수 있어 운송조건의 통일성을 기하려는 당초의 취지와 조화되기 어렵다.

[해 설]

(1) 헤이그-비스비규칙과 함부르크규칙이 국제협약으로서의 통일적 기능을 제대로 발휘하지 못하자 운송인의 책임의 통일성을 기하기 위해 유엔국제운송법위원회가 새로운 협약을 제정하였다.

(2) 해상운송 구간 외에 복합운송까지 적용된다.

(3) 운송인은 포장당 875SDR, 중량당 3SDR에 기한 책임제한을 주장할 수 있고, 운송지연 손해에 대해 운임의 2.5배 한도로 책임을 제한할 수 있다.

(4) 항해과실을 비롯한 운송인의 면책사유를 폐기하였음은 물론이고, 책임제한액을 상향조정하는 등으로 운송인의 책임을 가중시키는 조항을 다수 포함하고 있어 선주국에서 채택을 꺼려할 가능성이 있다. 또한 신협약을 채택하더라도 운송인의 책임이 강화된 만큼 장기적으로 볼 때는 운임이나 보험료의 상승이 불가피할 것이다. 화주와 운송인간의 합의로써 신협약의 조항의 적용을 배제할 수 있게 하여 신협약의 적용범위를 스스로 제한하고 있을 뿐만 아니라, 운송인과 화주의 협상력에 따라 운송조건이 달라질 수 있어 통일적인 협약을 제정하려는 본래의 취지를 반감시키고 있다.

제 2 절 주요국의 해상운송법

1. 영국 해상물건운송법(영국 COGSA)

1-1 1855년 선하증권법(Bill of Lading Act 1885)

[사례 Ⅱ-2-1: 서울고판 1989.5.15, 88나44126]

(1) 1855년 선하증권법 제정배경은?

(2) 1855년 선하증권법의 주요 내용은?

(3) 1855년 선하증권법의 문제점은?

(4) 운송인 B가 C의 화물을 해상운송하던 중 과실로 화물을 멸실시켰다. 이에 C는 적하보험자인 A에게 보험금을 청구하였고, 이에 따라 A는 C에게 보험금을 지급하고 선하증권원본을 C로부터 교부받았다. A는 선하증권의 소지인으로서 B에게 구상청구를 하였다. A의 청구가 인용될 수 있나? (단, 1855년 선하증권법이 적용되는 해상운송계약임)

영국 보통법(common law)에 의하면, 선하증권상의 화물의 수량에 관한 기재는 해상운송인을 구속하지 못하였고, 운송계약의 직접당사자가 아닌 수하인이나 피배서인은 해상운송인에 대해 운송계약위반을 이유로 해상운송인에게 손해배상청구를 할 수 없었다.[1)] 이러한 2가지 문제를 해결하기 위해 선하증권의 법적효력을 1855년 선하증권법으로 법제화하였다.

1855년 선하증권법의 제정으로 해상운송인이 화물의 수량에 관한 기재가 직접 선하증권에 서명을 한 선장 기타 사람에게 주장할 수 있게 되었고(동법 제3조), 직접계약관계의 원칙(doctrine of privity of contract)[2)]에 대한 예외를 인정하여 선하증권의 수하인이나 피배서인이 운송인에게 운송계약에 기한 손해배상청구를 할 수 있도록 하였다(동법 제1조). 다만, 1855년 선하증권법은 오직 선하

1) 영국법원은 1845년 Thompson v. Dominy 판결에서 선하증권을 양도하더라도 운송계약상의 권리가 양도되는 것은 아니라고 판시한 바 있다.

2) 계약으로부터 발생한 권리는 계약상의 당사자 간에만 주장할 수 있고 계약의 직접당사자가 아닌 자는 계약상의 권리를 취득하거나 계약상의 의무를 부담하지 않는다는 원칙을 말한다.

증권만을 그 적용대상으로 규정하였기 때문에 해상운송장(Sea Waybill), 인도지시서(delivery order), 복합운송증권(combined transport document) 등에는 적용되지 않았다.

[해 설]

(1) 보통법에 따르면, 선하증권기재 내용이 해상운송인을 구속하지 못하는 문제가 발생하였고 수하인과 피배서인의 운송인에 대한 권리행사에 장애가 있어 이를 개선하기 위해 1855년 선하증권법을 제정하였다.

(2) 선하증권 기재의 효력의 강화, 직접계약관계의 원칙에 대한 예외인정 등이다.

(3) 선하증권에만 적용되고 해상운송장 등 양도불능 운송증권에는 적용되지 않았다.

(4) 1855년 영국선하증권법에는 선하증권의 양수인은 화물의 소유권을 이전받는 경우에 한하여 선하증권 소지인으로서의 모든 권리를 행사할 수 있다고 규정되어 있으므로, 피보험자가 해상적하보험계약에 따라 손상된 화물에 대한 보험금을 지급받고 그 선하증권을 보험자에게 교부하였다 하더라고 이는 위 화물의 소유권을 이전하려는 것은 아니라 할 것이어서 보험자는 위 선하증권소지인으로서의 권리를 행사할 수 없다.

1-2 1971년 해상화물운송법(Carriage of Goods by Sea Act 1971)

(1) 1971년 해상물건운송법의 의의

[사례 Ⅱ-2-2: 1971년 해상물건운송법]

(1) 1971년 해상물건운송법의 제정배경은?

(2) 1971년 해상물건운송법의 주요 내용은?

(3) 1971년 해상물건운송법의 문제점은?

[해 설]

(1) 헤이그-비스비규칙을 수용하기 위한 것이다.

(2) 1971년 해상물건운송법의 내용은 헤이그-비스비규칙과 대부분 동일하며 헤이그-비스비규칙에 규정하지 않은 일부 내용을 추가하고 있을 뿐이다.

(3) 선하증권에만 적용되고 해상운송장 등 양도불능 운송증권에는 적용되지 않았다.

(2) 1971년 해상물건운송법의 효력

[사례 Ⅱ-2-3: The Morvikin(1983) 1 Ll.R.1.]
송하인 A가 운송인 B에게 기계류를 영국 라이스(Leith)항으로부터 네덜란드 안틸레스(Antilles)항까지 해상운송을 의뢰하자 B는 라이스항에서 기계류를 선적한 후 A에게 선하증권을 발행하고, 기계류를 선적한 선박이 안틸레스항에 도착하였다. B는 안틸레스항에서 양륙중에 기계류를 손상시켰다. 이에 A가 B를 상대로 영국법원에 배상을 청구하였다. 선하증권에는 준거법을 네덜란드법(당시 헤이그규칙만 비준)으로 규정하고 있고, 전속관할 법원은 네덜란드 암스테르담법원으로 규정하고 있었다. A는 영국법원에 소송을 제기하여 1971년 해상물건운송법(헤이그-비스비규칙)을 근거로 책임제한을 주장하였다.

(1) 사례에서 적용되는 준거법은?
(2) A의 주장에 따라 헤이그-비스비규칙 책임제한 규정을 적용할 수 있는가?

1971년 해상물건운송법은 헤이그-비스비규칙을 그대로 영국의 국내법으로 수용하였으며, 헤이그-비스비규칙은 영국에서 법률로서의 효력을 가지게 되었다.[1)]

영국법원은 The Morviken 사건[2)]에서 헤이그-비스비규칙은 영국에서 법률로서의 효력을 가지고 있는바, 비록 선하증권에 준거법을 네덜란드법, 네덜란드 암스테르담을 전속관할법원으로 정하고 있다고 하더라도, 헤이그-비스비규칙의 책임제한규정이 적용된다고 판시한 바 있다.[3)] 이는, 헤이그-비스비규칙이 적용되는 해상운송계약에 있어서는 전속관할 및 준거법 조항도 헤이그-비스비규칙에 반하는 한 수정될 수 있음을 의미한다.

1971년 해상물건운송법은 헤이그-비스비규칙과 마찬가지로 선하증권이나 기타 이와 유사한 권원증권이 발행된 해상운송계약에만 적용되고, 해상운송장

1) 1971년 선하증권법은 "이 법에 첨부된 헤이그-비스비규칙은 법률로서의 효력을 가진다"(본문 제1조 제2항)라고 규정하고 있다.

2) 운송인이 영국 라이스항으로부터 네덜란드 안틸레스항까지 해상운송 후 양륙도중 화물을 손상시켜 화주가 영국법원에 배상을 청구한 사건으로서 선하증권에는 준거법을 네덜란드법으로 전속관할법원을 네덜란드 암스테르담법원으로 규정하고 있었으나, 화주가 영국법원에 소송을 제기하여 1971년 해상물건운송법(헤이그-비스비규칙)을 근거로 책임제한 주장을 하여 영국법원은 헤이그-비스비규칙에 따른 책임제한이 인정된 바 있다. 당시 네덜란드는 헤이그규칙을 수용하고 있어 헤이그-비스비규칙에 미치지 못하는 책임제한 조항을 두고 있었다.

3) 심재두 457면.

이나 양도불가능한 운송증권에는 적용되지 않는다. 다만 해상운송장이나 기타 양도불가능한 운송증권에 화물수령증이 선하증권인 것처럼 헤이그-비스비규칙이 적용된다는 내용을 기재한 경우 헤이그-비스비규칙이 적용될 수 있음을 규정함으로써 양도불가능한 운송증권에도 헤이그-비스비규칙이 적용될 여지를 마련하였다.

[해 설]
(1) 네덜란드법과 헤이그-비스비규칙 및 헤이그규칙이 준거법으로 적용된다. 네덜란드는 이면약관에 준거법으로 지정되어 있고, 네덜란드는 당시 헤이그규칙 체약국인바 헤이그규칙이 적용되며, 영국항에서 출항한 경우이므로 헤이그-비스비규칙이 적용된다.
(2) 헤이그-비스비규칙 제 3 조 제 8 항은 해상운송인의 책임감경을 금지하고 있는바, 헤이그-비스비규칙에 비해 책임제한액이 소액인 네덜란드법을 적용할 수 없다할 것이므로 A의 주장이 타당하다. 그러므로 포장당 666.67SDR 또는 중량당 2SDR을 기준으로 책임제한액을 정해야 한다.

1-3 1992년 해상물건운송법(Carriage of Goods by Sea Act 1992)

[사례 Ⅱ-2-4: 1992년 해상물건운송법]
(1) 1992년 해상물건운송법의 제정배경은?
(2) 1992년 해상물건운송법의 주요 내용은?
(3) 1992년 해상물건운송법과 1971년 해상물건운송법과의 관계는?

(1) 제정의 필요성과 다른 법들과의 관계

1885년 선하증권법은 많은 등 여러 가지 미흡한 점[1)]이 많아 해상운송관계를 규율하는데 한계가 있어, 이를 대체하기 위해 1992년의 영국해상물건운송법(Carriage of Goods by Sea Act 1992)이 제정되어 1992년 9월 16일에 발효되었다.

동법은 1924년의 해상물건운송법 또는 1971년의 해상물건운송법과 이름은 같지만 그 내용은 다르다. 즉, 1924년의 해상물건운송법은 헤이그규칙을 국내

1) 예를 들어 직접계약관계의 원칙에 기해 계약책임을 묻는 데는 큰 어려움이 없었으나, 불법행위책임을 묻기 어려운 난점이 있었다.

법화한 것이고, 1971년의 해상물건운송법은 헤이그-비스비규칙을 국내법화한 것이다. 1971년의 해상물건운송법에는 선하증권 등 운송계약에 관련된 규정들이 있었는데, 1992년의 해상물건운송법에는 운송계약위반시 누가 소를 제기할 수 있는가 등에 관한 규정이 포함되어 있기 때문에 동법의 이름을 1992년의 선하증권법이라 하지 않고 1992년의 해상물건운송법이라고 명명하고 1992년 9월 16일부터 효력을 발생시켰다.[1)2)]

1992년 해상물건운송법은 1971년 해상물건운송법이 헤이그-비스비규칙을 법률로써 효력을 갖도록 규정한 것에 대해 아무런 영향을 미치지 않는다고 규정하고 있을 뿐만 아니라(동법 제5조 5항), 1971년 해상물건운송법으로 인용될 수 있다고 규정하고 있는 바(동법 제6조 1항), 1971년 해상물건운송법을 보완한 것으로 볼 수 있다고 할 것이다. 이러한 이유로 영국에는 2종의 해상물건운송법이 존재하게 되었다.[3)]

[해 설]

(1) 1885년 선하증권법은 여러 가지 미비한 점이 많아 이를 개선하기 위해 제정되었다.

(2) ① 재산권이전과 소권의 분리 ② 해상운송장과 하도지시서 등 적용범위의 확대 ③ 운송계약 당사자 외의 자가 책임을 부담하더라도 송하인의 책임은 소멸되지 않도록 함 ④ 선적되지 않은 화물에 대해 운송인(선박소유자)책임 인정 ⑤ 보증서에 의한 화물인도의 문제점 보완 ⑥ 전자식 선하증권에도 1971년 해상물건운송법의 적용 등.

(3) 본문 참조.

(2) 1992년 해상물건운송법의 내용

[사례 Ⅱ-2-5: The Delfini(1990) 1 Lloyd's Rep.252]

1985.7.2.경 매수인 C는 물건매매계약을 체결하였고 화물을 적재한 선박은 같은 해 8.4. 양륙항에 도착하였다. 그런데 같은 해 8.2.에야 선하증권이 발행되었으므로 수

1) 이성철, "영국해상물건운송법 1992에 관하여", 개정해상법의 제문제(한국해법회 1993. 7. 2. 학술발표회), 60면.

2) 엄윤대, 선하증권론(이론과 실무)(2000), 35면.

3) 박용섭, 해상법론, 형설출판사(1998), 514면.

하인은 선하증권에 의해 화물을 인수하는 대신 같은 달 5. 운송인에게 보증서를 제출하고 화물을 인도받았다. 화물을 수령한 최종매수인 A는 화물이 부족하다는 이유로 1855년의 선하증권법에 의거하여 운송인 B를 제소하였는데, B는 자신이 계약위반을 한 일이 없고, A는 영국법상 운송계약당사자가 아니므로 배상책임이 없다고 항변하였다.

(1) B의 항변이 타당한 것인가?
(2) 1992년 해상물건운송법이 적용될 경우 B의 항변이 타당한가?

1992년의 해상물건운송법의 주요 내용은 다음과 같다.

첫째, 선하증권이나 용선계약 등의 운송계약하에서 재산권의 이전이 소송을 제기할 수 있는 권리와 분리되었다. 즉, 적법한 선하증권소지인은 운송계약의 당사자인 것처럼 운송계약상의 모든 소송상의 권리를 가지도록 하였다(1992년 해상물건운송법 제 2 조 1항). 즉, 계약당사자 이외의 제 3 자도 선하증권을 적법히 소지하여 화물인도청구를 할 수 있게 되었다. 대량운송화물(bulk cargo)의 경우 특정되지 않은 일부 대량운송화물의 매수인은 담보권지로서 손해배상청구권을 양도할 수 있다. 그 대신 누군가가 적법한 선하증권소지인이 되면 송하인 및 중간 선하증권소지인들의 계약적 권리는 소멸된다(동조 5항). 선하증권소지인이 실제로 손해를 입지 않은 때에는 실제로 손해를 입은 자를 위해 선하증권소지인이 손해배상청구를 할 수 있다(동조 4항).

둘째, 1855년의 선하증권법은 해상화물운송장(sea waybill)과 하도지시서(delivery order, D/O)에 대하여는 적용되지 않았다. 즉, 해상운송장이나 하도지시서에 의해 권리를 주장하는 자는 1855년의 선하증권법(제 1 조)이 의미하는 선하증권상의 양수인(consignee)이나 피배서인(endorsee)이 아니므로 운송인에 대하여 소송을 제기할 수 없었다. 반면에 1992년의 해상물건운송법은 해상운송장이나 하도지시서에 대하여도 적용된다(1992년 해상물건운송법 제 2 조 1항 (b)호, (c)호).

셋째, 운송계약 당사자 이외의 자가 책임을 지는 경우에도 원래의 송하인의 책임은 소멸하지 않는다(동법 제 3 조 3항). 1855년의 선하증권법에서는 이 점이 명확하지 않았으나, 1992년의 해상물건운송법하에서 송하인은 운임지급의무 등 운송계약상책임을 여전히 부담한다.

넷째, 과거 영국판례는 선장이 선하증권에 서명했더라도 선적되지 않은 화물에 대하여는 선박소유자가 책임을 지지 않는다는 입장을 취하고 있었다.[1] 이는 기본적인 대리의 법리(agency law)에 어긋나지만 이 판례가 번복되지는 않았다. 반면에 1992년의 해상물건운송법은 선장 또는 운송인으로부터 선하증권 발행 권한을 위임받은 자가 서명한 선하증권은 운송인이 화물을 수령하였다는 결정적인 증거(conclusive evidence)가 된다고 규정함으로써(1992년 해상물건운송법 제4조 (b)호) 과거 판례의 문제점을 해결하였다.

다섯째, 종래 보증서(Letter of Indemnity)에 의한 화물인도의 문제점을 보완했다. 예컨대 1855년의 선하증권법이 시행되고 있을 당시 발생한 Delfini호사건[2]에서는 화물을 적재한 선박이 도착하였음에도 선하증권이 아직 도착하지 않아 보증서를 제출하고 화물을 먼저 인도받았는데, 실제로 화물을 수령한 최종수하인은 화물이 부족하다는 이유로 운송인을 제소하였는데, 운송인은 자신이 계약위반을 한 일이 없고, 원고는 영국법상 운송계약당사자가 아니라고 항변하였다. 이에 영국항소법원(Court of Appeal)은 화물이 양륙되면 운송계약도 종료되고, 양륙 이후에 배서의 연속에 의하여 소송을 제기할 권리가 양도되는 것은 아니므로 양륙 전에 재산권이 이전되었어야 하고 운송계약이 종료된 후에는 소권이 양도되는 것이 아니라는 이유로 원고를 패소시켰다.

그러나 1992년의 해상물건운송법은 선하증권의 권원증권으로서의 효력이 종료되었더라도 선하증권의 배서에 의해 예컨대 미리 매매계약 등에 의한 약정에 의해 화물에 대한 권리를 이전할 수 있다고 규정하였다(1992년 해상물건운송법 제2조 2 (a)호).

여섯째, 국무장관(Secretary of State)이 규칙(regulations)에 의하여 선하증권과 같은 효력을 가지는 전자식 선하증권 등에 대하여도 1992년의 해상물건운송법을 적용할 수 있도록 하였다(동법 제1조 5항).

[해 설]

(1) 당시 시행되고 있던 1855년 선하증권법에 의하면, 화물이 양륙되면 운송계약도 종료되고, 양륙 이후에 배서가 연속되었다고 하여 소송을 제기할 권리가 양도되는 것은

---

1) Grant v. NorWay(1815) 10 C.B.665; 이성철, 58~59면.

2) The Delfini [1990] 1 Lloyd's Rep. 252.

아니므로, A는 운송계약당사자가 아니라는 B의 주장은 타당하다.
(2) 1992년의 해상물건운송법은 선하증권의 권원증권으로서의 효력이 종료되었더라도 선하증권의 배서에 의해 예컨대 미리 매매계약 등에 의한 약정에 의해 화물에 대한 권리를 이전할 수 있다고 규정하였다(1992년 해상물건운송법 제 2 조 2(a)호). 그러므로 1992년 해상물건운송법이 시행된 이후에는 B와 같은 주장은 허용될 수 없게 되었다.

2. 미국 해상물건운송법(미국 COGSA)

2-1 하 터 법

[사례 Ⅱ-2-6: 하터법 적용]
송하인 A와 운송인 B는 미국내 항구간 연안운송 계약을 체결하면서 미국 해상물건운송법이 적용된다는 조항을 삽입하였다.
(1) 미국 항구간에 연안운송계약 및 내수운송계약에 적용되는 법은?
(2) 사례의 경우 약정은 유효한가?
(3) 하터법과 미국 해상물건운송법과의 차이는?

미국법상 미국항구간의 연안운송계약 및 내수운송계약에 관하여 발행된 선하증권에 대하여는 하터법(Harter Act)이 적용된다. 단 이 같은 선하증권에 대하여도 미국 해상물건운송법이 적용된다는 당사자간의 합의(이른바 연안항해 옵션(coastwise option))는 유효하며, 동법이 이 같은 국내용 선하증권에 적용되는 일도 자주 있다. 이 같은 합의가 있는 경우에 하터법의 적용범위는 선적전 및 양륙후의 기간에 국한된다.

미국 해상물건운송법과 하터법의 적용범위가 위와 같이 다르다 하더라도 두 법률의 입법취지 및 책임원칙이 동일하기 때문에 사실상 문제가 발생할 여지는 거의 없다. 즉 하터법은 운송인이 과실에 의하여 운송물의 선적, 적부, 보관, 인도를 적절히 하지 않았거나 적절한 장비를 갖추고 감항능력을 가진 선박을 제공하지 아니한 것에 대하여 운송인을 면책시키는 선하증권조항을 무효로 한다.[1]

1) 하터법 제 1 조(46 U.S.C. 제190조)는 다음과 같다. "과실책임에 대한 면책약관(상사과실면책약정 무효: 저자 주) 미국항구와 외국항구간에서 상품 또는 운송물을 운송하는 선박의 관리인, 대리점, 선장,

또 하터법은 미국 해상물건운송법과 마찬가지로, 선박소유자가 선박에 대한 감항능력에 관하여 상당한 주의를 다한 경우에는 (i) 항해과실 또는 선박관리에 대한 과실로 인하여 발생한 손해에 대하여 면책시키고, (ii) 바다에 고유한 위험, 불가항력, 공적의 행위, 운송물의 숨은 하자, 운송물의 특성, 포장불충분, 사법절차에 의한 압류, 송하인 또는 그 대리인의 작위 또는 부작위로 인한 손해, 해양사고구조 또는 해양사고구조를 하기 위한 이로로 인하여 발생한 손해에 대하여 면책시킨다(하터법 제3조). 따라서 하터법과 미국 해상물건운송법은 다음의 세 가지 점을 제외하고는 동일한 기능을 가진다. 즉 첫째, 하터법에 의하면 선박소유자가 감항성 있는 선박을 제공하는 데 대하여 상당한 주의를 행사하지 아니하였다면 설사 선박의 불감항성이 사고발생의 원인이 아니라 할지라도 운송인은 항해과실 또는 선박관리에 대한 과실로부터 면책되지 않는다. 둘째, 하터법은 소멸시효에 관한 규정을 두고 있지 않다. 셋째, 하터법에는 운송물의 멸실 또는 훼손에 대한 운송인의 개별적 책임제한에 관한 규정이 없는 점이 미국 해상물건운송법과 다르다.

[해 설]

(1) 하터법이 적용된다.

(2) 당사자간의 합의로 미국 해상물건운송법을 적용할 수 있다. 다만, 선적 전 그리고 양륙 후의 구간에는 하터법이 적용된다.

(3) 본문 참조.

소유자가 자신의 과실 때문에 또는 운송을 위탁받은 상품 또는 운송물의 선적, 적부, 보관, 취급, 인도를 적절하게 하지 않았기 때문에 발생한 멸실 또는 훼손에 관한 책임으로부터 자신의 책임을 면제시키는 조항 또는 약정을 선하증권 또는 선적증서에 기재하는 것은 위법이다. 선하증권 또는 운송물영수증에 그러한 취지의 문언을 삽입하였다 하더라도 이는 무효이다." 또 하터법 제2조(46 U.S.C. 제191조)는 다음과 같다.

"선박의 장비에 대하여 상당한 주의를 행사할 의무를 면제시키는 조항(감항능력주의의무면제약정 무효 : 저자 주). 미국항구와 외국항구간에서 상품 또는 운송물을 운송하는 선박의 소유자, 선장, 대리점, 관리인이 선하증권 또는 선적증서에 어떤 조항 또는 약정을 삽입함으로써 그 선박소유자가 선박을 적절하게 장비, 인원배치, 식량보급, 의장하고 감항능력을 갖추며 그 선박이 예정된 항해를 수행할 수 있도록 상당한 주의를 다하여야 할 의무 또는 선장, 선원, 대리점, 피용자가 운송물을 조심스럽게 취급, 적부, 보관하고 적절히 인도하여야 할 의무를 경감 또는 면제시키는 것은 위법이다."

2-2 Pomerene선하증권법

[사례 Ⅱ-2-7: Pomerene선하증권법 적용]

(1) Pomerene선하증권법이 적용되는 경우는?

(2) 하터법, 미국 해상물건운송법, pomerene선하증권법 중 개별운송에 적용되는 법은?

미국은 해상운송인들의 과도한 면책약관에 대항하기 위해 1893년 하터법을 제정하여 해상운송인을 견제하였다. 해상구간에는 미국 해상물건운송법이 적용되고 운송인과 송하인의 합의가 있으면 해상구간 외에서 하터법이 적용된다.

미국은 주간운송(州間運送)에 적용되는 1906년 통일선하증권(U.S. Uniform Bills of Lading Act 1906)을, 미국 외의 운송을 위해 1916년 미국 연방선하증권법(Federal Bills of Lading Act, Pomerene Act: 이하 "Pomerene선하증권법")를 제정하였다. 그 후 헤이그규칙을 비준하고 이에 기해 1936년 해상물건운송법을 입법하였다.[1)]

미국에서 발행되는 선하증권에는 Pomerene선하증권법이 주로 적용되는데, 동법은 "미국 내 한 주의 특정지점에서 외국 또는 다른 주로, 또는 한 주의 특정지점에서 외국이나 다른 주를 경유하여 같은 주의 다른 지점으로" 운송하는 운송물에 대하여 공공운송인이 발행한 모든 선하증권에 적용된다.[2)] 따라서 주간교역(州間交易)이나 국제교역과 관련하여 미국에서 발행된 모든 선하증권에 대하여는 Pomerene선하증권법이 적용되므로 각 주법은 적용되지 않는다. 그리고 미국영토 외에서 발행된 선하증권에 대하여는 일반해상법 및 국제사법원칙을 적용하여 준거법을 결정하게 되는데, 준거법을 결정할 때에는 선하증권 발행지, 선적항 및 양륙항, 당사자들의 국적, 주거지, 영업지 등을 고려하게 된다.[3)]

Pomerene선하증권법은 선하증권의 원본과 상환하지 않고는 화물의 인도를 하지 못하도록 규정하고 있다(동법 제9조).

---

1) 박용섭 514면.

2) 49 U.S.C. 제81조. Industria Nacional Del Papel, C.A. v. M/V Albert F, 730 F.2d 622(11th Cir.1984).

3) Restatement(Second) of Conflict of Laws, §§187～188(1971).

[해 설]

(1) 미국 내 한 주의 특정지점에서 외국 또는 다른 주로, 또는 한 주의 특정지점에서 외국이나 다른 주를 경유하여 같은 주의 다른 지점으로 운송하는 운송물에 대하여 공공운송인이 발행한 모든 선하증권에 적용된다

(2) 하터법, 미국 해상물건운송법, pomerene선하증권법은 모두 개별운송에는 적용되지 않는다.

2-3 미국 해상물건운송법

(1) 장소적 적용범위

> [사례 Ⅱ-2-8: 미국 해상물건운송법 적용(1)]
> 송하인 A는 운송인 B에게 한국 부산항에서 미국 뉴욕항까지 반도체 제품 2컨테이너(이하 "화물")의 운송을 의뢰하였는데, 해상운송 중 화물이 멸실되었다. B의 선하증권 지상약관에는 미국 해상물건운송법이 적용된다는 내용을 포함하고 있지 않다.
>
> (1) 사례의 경우, 1936년 미국 해상물건운송법이 적용되는가?
> (2) 선하증권 지상약관에 미국 해상물건운송법이 적용된다는 내용이 기재되지 않은 경우에도 미국 해상물건운송법이 적용되는가?
> (3) 위 사례에서 A와 B가 항해용선계약을 체결하여 화물을 운송한 경우, 미국 해상물건운송법이 적용되는가?
> (4) 위 용선계약하에서 발행된 선하증권도 미국 해상물건운송법의 적용을 받는가?
> (5) 선박소유자와 용선자가 용선계약에 미국 해상물건운송법을 적용한다는 지상약관을 기재한 경우 미국 해상물건운송법을 적용되는가?

미국은 헤이그규칙을 국내법화하여 1936년에 미국 해상물건운송법을 제정하였는데, 동법은 국제거래에 있어서 미국항구를 출발항 또는 목적항으로 하는 모든 해상운송계약에 적용된다. 동법의 제정목적은 운송계약 당사자간의 합의에 의하여도 경감할 수 없는 최소한의 운송인의 책임과 의무를 규정함으로써 종래 운송인이 화주에 대하여 우월한 지위를 가지는 현상을 시정하고 해상법의 국제적 통일성을 기하려는 것이었다.

미국 해상물건운송법은 운송계약으로서의 선하증권이 발행된 경우에 운송계약 당사자 사이의 관계를 규율하며, 동법에 저촉되는 선하증권조항은 무효이므로 동법에 의하여 계약자유의 원칙은 일정한 제한을 받게 된다. 선하증권에

는 통상 동법의 적용을 받는다는 내용의 이른바 지상약관이 기재되어 있는데, 이 같은 지상약관이 기재되지 않은 경우에도 동법의 강행규정은 선하증권에 적용된다.

반면에 용선계약이 운송계약에 해당한다 할지라도 용선계약에 대하여는 미국 해상물건운송법이 적용되지 않으므로,[1] 용선계약 당사자들은 용선계약의 내용을 자유롭게 결정할 수 있다. 그런데 용선계약하에서 선하증권이 발행된 경우에 미국 해상물건운송법이 적용되는지 여부는 당사자들이 선하증권을 단순한 운송물의 영수증 또는 운송계약으로 보았는지 여부에 달려있다. 만약 계약당사자들이 선하증권을 운송계약으로 보고 선하증권으로써 당사자들 사이의 법률관계를 규율할 것을 의도하였다면 미국 해상물건운송법이 적용되며 이와 저촉되는 용선계약의 규정은 무효이다.[2]

한편, 당사자들이 선하증권을 단순히 운송물의 영수증으로 본 경우에는 미국 해상물건운송법은 적용되지 않으나,[3] 그러한 경우에도 운송물의 종류, 품질, 중량, 부피에 관한 선하증권의 기재내용은 일응 정확한 것으로 추정된다. 또 선하증권을 제 3 자에게 양도함으로써 선하증권이 운송계약으로 될 수도 있다.[4]

[해 설]

(1) 미국항구를 출발항 또는 목적항으로 하는 모든 해상운송계약으로 선하증권이 발행된 경우에 미국 해상물건운송법이 적용된다. 목적항이 미국항이므로 미국 해상물건운송법이 적용된다. 지상약관에 미국 해상물건운송법이 적용된다는 내용이 없어도 미

1) 46 U.S.C. 제1305조. 미국 해상물건운송법의 입법배경에 관하여는 Michael Sturley, The Legislative History of the Carriage of Goods by Sea Act and the Travaux Preparatoires of the Hague Rules, Vol. 1(The Essential Sources), Vol. 2(Additional International Sources), Vol. 3(Congressional Hearings) (Littleton, Colorado Fred B. Rothman & Co., 1990).

2) 46 U.S.C. 제1305조는 "미국 해상물건운송법은 용선계약에 적용되지 아니한다. 그러나 용선계약하에서 발행된 선하증권은 동법의 적용을 받는다"고 규정하고 있다. 선하증권이 용선계약의 내용을 편입하는 경우에는, 용선계약내용이 미국 해상물건운송법상 허용되는 범위 내에서만 편입할 수 있다. Alamo Chemical Transp. Co. v. M/V Overseas Valdez, 469 F.Supp. 203(E.D.La. 1979). 그리고 용선계약에 미국 해상물건운송법을 적용한다는 지상약관을 기재함으로써 선박소유자와 용선자에 대하여 미국 해상물건운송법을 적용시킬 수 있다. The Saxon Star(Anglo Saxon Petroleum Co. v. Adamastos Shipping Co.), [1958] A.C. 133, [1958] 1 Lloyd's Rep. 73(H.L.); United States v. M/V Marilena P., 433 F. 2d 164(4th Cir. 1969); United States v. Wessel, Duval & Co., 115 F.Supp.678(S.D.N.Y. 1953).

3) Nichimen Company v. M.V. Farland, 462 F. 2d 319(2d Cir. 1972).

4) Instituto Cubano de Estabilizacion del Azucar v. T/V Golden West, 246 F. 2d 802(2d Cir. 1957).

국 해상물건운송법이 적용된다.

(2) 선하증권 지상약관에 미국 해상물건운송법에 대한 내용이 기재되지 않은 경우에도 미국 해상물건운송법은 적용된다.

(3) 용선계약에는 미국 해상물건운송법이 원칙적으로 적용되지 않는다.

(4) 미국 해상물건운송법 제1305조는 용선계약하에서 발행된 선하증권도 적용됨을 규정하고 있다. 그러므로, 용선계약하에서 발행된 선하증권이 단순한 영수증의 의미가 아니라 선하증권을 발행하여 당사자 사이의 법률관계를 규율할 것을 의도하였다면 미국 해상물건운송법이 적용된다.

(5) 용선계약에 미국 해상물건운송법을 적용한다는 지상약관을 기재함으로써 선박소유자와 용선자에 대하여 미국 해상물건운송법을 적용시킬 수 있다.

(2) 시간적 적용범위

[사례 Ⅱ-2-9: 미국 해상물건운송법 적용(2)]

(1) 1936년 미국 해상물건운송법이 적용되는 구간은?

(2) 미국 해상물건운송법의 적용구간과 헤이그-비스비규칙 및 한국 상법상 운송인의 책임적용 구간과의 차이는?

미국 해상물건운송법은 운송물이 선박에 선적된 때로부터 운송물이 선박으로부터 양륙될 때까지, 즉 색구에서 색구까지(tackle to tackle)의 기간에만 적용된다. 한편 운송인이 운송물을 수령한 때로부터 운송물이 선박에 선적되기 전 및 운송물이 선박으로부터 양륙된 때로부터 수하인에게 운송물을 인도한 때까지의 운송인의 책임은 하터법의 적용을 받는다.[1]

그러나 미국 해상물건운송법은 운송물의 선적 전 또는 선박으로부터의 양륙 후의 기간에 대하여 운송인과 송하인이 특별한 약정을 할 수 있다고 규정하고 있으므로, 운송인과 송하인은 이 같은 기간에 대하여도 미국 해상물건운송법을 적용시킬 수 있다.[2]

그러나 이 같은 특별한 약정은 하터법의 적용을 받으며, 하터법은 운송인

1) Tapco Nigeria, Ltd. v. M/V Westwind, 702 F. 2d 1252, 1255(5th Cir. 1983); Allstate Insurance Co. v. Imparca Lines, 646 F. 2d 166, 168(5th Cir. 1981); Pan American World Airways, Inc. v. California Stevedore and Ballast Co., 559 F. 2d 1173(9th Cir. 1977).

2) United States v. Central Gulf S. S. Corp., 340 F.Supp. 473(E.D.La. 1972), judgment vacated on other grounds 517 F. 2d 687(5th Cir. 1975); Phillip Morris v. American Shipping Co., 748 F. 2d 563, 1986 AMC 276(11th Cir. 1984), rehearing denied 753 F. 2d 1087(11th Cir. 1985).

이 과실로써 또는 운송을 위탁받은 운송물을 적절히 선적, 적부, 보관, 취급, 인도하지 않은 것으로 인하여 운송물이 멸실 또는 훼손된 것에 대한 운송인의 책임을 면제시키는 선하증권조항을 무효로 한다.[1)]

[해 설]

(1) 미국 해상물건운송법은 운송물이 선박에 선적된 때로부터 운송물이 선박으로부터 양륙될 때까지, 즉 색구에서 색구까지(tackle to tackle)의 기간에만 적용된다.

(2) 미국 해상물건운송법은 선적된 때로부터 양륙될 때까지다. 다만 송하인과 운송인은 특별한 약정을 하여 선적전 또는 양륙후에도 미국 해상물건운송법을 적용시킬 수 있으나, 하터법의 적용을 받는다. 헤이그-비스비규칙은 선적 시부터 양륙 시까지 적용되고 당사자의 약정으로 선적전이나 양륙후에 적용할 수 있다. 한국 상법은 화물을 수령한 때로부터 인도할 때까지 적용된다.

(3) 미국 해상물건운송법의 효력

1) Pomerene선하증권법과 미국 해상물건운송법

미국은 헤이그규칙을 비준하고 1936년 미국 해상물건운송법을 제정하였다. 1936년 해상물건운송법의 제정과 상관없이 Pomerene선하증권법은 그대로 효력을 가지고 있다.

2) 미국 해상물건운송법에 반하는 조항의 효력

> [사례 Ⅱ-2-10: 미국 해상물건운송법 효력]
> 수출업자 A는 한국 부산에서 미국 캘리포니아까지 기계류 5상자(이하 "화물")를 B에게 의뢰하고, B가 이를 캘리포니아까지 운송하였는데, 운송도중 2상자가 운송도중에 손상되었다.
>
> (1) B가 자신의 과실책임으로부터 면제 또는 감경된다는 면책약관을 선하증권에 기재하고 있는 경우 1936년 미국 해상물건운송법과 하터법 규정에 반할 경우 그 효력은?
> (2) B의 선하증권에 한국 외국법인에서만 운송물에 관한 손해배상청구소송을 제기할 수 있다는 내용의 법정지선택조항을 둔 경우 그 효력은?
> (3) A가 B에게 별도로 통지하지 않는 한 운송인은 운송물을 갑판적할 수 있다는 조항을 둔 경우 선하증권의 효력은?

1) Leather's Best, Inc. v. S.S. Mormaclynx, 451 F. 2d 800, 816(2d Cir. 1971), on remand .

(4) 만약, 사안을 달리하여, 개별운송에 있어서 미국 해상물건운송법에 비해 운송인에게 유리한 조항을 둘 경우 그 효력은?

운송인이 자신의 과실책임으로부터 면제된다는 내용의 면책약관을 선하증권에 기재하는 경우가 자주 있는데, 미국 해상물건운송법 제3조 제8항은 이에 관하여 "본조에 규정된 운송인의 의무불이행 또는 운송인의 과실로 인하여 발생한 손해배상책임으로부터 운송인을 면제하거나 본법에 규정된 운송인의 손해배상책임을 경감하는 운송계약조항은 무효이다"라고 규정한다. 동법은 해상법의 국제적 통일성에 기여하고 운송인과 송하인간의 이해관계의 형평을 기하기 위하여 제정되었는바, 제3조 제8항은 동법의 핵심조항이라고 할 수 있다. 동조가 입법된 배경은, 미국 해상물건운송법 및 하터법이 제정되기 이전에는 운송인이 자신의 우월한 경제적 지위를 남용하여 자신의 과실로 인하여 운송물이 멸실 또는 훼손된 경우에도 자신을 면책시키는 부당한 면책약관을 선하증권에 삽입하였기 때문에 이를 시정하기 위한 것이었다. 즉 미국 해상물건운송법 제3조 제8항 및 하터법(46 U.S.C. 제190조)은 운송인이 삽입한 이른바 과실약관을 무효로 함으로써 송하인을 보호하고 있다.

미국법원은 미국 해상물건운송법 제3조 제8항을 엄격하게 적용하고 있으며, 운송인의 책임을 면제 또는 경감시키는 선하증권조항은 동조가 허용하는 범위 내에서만 가능하다. 선하증권에 의하여 운송인의 책임을 가중시키는 것은 허용되는 반면 운송인의 책임을 경감시키는 것은 불가능하다는 점에서 계약자유의 원칙이 제한을 받게 된다. 또 운송인의 책임을 경감시키는 상관습이 있더라도 그 상관습이 미국 해상물건운송법에 저촉되는 한 그러한 상관습의 효력은 인정되지 않는다.[1)]

그리고 송하인이 외국법원에서만 운송물에 관한 손해배상청구소송을 제기할 수 있다는 내용의 법정지선택조항은 무효이며, 송하인이 운송인에게 별도로 통지하지 않는 한 운송인은 운송물을 갑판적할 수 있다는 조항도 무효이다.[2)]

1) 예컨대 Sun Oil Co. of Pa. v. M/T Carlisle, 771 F.2d 805, 1986 AMC 305(3d Cir. 1985)사건에서는, 원유화물의 0.5퍼센트까지 멸실되더라도 운송인에게 책임을 묻지 않는 상관습은 미국 해상물건운송법상 인정될 수 없다고 판시하였다.

2) Indussa Corp. v. S.S. Ranborg, 377 F.2d 200, 203(2d Cir. 1967)(전원합의체판결); Encyclopaedia Britannica, Inc. v. SS Hong Kong Producer, 422 F.2d 7(2d Cir. 1969).

연방대법원은 선박충돌시 운송물소유자가 운송물 비적재선에 대하여 손해배상청구를 할 수 없다는 내용의 쌍방과실충돌약관은 무효라고 판시하였으며, 운송인은 해상운송에서 허용되는 면책사유를 내륙운송상의 책임에까지 확장하여 주장할 수 없다.[1)]

반면에 미국 해상물건운송법이 강행규정으로서 적용되는 것이 아니고 개별운송(private carriage)의 경우에 당사자들의 합의에 의하여 동법을 적용하는 때에는 동법의 내용과 상치되는 조항을 기재하여도 무방하다. 예컨대 송하인이 운송물을 적하보험에 부보함으로써 운송인이 운송물의 멸실 또는 훼손에 대한 손해배상책임을 지지 아니하도록 하여야 한다는 보험이익약관(benefit of insurance clause)은 미국 해상물건운송법상 무효이나 용선계약에서는 허용된다.[2)]

또 운송인은 운송물을 수령하기 전에 발생한 손해에 대하여는 책임을 지지 아니한다.

[해 설]

(1) 미국 해상물건운송법에 반해 운송인이 선하증권에 운송인의 과실책임을 면제하거나 경감하는 것은 무효이다. 하터법에 반할 경우도 무효이다.

(2) 미국법원은 송하인이 외국법원에서만 운송물에 관한 손해배상청구소송을 제기할 수 있도록 하는 내용의 법정지선택조항은 무효라고 판시하다가, Vimar Seguros Y Reaseguros, S.A. v. M/V Sky Reefer 판결에서는 이를 인정한 바 있다.

(3) 송하인이 운송인에게 별도로 통지하지 않는 한 운송인은 운송물을 갑판적할 수 있다는 조항도 무효이다.

(4) 개별운송에 있어서는 미국 해상물건운송법이 적용되지 않으므로 계약자유의 원칙에 따라 자유롭게 계약을 체결할 수 있다.

(4) 책임제한

[사례 Ⅱ-2-11: 미국 해상물건운송법 책임제한]

송하인 A는 프랑스 선사 B와 프랑스 마르세유 항구에서 미국 캘리포니아까지 포도

1) United States v. Atlantic Mutual Ins. Co., 343 U.S. 236, 72 S.Ct. 666, 96 L.Ed. 907(1952); Vistar, S.A. v. M/V Sea Land Express, 792 F.2d 469, 1986 AMC 2382(5th Cir. 1986).

2) 46 U.S.C. 제1303(8)조 Horizon Petroleum Co. v. Barges Dixie 162, 234, and 236, 753 F.2d 382(5th Cir. 1985).

주를 운송하기로 하는 운송계약을 체결한 후, B가 해상운송도중 포도주의 일부를 손상시켰다.

(1) 위 해상운송에 적용될 수 있는 법은?
(2) B의 선하증권에 헤이그규칙에서 규정하고 있는 책임제한 조항을 선하증권이면약관에서 규정하고 있는 경우 그 효력은?
(3) A가 주장할 수 있는 책임제한 금액은?

미국 해상물건운송법은 포장당 또는 단위당 미화 500달러로 규정하고 있다(1936년 해상물건운송법 제 4 조 5항).

[해　설]
(1) 헤이그-비스비규칙 비준국인 프랑스에서 출항한 경우 헤이그-비스비규칙이 강행적으로 적용된다고 할 것이다. 그리고 미국 해상물건운송법은 미국에 출발항 또는 도착항이 있는 경우 강행적으로 적용된다. 헤이그-비스비규칙과 미국 해상물건운송법이 적용된다.
(2) 헤이그규칙의 책임제한 내용은 미국 해상물건운송법에 비해 소액이고 헤이그-비스비규칙에 비해서도 소액인바, 효력이 없다.
(3) 송하인은 미국 해상물건운송법 또는 헤이그-비스비규칙의 책임제한 규정을 원용할 수 있는데, 헤이그-비스비규칙의 책임제한 규정인 포장당 666.67SDR 또는 중량당 2SDR이 미국 해상물건운송법에 비해 유리하므로, 헤이그-비스비규칙을 적용하여야 한다.

(5) 준거법, 관할

1) Indussa Corporation v. S.S. Ran\borg사건

[사례 Ⅱ-2-12: Indussa Corporation v. S.S. Ran\borg]
1965년 8월 4일 송하인 A는 벨기에[1]로부터 샌프란시스코까지 화물운송을 주사무소를 노르웨이에 두고 있는 B에게 의뢰하였는데, B가 화물을 운송하던 도중 화물이 손상되는 사고가 발생하였다. 선하증권이면약관에는 선하증권하에서 발생한 모든 분쟁은 B의 주사무소가 위치하고 있는 국가의 법원에서 당해 국가법에 따라 해결하기로 하는 관할합의규정을 두고 있다.

1) 벨기에는 당시 헤이그규칙에 가입하고 있었으며, 그 후 헤이그-비스비규칙이 제정되자

(1) 미국 해상물건운송법이 적용되는 경우는 어떤 경우이며, 사례의 경우 미국 해상물건운송법이 적용되나?
(2) 미국법원이 아닌 외국법원에 소를 제기할 수밖에 없도록 하는 법정지선택약관이 미국 해상물건운송법에 위반되는가?
(3) 위 경우 미국법원에 소를 제기할 수 있나?
(4) 미국 해상물건운송법보다 송하인에게 유리한 함부르크규칙 또는 헤이그-비스비 규칙이 미국법원에서 적용될 수 있나?

미국 해상물건운송법은 미국항구를 출발항 또는 목적항으로 하는 모든 국제해상물건운송계약에 적용되며, 당사자들이 선하증권에 의하여 약정하는 경우에는 미국항구간의 물건운송계약에도 적용된다. 일단 미국 해상물건운송법이 적용되는 경우에는 동법 제3조 제8항에 의하여 동법에 규정된 운송인의 의무와 책임을 면제 또는 경감하는 조항을 운송계약에 삽입하는 것이 금지되며, 동법에 저촉되는 선하증권조항은 무효이다.

그런데 미국 해상물건운송법의 적용을 받는 선하증권에 준거법 및 법정지 선택약관(choice of law and choice of forum clauses)을 기재한 경우가 문제된다. 이와 관련된 대표적인 판례인 1967년의 Indussa Corporation v. S.S. Ran/borg사건[1]에서 미국법원은 이 같은 약관 때문에 송하인이 어쩔 수 없이 외국법원에 제소하여야 한다면 당해 외국법원은 미국 해상물건운송법이나 하터법을 적용하지 않을 것이고 설사 이들 법규를 적용한다 할지라도 미국법원과는 다르게 해석할 가능성이 있다고 보았다. 따라서 송하인이 미국법원에서 미국법에 따른 판결을 받을 권리를 제한하는 준거법 및 법정지선택약관은 무효라고 판시하였다. 따라서 ① 미국 해상물건운송법이 적용되는 선하증권에 외국법을 준거법으로 하는 약관이 삽입되어 있더라도 미국 해상물건운송법의 적용이 배제되는 것은 아니며, ② 외국법원을 법정지로 하는 약관이 기재되어 있더라도 미국법원의 관할권이 박탈되는 것은 아니라는 것이 확립된 미국판례법이었다.[2]

1978.12.6. 이를 수용하였다.

1) 377 F.2d 200(2d Cir. 1967).

2) Indussa판결과 취지를 같이 하는 판결로서는 Union Insurance Society of Canton, Ltd. v. S.S. Elikon, 642 F.2d 721(4th Cir. 1981)판결이 있다. 준거법약관에 관하여는 The Steel Inventor, 35 F.Supp. 986, 997(D.Md. 1940); The Bill, 47 F.Supp. 969, 975(D.Md. 1942), judgment affirmed 145 F.2d 470(4th Cir. 1944). 2)Union Insurance Society of Canton, Ltd. v. S.S. Elikon, 642 F.2d 721(4th Cir. 1981).

이같이 미국 해상물건운송법이 적용되는 경우에는 설사 선하증권에 법정지선택약관이 기재되어 있더라도 미국법원의 관할권이 박탈되는 것은 아니지만, 미국법원이 당해 사건을 심리하기에 불편한 법정인 경우에는 당해 사건을 재량으로써 각하하여 외국법원에의 제소를 유도할 수있다. 당해 미국법원이 불편한 법정인지 여부는 당사자들의 국적, 손해발생지, 증인의 국적 및 소재지 등을 참작하여 결정한다. 다만 미국 해상물건운송법이 적용되는 경우에 미국법원이 불편한 법정이라는 이유로 송하인의 소송을 각하하는 일은 사실상 많지 않을 것이다.[1)]

그러나 Vimar Seguros Y Reaseguros, S.A. v.M/V Sky Reefer 판결로 위와 같은 법원의 입장은 전부 또는 일부 변경되었다고 보아야 한다. 다만, Vimar Seguros Y Reaseguros, S.A. v. M/V Sky Reefer 판결은 관할과 관련된 부분에 한해 입장을 변경하였을 뿐이고 면책내용이나 책임제한과 관련된 조항에 있어서 미국 해상물건운송법의 내용이 적용되지 않는다는 의미는 아님에 유의하여야 한다.

한편 헤이그-비스비규칙이나 함부르크규칙은 일반적으로 미국법보다 송하인에게 유리한 법체계인데, 헤이그-비스비규칙이나 함부르크규칙의 비준국을 법정지로 하고 그 비준국법을 준거법으로 하는 조항이 미국 해상물건운송법의 적용을 받는 선하증권에 기재된 경우가 문제된다. 미국 해상물건운송법 제3조 8항은 동법에 규정된 운송인의 최소한의 의무보다 무거운 책임을 운송인에게 부과하는 것을 금지하지 않으므로, 미국법원은 이 같은 조항을 유효한 것으로 본다.[2)]

[해 설]

(1) 미국 해상물건운송법은 미국항구를 출발항 또는 목적항으로 하는 모든 국제해상물건운송계약에 적용되며, 당사자들이 선하증권에 의하여 약정하는 경우에는 미국항구간의 물건운송계약에도 적용된다. 사례의 경우 목적항이 미국에 존재하고 있으므로 미국 해상물건운송법이 적용된다.

(2) 미국법원은 송하인이 미국법원에서 미국법에 따른 판결을 받을 권리를 제한하는 준거법 및 법정지선택약관은 무효라는 취지로 판결한 적이 있으나, Vimar Seguros Y

1) North River Insurance Co. v. Fed Sea/Fed Pac Line, 647 F.2d 985(9th Cir. 1981).

2) Schoenbaum, 592~94면. 4)Staring, "Forgotten Equity: The Enforcement of Forum Clauses," 30 J. Mar. L. & Comm. 405(1999). 5)407 U.S. 1, 92 S.Ct. 1907, 32 L.Ed.2d 513(1972), mandate conformed 464 F.2d 1395(5th Cir. 1972).

Reaseguros, S.A. v. M/V Sky Reefer 사건에서 미국이 아닌 외국법원에 소를 제기할 수 밖에 없도록 하는 법정지선택약관도 유효하다는 취지로 판시한 바 있다. 그러므로 법정지선택약관도 유효하다고 보아야 한다. 다만 재판당시의 미국판례는 법정지선택약관은 무효라고 판시하였다.

(3) 미국법원에 소제기는 허용되지 않을 가능성이 많다.

(4) 사례는 헤이그-비스비규칙이나 함부르크규칙이 발효되기 전이므로 이들 규칙이 적용될 여지는 전혀 없었다. 다만, 미국법원이 운송인의 책임을 가중하는 것을 금지하지는 않으므로, 함부르크규칙이나 헤이그-비스비규칙이 발효한 후 정당하게 이들 규칙이 적용되는 해상운송계약을 체결한 경우라면 이들 규칙이 적용될 수 있다고 하겠다.

2) M/S Bremen v. Zapata Off-Shore Co.사건

[사례 Ⅱ-2-13: M/S Bremen v. Zapata Off-Shore Co.]

A와 B는 동등한 입장에서 예선계약을 체결하여 이를 사용하였다. 런던을 법정지로 정하였다.

(1) 위 사례의 경우 미국 해상물건운송법이 적용되는가?

(2) 미국법원이 법정지선택약관의 유효성을 판단하는 기준은 무엇인가?

(3) A와 B간의 법정지선택약관은 유효한가?

미국 해상물건운송법이 적용되지 않는 선하증권상에 기재된 준거법약관과 법정지선택약관은 유효하다고 본다. 그 대표적인 예로는 미국연방대법원이 1972년에 판시한 M/S Bremen v. Zapata Off-Shore Co.사건[1]을 들 수 있다. 이 사건에서 법원은 당사자들이 동등한 입장에서 예인계약을 체결했고 선택된 법정지가 합리적이며, 분쟁해결에 관하여 당사자들이 합의에 의하여 법정지를 선택하는 것이 바람직하기 때문에 런던을 법정지로 하는 약관이 유효하다고 판시하였다. 또 법원은 1967년의 Indussa사건에서는 미국 해상물건운송법이 적용되는 경우인 반면, Bremen사건은 동법이 적용되지 않는 경우이므로 구별되어야 한다고 보았다. Bremen사건 이후 미국법원은 법정지선택조항이 사기에 의해 삽입되었거나 법정지선택조항의 이행을 강제하는 것이 부당한 경우를 제외하고는, 운송물손해에 관련되지 않은 일반해상사건에서도 법정지선택조항의

1) 407 U.S. 1, 92 S.Ct.1907, 32L. Ed 513(1972), mandate conformed 464 F.2d 1395(5th Cir.1972).

유효성을 폭넓게 인정한다.[1)]

미국 해상물건운송법이 강행규정으로서가 아니라 당사자간의 합의에 의하여 적용되는 경우에도 선하증권에 기재된 준거법약관 및 법정지선택약관은 유효하다. 왜냐하면 이 같은 경우에는 미국 해상물건운송법이 당사자간의 운송계약조건과 동일한 효력을 가질 뿐이므로, 당사자들이 합의에 의하여 얼마든지 준거법 및 법정지를 결정할 수 있기 때문이다.

[해 설]

(1) 사례의 경우 예선계약으로서 개별운송이므로 미국 해상물건운송법이 적용되지 않는다.

(2) 미국 해상물건운송법이 적용되지 않는 계약에 있어서는 준거법약관과 법정지선택약관은 유효하다고 본다.

(3) 법정지선택조항이 사기에 의한 경우나, 법정지선택조항의 이행을 강제하는 것이 부당한 경우를 제외하고는, 법정지선택조항의 유효성을 폭넓게 인정하는 것이 미국법원의 입장으로 보인다.

3) Vimar Seguros Y Reaseguros, S.A. v. M/V Sky Reefer 사건

[사례 Ⅱ-2-14: Vimar Seguros Y Reaseguros, S.A. v. M/V Sky Reefer]

미국 뉴욕 회사인 A가 모로코 회사 X로부터 수입하는 과일(이하 "화물")을 운송하기 위해, A는 파나마 선박회사 B로부터 정기용선한 C에게 모로코로부터 미국 메사추세츠주로의 운송을 의뢰하였고, C로부터 선하증권을 발급받았다. A가 미국에서 화물을 수령할 때 화물 손상사실이 발견되고 적하보험자인 D로부터 보험금의 일부를 지급받았다. 그 후 A와 D는 B와 C를 상대로 미국 연방법원에 소송을 제기하였다. 위 선하증권에는 선하증권하에서 발생하는 모든 분쟁은 일본 동경에서 중재를 통해 해결한다고 규정하고 있다.

B와 C는 위 중재약정에 기해 미국소송의 중지신청을 함과 동시에 일본중재를 강제해 달라고 신청하였다. 이에 대해 A와 D는 위 중재약정은 미국 해상물건운송법 제3조 제8항에 저촉된다는 이유로 중재약정은 유효하게 진행될 수 없다고 주장하고 있다.

---

1) Dukane Fabrics Int'l., Inc. v. M.V. Hreljin, 600 F.Supp. 202, 1985 AMC 1192(S.D.N.Y. 1985); Paterson, Zochonis(U.K.) Ltd. v. Compania United Arrows, S.A., 493 F.Supp. 626(S.D.N.Y. 1980); Teyseer Cement Co. v. Halla Maritime Corp., 583 F.Supp. 1268, 1985 AMC 356(W.D.Wash. 1984), appeal dismissed 794 F.2d 472, 1986 AMC 2705(9th Cir. 1986).

(1) A와 D의 주장이 타당한가?
(2) 미국에서 재판이 중지되고 일본에서 중재가 진행될 경우 미국 해상물건운송법의 강행규정은 중재절차에서 적용될 수 있는가?
(3) 만약 일본에서의 중재판정 내용이 미국 해상물건운송법에 반하는 내용을 포함하고 있는 경우 A와 D가 대응할 수 있는 방법은 무엇인가?

Vimar Seguros Y Reaseguros, S.A. v . M/V Sky Reefer(이하 "Vimar Seguros") 사건에서 미국연방대법원은 두 가지 정도의 근거를 들면서 외국중재지조항을 인정하였다. 미국 해상물건운송법 제 3 조 제 8 항은 책임의 내용에 관한 것으로서 관할의 문제와 구별된다는 것과, 일본중재인이 미국 해상물건운송법에 반하여 판정할 가능성이 있으나, 미국에서 집행하기 위해서는 집행판결을 받아야 하므로, 중재판정 집행단계에서 공서양속으로 다시 심판할 수 있는 기회가 있으므로, 국제거래가 활발해지고 있는 상황에서는 국제적인 상관행을 존중할 필요가 있음에 비추어 외국중재지조항을 인정한다는 것이다. 다만, 위 판결이 미국법원이 관할을 포기한 중요한 근거의 하나로 들고 있는 집행단계에서 미국법원의 능성기회가 있다고 한 것은 미국이 화주국인 점을 감안한다면 일응 수긍을 할 수 있지만, 외국에 자산이 있는 자에 대해서는 재심사의 기회가 부여되지 않을 수도 있기 때문에 다소의 의문이 남는다.

Vimar Seguros 판결 이후 분명한 것은 미국 해상물건운송법의 적용을 받는 선하증권상의 외국중재지조항은 유효하게 보나, 외국법정지조항의 유효성여부에 관한 것은 아직 확실치는 않으나 이 또한 인정하는 추세라는 것이다. 이 판결에 대한 반발로 미국해사법협회는 당시 작업 중이던 미국 해상물건운송법 개정안에 미국 해상물건운송법의 적용을 받는 선하증권상의 외국중재지조항과 법정지조항은 무효라는 규정을 삽입하였다.[1)] 미국 해상물건운송법개정안에 의하면 운송계약하의 외국법정지조항이나 외국중재지조항은 분쟁이 발생하기 전에 합의된 것은 무효라는 것이다. 미국 해상물건운송법 개정안이 의회를 통과한다면 이것은 Vimar Seguros사건의 연방대법원 판결에 우선하기 때문에 Vimar

1) 이를 기초로 한 상원의 미국 해상물건운송법 개정안은 동법이 적용되는 경우, 운송계약상의 외국중재지조항이나 법정지조항에도 불구하고 당사자들은 일정한 조건 하에 그들의 선택에 따라 적절한 미국의 법정에서 소송이나 중재를 개시할 수 있다고 규정하고 있다.

Seguros사건의 효력이 유지되는 것과 같은 결과를 초래할 것이다. 각국이 외국중재지조항이나 외국법정지조항의 유효성을 인정하고 있고, 헤이그규칙이나 헤이그-비스비규칙에 의거하여 입법하고 있는 경향에 비추어 볼 때, 현실적으로 외국법정지조항을 인정하더라도 운송인의 책임을 미국 해상물건운송법보다 경감할 우려가 많지 않을 것으로 보여짐에도 법을 개정하려는 미국의 태도에 대해 각국은 의아한 눈으로 바라보고 있다. 만약 미국이 이러한 입법을 할 경우 다른 나라들에게도 영향을 주게 될 것이 명백하므로 결국은 헤이그규칙이 이루어냈던 선하증권에 관한 규범의 통일화가 그 이전으로 회귀하는 현상이 초래될 수 있기 때문이다.

[해 설]

(1) 미국연방대법원은 중재약정을 유효한 것으로 보고 있는 바 A와 D의 주장은 타당하지 않다.

(2) 일본에서의 중재절차에서, 미국 해상물건운송법이 일본법에 비해 A와 D에게 유리하게 적용되어야 할 사항에 대해서는 미국 해상물건운송법이 적용되어야 한다.

(3) 만약 일본에서 중재판정시 화주에게 유리하게 적용될 수 있는 미국 해상물건운송법 조항을 적용하지 않을 경우(물론 일본법도 적용됨), 미국에서 집행판결 시에 이를 다툴 수 있을 것이다. 다만, A와 D의 재산이 미국 외에 있는 경우 미국집행판결을 거치지 않고도 집행할 수 있는 기회가 있을 수 있다.

(6) 중재약관

[사례 Ⅱ-2-15: 중재약관]

송하인 A와 운송인 B는 컴퓨터부품 500상자를 한국 인천항에서 미국 뉴욕항으로 운송하기로 하는 운송계약을 체결하였다. B의 선하증권에는 9개월 홍콩에서의 중재를 규정하고 있다. A는 뉴욕법원에 소를 제기하였는데 B는 홍콩중재 조항에 따라 뉴욕에서의 소는 인정되지 않는다고 하면서 다투고 있다.

(1) 외국의 중재조항이 유효한가?

(2) 위 선하증권은 미국 해상물건운송법의 제척기간은 1년 보다 단기로 규정되어 있는 데, 이는 유효한 것인가?

연방중재법(Federal Arbitration Act)상 모든 해상운송계약에 중재조항을 기재하는 것이 허용되기 때문에, 미국 해상물건운송법이 적용되는 선하증권이 독립적으로 발행되었든 용선계약에 따라 발행되었든 불문하고 선하증권상의 중재조항은 유효하며 외국에서의 중재조항도 유효하다.[1)]

나아가 일부 미국법원은 미국 해상물건운송법상의 손해배상청구소송의 제척기간은 1년이지만, 중재는 소송과 다르기 때문에 1년 미만의 단기간 내에 중재절차를 개시하여야 한다는 중재조항도 당사자들의 의사에 반하지 않는 한 유효하다고까지 판시한 바 있다.[2)]

그러나 많은 학자들은 중재절차가 사실상 소송과 동일한 기능을 수행하기 때문에, 중재절차에 의하여 미국 해상물건운송법상의 운송인의 의무를 경감시킬 수 없다는 이유에서 이 같은 판결에 비판적이다.[3)]

[해 설]

(1) 미국법원은 선하증권상의 중재조항은 광범위하게 적용되고 외국 중재도 특별한 사정이 없는 한 인정된다.

(2) 미국법원은 1년 미만의 단기간 내에 중재절차를 거쳐야 한다는 조항도 당사자의 의사에 반하지 않는 한 유효하다고 판시하고 있다. 다만, 중재조항을 이유로 송하인의 권리가 침해될 여지가 있으므로, 이를 인정하지 않는 것이 좋을 것으로 판단된다.

3. 일본 국제해상물품운송법

일본은 독일의 상법과 프랑스의 제도를 바탕으로 상법에 해상편을 두어 해상운송을 규율하고 있었다. 제 2 차 세계대전 후 헤이그규칙을 비준하고 국내법으로 상법의 특별법의 성격을 가진 1958년 국제해상물품운송법(1993년 COGSA)

1) Uniao de Transportadores Para Importaco ECommercio, Ltda. v. Companhia de Navagacao Carregadores Acoreanos, 84 F.Supp. 582(E.D.N.Y. 1949); Charles Pfitzer & Co. v. 912 Bags of Tartar, 40 F.Supp. 123(E.D.N.Y. 1941); Son Shipping Co. v. De Fosse & Tanghe, 199 F.2d 687(2d Cir. 1952).

2) 예컨대 Office of Supply Gov't of Rebublic of Korea v. New York Navigation Co., Inc., 469 F.2d 377(2d Cir. 1972); Empresa Publica v. S. S. Yukon Mart, 1976 AMC 2235(S.D.N.Y. 1976); Kurt Orban Co. v. S.S. Clymenia, 318 F.Supp. 1387(S.D.N.Y. 1970); Lowry & Co. v. S.S. Le Moyne D'Iberville, 253 F.Supp. 396(S.D.N.Y. 1966); appeal dismissed 372 F.2d 123(2d Cir. 1967); United States v. Cia. Naviera Continental S.A., 202 F.Supp. 698(S.D.N.Y. 1962).

3) Schoenbaum 교수는 중재조항에 의하여 1년 미만의 제척기간을 규정하는 것은 미국 해상물건운송법 제 3 조 제 8 항에 위반된다고 본다. Schoenbaum, 594면. 또 Comment, "Arbitration Clause : Potential Conflicts with the Carriage of Goods by Sea Act," 21 Col. J. Trans. L. 157(1982).

을 제정하였으며,[1] 1993년 1월 발효되었다. 그 후 선주책임제한법, 유탁손해배상보장법 등을 입법화하여 미비된 해상법을 보완하였다.

내항선에 적용되는 일본상법은 선하증권의 문언증권성을 인정한다. 한편, 외항선에 적용되는 국제해상물건운송법 제 9 조는 운송인은 선하증권의 기재가 사실과 다르다는 것을 선의의 증권소지인에게 대항하지 못하도록 하였다.

국제해상물품운송법은 포장당 666.67SDR 책임제한을 규정하고 있다(국제해상운송법 제13조). 일본은 헤이그-비스비규칙을 비준하였다.

4. 중국 해운계약법

4-1 중국 해상법의 의의

중국은 1992년 해상운수관계, 선박 관계를 조정하고, 당사자들의 합법적인 권익을 보호하며, 해상운수와 경제무역의 발전을 추진하기 위하여 중화인민공화국해상법(이하 "중국 해상법")을 제정하였다. 우리나라와 마찬가지로 해상운송은 바다와 강 사이, 강과 바다 사이의 직통운송을 포함하지만 중국항구 사이의 해상화물운송은 포함하지 않는다.

중국 해상법은 해상화물운수계약에 대해서 중국해상법 제 4 장 제41조 내지 제106조에 규정하고 있다. '해상화물운송계약'은 운송인이 운임을 받고 피운송인이 위탁한 화물을 책임지고 해로를 통하여 어떤 항구에서 다른 항구로 운송하는 계약으로 정의하고 있다.

4-2 운송인의 의무

운송인은 선박항해 전과 항해시 감항상태를 유지하고, 선원을 배치하고 선박을 정비하며 공급품을 준비하여 선창, 냉장실, 냉기실과 기타 적하장소 등이 물품을 안전하게 수령하고 운송하며 보관할 수 있게 하여야 한다(중국해상법 제47조).

운송인은 반드시 운송되는 화물을 타당하고 성실하게 싣고, 이동, 적재, 운

---

1) 박용섭 11면.

송, 보관, 하역 하여야 한다(중국해상법 제48조).

4-3 운송인의 책임구간

컨테이너로 운송하는 화물에 대한 운송인의 책임구간은 "선적항에서 화물을 수령한 때부터 하역항에서 화물을 인도하는 때까지"의 화물이 운송인의 관리하에 있는 전구간이 된다. 한편, 비컨테이너 방식으로 운송하는 화물에 대한 운송인의 책임 구간은 화물을 선적할 때부터 선박에서 하역할 때까지며, 화물이 운송인의 관리하에 있는 전구간이다(중국해상법 제46조, 제51조 내지 제53조).

4-4 운송인의 책임

운송인이 배상책임을 지지 아니하는 상황을 제외하고는 운송인의 과실로 인하여 화물의 인도지체를 초래하여 멸실 또는 파손을 입힌 경우에는 운송인은 반드시 배상책임을 져야 한다(중국해상법 제50조). 또한 운송인이 배상 책임지지 아니한 상황을 제외하고는 운송인의 과실로 인하여 화물의 교부 연기를 초래하여 경제 손실을 입힌 경우, 화물에 멸실 이나 파손이 없어도 운송인이 배상책임을 부담한다.

책임기간 중 화물에 발생한 멸실 또는 파손이 항해과실, 화재, 천재 등 면책목록[1]에 기재된 원인의 하나에 의하여 발생한 경우에는 운송인이 배상책임을 지지 아니한다(중국해상법 제51조).

운송 중 살아있는 동물의 고유한 특수위험으로 인하여 활동물의 멸실 또는 손해가 초래된 경우 운송인은 배상책임을 지지 아니한다(중국해상법 제52조).

운송인이 갑판에 적재한 화물은 반드시 운송위탁인과 협의하고 항운관례, 관련법률, 행정법규의 규정에 부합되어야 한다. 운송인은 하자 없이 적법하게 화물을 갑판에 적재하는데, 이러한 적재 방식의 특수 위험으로 인한 화물의 멸

---

1) (1) 선장 선원 인항원 또는 운송인의 기타 고용인이 선박운전 또는 선박 관리 중에 저지른 과실, (2) 화재, 그러나 운송인 본인의 과실로 인하여 발생한 것은 예외이다. (3) 천재 해상 또는 기타 항해 가능 수역의 위험 또는 의외사고, (4) 전쟁 또는 무장충돌, (5) 정부 또는 주관부문의 행위, 검역제한 또는 사법차압, (6) 파업 정공 또는 노동이 제한을 받았을 때, (7) 해상에서의 구조 인명 또는 재산을 구조하려는 기도, (8) 운송위탁인 화물 소유자 또는 그들 대리인의 행위, (9) 화물의 자연특성 또는 고유결함, (10) 화물 포장불량 또는 표지 결함 불명확, (11) 성실 처리하였으나 여전히 발견할 수 없었던 잠재 결함, (12) 운송인 또는 운송인의 고용인 대리인의 과실 때문에 발생된 것이 아닌 기타 원인.

실 또는 파손에 대하여 배상책임을 지지 아니한다. 운송인이 규정에 반하여 화물을 갑판에 적재함으로써, 화물의 멸실 또는 파손을 초래한 경우에는 반드시 배상책임을 져야 한다(중국해상법 제53조).

운송인과 실제 운송인이 배상책임이 있는 경우에는 책임범위 내에서 연대책임을 진다(중국해상법 제63조).

4-5 운송인의 책임과 책임제한과 책임제한의 배제

[사례 Ⅱ-2-16: 운송인의 책임(제한)]
한국 A사는 중국선사 B에게 2컨테이너 100카툰 중량 1,000kg 화물의 운송을 의뢰하였고, B는 위 화물을 부산에서 선적한 후 목적항인 상해항에 도착하였으나, 운송도중 컨테이너 1대에 해수가 침투하여 컨테이너에 적입되어 있던 20카툰 200kg 상당의 화물이 손상되었음이 확인되었다. 손해사정결과 손해는 금 5천만원 상당으로 밝혀졌다(B의 선하증권 이면약관에서는 준거법을 중국법 관할법원을 상해해사법원으로 규정하고 있다).

(1) A는 어디에서 소송을 진행해야 하는가?
(2) 책임제한 금액은?
(3) 손해배상을 받을 수 있는 금액은?
(4) 만약 화물이 손상되지 않고 운송지연으로 인한 화물인도지연으로 손해가 발생한 경우 배상받을 수 있는 금액은?

운송인의 화물의 멸실 또는 파손에 대한 배상 한도액은 포장당 단위 수에 의하여 계산하고, 매 건 또는 선박 기타 화물단위는 단위당 666.67SDR이 되거나 화물 총 중량에 따라 매 킬로그램을 2SDR이 되고 둘 중 배상 한도액이 높은 것을 기준으로 정한다. 다만 화물운송 전에 이미 그 성질과 가치를 신청했으며 증명서에 기재했거나 운송인이 운송위탁인과 이미 별도의 약정한 금액이 위 한도액보다 높은 경우, 약정한 바에 따라 배상을 받을 수 있다(중국해상법 제56조). 중국해상법상 멸실 또는 파손에 따른 책임제한액은 헤이그-비스비규칙과 동일하다.

중국해상법은 운송인의 인도지체로 인하여 경제손실이 초래된 화물에 대한 배상 한도액은 인도지체로 인한 화물의 운임비 액수로 규정하고 있다(중국

해상법 제57조).

화물의 소멸, 파손 또는 인도지체가 운송인의 고의 때문이거나 손실을 초래할 것이라는 것을 예감하면서도 경솔한 행위 또는 무모한 행위로 인하여 초래된 경우로 증명된 경우, 운송인은 이 법 제56조 또는 제57조의 책임제한 규정을 원용할 수 없다(중국해상법 제59조). 운송인의 고용인 대리인에 의한 경우도 동일하다. 한국 상법의 경우 피용인들의 고의 또는 무모한 과실은 운송인의 책임을 배제하는 사유에서 제외하고 있다는 점에서 중국해상법과 다르다.

[해 설]

(1) 상해해사법원에 소송을 제기해야 한다.

(2) 중국해상법 제56조에 의거하여 책임제한 금액을 계산해보면, 20 × 666.67SDR = 13,333.4SDR이 된다. 중량당 책임제한액은 2SDR × 200 = 400SDR이 된다. 화주는 13,333.4SDR을 주장할 수 있다.

(3) 운송인의 고의 또는 무모한 과실을 입증하지 못하는 한 위 책임제한금액 이상 배상을 받기 어렵다.

(4) 화물이 지연된 경우 운송인의 책임은 운임을 한도로 하므로(중국해상법 제59조), 손해액이 운임을 초과하면 운임상당이 될 것이다.

4-6 컨테이너 유사운송에 있어서의 포장의 개수

화물이 컨테이너 화물 받침 또는 유사한 적재 기구로 적재한 경우에는 증명서에 이러한 적재기구에 설치한 화물 건 수 또는 기타 화물 운송단위 수를 기재한 것은 화물 건수 또는 기타 화물 운송단위수로 본다. 이를 기재하지 아니한 경우에는 매 운송기구는 한 건 또는 한 개 단위로 본다. 적재기구가 운송인 소유에 속하지 않거나 운송인이 제공하지 아니한 경우에는 적재기구 자체는 당연히 한 건 또는 한 단위로 보아야 한다(중국해상법 제56조).

4-7 중국 사법제도

해상사건은 전문인민법원이 관할하게 된다. 전문인민법원은 특정한 범위에 속하는 사건만을 전문적으로 처리하는 재판기관으로 현재 중국전문인민법원으로는 중요한 것으로 군사법원, 해사법원, 철도운수법원 등이 있다. 전문인

민법원의 구성과 직무범위는 전국 인민대표회의 상무위원회가 별도로 정한다. 해사법원과 같은 전문인민법원의 판결과 재정에 대한 상소사건 및 항소사건은 사안에 따라 고급인민법원 또는 최고인민법원이 담당하게 되고 2심 종심제이다.1)

4-8 중국의 외국법원판결 및 중재집행제도

> [사례 Ⅱ-2-17: 중국의 중재집행 및 외국판결 집행]
> 한국법인 A는 중국선사 B와 용선계약을 체결하였으나, B가 용선계약을 위반하여, A는 B를 상대로 홍콩에서 중재를 진행하여 중재판정문을 수령하였다. 용선계약에 의하면 용선계약에 기한 분쟁은 홍콩에서 중재로 해결하도록 규정하고 있다.
>
> (1) A가 중재판정을 근거로 중국에서 B의 재산에 강제집행을 할 수 있는가?
> (2) 용선계약에 중국 외의 법원의 관할을 규정하고 있어, A가 B를 상대로 중국 외의 법원에서 판결을 받은 경우 중국에서 강제집행을 할 수 있는가?

(1) 중재집행

중국은 중재판정의 집행에 관한 사항을 중화인민공화국 민사소송법(1991; PRC's Civil Procedure Law)과 중화인민공화국 중재법(1994; PRC's Arbitration Law)에 규정하고 있다. 중국은 비록 상사 및 호혜유보를 하고 있으나, 1987년 뉴욕협약(the Convention on the Recognition on and Enforcement of Foreign Arbitral Awards)에 가입하였는바, 뉴욕협약 가입국에서 받은 중재판정은 중국에서 집행될 여지가 있다(민사소송법 제267조). 다만, 중국법률의 기본원칙 또는 국가주권, 안전, 사회공공이익을 위반하는 판정에 대해서는 승인이 거부될 수 있다.

그런데 중국과 홍콩간의 중재판정의 집행과 관련하여 다른 나라들과는 차이가 있으므로 이에 대해 알아보기로 한다.

중국과 홍콩은 뉴욕협약 가입국이므로, 홍콩반환 전인 1997년 1월 1일 이전에는 뉴욕협약에 따라 상호 중재판정의 승인·집행에 큰 문제가 없었다. 뉴욕협약에 따라 홍콩법원과 중국법원은 각 상대법원의 중재판정의 집행을 승인한 바 있다.

---

1) 사법연수원, 중국법(2003), 146~150면.

그런데 1997년 7월 1일 홍콩이 중국에 반환된 후에는, 홍콩은 중국과 별개의 국가는 아니지만 중화인민공화국홍콩특별행정구기본법("홍콩기본법")에 따라 홍콩특별행정구(SAR: Special Administrative Region)로서 사법적 독립성을 인정받는 특수한 지위를 취득함으로써, 상호간 중재판정 집행에 문제가 발생하게 되었다. 홍콩에서의 중재판정은 중국의 입장에서는 뉴욕협약의 적용대상이 되는 "그 국가 이외의 영토 내에서 내려진 중재판정"(the territory of a state other than the state) 또는 "그 나라에서 내국판정으로 인정되지 않는 중재판정"(not considered as domestic award)에 해당하지 않기 때문이다. 실제로 홍콩법원과 중국법원은 위와 같은 이유 또는 강제집행을 인정할 법률이나 법규가 없다는 이유로 상호간의 집행을 인정하지 않았다.

이러한 문제를 해결하기 위해, 중국 최고인민법원과 홍콩특별행정구의 대표는 1999년 6월 21일 중국과 홍콩간의 중재판정의 상호집행을 위해 '내지와 홍콩특별행정구의 중재판정 상호집행에 관한 최고인민법원의 안배'(最高人民法院關于內地與香港特別行政區相互執行仲裁裁決的按排)에 서명하여 2000년 2월 1일 이를 시행함으로써, 중국과 홍공간의 집행문제를 어느 정도 해결하였나.[1)]

(2) 외국판결의 집행

중국은 마카오와 "상호인증과민법및상법판결에대한중국과마카오간협정" 체결한 바 있고, 이 협정은 2006년 4월 1일 부로 발효되었다. 위 협정으로 중국과 마카오 모두 상대지역 법정의 판결에 대하여 거절할 수 없게 되었다. 그러나 중국은 주요무역대상국과들과 위와 같은 협정을 체결한 바 없다. 그러므로 한국, 미국을 비롯한 중국의 주요 무역대상국들의 법원판결은 중국에서 집행되지 못하고 있는 실정이다.

현재, 미국이나 유럽제국들은 중국외의 나라 법원에서 판결문을 받아 중국에서 집행을 하고자 하나, 중국법원은 이를 인정하지 않고 있다.

[해 설]

(1) 홍콩에서의 중재판정은 홍콩반환 전인 1997년 1월 1일 이전에는 중국법원에서 승인되어 왔으나, 홍콩반환 후에는 승인이 거부되어 오다 '내지와 홍콩특별행정구의 중재판정 상

1) 하현수 외 2, "중국 내륙과 홍콩간 중재판정의 상호집행에 관한 연구", 무역학회지 제33권 제5호, 한국무역학회, 2008, p. 389.

호집행에 관한 최고인민법원의 안배'가 발효된 후에는 다시 집행이 승인되고 있다.
(2) 중국법원은 외국법원의 판결의 집행을 거의 인정하지 않고 있다. 그러므로 중국에서 집행을 하기 위해서는 집행이 가능한 중재지에서 중재판정을 받거나 중국법원에서 판결을 받아야 한다.

5. 한국 상법

5-1 해상법의 역사

현행 상법전은 1962년 1월 20일 법률 제1000호로서 공포되었고 1963년 1월 1일부터 시행되었다. 제정 당시의 해상법은 1924년 선박소유자의 책임제한에 관한 브뤼셀조약, 1924년 선하증권에 관한 브뤼셀조약(헤이그규칙), 선박충돌에 관한 조약 등 여러 통일조약의 내용을 수용하였다. 그러나 해상 운송계약에 대하여 용선계약을 중심으로 규정한 것과 정기용선계약 등에 관하여 전혀 규정이 없는 점, 그리고 최근의 국제조약이 반영되지 아니한 점에 대하여 비판을 받아 왔다.

이 같은 문제점을 시정하기 위하여 법무부가 해상법 개정을 위한 자문기구로서 1985년 10월 상법개정 특별분과위원회를 발족하여 해상법개정소위원회와 보험법개정소위원회를 설치하였다. 구체적인 해상법 개정안 작성작업은 6인 실무소위원회가 준비하였다.[1)]

당시 해상법 개정안의 중요내용은 ① 선박소유자의 책임제한에 관하여 1976년 런던해사채권 책임제한조약을 수용하고, ② 해상물건운송에 관하여 1968년 헤이그-비스비규칙을 수용하며, ③ 해상운송관계인간의 이해관계를 합리적으로 조정하고, ① 해상운송 실무에 부적합한 규정을 정비하려는 것이었다.[2)] 법무부는 1989년 10월 해상법 개정안을 확정하여 그 해 정기국회에 이송하였으나 선박소유자와 화주간의 첨예한 이해대립으로 인하여 1989년 및 1990년 정기국회에서 통과되지 못하고 1991년 12월 31일에 법 제6086호로서 개정되

1) 배병태, "해상기업주체의 책임제한법 개정안과 그 취지", 한국해법회지, 제11권(1990), 33면; 이균성 ", 해상보험법 개정안", 사법행정(1989), 68면.

2) "상법개정안 입법예고", 관보 1989.7.8자, 37면. 상법 개정안의 상세한 내용은 법무부, 「상법개정시안 대비표(보험해상편)」(1989.5.20); 법무부, 「상법개정안 대비표(보험해상편)」(1989.10.17); 법무부, 「선박소유자 등의 책임제한절차에 관한 법률시안」(1989.4).

었다.

그런데 그 후 국내외 해운업계의 발전에 따라 해운실무에 부합하지 않은 부분이 생기고 기존 법조문의 의미해석에 관하여 판례와 업계 및 학계의 의견이 다른 대목이 지적되는 한편, 새로운 제도의 도입이 요구되는 등 개정의 필요성이 주장되었다. 이리하여 법무부는 2004년 6월 24일 상법(해상편)개정특별분과위원회를 구성하여 1년 3개월 동안 활동하게 하였으며, 여기에서 마련된 초안을 바탕으로 2005년 9월 26일 공청회를 개최하여 이해관계자들의 의견을 수렴하고 중요 관계부처인 해양수산부와의 협의를 거쳐 개정안을 마련하였다. 이 개정안은 2007년 7월 3일 국회를 통과하여 법 8581호로 제정되었고 2008.8.4부터 시행되고 있다. 다만 중량당책임제한 조항은 공포 후 3년이 경과한 날로부터 시행하기로 하였다. 주요 개정내용을 보면 전자선하증권, 해상화물운송장제도 마련하고, 개품운송과 용선계약을 구별하여 규정하고, 선박소유자책임한도와 운송물의 포장·선적단위당 책임한도를 국제기준에 맞게 상향조정하였으며, 여객손해에 대한 선박소유자의 책임한도상향조정, 복합운송인의 책임에 관한 규징 등을 마련하였다.

우리나라는 영국, 미국, 일본 등과 같이 독립된 해상물건운송법을 제정하지 않고 상법 제5편[해상]에 해상화물운송관련 조항을 두고 있다. 상법 제791조부터 제864조까지 해상물건운송과 관련한 내용을 규정하고 있다(817~826 해상여객운송 제외).

5-2 한국 해상법의 적용범위

해상운송계약이란 해상운송인이 상대방에 대하여 해상에서 선박에 의하여 물건 또는 여객의 운송을 인수하고 상대방은 이에 보수를 지급할 것을 약속하는 것을 말한다. 다만, 육상 또는 호천, 항만에서 물건 또는 여객의 운송을 영업으로 하는 경우는 해상편의 적용을 받지 않고 상법총칙의 적용을 받는다(125~154).

5-3 적용구간

운송인은 자기 또는 선원 기타의 선박사용인이 운송물의 수령, 선적, 적부,

운송, 보관, 양륙과 인도에 관하여 주의를 해태하지 아니하였음을 증명하지 아니하면 운송물의 멸실, 훼손 또는 연착으로 인한 손해를 배상할 책임이 있다고 규정하고 있다(795①). 그러므로 운송인은 화물을 수령한 시점부터 화물을 인도할 때까지 상법 해상편이 적용됨을 알 수 있다. 헤이그-비스비규칙이나 미국 해상물건운송법에 비해 상법 해상편의 적용구간이 더 넓음을 알 수 있다.

5-4 관 할

[사례 Ⅱ-2-18: 대판 2004.3.25, 2001다53349]

한국회사 X는 홍콩소재 Y로부터 카수아리나 우드칩(Casuarina Woodchips: 이하 "화물")을 수입하기로 하는 계약을 체결하고, 그 대금 지급을 위하여 A은행에 신용장 발행을 의뢰하였다. A은행은 X로부터 신용장 발행의뢰를 받고, 1997.8.25. Y의 거래은행인 C은행 홍콩지점에게 신용장 번호 M0615708NU00064, 발행일 1997.8.22., 유효기간 1998.3.31., 수익자 Y, 상환은행 C은행 뉴욕지점, 신용장대금 미화 2,749,740달러 일람 후 60일 결제조건의 기한부 신용장을 발행하였다. Y는 B와 중국 해구항(Haikou Port)에서 울산항까지 화물을 운송하기로 하는 운송계약을 체결한 다음, 1997.9.11. 해구항에서 화물을 B소유 선박(이하 "선박")에 선적하고 B의 선하증권 발행 대리인인 B′로부터 B′가 B를 대리하여 수하인 A, 통지처 X 로 기재하여 발행한 지시식 선하증권을 교부받아 이를 C은행 홍콩지점에 양도하였다.

C은행 홍콩지점은 1998.2.18. 신용장 및 이에 따른 선하증권 등 선적서류(이하 "선적서류")를 매입한 다음 같은 달 25. 선적서류를 A에게 송부하였고, 상환은행인 C은행 뉴욕지점을 통하여 A은행에 신용장대금의 지급청구를 하여 A은행은 만기일인 1998.4.28. C은행 뉴욕지점에 신용장대금 미화 2,809,092.48달러를 지급하였으며, C은행은 X의 부도로 신용장대금 지급금을 X로부터 지급받지 못한 채 선하증권을 소지하고 있다.

화물은 1997.9.17. 양하항인 울산항에 도착하였는데 X는 1997.9.11. B에게 화물이 울산항에 도착하는 즉시 X가 B에게 보증서(Letter of Indemnity)를 제출하는 방법으로 선하증권 없이 화물을 인도하여 줄 것을 요청하였고 B는 같은 달 18. 선박의 선장에게 X로부터 보증서를 교부받고, 선하증권 없이 화물을 인도할 것을 지시하였으며, 이에 따라 X는 같은 해 10.17. 선박의 선장으로부터 화물을 인도받았다. 이에 A은행은 B를 상대로 손해배상소송을 제기하였는데, B는 선하증권이면약관에 일본법원을 전속관할로 정하고 있음을 이유로 방소항변을 하였다.

(1) 선하증권이면약관에 외국법원의 전속관할 규정이 인정될 수 있기 위한 요건은?
(2) B의 항변이 정당한 것인가?
(3) A은행이 B가 화물을 불법으로 인도하여 A은행의 소유권을 침해한 것을 들어 불법행위에 기한 배상청구를 한다고 하면서, 불법행위에 기한 배상청구에 있어서는 선하증권에 기재되어 있는 전속관할 규정은 적용되지 않는다고 주장하고 있는 바, A의 주장이 타당한가?
(4) B는 A은행이 충분한 담보도 확보하지 않은 상태에서 X에게 기한부 신용장을 개설해 주었을 뿐만 아니라, A은행이 선적서류를 송부받고도 장기간 화물의 향방에 대해 확인하지 않은 잘못이 있으므로, A은행의 과실을 들어 과실상계를 주장하고 있다. 이는 타당한 주장인가?

대법원은 대한민국 법원의 관할을 배제하고 외국법원을 관할법원으로 하는 전속적 관할합의가 유효하려면 ① 당해사건이 대한민국 법원의 전속관할에 속하지 아니하고, ② 지정된 외국법원이 그 외국법상 당해 사건에 대하여 관할권을 가져야 하며, ③ 당해 사건이 그 외국법원에 대하여 합리적인 관련성을 가져야 한다고 판시하였다. 나아가 대법원은 전속적인 관할합의가 현저하게 불합리하고 불공정한 경우에 그 관할합의는 공서양속에 반하는 법률행위에 해당하여 무효라고 판시하였다.[1] 대법원은 원고와 수입자가 한국인이고 목적지가 울산항이며 증거방법이 모두 한국 내에 있는 경우 동경지법을 전속적 국제

1) 대판 1997.9.9, 96다20093(판례공보(1997.10.15), 3037면). 피고 삼영익스프레스는 원고 고려무역으로부터 직물운송을 의뢰받고 인도지를 텍사스로 하는 복합운송증권을 발행하였다. 현대상선이 직물을 부산에서 로스앤젤레스까지 해상운송하고 피고의 미국내 대리점인 베니슨이 로스앤젤레스로부터 텍사스까지 육상운송하였으며, 베니슨은 보세창고업자인 안젤로에게 직물을 보관시켰다. 안젤로는 복합운송증권을 소지하지 않은 제 3 자에게 직물을 인도하여 직물이 멸실되었는데, 복합운송증권에는 "이 증권에 기한 소는 모두 뉴욕주법원에 제기하여야 한다"고 기재되어 있었다. 원고는 복합운송증권의 소지인으로서 피고의 불법행위책임을 구하였다. 뉴욕주와 관련있는 점은 피고가 뉴욕주에 영업소를 가지고 있었고, 피고. 위하여 운송물인도. 담당하였다가 멸실시킨 보세창고업자가 미국인이라는 정도였다. 한편 (1) 원·피고는 대한민국에 주사무소를 두고 대표자 및 사원들이 한국인들로 구성된 한국 법인이었고, (2) 운송물 목적지는 텍사스주로서 뉴욕주와 관련이 없으며, (3) 운송물의 멸실 경위에 대하여 다툼이 없어 중요한 증거방법은 모두 한국내에 있는 한국인 증인이거나 문서이고, (4) 운송인의 책임 범위나 면책요건에 관한 미국법이 한국법보다 피고않은 다 유리하지도 않으며, (5) 소가가 극히 소액이었다. 법원은 뉴욕주에서) 원·수행하는 것이 피고않은도 불편하므로 전속적 관할합의는 지정된 외국법원에 대하여 합리적 관련성을 결여하여 무효라고 보았다. 이 판결로 인하여 당사자들간의 국제소송의 재판관할 합의 규정이 유명무실해질 가능성이 크다고 비판하는 견해로는 이성철, "섭외사건에 있어서 재판관할 합의의 효력", 해사법연구, 제12권 제 1 호(2000), 390면.

관할로 정한 것은 합의가 무효라고 판시하였다.[1)]

한편 대법원은 당사자가 준거법으로 정한 외국법의 규정이 우리 법의 강행규정에 위반되더라도 그것이 국제사법 제10조의 '선량한 풍속 기타사회질서'에 관한 것이 아닌 한, 이를 이유로 곧바로 당사자 사이의 섭외법률 관계에 대한 그 외국법의 적용을 거부할 수는 없다고 판시하였다.[2)] 원고는 문제된 이 약관(멕시코책임조항)이 불공정약관이므로 약관의규제에관한법률 제 6 조에 의하여 무효라고 주장하였다. 그러나 대법원은 동법 제15조에 의하여 "국제적으로 통용되는 약관 기타 특별한 사정이 있는 약관으로서 대통령령이 정하는 경우"에는 제 7 조 내지 제14조의 규정을 조항별, 업종별로 제한할 수 있는데, 제 6조 역시 대통령령으로 정하는 특정 업종약관에는 적용되지 않는다고 판시함으로써 멕시코책임조항이 유효하다고 판시하였다.

그리하여 대법원은 운송인의 손해배상책임에 관하여 멕시코 국내법을 적용하는 것이 '선량한 풍속 기타 사회질서'에 반하지 않는다고 보았다. 이 사건에서 선하증권의 지상약관은 "선하증권상의 분쟁에 관하여 관할권을 가지고 재판을 할 법원 소재국에서 효력을 가지는 헤이그규칙"을 준거법으로 지정하였다. 이에 대하여 대법원은 "우리나라가 헤이그규칙 당사자로 가입하지 않았으므로, 헤이그규칙은 우리나라에서 법규범으로서의 효력을 가지지는 못한다. 상법이 헤이그규칙의 대부분을 수용하였지만, 그것만으로 상법이 위 지상약관에 의하여 준거법이 된다고 할 수 없다"고 보았다.

[해 설]

(1) 외국법원을 관할법원으로 하는 전속적 관할합의가 유효하려면 (i) 당해사건이 대한민국 법원의 전속관할에 속하지 아니하고, (ii) 지정된 외국법원이 그 외국법상 당해 사건에 대하여 관할권을 가져야 하며, (iii) 당해 사건이 그 외국법원에 대하여 합리적

1) 대판 2004.3.25, 2001다53349 손해배상(판례공보(2004.5.1), 683면(원고 한국외환은행, 피고 가와사키기센). 이 사건이 일본 동경지법과 관련성을 가지는 것은 수출자(홍콩 한화주식회사)가 일본에 본점을 둔 피고와 운송계약을 체결하고 피고 소유 선박으로 화물을 운송하였다는 점뿐이다. 반면 신용장 개설은행인 원고와 수입자인 동해펄프는 한국에 주사무소를 두고 대표자 및 사원이한국인인 한국법인이고 운송물 멸실 경위에 대하여는 원피고간에 다툼이 없고, 중요 증거방법이 모두 한국 내에 있으며 운송인의 책임범위나 면책요건에 관한 일본법이 한국법보다 운송인인 피고에게 유리하다고 볼 자료도 없으므로 동경지법에 대한 전속적 관할합의는 합리적 관련성이 없어 무효이다.

2) 대판 1999.12.10, 98다9038(판례공보(2000.1.15), 154면)(원고 삼성화재, 피고 아메리칸 프레지던트 라인즈).

인 관련성을 가져야 한다.

(2) B의 항변은 타당하지 않다. 사례의 경우 일본법원은 B의 주사무소가 일본에 있다는 것 외에는 일본과 합리적 관련성이 없는 것으로 보이고, 오히려 당사자들이 대부분이 한국법인들이고 불법행위 등 행위가 대부분 한국에서 발생하는 등 한국이 실질적(합리적) 관련성을 가지고 있다고 할 것이기 때문이다.

(3) 운송인인 B가 선하증권 원본을 회수하지 않고 화물을 인도하여 선하증권소지자의 권리를 침해한 것은 불법행위를 구성한다고 할 것이다. 이러한 경우 운송계약상으로는 전속관할을 규정하고 있다고 하더라도 불법행위를 원인으로 한 청구에까지 전속관할규정이 적용되는 것은 아니라고 보아야 한다.

(4) 선하증권 원본과 상환하지 않고 화물이 인도됨으로써 정당한 선하증권의 소지인인 신용장 개설은행이 손해를 입은 경우, 신용장 개설은행이 신용장대금 지급과 관련하여 별도의 담보를 제공받지 아니하였거나 수입보증금을 징수하지 않았다고 하더라도 그 것이 손해 발생 또는 확대의 원인이 되었다고 할 수 없고 신용장 개설은행이 선적서류를 송부받고도 화물의 행방을 알아보지 아니하였다는 사실만으로는 신용장 개설은행에게 사회통념상 또는 신의성실의 원칙상 주의의무를 게을리한 잘못이 있다고 보기 어렵다.

제 3 절 운송약관

1. 약관의 내용통제

해상운송기업은 화주들과 운송계약을 체결함에 있어 계약 내용을 미리 정해둔 일반적 · 표준적 조항, 즉 약관을 사용하는 경우가 많다. 특히 일정한 운항스케듈에 따라 정기적으로 운항되는 선박을 이용하는 개품운송계약에서는 선하증권의 이면에 인쇄된 약관에 의해 운송계약이 체결된다. 이 때에는 자칫 운송기업에 일방적으로 유리한 조항들이 삽입되는 경우가 많기 때문에 약관내용에 대한 통제가 필요하다.

약관내용에 대한 통제는 운송약관에 대해 주무관청의 인가를 받도록 하는 행정적 통제(해운 10,13)와 불공정한 약관의 규정을 무효로 하는 입법적 통제 및 약관에 대한 해석적용을 통한 사법적 통제가 있다. 약관규제에 관한 법률이나 상법의 상대적 강행규정(799,831)은 입법적 통제의 대표적인 예에 속한다.

2. 약관과 표준계약조항

표준계약조항 또는 표준계약서식(standard form)은 운송기업이 운송계약의 내용을 일반적·표준적 조항으로 미리 정해둔다는 점에서는 약관과 유사하다. 그러나 계약체결시 당사자간의 합의로서 표준계약조항의 내용을 일부 변경하거나 삭제 또는 추가할 수 있다는 점에서 약관과 구별된다. 그러므로 표준계약조항에 대해서는 이용자 보호를 위한 내용통제의 필요성은 없다고 하겠다. 해운분야의 대표적인 표준계약조항으로는 정기용선에 관한 Baltime Charter나 New York Produce Form을 들 수 있다.

CHAPTER

3

개품운송인의 의무

제1절 총 설

해상운송계약이 체결되면 그 효과로서 운송인은 화주에 대해 일정한 의무를 부담하고 화주는 이에 대해 운임을 지급할 의무를 부담한다. 개품운송계약에서는 개별화주는 정기선항로를 운항하는 선박의 스케듈에 따라 물품을 운송하기 때문에 용선계약에서 보는 바와 같은 선박의 입항이나 출항 등과 관련된 의무는 그다지 문제가 되지 않는다. 운송인의 의무는 운송물을 수령하여 이를 선박에 선적한 후 목적지까지 안전하게 보관·운송한 다음 수하인에게 인도하는 것이며, 이를 위해서는 운송에 적합한 용구인 감항능력을 갖춘 선박이 제공되어야 한다. 따라서 운송인의 의무는 감항능력주의의무(794)와 운송물에 관한 주의의무(795)가 그 중심이 된다.

제 2 절 감항능력주의의무

1. 의 의

1-1 개 념

감항능력주의의무는 해상운송인이 발항 당시에 예정된 항로의 항해를 감당할 인적·물적 설비를 갖춘 선박을 제공함에 있어 자기 또는 선박사용인이 상당한 주의를 다하여야 할 의무를 말한다(794). 해상운송은 선박의 운항을 통해서 이루어지는 것이므로 그 운항에 적합한 선박을 제공하는 것이 의무이행의 전제가 된다. 그리하여 상법은 1968년 헤이그-비스비규칙을 따라 감항능력주의의무를 해상운송인의 가장 기본적인 의무로 정하고 있다. 다만 선박의 감항능력은 절대적인 기준이 있는 것이 아니라 각 항해와 적하에 따라 그 정도를 달리하는 상대적인 의무로서 과실책임이다.[1)]

1-2 공법상의 의무

선박의 감항성을 유지하는 것은 인명과 재화의 안전에 있어서도 매우 중요하다. 따라서 감항능력주의의무는 비단 화주에 대한 의무일 뿐 아니라 선박을 운항하는 자가 갖추어야 할 기본적인 의무에 속한다.[2)] 따라서 선박안전법은 선박에 일정한 시설을 갖출 것을 요구하고, 여러 가지 검사를 받도록 하고 있으며, 선원법은 선장에게 발항전에 감항능력의 검사의무를 지우고, 선박직원법은 선원들의 각 직급에 따른 능력을 검증받아 일정한 면허를 소지하도록 하고 있다.

1) 임동철, "해상물건운송조약과 감항능력 주의의무", 한국해법회지 제16권 제 1 호(1994.12), 48면.
2) 허재창·한낙현, "운송인의 감항능력주의의무에 관한 Fjord Wind호 항질분석", 한국해법회지 제27권 제 2 호(2005.11), 152면.

2. 내 용

상법 제794조가 정하는 감항능력주의의무의 내용은 **첫째**, 선박이 안전하게 항해를 할 수 있게 할 것, **둘째** 필요한 선원의 승선, 선박의장과 필요품의 보급, **셋째** 선창·냉장실 기타 운송물을 적재할 선박의 부분을 운송물의 수령, 운송과 보존을 위하여 적합한 상태에 둘 것의 3가지이다.

2-1 선박의 항해능력: 물적 감항능력

(1) 선체의 안전성과 견고성

[사례 Ⅲ-2-1: 대판 1985.5.28, 84다카966]

A회사는 홍콩소재 B사와 인도네시아산 원목수입계약을 체결하고, X보험사와 해상적하보험계약을 체결하였다. 한편 B는 Y선박회사와 이 원목을 인도네시아에서 인천항까지 운송하기로 하는 해상물건운송계약을 체결하였는데, Y가 이를 운송중 대만북방해상에서 선박의 우현 외판이 파열되어 원목과 함께 침몰되는 사고가 발생하였다. 사고선박은 12년전에 건조된 3천8백톤급 강철선으로서 정기검사에서 선체의 외판의 일부가 부식되어 있음이 발견되어 좌우편의 일부 외판과 옆면 프레임의 일부를 새로 교환하였고 그 이후에는 선체에 관한 별다른 수리를 한 바 없었고, 다음 정기검사일에는 검사를 연기한 채 원목운송을 담당하게 되었다. 선장 C는 선저와 선창격벽 선체의 외판을 육안으로 또는 함마로 두드려 보아 부식된 부분이나 악화된 부분이 있는지를 검사하여야 함에도 그러한 검사도 하지 아니한 채 원목을 선적한 후 출항하였다. 또한 C는 항해중 강풍이 불고 풍랑이 거칠어지기 시작하면서, 풍랑에 선체가 심하게 충격되는 것을 알았음에도 선체의 상황을 확인 점검치 아니하고 계속 취침하였다. 그 후 선박은 해상에서 떠돌아다니던 부유물(원목)과 충돌하여 선체외판이 티(T)자형으로 파열되어 해수가 대량 침수되고 균열부위가 빠른 속도로 확대되자 C는 선원도로원을 퇴선시키고 선체와 원목을 포기하여 침몰하게 되었다. A에게 보험금을 지급한 X가 Y에게 구상권을 행사한 경우, Y는 항해과실면책을 주장할 수 있는가?

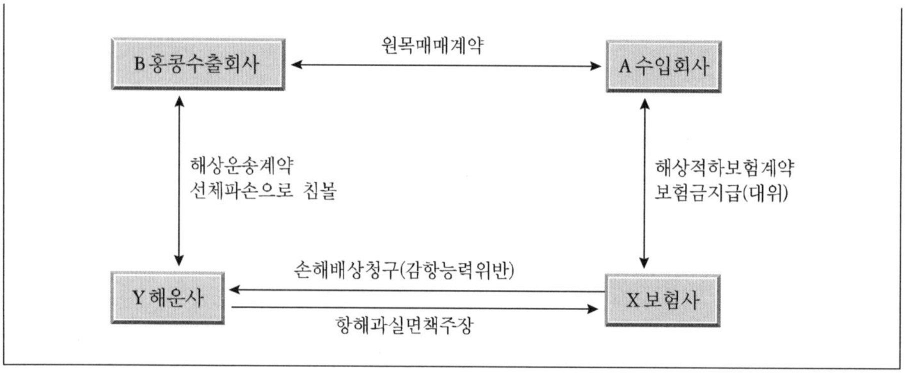

선체가 운항에 적합한 안전성과 견고성을 갖추어야 하는 것은 물론 주요 구성부분인 기관, 레이더 등의 장비도 갖추어야 한다. 이는 선박이 운항하는 바다는 기상변화가 무상하며 높은 파도와 부유물 등 위험이 산재하므로 이러한 통상적인 위험을 극복할 수 있는 정도의 능력을 구비해야 하기 때문이다. 이러한 능력은 대부분 공인된 선박검사기관에서 행하는 검사를 거친후 받는 선박검사증서에 의해 나타난다. 그런데 [사례 Ⅲ-2-1]과 같이 악천후 및 해상부유물과의 충돌로 인해 선체에 파손이 생기고, 그것이 원인이 되어 사고가 발생한 경우 감항능력주의의무 위반에 해당하는 여부가 문제된다. 만일 이 사고가 운송인(Y)이 감항능력주의의무를 다하였음에도 불구하고 선장(C) 등 선원의 항해상의 과실로 발생한 것이라면 해상운송인은 면책되지만(795②), 감항능력주의의무 위반에 해당할 경우에는 운송인은 면책을 주장할 수 없을 뿐 아니라 선박소유자의 책임제한도 주장할 수 없고(769단), 보험금도 받을 수 없다(706.1). 그런데 실제로 항해과실과 감항능력위반의 차이를 구별하는 것은 쉽지 않다.

이 사례에서 대판 1985.5.28, 84다카966은 "바다를 예정된 항로를 따라 항해하는 선박은 통상 예견할 수 있는 위험을 견딜 수 있을 만큼 견고한 선체를 유지하여야 하므로 발항 당시 감항능력이 결여된 선박을 해상운송에 제공한 선박소유자(Y)는 항해중 그 선박이 통상 예견할 수 있는 파랑이나 해상부유물의 충격을 견디지 못하고 파열되어 침몰하였다면 불법행위의 책임조건인 선박의 감항능력유지의무를 해태함으로써 운송물을 멸실케 한 과실이 있다 할 것이고, 선장 기타 선박사용인이 상당한 주의로서 본건 선박의 노후 및 감항능력의 유무를 조사하였더라면 피고(Y) 주장과 같은 해상부유물인 원목의 충격을 받더라도 파열되어 침몰되는 사태를 사전에 예방하는 조치가 불가능하였다고는 보여지지 아니하므로 원심이 이와 같은 취지에서 본건 사고가 불가항력에 의한 것이라는 피고(Y)의 주장을 배척한 조치는 수긍이 간다"고 판시하였다.

이에 대해 다음 [사례 Ⅲ-2-2]에서는 비록 해상부유물과의 충돌로 인한 선체균열로 발생한 손해라고 하더라도 감항능력을 갖추었다고 판시하고 있다.

[사례 Ⅲ-2-2: 대판 2004.7.8, 2004다8494]

[사실관계] X는 파키스탄에 수출하는 화물의 운송을 위해 Y해운과 부산항에서 파키스탄 카라치(Karachi)항까지 운송하기로 하는 내용의 계약을 체결하였다. Y는 X로부터 화물이 내장된 컨테이너 1개를 인도받아, 다시 Y의 보조참가인인 Y1해운사에 운송을 의뢰하였다. Y1은 화물을 스리랑카 콜롬보(Colombo)항까지 운송한 후, 그 곳에서 카라치항 사이를 정기적으로 운항하는 컨테이너 운반선인 랑카 마하폴라(Lanka Mahapola)호에 환적하였는데 이 선박은 콜롬보항을 출발하여, 인도 서해안 해상을 운항하던 중 갑자기 선박에 비정상적인 진동이 발생한 후, 이 사건 화물이 적재되어 있던 3번 화물창에 대량의 바닷물이 유입되어 화물이 침수되는 사고가 발생하였다. 선박에 비정상적인 진동이 발생한지 약 40분 후 선박이 5도 우현으로 기울고 3번 하층 화물창에 바닷물이 유입되어 물이 차오르자, 선원들이 비치된 2대의 배수펌프를 사용하여 배수를 하였으나, 유입되는 바닷물이 많았던 관계로 3번 화물창의 수위가 계속 증가하고 선박이 우현으로 11도 가까이 기울어졌다. 이에 배수펌프로 바닷물을 계속 배출하면서 수리를 위하여 사고지점에서 가장 가까운 인도 뭄바이(Mumbai)항으로 갔으나, 정박이 허용되지 않아, 다시 3번 화물창의 균형을 잡아가면서 운항하여 인도 베라발(Veraval)항에 도착하였다. 그 후 물에 잠긴 3번 화물창 중 갑판 아래 부분에 관하여는 즉시 작업을 하지 못하고 좌현 중갑판의 85, 86, 87번 프레임 부분을 3개의 철판으로 보강한 후, 물이 스며드는 좌현 바깥 부분에 철판 2개를 고정하는 응급조치를 하였다. 그 때까지 3번 화물창은 최대 7.7m까지 물이 차오르는 등 수위가 6m 이상을 유지하여 3번 화물창에 적재된 컨테이너는 3단 부분까지는 물에 완전히 잠기고 4단 부분의 컨테이너도 부분적으로 물에 잠겼는데, 이러한 응급조치 후 그 수위를 3.6m까지 낮추었다. 이 선박은 추가 수리를 위하여 정박시설이 보다 잘 구비된 인근의 피파바브(Pipavav)항으로 이동하여, 배수를 완료하고, 물이 새는 선박 좌현의 84번 내지 88번 프레임에 5개의 철판을 용접한 후 다시 시멘트작업으로 침수 부분을 완전히 막는 등의 임시 수리를 하였다. 이 선박은 피파바브항을 출발한 후 카라치항에 도착하여, 화물을 하역하였다.

그 후 선박을 물 밖으로 끌어올려 조사한 결과, 3번 화물창 좌현 하갑판 위면의 86번 프레임 부분의 철판과 87번 프레임 부분의 철판에 지름 5㎝ 정도의 구멍 2개가 바깥면에서 안면으로 생기고 하갑판 바로 위면 바깥의 철판이 84번 프레임 부분부터 89번 프레임 부분까지 길이 5m 정도로 길게 찢어져 안면으로 밀려들어가 있음이 밝혀졌다. 따라서 이 사고는 수중 부유물인 단단한 외부 물체와의 강력한 충격으로 선박의 철판에 구멍이 생기고 철판이 찢어져 그 곳으로 많은 바닷물이 급격히 유입하여 발생한 것이다.
한편 이 선박이 항해 당시 유효기간이 남아있는 등록증명서, 선급증명서, 안전장비 구비증명서, 안전구조 구비증명서, 안전무선통신기 구비증명서를 발급받았고 항해에 필요한 인원과 장비를 모두 갖추었을 뿐만 아니라 선박 외부의 철판 두께도 정상적인 상태였던 사실이 인정되었다. X는 사고선박이 발항당시 불감항의 상태였으므로 Y에게 손해배상책임이 있다고 주장하였으며 Y는 불가항력에 의한 면책, 또는 항해과실로서 면책이라고 항변하였다.

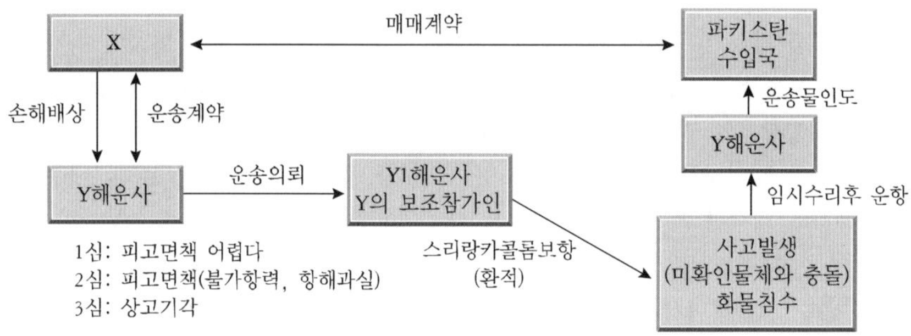

[판결요지] 이 사건 선박이 항해 당시 유효기간이 남아있는 등록증명서, 선급증명서, 안전장비 구비증명서, 안전구조 구비증명서, 안전무선통신기 구비증명서를 발급받았고 항해에 필요한 인원과 장비를 모두 갖추었을 뿐만 아니라 선박 외부의 철판 두께도 정상적인 상태였던 사실을 인정하고, 이 사건 선박은 출항 당시 항해에 대한 감항능력을 구비하고 있었다. 해상을 운행하던 선박이 수중에 있는 물체와 충돌하여 화물이 침수되는 사고가 발생하였으나 당시 수심이 100m 정도이고 그런 수중물체가 있음을 짐작하게 하는 수면 위의 부유물도 발견할 수 없어 미리 사고를 예견하거나 방지할 수 없었던 점에 비추어, 위 사고는 상법 제789(796)조 제 2 항 제 1 호, 제 2 호에 규정된 해상 고유의 위험 내지 불가항력 또는 상법 제788(795)조 제 2 항 소정의 항해과실에 의한 사고이므로 운송인에게 손해배상책임을 지울 수 없다.

(2) 선박의 안전운행에 필요한 능력의 구비

감항능력주의의무는 선체자체의 견고성뿐 아니라 해도, 레이더 등 선박의 안전운항에 필요한 시설을 갖추어야 할 의무를 포함한다. 다음 [사례 Ⅲ-2-3]은 잘못된 해도로 인해 발생한 사고에 대해 감항능력주의의무 위반이 문제된 사례이다.

[사례 Ⅲ-2-3: 서울지판 1995.11.10, 94가단104995]

[사실관계] X는 해상적하 보험업 등을 영위하는 보험회사이고, Y1(교통부 수로국)은 국내의 항만과 연안, 기타 영해의 해도 제작을 담당하는 소관청이고, Y2회사는 선주로서 해상운송을 목적으로 하는 선박회사이다. Y2는 A와 사이에 B가 싱가포르로부터 수입하는 나프타를 충남 소재 대산항까지 해상운송계약을 체결하였다. 선박은 선장 C의 운항지휘 아래 1993. 9. 2. 싱가포르를 출항하여 같은 달 29. 대산항 Q묘지에 도착, 접안과정에서 항로상에 있던 제1한신호를 피항하기 위하여 항로를 이탈하여 제1한신호와 인근에 있는 가인서 섬의 등대 사이를 통과하던 중 미확인 수중암초에 선저가 접촉되어 선저에 파공이 생기는 사고가 발생하여 화물 일부가 유출기는 사고선박에는 영국판 BA 1270호 해도만이 구비되어 있었고, 도선사 D는 한국판 해도 353번을 사용하였는데, 위 영국판 해도나 이 사건 해도 중 어디에도 위 암초는 표시되어 있지 않다. 이 해도는 1986.경 E가 제작, 발행한 잠정해도 P353번을 토대로 새로운 측량을 하지 아니한 채 보정측량자료와 소개정만을 보완하여 1992. 3.경 정식항박도로서 위 수로국화물 행한 것으로서, 수로측량 업무지침 시행기준에 의하면, 수로국은 해도 작성을 위한 수로측량을 함에 있어 음향측심기에 의한 측심작업을 하고, 이에 있어 측심선 간격 또는 미측심폭은 수역의 종류와 해저는 사고에 따라 차등을 두어, 해저는 사고가 자연해저일 때 항로 및 박지는 경우 30미터 미만, 일반수역의 경우 수심 310미터까지는 50미터, 1020미터까지는 100미터, 20미터 이상의 경우에는 100미터 이상으로 하여 측심작업을 시행하도록 되어 있는 바, E는 잠정해도를 작성함에 있어 대산항을 수심 10미터 미만의 일반수역에 준하여 50미터의 간격으로 측심을 시행하였고, 이 해도 또는 이를 토대로 한 것이었기 때문에 그 측심간격은 위 잠정해도와 동일하 사고화물 선하증권의 소지인 B는 1993. 9. 6.경 X와 사이에 해상적하보험계약을 체결하였다. X는 유출된 물량에 대한 보험금을 B에게 지급하였다. Y1, Y2는 X에게 보험금 상당의 손해를 배상할 의무가 있는가?

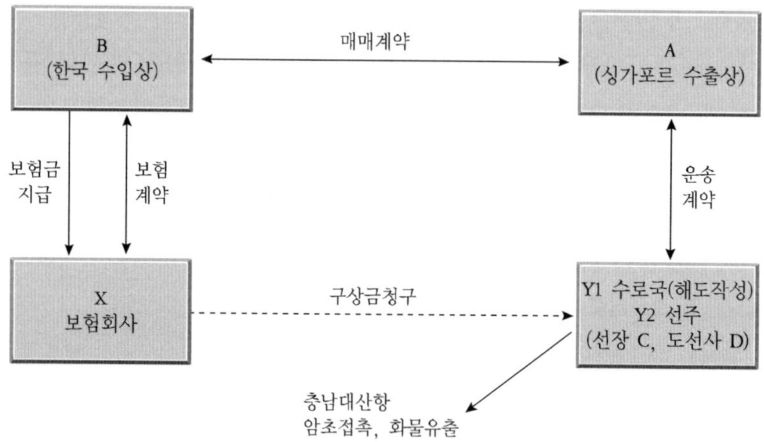

[쟁　점] **쟁점 1:** 잠정해도만을 토대로 이 사건 해도를 작성한 것을 피고국 Y1의 과실로 인정할 것인가?

쟁점 2: 이 사건 선박의 도선사가 불완전한 해도에 의존하여 선박을 운항하다가 사고가 발생하게 된 것을 피고회사(Y2)의 불완전한 해도 사용 때문이라 할 것인가?

[판결요지] **가. 피고국(Y1)의 해도 제작상의 과실:** 원고주장과 같은 간격으로 측심을 시행하였더라면 과연 위 암초의 존재가 밝혀질 수 있었는가에 관하여는 이를 인정할 만한 아무런 증거가 없으므로 이 사건 해도 작성에 있어서의 피고국(Y1)의 허물과 이 사건 사고 사이에 상당인과관계가 있다고 볼 수는 없다.

나. 피고회사(Y2)의 불완전한 해도 사용: 1. 해도가 선박의 항해를 위하여 필수불가결한 장비에 해당함은 이론의 여지가 없다고 할 것이나, 그것이 선박의 안전한 항해를 위한 필요충분조건이 될 수는 없다 할 것이다(간접적인 보조수단). 2. 원고(X)가 주장하는 축척 1만분의 1 이상의 해도를 보유했더라도 위 암초가 표시되어 있지는 아니한 이상, 이 사건 사고를 면키는 어려웠다고 보여지므로, 위 해도 구비에 관한 감항능력 결여와 이 사건 사고 사이에 상당인과관계가 있다고 볼 수는 없다. 따라서 항해과실로 운송인(Y2)은 면책되어 X에게 보험금 상당의 손해를 배상할 의무가 없다.

2-2 운항능력: 인적 감항능력

[사례 Ⅲ-2-4: 대판 1989.11.24, 88다카16294]

A소유의 어선 제53한성호가 짙은 안개속에 운항중 쌍방과실로 제105 동원호와 부딪쳐 이를 침몰시켰다. Y는 A와 충돌 약관부 선박보험계약을 체결하였는데, A는 Y에 대한 보험금청구권을 X에게 양도하고 그 채권양도사실을 Y에게 통지하였다. A는 제53한성호의 출어에 앞서 B를 선장으로, C를 어로장으로 임명하였는데, C는 보수교육 미필로 어로장으로서의 취직공인을 받지 못하였다. 그러나 C는 B와 동종의 해기면장(어선 을종 1등 항해사)을 약 4년 앞서 취득 보유하고 있었고, 승선경력도 B보다 5년 가량 더 오래되었다. 그런데 B가 결혼식관계로 선주인 A에게는 알리지 아니한 채 임의로 C에게 선장직무를 대행하여 줄 것을 부탁하였고, 이에 C는 B가 승선하지 아니한 상태로 출항하여 항해를 지휘하던 중 사고가 발생하였다. X의 보험금 청구에 대해 Y는 선박의 불감항을 이유로 그 지급을 거절할 수 있는가?

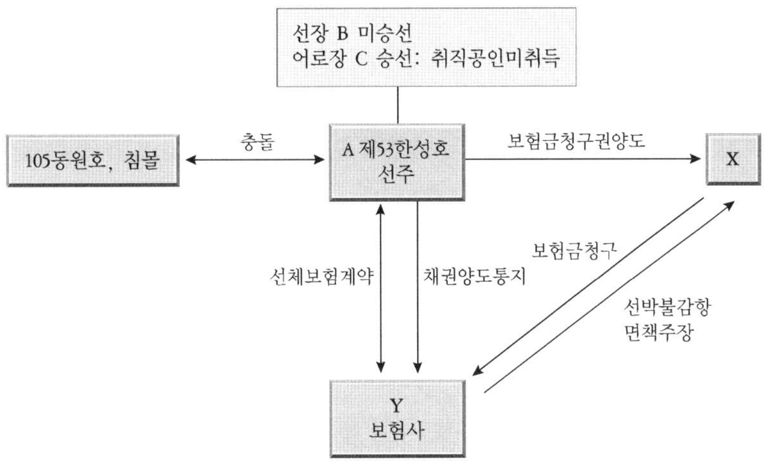

아무리 훌륭한 선박이 마련되어 있다고 하더라도 이를 조종할 수 있는 필요품과 인력이 뒷받침되지 아니하면 소기의 운항을 할 수 없다. 그러므로 항해를 감당할 수 있는 능력과 자격을 갖춘 선원의 승선이 감항능력주의의무의 중요한 내용이 된다. 선원의 운항능력은 선박직원법에 의해 부여되는 해기면허에 의해 나타낸다.

[사례 Ⅲ-2-4]에서 어로장(C)은 선장(B)보다 경험이 많고 동종의 해기면장

을 소지하고 있었지만 보수교육을 받지 아니하여 취직공인을 받지 못한 상태에 있었는데, 이를 인적 감항능력 흠결로 볼 수 있는가 하는 점이 문제된다. 이에 대해 대판 1989.11.24, 88다카16294는 "감항능력 주의의무의 내용에는 선박이 안전하게 항해를 하는데 필요한 자격을 갖춘 인원수의 선장과 선원을 승선시켜야 할 주의의무가 포함되어 있는 것이므로 선박의 출항당시 관할 항만당국으로부터 취직공인을 받은 선장(B)이 승선하지 아니하였고, 이러한 사실을 선박의 소유자(A)가 알지 못하였으며, 보수교육을 받지 아니하여 어로장으로서의 취직공인마저 받지 못한 어로장(C)이 선박의 항해를 지휘하다가 그 항해상의 과실로 사고를 일으켰다면, 비록 그 어로장이 선장과 동종의 해기면장을 보유하고 있었더라도 선박은 출항당시 인적 감항능력을 충분히 갖추지 못한 상태에 있었다고 할 것이고, 따라서 이러한 사실을 알지 못한 선박의 소유자(A)에게도 특별한 사정이 없는 한 감항능력주의의무를 다하지 아니한 과실이 있다"고 판시하였다.

그러나 이 사례와 유사한 아래 [사례 Ⅲ-2-5]에서 대판 1995.8.22, 94다61113은 "선원이 해기사면허가 없다 하더라도 사실상 특정항해를 안전하게 수행할 수 있는 우수한 능력을 갖춘 선원이 승선하였다면 이러한 경우까지 선박이 인적 감항능력을 결여하였다고 할 수는 없다"고 판시하여 상반되는 입장을 보이고 있다.

[사례 Ⅲ-2-5: 대판 1995.8.22, 94다61113]

[사실관계] 88동해호의 선주 X는 해상위험 및 해상조난에 대비하여 Y수협중앙회와 공제금 110,000,000원의 공제계약을 체결하였다. 선장 A는 악천후 중 무리한 조업을 하다가 선박이 전복되어 선장 A 및 기관장 대행 B 등 3인이 실종되었다. 출항당시 6급기관장 면허를 가지고 있는 C가 승선하는 것으로 신고하였지만 자격이 없는 B를 기관장 대행으로 승선시켰다. B는 자격은 없었지만 18년 동안 같은 선종의 기관실에서 근무하였으며 사고발생 5년전부터는 조기장 및 기관장대행의 역할을 수행하였다. 공제약관에는 "어선 발항당시 통상의 위험을 감내할 수 있도록 유자격 선장 및 기관장의 승선 등 어선의 안전운항에 필요한 제반조치를 결여한 상태에서 발생한 사고에 대해서는 Y는 면책된다"고 규정하고 있었다.

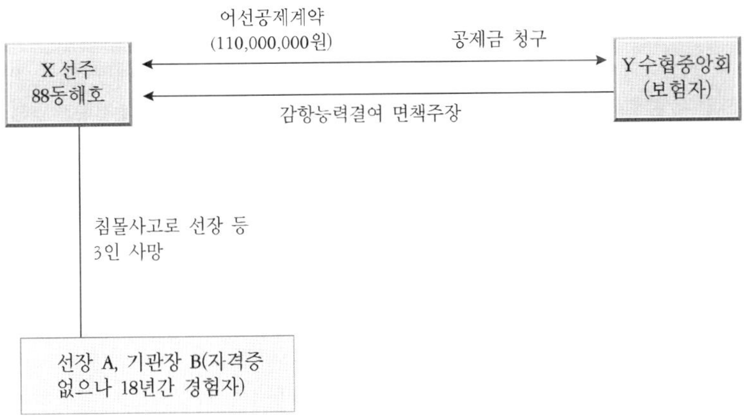

[판결요지] 원칙적으로 선박직원법에 따른 해기사면허가 없는 선원이 승선한 선박은 소위 인적 감항능력을 결여한 것으로 추정되나, 선원이 그 면허를 소지하였는지 여부만이 선박의 인적 감항능력의 유무를 결정하는 절대적인 기준이 되는 것은 아니고, 비록 그 면허가 없다고 하더라도 사실상 특정 항해를 안전하게 수행할 수 있는 우수한 능력을 갖춘 선원이 승선하였다면 이러한 경우까지 선박이 인적 감항능력을 결여하였다고 할 수는 없다.

2-3 감하능력

(1) 화물의 저장시설 하자

[사례 Ⅲ-2-6: 대판 1976.10.29, 76다1237]

X는 태국소재 소외 A회사로부터 태국산 옥수수 5,500톤을 수입하는 계약을 한후 Y회사 소속 해춘호 편으로 방콕항에서 인천항까지 이 화물을 운송하는 용선계약을 체결하였다. 해춘호는 1975.3.6. 옥수수 5,500톤을 선적후 출항하여 같은달 17일에 인천항에 입항하였는데 해춘호의 3번창에 적부된 화물 일부인 36.595톤이 선창밑에 설치된 유조탱크와 갑판 사이에 제 3 번창의 지주에 직립으로 부착하여 시설한 유류검량관에 생긴 틈 또는 구멍으로 새어나온 기름에 오염되어 훼손됨으로써 사용 불가능하게 된 손해가 발생하였다. X는 Y에 대해 감항능력주의의무 위반책임을 물었으나 Y는 항해과실면책을 주장하였다.

[사례 Ⅲ-2-7: 대판 1998.2.10, 96다45054]

Y선박회사는 A회사와의 계약에 따라 그 소유 기선인 제3 남광호에 세멘트 3만포를 선적하여 묵호항을 출항하여 목적지인 제주항으로 항해하던 중 제주항으로부터 약 12마일 떨어진 지점에서 폭풍을 만나 시멘트를 적재한 화물창의 목재덮개가 돌풍에 동반된 높은 삼각파도에 맞아 부러지면서 해수가 시멘트에 스며들었고, 시멘트는 상품으로서의 효용을 상실하게 되었다. 제3남광호는 연안 화물선으로서 선박안전법 소정의 정기검사를 필하여 유효한 선박검사증서가 발급되었으며, 출항 당시에는 아무런 이상이 없던 레이더가 갑자기 고장나서 Y의 지시에 따라 부산항으로 이로(離路)하여 레이더를 수리한 후 제주항을 향하여 항해하였으며, 제주항에서 12마일 부근에서 폭풍주의보의 발표사실을 알았으나, 다른 방법이 없었으므로 감속하여 제주항으로 계속 항진하다가 사고를 당하였다. 연해선박의 화물창구 덮개의 두께는 50mm 이상이 되어야 하는데, 사고 당시 사용한 화물창구 덮개의 두께는 55mm로서 위 규격에서 벗어나지 아니하였으며, 사고 후 삼각파도에 맞아 파손된 화물창구 덮개가 다수 발견되었으나, 화물창구 덮개들이 폭풍 이전부터 파손되어 있었는지는 밝혀지지 아니하였다. A의 보험사인 X가 보험금을 지급하고 Y에 대해 구상권을 행사한 경우, Y는 해상고유의 위험으로서 면책을 주장할 수 있는가?

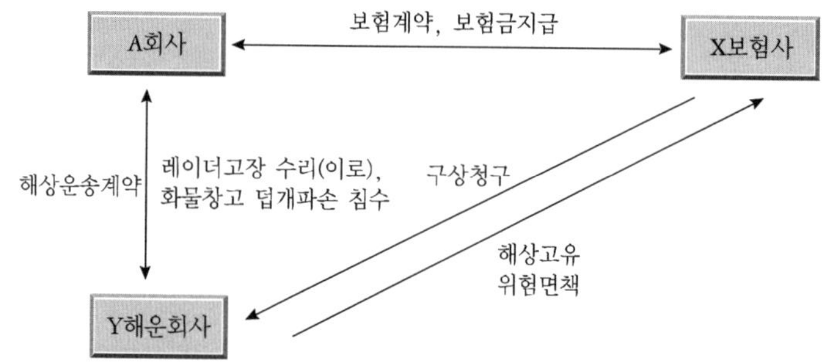

해상운송인은 하주로부터 수령한 화물을 안전하게 보관하여 인도할 의무가 있으므로 선박의 부분중에 화물의 저장시설에 흠이 있어 손해가 발생한 경우에는 감항능력 흠결로 인한 책임이 있다. 그러나 실제로는 [사례 Ⅲ-2-6]과 같이 감항능력주의의무 위반인가 아니면 항해과실면책에 해당하는가를 판단하는 것이 쉽지 않다. 대판 1976.10.29, 76다1237은 위 사례에서 "발항하기 이전부터 유류검량관이 파손부위가 이미 낡아서 발항당시 선박소유자가 상당한 주의로서 세밀히 검량관의 노후여부를 조사하였더라면 이를 사전 발견하여 예방할 수 있었을 것인데 위와 같은 주의의무를 다하지 아니하고 선박이 운송물(옥수수)을 싣고 항해중 강풍과 풍랑을 만나 전후 좌우로 심하게 동요하므로 제 3번 창밑의 탱크에 저장된 중유가 역상류하면서 위 검량관의 낡은 부위에 생긴 틈과 구멍으로 새어나와 부근에 쌓인 운송물을 오염시켜 훼손한 경우에 선박소유자는 상법 794(787)조에 의한 손해배상책임을 면치 못한다"고 판시하였다.

한편 [사례 Ⅲ-2-7]에서는 화물을 보관하고 있는 선창의 덮개가 파손되면서 손해가 발생하였는데 이를 해상고유의 위험에 해당하여 면책으로 볼 것인가(796②1), 아니면 감항능력 위반으로 볼 것인가 하는 점이 문제되었다. 이에 대해 대판 1998.2.10, 96다45054는 "선박은 약정된 항해에서 통상 예견되는 황천(荒天) 기타 기상이변에 대비한 준비가 되어 있어야 할 것인 바, 해당 항로를 항해하는 선박이 통상 예견할 수 있는 정도의 돌풍이나 삼각파도에 의하여 선체 자체의 손상이나 인명피해 없이 화물창구 덮개의 일부만이 파손되었다면 발항 당시 선박이 불감항의 상태에 있었고, 선주 또는 그 선박사용인이 발항 전 상당한 주의로써 선체의 각 부분을 면밀히 점검 조사하여 감항능력의 유무를 확인하였더라면 화물창구 덮개의 노후 등 하자를 발견하여 안전성을 확보할 수 있었는데도 이를 다하지 아니함으로써 선박의 화물창구 덮개 일부가 파손되고 거기로 해수가 유입되어 운송물이 침수되는 사고가 발생하였다고 봄이 상당하다"고 판시하였다.

선박의 발라스트 측심작업에 관련된 감항능력구비여부가 문제된 다음 [사례 Ⅲ-2-8]에서 법원은 운송인이 감항능력주의의무를 다하지 못하였다는 이유로 항해과실면책을 인정하지 않았다.[1)]

[사례 Ⅲ-2-8: 부산지판(확) 1995.7.25, 94가합8870]

[사실관계] [1] X해운회사는 룩 익스프레스(Rook Express)호의 운항자이고 Y1회사는 광물 무역업을 하는 회사이며, Y2는 무역업을 경영하는 자이다. Y1회사와 Y2는 A사

1) 한낙현, "선박관리상의 감항능력주의의무에 관한 판례분석", 한국해법회지 제28권 제2호(2006.11), 284면.

와 중국산 천연인상흑연 360t에 대한 매매계약을 체결하고 B은행에 취소불능 화환신용장을 개설하여 매매대금을 지급한 다음 X회사와 사이에 화물의 중국 칭따오(Quindao)항에서 부산항까지 운송에 대한 해상물건운송계약을 체결하였다. 화물은 25kg 포대로 포장되어 각 컨테이너 마다 720포대(18t)씩 20개의 컨테이너 속에 넣어져 중국 칭따오항에서 이 선박에 적재되었는데, 이때 A가 Y1회사와 Y2를 수하인으로 하여 작성한 각 송장과, X회사가 "수하인은 B은행의 지시에 따르되 그 통지선을 Y1, Y2로 하고 그 이면에는 이 운송계약에 대하여 대한민국법을 준거법으로 한다"고 기재하여 작성한 선하증권이 발행되었다. 이 선박은 중국을 출발하여 부산항에 도착하여 컨테이너를 양하하던 도중 선원들이 선박의 2번 및 3번 화물창에 바닥에서 40~50cm 높이까지 해수가 차 있으며 최하단에 적재되어 있던 Y1, Y2의 화물이 실린 7개의 컨테이너를 포함한 일부 컨테이너들이 수침되어 있음을 발견하였다. 이에 Y1, Y2의 의뢰를 받은 C검정 주식회사와 X회사의 의뢰를 받은 D손해사정 주식회사가 수침 손상된 화물의 상태를 검사한 결과, 각 컨테이너당 25kg들이 720포대씩 들어 있는 이 사건 화물 중, 일부가 수침 손상되어 상품가치를 상실하였음을 확인하였다. Y1, Y2는 화물손상에 대한 책임이 X회사에 있음을 주장하면서 X회사를 상대로 선박 임의경매신청을 하여 같은 이 선박에 대한 경매절차 개시결정을 받았으나 X회사가 Y1, Y2의 청구액 및 이자를 보증공탁 함으로써 그 절차가 정지되었다. 이에 X회사는 Y1, Y2를 상대로 채무부존재확인소송을 제기하였다.

[2] 이 선박은 대부분의 원양을 항해하는 선박처럼 선저에 발라스트 탱크(Ballast Tank)를 두고 그 안에 해수를 주입하여 복원성을 유지하되, 해수 주입이 탱크 안의 공기 압력이 증가하는 것을 방지하기 위하여 발라스트 탱크의 상단부터 화물창을 거쳐 갑판까지 공기통풍관(Air Vent Pipe)을, 해수 주입 작업시 탱크로부터 해수가 넘치는지 여부 및 선창의 해수 유입 여부를 확인하기 위한 해수량의 조사, 즉 측심(Sounding)을 위하여 발라스트 탱크의 하단부터 화물창을 거쳐 갑판까지 측심관(Hold Bilge Sounding Pipe 또는 Sounding Pipe)을, 설치하여 두고 있다. 따라서 선원이 발라스트 탱크에 해수를 채울 경우에는 측심을 자주 행하여 알맞은 양만을 탱크에 주입하여야 하고 또 그 후에도 선박의 동요로 인한 선창의 침수를 확인하기 위하여 수시로 측심을 행하여야 하나, 선원들은 중국을 출항한 후 측심을 전혀 행하지 아니한 채 발라스트 탱크에 과도한 해수를 주입하였기 때문에 해수가 공기통풍관 및 측심관으로 역류하였고, 선창이 해수에 침수된 사실도 부산항 도착 후 양하작업을 개시할 때까지 발견하지 못하였다. 이 선박 2번 화물창의 공기통풍관은 발항하기 이전부터 화물창 바닥으로부터 2.5m에서 4m 사이가 심하게 부식되어 있었을 뿐 아니라 3.5m 높이에는 구멍이 뚫어져 있었기에 위와 같이 공기통풍관으로 역류한 해

수가 파손된 공기통풍관을 통하여 누출되어 2번과 3번 화물창의 바닥에 약 30~50cm 높이로 해수가 고이게 되었고, 이 사건 선박의 항해 중 요동으로 인하여 최하단에 적재한 컨테이너의 50~60cm 높이까지 적재한 화물이 수침되었다.
[3] 수침된 7개의 컨테이너에 대하여 X회사의 한국 내 대리점인 소외 동보상선 주식회사와 Y1, Y2들은 그 통관의 편의상 전혀 손상되지 않은 정상적인 화물을 한데 모아 3개의 컨테이너로 만들어 Y1, Y2들이 인도받아 통관하였고, 손상된 2,254포대와 정상화물 626포대로 4개의 콘테이너를 만들어 최종적으로 손상된 것으로 처리하였다. Y1, Y2들에게 신용장을 개설한 B은행은 미리 수입화물선취보증서를 발행하여 수입상인 Y1, Y2들로 하여금 화물을 인도받을 수 있게 하였으므로 선하증권이 B은행에 도착하고 수입상이 수입대금 결제를 하면 선하증권 원본을 운송인에게 제시하고 수입화물선취보증서를 회수하여야 하는데, Y1, Y2들이 대금을 모두 결제하였는데도 위 회수절차를 밟지 아니하고 화물에 대한 선하증권을 소지하고 있다가, 이 소송에서 선하증권의 소지자가 누구인가가 문제가 되자 Y1, Y2들의 요청에 따라 이를 뒤늦게 동보상선에 교부하였고, 동보상선에서는 회수한 선하증권의 각 표면에 선하증권의 목적이 성취되었다는 의미의 "ACCOMPLISHED"라는 소인을 찍어 아래의 공매대금 회수에 필요한 3매는 Y1, Y2들에게 다시 교부하였고, 나머지는 현재 동보상선이 보관하고 있다. 손상된 흑연에 대하여는 그 수하인인 Y1, Y2들이 통관절차를 밟지 아니하고 그대로 태종보세창고에 적치하여 둔 관계로 부산세관에서는 관세미납을 이유로 이를 공매하였고, 피고들은 동보상선으로부터 교부받은 선하증권 원본을 제시하고 공매 잔대금을 수령하였다.

[쟁 점] [1] 화물의 수침 손상은 X회사의 피용인인 선원들이 선박의 항해 및 관리를 위하여 선저의 탱크에 해수를 유입하는 과정에서 발생한 것이므로 위 손상은 상법 제788(795)조 제2항 소정의 선박의 항해 또는 관리에 관한 행위로 인하여 생긴 운송물에 관한 손해에 해당하여 X에게 손해배상책임이 있는 여부
[2] 화물에 대하여 선하증권이 발행되었는데 Y1, Y2들이 이를 소지하고 있지 아니하므로 화물의 정당한 소유자인 여부가 문제되고, X가 Y1, Y2들에게 화물의 수침으로 인한 손해를 배상한다면 차후 화물에 대한 선하증권 소지인이 그 화물의 인도 내지 그 불능으로 인한 손해배상을 청구할 경우 X는 2중으로 손해배상책임을 지게 될 것이므로, X는 Y1, Y2들에게 손해배상채무를 부담하는 여부가 문제됨.
[3] 수침된 천연인상흑연에 대한 손해배상의 액은 상법 제812(815)조, 제137조 제2항의 규정에 의하여 선박이 부산항에 도착하여 양하작업을 한 날인 1993.7.24.경의 부산에서의 가격에 의하여야 할 것인바, 이에 대하여 X는 송장 기재 금액을 근거

로 하여야 한다고 주장함에 대하여, Y1, Y2들은 그 시경에 Y1, Y2들이 다른 회사 등에 같은 종류의 흑연을 납품한 가격에 의하여야 할 것이라고 다툰다.

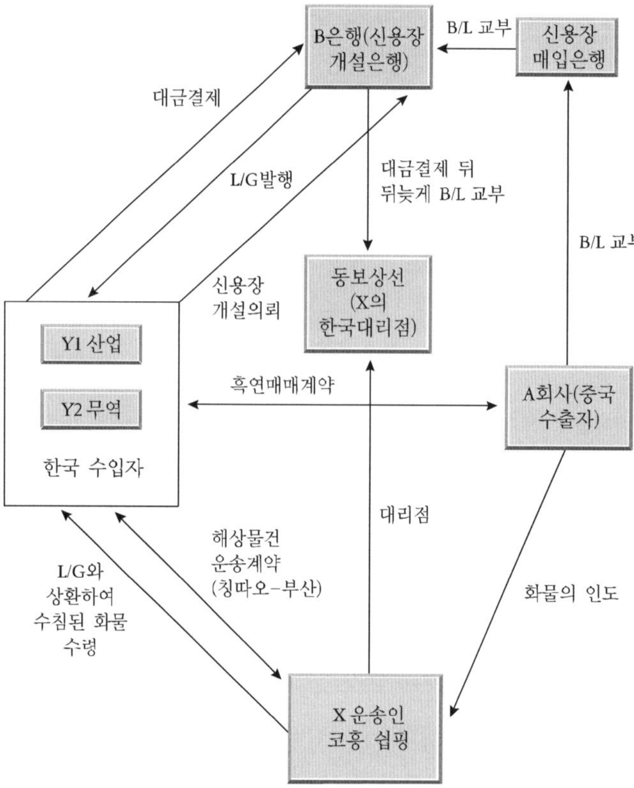

[판결요지] [1] 선박의 측심작업은 선박의 항해를 위하여 해수를 주입할 때에도 필요하지만 운송물의 보호를 위하여도 필요한 작업이라고 할 것인바, X회사의 피용자들인 선원들이 해수를 주입할 때는 물론 그 후 항해시에도 전혀 측심을 행하지 아니하여 화물창의 50cm 높이까지 해수가 유입되어 화물이 수침되었음에도 이를 양륙시까지 발견하지 못하였다면, 이를 오로지 상법 제788(795)조 제2항 소정의 선박 항해 내지 관리 과실이라고는 할 수 없고, 같은 조 제1항 소정의 운송물의 운송, 보관 등에 관한 주의의무 위반이라고 하여야 할 것이므로, X회사는 Y1, Y2들에게 화물의 수침으로 인한 손해를 배상할 책임이 있다고 할 것이다. 더욱이 선박 2번 화물창의 공기통풍관은 발항하기 이전부터 심하게 부식되어 있었음은 위에서 인정한 바와 같은데, 발항 당시 선박운항자인 X가 상당한 주의로서 세밀히 공기통풍관의 노후

여부를 조사하였더라면 이를 사전에 발견하여 예방할 수 있었을 것인데 위와 같은 주의의무를 다하지 아니하고 선박을 출항하여 측심을 행하지 아니하고 해수 유입 작업을 함으로써 발라스트 탱크에 저장된 해수가 공기통풍관을 통하여 역류하면서 위 공기통풍관의 파손된 부위에 생긴 틈과 구멍으로 새어나와 화물창의 최하단에 적재한 운송물을 훼손한 것이라 할 것인바, 그렇다면 위 사고는 운송인인 X가 감항능력 주의의무를 다하지 않음으로 인한 것이라 할 것이어서 상법 제787(794)조에 의한 손해배상책임을 면치 못한다 할 것이다.

[2] Y1, Y2들은 B은행이 발행한 수입화물선취보증서와 상환으로 이 사건 화물을 수령하였다고 할 것이며, X는 다시 위 선취보증서와 상환으로 화물에 대한 선하증권 원본을 B은행으로부터 전부 회수하여 목적이 성취되었다는 소인을 찍은 이상, 위 선하증권 원본은 그 기재된 화물을 표창하는 효력을 가지지 아니하게 되었다고 할 것이어서, 결국 Y1, Y2들은 선하증권과 상환으로 화물을 인도받은 셈이라 할 것이므로, Y1, Y2들은 화물의 정당한 수하인 내지 소유자로서 화물의 운송중의 훼손으로 인한 손해에 대하여 그 운송인에게 손해배상을 청구할 자격이 있다고 할 것이므로 X의 이 주장은 이유 없다. 그렇다면 X회사는 1993.7.24. 부산항에 도착한 이 선박에 선적된 천연인상흑연의 수침으로 인하여 입은 손해를 Y1, Y2들에게 배상할 책임이 있다고 할 것이다.

[3] Y1, Y2들이 주장하는 위 납품가격은 정상적으로 수입되어 관세, 통관수수료, 양륙비 등을 모두 포함한 채 Y1, Y2들이 이를 타에 전매한 금액이므로, 화물을 인도한 날의 도착지의 가격을 산정함에 있어서는 운송물의 멸실, 훼손으로 인하여 지급을 요하지 아니하는 운임 기타 비용을 공제하여야 한다는 상법 제137조 제4항의 규정에 비추어 볼 때 이를 이 사건 손해배상액의 산정의 기초로 삼을 수는 없으며, 달리 시가를 입증할 수 있는 증거가 없는 이 사건에 있어서는 대한민국 기준비용 및 운임 포함가격인 송장기재 금액을 일응의 기준으로 이 사건 손해배상액을 산정함이 타당하다고 할 것이다.

(2) 위험물의 적재

[사례 Ⅲ-2-9: 서울민지판(확) 1984.2.23, 82가합6826]

Y해운사는 홍콩항에서 그 소유 보니스타호에 A의 화물 및 B가 홍콩의 C로부터 수입하는 황인이 들어 있는 컨테이너 등 56개의 컨테이너를 선적하여 부산항으로 출항하였다. 선장이 C로부터 황인을 인도 받을 당시 컨테이너는 적어도 그 5분의2 이

상이 빈공간으로 되어 있었는데, 선장은 외관상태만을 확인하고 그 내부의 수납상태는 조사함이 없이, 이를 선박에 고박하였다. 항해도중 황천을 만나 선체가 동요하자 컨테이너 내의 황인 드럼통이 동요하면서 서로 충돌하여 황인이 누출되어 자연발화하였다. 화재가 발생하자 선원들은 소화전으로 1번 선창에 해수를 주입함과 동시에 통풍구 및 각 기구를 밀폐한 채 진화작업을 계속하여 소화를 하였으나 이로 말미암아 황인 컨테이너와 함께 1번 선창에 적재되어 있던 A의 화물중 일부가 연소되거나 열기와 침수로 인해 훼손되었다. A의 해상보험자인 X가 보험금을 지급하고 Y에게 구상권을 행사하자 Y는, 사고가 선박에서의 화재로 인한 것이므로 면책이라고 주장하였다. Y의 주장은 타당한가?

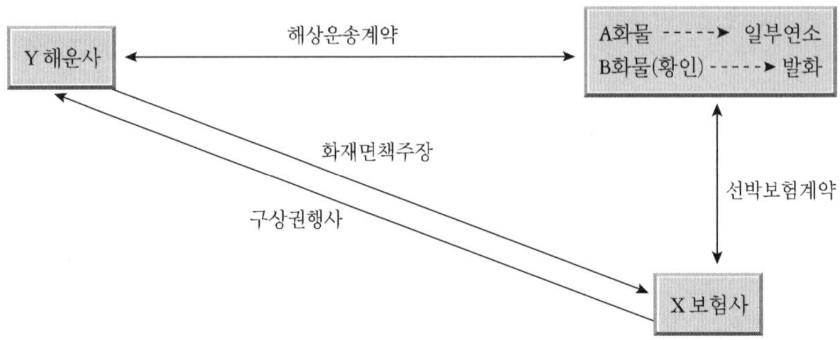

선박자체에는 문제가 없지만 화재의 위험성이 있는 다른 운송물을 적재하고 안전장치를 하지 않은 경우에도 감항능력이 없다. 즉 서울민지판(확) 1984.2.23, 82가합6826은 [사례 Ⅲ-2-9]에서 "이건 선박은 발화할 위험이 있는 황인이 법령의 규정대로 안전하게 수납적부되지 못하여 그 출항 당시부터 선창 내에서 화재가 발생할 위험성을 안고 있었다 할 것이고, 따라서 선박의 선창은 화물의 안전한 운송과 보존을 위하여 적합한 상태에 있었다고 할 수 없으니, 화물의 손상은 결국 감항능력(감화능력)의 결여로 인하여 발생하였다"고 판시하였다.

2-4 의무위반

운송인은 자기 또는 선원 기타의 선박사용인이 발항당시 감항능력에 관한 주의를 해태하지 아니하였음을 증명하지 아니하면 운송물의 멸실, 훼손 또는 연착으로 인한 손해를 배상할 책임이 있다(794).

(1) 주의의 정도

해상운송인은 감항능력을 갖춤에 있어 상당한 주의(due deligence)를 기울여야 한다. 따라서 감항능력은 추상적인 능력이 아니며 구체적인 항해에서 일반적으로 예상되는 통상의 위험을 극복할 수 있는 상대적 개념으로서 과실책임에 속한다. 그러므로 연안을 항해하는 선박과 대양을 항해하는 선박이 갖추어야 할 감항능력이 다르며 또 계절적으로도 태풍이 부는 시기와 그렇지 않은 경우도 서로 다르다. 앞에서 본 바와 같이 감항능력은 검사기관의 검사나 선원의 자격증 취득에 의해 일반적으로는 갖추어진다고 보지만, 형식적인 자격의 구비에도 불구하고 구체적인 상황에 따라 판단해야 한다.1)

[사례 Ⅲ-2-9]에서 보면 선장은 황인이 들어 있는 컨테이너를 선적하면서 그 외관상태를 확인하였으므로 주의의무를 다한 것으로 볼 여지가 있다. 그러나 서울민지판(확) 1984.2. 23, 82가합6826은 "선장이 황인 컨테이너를 수령함에 있어서 외관상 손상여부와 위험물의 누출여부를 확인하고 이를 선창 내에 적재한 후 움직이지 않도록 고박 고정한 사실은 앞에서 인정한 바와 같으나, 이러한 사실만으로는 위험물인 이건 황인을 수령 적재함에 있어서 위험물 운송규칙에서 정하는 바에 따라 요구되는 모든 주의의무를 다한 것이 되지 못하고, 오히려 선장은 황인 컨테이너를 그 내부가 상당부분 빈공간으로 남아 있는 것을 간과한 채 금지되어 있는 장소인 선창에 적재함으로써 황인 컨테이너 내부의 용기(드럼통)가 항해중 요동할 것에 대비한 조치를 취하지 아니한 과실이 있다 할 것이니 선박의 감항능력에 관하여 주의를 해태하지 아니하였다는 피고(Y)의 주장은 이유 없다"고 판시하였다.

(2) 주의의 시기

감항능력은 발항당시에 있어야 한다. 발항이라고 하면 선적개시부터 발항까지를 의미한다.2)

(3) 주의의 범위

해상운송인은 자기뿐 아니라 선원 기타 선박사용인의 주의 해태에 대해서

1) 한낙현, "항해중의 감항능력유지의무에 관한 문제점 고찰", 한국해법회지 제26권 제 2 호(2004. 11), 89면 이하 참조.

2) 서헌제(하) 359면.

도 책임을 진다. 보통 해상운송인은 상당한 주의를 다하기 위해 전문검사기관이나 타인에게 검사를 의뢰하는 경우도 있는데, 자격 있는 검사인을 선임한 것만으로는 상당한 주의를 다하였다고는 할 수 없고, 선임된 검사인들이 상당한 주의를 해야 한다.

(4) 입증책임

해상운송인은 운송물에 생긴 손해가 감항능력의 결함에서 온 것이 아님을 입증하지 아니하면 그 책임을 면할 수 없다.

2-5 의무위반효과

(1) 손해배상책임

해상운송인은 감항능력주의의무를 게을리 한 때에는 운송물의 멸실, 훼손 또는 연착으로 인한 손해를 배상할 책임이 있다. 이는 운송계약상의 채무불이행으로 인한 손해배상책임이다. 그런데 감항능력주의의무 위반이 해상운송인 자신의 고의 또는 손해발생의 염려가 있음을 인식하면서 무모하게 한 작위 또는 부작위로 인하여 생긴 경우에는 해상운송인은 개별적 책임제한(797단)과 총체적 책임제한(769, 770)을 주장하지 못하며 모든 손해를 다 배상해야 한다.

(2) 면책의 금지 – 항해과실과의 관계

감항능력주의의무 위반의 경우에는 사고가 항해과실에 기한 것이라도 운송인이 면책을 주장하지 못한다. 나아가 당사자간의 특약으로 감항능력주의의무를 면제하거나 경감하여도 효력이 없다(799①). 따라서 본조의 성질은 강행규정이다.

선박 관리상의 과실(항해과실)은 선박의 항행을 안전하게 하기 위해 행하는 선박의 관리 또는 조작을 잘못하는 것을 말한다. 이에 대해 불감항은 발항시에 선박 또는 그 장비에 결함이나 불비가 있는 점에서 개념상으로는 구분이 된다. 그러나 위의 여러 사례에서 보았듯이 실제로 양자를 구분하는 것은 쉽지 않다. 특히 문제로 되는 것은 운송물의 선적으로부터 발항 사이에 선원의 과실에 의해 선박에 불비나 결함이 생기고 그 불비나 결함으로부터 운송물에 손해가 발생한 경우이다. 일반론으로는 이러한 결함이나 불비가 항해도중 선원들의 관리에 의해 보정될 수 있음에도 불구하고 선원들이 항해중에 보정하지 않아 운송물에 손해를 준 경우에는 선원의 과실은 감항능력위반이 아니고 선박관리상의 과실로 된다고 할 것이다. 즉 선박의 불감항이라도 이를 선장이나 해원들에 의해 보정이 불가능할 경우에만 감항능력위반이 된다고 할 것이다.

(3) 해상보험자의 면책

선박보험과 운임보험자는 감항능력주의의무의 위반으로 인한 손해에 대해서는 보상할 책임이 없다(706.1). 감항능력결여를 이유로 보험금지급을 거절할 수 있는 여부에 대해서는 다음 [사례 Ⅲ-2-10]에서 그 요건과 입증책임 등이 다루어지고 있다.[1)]

[사례 Ⅲ-2-10: 대판 2002.6.28, 2000다21062]

[사실관계] [1] X선박회사는 벨리즈(BELIZE) 국적의 선박 골든 파이오니아호의 소유자이고, Y는 해상보험회사이다. 선박관리자인 A해운회사는 Y와 사이에 위 선박에 관하여 피보험자는 X, 보험기간을 1년으로 하는 선체보험계약(기간)을 체결하고, 그 보험료를 납부하였다. 이 보험약관에 의하면, 선박이 전손된 경우(Total Loss Only, 현실전손과 추정전손을 포함)만 담보하며(제 6 조), 추정전손과 관련하여서는 보험금액을 수리완료 후의 선박가액으로 간주하고 1회의 사고 또는 동일 사고로 인한 연속된 손상에 관련된 비용만을 고려한다고 규정되어 있고(제12조), 영국의 법과 관습을 준거법으로 지정하였다.

[2] 이 선박은 부산항에서 보험계약의 조건인 현상조사 및 수리를 받은 후 화물운송을 위하여 중국 뉴잉코우(NEW YINGKOU)항에 입항하여 정박하고 있다가 마그네사이트 화물 을 적재한 후 출항하여 목적지인 일본의 쿠타감(KUTAGAM)항을 향하여 항해하던 북위 40°09′34″, 동경 121°48′4″ 해상에서 유빙과 조류에 밀려 좌초되는 사고를 당하였다. 사고 후 중국의 항만당국에 비상구조요청을 하였는데, 이 선박은 유빙과 조류에 충돌하며 표류하던 중 출동한 예인선 2대에 의하여 뉴잉코우항에 예인되었으나, 침수량이 많은 관계로 항만당국에 긴급 양하요청을 하였고, 양하를 마친 나음 나시 예인선에 의하여 중국 내련(DALIAN)항에 입항하여 내기하나가 내련에 있는 어선조선소(FISHING BOAT SHIPYARD)로 옮겨져 손상상태에 대한 검사를 받았다. 사고 당시 이 선박은 크고 작은 유빙에 갇혀 계속 충돌됨으로 인하여 항해를 계

1) 홍성화, "선박공계약관상의 감항성 담보조항의 문제점과 개선방안", 한국해법회지 제30권 제1호(2008.4), 232면.

속할 수 없어 모래톱에 좌초되었으며, 좌초되어 좌현으로 경사되어 있는 상태에서도 예인되기까지 40시간 이상을 파도와 유빙에 계속 부딪히면서 좌우로 진동을 하였는데, 이로 인하여 선체의 외판, 기관실 내부의 기계, 프로펠러와 측계, 방향타와 조타기어 등이 손상을 입었다. 이러한 손상에 대하여 선적국인 벨리즈의 항만검사원이 검사를 하였고, 그 권고에 따라 X는 대련 남성조선소로부터 직접수리비로 미화 631,710$의 견적서, 대련 송련 제1조선소로부터 직접수리비로 미화 569,667$의 견적서를 각 제출받아 같은 Y에게 이 사고는 추정전손에 해당하므로, 위부와 동시에 보험금의 지급을 구한다는 통지를 하였다.

[3] 이 선박은 사고 당시 21년 전에 건조되어 노후되었고, 보험개시일로부터 20일 이내에 사단법인 한국선급으로부터 보험목적인 선박에 대한 현상검사(Condition Survey)를 받고 그 현상검사에 기재된 모든 지적사항(Recommendation)을 이행하는 것을 명시적 담보조건으로 하고 있었고 이 조건에 따라 이 선박은 부산항에서 선주대표와 담당자들이 한국선급으로부터 선박의 기계 및 장비의 안전상태에 관한 확인 및 검증을 받았는데, 그 결과 한국선급은 "이 선박은 그 선령에 비하여 나쁜 상태로 유지되었고, 1996. 5. 2.까지 녹이 슨 기관의 모터 팬 덮개의 교체 등 23항목에 걸친 지적사항이 만족스럽게 이행된다면 항해에 제공될 수 있다"는 취지의 검증보고서를 제출하였다. X회사는 남경산업 등으로부터 제 1 호 발전기, 좌현과 우현의 건현표 등을 수리하거나 교체하였으나, 한국선급의 지적사항을 완전하게 수리한 바는 없었으며, 이 선박의 1, 2, 3 이중저 발라스트 탱크가 부식으로 인하여 매우 낮은 흘수에서도 균형을 잃을 위험이 있으므로 즉시 수리되어야 한다는 수리신청이 있었는데도, 사고 이전에 이와 같은 하자가 수리되었다는 흔적이 없었으며, 이 사고 직후 선박을 조사한 산지에(Sanjie)사 작성의 서면에 의하면, 선박조사 당시 선원들로부터 선장과 기관장이 선주에게 선박과 해상의 상태에 비추어 항해가 적당하지 않다는 것을 건의하였다고 말하였다. 그 밖에도 전체적으로 이 선박은 부식이 매우 심하고, 선박의 타축, 타축지지 브라켓 등에 사고 이전 균열로 인한 용접 흔적까지 보였으며, 이 선박의 화물적재중량은 1,601t인데 사고 당시 1,348t의 화물이 적재되어 거의 만재에 가까운 상태였다.

[4] X해운사가 추정전손을 이유로 보험금지급을 구하였으나 Y보험사는 선박불감항을 이유로 면책을 주장하였다.

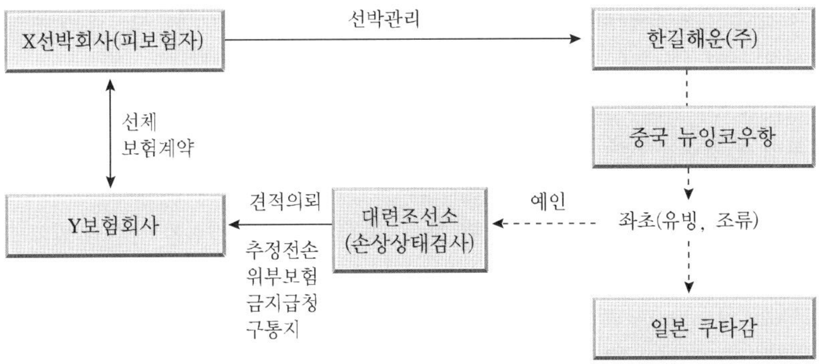

[쟁 점] [1] 영국 해상보험법상 선박기간보험에 있어 감항능력 결여로 인한 보험자의 면책요건 및 그 입증책임의 소재(=보험자)

[2] 영국 해상보험법상 선박기간보험에 있어 감항능력 결여로 인한 보험자의 면책요건으로서 감항능력이 없음에 대한 피보험자의 악의의 의미

[3] 영국 해상보험법 제60조 제 2 항 제 2 호에 의하여 추정전손으로 인정되기 위한 선박수리비 판단의 근거 및 그 기준시점

[4] 영국 해상보험법 제60조 제 2 항 제 2 호에 의한 추정전손의 요건충족에 대한 입증책임의 소재(=피보험자) 및 그 입증사항

[5] 추정전손 여부의 판단을 위한 영국 해상보험법 및 협회선박기간보험약관상의 선박수리비의 의미

[판결요지] [1] 영국 해상보험법상의 법리에 의하면, 해상보험의 경우 감항성 또는 감항능력(seaworthiness)은 '특정의 항해에서 통상적인 위험에 견딜 수 있는 능력(at the time of the insurance able to perform the voyage unless any external accident should happen)'을 의미하는 상대적인 개념으로서, 어떤 선박이 감항성을 갖추고 있느냐의 여부를 확정하는 확정적이고 절대적인 기준은 없고, 특정 항해에서의 특정한 사정에 따라 상대적으로 결정되어야 하며, 항해보험의 경우에는 원칙적으로 감항능력 불비로 인한 보험자의 면책을 인정하지만, 기간보험의 경우에는 그러한 묵시적 담보가 인정되지 않는 것을 원칙으로 하되, 예외적으로 피보험자가 선박이 감항능력이 없음을 알면서도 항해하게 한 경우에 한하여 보험자가 면책될 수 있으므로, 이 법리에 의하면, 선박 기간보험에서 감항능력 결여로 인하여 보험자가 면책되기 위하여는 손해가 감항능력이 없음으로 인하여 발생한 것이어야 하고, 피보험자가 감항능력이 없음을 알고 있어야 하며, 이러한 감항능력의 결여와 보험사고 사이에 인과관

계, 즉 손해의 일부나 전부가 감항능력이 없음으로 인하여 발생한 것이라는 점이 인정되어야 하되, 이러한 요건에 대한 입증책임은 보험자가 부담한다.
[2] 영국 해상보험법상 선박기간보험에 있어 감항능력 결여로 인한 보험자의 면책요건으로서 피보험자의 악의(privity)는 영미법상의 개념으로서 피보험자가 선박의 감항능력 결여의 원인이 된 사실뿐 아니라, 그 원인된 사실로 인하여 해당 선박이 통상적인 해상위험을 견디어낼 수 없게 된 사실, 즉 감항능력이 결여된 사실을 알고 있는 것을 의미하는 것으로서, 감항능력이 없다는 것을 적극적으로 아는 것(positive knowledge of unseaworthiness)뿐 아니라, 감항능력이 없을 수도 있다는 것을 알면서도 이를 갖추기 위한 조치를 하지 않고 그대로 내버려두는 것(turning the blind eyes to unseaworthiness)까지 포함하는 개념이다.
[3] 이러한 사정들을 종합하면, 이 선박은 사고 당시 감항능력이 없었던 것으로 보이고, 이는 거의 모두 객관적인 사정들로서 선주인 원고(X)가 알고 있었다고 보는 것이 타당하며, 선주인 원고에게 직접적인 수리요청까지 있었던 점으로 보아 위와 같은 감항능력의 부재에 대한 원고의 악의도 인정할 수 있으므로, 원심이 이에 관한 증거가 없다는 이유로 피고의 주장을 배척한 것은 선박 기간보험의 경우에 감항능력의 부재로 인한 보험자의 면책에 관한 법리오해 및 채증법칙 위배로 인한 사실오인의 위법이 있다고 아니할 수 없다. 그러나 이 사건의 경우와 같이 해당 선박의 감항능력 부재와 피보험자인 원고의 악의가 인정된다고 하더라도, 앞서 본 바와 같이 기간보험의 경우 감항능력 부재로 인하여 보험자가 면책되기 위하여는 감항능력 부재와 보험사고 사이에 인과관계가 인정되어야 할 것인데, 원심이 인정한 사실관계에 의하면, 이 사건 보험사고의 원인은 선박의 외판이 유빙과의 충돌로 구멍이 생겨 침수되기 시작한 것으로 추정될 뿐, 위에서 지적한 바와 같은 이 사건 선박의 구체적 감항능력의 부재와 사고 사이에 상당인과관계를 인정하기는 어려워 보이고, 달리 인과관계의 점을 인정할 증거를 찾아볼 수 없는바, 그렇다면 원심이 피고의 감항능력 부재로 인한 면책주장을 받아들이지 아니한 결론은 정당하므로, 결국 상고이유 제1점은 이유가 없는 것으로 돌아간다.
[4] 추정전손에 관하여 영국 해상보험법 제56조는 제 1 항에서 “손해는 전부이거나 일부일 수 있다. 이하에서 정의하는 전손 이외는 분손이다”고 규정하면서, 제 2 항에서 “전손은 현실전손(actual total loss)일 수도 있고, 추정전손(constructive total loss)일 수도 있다”고 규정하고, 제60조 제 1 항에서는 “보험증권상의 명시적 규정에 반하지 않는 한, 보험목적의 현실전손이 불가피하기 때문에 또는 비용이 지출되고 난 이후 보험목적의 가액을 초과하는 정도의 비용을 지출하지 않고서는 현실전손을 면할 수 없기 때문에 보험목적을 위부(abandonment)하는 것이 상당한 경우에는 추정전손이

있다"고 규정하며, 제60조 제 2 항 제 2 호는 "특히 다음의 경우는 추정전손이 있다. 선박이 훼손된 경우, 선박이 피보험위험으로 인하여 심하게 훼손되어 그 훼손을 수리하는 데 소요되는 비용이 수리되었을 때의 선박가액을 초과하리라고 예상되는 경우. 이 수리비의 산정에는 수리에 관하여 다른 이해관계인이 지급하여야 할 공동해손분담액을 공제하여서는 아니되는 반면, 장래의 구조작업에 소요되는 비용과 선박이 수리될 경우에 선박이 부담하게 될 장래의 공동해손분담액은 수리비에 가산하여야 한다"고 규정하고, 협회선박기간보험약관 제12조 제 1 항은 "추정전손인가를 판단하는 데에는 보험금액을 수리 완료 후의 선박가액으로 간주하고, 선박 또는 난파선의 훼손된 가액 또는 해체된 가액은 이를 고려하지 아니한다"고 규정하고 있고, 영국 해상보험법의 규정과 관습에 의하면, 추정전손에 해당하는지 여부의 판단은 위부통지 당시에 객관적으로 실제 발생한 사실이 기초가 되어야 하고, 피보험자가 주관적으로 알고 있었던 사실이 그 판단의 기초가 되는 것은 아니며, 추정전손에 해당하는지 여부에 대한 판단의 기준시점은 보험자가 피보험자로 하여금 위부통지 혹은 그 통지에 대한 거절시점에서 소송이 제기된 것과 같은 지위에 있게 되는 것에 명시적으로 동의하지 않는 이상, 위부통지시의 사실관계가 아니고, 보험금 청구소송의 제소시(at the commencement of the action)에 존재하는 사실관계에 의하여 그 여부가 판단된다.

[5] 영국 해상보험법상의 법리에 의하면, 어떠한 보험사고가 추정전손의 요건을 충족하는지는 피보험자가 이를 입증하여야 하고, 따라서 그가 선박을 구조하고 수리하는 비용이 보험가액을 초과한다는 점을 입증할 증거를 제출하여야 하는데, 영국 해상보험법 제55조 제 1 항이 "보험자는 보험증권에서 달리 약정하지 않는 한, 부보위험에 근인하여 발생한 손해(loss proximately caused by a peril against)에 대하여서만 책임을 지고, 부보위험에 근인하여 발생하지 아니한 손해에 대하여는 책임을 지지 아니한다"고 규정하고 있는 취지와 피보험자가 입은 재산상의 손해는 보험사고와 상당인과관계가 있는 것이어야 한다는 원칙에 비추어, 선박의 수리비는 해당 보험사고로 인하여 발생한 손해에 한정되어야 하고, 보험사고로 인하여 발생하지 않은 수리비는 제외되어야 할 것이므로, 피보험자로서는 해당 보험사고가 추정전손에 해당한다는 이유로 위부를 하기 위하여는 우선 해당 피보험사고가 발생하지 아니하였으면 선박이 수리가 필요하지 아니한 상태였음과 보험사고 후에 발생한 수리비를 입증하거나, 혹은 위와 같은 선박의 보험사고 전 무하자를 입증하지 못한다면, 해당 피보험사고로 인하여 손상을 입은 선박 부분을 특정하고, 그에 대한 구체적인 수리비를 입증하여야만 한다.

[6] 추정전손인지 여부의 판단을 위한 영국 해상보험법 및 협회선박기간보험약관상

의 선박수리비는 훼손된 선박을 원상으로 회복하는 데 소요되는 비용으로서, 이에는 선박의 손상 부위와 정도를 감정하기 위한 비용 · 선박을 수선항으로 예인하기 위한 비용 · 선급검사인의 검사료 · 예선증명서의 발급비용 · 수선감독자의 감독비용 · 기타 수선에 부수하는 비용도 포함되고, 그 수리의 정도는 동일한 적하를 운송하는 데 필요한 수리가 아니라 공선(공선) 상태로 또는 어떠한 적하 상태에서 원래의 목적항으로 항해할 수 있는 선박으로 수리하는 것으로서, 영국법상 수리비는 사고발생 장소와 시간상 그 선박에 수반하는 모든 상황을 고려하여 산정하되, 문제는 선박이 존재하는 곳에서의 수리비가 얼마인가라는 것이며, 또 협회선박기간보험약관에 따라 수리비를 평가할 경우에 선박의 나이, 노후 등으로 인하여 증가된 수리비는 공제하지 아니하지만, 선박이 수리 후의 가격보다 적은 비용으로 항해할 수 있도록 수리가 가능한 경우에는 선박의 노후상태로 인하여 완전한 수리를 위한 비용이 수리 후의 선박가격보다 많다는 이유로 추정전손을 주장하여 위부를 선택할 수는 없다. 본 판례는 추정전손에 해당하는지 여부에 관한 판단의 기준시점에 위법이 있고 객관적인 선박수리비에 대한 심리미진의 위법이 있다는 이유로 원심판결을 파기하였다.

영국법이 준거법인 위 사안에서, 대법원은 선체에 대한 감항능력결여 및 이에 대한 피보험자(X)의 악의를 인정하였으나, 감항능력 결여와 보험사고는 인과관계가 없다고 판시하였다. 감항능력의 결여는 선체자체에 있었으나 사고는 유빙과 부딪침으로써 발생한 것이므로 인과관계가 없다는 것이었다. 감항능력 결여 자체를 부인한 원심과는 달리 대법원은 감항능력 결여는 인정하였지만 그 결여와 사고와의 인과관계를 부인함으로써 결국 원심과 동일한 결과가 되었다. 기간보험에서 피보험자(X)의 악의를 인정한 드문 사례라고 할 것이다.

피보험자가 주장한 추정전손의 성립을 원심이 인정한 것에 대하여 대법원은 추정전손의 판단기준시점은 소송을 제기한 당시라는 영국판례법을 근거로 들면서, 위부 당시를 기준으로 삼은 원심의 입장을 위법이라고 하였다.[1] 또한 대법원은 수리비에 대한 입증책임은 피보험자에 있고, 수리비의 산정에 대한 구체적인 입증이 되지 않았음에도 원심은 피보험자(X)의 주장을 일방적으로 받아들인 잘못이 있다고 하여 피고(Y)의 상고를 받아들였다. 결국 추정전손에 대한 항소심의 판단부분은 파기 환송되었다.

1) 박세민, "해상보험법상의 개념과 영국협회적하보험약관 제 5 조 및 상법 제706조 1호에 관한 고찰", 한국해법회지 제27권 제 2 호(2005.11), 140면.

제 3 절 운송물에 관한 주의의무

1. 의 의

1-1 개 념

운송인은 자기 또는 선원 기타의 선박사용인이 운송물의 수령·선적·적부·운송·보관·양륙과 인도에 관하여 주의를 해태하지 아니하였음을 증명하지 아니하면 운송물의 멸실, 훼손 또는 연착으로 인한 손해를 배상할 책임이 있다(795①). 이를 운송물에 관한 주의의무 또는 상사과실이라고 하며 감항능력주의의무와 더불어 운송인의 가장 기본적인 의무이다. 그러나 감항능력주의의무가 선박의 발항시에 선박의 능력이나 상태에 관한 의무임에 비해 운송물주의의무는 운송물의 안전을 목적으로 하는 것으로서 운송물 자체에 관한 의무인 점에 그 차이가 있다. 다만 선박이 감항상태에 있지 않은 경우에는 운송인이 운송물에 대해 어떠한 주의의무를 다하더라도 운송물에 손해가 생기는 것이 불가피 하다는 의미에서 감항능력은 운송물주의의무를 행사하기 위한 전제로서의 의무라고 하겠다.

운송물에 관한 주의의무도 감항능력주의의무와 마찬가지로 의무위반에 관한 입증책임을 운송인측에 부담시키고 있는 점에서 추정과실책임주의에 입각하고 있다. 이는 화주들은 선박의 운항에 전문적인 지식이 없을 뿐 아니라 선박내의 상황을 알 길이 없으므로 그에게 입증책임을 지우는 것이 부당하기 때문이다.

1-2 의무의 범위

상법은 1968년 헤이그-비스비규칙을 받아들여 운송물에 관한 주의의무를 규정하고 있다. 그런데 그 적용범위가 서로 다르기 때문에 해석상 어려움을 야기하고 있다. 즉 우리 상법은 운송인의 의무의 범위에 운송물의 수령과 인도까지를 포함하고 있으나 헤이그-비스비규칙은 선적시부터 양륙시(from loading to discharging)까지로만 한정하고 수령시부터 선적시까지, 그리고 양륙시부터 인도시까지는 당사자간에 합의로 그 책임의 내용을 정할 수 있도록 하고 있다.[1] 그런데 해운실무에서 사용되는 선하증권에는 대개 헤이그-비스비규칙에 따른 해상운송법을 그 준거법으로 정하는 경우가 많기 때문에 이 구간의 책임에 대해서도 상법의 강행규정(794~799)이 적용되는가 하는 점이 문제되는 것이다. 이에 관해서는 해상운송인의 책임에서 다시 설명하기로 한다.

1-3 주의의무를 부담하는 자

운송물에 관한 주의의무를 부담하는 자는 운송인 및 '운송인이 사용하는 자'이다. 이는 운송인이 운송계약을 이행하기 위해 사용하는 모든 이행보조자를 포함하며 반드시 운송인과 고용계약이 있는 사용인에 한정되지 아니한다. 여기에서 '사용하는 자'는 감항능력주의의무 와는 같지만 제795조 제2항에서 말하는 '선장 · 해원 · 도선사, 그 밖의 선박사용인'보다는 넓은 개념이다. 소위 독립적 기업보조자인 항만 하역업자, 부두경영자, 창고업자, 선박대리점 · 중개업자등도 포함한다. 재운송계약이 체결된 경우 선박소유자 및 그 사용하는 자가 운송인인 용선자의 '사용하는 자'로 된다.

1-4 의무위반의 효과

운송인은 운송물에 관한 주의의무를 위반한 경우에는 그로 인해 운송물에 생긴 멸실, 훼손 또는 연착 손해를 배상할 책임이 있다. 다만 운송물주의의무 위반이 동조 제2항에서 말하는 선장 등의 항해과실에 의한 것인 때에는 운송인은 면책이 된다. 그러므로 운송물에 관한 주의의무 위반이 항해과실 이외의 과실이나 운송인 자신의 고의 · 과실에 의한 경우에는 제795조 제1항에 의해서 책임을 지지만 그 손해가 운송인 자신의 고의 또는 그 손해가 생길 염려가 있음을 인식하면서 무모하게 한 작위 또는 부작위로 인하여 생긴 것이 아닌 때에는 일정한 한도로 그 책임을 제한할 수 있다(797①).

운송물에 관한 주의의무는 당사자간의 특약으로 감경하거나 면제하지 못한다는 점에서 강행규정이다(799①). 헤이그-비스비규칙의 정신을 따른 것이다.

---

1) 이창희, "상법 제788조 1항의 해석에 관한 연구", 한국해법회지 제27권 제2호(2005.11), 44면 이하.

1-5 의무대상인 행위 – FIO 약관

운송물에 관한 주의의무는 운송물의 수령 · 선적 · 적부 · 운송 · 보관 · 양륙과 인도이며, 앞에서 본대로 이에 반하는 특약으로서 운송인의 의무 또는 책임을 경감 또는 면제하는 당사자 사이의 특약은 효력이 없다(799). 이와 관련해서 항해용선계약에 있어서는 통상 free in and out(FIO)약관이 사용되고 있는데 "용선자 혹은 그 대리인이 적하를 선창에 반입하거나 선적, 적부 혹은 하역, 양륙 등을 할 것이 요구되는 경우에는 선주는 그에 따른 위험, 책임 및 비용을 부담하지 아니한다"라는 내용으로 되어 있다. 정기선에 의한 개품운송의 경우에는 이러한 FIO약관이 적용되는 사례는 드물지만 선하증권이 발행되는 운송계약에 있어서도 가령 세멘트, 석탄, 비료 등의 운송물에 대해서는 경험이 많은 송하인 및 수하인의 피용자 또는 위탁을 받은 하역업자에 의해 선적과 하역작업이 행해지고 운송인이 이에 관여하지 않는 경우가 있다. 이 경우에는 운송인이 그 선적 · 적부 · 양륙 등의 업무에 결함으로부터 생기는 운송물의 손해에 대해서는 책임을 부담하지 않는다는 취지의 약관을 사용한다.

계약자유의 원칙이 지배하는 용선계약에 있어서는 FIO약관의 효력이 인정되는 것은 물론이지만, 상법 제794조부터 제798조까지의 규정이 적용되는 개품운송계약에 있어서는 FIO약관은 이들 규정에 반하여 운송인의 의무 또는 책임을 경감하거나 면제하는 특약으로서 효력이 인정될 수 있을지가 문제된다. 영국에서는 1971년 해상운송계약법상 FIO의 효력에 대해서는 "본법은 운송인이 운송물의 선적 및 양륙을 인수하는 것을 전제로 하고 있지만 이들 행위는 송하인 또는 수하인에 의해서도 인수될 수 있다. 이러한 합의는 본법에 의해 금지되고 있지 않고 송하인이 선적을 인수하고 수하인이 양륙을 인수하는 조항은 그 업무가 수행되는 조건이라기보다는 오히려 계약상 업무의 범위를 정하는 조항이고 따라서 제 3 조 8항의 면책금지의 규정에도 불구하고 이 조항은 유효하다"라고 보는 것이 대세이다.[1)]

이에 대해 독일과 일본의 다수 견해는 "선적과 양륙 등을 물품운송의 범위 내에 포함시키고 있는 헤이그-비스비규칙의 강행규정성에 비추어 볼 때 FIO약관은 위험의 면제에 관한 한 그 효력을 인정할 수 없고, 다만 비용을 송하인측

1) Carver, 363; Scrutton, 435; Pyrene Co. v. Scindia Navigation Co. [1954] 2 Q. B. 402.

에 전가시키는 정도에 있어서만 유효하다"고 한다.[1] 생각건대 선적 및 하역의 위험을 적하이해관계인에게 전가시키는 합의는, 실제에 있어서는 운송물에 관한 운송인의 주의의무를 대폭적으로 면제시키는 결과로 되기 때문에 이러한 합의를 유효로 보는 것은 헤이그한 한 그 및 법 제799조의 규정에 반하는 것이라고 하겠다. 이에 대해서는 다음 [사례 Ⅲ-3-2]에서 상세하게 다루기로 한다.

2. 수령 · 선적 · 적부의무

2-1 수령의무

운송물의 수령은 해상운송인이 송하인 또는 그 대리인으로부터 운송물의 직접점유 또는 간접점유를 취득함으로써 운송물을 운송인의 보관하에 두는 것을 말하며 그 시점으로부터 운송인의 책임이 발생한다. 운송물의 수령이 창고 또는 부두와 같이 육상에서 이루어지는 경우에는 dock receit 내지 수령선하증권(received B/L)에 의해 그 수령이 증명되고, 본선상에서 행해지는 경우에는 본선수령증(mate's receit) 내지는 선적선하증권(onboard B/L)에 의해 증명된다. 앞에서 설명한 대로 헤이그-비스비규칙은 운송물의 '선적'시부터 적용되지만 강행규정인 상법 제795조는 '수령'시부터 적용되는 차이가 있다.

운송인은 위법선적물(800)이나 위험물(801)에 대해서는 수령을 거절할 수 있다.

2-2 선적의무

선적(loading)은 운송물을 수령한 후 선박안에 싣는 것을 말한다. 그 과정을 보면 송하인이 선적신청서를 작성 · 제출하고 이에 대해 운송인은 선장에 대해 운송물을 선적할 것을 지시하는 선적지시서(D/O)를 교부한다. 선장은 선적지시서에 기해 운송물을 선적한 다음 운송물의 종류, 수량 및 상태를 기재한 본선수령증(M/R)을 교부한다. 해상운송인은 이 증서의 등본에 기해 선하증권(B/L)을 작성하여 본선수령증과 상환하여 이를 송하인에게 교부한다.

---

1) Marias, 64, Shaps/Abraham, a.a.O.§606.6; 戸田修三 · 中村眞燈, 註解 國際海上物品運送法, 57.

오늘날 선적·적부·하역작업은 그 대부분이 하역업자들이 운송인과 도급계약 아래 작업을 담당하게 되는데 이들의 과실은 운송인의 과실이 된다.

2-3 적부의무

(1) 의 의

[사례 Ⅲ-3-1: 대판(전) 1983.3.22, 82다카1533]

A제철회사는 독일의 B사와 공장건설기자재 수입계약을 체결한 후, X보험사와 해상적하보험계약을 체결하였다. B는 Y선박회사와 해상운송계약을 체결하고 Y가 용선한 선박에 화물을 적재하여 서독 브레맨항을 출발하였다. 그런데 선원들이 화물적부시 고박·고정장치를 튼튼히 할 주의의무를 게을리 히어 항해중 태풍으로 고박이 풀어져 위치가 뒤틀리게 되고 그 후에도 이를 완전히 재정비하지 않은 과실로 포항항에 입항할 때까지 화물이 계속 동요되고 서로 부딪쳐서 그 일부 화물이 파손되었다. 이에 X가 A에게 보험금을 지급하고 Y에 대해 보험자대위에 기한 구상권을 행사하였는데, Y는 그 손해가 악천후로 인한 불가항력이거나 아니면 선원들의 항해과실에 해당한다는 이유로 면책을 주장하였다. Y의 주장은 타당한가?[1)]

적부(stowage)는 선적한 화물이 운송도중 선박의 흔들림에 따라 움직이거나 손상되지 않도록 고정시키는 작업을 말한다. 적부가 잘못되면 그 화물만 손상을 입는 것이 아니라 다른 화물과 선박 자체의 안정성에도 영향을 미치게 된다. 따라서 운송물에 적합한 고정장치를 하는 등 적부의무를 운송인에게 부과한 것이다. 그러므로 적부를 잘못하여 생긴 손해에 대해서는 운송인은 책임을 부담한다. [사례 Ⅲ-3-1]에서 운송물의 고박·고정장치가 풀리게 된 것은 태풍으로 인한 풍랑 때문이었으며 이는 불가항력에 의한 사고로서 면책이 아닌가 하는 의문이 제기된다. 이에 대해 대판(전) 1983.3.22, 82다카1533은 "해상운송에 있어서 운송물의 선박적부시에 고박·고정장치를 시행하였으나 이를 튼튼히 하지 아니하였기 때문에 항해중 그 고박·고정장치가 풀어져서 운송물이 동요되어 파손되었다면 특단의 사정이 없는 한 불법행위의 책임조건인 선박사용인의 과실을 인정할 수 있고, 불법행위로 인한 손해 배상청구에 대하여 운송인(Y)이 불가항력에 의한 사고라는 이유로 그 불법행위 책임을 면하려면 그 풍

1) [사례 Ⅳ-5-1] 참조.

량이 선적 당시 예견 불가능한 정도의 천재지변에 속하고 사전에 이로 인한 손해발생의 예방조치가 불가능하였음이 인정되어야 한다"고 판시하여 운송인(Y)의 면책주장을 인정하지 않았다.

그러나 적부는 매우 전문적인 기술을 요구하기 때문에 대부분 stevedore로 불리우는 전문적인 하역업자에 의해 행해진다. Stevedore는 독립적인 사업자(independent contractor)로서 많은 경우 해상운송인과의 도급계약에 의해 적부작업에 종사하게 되는데 이들의 잘못으로 인해 운송물에 손해가 생긴 경우에는 운송인은 그 이행보조자의 과실로서 손해배상책임을 부담한다. 또 앞에서 본 대로 FIO약관에 따라 적부가 송하인 또는 용선자가 위탁한 하역업자에 의해 이루어지는 경우에도 하자 있는 적부에 의해 생긴 운송물의 손해에 대해 운송인은 수하인 또는 선하증권소지인에 대해서는 책임을 부담한다. 왜냐하면 이 경우에도 수하인에 대해서는 운송인이 궁극적인 적부에 대한 책임을 부담해야 하기 때문이다. 물론 운송인은 사후에 하역업자에 대해 구상권을 행사할 수 있다. 이에 대해서는 다음 [사례 Ⅲ-3-2]에서 상세히 살펴본다.

[사례 Ⅲ-3-2: 대판 2003.1.10, 2000다70064]

[사실관계] [1] **제1차 해상운송계약(용선계약)의 체결:** A1종합제철 주식회사와 Y는 A회사가 미국 유피아이(UPI)사에 공급하는 HR BAND의 해상운송을 위하여 Y소유 선박에 대한 "미국 UPI향 HOT BAND 전용선 장기해송계약"(이하 '제1차 용선계약'이라 한다)을 체결하였는데, 동 계약 제22조는 '위 계약의 이행에 관하여 A1회사와 Y 사이에 분쟁이 발생하였을 때에는 대한상사중재원의 규정과 대한민국의 법률에 따라 서울에서 중재하여 해결하고, 중재원의 판정은 최종적인 것이며 계약당사자 쌍방을 구속한다'고 규정하고 있다.

[2] **제2차 해상운송계약(용선계약)의 체결:** A1의 자회사로서 미국 현지법인인 A2회사는 A1의 한국 내 자회사인 A3회사에게 용융아연도금을 판매하면서, Y해운사에게 위 화물의 운송을 의뢰하였고, Y는 A2회사와 선적항을 미국 캘리포니아주 스톡턴(Stockton)항, 양하항을 대한민국 광양항으로 하여 A2가 수출하는 화물의 해상운송계약(이하 '제2차 용선계약'이라 한다)을 체결하면서, 위 계약에 규정되지 아니한 사항은 위 A1과 Y 사이의 "미국 UPI향 HOT BAND 전용선 장기해송계약서"의 내용을 준용하기로 약정하였고, Y가 화물을 선박에 선적한 후 Y를 대리한 B해운대리점이

A2를 송하인, 주식회사 조흥은행을 수하인, A1을 통지처로 한 기명식 선하증권을 발행하였다.

[3] **선하증권의 기재사항:** 이 사건 선하증권은 "용선계약과 함께 사용됨(To be used with Charter-Parties)"이라고 기재되어 있고, 그 이면약관 제1조 전단은 "용선계약의 모든 조건과 내용, 권리와 예외는 이 선하증권의 내용으로 편입된다"고 규정하고, 그 적용 법률에 대하여는 제2조에서 "일반지상약관 '헤이그-비스비규칙이 적용되는 거래에서는 해당 조항이 이 선하증권에 규정된 것으로 본다"고 명시하고 있다.

[4] **해상적하보험계약의 체결:** A3은 화물의 해상운송에 따른 위험을 담보할 목적으로 X보험사를 간사회사로 하여, 해상적하보험계약을 체결하였다.

[5] **선하증권의 양도:** A3은 화물의 실제 수입자로서 신용장개설은행인 조흥은행을 선하증권상 수하인으로 한 것인데, 이 사건 화물이 수입된 후 조흥은행에게 신용장대금 진액을 지급하고 물품의 처분에 필요한 일체의 서류와 함께 기명식인 이 사건 선하증권을 조흥은행의 배서 없이 교부받아서 현재 소지하고 있다.

[6] **화물의 운송과 양도:** 선박은 미국 캘리포니아주 스톡턴항을 출발하여 같은 달 25. 대한민국 광양항에 입항한 후 하역작업을 완료하였고, 화물은 A3회사로부터 이를 매입한 C제강 주식회사 등 5개 회사에게 내륙운송업자인 주식회사 동방 등에 의하여 운송되었다.

[7] **화물에 대한 하자의 발견과 그 원인:** (1) C 등 3인의 최종구매인들이 A3에게 구입한 물건의 하자를 이유로 손해배상을 청구하자 A3는 검정인에게 조사를 의뢰하였다. (2) 검정인의 조사 결과 당초 포장은 표준수출포장으로 되어 있었으나, 양륙작업 이전에 손상이 발견된 것으로 통지된 29개를 포함한 일부 코일들의 외부포장이 파손되고 구부러져 있었으며, 일부 강철밴드는 절단되어 있었고, 화물 코일 중 181개의 양면에 원래의 목적으로 사용할 수 없을 정도로 '운송흑점'이 과다하게 분포되어 있었고, 그 손상률은 세운철강 구매분이 21.88%, 동부제강 구매분이 12.49%, 대창철강 구매분이 20.24%로 조사되었다. (3) 일반적으로 강판들이 운송 중 강한 진동을 받을 경우 그 자체의 무게와 다른 강판들로부터의 부하에 따른 변형 및 재료의 복원력에 따른 변형으로부터의 복구가 반복적으로 일어나게 되고, 그와 같은 변형의 양이 증가되면 각 층에 각 포장단위로 포장된 강판들 사이에 괴리가 생겨 별개로 움직임에 따라 도금된 표면에 미세한 요철이 발생하여 위 운송흑점으로 나타나는데, 이 사건 선박은 항해 도중 2회에 걸쳐서 악천후를 만나 선박이 심하게 흔들려서 2번 선창에 적재된 화물 3줄과 4번 선창에 적재된 화물 2줄이 무너져 선창 바닥으로 떨어진 코일들이 계속적으로 서로 부딪치고, 그 밖의 화물들 중에도 고박장치인 강철밴드와 클립이 절단되거나 풀려 코일들 사이에 틈이 생겨 별개로 움직임에 따라

서로 계속적으로 충돌하게 되어 위와 같은 흑점이 나타나게 된 것이었다. (4) 이러한 화물들의 붕괴 및 고박장치의 풀림으로 인한 화물들의 진동을 방지하기 위하여는 코일을 원칙적으로 3단으로 쌓되, 아랫단의 코일 사이에 윗단의 코일을 놓아 공간을 없애도록 하며 맨 윗단의 공간에는 지지대를 끼워넣고 코일 간의 공간이 생기는 경우에는 코일이 움직이지 않도록 수개의 코일을 줄로 튼튼히 묶는 고박(lashing)을 하는데, 피고와의 약정에 의하여 선적비용을 부담하는 송하인인 A2 측이 선정한 하역업자가 이 사건 화물을 선적하고 강철밴드와 크립을 사용하여 1단은 각 열에 4개의 코일이 각각 옆의 코일에, 2단은 각 열에 3개의 코일이 각각 옆의 코일에, 3단은 각 코일이 아래에 있는 2개의 코일에 고박하였으나 불완전하게 함으로써 위와 같이 코일들이 무너지고 코일들 사이에 틈이 생겨 상호 충돌을 일으키게 된 것이었다.
[8] **보험금의 지급:** X보험사는 A3회사에게 보험금을 지급하고 A3로부터 사고로 인한 모든 권리행사에 관하여 위임을 받아 운송인 Y에 구상청구를 하였다. 이에 대해 Y는 선하증권에 편입된 화물에 대한 해상운송계약 자체와 그 계약에서 준용하는 FIOST 약관에 따라 화물은 송하인이 자기의 위험부담하에 선적하고 고박하였는데, 그 과정에서 송하인이 별다른 보조장치없이 선적 고박을 함으로써 화물이 훼손되었으므로 Y운송인에게는 책임이 없다고 주장하였다.

[쟁 점] **쟁점 1** : 원고(X)의 이 사건 소는 선하증권에 의하여 운송조건으로 편입된 용선계약상의 중재조항에 위반하여 제기된 것인가? 용선계약상의 중재조항이 선하증권에 편입되기 위한 요건은 무엇인가?
쟁점 2 : 기명식 선하증권의 통지처에 불과한 A3회사가 선하증권의 적법한 소지인인가? 기명식 선하증권상의 권리양도 방법 및 기명식 선하증권이 양도된 경우 채무불이행으로 인한 손해배상청구권은 물론 불법행위로 인한 손해배상청구권도 선하증권에 화체되어 선하증권이 양도됨에 따라 선하증권 소지인(A3)에게 이전되는가?
쟁점 3 : FIO약관상 운송물의 적부와 고박으로 인한 책임은 운송인에게 있는가?

[판결요지] [1] **중재약정의 효력에 관하여:** 일반적으로 용선계약상의 중재조항이 선하증권에 편입되기 위하여는 우선, 용선계약상의 중재조항이 선하증권에 '편입'된다는 규정이 선하증권상에 기재되어 있어야 하고, 그 기재상에서 용선계약의 일자와 당사자 등으로 해당 용선계약이 특정되어야 하며, 만약 그 편입 문구의 기재가 중재조항을 특정하지 아니하고 용선계약상의 일반 조항 모두를 편입한다는 취지로 기재되어 있어 그 기재만으로는 용선계약상의 중재조항이 편입대상에 포함되는지 여부가 분명하지 않을 경우는 선하증권의 양수인(소지인)이 그와 같이 편입의 대상이 되

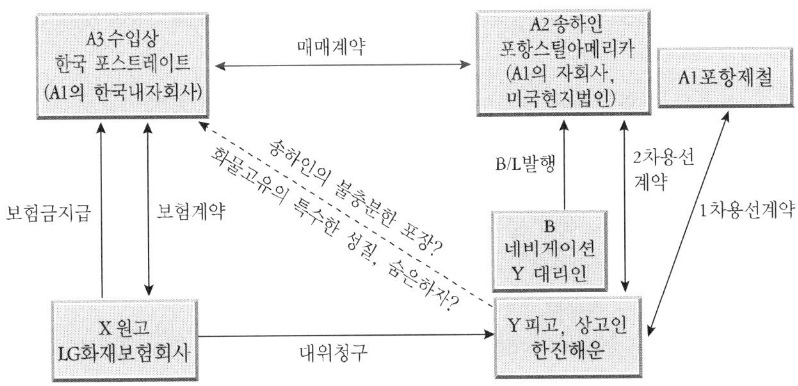

는 중재조항의 존재를 알았거나 알 수 있었어야 하고, 중재조항이 선하증권에 편입됨으로 인하여 해당 조항이 선하증권의 다른 규정과 모순이 되지 않아야 하며, 용선계약상의 중재조항은 그 중재약정에 구속되는 당사자의 범위가 선박소유자와 용선자 사이의 분쟁뿐 아니라 제3자, 즉 선하증권의 소지인에게도 적용됨을 전제로 광범위하게 규정되어 있어야 할 것이다. 본 사례의 경우, 비록 용선계약상의 모든 조항이 선하증권에 편입된다는 취지의 규정이 있기는 하나, 그 선하증권의 기재상으로 용선계약 자체가 특정되어 있지 아니하고, 그 편입 문구가 일반적이어서 편입의 대상이 되는 용선계약의 조항 중 중재조항이 포함되어 있는지도 선하증권의 소지인 등 제3자에게는 분명하지 아니하며, 용선계약이 준용하는 장기해송계약서상의 중재조항은 그 규정의 효력이 미치는 인적 범위를 용선계약의 당사자들로만 한정하고 있어 선하증권에 편입되었다고 볼 수 없다.

[2] **기명식 선하증권의 권리양도 방법에 관하여**: 기명식 선하증권으로서 그 증권상에 양도불능의 뜻 또는 배서를 금지한다는 취지의 기재가 없는 한 법률상 당연히 지시증권이므로 배서에 의하여 양도가 가능하고, 그 증권의 소지인이 배서에 의하지 아니하고 권리를 취득한 경우에는 배서의 연속에 의하여 그 자격을 증명할 수 없어 다른 증거방법에 의하여 실질적 권리를 취득하였음을 입증하여 그 증권상의 권리를 행사할 수 있다. 이러한 경우 운송물의 멸실이나 훼손 등으로 인하여 발생한 채무불이행으로 인한 손해배상청구권은 물론 불법행위로 인한 손해배상청구권도 선하증권에 회체되어 선하증권이 양도됨에 따라 선하증권 소지인(A3)에게 이전된다. 이 사건의 경우, 포스트레이드(A3)가 조흥은행에 신용장대금 전액을 지급하고 물품의 처분에 필요한 일체의 서류와 함께 기명식인 이 사건 선하증권을 조흥은행의 배서 없이 교부받아 소지함으로써 정당한 권리를 취득하였다

[3] **화물에 발생한 흑점이 운송인인 Y가 그 주의의무에 위반함으로 인하여 발생한**

것인지에 관하여: 운송인은 일정한 장소에서 운송물을 수령하여, 이를 목적지로 운송한 다음, 약정한 시기에 운송물을 수하인에게 인도할 의무를 진다. 운송인은 설사 적부가 독합된 하역업자나 송하인의 지시에 의하여 이루어졌다고 하더라도 선장·선원으로 하여금 그러한 적부가 운송에 적합한지의 여부를 살펴보고, 그 화물의 성질이 요구하는 바에 따라 적부를 하여야 하는 등의 방법으로 손해를 방지하기 위한 적절한 예방조치를 강구해야 할 주의의무가 있다. 이 사건 화물에 나타난 흑점은 운송인인 피고(Y)가 운송인으로서의 주의의무를 다하지 못함으로 인하여 운송과정에서 발생하였으므로 Y는 손해배상책임을 져야 할 것이다.

[4] **운송물의 선적, 고박으로 인한 책임 귀속에 관하여:** 계약조항에 비추어 운송물의 선적 및 양하 작업에 있어 용선자인 포항스틸아메리카(A2)는 단지 그 비용만을 부담할 뿐이고, 선적, 양하 작업의 주체는 운송인(Y)으로서 피고가 자신의 위험부담으로 행하도록 한 것이다. 따라서 피고(Y)의 과실로 이 사건 화물에 흑점이 발생하였다고 보는 이상 상법 제789(796)조 제2항 제6호 소정 운송인의 면책사유에 해당되지 않는다.

[5] **화물의 손상이 송하인의 불충분한 포장, 혹은 화물고유의 특수한 성질 또는 숨은 하자로 인하여 발생한 것인지 여부에 관하여:** 본 사건의 선하증권은 무고장선하증권(Clean on Board Bill of Lading)으로서 피고는 선하증권의 소지인(A3)에 대하여 화물의 포장이 불충분하고 양호하지 않은 상태로 선적되었다고 할 수 없고, 달리 이 사건 화물의 훼손이 화물 고유의 특성이나 숨은 하자로 인한 것이라고 볼 수 없으므로 Y는 책임을 져야 한다.

(2) 갑 판 적

[사례 Ⅲ-3-3: 대판 1974.8.30, 74다353]

X는 일본의 A회사로부터 부동액 90드럼을 수입하는 계약을 체결하고, 그에 따른 신용장을 개설하였다. A는 Y선박회사의 일본 대리점 B와 X에게 수출할 부동액을 선적하기 위한 해상운송계약을 체결하고 운송물을 인계하였다. 그런데 화물을 수령한 B는 Y소유 선박인 "안동호"의 갑판상에 이를 선적하여 인천항으로 오던중 부동액의 일부가 유실되었다. X의 손해배상청구에 대해 Y는, 항해도중 심한 풍랑에 조우하여 화물이 유실된 것으로 이는 천재로 인한 불가항력에 기인한 사고인 만큼 면책되어야 한다고 주장하였다. Y의 주장이 타당한가?

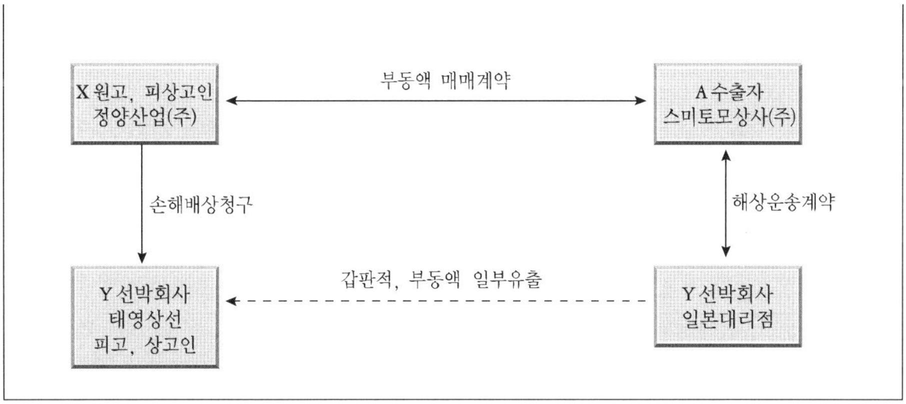

화물의 적재는 원칙적으로 선창 내에 하여야 하고 갑판적을 할 수 없다. 이는 갑판은 선창과 달리 동요가 심하고 파도가 넘치기 때문에 운송물이 유실되거나 손상을 입기 쉽기 때문이다. 그러므로 [사례 Ⅲ-3-3]과 같이 당사자간에 특별한 약정이 없는 한 갑판적을 한 경우에는 운송인은 계약위반이 되어 면책규정이 적용되지 아니한다. 그러한 취지에서 대판 1974.8.30, 74다353은 "선박에 화물을 적재함에 있어 본건 화물과 같은 유류 등이 들은 드럼통이라 하더라도 일반화물과 같이 선창내에 선적하는 것이 원칙이고 갑판상에 선적하는 것은 부적당하고 위험도가 높으므로 당사자 사이에 특별한 약정이 없는 한 운송인은 선창내에 화물을 적재할 것이고 갑판상 적재는 할 수 없다"고 판시하였다. 이러한 판례의 입장은 최근의 판례인 다음의 [사례 Ⅲ-3-4]에서도 다시 확인할 수 있다.

[사례 Ⅲ-3-4: 대판 2006.12.16, 2004다27082]

[사실관계] 복합운송주선업자 A는 2001.2.22. X회사와 흡수식 냉각기(이하 "화물")를 부산항에서 타이완의 킬룽(Keeling)항까지 운송하기로 하는 해상운송계약(이하 "제 1 운송계약")을 체결한 후 이를 직접 운송하지 않고, 그 무렵 다시 원수운송인으로서 하수운송인인 C와 사이에 화물을 부산항에서 킬룽항까지 운송하기로 하는 해상운송계약(이하 "제 2 운송계약")을 체결하였는데, 제 2 운송계약은 A의 직원으로서 운송영업을 담당했던 차장 Y와 C의 직원으로서 운송영업을 담당하였던 대리 Z1, 차장 Z2 사이에 직접적인 협상을 통하여 운임, 운송조건 등에 관한 결정이 이루어졌다.

A는 2001.3.5. X에게, 송하인을 X, 수하인을 타이완 수입사인 E로 하는 선하증권을 발행하였고, C는 A의 요청으로 A와 화물에 대해 선하증권을 발행하지 않는 이른바 Surrender 화물로 처리하기로 합의한 후, 이에 따라 송하인이 A, A의 타이완 대리점으로서 타이완 현지에서 A의 지시에 따라 화물을 수령하여 이를 E에게 인도하는 업무를 담당하기로 된 A′가 수하인으로 되어 있고 Surrender 화물임을 나타내는 "SURRENDER" 문언이 표시된 선하증권 앞면만을 복사한 후 이를 A에게 교부하였다. A는 제 2 운송계약에 따라 2001.3.5. C의 요청으로 운임 미화 3,162.15달러를 B에게 지급하였고, 이에 대하여 C로부터 B 명의로 작성된 영수증을 교부받았다. 화물은 2001.3.5. 부산항에서 B소유의 선박(이하 "선박")에 선적되었으며, 선박은 2001. 3. 11. 타이완 킬룽항에 도착하였는데 2001.3.14. 통관절차를 거치면서 화물 중 로우어 쉘(Lower Shell) 1상자에서 침수로 인한 손상이 발견되었다. 이에 대하여 E가 감정업체를 통하여 조사한 결과 손상된 로우어 쉘 1상자는 나머지 화물이 선창 내에 선적된 것과는 달리 갑판적(甲板積)으로 운송되어 포장된 로우어 쉘에 해수가 침투되어 발생한 것으로 밝혀졌다.
화주인 X는 보험회사에 보험사고의 발생을 통지하고 수출화물의 손상으로 인한 보험금을 청구하였으나 화물이 갑판적으로 운송되었다는 이유로 보험금지급을 거절당하였다. 그 후 A는 제 1 운송계약의 수하인인 E가 운송인인 A에게 손해배상을 청구하고 이를 가지고 다시 수출사인 X에게 손상부품의 교체, 수리비를 지급하게 되는 절차를 간소하게 하기 위하여 A, E, X 사이의 합의 아래 2001.8.20. 직접 화물의 화주이자 E로부터 손상화물에 관한 권리를 양수한 X에게 로우어 쉘 1상자의 손상에 대한 손해배상으로 미화 27,697.37달러를 지급하였다.
한편, C는 브리티쉬 버진 아일랜드(British Virgin Islands)에 설립된 상사법인인데, 국내에서 다른 회사명을 사용하면서 사무실은 B의 주소와 동일한 서울 중구 장교동 00번지에 있고, 직원들의 이메일주소에도 피고를 의미하는 도메인이름을 사용하고 있으며, 또한 직원들의 월급급여명세서 및 근로소득원천징수증명서의 사업자 명의도 B이고, B의 명칭 내지 C명칭을 기재한 용지에 지급계좌는 B명의로, 서명란에는 C명의로 된 운임청구서를 사용하고 있을 뿐 아니라 대표자 역시 B의 대표이사도 000이 맡고 있는 등 실질적으로 B와 같이 운영되었다.

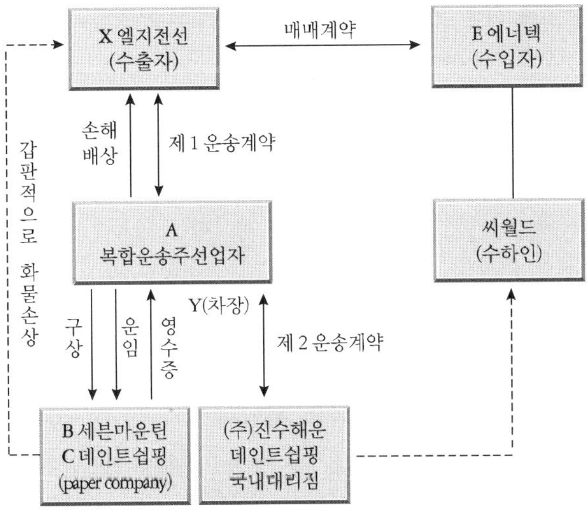

[쟁 점] (1) B는 B와 C는 법인격이 다르므로 B는 C의 책임을 부담하지 않는다고 주장하는데 타당한 주장인가?

(2) B는 제 2 운송계약 당시 발행된 선하증권의 이면약관 제24조에 따라 피고의 손해배상책임은 미화 500달러로 제한된다고 주장하는 데 타당한 것인가?

(3) 한편 B는 상법 제797조에 기해 책임제한된다고 주장하는바, 타당한 주장인가?

(4) A는 B가 동의 없이 갑판적을 하였다는 이유로 책임제한 배제를 주장하고 있는바, 이 경우 B의 책임은?

(5) B는 관리직 담당 직원 Z1, Z2의 행위가 운송인 자신의 행위로 볼 수 없으므로 책임제한 주장이 배제된다고 할 수 없다고 주장하고 있다. 타당한 주장인가?

[판결요지] (1) C는 해상운송에서 운송인의 책임을 부당하게 회피할 목적으로 B와 영업상 실질이 동일함에도, 형식상으로만 브리티쉬 버진 아일랜드에 설립된 회사(소위 paper company)에 불과하고, B와 동일한 법인격처럼 운영되어 왔으므로, 제 2 운송계약이 외견상 A와 C 사이에 체결되었다고 하더라도 C 배후자인 B는 C와 별개의 법인격임을 주장하며 제 2 운송계약에 따른 채무가 C에게만 귀속된다고 주장할 수 없어, B도 제 2 운송계약에 따른 채무를 부담한다고 보아야 한다.

(2) 수출화물에 대하여 선하증권을 발행하지 않는 이른바 Surrender 화물로 처리하기로 합의가 이루어져 선하증권이 발행되지 않았고, 단지, 이러한 취지를 나타내는 "SURRENDER" 문언이 표시된 선하증권 앞면 사본만이 A에게 교부된 경우, 선하증권의 발행을 전제로 한 B의 주장은 인정될 수 없다.

(3) 상법 제797조에 따른 책임제한 주장은 고의 또는 무모한 과실이 없는 경우에는 일응 가능한 것으로 보인다.
(4) A와 합의 없이 임의로 갑판적한 경우에는 책임제한이 배제된다.
(5) 갑판적을 지시한 B의 관리직 담당직원인 Z1, Z2가 대외적으로 대표권을 갖는 C의 대표기관은 아니더라도 제2운송계약의 체결과 그 이행과정에 있어서 C 직무분장에 따라 회사의 의사결정 등 모든 권한을 행사하는 대표기관에 준하는 지위에 있었던 것으로 보아 화물을 갑판에 선적한 행위는 운송인 자신의 행위에 해당하므로 책임제한이 배제된다고 본다.

우리 상법은 운송인은 송하인과의 특약에 의하여 상사과실에 대한 자신의 책임을 경감 또는 면제할 수 없으나, 산 동물의 운송 및 갑판적으로 운송할 취지를 선하증권에 기재하여 갑판적으로 행하는 운송에 대하여는 운송인의 책임의 경감 또는 면제가 가능하다는 규정을 신설하였다(799②). 이는 갑판적자유약관이 우리 법상 유효하다는 것을 의미한다. 그러나 갑판적이 허용되지 않는 경우 운송인은 갑판적을 함으로 인하여 발생한 손해에 대하여 책임을 진다. 선창내에 운송물을 운송한다는 명시적 약정에 위반하여 갑판적 운송을 한 경우에는 고의로 손해를 유발한 것으로 보아 운송인은 면책약관이나 책임제한을 주장하지 못한다. 오늘날 컨테이너선은 갑판적 운송을 하는 것이 통상적이나, 우리 판례는 아직 갑판적의 유용성에 대하여 긍정적인 평가를 하지 않고 있다.

3. 운송 · 보관 · 양륙의무

3-1 운송의무

운송물의 선적이 완료되면 운송인은 즉시 발항하여 정당한 이유가 있는 경우를 제외하고는 예정된 항로를 변경하지 않고 상당한 속력을 유지하여 양륙항까지 항행하여야 한다.

(1) 출항의무

정기선에 의한 개품운송계약에서는 운송인은 미리 공시된 일정에 따라 출항해야 하므로 송하인은 그 일정에 맞추어 해상운송인에게 운송물을 제공해야 한다(785①). 송하인이 이를 게을리 한 때에는 운송계약을 해제한 것으로 보아 즉시 발항할 수 있고, 송하인은 운임의 전액을 지급해야 한다(792②).

(2) 직항의무

운송인은 출항후에는 예정항로에 따라 목적항까지 직항해야 하고 항로를 이탈해서는 안 된다. 이로(deviation)를 하게 되면 항해를 지연시켜 연착이나 위험을 증대시키기 때문이다. 다만 해상에서 인명이나 재산의 구조행위로 인한 이로 기타 정당한 이로는 허용된다(796②8). 정당한 이로(離路)란 적하의 이익을 보호하기 위해 부득이한 경우를 말하는데 대판 1998.2.10, 96다45054는 앞의 [사례 Ⅲ 2 7]에서 "선적항을 출항하여 항해하던 중 레이더 장비의 노후에 따른 성능유지를 위하여 필요한 일상적인 점검을 받고 선용품도 공급받기 위하여 다른 항구로 임시 기항하였다면 선주는 선적항을 출항할 당시 선박에 설치된 레이더 장비의 성능과 고장 여부를 점검하여 감항능력을 유지 확보하여야 하는데도 이를 게을리 하였다고 할 것이고, 이와 같이 발항 당시 레이더에 관한 감항능력주의의무의 이행을 다하지 아니한 선박이 출항한 지 하루도 지나지 않은 상태에서 레이더의 수리 점검 및 선용품 공급을 위하여 예정된 항로를 변경한 것은 정당한 이유로 인한 이로에 해당한다고 할 수 없다"고 판시하였다.

영미법에서는 운송인이 부당한 이로를 한 경우 본질적 계약위반(fundamental breach)이 있는 것으로 되고 이로 후의 항해는 이른바 '계약외의 항해'로서 그 항해중에 생긴 모든 사고에 대해서는 운송인이 법률상 당연히 책임을 부담하고 운송계약상의 면책약관을 원용할 수 없는 등 중대한 효과를 발생시킨다. 그러므로 해운실무에 있어서는 항해의 범위를 광범위하게 정하는 약관이 이용된다.

(3) 운송물의 환적

직항의무와 관련해서 운송물의 환적이 문제된다. 선박의 개성이 중요시되는 용선계약의 경우와는 달리 개품운송계약에 있어서는 원칙적으로 대선약관(代船約款) 및 환적약관의 효력이 인정된다. 통운송이나 복합운송의 경우에는 계약의 성질상 운송물의 환적에 관한 합의가 당연히 포함되지만 일반 해상운송계약에 있어서도 중간항에서 선박의 수선 기타 부득이한 이유에 기하여 운송물의 환적이 필요한 경우가 생긴다. 그러나 이런 경우에 있어서도 운송인은 환적될 선박의 감항성 및 환적작업에 대해 상당한 주의를 기울일 필요가 있고 주의를 게을리해서 생기는 운운송물 손해에 대해서는 배상책임을 면할 수 없다. 환적이 운송인에게 책임이 없는 경우에는 그 비용을 화주에게 부담시킬 수 있다.

3-2 보관의무

(1) 선관의무

[사례 Ⅲ-3-5: 대판 1978.3.28, 77다1401]

Y해운사는 태국의 A회사와 태국산 찹쌀 52,500포대의 해상운송계약을 체결하고, 그 소유 해선호로 운송하였다. 찹쌀은 해선호의 3개 화물창에 나누어 선적되었는데 양륙하였을 때 그중 일부가 습기와 땀으로 젖어 부패, 변질되고 포대가 일부 찢어져 누출되어 손실이 생긴 것이 발견되었다. Y는 A와 해상운송계약을 체결하면서 짐깔개 매트 등은 선주가 제공하지만 선창현측 목재, 받침대 등은 A의 비용으로 적부하기로 한 뒤 본건 찹쌀 포대를 선적하였는데, 찹쌀은 그 자체 습기와 열이 있고 또 열대지방에서 온대지방으로 운송하는 것인 만큼 Y는 환기장치를 세심히 작동해야 함에도 불구하고 이를 게을리하였다. 찹쌀의 수입자인 수하인 X의 손해배상청구에 대해 Y는, 이 손상은 찹쌀의 성질 및 그 숨은 하자에 기인한 것으로서 면책이라고 주장하였다. Y의 주장은 타당한가?

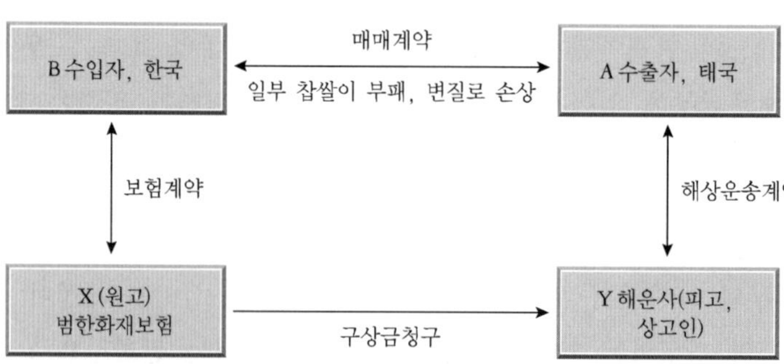

운송인은 운송물의 수령시부터 인도시까지 선량한 관리자의 주의로써 이

를 보관할 의무가 있다. 그러므로 운송인은 운송물의 성질에 따라 가장 적합한 방법으로 보관해야 한다. 위 [사례 Ⅲ-3-5]에서는 찹쌀의 부패는 그 자체 습기와 열 때문인가 아니면 운송인의 환기장치 작동 잘못 때문인가 하는 점이 문제된다. 전자로 보게 되면 이는 운송물의 특수한 성질 또는 하자로 인한 손해로서 운송인은 면책되지만(796②10), 후자로 보게 되면 보관의무위반 책임을 부담해야 한다. 이에 대해 대판 1978.3.28, 77다1401은 "본건 화물이 그 자체 습기와 열을 갖고 있어 증손하기 쉬운 곡물이었고 그 적부에 적합한 자재와 세심한 주의를 다하였다 하더라도, 증손 등 손상은 피고회사(Y)가 환기장치를 세심히 사용하거나 상당한 주의를 하지 아니하여 창내온도가 상승하여 곡물의 호흡작용이 방해됨으로써 일어나는 현상이라 볼 수 있을지언정 창내 환기 및 통풍이 제대로 이루어져 온도가 상승하지 아니하였음에도 불구하고 찹쌀의 특수한 성질 또는 숨은 하자로 인하여 발생한 것이라고는 볼 수 없다"고 판시하였다.

(2) 위험물처분의무

인화성, 폭발성, 기타의 위험성이 있는 운송물은 운송인이 그 성질을 알고 선적한 경우에도 그 운송물이 선박이나 다른 운송물에 위해를 미칠 위험이 있는 때에는 선장은 언제든지 이를 양륙, 파괴 또는 무해조치를 할 수 있고(800①), 이로 인한 손해는 공동해손분담책임을 제외하고 책임을 면한다(800②).

3-3 양륙의무

양륙(discharging)은 배안에 있는 운송물을 육상 또는 그밖의 장소로 실어내는 것을 말한다. 이러한 양륙의무는 개품운송계약에서는 운송인이 부담하는데 실제로는 운송인의 의뢰를 받은 하역업자가 이를 담당한다. 그러나 FIO약관에 기한 특약이 있는 경우에는 수하인의 의뢰를 받은 하역업자가 양륙을 담당하게 되는데 이때 하역업자의 잘못으로 운송물에 손해가 발생한 경우에도 운송인은 수하인에 대해 책임을 부담해야 하는가 하는 문제가 발생한다. 이 점은 운송물의 인도가 어느 시점에서 이루어졌는가 하는 문제와도 관련을 가지는데 다음 [사례 Ⅲ-3-6]은 이 점에 대해 명확히 해 주고 있다.

[사례 Ⅲ-3-6: 대판 2004.10.15, 2004다2137]

[사실관계] 수입자 A는 호주의 수출자 B로부터 수입계약을 체결하였고 대구은행(C)이 수입자를 위하여 신용장을 발행하였다. 신용장에는 C&F, FO(Cost and Freights, Free Out)조건이 기재되어 있었다. 원고 운송인(X)은 수출자와 운송계약을 체결하였다. X는 '송하인: B, 수하인: C가 지시하는 자, 통지처: A'로 된 선하증권을 발행하였다. 운송물이 포항항에 도착한 다음 X는 선하증권과 상환없이 A가 지명한 하역업자의 기능을 하는 부두운영공사(Y)에게 운송물을 인도하여 주었고, Y는 제 8 부두에 이를 일시 야적하였다가 선하증권이나 화물인도지시서를 받지 아니하고 대한통운으로 하여금 영천시에 있는 A의 자가보세장치장으로 보세운송하게 하였다. 수출자(B)에게 대금을 지급한 선하증권소지인(C)은 수입자(A)로부터 신용장대금을 결제받지 못하였다. C는 선하증권을 X에게 제시하고 화물의 인도를 청구하였으나, 운송물은 A가 자가보세장치장에서 반출하여 소비함으로써 인도받지 못하게 되었고, 운송인(X)은 C에게 이 사건 운송물 대금에 상당하는 손해배상을 한 후 Y에게 구상청구를 제기하였다. 여기서 말하는 C&F, FO계약이란, C&F는 수출계약의 조건으로서 비용과 운임을 수출자가 부담하고, FO란 양륙항에서 하역비용을 운송인이 아닌 수하인이 부담한다는 조건이다.

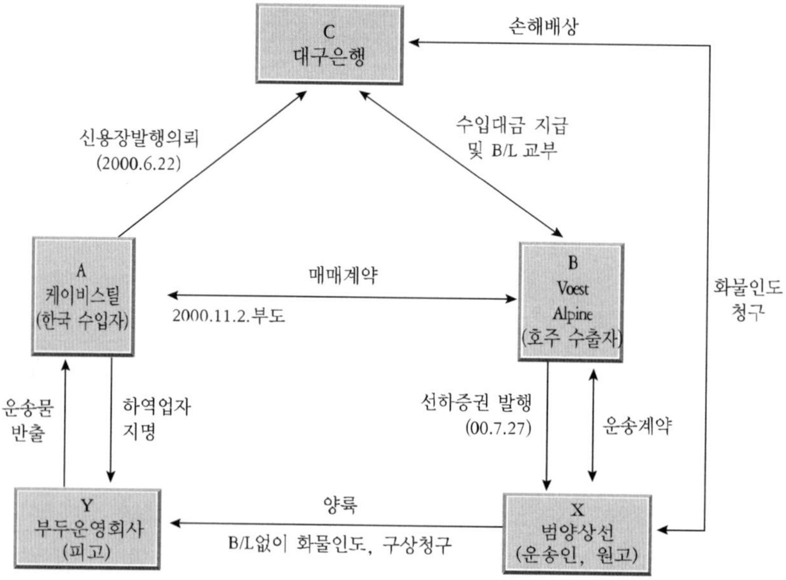

[쟁 점] [1] 선하증권이 발행된 해상운송에 있어서 운송인이 이른바 '선상도(FO)'의

방식으로 인도 약정을 한 경우 운송물의 인도의무 이행시점 및 위 운송인(Y)이 선하증권과 상환 없이 실수입업자(A)의 의뢰를 받은 하역업자(Y)로 하여금 양하작업을 하도록 하고 운송물을 인도한 경우 불법행위의 성립 여부(적극)와 위 하역업자(Y)의 법적 지위
[2] 운임 이외의 운송과 관련된 비용과 하역비용을 수하인(A)이 부담하기로 한 해상운송계약에서 운송인의 선하증권 소지인(C)에 대한 불법행위책임이 인정되는가? 또 하역과 보세운송을 담당한 실수입업자의 이행보조자(Y)는 선하증권 소지인(C)에 대하여 불법행위책임을 부담해야 하는가?
[판결 요지] [1] 해상운송에 있어서 선하증권이 발행된 경우 운송인은 수하인, 즉 선하증권의 정당한 소지인에게 운송물을 인도함으로써 그 계약상의 의무이행을 다하는 것이 되고, 그와 같은 인도의무의 이행방법 및 시기에 대하여는 당사자간의 약정으로 이를 정할 수 있음은 물론이며, 만약 수하인이 스스로의 비용으로 하역업자(Y)를 고용한 다음 운송물을 수령하여 양륙하는 방식(이른바 '선상도')에 따라 인도하기로 약정한 경우에는 수하인(A)의 의뢰를 받은 하역업자가 운송물을 수령하는 때에 그 인도의무의 이행을 다하는 것이 되고, 이때 운송인(X)이 선하증권 또는 그에 가름하는 수하인의 화물선취보증서 등과 상환으로 인도하지 아니하고 임의로 선하증권상의 통지처에 불과한 실수입업자의 의뢰를 받은 하역업자로 하여금 양하작업을 하도록 하여 운송물을 인도하였다면 이로써 선하증권의 정당한 소지인(C)에 대한 불법행위는 이미 성립하는 것이고, 달리 특별한 사정이 없는 한 위 하역업자(Y)가 운송인의 이행보조자 내지 피용자가 된다거나 그 이후 하역업자가 실수입업자에게 운송물을 전달함에 있어서 '선하증권 등'을 교부받지 아니하였다 할지라도 별도로 선하증권의 정당한 소지인에 대한 불법행위가 성립하는 것은 아니라고 할 것이다.
[2] 운임 이외의 운송과 관련된 비용과 하역비용을 수하인(A)이 부담하기로 한 해상운송계약에서 운송인(X)이 선하증권과 상환 없이 하역과 보세운송을 담당한 실수입업자(A)의 이행보조자(Y)에게 화물을 인도하였다면, 이로써 선하증권의 정당한 소지인(C)에 대하여 불법행위가 성립하고, 위 이행보조자(Y)가 선하증권과 상환 없이 화물을 실수입업자의 자가보세장치장까지 보세운송한 행위는 선하증권의 정당한 소지인(C)에 대한 관계에서 별도로 불법행위가 된다고 할 수 없다.

운송인은 양륙지에서 운송물의 인도에 대하여 책임을 부담한다(788①). 이러한 경우에 예컨대, 창고업자가 선하증권과 상환없이 운송물을 인도하면 운송인은 선하증권의 소지인에 대하여 채무불이행책임 및 불법행위책임을 부담하고, 창고업자는 불법행위책임을 부담한다. 운송인은 선하증권이 발행된 경우에

는 선하증권과 상환하여서만 운송물을 인도하여야 한기 때문에, 이와 상환하지 않고 운송물을 인도한 경우에 선하증권소지인에 대하여 운송인은 운송채무를 이행하지 못한 것이 되므로 채무불이행과, 과실로 소지인의 재산권을 침해한 것이 되므로 불법행위 책임을 동시에 부담하게 된다는 것이다. 양자는 부진정 연대책임을 부담하고 운송인이 전액을 변제하면 창고업자의 책임부분에 대하여는 구상청구를 한다. 구상청구가 가능하기 위하여는 창고업자의 불법행위책임이 인정되어야 할 것이다. 그런데, 송하인(B)과 운송인(X) 사이에 특약을 맺은 경우에는 위에서 본 운송인의 인도의무를 달리 해석할 수 있는지가 문제된다.

즉, FIO 혹은 FO 계약조건(선상도 계약)에서는 운송인은 양륙항에서 인도의무에 대하여 의무를 면할 수 있는지가 문제된다. 우리 상법에 의하면 운송인은 운송물의 수령, 선적, 적부, 운송, 보관, 양륙과 인도에 관한 주의의무를 부담한다(795①). 즉, 양륙을 넘어서 인도에 관한 주의의무도 부담한다. 상법 제795조 제 1 항의 규정은 강행규정이므로 이를 엄격히 해석하여 적용하면 FIO 또는 FO약관은 무효가 된다. 왜냐하면 이는 운송인의 책임과 의무를 면하게 하여서는 아니된다는 상법 제799조의 강행규정에 위반하기 때문이다. 한편 이를 완화하여 계약자유의 원칙이 적용된다고 하면 운송인의 의무는 줄어들게 된다. 앞에서 본 대로 FIO 혹은 FI/FO 계약조건은 운송인(X)과 송하인(B)/수하인(A) 사이의 하역비용에 대한 부담을 말하는 것이지 의무와 책임을 말하는 것은 아닌 것으로 생각하여 왔다.[1)]

본 사안에서 부두운영공사(Y)는 양하, 임시보관 및 보세운송을 담당하였다. 대법원은 선상도의 경우에는 수하인(A)의 의뢰를 받은 하역업자(Y)가 운송물을 수령하는 때에 그 인도의무를 다하는 것이라고 판시하였다. 즉, 선상도의 효력을 유효하다고 보아 운송인의 의무는 선상에서 수하인에게 인도하는 순간에 종료되지 육상의 창고 등에까지 연장되는 것이 아니라고 본 것이다. 따라서 선상도를 하는 당시에 운송인(X)은 선하증권과 상환으로 운송물을 인도하여야 하고, 그렇지 않다면 바로 이때 운송인은 선하증권소지인(C)에 대한 관계에서 불법행위를 저지른 것이 된다. 그 이후에 부두운영회사가 다시 선하증권을 받지 않고 운송물을 인도한 것에 대하여 선하증권의 소지인에 대하여 별도의 불법행위가 성립하지 아니한다고 한 것이다. 결국 대법원은 피고 부두 운영회사

1) 문광명, "FIO특약과 선상도", 한국해법회지 제29권 제 1 호(2007.4), 96면 이하.

(Y)의 불법행위가 전제되어야 원고(X)의 구상청구가 가능함에도 불구하고, 원고의 행위로서 이미 불법행위가 성립하였고 다시 피고의 행위로서 불법행위가 성립하는 것이 아니므로, 원고의 청구는 청구권의 기초가 없으므로 구상청구는 부인되어야 한다는 결론을 내린 것이다.

이러한 대법원의 판시는 운송인의 의무와 책임이 선상도의 경우에는 선상에서 수하인(A)에게 운송물이 인도되는 시점에 종료된다는 전제하에 서는 것이고, 상법 제788(795)조 제 1 항의 운송인의 운송물 인도의무는 운송인(X)과 수하인(A) 사이의 계약으로서 생략이 가능하다는 전제하에 서는 것이다. 이에 대해서는 앞에서 본 대로 많은 논란이 있으며 함부르크 룰에서는 명시적인 규정을 두고 있다.[1)]

대법원이 자세한 설시는 하지 않았지만, "달리 특별한 사정이 없는 한 위 하역업자가 운송인의 이행보조자 내지 피용자가 된다거나"라는 설시로 보아, 또한 부두운영공사(Y)는 운송인(X)의 이행보조자 내지 피용자가 되지 아니하므로, 운송인이 이행보조자 혹은 피용자의 과실에 의한 채무불이행책임을 부담하는 것이 아니라 운송인 자신이 직접책임을 부담하는 것이므로 구상청구는 성립하지 않는다는 취지도 내포되어 있는 것으로 보인다.[2)]

그러나 후술하는 [사례 Ⅲ-3-15]에서는 이와는 다른 입장을 취하고 있다. 즉 대판 2000.11.14, 2000다30950과 그 원심판결은 "선하증권이 발행된 경우 해상운송화물의 하역작업이 반드시 선하증권 소지인에 의하여 수행되어야 하는 것이 아니고 선하증권의 제시가 있어야만 양하작업이 이루어지는 것도 아닌바, 운송인은 화물을 선하증권 소지인에게 선하증권과 상환하여 인도함으로써 그 의무의 이행을 다하는 것이므로 선하증권 소지인이 아닌 선하증권상의 통지처의 의뢰를 받은 하역회사가 양하작업을 완료하고 화물을 하역회사의 일반보세창고에 입고시킨 사실만으로는 화물이 운송인의 지배를 떠난 것이라

---

1) 현재 진행되고 있는 UNCITRAL 운송법회의에서는 운송인은 선적과 양륙에서 송하인 혹은 수하인에게 의무를 넘길 수 있다는 명문의 규정을 두어 논란을 해결하고자 한다(초안 제11조 제 2 항). Article 11 (1) The carrier shall during the period of its responsibility as defined in article 7, and subject to article 8, properly and carefully load, handle, stow, carry, keep, care for and discahrge the goods. (2) The parties may agree that certain of the functions referred to in paragraph 1 shall be performed by or on behalf of the shipper, the controlling party or the consignee. Such an agreement must be referred to in the contract particulars.

2) 김인현, "선상도의 법률관계", 한국해법회지 제27권 제 2 호(2005.11), 311면.

고 볼 수 없고, 이러한 경우 화물의 인도시점은 운송인 등의 화물인도지시서에 의하여 화물이 하역회사의 보세장치장에서 출고된 때라고 할 것이다"라고 판시하고 있다.

4. 인도의무

4-1 의 의

인도(delivery)는 운송이 종료된 후 해상운송인이 그 운송물에 대한 점유를 수하인에게 이전하고, 수하인이 그 점유를 취득하는 2가지 면을 가진 행위이다. 인도에 의해 다음과 같은 3가지 중요한 효과가 인정된다. **첫째,** 운송물의 인도는 운송인이 인수한 운송계약의 최종의 이행행위이고 이로써 운송인의 의무는 소멸한다. 다만 하자 있는 운송물의 인도로부터 생기는 손해배상책임은 별개이다. **둘째,** 수하인 또는 선하증권소지인은 운송물을 수령한 때에는 지체없이 검사하여 멸실 또는 손상이 생긴 때에는 그 개황에 대해 서면으로써 운송인에 통지해야 한다. 이 통지가 없을 때에는 운송물은 멸실이나 손상이 없이 인도한 것으로 추정된다(804). **셋째,** 운송물에 관한 운송인의 책임은 운송물이 인도된 날로부터 1년이 내에 재판상청구가 없는 때에는 소멸한다(814).

4-2 인도의 방법 · 시기

[사례 Ⅲ-3-7: 대판 1981.12.22, 81다카665]

X는 일본의 A사와 빈 캔 20만개의 수입계약을 체결하고, A는 B해운사에 운송을 의뢰하였는데 B가 발행한 선하증권에는 수하인을 신용장개설은행인 C, 도착통지처는 X, 선적항은 일본 동경, 하역항은 부산이며 인도장소는 부산컨테이너 야적장으로 명기하였다. B는 이 물건을 부산항까지 운송한 후 Y가 경영하는 컨테이너 야적장에 보관시켰는데 이 야적장이 바닷물에 잠겨 수입물품일부가 녹이 슬고 부식되어 사용불능이 되었다. X는 Y와 B 중 누구를 상대로 손해배상청구를 할 수 있는가?

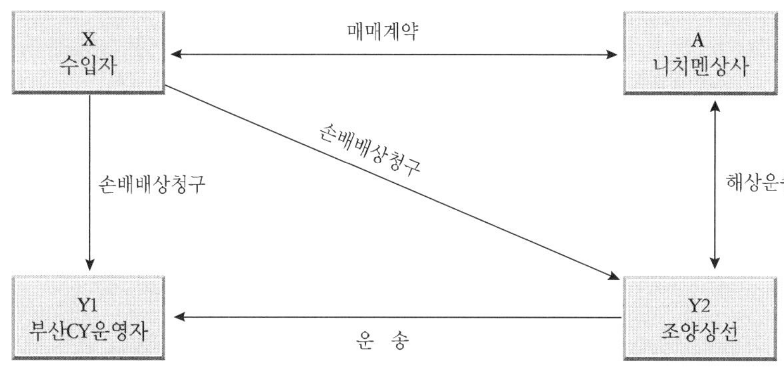

상법은 선장이 일반적으로 운송물을 인도할 것으로 예정하고 있지만(803이하) 정기선에 의한 개품운송의 실제에는 대량의 화물이 단기간내에 양륙되기 때문에 우선 일괄적으로 본선으로부터 양륙한 후 대리점·부두경영자·창고업자 또는 운송주선인 등에 의해 수하인에게 인도된다. 이러한 자들과 해상운송인 사이에는 위임·준위임 또는 임치계약 등이 존재하지만 수하인에 대한 관계에서는 이들은 모두 해상운송인의 이행보조자의 지위에 있게 된다. 즉 [사례 Ⅲ-3-7]과 같이 운송물이 양륙된 후 대리점·운송주선인·창고업자·부두경영자·컨테이너 야적장(CY) 등이 해상운송인의 대리인 또는 이행보조자로서 인도하는 경우가 많다. 이 때 이곳에 보관중 운송물에 생긴 손해에 대해서는 운송인(Y2)과 이들(Y1) 중 누가 책임질 것인가 하는 점이 인도시점과 관련하여 문제된다. 이에 대해 대판 1981.12.22, 81다카665는 "일반적으로 해상물건운송인의 책임의 시기는 운송계약 또는 선하증권에 기재된 운송약관에 의하여 정하여지는 것이나 선하증권상에 물품인도장소가 컨테이너 야적장으로 명기되어 있는 본건과 같은 경우에 있어서 그 인도장소를 컨테이너 야적장으로 정한 것이 운송인책임하에 위 인도장소까지 운반하여 여기에서 인도하기로 하는 특기로 취지로 된 것이라면, 특단의 사정이 없는 한 운송인은 인도장소에서 수하인 또는 선하증권소지인에게 물품을 인도함으로써 책임에 기재되는 것이고, 그 인도를 위하여 법령 또는 약정에 의한 상당기간 운송물품을 인도장소에서 보관하는 일은 운송인(Y2)의 책임중에 포함된다"고 판시하였다.

그러나 아래 [사례 Ⅲ-3-8]과 같이 대부분의 개발도상국에서는 항만하역사업이 국가 또는 지방공공단체에 속하는 공적기관이 법적 독점기업체로서 일괄하여 인수하는 경우가 많다. 그런데 운송인이 이러한 공적기관에 운송물을 인도한 때에는 그 후 수하인에게 교부될 때까지 생긴 운송물의 멸실·훼손에 대해 운송인이 책임을 질 것인가 하는 점이 문제된다. 운송인과 수하인간에 있어서 소위 강제적중개자로 되는 이러한 공적기관의 법적 지위를 어떻게 보아야 할 것인가의 문제이다. 프랑스 판례에서는 운송인의 책임은 이러한 강제적 중개자의 수중에 운송물이 교부된 때에 종료된다고 정한 선하증권의 효력을 인정하고 있다.[1] 이들 공적기관은 운송인과는 어떠한 계약관계도 없는 독점적 사업체이고 법률상운송물의 인도가 강제되는 것이기 때문에 운송인측에서 볼 때 그 수령인은 적하대리인인 자격을 가지고 운송물의 교부는 수하인에 대한 인도와 동일한 효과가 있는 것으로 된다.[2] 함부르크규칙 제 4 조 2항에서도 양륙항에 적용되는 법령에 의해 공적기관 기타 제 3 자에게 물품을 인도한 때에는 그 물품은 운송인의 관리하에 없고 운송인은 책임을 부담하지 않는다고 한다.

[사례 Ⅲ-3-8: 대판 2000.11.14, 2000다30950]

[사실관계] X는 1997. 10. 30. A가 B로부터 철강재를 수입하기 위하여 취소불능신용장을 개설하였고, A는 수입물품을 X은행에 양도담보로 제공하기로 하였다. C는 A와 해상운송계약을 체결하고, B에게 수하인을 X은행, 통지처를 A로 한 선하증권을 발행하였다. Y1은 C의 대한민국내 선박대리점이다. 화물은 1997. 11. 22. 부산항에 도착하였고, A로부터 하역의뢰를 받은 Y2가 Y1로부터 적하목록 등을 수령한 후 화물을 양하하고, Y2의 야적장에 보관하였다. 1998. 12. 19. Y2는 A의 화물인도요구에 따라 화물 중 일부를 선하증권원본이나 화물인도지시서와 상환하지 아니하고 A에게 인도하였다. Y1과 Y2는 X가 입은 손해를 배상할 책임이 있는가?[3]

1) 1980.7.10 파리항소법원판결 DMF 1982. p.754.
2) Remond-Gouilloud, Droit maritime, 1993 2nd ed., 368.
3) [사례 Ⅲ-3-15] 참조.

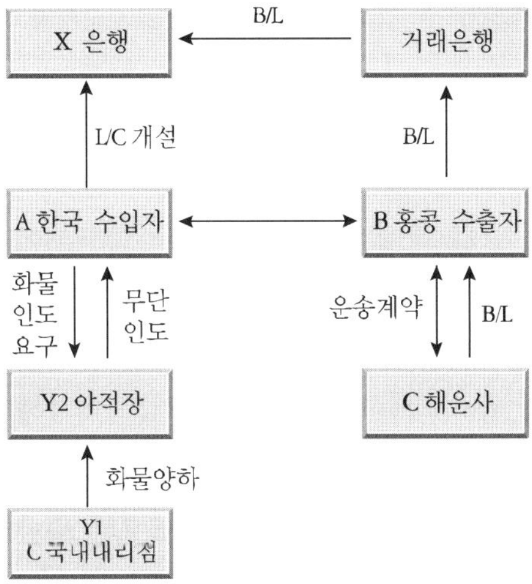

[쟁　　점] [1] 선하증권 소지인이 아닌 선하증권상의 통지처의 의뢰를 받은 하역회사가 양하작업을 완료하고 화물을 하역회사의 일반보세창고에 입고시킨 경우, 화물의 인도시점(=운송인 등의 화물인도지시서에 의하여 화물이 하역회사의 보세장치장에서 출고된 때)

[2] 보세장치장 설영자가 화물인도지시서나 운송인의 동의 없이 화물을 인도함으로 인하여 선하증권의 소지인이 손해를 입은 경우, 불법행위에 기한 손해배상책임을 지는지 여부

[판결요지] [1] 선하증권이 발행된 경우 해상운송화물의 하역작업이 반드시 선하증권 소지인에 의하여 수행되어야 하는 것이 아니고 선하증권의 제시가 있어야만 양하작업이 이루어지는 것도 아닌바, 운송인은 화물을 선하증권 소지인에게 선하증권과 상환하여 인도함으로써 그 의무의 이행을 다하는 것이므로 선하증권 소지인이 아닌 선하증권상의 통지처의 의뢰를 받은 하역회사가 양하작업을 완료하고 화물을 하역회사의 일반보세창고에 입고시킨 사실만으로는 화물이 운송인의 지배를 떠난 것이라고 볼 수 없고, 이러한 경우 화물의 인도시점은 운송인 등의 화물인도지시서에 의하여 화물이 하역회사의 보세장치장에서 출고된 때라고 할 것이다.

[2] 해상운송화물은 선하증권과 상환으로 그 소지인에게 인도되어야 하는 것이고 선하증권 없이 화물이 적법하게 반출될 수는 없는 것이므로, 선하증권을 제출하지 못하여 운송인으로부터 화물인도지시서를 발급받지 못한 통지처의 요구에 따라 운송물을 인도하면 이 화물이 무단반출되어 선하증권의 소지인이 운송물을 인도받지 못

하게 될 수 있음을 예견할 수 있음에도 불구하고, 보세장치장 설영자가 화물인도지시서나 운송인의 동의를 받지 않고 화물을 인도함으로 말미암아 선하증권의 소지인이 입은 손해에 대하여 불법행위에 기한 손해배상책임을 진다고 할 것이다.

일반적인 화물과 달리 액체화물은 특별한 하역장치에 의해 화물인도와 수령이 행해지므로 특히 선적 또는 양륙의 시기 및 수량부족을 둘러싸고 분쟁이 발생하기 쉽다. 탱커로부터 원유하역은 다른 액체화물과 동일하지만 선박의 파이프라인과 부두의 파이프라인에 의해 양륙되는 경우에는 원유가 처음 유입되는 순간에 인도가 개시되고 그것이 종료되는 시점에서 인도가 완료되는 것이다. 따라서 부족량의 확인에 대해서는 선박탱커의 측량이 중요하다.

4-3 인도청구권자

해상운송인으로부터 운송물의 인도를 받을 권리를 가진 자를 수하인(consignee)이라고 하는데, 누가 수하인으로 되는가는 그 운송물에 대해 선하증권이 발행된 여부에 따라 달라진다. 도착지에서 운송물의 인도를 청구할 권리를 가지는 자는 선하증권이 발행된 경우에는 그 정당한 소지인이고 발행이 되지 않은 경우에는 수하인이다.

(1) 선하증권이 발행된 경우

이 경우 운송인에 대해 운송물의 인도를 청구할 수 있는 자는 선하증권의 정당한 소지인이다. 즉 선하증권이 기명식인 때에는 수하인으로 기재된 자이고 지시식인 경우에는 배서연속이 있는 최후의 피배서인, 무기명식인 경우에는 그 소지인이 수하인이다. 운송인이 형식상 이러한 자격이 있는 자에게 운송물을 인도한 때에는 만일 그 자가 진실한 권리자가 아니 경우에도 운송인에게 악의 또는 중대한 과실이 없는 한 면책된다(65, 民518).

선하증권이 발행된 경우에는 운송물에 관한 처분은 그 증권으로써 하여야 하며(132, 815), 이와 상환하지 아니하면 운송물의 인도를 청구할 수 없다(129, 815). 이를 선하증권의 상환증권성이라고 한다. 이렇게 하지 않으면 운송인은 증권의 선의취득자로부터 다시 운송물의 인도를 청구받을 위험이 있기 때문이다.

선하증권은 보통 3통 내지 5통의 복수로 발행되는 것이 원칙이다. 이때 2인 이상의 선하증권소지인이 각자 운송물의 인도를 청구하는 경우가 생길 수 있는데, 양륙항에서는 1통의 소지인의 인도청구에도 응해야 하지만(857①), 양륙항 외에서는 선하증권의 전부를 반환 받지 아니하면 운송물을 인도할 의무가 없다(858). 양륙항에서 인도를 청구하는 자는 보통 정당한 소지인이며, 이때 다른 소지인의 선하증권은 실효된다(857②).

(2) 선하증권이 발행되지 않은 경우

[사례 Ⅲ-3-9: 대판 2003.10.24, 2001다72296]

[사실관계] [1] 한국의 수출상인 우강업(A)이 인도네시아 수입상 피티 부아나 화자르 수기(B)와 청바지 원단을 수출하기로 하는 계약을 체결하고 B로부터 신용장을 개설받았으며, 운송주선인인 X는 A로부터 화물의 운송을 의뢰받고 송하인 A, 수하인 신용장 개설은행, 선적항 부산, 양륙항 자카르타로 된 하우스 선하증권을 A에게 발행, 교부하였다. X는 운송인인 Y해운사에게 수하인을 피티 콤비 에어십 트랜스(C)로 하여 화물의 운송을 의뢰하고, Y는 화물을 부산항에서 선적하여 자카르타 항구에 도착, 양륙한 다음 인도네시아 세관의 감독 아래 항만터미널의 컨테이너 야드에 보관하였다. 화물은 C 및 B의 요청에 의해 세관의 승인을 얻어 피티 비마루나자야(D)가 운영하는 보세창고로 운반되었다.

[2] Y는 자신을 운송인으로 하고 송하인 X, 수하인 C로 하는 마스터 선하증권을 X에게 발행·교부하였는데, 그 선하증권의 그 수하인란 상단에 "NON NEGOTIABLE UNLESS CONSIGNED TO ORDER"이라는 문구가 인쇄되어 있고, 수하인란에는 C라는 수하인의 명칭과 주소만 기재되어 있을 뿐 "TO ORDER OF"와 같은 문구는 타자되어 있지 않았다(화물이 도착한 후에 마스터 선하증권이 발행된 것은 X가 운임의 금융이익을 누리기 위하여 그 발행신청을 늦추었기 때문이다). X는 Y에게 화물의 무단반출의 우려가 있다면서 마스터 선하증권 없이 화물이 반출되지 않도록 요청하는 내용의 전문을 보냈는데, D는 이에 앞서 화물 중 2대의 컨테이너와 나머지 3대의 컨테이너를 B에게 인도하였고, C는 보세창고업자인 D에게 인도지시서를 발행하여 화물을 수입자인 B에게 인도해 줄 것을 요청하였다.

[3] X는 자신이 마스터 선하증권의 소지인으로서 또는 Y와의 운송계약의 송하인으로서 화물에 대한 소유자 내지 인도청구권자이므로 Y에 대하여 화물의 반출에 관하여 운송계약상의 채무불이행 또는 불법행위를 이유로 한 손해배상을 청구하였다.

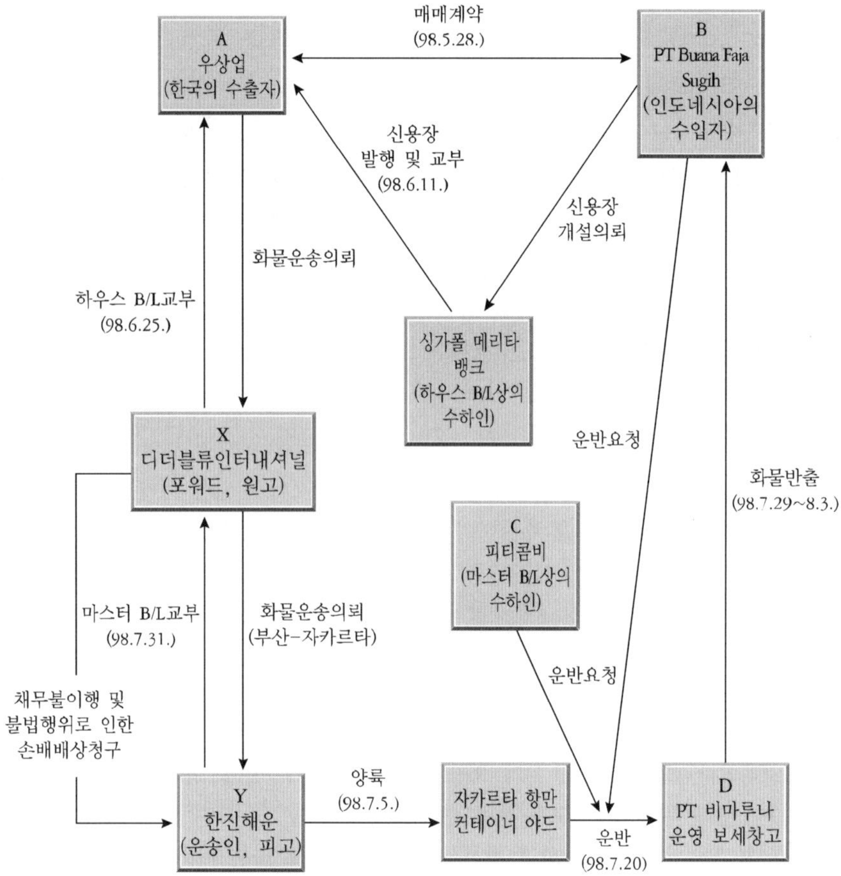

[쟁 점] [1] **X가 마스터 선하증권의 소지인으로서 화물에 대한 소유권 혹은 피고에 대한 화물인도청구권을 가지고 있는 여부:** 마스터 선하증권은 배서금지문구가 기재된 기명식 선하증권에 해당하고, 이 경우에는 위 선하증권은 배서에 의하여 양도할 수 없고, 일반 지명채권 양도의 방법에 의해서만 권리를 양도할 수 있는바, 마스터 선하증권의 수하인으로 기재된 C가 화물의 인도청구권을 X에게 양도하였음을 운송인인 Y에게 통지하였다는 점에 대한 주장·입증이 없는 상황에서 X는 화물의 인도청구권자라 볼 수 있는가?

[2] **X가 운송계약상의 송하인의 지위에서 화물에 관한 인도청구권 등의 권리가 있는지 여부:** 운송계약의 수하인인 C가 화물을 D가 운영하는 보세창고로 운반을 요청하였을 때 운송물의 인도를 청구한 것으로 볼 수 있으므로 그 이후에는 수하인인

C의 운송계약상의 권리(화물 인도청구권을 포함)가 송하인의 X의 권리보다 우선하게 되고, X가 Y로부터 기명식 선하증권을 발행받음으로써 X의 선택에 의하여 선하증권 소지인으로서의 권리는 포기한 것이 되는가, 즉 선하증권이 발행되지 아니한 해상운송에 있어서 수하인(C)의 운송물에 대한 권리관계 및 목적지에 도착한 운송물에 대하여 수하인(C)이 인도를 청구한 후 운송계약에 기한 선하증권이 발행된 경우 그 선하증권의 소지인(X)이 운송인(Y)에 대하여 새로이 운송물에 대한 인도청구권 등의 권리를 갖는지 여부

[판결요지] 선하증권이 발행되지 아니한 해상운송에 있어 수하인은 운송물이 목적지에 도착하기 전에는 송하인의 권리가 우선되어 운송물에 대하여 아무런 권리가 없지만(815, 139), 운송물이 목적지에 도착한 때에는 송하인과 동일한 권리를 보유하고(815, 140①), 운송물이 목적지에 도착한 후 수하인이 그 인도를 청구한 때에는 수하인의 권리가 송하인에 우선하게 되는바(815, 140②), 그와 같이 이미 수하인이 도착한 화물에 대하여 운송인에게 인도 청구를 한 다음에는 비록 그 운송계약에 기한 선하증권이 뒤늦게 발행되었다고 하더라도 그 선하증권의 소지인이 운송인에 대하여 새로이 운송물에 대한 인도청구권 등의 권리를 갖게 된다고 할 수는 없다. 화물은 운송계약상의 수하인인 C의 인도요청에 의하여 1998.7.20. 항만터미널의 컨테이너 야드에서 D가 운영하는 보세창고로 운반되었고, 이 보세창고는 C와 화물보관에 관한 계약관계를 가지고 있으며, C의 지시에 따라 화물을 실수입업자인 B에게 인도하였으며 원고를 송하인, C를 수하인으로 한 마스터 선하증권은 X의 Y에 대한 발행신청이 지연되어 C에 의한 화물의 인도요청 및 화물의 D 보세창고에의 이고가 이루어진 1998.7.20., 그리고 위 C의 화물인도지시에 의하여 위 보세창고로부터 B에게 화물의 인도가 이루어지기 시작한 1998.7.29.보다 늦은 1998.7.31. 발행되어 X가 소지하게 된 사실이 인정된다. 그렇다면 마스터 선하증권은 화물이 목적지에 도착한 후 운송계약상의 정당한 수하인에 의한 화물의 인도요청과 이에 따른 인도가 있은 후에 발행된 것이어서 X가 이를 소지하게 되었다고 하더라도 X로서는 이미 화물에 대한 소유권 혹은 인도청구권을 취득할 수 없다 할 것이므로 X가 문제 삼는 배서금지된 기명식 선하증권의 상환증권성 여부와는 무관하게 X의 Y에 대한 청구는 모두 이유가 없다.

선하증권의 발행되지 않은 경우에는 해상운송인과 송하인간의 운송계약에서 수하인으로 지정된 자가 운송물의 인도를 청구할 수 있다. 이 점에 대해 본법은 명문의 규정을 두어 육상운송에 관한 상법 제140조의 규정을 준용하고 있다(140①,

815). 즉 운송물이 도착지에 도착하였을 때에는 수하인은 송하인과 동일한 권리를 취득하고, 수하인이 그 운송물의 인도를 청구한 때에는 수하인의 권리가 송하인의 권리보다 우선하기 때문이다(140②, 815).

위 [사례 Ⅲ-3-9]에서는 2건의 선하증권이 발행되었다. 하나는 X가 운송주선인으로서 신용장개설은행을 수하인으로 하는 House B/L이고 또 하나는 실제운송인인 Y가 화주(운송주선인 X)의 의뢰에 기해 수하인을 C로 하여 발행한 Master B/L이다. 이 사안에서 쟁점이 된 것은 Master B/L상 송하인인 X와 수하인인 C간에 누가 운송계약상의 권리(손해배상청구권 포함)를 가지는가이다.[1] 만일 Master B/L이 문제없이 발행되었다면 위에서 본대로 당연히 선하증권소지인이 권리자가 된다. 문제는 Master B/L이 운송물이 도착 후 수하인으로 지정된 C의 지시에 의해 실수요자인 B에게 인도된 이후에 Y에 의해 발행되었다는 점이다. 따라서 운송물이 이미 인도된 이후에 발행된 Master B/L은 효력이 없고 결국 이 사안은 선하증권이 발행되지 않은 경우 운송물의 인도청구권이 누구에게 있는가의 문제로 귀착된다. 즉 상법의 규정(140②, 815)에 따라 운송물이 목적지에 도착한 이후에 운송계약상 수하인으로 지정된 C가 운송물인도를 청구한 경우에는 C만이 권리를 가지는 것이며 따라서 운송인(Y)이 수하인(C)의 지시에 따라 B에게 이를 인도한 것은 정당한 의무의 이행이 된다. 결국 운송물을 수령한 B가 그 수입에 대한 대금을 지급하였는가 하는 점과는 상관이 없이 운송인은 그 인도에 따른 책임을 면한다고 할 것이다.

4-4 보증도 · 가도

[사례 Ⅲ-3-10: 대판 1989.3.14, 87다카1791]

[사실관계] 한국의 A1회사는 홍콩의 자회사인 A2상사를 통하여 저밀도 폴리에틸렌을 중동으로부터 수입하여 국내에 판매하여 오던 중 이 사건 운송물을 실수요자인 B회사에 수입 매각하였다. 운송물은 외국 선박회사인 NORASIA LINE과 O.C.L.(C회사)을 통하여 선적된바 C는 선하증권을 A2에 발행하여 주었으며 이 운송물 수입을 위한 신용장 발급은행인 X은행은 선하증권을 소지인인 A2로부터 양수하여 소지하고

1) 김인현, "선하증권이 발행되지 아니한 경우 수하인의 운송물에 대한 권리관계", 한국해법회지 第26권 제 2 호(2004.11), 216면 이하 참조.

있었다. 운송물의 매수인인 B회사는 C의 국내대리점인 Y1해운과 Y2해운에게 A1로부터 발급받은 실수요자 확인서와 D은행 남대문지점 명의의 화물선취보증서(Letter of Guarantee: L/G)를 제시하고 보증도의 상관습에 따라 이와 상환으로 사는 C의 국내대리점하여 수령하였다. 그런데 이 사건은 통상의 수입절차와는 달리 운송물이 국내에 도착하여 실수요자에게 인도가 된 후에 비로소 신용장이 개설되고 신용장에는 이 점을 고려하여 Stale B/L 인수조건이 추가되어 있었다. 한편 선하증권의 소지인인 X은행은 Y1, Y2에게 선하증권을 제시하여 운송물의 인도를 청구하였으나 그 인도를 받지 못하여 Y1, Y2에 대하여 운송물 인도기일로부터 1년이 경과된 후 불법행위로 인한 손해배상청구 소송을 제기하여 제 1 심에서는 원고승소, 제 2 심에서는 피고승소 판결을 받아 본소에 이르렀다.

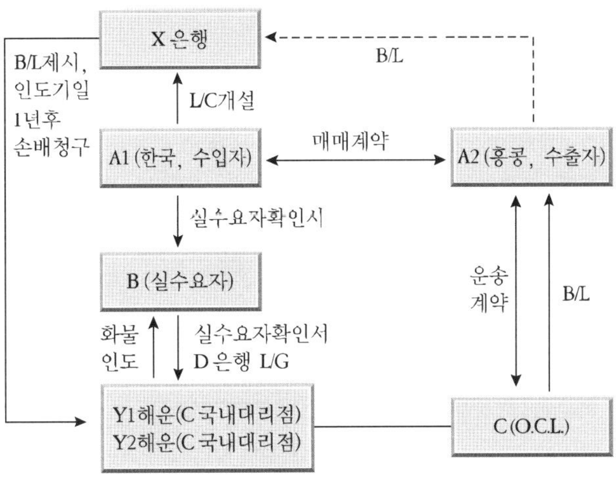

[쟁 점] [1] 운송대리인들인 피고들(Y1, Y2)이 운송물을 선하증권 원본과 상환으로 소지인(X)에게 인도해 줄 의무가 있음에도 불구하고 증권의 소지인이 아닌 위 B에 D은행이 발행한 화물선취보증서를 받고 화물을 인도함으로써 결과적으로 이 사건의 선하증권 소지인인 X은행의 화물에 대한 소유권 내지 화물인도청구권을 상실케 한 것이 주의의무를 게을리한 중대한 과실에 의한 것으로서 과연 위법한 것인가. 그리고 비록 보증도가 적법하다고 하더라도 이 사건의 경우 L/G가 발급되어 선하증권의 정당한 소지인이 결정되기 이전에 운송물의 인도가 이루어졌기 때문에 이를 인지하고 보증도를 한 Y1, Y2에게 "중대한 과실"이 있다고 볼 것인가?

[2] 선하증권상의 1년의 단기 제소기간에 관한 특약조항은 운송인의 보증도로 인한 손해배상책임에도 적용될 것인가. 만일 적용이 된다면 그 기산점은 언제인가?

[3] Y1, Y2는 단지 운송인의 대리인에 지나지 않는데 대리인이 본인인 운송인들의 지시에 따라 보증도를 한 경우에도 대리인에게 책임을 물을 수 있는가?

[판결요지] [1] 해상운송인 또는 운송취급인이 선하증권과 상환하지 아니하고 운송물을 선하증권소지인 아닌 자에게 인도함으로 인하여 선하증권 소지인에게 운송물을 인도하지 못하게 된 경우 그 운송인 또는 운송취급인의 행위는 선하증권소지인의 운송물에 대한 권리의 위법한 침해로서 불법행위가 되며, 운송인 또는 운송취급인은 특별한 사정이 없는 한 그 권리침해의 결과를 인식한 것으로 보아야 하고 만약 그 결과의 발생을 인식하지 못하였다면 그와 같이 인식하지 못하게 된 점에 운송인 또는 운송취급인으로서의 주의의무를 현저히 결여한 중대한 과실이 있다.
[2] 이른바 보증도의 상관습은 운송인 또는 운송취급인의 정당한 선하증권 소지인에 대한 책임을 면제함을 목적으로 하는 것이 아니고 오히려 보증도로 인하여 정당한 선하증권 소지인이 손해를 입게 되는 경우 운송인 또는 운송취급인이 그 손해를 배상하는 것을 전제로 하고 있는 것이므로 운송인 또는 운송취급인이 보증도를 한다고 하여 선하증권과 상환함이 없이 운송물을 인도함으로써 선하증권 소지인의 운송물에 대한 권리를 침해하는 행위가 위법성이 없는 정당한 행위로 된다거나 운송인 또는 운송취급인의 주의의무가 감경 또는 면제된다고 할 수 없다.

[사례 Ⅲ-3-11: 대판 1991.12.10, 91다14123]

[사실관계] 한국의 동원실업(A회사)이 아말아멧 카나다 컴머스(B회사)로부터 알미늄 스크랩 나리를 수입함에 있어 그 물품대금의 결제를 위하여 X은행에게 신용장의 개설을 의뢰하여, X은행은 수익자를 B로 한 취소불능화환신용장을 개설하였다. 신용장개설통지를 받은 B회사는 신용장개설범위내에서 미화 22,758.54 달러에 달하는 물품을 수출함에 있어 C해운사에 물품의 운송을 맡겼는데, C는 물품을 카나다 벵쿠버항에서 선적한 다음 선하증권을 B에게 발행·교부하였다. 물품을 실은 선박이 부산항에 입항하여 보세구역에 반입되자 이미 B로부터 상업송장 등을 송부받은 바 있는 A회사는 소정의 서류를 갖추어 수입신고를 한 다음 C해운사의 한국내 대리점인 Y해운사에 물품을 표창하는 선하증권의 원본을 제시교부함이 없이 X은행 및 A회사 명의로 된 화물선취보증장을 제시하고 Y로부터 화물인도지시서(D.O)를 받아 물품을 반출하여 처분하였다. 그 후 B는 통지은행을 거쳐 선하증권 및 환어음 등을 첨부한 신용장대금의 지급청구를 하여, X은행은 물품대금 미화 22,758.54달러를 지급하면서 선하증권 등의 서류를 교부받아 선하증권의 소지인이 되었다. 그러나 A회사가 X은

행에 신용장대금을 지급하지 않음에 따라 X는 보증도를 한 Y를 상대로 손해배상청구를 하였다.

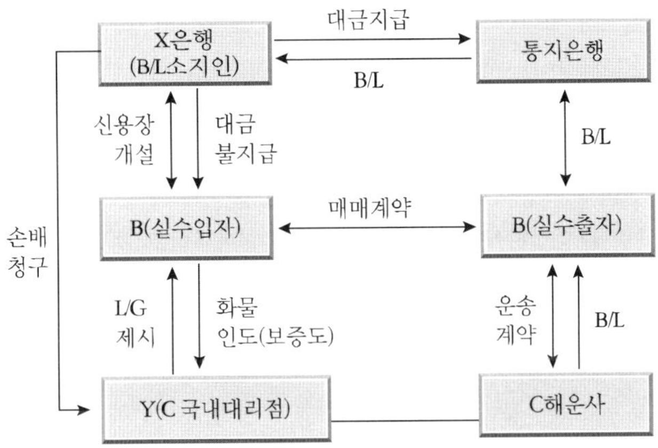

[쟁 점] 구상법 제820조(861), 제129조는 선하증권의 상환증권성에 대하여 규정하고 있는데 이는 선하증권의 제시가 없는 운송물 인도청구를 거절할 수 있는 운송인의 권리를 규정한 것일 뿐 이를 거절하여야 할 의무가 있음을 규정한 것은 아니다. 따라서 해상운송인이나 그 운송대리점이 운송물의 인도를 청구하는 자로부터 후일 선하증권의 반환을 받을 약정하에 은행이 발행한 화물선취보증장을 제출받고 운송물을 인도하는 이른바 보증도는 국제해운거래에서 널리 인정되는 상관습으로 적법한 것이니 보증도로 인하여 선하증권소지인이 손해를 입게 되는 결과가 발생하더라도 그러한 보증도는 위법성이 조각되어 불법행위를 구성하지 않는가?

[판결요지] [1] 은행의 신용장개설에 따라 이루어진 격지간의 상품매매에 따른 상품운송에 있어서 선하증권상에 수하인으로 되어 있어 장래 그 선하증권의 취득이 확실시되는 신용장개설은행(X)의 보증하에 그 명의의 화물선취보증장과 상환으로 선하증권과 상환함이 없이 그 선하증권상에 통지처로 되어 있는 실수요자(A)에게 운송물을 인도하는 형태의 이른바 '보증도'가 국제해운업계에서 일반적으로 행하여지는 세계적인 상관습이나 이러한 '보증도'의 상관습은 운송인(C) 또는 선박대리점(Y)이 정당한 선하증권 소지인(X)에 대한 책임을 면제함을 직접목적으로 하는 것이 아니고 오히려 '보증도'로 인하여 정당한 선하증권 소지인이 손해를 입게 되는 경우 해상운송인 또는 선박대리점 등이 그 손해를 배상하는 것을 전제로 하고 있는 것으로서, 운송인 또는 운송취급인은 진정한 선하증권 소지인이 아닌 자(A)에게 운송물을 인도

하게 되면 선하증권 소지인의 운송물에 대한 권리를 침해하는 결과가 발생될 수 있음을 인식하고 있었다고 보아야 할 것이고 만약 그 결과의 발생을 인식하지 못하였다면 그와 같이 인식하지 못하게 된 점에 대하여 운송인 또는 운송취급인으로서의 주의의무를 현저히 결여한 중대한 과실이 있다고 볼 것이다.

[2] 구상법 제820조(861), 제129조의 규정은 운송인에게 선하증권의 제시가 없는 운송물인도청구를 거절할 수 있는 권리와 함께 선하증권의 제시가 없는 경우 운송물의 인도를 거절하여야 할 의무가 있음을 규정하고 있다고 봄이 상당하다.

[3] 해상운송인이나 운송대리점이 운송물의 인도를 청구하는 자로부터 후일 선하증권의 반환을 받을 약정하에 선하증권과 상환하지 아니하고 운송물을 인도하는 이른바 '가도'가 국제상관습으로 행해진다고 하더라도 이는 전적으로 운송인 또는 운송대리점의 위험부담하에 행해지는 것으로 '가도'로 인하여 선하증권의 정당한 소지인의 권리가 침해되는 경우 그로 인한 손해를 배상함을 당연히 전제로 하는 것이다.

[4] '보증도' 등으로 운송물이 멸실된 경우 채무불이행으로 인한 손해배상청구권은 물론 불법행위로 인한 손해배상청구권도 선하증권에 화체되어 선하증권이 양도됨에 따라 선하증권 소지인에게 이전되는 것이다.

[5] 선하증권과 상환함이 없이 위조된 화물선취보증장에 의해 실수요자에게 화물을 인도한 선박대리점의 선하증권 소지인에 대한 손해배상책임에 있어 피해자가 신용장개설 및 화물선취보증장 발행은행으로서의 주의의무를 게을리한 과실은 과실상계의 대상이 된다.

[사례 Ⅲ-3-12: 대판 1999.4.23, 98다13211]

[사실관계] [1] 동해철강주식회사(A회사)는 1994. 4. 25. 칵스 리미티드 사이프러스(B회사)와 철근 약 6,262톤을 수입하기로 하는 내용의 계약을 체결하면서, 수입대금은 신용장에 의하여 결제하기로 하였다. 이에 따라 A회사는 1994.7.12. X은행에 신용장 발행을 의뢰하였고, X은행은 같은 해 7.15. 금액 미화 1,384,008.13달러, 수익자 B, 선적항 흑해 항구, 도착항 포항항, 유효기일 1994.8.10.까지, 서류개시기한 선적일로부터 61일 내로 된 취소불능신용장을 발행하였다. X은행은 1994.7.21. B의 거래은행인 인도수에즈은행으로부터 선하증권 등 선적서류를 송부받고, 같은달 28. 신용장에 기하여 인도수에즈은행에게 화물의 송장금액인 미화 1,384,008.13달러를 지급하였다.

[2] Y해운사는 이 사건 선박을 소유하고 국제해상물건운송업에 종사하는 이란국 법인인데, Y는 선박을 C쉽핑사, C쉽핑은 D에게, D는 B에게 순차 정기용선하였다. B회

사는 A와의 수출계약에 따라 1994.5.25.경 흑해 노보로시스크항에서 철근 5,974.91톤을 선적한 후, 이 선박의 정기용선자로서 같은 해 6.6. 송하인 B, 수하인 X은행 또는 그 지시인, 통지처 A회사, 선적항 노보로시스크항, 양륙항 포항항으로 된 선하증권을 발행하였다. 한편 화물이 포항항으로 운송되고 있던 중인 1994.6.22.경 B회사는 D에게, D는 C쉽핑에게, C쉽핑은 Y에게 순차로, 화물을 선하증권과 상환함이 없이 A에게 인도하여 줄 것을 요청하면서 그로 인하여 상대방에게 발생될 손해를 모두 배상하여 주겠다는 내용의 각서를 각 제공하였고, A회사 역시 1994.7.15. Y에게 화물을 선하증권과 상환함이 없이 인도하여 줄 것을 요청하면서 그로 인하여 Y에게 발생되는 손해를 모두 배상하여 주겠다는 내용의 각서를 제공하였다.

[3] 이에 Y해운사는 화물이 포항항에 도착하기 하루 전날인 1994.7.19. 위 Y의 대한민국내 선박대리점인 E해운사에게 정기용선자인 C로부터 면책각서를 받았으므로 E해운은 선박의 선장에게 선하증권과 상환함이 없이 동해철강(A)에게 이 사건 화물을 인도하라는 지시를 하여 달라는 내용의 통지를 보냈고, 이에 E해운은 1994.7.20. 화물이 포항항에 도착하자 선장에게 선주인 Y의 위와 같은 지시를 전달하였다. 그리하여 선장은 선하증권을 회수하지 아니한 채 1994.7.20.부터 같은 달 22.까지 사이에 A가 선임한 하역회사인 F포워딩에게 화물을 인도하여 주었고, A철강은 화물을 A철강 내에 있던 타소장치장에 보관하다가 1994.7.26.경 이를 임의로 처분한 후, 같은해 8.22.경 부도를 내고 도산하였다.

[4] Y와 C쉽핑은 1994.2.17. 선박에 관하여 용선계약을 체결하였는데, 동 계약에는 "용선자측이 요구하는 경우 선장은 용선자측과 그 대리점이, 항해사가 발급한 화물인수증의 내용대로 용선자측이 사용하는 양식으로 선하증권을 선주명의 또는 선장명의로 발급할 권리를 갖게 한다. 용선자측은 선장이나 용선자와 그 대리점이 위와 같이 선하증권을 발급한 결과 또는 화물인수증과 선하증권에 기재된 내역이 서로 어긋난 데 대하여 선주가 책임을 지거나 피해를 입지 않게 한다(제49조). 선하증권의 원본을 제시하지 아니하면 화물을 선박에서 하역해서는 아니된하증권에를 위반하는 경우에는 용선자는 선주가 가입한 P&I Club의 약관내용 또는 선주가 수락할 수 있는 수하인 측의 면책조치에 따라 선주를 면책하여야 한다(제57조)"라고 되어 있다.

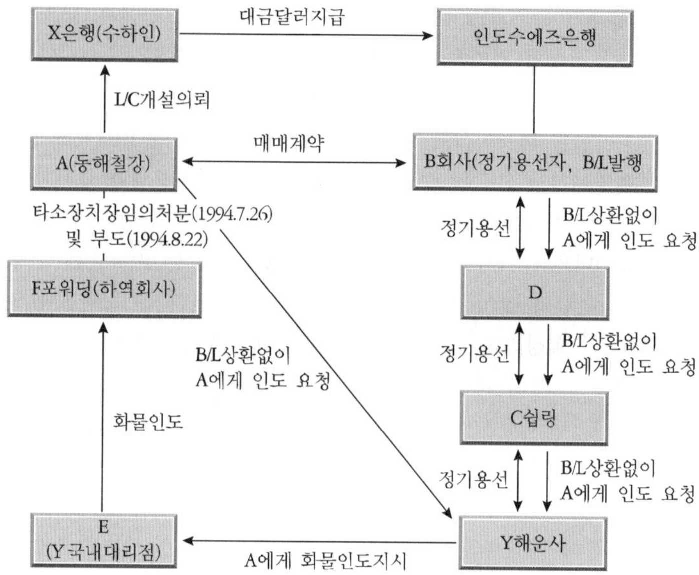

[쟁 점] [1] X은행은 선하증권의 정당한 소지인으로서 신용장대금지급으로 인하여 A에 대하여 가지는 결제채권을 확보하기 위하여 화물에 대한 담보권의 일환으로 선하증권상의 모든 권리를 가지게 되었다 할 것인데, 선박의 소유자인 Y는 선박의 선장으로 하여금 화물을 선하증권과 상환함이 없이 A에게 인도하게 하고, 그로 인하여 화물을 X에게 인도할 수 없게 한 보증도를 하였는데 이로 인해 Y는 X가 입은 손해를 배상할 의무가 있는가?

[2] 선하증권은 선박의 정기용선자인 B에 의하여 발행되었으므로 화물 및 선하증권의 인도 및 회수의무는 오로지 화물의 운송인이자, 선하증권의 발행인인 B만 부담하는 것일 뿐만 아니라, 정기용선계약이 체결된 경우 화물의 운송에 관한 사항은 전적으로 정기용선자의 권한에 속하는 것으로서 선박소유자 또는 선장은 화물의 인도 등에 관하여 정기용선자의 지시를 거부할 수 없는 것이므로, Y가 B의 요청에 따라 선장에게 화물을 선하증권과 상환함이 없이 인도하도록 지시하였다고 하더라도 이는 정기용선자인 B의 지시에 따른 것에 불과하여 불법행위를 구성하지 않는가?

[3] X가 신용장대금 지급과 관련하여 별도의 담보를 제공받지 아니하였거나, 수입보증금을 징수하지 않았고 또 신용장 발행 은행으로서 선적서류를 송부받고도 화물의 행방을 알아보지 아니하였다는 것이 사회통념상 또는 신의성실의 원칙상 주의의무를 게을리한 잘못이 있으므로 과실상계를 허용할 것인가?

[판결요지] [1] 해상운송인(Y) 또는 선박대리점(E)이 선하증권과 상환하지 아니하고 운송물을 선하증권 소지인 아닌 자(A)에게 인도하는 것은 그로 인한 손해의 배상을 전제로 하는 것이어서, 그 결과 선하증권 소지인(X)에게 운송물을 인도하지 못하게 되어 운송물에 대한 그의 권리를 침해하였을 때에는 고의 또는 중대한 과실에 의한 불법행위가 성립된다.
[2] 정기용선계약이 순차로 이루어져 최종 용선자가 운송계약을 체결한 경우라도, 선주(Y)와 최초 용선자(C) 사이의 용선계약에 "선하증권 원본의 제시 없이는 화물을 인도해서는 아니되고, 이를 위반한 경우 용선자는 선주를 면책시켜야 한다"는 약정이 있고, 선주(Y)가 선박대리점(E)을 통하여 선장에게 선하증권과 상환하지 않고 화물을 인도할 것을 지시하여, 이에 따라 선장이 선하증권 소지인이 아닌 사람에게 화물을 인도함으로써 그 화물이 멸실된 이상, 선하증권의 발행인(B)이 정기용선자인지 여부 및 운송계약상 선주와 용선자 중 누가 운송인이 되는지 여부에 관계없이 선주로서는 선하증권의 정당한 소지인에 대하여 화물을 멸실케 한 불법행위로 인한 손해배상의 책임을 져야 하고, 또 그러한 선주의 인도 지시가 수하인의 요청에 의한 것인지, 정기용선자의 요청에 의한 것인지에 따라 영향을 받을 것도 아니다.
[3] 순차 정기용선계약에서 선주의 인도 지시에 따라 선하증권과 상환 없이 화물이 인도됨으로써 정당한 선하증권의 소지인인 신용장 개설은행이 손해를 입은 경우, 신용장 개설은행이 신용장대금 지급과 관련하여 별도의 담보를 제공받지 아니하였거나 수입보증금을 징수하지 않았다고 하더라도 그것이 손해 발생 또는 확대의 원인이 되었다고 할 수 없고, 또한 신용장 개설은행(X)이 선적서류를 송부받고도 화물의 행방을 알아보지 아니하였다는 사실만으로는 신용장 개설은행에게 사회통념상 또는 신의성실의 원칙상 주의의무를 게을리한 잘못이 있다고 보기 어렵다.

(1) 선하증권의 상환증권성

선하증권이 발행된 경우에는 운송물에 관한 처분은 그 증권으로써 하여야 하며(132, 815), 이와 상환하지 아니하면 운송물의 인도를 청구할 수 없다(129, 815). 이를 선하증권의 상환증권성이라고 한다. 즉 선하증권의 정당한 소지인만 운송물의 인도를 구할 수 있기 때문에 증권을 제시하지 않고 운송물의 인도를 구하는 자에 대해서는 운송인은 그 인도를 거절할 수 있다. 따라서 해상운송인이 증권과 상환하지 아니하고 운송물을 인도한 후에 정당한 소지인으로부터 인도청구를 받은 경우에는 이미 인도한 운송물을 반환받아 이를 소지인에게 교부하든가 그렇지 못한 경우에는 채무불이행에 기한 손해배상책임을 면하지 못한다.

(2) 보증도의 상관행

이와 같이 선하증권과 상환하지 않고는 운송물을 인도할 의무가 없지만 해상운송실무에서는 운송물이 먼저 도착하였음에도 불구하고 선하증권이 도착하지 않아 운송물을 찾을 수 없는 경우에, 화주가 운송인에게 화물선취보증서(Letter of Guarantee: L/G)를 제출하고 먼저 운송물을 인도받는 경우가 많다. 이를 보증도 또는 가도라고 한다. 오늘날 해운기술의 비약적인 발전으로 선적서류보다 선박이 먼저 도착하는 경우가 빈번하여 서류의 지연에 따르는 운송물 처분기회의 상실을 피하기 위해 해운 실무계에서 널리 통용되는 상관습이다. 이 보증서에는 선하증권과 상환하지 않고 운송물을 인도함에 있어 운송인이 입을지도 모르는 모든 손해를 배상할 취지를 약정하고 있다.

(3) 보증도의 적법성

보증도의 상관행에 대해서는 한때 상법 제129조의 강행규정에 위반하여 공서에 반하는 행위로서 무효라는 견해가 있었지만 현재는 판례도 보증도의 유효성을 인정하고 있다.[1] 다만 보증도를 유효로 본다고 하여 보증도를 한 운송인의 증권소지인에 대한 책임이 면제되는가 하는 점이 중요한 쟁점으로 되고 있다. 앞에서 제시한 [사례 Ⅲ-3-10, 11, 12]는 보증도에 대한 우리 대법원의 대표적인 판례인데 법원은 일관해서 운송인의 책임을 인정하고 있다. 즉 [사례 Ⅲ-3-12]에서 대판 1999.4.23, 98다13211은 "해상운송인 또는 선박대리점이 선하증권과 상환하지 아니하고 운송물을 선하증권 소지인 아닌 자에게 인도하는 것은 그로 인한 손해의 배상을 전제로 하는 것이어서, 그 결과 선하증권 소지인에게 운송물을 인도하지 못하게 되어 운송물에 대한 그의 권리를 침해하였을 때에는 고의 또는 중대한 과실에 의한 불법행위가 성립된다"고 판시하였다.[2]

1) 대판 1974. 12.10, 74다376 외 다수.

2) 동 대판 1989.3.14, 87다카1791; 1991.12.10, 91다14123; 1992.1.21, 91다14994; 1992.2.14, 91다13571; 1992.2.14, 91다4292; 1992.2.25, 91다30026; 1999.4.23, 98다13211; 2000.11.14, 2000다30950; 2001.4.10, 2000다46795; 2004.10.15, 2004다2137; 판례의 입장에 대해서는 서헌제(상) 348면 및 "보증도와 해상운송인의 책임", 상사판례연구 II, 459면 이하 참조.

(4) 보증도에 관한 판례 검토

그런데 이러한 법원의 입장이 과연 해운관행을 적절하게 고려한 타당한 것인지에 대해서는 비판이 제기되어 왔다. 특히 위 [사례 Ⅲ-3-10]의 원심판결(서울고판 1987.6.8, 86나234)은 "Y1,Y2가 소외 반도상사(A1) 발행의 실수요자 확인서와 소외 서울신탁은행 남대문지점(D은행) 명의의 화물선취보증서를 신뢰하고 보증도의 상관습에 따라 선하증권의 소지인이 아닌 소외 태현실업(A)에 이 건 화물을 인도한 것은 결코 위법하다고 할 수 없고, 또 일반적으로 은행의 화물선취보증서를 교부받고 화물을 인도한 경우에 화물인도후 제 3 자가 선하증권을 취득하여 손해를 입는 것은 이 건에서와 같이 화물선취보증서가 부정하게 발급되지 아니하는 한 거의 예상할 수 없는 일로서 이 건 손해에 대하여 피고들에게 과실이 있다고 볼 수는 없는 것이다. 그러므로 피고들이 선하증권과 상환하지 아니하고 화물을 인도하였다고 하더라도 그것이 곧 불법행위로 되는 것은 아니다"라는 진취적인 태도를 취하였다.

(5) 상법 第129조의 의미

보증도를 한 운송인의 불법행위책임을 묻기 위해서는 불법행위의 성립요건인 운송인의 고의·과실과 위법성이 존재하여야 한다. 그런데 위법성여부는 선하증권의 상환증권성을 규정하고 있는 상법 제129조의 성격을 어떻게 볼 것인가 하는 것과 관련이 있고 운송인의 고의·과실의 인정여부는 고의·과실의 내용이 무엇인가를 검토해야 할 것이다. 상법 제129조를 증권소지인을 보호하기 위하여 운송인에게 증권의 소지인 이외의 자에게는 운송물인도를 거절하여야 할 의무를 부과한 것이라고 보아 이 규정에 위반한 보증도는 그 자체로 위법한 것이라는 견해가 있다. 생각건대 상법 제129조는 운송인이 증권과 상환하지 않으면 운송물을 인도할 필요가 없다는 취지를 정하고 있는데 그치고 증권과 상환으로서만 운송물을 인도하여야 한다는 인도거절의무를 규정하고 있는 것은 아니라고 보아야 할 것이다.[1] 왜냐하면 운송인은 자기의 위험부담과 책임하에 증권과 상환하지 않고 운송물을 인도할 수 있고 만일 제 3 취득자가 운송물의 인도를 청구할 경우에는 그 운송물을 도로 찾아서 증권소지인에게 인

1) 최기원 870면; 서헌제(하) 368면; 정찬형 841면.

도하든가 만일 그것이 불가능할 경우에는 그에 갈음하는 손해배상을 청구 할 수 있기 때문에 보증도만으로 즉시 증권소지인의 이익이 침해되었다고 볼 수 없기 때문이다.

이와 같은 견해는 선하증권과 상환하지 않고 운송물의 인도가 되었던 사안에 관하여 우리 대법원이 내린 판결(1974.12.10, 74다376)에 의하여도 뒷받침 된다고 하겠다. 이 판결에서 법원은 "해상운송인은 상법 제129조(820조)에 의하여 선하증권과 상환하여 화물을 인도하여야 할 것임은 소론과 같다고 하더라도 이 사건의 경우에 있어서와 같이 그 선하증권상에 수하인으로 표시되어 있고 이를 소지한 원고은행의 인도지시가 있는 경우에는 위 법조는 적용될 여지가 없다고 할 것이다"라고 판시하고 있다.

(6) 운송인의 고의·과실

[사례 Ⅲ-3-10]에서 대법원은 "운송인 등은 특별한 사유가 없는 한 그 권리침해의 결과를 인식한 것으로 보아야 한다… 만약 그와 같이 인식하지 못하였다면… 그와 같이 인식하지 못하게 된 점에 중대한 과실이 있다"고 하여 운송인 등에게 불법행위 책임을 인정하는 이유로 운송인에게 고의 또는 중대한 과실이 있음을 내세우고 있다. 그러나 보증도에 있어서 운송인에게 고의·과실을 인정하는 위의 판결의 입장에 대해서는 찬성할 수 없다. 왜냐하면 불법행위에서 고의라고 함은 타인에게 손해를 가한다는 사실에 대한 인식이고 과실 또한 그러한 사실을 주의의무를 위반하여 하지 못한 것이라 할 수 있는데 과연 보증도를 하는 운송인에게 이러한 인식이나 주의의무의 해태가 있는지 의심스럽기 때문이다. 보증도 거래의 실제를 살펴보면 [사례 Ⅲ-3-11]의 경우처럼 신용장발급은행이 수입대금의 환수를 담보하기 위하여 선하증권의 수하인으로 자신을 지정할 것을 신용장의 조건으로 제시하는 경우가 많고 이 수하인인 신용장 발급은행이 보증장(L/G)도 발급하게 된다. 따라서 정상적인 경우 보증은행 이외에는 선하증권의 정당한 소지인이 있을 수 없기 때문에 이 은행의 보증장을 믿고 운송인이 안심하고 선하증권과 상환하지 않고 운송물을 내어 줄 수 있는 것이지 아무 은행에서나 발급한 보증장을 받고 무턱대고 운송물을 인도하는 것은 아니다.

이와 같은 거래의 실제를 감안할 때 보증도를 하는 그 자체로서 바로 운송인에게 증권소지인에게 손해를 가한다는 고의·과실이 있다고 할 것이 아니라 운송인이 보증은행이나 운송물의 수령인이 운송물에 대한 실질상의 권리자가 아니라는 사실을 알았거나 이를 확인하여야 할 세심한 주의를 게을리 하였을 때 비로소 운송인에게 고의·과실이 있다고 하여야 할 것이다. 이렇게 운송물의 수령인이 운송물에 대한 정당한 권리자가 아닐 수 있다는 가능성은 [사례 Ⅲ-3-10]의 경우와 같이 보증장 발급은행(D은행)과 신용장개설은행(X은행)이 다를 경우(보증장에는 신용장개설은행과 신용장 번호를 기재하도록 되어 있어 운송인은 손쉽게 이를 확인할 수 있음), 또는 보증장을 발급할 때 까지 아직 신용장이 개설되지 않았을 경우, 또는 보증장 자체가 위조되는 예외적인 경우에만 생겨나게 된다. 그러므로 보증도에 있어서 운송인의 고의·과실 여부는 이러한 가능성을 인식하였는가 또는 주의의무를 해태함으로써 이를 인식하지 못하였는가에 달려 있다고 하겠다. 만일 대법원의 입장과 같이 보증도를 하면 언제나 운송인이 증권소지인에게 손해를 가한다는 고의·과실이 있어야 한다고 한다면 이는 보증도의 상관습을 부인하는 것이나 마찬가지이고 해운실무계의 현실을 고려하지 않은 것이라고 하지 않을 수 없다. 물론 보증도의 경우 운송인에게 불법행위책임을 부인한다고 하여 채무불이행책임까지도 부인하는 것은 아니다.

(7) 불법행위의 성립시점

보증도로 인한 운송인의 불법행위성립시점이 언제인가 하는 점이 다음의 [사례 Ⅲ-3-13]에서 다루어졌다. 판례의 취지에 의하면 보증도로 인해 선하증권소지인이 최종적으로 운송물에 대한 권리행사가 불가능하게 된 시점이 아니라 가압류 등으로 그 행사가 어렵게 되기만 하면 곧바로 불법행위가 성립한다고 한다.

[사례 Ⅲ-3-13: 대판 2001.4.10, 2000다46795]

[사실관계] [1] 옥방화섬주식회사(X)는 1997년 9월경 네덜란드 회사인 란즈크룬(A회사)와 합성섬유 49,000mts를 대금 US$57,820에 판매하기로 하는 계약을 체결하면서 수출대금은 신용장에 의하여 결제하기로 하되 선하증권 발행일로부터 45일 후에 결제하기로 약정하였다. X는 해상운송업자인 제일항역주식회사(Y)와 화물을 부산항에서 네덜란드

로테르담 항구까지 운송하기로 하는 해상운송계약을 체결하고, Y는 1997.9.14. 화물을 선적한 후 선하증권 3매를 발행하여 X에게 교부하였다. Y는 1997.10.9. 화물을 로테르담 항구로 운송하여 양륙한 후 Y의 선박대리점인 콤파스 트랜스포트회사(B회사)로 하여금 화물을 보관하도록 하였다. Y는 1997.10.15. B를 통하여 화물에 대한 통관절차를 마치고 그 다음날인 같은 해 10.16. 선하증권과 상환 없이 화물을 A회사에게 인도하였다. X는 거래은행을 통하여 선하증권을 첨부하여 신용장 대금결제를 요구하였으나 신용장 개설은행이 신용장 대금의 지급과 선하증권의 인수를 거절하여 선하증권은 X에게 반환되었다.

[2] A회사는 X와의 종전 거래에서 수입한 원단에 하자가 있어 그로 인하여 US$ 95,124.89 상당의 손해를 입었다고 주장하면서 1997.11.24. 네덜란드 법원으로부터 가압류결정을 받아 A회사가 보관하고 있던 화물을 가압류하였다. X는 1997.12.2. Y에게 화물의 반송을 요청하였으나, 다음날인 같은 해 12월 3일 Y로부터 가압류로 인하여 반송이 불가능하다는 통지를 받았다. 한편, A회사는 1998.9.10. X가 불출석한 채 진행된 재판에서 네덜란드 법원으로부터 X로 하여금 A회사에게 US$95,124.89 및 그에 대한 법적 이자 등을 지급하도록 명하는 판결을 받고, 1998.10.15. 화물을 US$57,820에 환가, 처분하여 그 금액을 위 판결 금액인 US$95,124.89 중 일부에 충당하였다.

[쟁 점] [1] X의 주장: 피고 회사(Y)가 해상운송인으로서 선하증권과 상환함이 없이 이 사건 화물을 소외 회사(A)에게 인도함으로써 선하증권의 소지인인 원고 회사에게 그 회수를 사실상 불가능하게 하였으므로, 피고 회사의 위와 같은 행위는 선하증권 소지인인 원고 회사의 운송물에 대한 권리의 위법한 침해로서 불법행위가 된다 할 것이고, 피고 회사는 특별한 사정이 없는 한 이러한 권리침해의 결과가 발생될 수 있었음을 인식하고 있었다고 할 것이며, 만약 그 결과를 인식하지 못하였다면 그와 같이 인식하지 못하게 된 점에 대하여 운송인으로서의 주의의무를 현저히 결여한 중대한 과실이 있었다 할 것이므로, 피고 회사는 위 불법행위로 인하여 원고 회사가 입은 손해를 배상할 책임이 있다.

[2] Y의 주장: 피고 회사가 소외 회사(A)에 화물의 점유를 이전한 것은 단순한 보관의뢰였고, 화물의 소유권이나 처분권을 이전하는 의미의 인도는 아니었으며, 네덜란드 영토 내에 있는 화물에 대한 가압류는 언제든지 이루어질 수 있고, 화물을 원고 회사에게 회수해 주지 못하게 된 것은 피고 회사의 화물의 점유 이전과는 아무런 상관이 없이 소외 회사(A)의 원고 회사에 대한 손해배상채권에 기한 네덜란드 법원의 가압류 때문이므로 피고 회사에게는 그 귀책사유가 없으므로 원고의 청구에 응

할 수 없다.

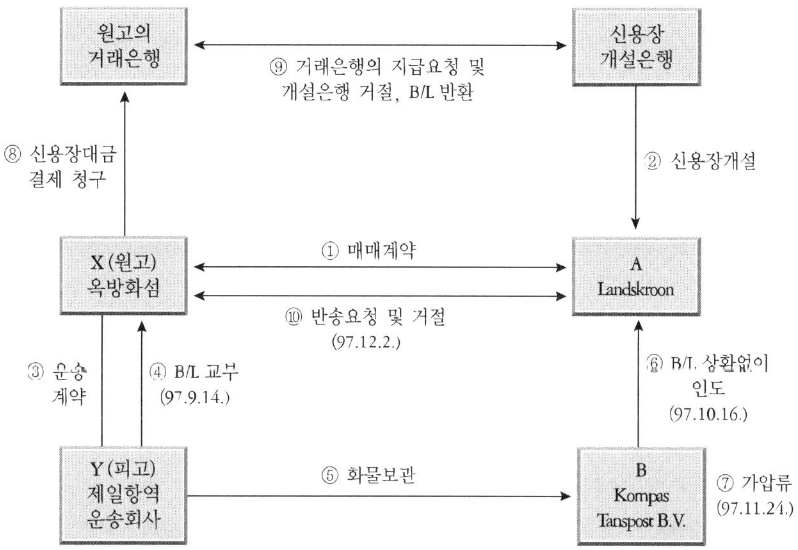

[판결요지] 선하증권을 발행한 운송인이 선하증권과 상환하지 아니하고 운송물을 선하증권 소지인 아닌 자에게 인도함으로써 선하증권 소지인에게 운송물을 인도하지 못하게 되어 운송물에 대한 그의 권리를 침해하였을 때에는 고의 또는 중대한 과실에 의한 불법행위가 성립한다고 할 것인데(대판 1991. 12. 10, 91다14123; 1992. 2. 14, 91다4249; 1999. 4. 23, 98다13211 등 참조), 이 경우 운송물을 인수한 자가 운송물을 선의취득하는 등 사유로 선하증권 소지인이 운송물에 대한 소유권을 상실하여야만 운송인의 불법행위가 성립하는 것이 아니라 운송인이 선하증권 소지인이 아닌 자에게 운송물을 인도함으로써 선하증권 소지인의 운송물에 대한 권리의 행사가 어렵게 되기만 하였으면 곧바로 불법행위가 성립하는 것이다. 따라서 이 사건의 경우에 피고(Y)가 선하증권과 상환하지 아니하고 선하증권 소지인이 아닌 소외 회사(A)에게 화물을 인도한 때에 선하증권 소지인인 원고(X)가 화물에 대한 권리를 침해당하는 손해가 발생한 것이고, 그 후 네덜란드 법원의 가압류결정과 강제집행 결과 화물이 환가, 처분되었을 때 원고(X)의 손해가 비로소 발생한 것은 아니라고 할 것이므로 원심이 피고의 행위와 원고의 손해 사이에 인과관계를 인정한 것은 정당하다.

(8) 증권소지인의 동의에 의한 경우

[사례 Ⅲ-3-14: 대판 1997.6.24, 95다40953]

무역업자인 A는 B회사의 의뢰에 따라 중국으로부터 시멘트 1.1만톤을 수입함에 있어 X은행이 A의 신청에 의해 시멘트 수입대금 결제를 위한 일람출급의 취소불능신용장을 개설하고, B는 A의 X에 대한 신용장대금 지급채무를 보증하였다. A는 운송주선인을 통해 Y해운사와 시멘트 운송계약을 체결하였고, Y는 이를 선적한 후 시멘트를 5천톤과 6천톤씩 2부분으로 구분하여 2개의 선하증권을 발행하였는데, 모두 수하인을 X 또는 그 지시인으로 기재하였다. 그러나 A와 B가 시멘트의 실수요자를 찾기 어려워 양륙시기를 미루고 있던 중 체선료가 증대할 것을 우려하여 X, A, B 등이 합의하에 신용장대금의 일부만 지급하고 X의 승낙하에 시멘트를 인도받아 이를 처분하기로 하였다. 이에 X는 시멘트의 통관에 필요한 선하증권 등 선적서류의 사본에 점검인을 날인하여 A에게 주었고, A는 이를 사용하여 통관절차를 마친 후 Y로부터 시멘트를 인도받아, 6천톤은 자신이 처분하고 5천톤은 B에게 인도하였다. X가 A, B 등으로부터 신용장대금의 일부를 지급받지 못하게 되자 Y에게 선하증권과 상환하지 않고 운송물을 인도하였다는 이유로 손해배상청구를 하였다. Y는 그 배상책임이 있는가?

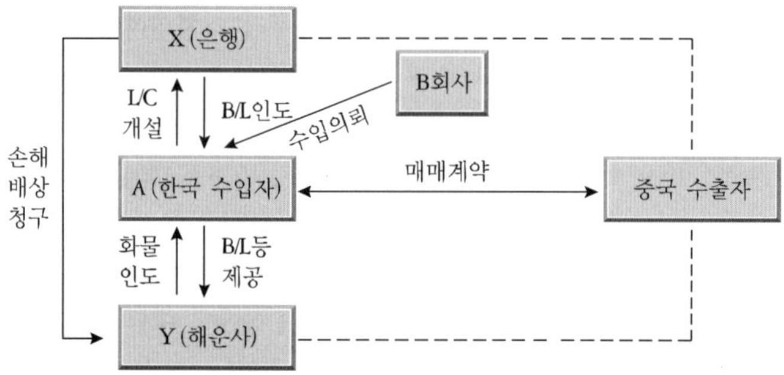

운송인이 증권과 상환하지 아니하고 운송물을 제3자에게 인도한 때에는, 운송인은 증권의 정당한 소지인에 대하여 채무불이행책임을 부담하며 경우에 따라서는 불법행위책임도 면할 수 없지만 위 [사례 Ⅲ-3-14]와 같이 증권소지인(X)의 지시 내지 승인에 따라 운송물을 선하증권과 상환하지 아니하고 제3자(A)에게 인도한 경우에는 어떠한가? 이에 대해 대판 1997.6.24, 95다40953

은 "해상운송인으로서는 운송물을 선하증권의 소지인에게 선하증권과 상환하여 인도하여야 함이 원칙이라 할 것이나, 해상운송인(Y)이 선하증권 소지인(X)의 인도 지시 내지 승낙에 따라 운송물을 제 3 자(A)에게 인도한 경우에는 그 제 3 자(A)가 선하증권을 제시하지 않았다 하더라도 해상운송인(Y)이 그와 같은 인도 지시 내지 승낙을 한 선하증권 소지인(X)에 대하여 운송물인도의무 불이행이나 불법행위로 인한 손해배상책임을 진다고 할 수 없다"고 판시하였다.

4-5 보세장치장의 책임

수입화물의 선박으로부터 양하된 후 수입통관이 이루어지기까지 보세장치장에 일정기간 보관되는데 이 보세장치장에서 운송물이 무단 반출된 경우 그 책임이 누구에게 있는가 하는 점이 보증도와 관련해서 종종 문제된다. 보세장치장은 운송인이나 수하인과는 위임 또는 임치계약에 의해 운송물을 보관하는 독립경영자인데 보세장치장에 입고로서 운송물의 인도가 이루어졌는가 하는 점이 운송물의 무단반출책임의 소재를 가리는 데 있어서 중요한 쟁점이 되고 있다. 이를 해상운송과 항공운송으로 나누어 사례를 검토한다.

(1) 해상운송의 경우

아래 [사례 Ⅲ-3-15]는 선하증권 소지인이 아닌 선하증권상의 통지처의 의뢰를 받은 하역회사가 양하작업을 완료하고 화물을 하역회사의 일반보세창고에 입고시킨 경우, 화물의 인도시점을 운송인 등의 화물인도지시서에 의하여 화물이 하역회사의 보세장치장에서 출고된 때로 보았으며 보세장치장 설영자가 화물인도지시서나 운송인의 동의 없이 화물을 인도함으로 인하여 선하증권의 소지인이 손해를 입은 경우, 불법행위에 기한 손해배상책임을 진다고 본 사례이다.[1)]

[사례 Ⅲ-3-15: 대판 2000.11.14, 2000다30950]

[사실관계] [1] 주식회사 우성철강(A회사)은 홍콩의 타코 메탈즈아시아 주식회사(B회사로부터 철강재를 수입하기 위하여 X은행에 신용장개설을 의뢰하였고, 이에 X은

1) 최종현, "보세창고업자의 화물불법인도에 대한 운송인의 채무불이행책임", 한국해법회지 제27권 제 2 호(2005.11), 267면 이하.

행은 1997.10.31. ① 신용장 번호: M1817710NU00648, ② 수익자: B회사 ③ 신청인: A회사 ④ 유효기간: 1998.1.31. ⑤ 신용장 금액: 미화 702,000 달러, ⑥ 품목 및 비용부담: 철강재(steel billet) 3000 M/T 및 C&F FO, ⑦ 선적기일: 1997. 11. 30., ⑧ 분할선적: 허용 등을 내용으로 하는 취소불능신용장을 발행하였다.

[2] 파라코피 쉬핑 주식회사(C 쉬핑)는 1997.11.14. B로부터 A회사가 수입하는 철강재 1,430.33톤을 해상운송을 위하여 인수하고, ① 송하인: B, ② 수하인: X은행 또는 그 지시인, ③ 통지처: A회사, ④ 선적항: 나코드카(Nakhdka), ⑤ 양륙항: 부산항, ⑥ 선박명: 파라코피(Paracopi)호인 선하증권을 발행하였는데 이 선박은 대한해운 주식회사(Y1해운)가 C쉬핑으로부터 용선한 선박이며, X는 이 선하증권을 현재 소지하고 있다.

[3] Y1해운은 C쉬핑의 대한민국내 선박대리점이고, 천양항운 주식회사(Y2항운)는 세관장으로부터 부산항 제 7 부두 전체를 보세장치장으로 특허를 받아 수입화물의 하역 및 보관을 영업으로 하고 있다. 부산항에 있는 8개의 부두 중 제 1 부두에서 제 6 부두까지는 부두관리협회가 수입품의 입출고에 관하여 공동관리를 하면서 이 부두를 통하여 수입되는 화물이 화물인도지시서 없이 반출되지 않도록 감독하고 있으나, 위 제 7 부두는 동국제강 주식회사의 계열회사인 Y2항운이 동국제강 주식회사나 A회사가 수입하는 철강재 등의 화물을 하역하는 보세장치장으로 사용하면서 부두관리협회의 감독을 받지 않았던 관계로 이 부두를 통하여 수입되는 화물은 종종 화물인도지시서 없이 반출되었고, 피고 Y1해운의 부산항 현장소장인 소외 김하곤 역시 이 사실을 잘 알고 있었다.

[4] 화물은 1997.11.22. 부산항에 도착되었는데, Y2항운은 A회사로부터 하역의뢰를 받고 화물을 Y2가 보세장치장으로 사용하는 제 7 부두에 양하하도록 해 줄 것을 Y1해운에 요청하여 이를 승낙받은 다음 Y1해운으로부터 적하목록 등을 교부받아 같은 해 11.27.까지 화물을 위 제 7 부두에 양하하고 그곳에 이를 보관하였다.

[5] Y1해운은 위 제 7 부두에 이 사건 화물을 하역하도록 하면서도 Y2항운에 대하여 화물인도지시서 없이 이 사건 화물을 반출하지 않도록 지시하거나 이를 방지하기 위한 계약을 체결하지 아니하였다. 또한 Y2항운은 화물에 관하여 선하증권이 발행되어 있고 화물을 하역하기까지 수입업자인 A철강이 그 선하증권이나 화물인도지시서를 제시하지 아니한 사실을 잘 알고 있었다.

[6] A철강이 신용장에 기하여 수입한 철강재는 2회에 걸쳐 분할 선적되었고 Y2항운은 1회 선적분 1,450.86톤도 위와 같이 위 제 7 부두에 하역하였는바, Y2항운은 제 1 회 선적분에 대하여는 1997.11.26.경, 2회 선적분인 이 사건 화물 중 400.27톤(미화 93,467.14달러 상당)에 대하여는 1997.12.19. 선하증권이나 화물인도지시서와 상환하

지 아니하고 A철강에 이를 인도하였다. A철강은 1997.12.5. X은행에 1회 선적분 철강재에 대하여는 대금을 지급하고 X로부터 이에 대한 선하증권을 교부받았으나 2회 선적분에 대하여는 대금을 지급하지 아니하였다. 이에 X은행은 Y1, Y2에 대해 선하증권과 상환하지 아니하고 화물은 인도한 데 대해 손해배상청구를 하였다.

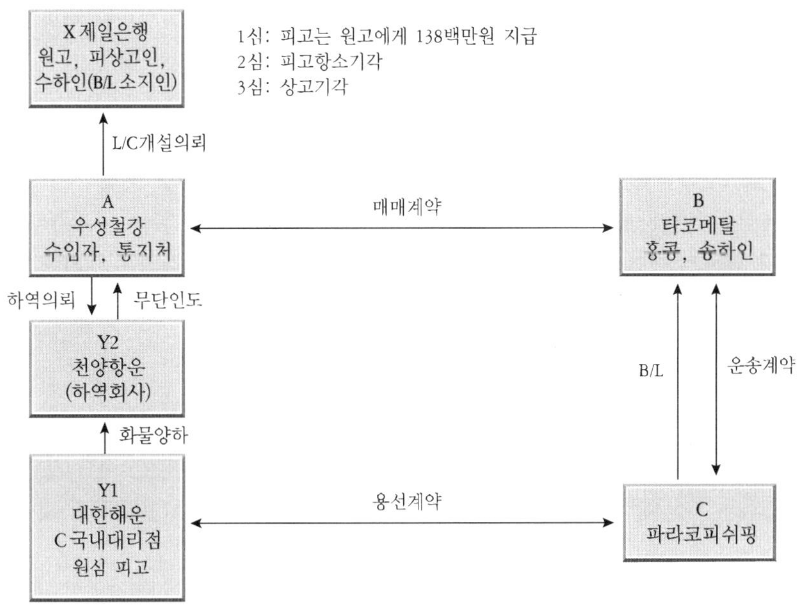

[쟁 점] 화물은 "Free Out," 즉 양하비용은 매수인이 부담하는 조건으로 수입된 것이고, A철강은 화물의 양하작업에 관한 수입계약상의 의무 이행을 위하여 하역업체인 Y2항운에 화물의 하역을 의뢰한 것이므로 화물은 양하작업이 완료됨으로써 A철강에 인도되었다고 볼 수 있고, 따라서 Y2항운은 오직 A철강만을 위하여 화물을 보관하고 있는 것이므로 A철강의 요구가 있으면 이를 반환하여야 하고 A철강에 화물인도지시서의 제시를 요구할 권리나 의무는 없는가?

[원심법원 판결요지] [1] 사건 화물은 C&F, FO(Cost and Freight, Free Out) 즉 운임은 B회사가 부담하되 운임 이외의 운송과 관련된 비용 및 하역 비용은 A철강이 부담하는 조건으로 수입된 것으로서 A철강이 하역작업을 주도할 수밖에 없는 것이므로 C쉬핑의 대리점인 Y1해운으로서는 화물이 양하되기 전 선하증권을 교부받고 이를 A철강에 인도하거나, 그렇지 못하고 선박의 운항일정이라든가 부두의 여건 등 부

득이한 사정으로 선하증권을 상환받지 못하고 화물을 하역할 수밖에 없는 경우에는 아직 화물을 수하인에게 인도한 것이 아니므로 하역업체인 Y2항운에 이러한 사실을 주지시키고 화물인도지시서 없이 화물을 인도하지 말 것을 지시하거나 이를 방지하기 위한 계약을 체결하는 등의 방법으로 화물이 무단 반출되는 일이 없도록 조치하여야 할 주의의무가 있다고 할 것이다. 그럼에도 Y1해운은 제7부두에서는 화물인도지시서 없이 화물이 반출되는 일이 종종 있다는 사실까지도 잘 알면서 위와 같은 조치를 취하지 아니한 채 제7부두에 화물을 하역하게 하여 보관한 잘못이 있다 할 것이므로 Y1해운은 X은행에 화물 일부의 무단 반출로 인한 손해를 배상할 책임이 있다고 할 것이다.

[2] 화물은 C쉬핑의 선박대리점인 Y1해운의 지시에 의하여 양하된 것이고 A철강이 선하증권과 상환으로 화물을 인도받은 것도 아니어서 Y2항운의 자가 보세장치장에 보관된 화물은 여전히 C쉬핑의 지배하에 있고 Y2항운은 이를 C쉬핑을 위하여 보관하는 지위에 있다고 할 것이다. 그럼에도 Y2항운이 선하증권이나 화물인도지시서 없이 화물 일부를 A철강에 인도하여 멸실되게 한 행위는 선하증권 소지인으로서 화물의 소유자인 X에 대하여 불법행위를 구성한다 할 것이므로 Y2항운은 X에게 화물의 무단반출로 인한 손해를 배상할 책임이 있다.

[3] 화물 일부의 무단반출은 Y1, Y2들의 공동불법행위에 기인한 것으로서 이로 인한 Y1, Y2들의 X에 대한 손해배상채무는 그 성질상 부진정연대 관계에 있다고 할 것이다.

[대법원 판결요지] [1] 선하증권이 발행된 경우 해상운송화물의 하역작업이 반드시 선하증권 소지인(X)에 의하여 수행되어야 하는 것이 아니고 선하증권의 제시가 있어야만 양하작업이 이루어지는 것도 아닌바, 운송인은 화물을 선하증권 소지인에게 선하증권과 상환하여 인도함으로써 그 의무의 이행을 다하는 것이므로 선하증권 소지인이 아닌 선하증권상의 통지처(A)의 의뢰를 받은 하역회사(Y2)가 양하작업을 완료하고 화물을 하역회사의 일반보세창고에 입고시킨 사실만으로는 화물이 운송인의 지배를 떠난 것이라고 볼 수 없고, 이러한 경우 화물의 인도시점은 운송인 등의 화물인도지시서에 의하여 화물이 하역회사의 보세장치장에서 출고된 때라고 할 것이다(대판 1992.2.14, 91다4249, 대결 1992.9.18.자, 92모22 등 참조). Y2회사가 선하증권상의 통지처인 A철강으로부터 하역의뢰를 받고 화물을 양하한 것이고, Y1의 지시에 의하여 양하한 것이 아니다. 그러나 선하증권상의 통지처인 A철강의 의뢰에 따라 화물을 양하하였다고 하더라도 이는 그 성질상 화물의 인도를 위한 준비작업으로서 운송인인 C쉬핑의 운송 실행 행위의 일부에 지나지 않으므로 화물이 Y1해운의 지시에 의하여 양하되었다고 원심이 인정한 데에 잘못이 있다고 볼 수는 없고, 또한

Y2회사의 보세장치장에 보관된 화물은 여전히 운송인인 C쉬핑의 지배하에 있으므로 Y2는 C쉬핑을 위하여 이를 보관하는 지위에 있다고 할 것이어서, 화물이 통지처인 A철강의 의뢰에 의하여 양하되었다고 하여 화물이 양하되는 즉시 A철강에게 인도되었다거나 Y2의 부두야적장으로 이동되어 야적된 시점에서 A철강에게 인도되었다고 할 수는 없다.

[2] 해상운송화물은 선하증권과 상환으로 그 소지인에게 인도되어야 하는 것이고 선하증권 없이 화물이 적법하게 반출될 수는 없는 것이므로, 선하증권을 제출하지 못하여 운송인으로부터 화물인도지시서를 발급받지 못한 통지처의 요구에 따라 운송물을 인도하면 이 화물이 무단반출되어 선하증권의 소지인이 운송물을 인도받지 못하게 될 수 있음을 예견할 수 있음에도 불구하고, 보세장치장 설영자(Y2)가 화물인도지시서나 운송인(C)의 동의를 받지 않고 화물을 인도함으로 말미암아 선하증권의 소지인(X)이 입은 손해에 대하여 불법행위에 기한 손해배상책임을 진다고 할 것이다 (대판 1991.8.27, 91다8012 참조).

아래 [사례 Ⅲ-3-16]은 선하증권이 발행된 해상화물운송에 있어서 운송인의 국내 신박대리점이 실수입자의 요청에 의하여 그가 지정하는 영업용 보세창고에 화물을 입고시켰는데 영업용 보세창고업자가 실수입자와 공모하여 화물을 무단반출함으로써 화물이 멸실된 경우, 선박대리점의 중대한 과실에 의하여 선하증권의 소지인의 운송물에 대한 소유권이 침해된 것이라고 할 수 없고 운송인 및 그 국내 선박대리점이 영업용 보세창고업자에 대하여 민법상 사용자의 지위에 있다고 볼 수 있는지에 관한 사례이다.[1)]

[사례 Ⅲ-3-16: 대판 2005.1.27, 2004다12394]

[사실관계] [1] 수입업자인 주식회사 태송메이저인더스트리(C회사)는 중국에 소재한 화윤방직품유한공사(D회사)와 폴리에스터 65%, 면직포 35%로 이루어진 직물 324,000YDS에 관한 수입계약을 체결하였다. D회사는 ① TIANJIN MARINE SHIPPING CO. LTD 및 CHINA SHIPPING CONTAINER LINES CO. LTD((E선박회사)와 중국의 신강항 및 청도항에서 부산항까지 운송하기로 하는 내용의 운송계약을 각각 체결하였

1) 이진홍, "선하증권이 회수되지 않은 운송물의 인도에 관한 법률관계", 한국해법회지 제28권 제2호(2006.11), 138면.

고, E선박회사들은 송하인을 D, 수하인을 X은행의 지시인, 통지처를 주식회사 골드텍스타일(A회사) 또는 C회사로 하여 선적 선하증권들을 발행하였다.
[2] Y1, Y2들은 국내 항구에서 E선박회사들의 운송에 관한 업무를 대행하는 국내 선박대리점으로서 E회사들과 화물의 양하작업과 관련된 모든 대리인으로서의 의무들을 수행하기로 하는 내용의 대리점계약을 각각 체결하였다.
[3] 화물이 2002.2.1.경 부산항에 도착한 후, 실수입자인 A회사는 자신이 종래부터 계속하여 화물을 입고시켜 왔던 보세창고업자 주식회사 금천(B회사)이 운영하는 보세창고화물을 입고시키기 위하여 Y1, Y2에게 수입화물입고요청서를 보내 이를 요청하였고, Y1, Y2는 이에 동의하여 2002.2.27. 및 2002.2.28. '보세화물관리에관한고시'(2001.1.18. 관세청고시 제2001-7호로 개정된 것)에 따라 B가 운영하는 보세창고에 화물을 입고시켰는바, B는 2002.3.4. 화물에 관한 선하증권 원본이나 화물인도지시서와 상환하지 아니하고, 실수입자인 A에게 화물을 무단으로 반출하여 주었다.
[4] 한편, X은행은 A의 신청에 따라 2002.3.8. 수익자를 D방직으로 하는 3건의 취소불능 신용장을 개설하였고, 2002.4.30. 위 신용장들에 대한 선적서류의 매입은행인 항생은행(HANG SENG BANK LIMITED)에게 신용장대금 합계 미화 77,220달러를 지급하였으며, 현재 선하증권들을 소지하고 있다.

[쟁 점] [1] **Y1, Y2의 채무불이행책임**: ① Y1, Y2는 화물의 운송인으로서, 또는 Y1, Y2와 E선박회사들 사이에 체결된 제3자를 위한 계약의 성질을 가지는 운송계약 또는 도급 내지 위임계약에 기하여 E선박회사들로부터 화물의 보관 및 인도 등 운송업무를 위임받은 자로서, X에 대하여 화물의 인도의무를 부담하고 있고, Y1, Y2들의 이행보조자에 해당하는 B가 고의 또는 중과실로 화물을 무단 반출하였으므로, 상법 제135조, 제788(795)조에 따라 화물의 멸실로 인하여 선하증권 소지인인 X가 입은 손해를 배상할 책임이 있는가? ② Y1, Y2는 상법 제138조 제1항, 제812(815)조 소정의 순차운송인에 해당하여 E선박회사들과 연대하여 화물의 멸실로 인한 손해를 배상할 책임이 있는가?
[2] **Y1, Y2의 불법행위책임**: ① Y1, Y2가 실수입자인 A의 요청에 따라 화물을 B가 운영하는 보세창고에 입고시켰다가 A가 보세창고에서 이를 무단반출하여 화물이 멸실되었다면, 이는 결과적으로 Y1, Y2의 중대한 과실로 선하증권 소지인의 운송물에 대한 소유권을 침해하는 것으로서 불법행위가 성립되는가? ② Y1, Y2는 보세창고업자인 B와 사용자와 피용자의 관계에 있다고 하더라도 Y1, Y2들은 피용자인 보세창고업자 B의 선임에 있어 전혀 관여한 바가 없을 뿐만 아니라, B로부터 화물의 무단반출을 방지하기 위한 각서를 제출받는 등, 그 선임 및 사무감독에 있어 잘못이 없

는데 Y1, Y2에게 사용자책임이 있는가?

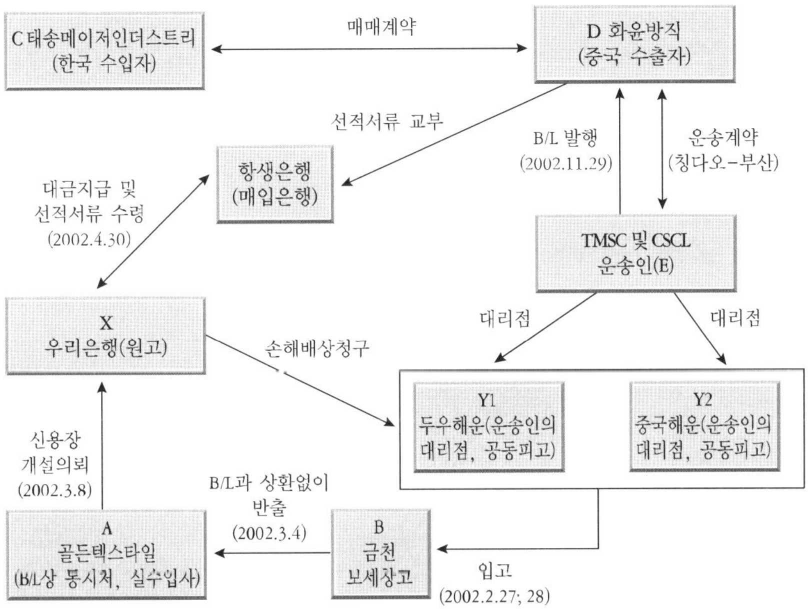

[원심법원 판결요지] [1] **Y1, Y2의 채무불이행책임:** ① 화물의 운송인은 E선박회사들이고, Y1, Y2는 E선박회사들의 국내 선박대리점이며, Y1, Y2가 화물의 화주와 운송계약을 체결하였다거나, E선박회사들과 사이에 제 3 자를 위한 계약의 성질을 가지는 운송, 도급 또는 위임계약을 체결하였다는 점을 인정하기에 부족하므로 Y1, Y2에게 계약상의 의무가 없다. ② Y1, Y2에 대하여 상법 제138조를 적용하기 위하여는 Y1, Y2가 화물의 운송인임을 전제로 하는 것인바 Y1, Y2는 화물의 운송인인 E선박회사들의 국내 선박대리점에 불과하므로 계약상의무가 없다.

[2] **Y1, Y2의 불법행위책임:** 운송인이나 선박대리점은 선하증권과 상환하지 아니하고는 운송물을 인도하여서는 아니된다고 할 것이고, 만일 선하증권과 상환하지 아니하고 운송물을 선하증권 소지인이 아닌 자에게 인도하는 것은 자신의 위험부담 하에서 그로 말미암아 발생하는 손해의 배상을 전제로 하는 것이라 할 것인바, 이 사건에서 Y1, Y2가 실수입자인 A의 요청에 따라 화물을 B가 운영하는 보세창고에 입고시켰다가 A가 보세창고에서 이를 무단반출하여 화물이 멸실되었다면, 이는 결과적으로 Y1, Y2의 중대한 과실로 말미암아 선하증권 소지인(X)의 운송물에 대한 소유권을 침해한 것이 되어 선하증권 소지인(X)에 대하여 불법행위가 성립된다 할 것이다.

[3] Y1, Y2의 사용자책임: 수입화물이 도착항의 일반보세장치장에 입고되어 보관되어 있는 경우에는 아직 수하인에게 수입화물이 인도되었다고 볼 수 없고, 여전히 운송인이 보세창고업자를 통하여 수입화물을 점유하고 있고, 운송인으로부터 도착항에서의 수입화물의 보관, 인도에 관한 업무를 위임받은 선박대리점인 Y1, Y2는 자신의 이행보조자라고 할 수 있는 보세창고업자인 B를 통하여 화물을 점유하고 있다고 보아야 할 것이며, 한편 Y1, Y2는 화물의 무단반출을 방지하기 위하여 B로부터 Y1, Y2발행의 화물인도지시서가 없이는 화물을 출고하지 않겠다는 내용의 각서를 받은 사실은 인정할 수 있는바, 그렇다면 보세창고업자인 B는 화물을 보관하고 있다가 Y1, Y2의 지시에 따라 Y1, Y2 또는 그들이 지정하는 자에게 화물을 인도할 의무가 있다 할 것이고, B가 화물을 보관하고 이를 인도하는 것은 수하인에 대한 관계에서는 운송인의 선박대리점인 Y1, Y2의 이행보조자 내지 피용자의 지위에서 하는 것이라고 할 것이다. 따라서, 보세창고업자인 B가 독립계약자의 지위에 있다고 하더라도 적어도 이 사건 화물의 보관, 인도에 관하여는 Y1, Y2의 지시와 감독을 받으면서 화물의 보관, 인도 등의 업무를 수행하여야 하는 것이므로, B가 화물을 정당한 수하인의 지시 없이 수하인이 아닌 사람에게 인도한 경우에는 Y1, Y2는 B의 사용자로서 정당한 선하증권 소지인(X)에 대하여 운송물의 소유권침해에 따른 불법행위책임을 부담한다고 할 것이다.

[대법원 판결요지] [1] **Y1, Y2의 불법행위책임**: 해상화물운송에 있어서 선하증권이 발행된 경우 그 화물은 선하증권과 상환으로 선하증권의 소지인에게 인도되어야 하는 것이므로 운송인 또는 그 국내 선박대리점이 선하증권의 소지인이 아닌 자에게 화물을 인도함으로써 멸실케 한 경우에는 선하증권의 소지인에 대하여 불법행위에 기한 손해배상책임을 진다고 할 것이지만, 운송인의 국내 선박대리점(Y1, Y2)이 실수입자(A)의 요청에 의하여 그가 지정하는 영업용 보세창고에 화물을 입고시킨 경우에는 보세창고업자(B)를 통하여 화물에 대한 지배를 계속하고 있다고 할 것이어서 운송인의 국내 선박대리점이 선하증권의 소지인이 아닌 자에게 화물을 인도한 것이라거나, 선하증권의 소지인에게 인도되어야 할 화물을 무단반출의 위험이 현저한 장소에 보관시킨 것이라고 할 수는 없으므로, 영업용 보세창고업자(B)가 실수입자(A)와 공모하여 보세창고에 입고된 화물을 무단반출함으로써 화물이 멸실되었다고 하더라도 선박대리점(Y1, Y2)의 중대한 과실에 의하여 선하증권 소지인(X)의 운송물에 대한 소유권이 침해된 것이라고는 할 수 없다.

[2] **Y1, Y2의 사용자책임**: 영업용 보세창고업자(B)가 수입화물의 실수입자와의 임치계약에 의하여 수입화물을 보관하게 되는 경우, 운송인 또는 그 국내 선박대리점의

입장에서는 수입화물이 자신들의 지배를 떠나 수하인에게 인도된 것은 아니고 보세창고업자를 통하여 수입화물에 대한 지배를 계속하고 있다고 볼 수 있으므로, 보세창고업자는 수입화물에 대한 통관절차가 끝날 때까지 수입화물을 보관하고 적법한 수령인에게 수입화물을 인도하여야 하는 운송인 또는 그 국내 선박대리점의 의무이행을 보조하는 지위에 있다고 할 수 있으나, 영업용 보세창고업자는 일반적으로 독립된 사업자로서 자신의 책임과 판단에 따라 화물을 보관하고 인도하는 업무를 수행하고 운송인 또는 그 국내 선박대리점의 지휘·감독을 받아 수입화물의 보관 및 인도업무를 수행하는 것이라고는 할 수 없으므로 특별한 사정이 없는 한 운송인 및 그 국내 선박대리점이 영업용 보세창고업자에 대하여 민법상 사용자의 지위에 있다고 볼 수는 없다. Y1,Y2가 화물의 무단반출을 방지하기 위하여 B로부터 Y1,Y2 발행의 화물인도지시서가 없이는 화물을 출고하지 않겠다는 내용의 각서를 받은 사실이 있다고 하더라도 이는 보세창고업자인 B에 대하여 Y1,Y2 발행의 화물인도지시서 없이 화물을 인도할 경우 선하증권이 발행된 화물의 수치인으로서 선하증권의 소지인에 대하여 불법행위책임이 있다는 주의를 촉구한 것에 불과할 뿐, 이로써 B가 Y1,Y2의 지시와 감독을 받으면서 화물의 보관·인도 등의 업무를 수행할 지위를 갖게 되었다고 할 수는 없다.

다음 [사례 Ⅲ-3-17]은 운송인이 수입화물을 보세창고업자에게 인도하는 것만으로 그 화물이 수하인에게 인도된 것으로 볼 수 없고, 운송인의 국내대리점이 보세창고업자에게 선하증권 또는 화물인도지시서와 상환하지 않고서는 화물을 인도하지 않도록 별도의 약정을 하거나 주의 촉구를 하여야 할 주의의무를 부담하지는 않으며, 보세장치장 설영자가 화물인도지시서나 운송인의 동의 없이 화물을 인도함으로써 선하증권의 소지인이 손해를 입은 경우, 불법행위에 기한 손해배상책임을 지며, 구상법 제789조의3(798조) 제 2 항에서 정한 운송인의 '사용인 또는 대리인'의 범위에 독립적인 계약자도 포함되지 않는다고 본 사례이다.

[사례 Ⅲ-3-17: 대판 2004.5.14, 2001다33918]

[사실관계] [1] 주식회사 연우전자(A1전자) 및 선풍교역 주식회사(A2교역)로부터 텔레비젼 등의 수입위탁을 받은 동성오디오무역 주식회사(A오디오)는 1997.5. 초순경 미국의 미쓰비시전자 아메리카사(B전자)와 미화 금 290,072.8달러 상당의 칼라 텔레

비전 및 프로젝션 텔레비전 등을 수입하기로 하는 계약을 체결하고, 같은 달 23. 그 대금지급을 위하여 X은행에게 3건의 신용장개설을 의뢰하였고, X는 이에 응하여 같은 날 B회사를 수익자로 하는 취소불능신용장을 개설하였다.

[2] B회사는 1997.7. 중순경 미국의 C운송회사에 미국 캘리포니아주의 롱비치항에서부터 부산항까지 이 사건 화물의 해상운송을 의뢰하였는데, C는 같은 해 7.17., 8.1., 8. 5. 3회에 걸쳐 B에게 "수하인은 X은행 지시식, 통지처는 수입업자인 A, 양륙항은 부산항"으로 된 선하증권 3매를 발행·교부하였다.

[3] 그 후 C는 해상운송회사인 조양상선 주식회사(Y1상선)와 한진해운 주식회사(Y2해운)에게 화물의 해상운송을 의뢰하고, Y1상선으로부터 같은 해 7.20., 8.3., 8.19., 3차례에 걸쳐 "송하인은 C, 수하인은 한생해운(Y3), 양륙항은 부산항"으로 된 양도불능의(non-negotiable) 익스프레스 선하증권(express B/L) 3매를 각 교부받았고, Y1상선과 Y2해운은 같은 해 8. 중순경 C로부터 화물이 내장된 콘테이너 박스를 수령하여 자신의 선박에 선적하고 부산항까지 운송하였다.

[4] 화물은 부산항에 입항하였는데, C의 국내 대리점으로서 운송물인도, 선하증권 회수, 화물인도지시서의 발행 등의 업무를 대리하는 Y3해운은 화물이 입항되기 며칠 전 통지처인 A오디오가 세방기업 주식회사(Y4기업) 운영의 세방의왕내륙컨테이너기지(ICD) 보세장치장을 보관장소로 지정하자 Y1상선이나 Y2해운에게 그러한 취지가 기재된 혼재화물적하목록을 팩스로 송부하여 화물을 위 보세장치장에 배정한다는 통지를 하고, 그 때마다 Y1상선과 Y2해운은 간이보세운송업자를 지정하여 화물을 보세장치장에 입고시켰다.

[5] 그런데 보세창고 입고 당시 Y3해운은 Y4기업에게, 화물을 Y3해운 발행의 화물인도지시서(Delivery Order, 약칭 D/O) 혹은 선하증권과 상환하지 아니하고는 화주를 포함한 제3자에게 인도하여 주지 말도록 지시하지는 아니하였는데, 관세청에서는 1970.경부터 보세장치장 설영인들에 대하여 화물의 타소장치, 보세운송 및 반출시 화물인도지시서나 선주의 동의를 받도록 행정지도를 하여 왔고, 1998. 한국무역협회가 발행한 수출입업무요람에서도, 의왕내륙컨테이너기지에서의 화물의 출고는 화주가 선하증권 원본을 운송인에게 인도하고 운송인이 발행한 인도지시서를 보세장치장 설영인에게 인도한 후 출고하도록 설명하고 있는 등 보세장치장 설영인이 화물의 반출시에 운송인의 화물지시서를 제출받는 관행이 형성되기는 하였으나 아직까지 정착단계에 이르지는 아니하였다.

[6] 한편, B회사가 그 거래은행을 통하여 선하증권을 비롯한 선적서류들을 첨부하여 신용장개설은행인 X에게 신용장대금의 지급을 청구하자, X는 신용장대금을 지급한 후 선하증권을 비롯한 관련 선적서류를 교부받아 이를 소지하게 되었는데, 화물의

실화주인 A1전자와 A2교역은 X에게 신용장대금을 입금시켜 선하증권을 인수받지 아니하였음에도 불구하고, 당시 운송인의 화물인도지시서에 의한 화물출고의 관행이 아직까지 정착되지 아니한 상태였고 관세법이나 관세청의 보세화물관리에 관한 고시 등의 규정이 수입화물의 출고에 관하여 화주가 통관절차를 마쳤음을 증명하는 증빙서류인 수입면장만 제출하면 보세창고업자는 화물을 반출할 수 있도록 허용하고 있는 맹점을 악용하여, Y4기업에게 해당 화물에 대한 수입면장을 제출하면서 화물을 출고하여 줄 것을 요청하자, Y4기업은 선하증권 또는 Y3해운이 발행한 화물인도지시서를 제출받지 아니한 화물을 무단히 반출하였다.

[7] X는 1999.9.17. Y1, Y2, Y3, Y4에 대하여 가지는 손해배상채권을 금융기관부실자산등의효율적처리및성업공사의설립에관한법률 제 4 조에 의하여 X승계참가인인 한국자산관리공사에 양도하고, 2000.4.12.경 Y1, Y2, Y3, Y4들에 대한 채권양도의 통지절차도 완료하였다.

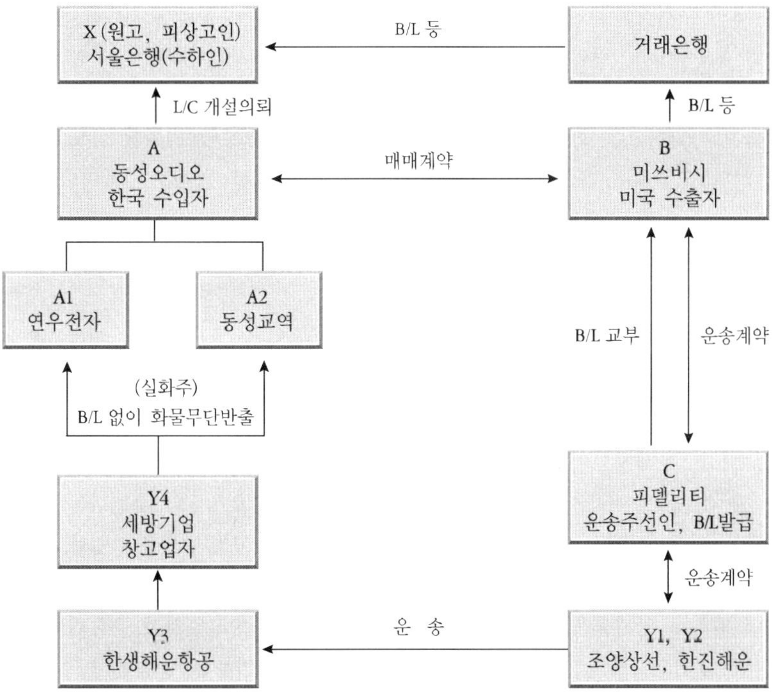

[쟁 점] [1] 운송인이 수입화물을 보세창고업자(Y4)에게 인도하는 것만으로 그 화물이 수하인에게 인도된 것으로 볼 수 있는지 여부

[2] 운송인의 국내대리점(Y3)이 보세창고업자(Y4)에게 선하증권 또는 화물인도지시서와 상환하지 않고서는 화물을 인도하지 않도록 별도의 약정을 하거나 주의 촉구를 하여야 할 주의의무를 부담하는지 여부
[3] 보세장치장 설영자(Y4)가 화물인도지시서나 운송인의 동의 없이 화물을 인도함으로써 선하증권의 소지인(X)이 손해를 입은 경우, 불법행위에 기한 손해배상책임을 지는지 여부
[4] 상법 제789조의3(798) 제 2 항에서 정한 운송인의 '사용인 또는 대리인'의 범위에 독립적인 계약자도 포함되는지 여부

[원심법원판결요지] **Y3의 책임:** 피고 한생해운(Y3)은 계약운송인인 피델리티(C)의 대리인의 지위에 있다 할 것이므로, 선하증권상의 통지처인 동성오디오(A)에게 화물의 도착사실을 통지하고 조양상선(Y1)이나 한진해운(Y2)으로부터 이 사건 화물을 인수하여 수하인인 원고(X)에게 인도할 때까지 이를 안전하게 보관할 의무가 있고, 특히 현재의 보세장치장의 화물반출 절차상 수하인이나 선하증권 소지인의 승낙 없이 화물이 무단반출될 위험성이 매우 높은 상황이므로, 이 사건 보세장치장을 운영하는 피고 세방기업(Y4)에게 자신이 발행하는 화물인도지시서 혹은 이 사건 선하증권과 상환하지 아니하고는 화주를 포함한 제 3 자에게 이를 인도하여 주지 말도록 지시하거나 그와 같은 무단반출 사고가 발생하지 않도록 특별한 주의를 기울여야 할 의무가 있음에도 이를 위반한 과실이 있으므로, 화물의 무단반출 사고로 인한 손해를 피고 세방기업(Y4)과 연대하여 배상할 책임이 있다.

[대법원판결요지] [1] **Y3의 책임:** 보세창고업자가 운송인으로부터 수입화물을 인도받아 보관하게 되는 경우, 운송인 등의 입장에서는 수입화물을 보세창고업자에게 인도하는 것만으로 그 화물이 운송인 등의 지배를 떠나 수하인에게 인도된 것으로 볼 수 없으므로 보세창고업자를 통하여 수입화물에 대한 지배(간접점유)를 계속하고 있다고 볼 수 있고, 보세창고업자의 입장에서도 운송인 등으로부터 수입화물의 점유를 이전받게 되는바, 결국 묵시적으로 운송인 등이 보세창고업자에게 수입화물의 보관을 의뢰하는 임치라는 점유매개관계가 성립하게 되며, 보세창고업자는 운송인 등의 지시에 따라서 임치물을 인도할 의무가 있게 된다. 보세창고업자가 운송인의 지시가 없는 한 수입업자에게 운송물을 인도하지 않아야 할 의무는 운송인의 주의촉구나 그러한 내용의 약정에 의하여 비로소 발생하는 것이 아니라 임치계약에 의하여 수치인인 창고업자에게 부과된 자기의 고유한 의무라 할 것이고, 따라서 운송인의 국내대리점이 선하증권을 포함한 운송서류를 전혀 실수입업자 혹은 수하인에게조차

교부하지 않았는데 화물이 무단반출된다는 것은 정상적인 업무처리방식에서 현저히 벗어난 것으로서 달리 특별한 사정이 없는 한 그와 같은 불법적인 일의 발생까지 운송인의 대리점이 모두 예상하고 창고업자에게 주의를 촉구할 주의의무가 있다고 볼 수는 없으므로, 피고 한생해운(Y3)이 창고업자인 피고 세방기업(Y4)에게 원고승계참가인의 주장과 같은 사전 조치를 취하지 않았다 하더라도 그것을 가지고 과실이 있다고 인정할 수는 없다.

[2] **Y4의 책임**(원심판결과 동일한 취지): ① 해상운송화물은 선하증권과 상환으로 그 소지인에게 인도되어야 하는 것이고 선하증권 없이 화물이 적법하게 반출될 수는 없는 것이므로, 선하증권을 제출하지 못하여 운송인으로부터 화물인도지시서를 발급받지 못한 통지처의 요구에 따라 운송물을 인도하면 이 화물이 무단반출되어 선하증권의 소지인이 운송물을 인도받지 못하게 될 수 있음을 예견할 수 있음에도 불구하고, 보세장치장 설영자(Y4)가 화물인도지시서나 운송인의 동의를 받지 않고 화물을 인도한 경우 그로 말미암아 선하증권의 소지인이 입은 손해에 대하여 보세장치장 설영자는 불법행위에 기한 손해배상책임을 진다고 할 것이다(대판 2000.11.14, 2000다30950 참조). ② 상법 제789조의3(798) 제 2 항의 '사용인 또는 대리인'이란 고용계약 또는 위임계약 등에 따라 운송인의 지휘·감독을 받아 그 업무를 수행하는 자를 말하고 그러한 지휘·감독 관계없이 스스로의 판단에 따라 자기 고유의 사업을 영위하는 독립적인 계약자는 포함되지 아니한다.

다음 [사례 Ⅲ-3-18]은 수하인이 보세장치장 설영자에게 운송물 전체에 대한 화물인도지시서를 제시하여 그 운송물 중 일부만을 출고하고 나머지는 자신의 사정으로 후에 출고할 의사로 그대로 둔 경우, 그 시점에서 운송인은 운송물 전체의 인도의무를 다하였다고 본 사례이다.

[사례 Ⅲ-3-18: 대판 2005.2.18, 2002다2256]

[사실관계] [1] **개인용 컴퓨터 수출계약**: 주식회사 삼보컴퓨터(A컴퓨터)는 1999.9.경 일본국 소재 교덴일렉트로닉스코엘티디(B회사)에게 개인용 컴퓨터 1,248대를 CIF 요코하마 조건으로 하여 대당 미화 520달러 합계 미화 648,960달러에 수출하기로 약정하였다.

[2] **운송계약의 체결 및 선하증권의 발행**: A컴퓨터는 1999.9.20.경 운송인인 세창리파크(Y)와 화물을 부산항으로부터 일본국 모지항까지 운송하는 것을 내용으로 하는 운송계약을 체결하였다. Y는 A컴퓨터에게 송하인 A, 수하인 지시인, 통지처 B, 선적항

부산항, 양하항 요코하마로 기재된 선하증권을 발행하였고, 그후 B가 선하증권의 정당한 소지인이 되었다.

[3] **해상적하보험계약의 체결**: A컴퓨터는 1999.9.18. 해상보험업을 하는 X보험사와 화물에 관하여 피보험자를 A컴퓨터, 보험금액을 미화 713,856달러로 한 해상적하보험계약을 체결하였다.

[4] **화물의 운송 및 보세창고에의 보관**; Y는 화물을 2대의 컨테이너에 적입한 다음 부산항에서 장영해운 소속 '장용 17호'의 '111항차'에 선적하여 1999.9.21. 일본국 모지항까지 운송하였고, 화물은 모지항 소재 장영해운의 타치노우라 컨테이너 적하장에 장치되어 수입통관절차를 밟게 되었다.

[5] **화물의 도착통지와 인도지시서의 발행**: Y의 대리인인 니치유는 1999.9.21. 장영해운으로부터 화물의 도착사실을 통지받았고, 니치유는 같은날 통지처인 B에게 화물의 도착사실을 통지하였다. B로부터 화물 인수를 위임받은 우덕운수(C운수)는 1999.9.22. 장영해운의 대리점인 쇼와마린에게 하역관련 부대비용 일화 39,000엔을 지급하고 선하증권을 제시하여, 그 선하증권의 이면에 화물인도지시문구를 기재하는 방법으로 쇼와마린으로부터 화물인도지시서를 발급받았다.

[6] **화물의 인도 및 손상 발견**: C운수는 1999.9.22. 타치노우라 컨테이너 적하장에서 화물인도지시서를 제출하고, 컨테이너 1대를 출고하여 이토쇼카이의 보세창고로 운반하였으며, 나머지 컨테이너 1대는 출고 미정인 상태로 적하장의 컨테이너 야드에 그대로 장치되어 있었다. C운수는 1999.9.25.경 컨테이너 적하장에서 나머지 컨테이너 1대를 출고하면서 컨테이너 바닥 부분이 해수에 젖어 있는 것을 발견하고 그 사실을 니치유에게 통보하였다. X는 1999.9.27. 검정기관인 일본해사검정협회에 화물 있었다.손상 원인, 정도 및 수량의 조사를 의뢰하였다. 그 조사결과 있의하면 타치노우라 컨테이너 적하장에 1999.9.24. 오전에 태풍 18호의 영향으로 인한 강한 비바람과 높은 파도가 밀어닥쳐서 보관 중이던 컨테이너의 하단부분이 해수에 침수되는 바람에 위 컨테이너 바닥 부분에 적입된 104상자의 화물이 손상되었고, 그로 인한 상품가치의 하락은 80% 정도이며, 산정된 손해액은 미화 43,264달러이다.

[7] **X의 보험금 지급**: X는 2000.2.25. 보험자로서 B에게 보험금으로 미화 47,590.40달러(위 산정손해액 미화 43,264달러×110%)를 지급하였고, 2000.2.28. 일본해사검정협회에 검정료 등으로 일화 177,700엔을 지급하는 이외에 이재조사비로 미화 795.81달러를 지출하였다.

[8] **손해배상청구**: Y는 운송인으로서 수하인인 B에 대하여 화물훼손으로 인한 손해를 배상할 책임이 있고, X는 B에게 보험금을 지급함으로써 보험자대위에 의하여 B의 Y에 대한 손해배상청구권을 취득하였다고 주장하였다.

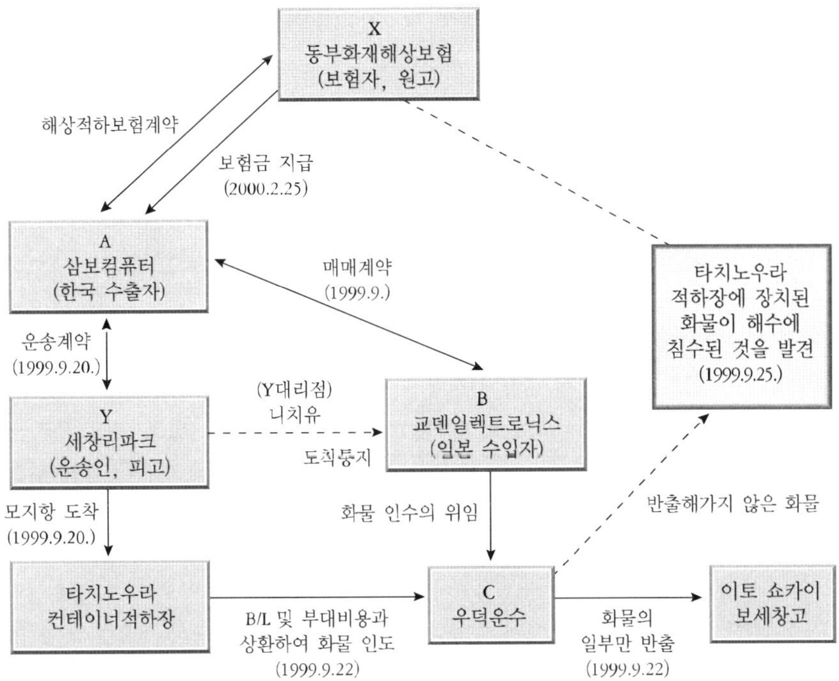

[쟁 점] 화물의 훼손이 Y의 화물 인도의무 이행 후에 발생한 것인지 여부

[원심법원 판결요지] [1] **운송인의 화물 인도의무 및 인도 시점:** 해상운송인은 운송계약에 따라서 화물을 송하인으로부터 수령한 다음 이를 운송하여 수하인에게 목적지에서 인도하는 의무를 부담한다. 그런데, 국제운송에 있어서는 통관절차가 따르게 되고 그러한 과정에서 보세장치장에 화물이 장치되게 되는데, 이러한 경우 운송인은 보세장치장 설영자와의 관계에서 임치관계에 기하여 화물을 간접점유하게 된다. 한편, 보세장치장에 장치되어 있는 화물을 운송인과 수하인이 그곳에 함께 가서 직접 인도·인수하는 것이 번거롭기 때문에 운송인과 수하인(선하증권의 소지인)은 보세장치장의 설영자를 사이에 두고 화물의 인도·인수를 하게 된다. 즉 선하증권이 발행된 경우에 선하증권의 소지인이 선하증권을 운송인 또는 그 대리점에 제출하고 화물인도지시서(D/O, Delivery Order)를 받아 이를 보세장치장의 설영자에게 제출하고 그곳에서 화물을 반출하여 가게 되는 것이다.[1]

1) 김익수, "하도지시서의 법적 성질", 한국해법회지 제21권 제 2 호(1999.11), 117면 이하 참조.

이러한 화물의 인도과정에서 인도시점에 관하여, ① 화물이 보세장치장에 장치되어 있는 상태에서 선하증권을 소지한 수하인에게 화물인도지시서를 발행하여 주는 때에 화물의 인도인수가 있다고 보는 견해(민법 제190조에서 규정하는 바와 같이 보세장치장 설영인이 점유하고 있는 화물(동산)에 관하여 운송인이 설영인에 대한 반환청구권을 양도하는 것을 그 화물(동산) 자체를 인도하는 것으로 보고, 운송인이 화물인도지시서를 발행하는 행위를 반환청구권을 양도하는 행위로 보는 것이다)와 ② 수하인이 실제로 화물인도지시서를 보세장치장 설영자에게 제출하고 화물을 출고하는 때에 화물의 인도 · 인수가 있다고 보는 견해가 있을 수 있다.
운송인의 운송계약상의 화물 인도의무에 있어서 '인도'의 개념과 관련하여서 좁은 의미의 인도 개념, 즉 물건에 대한 사실상 지배인 직접점유를 합의에 의하여 양도인으로부터 양수인으로 물리적으로 이전하는 것으로 한정할 수도 있고, 민법(물권법)상의 동산 소유권 양도 및 점유권 양도의 요건과 관련한 '인도' 개념과 같이 넓은 의미의 인도 개념, 즉 점유개정, 목적물반환청구권의 양도에 의한 점유의 이전과 같은 관념적 개념을 포함하는 것으로 볼 수도 있다.
그런데, 민법상 '인도' 개념은 앞서 본 바와 같이 동산소유권의 양도 내지 점유권의 양도를 위한 요건(공시요건)으로서 기능하는 것이고, 관념적 인도의 필요성 또한 인도의 간이화의 요구에 의한 것인데 반하여, 선하증권이 발행된 경우의 해상운송인의 화물 인도와 관련하여서는 이른바 선하증권의 물권적 효력에 의하여 수하인이 선하증권을 소지하게 됨으로써 이미 화물에 대한 소유권을 취득한 상태에서 화물을 직접 점유하여 이를 이용하도록 하게 하기 위한 경우가 일반적이므로, 수하인의 입장에서 특별한 사정이 없다면 보세장치장에 둔 채로 목적물반환청구권(임치계약상의 채권적청구권)을 양수하는 방법으로 화물을 인수할 의사는 없다고 봄이 상당하다.
다만, 운송인의 화물 '인도'에 있어서 관념적인 인도가 언제나 부정되는 것은 아니고, 특별한 사정이 있는 경우 즉 수하인이 운송인으로부터 물건을 수령하지 아니하고 다른 행위를 하려고 하는 경우(타에 처분하거나, 화물의 하자를 이유로 반송하려고 하는 경우 등)에는 수하인이 목적물반환청구권 양도의 방법으로 화물의 점유를 인수(수취)하는 것이 가능할 것이며, 이 경우 수하인이 반환청구권 양수의 방법으로 화물의 점유를 인수(수취)할 의사가 있어야 할 것이다. 따라서, 운송인의 화물 인도 시점은 원칙적으로 수하인이 실제로 화물인도지시서를 보세장치장 설영자에게 제출하고 화물을 출고하는 때(화물의 사실상 지배를 취득하는 때)이고, 앞서 본 특별한 사정이 있어 수하인이 반환청구권 양수의 방법으로 화물의 점유를 인수(수취)한 것으로 볼 수 있는 경우에는 운송인이 화물인도지시서를 발행하는 행위를 반환청구권을 양도하는 행위로 보아서 그 시점에서 화물의 인도가 있는 것으로 볼 수 있을 것이다.

[2] **이 사건에서 피고의 화물 인도의무 완료 시기:** (가) 이 사건에 있어서 수하인인 교덴(B)의 대리인인 우덕운수(C)가 피고(Y)의 대리인인 쇼와마린에게 선하증권을 제시하고 인도지시서를 교부받은 시점에서 피고의 화물 인도의무가 완료되었는지에 관하여 보건대, 수하인인 교덴의 대리인이 선하증권을 운송인에게 제시하고 운송인으로부터 인도지시서를 교부받는 행위를 민법 제190조가 규정하는 바와 같이 목적물반환청구권의 양도에 의한 점유이전의 합의로 해석할 수 있는지가 문제된다. 그런데, 교덴은 선하증권 소지인으로서 이미 이 사건 화물에 대한 소유권을 가지고 있고, 이 사건 화물을 보세장치장에 계속 보관시켜 둔 채로 처분하려는 것이 아니라 이 사건 화물의 이용을 위하여 자신이 직접 수령하려고 하였으며, 한편 운송인은 수하인으로부터 운임을 수령할 권한(이 사건에서는 CIF조건이어서 운임의 문제는 없고 앞서 본 바와 같이 하역비용을 상환받을 권한이 있게 됨)을 가지고 있는 단계에서, 운송인은 운임 등 자신의 권한 행사를 위하여 보세장지장 설영자에 대하여 자신의 지시에 따라서만(임치계약에 근거함) 화물을 인도케 할 사정이었는바, 이러한 경우 이 사건 화물인도지시서는 운송인이 보세장치장의 설영자에게 이 지시서의 소지인에게 화물을 인도하여 주라고 요구하는 서류로 볼 수 있고, 화물인도지서를 발행받는 행위를 수하인인 교덴이 이 사건 화물의 점유를 인수(수취)하는 것으로는 볼 수 없다 할 것이다.

(나) 그러나, 앞서 본 바와 같이 교덴의 대리인인 우덕운수가 1999.9.22. 보세장치장 설영인에게 이 사건 화물인도지시서(인도지시문구가 기재된 선하증권, 이 사건 화물 전체에 관하여 1장의 인도지시서가 발행됨)를 제출하고 이 사건 화물이 적입된 2대의 컨테이너 중 1대를 출고하고, 나머지 1대는 자신의 사정으로 후에 출고할 의사로 그대로 두었는바, 이러한 경우에는 운송인측으로부터 화물의 현실적 점유(사실상의 지배)를 이전하기 위한 이행제공이 있었고, 수하인측에서도 이 사건 화물 전체에 관하여 그 점유를 인수(수취)하였으며, 다만 수하인인 교덴이 자신의 사정으로 이 사건 화물의 일부를 위 타치노우라 컨테이너 적하장에 그대로 두면서 그 보세장치장의 설영자와 새로운 점유매개관계(임치)를 묵시적으로 설정하였다고 봄이 상당하다. 따라서, 운송인인 피고로서는 수하인이 보세장치장 설영자와 새로운 점유매개관계(임치)를 맺게 된 시점에서 이 사건 화물 전체의 인도의무를 다하였다고 볼 수 있는바, 그렇다면, 피고가 이 사건 화물의 인도를 완료한 이후에 발생한 이 사건 화물의 일부에 대한 손상에 대하여는 운송계약에 기한 손해배상 책임을 부담하지 않는다고 할 것이다.

[3] **운송인의 현실적인 점유이전의 이행제공 이후의 책임 경감:** 가사 이 사건 화물 전체가 보세장치장에서 출고되기 전에는 운송인인 피고의 화물 인도의무가 완료되

지 않는다고 보더라도, 다음에서 보는 이유로 운송인의 피고의 주의의무가 경감되어 이 사건 화물의 훼손으로 인한 손해에 대하여 배상책임이 없다고 볼 수 있다.

(가) 앞서 본 바와 같이 운송인측으로부터 이 사건 화물 전체에 대한 현실적 점유를 이전하기 위한 이행제공이 있었는데도 수하인측의 사정으로 이 사건 화물의 일부만의 출고가 있고 나머지는 그대로 보세장치장에 두었는바, 이는 채권자의 수령지체로 볼 수 있고, 민법 제401조에서 채권자지체 중에는 채무자는 고의 또는 중대한 과실이 없으면 채무불이행책임을 면하도록 규정된 점에 비추어 볼 때, 운송인인 피고와 그 이행보조자로 볼 수 있는 보세장치장 설영자의 고의 또는 중대한 과실로 인하여 이 사건 화물이 훼손된 것이 아닌 이 사건에서 운송인인 피고는 이 사건 화물의 훼손으로 인한 손해에 대하여 배상책임을 면한다고 할 것이다.

(나) 또한, 보세장치장 설영자를 운송인인 피고의 이행보조자로 볼 수 있지만, 이행보조자를 사용하는 채무자의 책임도 일정한 경우에는 이행보조자의 고의·과실을 채무자 본인의 고의·과실로 보는 민법 제391조의 규정에 불구하고 감경이 허용되게 된다. 즉 운송계약은 원래 도급계약이지만 운송인의 계약상 의무 중에서 보관의무와 관련하여서는 민법 임치에 관한 규정이 준용될 수 있고, 민법 제701조에 의하여 임치계약에서 수취인에 대해 위임에 관한 규정이 준용되고 다시 민법 제682조 제 2 항에 의하여 복대리인을 선임한 대리인의 책임 감경에 관한 민법 제121조가 적용되는 것으로 볼 수 있으며, 그 복대리인의 선임에 관하여 본인의 승낙이 있거나 부득이한 사유가 있는 때에는 민법 제121조에 의하여 그 선임·감독에 관하여만 책임이 있게 된다.

앞서 본 바와 같이 운송인과 보세장치장 설영자 사이에는 임치관계가 성립하는데, 이 사건에서 수하인이 자신의 사정으로 이 사건 화물 전체를 출고하지 않고 일부에 관하여서는 종전의 보관관계를 계속되게 하였는바, 이러한 경우에는 임치관계에서 수취인의 선정에 수하인의 승낙이 있는 경우로 볼 수 있어 보세장치장 설영자의 고의·과실을 운송인이 피고의 고의·과실로 볼 수 없게 되고, 또한 이 사건에서 피고가 보세장치장 설영자에 대하여 선임·감독상의 과실은 없다고 할 것이므로 운송인인 피고는 이 사건 화물의 훼손으로 인한 손해에 대하여 배상책임을 면한다고 할 것이다.

[대법원 판결요지] 수하인이 보세장치장 설영자에게 운송물 전체에 대한 화물인도지시서를 제시하여 그 운송물 중 일부만을 출고하고 나머지는 자신의 사정으로 후에 출고할 의사로 그대로 둔 경우, 그 시점에서 운송인은 운송물 전체의 인도의무를 다하였다.

(2) 항공운송의 경우

항공운송에서 발행되는 항공운송장은 유가증권인 선하증권과는 달리 영수증의 역할 밖에는 못하므로 정당한 수하인 이외의 자에게 운송물이 인도될 가능성은 해상운송에 비해 매우 높다고 하겠다. 이에 따라 최근 항공운송에 있어서 운송물의 인도 및 보세장치장의 책임과 관련된 주목할 만한 판결들이 내려지고 있다. 다음의 [사례 Ⅲ-3-19]는 첫째, 항공운송인이 수입항공화물을 보세창고업자에게 인도하는 것만으로 그 항공화물이 수하인에게 인도된 것으로 볼 수 없고[1] 둘째, 보세창고업자가 항공운송인의 지시 없이 수하인이 아닌 사람에게 항공화물을 인도한 경우, 손해배상책임의 발생을 인정하였고 셋째, 보세창고업자가 관세행정법규에 의한 화물의 반출절차 및 통제에 따라 화물을 반출하였다는 사정이 보세창고업자의 주의의무에 영향을 미치지는 않는다고 하였고 넷째, 항공화물운송장상의 수하인에게 보세창고업자가 항공운송인의 지시 없이 항공화물운송장상의 수하인이 아닌 자에게 화물을 인도할 것을 예상하여 이를 저지할 의무가 없다고 본 사례이다.[2]

[사례 Ⅲ-3-19: 대판 2004.1.27, 2000다63639]

[사실관계] [1] 주식회사 제일은행(X)은 1997.9.25. 주식회사 봄다시(A회사)가 방수용 양모가죽 등을 수입시 신용장 발행 및 대지급을 내용으로 하는 외화표시 지급보증 거래약정과 여신거래 약정을 체결하였다. A는 아이스랜드모피 주식회사(B)와 방수용 정제 양모가죽을 수입하기로 하는 약정을 체결하였는바, X는 1997.9.26. 금액 미화 미화 금 282,000달러, 수익자 B회사, 요구되는 서류는 수하인을 X로 하는 항공화물운송장(Air Waybill)으로 된 신용장을 발행하였다. 이에 따라 B회사는 주식회사 케이유니버샬항운(Y2항운)에게 화물에 관하여 수하인을 X로 하는 항공운송을 의뢰하였는바, Y2항운은 화물을 항공사에 운송을 의뢰하고 수하인을 X로 한 항공화물운송장 5매를 발행하였고, Y2항운은 화물이 국내에 도착하기 전 화물에 대한 적하목록을 작성하면서 수하인을 A라고 기재하여 이를 세관에 제출하였다.

[2] 화물은 김포공항에 도착하였는바, A는 관할 구로세관에 그가 앞으로 수입하는 항

---

1) 정영석 · 우보현, "2007년 해상법판례동향과 그 연구", 상사판례연구 제 4 권 제21집(2008), 502면.

2) 이진홍, "선하증권이 회수되지 않은 운송물의 인도에 관한 법률관계", 한국해법회지 제28권 제 2 호(2006.11), 138면.

공화물을 장치할 보세창고로 주식회사 구로보세창고(Y1)가 경영하는 보세창고를 지정하여 신고하였고, 이에 따라 화물은 보세운송 되어 Y1의 보세창고에 입고되었다. Y2항운은 X에게는 화물의 도착을 통지하지 않았고, 수하인용 항공화물운송장을 교부하지도 아니한 채 A에게 화물의 도착사실을 통지하였고, A는 항공화물운송장의 사본을 이용하여 화물에 대한 수입신고를 마치고 Y1에게 세관으로부터 받은 수입신고필증을 제시하였으며, Y1은 서류 및 적하목록상의 수하인과 A가 동일한지 여부만을 확인한 후 A에게 화물을 인도하여 주었다.

[3] X는 그가 발행한 각 신용장의 매입은행으로부터 송하인용 항공화물운송장을 제시받고, 신용장의 개설은행 및 상환은행으로서 1998.5.19. 수입대금을 대지급하였다. X는 1999.7.9. 이 사건 소송물인 손해배상 청구권을 승계참가인에게 양도하고, 2000.3.23. Y에게 채권양도의 통지를 하였다.

[4] 화물의 반출 당시 수입 항공화물의 통관 및 인도에 관한 실태는 다음과 같다.

(1) 공항에 도착한 수입화물 중 이 사건 화물과 같은 관리대상 화물은 세관에서 지정한 보세창고로 운송 · 보관되는데, 세관에서의 통관절차를 마치는 데에는 세관용수입승인서, 송품장, 가격신고서, 항공화물운송장, 포장명세서, 원산지증명서 등이 필요하고, 항공화물운송장의 경우 1989.2.15. 통관절차간소화 이전에는 항공화물운송장 원본에 수하인으로 표시된 은행의 스탬프가 찍혀 있어야 통관이 가능하였고, 위 수입면장을 제시하여야만 실수입자가보세창고에서 화물을 인도받아 갈 수 있었다.

(2) 그 후 관세청은 1989.2.15. 통관절차 간소화를 위해 항공화물운송장 사본(수하인용 여부에 관계없음, 이때 사본은 단순한 사본을 의미하는 것으로 부본이나 인증된 사본을 의미하는 것은 아니다)만으로 통관이 가능하도록 통관 규정을 개정하였고, 다만 항공화물운송장 원본에 수하인으로 표시된 은행은 통관을 위하여 필요한 서류인 '세관용 수입승인서'의 발급을 제한함으로써 수입화물에 대한 권리를 확보할 수 있었다. 따라서, 이때에는 실수입자는 항공화물운송장 사본과 함께 은행으로부터 발급 받은 '세관용 수입승인서'를 가지고 통관절차를 마치고 난 다음 수입신고필증(과거의 수입면장)을 제시하여야만 보세창고로부터 화물을 인도받아 갈 수 있었다. {1989.2. 관세청의 통관절차간소화 조치가 있은 후의 수입물품의 신고 및 반출과 관련된 규정을 살펴보면, 세관에서의 통관절차를 마치는 데에는 수입승인서, 송품장, 가격신고서, 포장명세서, 항공화물운송장의 원본 또는 사본 등이 필요하고(수입통관사무처리에관한고시 제2-1-7조), 보세창고업자는 수입신고수리를 받은 물품을 출고하는 때에는 수입신고필증을 제출받아 미리 운송인 또는 운송주선인이 작성 · 제출한 적하목록과 반출자의 동일성을 확인하고 반출사항을 반출대장에 기록하여야 한다(보세화물관리에관한고시 제11조)}

(3) 그 후 다시 1997.1.1. 통관규정이 개정되어 현재까지는 항공화물운송장의 사본만으로 화물의 통관이 가능하도록 하고 있는 규정은 그대로 둔 채 수입승인품목을 대폭 축소함으로써 사실상 세관용 수입승인서제도마저 폐지하였고, 이에 따라 국내 운송주선업체들의 단체인 한국 복합운송주선협회에서는 세관 등에 강력히 요청하여 수하인용 항공화물운송장 원본 또는 국내 운송주선업체가 발행한 화물인도지시서(Delivery Order, D/O)와 상환하지 않고는 보세창고들이 화물을 인도해 주지 못하도록 조치하였으며, 이에 따라서 통관을 마친 실수입자가 보세창고에서 화물을 인도받기 위해서는 항공화물운송장 중 수하인용 원본 또는 운송주선업체가 발행하는 인도지시서가 필요하게 되었다{김포세관 관할 보세장치장에서는 화물 반출시 1997.6.2.부터 수입신고필증과 수하인용 항공화물운송장 원본을 제출받고 화물을 인도하다가, 같은 해 7.1.부터는 수하인용 항공화물운송장 원본 또는 그 대신에 운송주선업체가 발행하는 화물인도지시(승낙)서를 제출받고 화물을 인도해 주고 있으며, 서울세관 관할 영업용 보세장치장 설영인 협회와 한국복합운송주선업협회는 운송주선업자의 지시에 의하여 화물을 반출하도록 약정하였다}.

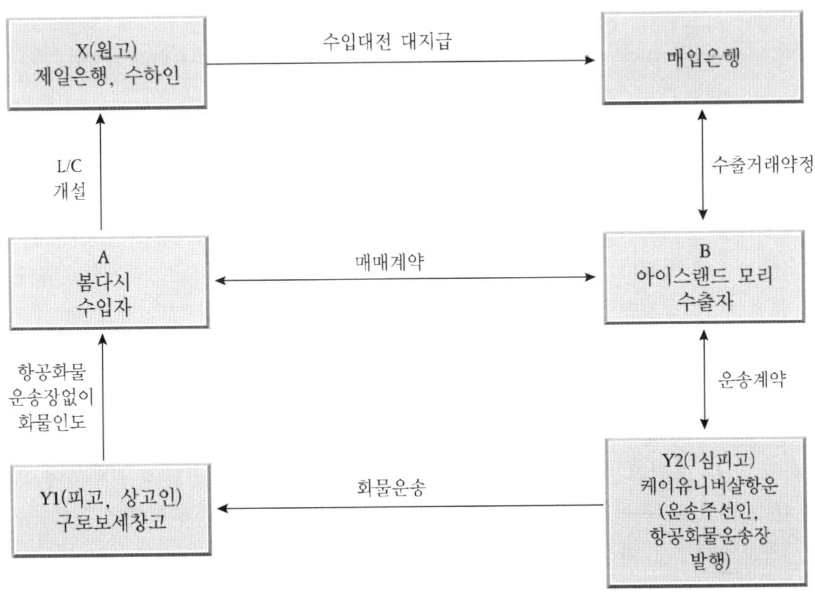

[쟁 점] [1] Y1은 관세법과 관세청고시가 정하는 바에 따라 화물을 보관하고 수입신고필증을 확인한 후 A에게 화물을 인도하여 주었는바, 보세창고업자가 이와 같은 절차로 수입화물을 실수입자에게 인도하는 것이 항공화물운송업계의 관행이자, 은행

과의 묵시적 합의에 기한 것으로서 어떠한 책임도 없는가?
[2] Y1은 화물의 운송인인 Y2가 화물을 A를 대리한 국제상운에 보세운송을 위하여 인도한 때 이 사건 화물의 운송은 종료한 것이고, Y1과 임치계약을 체결하고 화물을 임치한 당사자는 A이므로, 임치인인 A에게 화물을 인도한 것은 불법행위라고 할 수 없는가?
[3] Y1은 화물의 운송인 Y2가 작성한 적하목록의 기재에 따라 그곳에 기재된 수하인인 A에게 화물을 인도한 것이므로, 운송인(Y2) 또는 그 대리점의 지시에 따라 이 사건 화물을 인도한 것이어서 책임이 없는가?
[4] Y1의 손해배상책임도 바르샤바협약 제22조와 제25조의 규정에 따라 화물 1kg당 250금프랑으로 제한되는가?
[5] 화물이 도착할 시점에는 실수입자의 화물 반출로 인하여 수하인인 은행과 운송주선인 · 보세창고업자 등의 분쟁이 잦았던 점 등에 비추어 A가 대금을 지급하지 아니한 채 화물을 반출할 위험이 예상됨에도 불구하고 X는 화물의 도착 여부 조사, 반출 금지 조치 등 수하인에게 인정된 권리로서 그 반출을 저지하여 자신의 담보를 확보할 수 있는 조치를 게을리 하였으므로 손해배상액의 산정에 있어 X의 과실도 참작해야 하는가?

[원심판결요지] [1] 손해배상 책임의 발생: 수하인이 항공화물운송장의 원본을 갖고 있다고 하더라도 항공화물운송장은 유가증권이 아니어서 그 소지만으로는 화물에 대한 현실적인 지배를 취득하였다고 볼 수 없고, 수입화물은 어차피 통관을 위하여 보세구역에 장치되어야 하는 것인데 통관을 마치기까지는 화물이 일시 보세창고에 입고되도록 강제된다 하여도 이는 관세행정의 편의를 위한 것으로 적어도 운송인이나 운송주선인들지만으러한 사정을 잘 알면서 운송에 관여하는 것이라고 할 것이어서 항공운송인 또는 항공운송주선인이 공항에 도착한 수입항공화물을 통관을 위하여 보세창고업자에게 인도하는 것만으로 그 화물이 항공운송인이나 항공운송주선인의 지배를 떠나 수하인에게 인도된 것으로는 볼 수 없기까 결국 보세창고업자가 보관하고 있는 동안에는 그 화물은 항공운송인이나 항공운송주선인의 지배하에 있다고 볼 것이므로, 적어도 사법상으로는 항공운송인이나 항공운송주선인이 묵시적으로 보세창고업자에게 화물의 보관을 의뢰하여 항공운송인이나 항공운송주선인과 보세창고업자 사이에 임치계약이 성립한다고 볼 수 있을 뿐만 아니라, 송하인이 운송주선인에게 화물의 운송을 의뢰하여 인도하였고, 운송주선인이 항공운송인에게 운송을 의뢰하여 인도하였기까지는항공운송인이 운송하여 국내에 도착된 운송물이 보세창고에 입고되었다면 그 점유매개관계에 따라 보세창고업자는 항공운송인이나 항공운송주

선인 또는 그들이 지시하는 자에게 화물을 인도할 의무가 있다고 할 것이다.
이 사건에 돌아와 살펴보면, 피고가 이 사건 화물을 보관 및 반출하기에 앞서 세관으로부터 건네받은 보세운송신고필증과 A로부터 교부받은 수입신고필증에 화물에 관하여 항공화물운송장이 발행된 사실이 기재되어 있음이 기재되어 있는 사실을 인정할 수 있으므로, 항공화물 보세창고업자로서 그 보관업무에 종사하는 피고로서는 국제거래에서 통상적으로 사용되는 신용장거래방식의 경우 항공화물운송장상의 수하인이 실수입자와는 다를 수 있다는 점을 알았거나 충분히 알 수 있었다고 봄이 상당하다. 따라서 사법상으로는 운송주선인의 수치인이거나 운송주선인이 점유 및 지배하고 있는 화물을 직접 보관하고 있는 지위에 있고 위에서 살핀 바와 같이 이 사건 각 화물의 반출 당시 실제 통관절차에서 그 종류를 가리지 않고 항공화물운송장의 사본만으로 통관이 가능하며 보세창고업자는 통관사실만 증명하는 수입승인필증만을 받고 실수입자에게 화물을 인도하여 수하인의 권리를 침해하는 사례가 많다는 점을 익히 알고 있었을 피고로서는 그 임치인 또는 이 사건 화물의 점유자인 위 케이유니버샬항운의 지시를 받아 이 사건 화물을 인도하든가 아니면 이 사건 수입상이 항공화물운송장상의 수하인 또는 그 지시인인지 여부를 확인하여야 할 주의의무가 있다고 할 것이다.
그런데 피고가 위와 같은 주의의무를 게을리 한 채 수입신고필증 상의 수하인의 동일성만을 확인하여 화물을 A에게 반출하였고, 항공화물의 보세창고업에 종사하는 피고로서는 자신이 위와 같은 의무를 다하지 아니하고 이 사건 화물을 인도하여 준다면 항공화물운송장상의 수하인의 인도청구권을 침해하는 결과가 발생할 수 있다고 인식하였다고 볼 수 있고 만약 그 결과의 발생을 인식하지 못하였다면 그 점에 대하여 보세창고업자로서의 과실이 있다고 할 것이며, 그 반출 당시 그 수하인이 누구인지를 구체적으로 특정할 수 없었다고 하여 결과가 달라지는 것은 아니라고 할 것이다. 따라서 피고(Y1)가 수입신고필증만을 확인하고 A에게 화물을 반출한 행위는 원고에 대한 불법행위에 해당한다고 할 것이므로, 이로 인한 원고의 손해를 배상할 책임이 있다.
[2] 관세법이나 그 시행령 그리고 보세화물관리에관한고시는 관세징수 또는 수입화물관리의 능률 등 통관 또는 관세행정의 편의를 위한 것으로 사인간의 권리관계를 규율하는 것은 아니므로, 이를 준수하였다고 하여 피고 관우회가 그 책임을 면한다거나 그로 인하여 수하인, 운송주선인, 보세창고업자 등의 사법상 지위에는 영향을 준다고 할 수 없고, 항공화물의 운송 및 통관절차에 비추어 보세창고에서 통관규정상의 절차에 따라 실제 화주에게 화물을 반출하는 것이 관행이라거나 원고와 사이의 묵시적 합의에 의한 점은 이유 없다.
[3] 수하인이나 실수입자가 화물을 보세창고로부터 반출하여 실제로 인도받는 때에

화물의 인도가 있다고 보아야 할 것이고, 따라서 이 사건에서도 운송인이 수하인에게 이 사건 화물을 인도할 의무는 수하인이 보세창고로부터 이 사건 화물을 반출할 때 종료되는 것이므로 운송인이 화물의 임치인으로서의 지위를 가진다.
[4] Y2항운이 적하목록에 수하인을 A로 기재한 것은 통관의 편의를 위한 것으로 신용장거래의 경우 위 적하목록의 수하인과 항공화물운송장상의 수하인이 다르다는 점을 피고가 알고 있었거나 충분히 알 수 있었고 Y2항운이 다른 의사표시 없이 단지 적하목록을 위와 같이 작성하였다고 하여 이를 운송인이 A에게 화물을 인도하라고 지시한 것으로는 볼 수 없다.
[5] 바르샤바협약 제22조 제 2 항 (a) 본문은 "탁송 수하물 및 화물의 운송에 있어서는 운송인의 책임은 1kg당 250프랑을 한도로 한다"고, 제25조의2는 "소송이 본 협약이 관계되는 손해로부터 발생되어 운송인의 고용인 또는 대리인에 대하여 제기된 경우에는 이러한 고용인 또는 대리인은 직무의 범위 내에서 행동하였음을 그가 증명하는 한 운송인 자신이 제22조를 원용할 권리가 있는 책임한도액을 원용할 권리를 가진다"고 각 규정하고 있고, 바르샤바협약 제25조의2 제 3 항은 "위 책임제한 항변은 고용인 또는 대리인이 가해할 의사로써 또는 부주의하게 또는 아마 그 손해가 발생하리라는 것을 인식하고서 행하여진 작위나 부작위로부터 손해가 발생하였다고 증명되는 한 적용되지 아니한다"고 규정하고 있고, 이 사건 손해는 화물이 아무런 하자 없이 도착된 후 피고가 운송인 등의 지시 없이 항공화물운송장의 수하인을 확인하지 아니한 채 인도함으로써 발생한 것으로서 이는 피고의 고의 또는 중과실로 인하여 손해가 발생한 것이므로 위 책임제한규정을 적용할 수 없다.

[대법원판결요지] [1] 항공화물의 운송에 있어서 운송인(Y2)이 공항에 도착한 수입항공화물을 통관을 위하여 보세창고업자(Y1)에게 인도하는 것만으로 항공화물이 운송인이나 운송주선인의 지배를 떠나 수하인에게 인도된 것으로 볼 수는 없다.
[2] 항공화물이 통관을 위하여 보세창고에 입고된 경우에는 운송인(Y2)과 보세창고업자(Y1) 사이에 항공화물에 관하여 묵시적 임치계약이 성립한다고 볼 것이고, 따라서 보세창고업자는 운송인과의 임치계약에 따라 운송인 또는 그가 지정하는 자에게 화물을 인도할 의무가 있고, 한편 운송인(Y2)은 항공화물운송장상의 수하인(X)이나 그가 지정하는 자에게 화물을 인도할 의무가 있으므로, 보세창고업자(Y1)로서는 운송인(Y2)의 이행보조자로서 항공운송의 정당한 수령인인 수하인(X) 또는 수하인이 지정하는 자에게 화물을 인도할 의무를 부담하게 되는바, 보세창고업자(Y1)가 화물을 인도함에 있어서 운송인의 지시 없이 수하인이 아닌 사람(A)에게 인도함으로써 수하인(X)의 화물인도청구권을 침해한 경우에는 그로 인한 손해를 배상할 책임이 있다.

[3] 보세창고업자가 운송인의 이행보조자로서 수하인 또는 수하인이 지정하는 자에게 화물을 인도할 의무를 부담하는 이상, 관세행정법규에 의한 화물의 반출에 대한 절차 및 통제는 관세징수 또는 수입화물관리의 효율성 등 관세행정을 위한 것일 뿐이므로, 그에 따라 화물을 반출하였다는 사정은 운송인(Y2)과 보세창고업자(Y1) 사이에 성립된 임치계약에 의한 보세창고업자의 주의의무에는 영향이 없다.
[4] 국제항공운송 법률관계에 대한 특별법으로서 우리 정부도 가입한 1955. 헤이그에서 개정된 바르샤바협약에 따르면, 항공화물운송장상의 수하인은 화물이 도착지에 도착한 때에는 운송인으로부터 그 사실을 통지받을 수 있고, 운송인에 대하여 채무액을 지급하고 또한 항공운송장에 기재된 운송의 조건을 충족하였으면 항공운송장의 교부 및 화물의 인도를 청구할 권리를 가질 뿐이어서, 항공화물운송장상의 수하인에게 항공화물에 대한 임치계약상의 수치인인 보세창고업자가 운송인의 지시 없이 항공화물운송장상의 수하인이 아닌 자에게 화물을 인도할 것을 예상하여 이를 저지할 의무가 있다고 볼 수 없다.

다음의 [사례 Ⅲ-3-20]은 항공화물운송장상의 약관에 화물의 도착사실을 수하인 또는 항공화물운송장에 지정된 자에게 통지하도록 규정되어 있는 경우, 국내운송주선대리인이 수하인이 아닌 지정된 통지처에게만 그 도착사실을 통지하였다고 하더라도 이는 개정된 바르샤바협약상의 통지의무 위반에 해당하지 않는다고 한 사례이다. 나아가 수입항공화물에 대한 국내운송주선대리인이 혼재화물적하목록의 수하인란에 실수입자를 기재하였다고 하더라도 주의의무에 위반하여 수입화물의 무단반출을 용이하게 하였다고 보기 어렵다고 하였다. 또한 항공화물운송인 및 그 국내 대리점인 운송취급인이 영업용 보세창고업자에 대하여 민법상 사용자의 지위에 있다고 볼 수 없다고 판시하였고 항공운송인 또는 항공운송주선인이 수입항공화물을 통관을 위하여 영업용 보세창고업자에게 인도하는 것만으로 그 항공화물이 수하인에게 인도된 것으로 볼 수 없다고 보았다. 그리고 화물의 반출에 대한 관세행정법상의 통제는 화물의 인도에 관한 사법상의 법률관계와는 별개로 통관 또는 관세행정의 편의를 위한 것에 불과하므로 보세창고업자는 관세법령에 의한 화물의 반출이 가능하더라도 여전히 운송인과의 임치관계에 의하여 운송인의 지시에 따라 화물을 인도할 의무를 부담한다고 한 사례이다.[1]

1) 이진홍, "운송물의 인도에 관한 법적문제-보세구역에서의 불법인도를 중심으로-", 한국해법회

[사례 Ⅲ-3-20: 대판 2004.7.9, 2002다16729]

[사건의 개요] [1] **수입신용장의 개설:** 우리나라 직물수입회사인 소외 비엔드제이(B&J)산업 주식회사(A회사)는 1997.3.경 영국의 스트롱 엔드 피셔 엘티디(B회사)와 의류용 양가죽을 수입하기로 하는 계약을 체결하고, 같은 해. 3.27. 그 물품대금의 지급을 위하여 원고 조흥은행(X은행)에게 화환신용장의 개설을 의뢰하였고, X는 이에 응하여 같은 날 B를 수익자로 하여 취소불능 화환신용장을 개설하였다.

[2] **항공운송계약의 체결 및 항공화물운송장의 발행:** (1) 수출자인 B는 영국의 항공화물운송주선업자인 AEI(C회사)에게 위 의류용 양가죽을 런던공항에서 김포공항까지 항공운송하여 줄 것을 의뢰하는 내용의 항공화물운송계약을 체결하고, C에게 '제 1차 화물'과 '제 2 차 화물' 및 '제 3 차 화물'을 인도하고, 인도 당일 위 C로부터 송하인용(제 3 원본) 하우스 항공화물운송장(House Air Waybill)을 교부받음과 동시에, 운송인용(제 1 원본) 및 수하인용(제 2 원본) 하우스 항공화물운송장에 서명하여 C에게 교부하였고, 그 중 수하인용은 화물과 함께 C의 국내대리점인 피고 단자스에이이아이 주식회사(Y1회사)에게 송부되었다. 하우스 항공화물운송장은 신용장의 요구조건에 따라 모두 송하인은 'B', 수하인은 X, 통지처는 'A'로 발행되었다. (2) 그 후 C는 독일의 항공운송회사인 소외 루프트한자(D항공)에게 다른 화물들과 혼재하여 이 사건 화물의 항공운송을 의뢰하면서, D로부터 C자신이 송하인의 지위에서 송하인용 마스터 항공화물운송장(Master Air Waybill; 각 번호: 02053629085, 02056837211) 3통을 교부받았다(송하인은 C, 수하인은 Y1으로 기재되었음). (3) 그리하여 화물은 D항공에 의하여 항공운송되어, 제 1 차 화물은 1997.5.24.에, 제 2 차 및 3차 화물은 같은 해 6.3.에 각 김포공항에 입항되었다.

[3] **화물의 입항 및 보세장치장으로의 입고:** (1) 입항절차(적하목록의 작성)-이 당시의 관세법(1997.12.13. 법률 제5419호로 개정되기 전의 것) 제45조 및 보세화물입출항 하선·하기 및 적재에 관한 고시(1997.5.13. 관세청고시 제97-18호)에 의하면, 외국무역기가 국내의 개항에 입항한 때, 그 기장(선박회사 또는 항공회사 포함)은 관세청장이 정하는 적하목록 등을 첨부하여 지체 없이 세관장에게 입항신고를 하여야 하고, 다만 신속한 입항 및 통관절차의 이행을 위하여 필요한 경우에는 그 항공기가 소속된 항공사 또는 그 업무를 대항하는 자가 당해 항공기가 도착하기 전에 미리 사전 입항신고를 할 수 있도록 되어 있다. 한편, 위 고시에 따라 작성되는 혼재화물 적하목록에는 적하목록관리번호, 항공사명, 국내화물운송주선업자명, 마스터 항공화물운송장번호, 하우스 항공화물운송장번호, 송하인 및 수하인 등이 기재되고, 이때 수하인란에는 하우스 항공화물운송장상의 수취인 및 소유자 또는 정당하게 배서된

지 제24권 제 1 호(2002.4), 235면 이하 참조.

항공화물운송장의 소지자를 기재하도록 되어 있으나, 세관에서는 수입물품에 대한 관세를 납부하는 자가 실수입자인 것이 보통이므로 관세행정의 편의상 위 수하인을 실수입자로 해석하고 있다. 따라서 위 혼재화물적하목록의 수하인란에 신용장이 요구하는 하우스 항공화물운송장상의 수하인인 은행을 기재할 경우 화주가 불분명하다는 등의 이유로 관리대상화물로 지정될 가능성이 있는 등 통관에 어려움이 있어, 결국 수하인을 실수입자로 정정하여야 하기 때문에 불필요한 시간이 소요되어, 보통 국내 운송주선인이나 운송대리인 등은 위 적하목록의 수하인란에 실수입자를 기재하고 있는데, 보세장치장을 경영하면서 보세화물을 보관하는 보세창고업자들도 이러한 사정을 잘 알고 있었다. 이러한 사정하에서, C관리사이에 국내운송취급 대리점계약을 체결하여, 국내에서 C를 대리하여 수하인 소요되물을 인도하는 역할을 담당하고 있던 Y1은 제 1 차 및 제 2, 3 차 화물이 입항하기 전에, 김포세관장에게 화물에 대한 혼재화물적하목록을 작성하여 제출하면서, 수하인란에 X은행을 기재하지 아니하고, 실수입자인 A회사를 기재하였다.

(2) 보세장치장의 배정과 화물입고-한편, 일단 입항하여 기내에서 반출된 수입화물은 통관절차를 마치기 전까지 일시적으로 보세구역의 보세장치장에 보관되게 되는데, 관세법 제66조, 보세화물 관리에 관한 고시(1997.1.1. 관세청고시 제96-85호)에 의하면, 보세화물의 장치장소 설정을 위한 화물의 분류작업은 항공사에 의하여 이루어지는데, 원칙적으로 세관에서 관리대상화물로 선별하여 세관장이 지정하는 장소로 배정되는 이외에는 화주가 정하여 항공사에 요청하는 장소에 장치하며, 화주가 지정권을 행사하지 아니하는 경우에는 항공사가 선량한 관리자로서 장치장소를 결정하도록 되어 있다. 그리하여, Y1은 화물이 도착할 무렵, 하우스 항공화물운송장의 통지처인 A에게 화물의 도착사실을 각 통지하고, 위 통지를 받은 A는 김포세관장에게 항공화물을 장치할 보세창고로 피고 주식회사 구로보세창고(Y2) 운영의 구로보세장치장을 지정하여 신고하였고, 아울러 김포공항에서 구로보세장치장까지 화물을 보세운송할 보세운송업자로 소외 국제상운 주식회사를 지정하여 사전보세운송신고도 마쳐두었다. 이에 따라 화물은 김포공항에 각기 따로 입항한 후, 1997. 6. 13. 국제운송의 보세운송을 거쳐 구로보세창고에 함께 반입되었다.

[4] **화물의 통관 및 반출:** (1) 화물의 통관절차-수입화물이 반출되기 위하여는 관세법규에 따른 통관절차를 거쳐야 하고, 통관에 필요한 서류로는 세관용수입승인서, 송품장, 가격신고서, 항공화물운송장, 포장명세서, 원산지증명서 등이 있는데, 그 중 수입승인서와 항공화물운송장의 의미와 내용에 관하여는 다음과 같은 변천과정이 있었다. ㈎ 1989.2.15. 통관절차간소화 제도 실시 이전-1989.2.15. 통관절차간소화 제도 실시 이전에는 항공화물운송장 원본에 수하인으로 표시된 은행의 스탬프가 찍

혀 있어야 통관이 가능하였고, 수입면장(현재의 수입신고필증)을 제시하여야만 실수입자가 보세창고에서 화물을 인도 받아 갈 수 있었다. ㈏ 1989.2.15. 통관절차간소화제도 실시 이후 1996.12.30. 대외무역법 개정 이전까지(전면적 수입승인서제도 실시기간)-그 후 관세청은 1989.2.15. 통관절차의 간소화를 위해 항공화물운송장 사본(수하인용 여부에 관계없음, 이때 사본은 단순한 사본을 의미하는 것으로 부본이나 인증된 사본을 의미하는 것은 아니다)만으로 통관이 가능하도록 통관 규정을 개정하였고, 다만 항공화물운송장 원본에 수하인으로 표시된 은행은 통관을 위하여 필요한 서류인 '세관용 수입승인서'의 발급을 제한함으로써 수입화물서'의 발권리를 확보할 수 있었다. 따라서, 이때에는 실수입자는 항공화물운송장 사본과 함께 은행으로부터 발급 받은 '세관용 수입승인서' 통가지고 통관절차를 마치고 난 다음 수입신고필증(과거의 수입면장)을 제시하여야만 보세창고로부터 화물을 인도 받아 갈 수 있었다. ㈐ 1996.12.30. 대외무역법 개정 이후-그런데, 항공화물운송장의 사본만으로 화물의 통관이 가능하도록 하고 있는 위 통관 규정은 그대로 둔 채, 1996.12.30. 대외무역법의 개정으로 수입승인품목이 대폭 축소되어 사실상 종전의 세관용 수입승인서제도가 폐지됨으로써, 이제는 항공화물운송장 사본만으로도 통관이 가능하게 되어, 수하인인 은행으로서는 실수입자의 화물반출을 통제할 수 있는 유력한 수단을 상실하게 되었다. 이 사건 운송 당시는 수입승인서제도가 사실상 폐지된 이후로서, 당시의 수입통관사무처리에관한고시(1997.5.23. 관세청 고시 제97-22호) 제2-1-7조에 의하면, 세관에서의 통관절차를 마치는 데에는 수입승인서(수입승인 대상 품목에 한함), 송품장, 가격신고서, 포장명세서, 항공화물운송장의 부본 또는 사본 등이 필요하였다.

(2) 화물의 반출 ㈎ 화물출고절차- 이 사건 운송 당시의 보세화물관리에관한고시(1997.1.1. 관세청 고시 제96-85호) 제11조에 의하면, 보세창고업자는 수입신고수리를 받은 물품을 출고하는 경우, 화주로부터 통관사실을 증명하는 수입신고필증만을 제출받아 미리 운송인 또는 운송주선인이 작성 · 제출한 적하목록과 반출자의 동일성을 확인하고 반출하도록 되어 있다. ㈏ 무단반출사고를 방지하기 위한 제반 조치-그러나 위에서 보았듯이 적하목록의 수하인란과 수입신고필증의 수입자란에는 항공화물운송장의 수하인(은행)이 아닌 실수입자가 기재되는 것이 보통이므로, 실수입자인 화주가 수하인으로부터 수하인용 항공화물운송장 원본을 교부 또는 배서받지 아니한 채 화물을 무단 반출하는 사고가 빈번하게 발생하게 되었다. 그리하여 이러한 무단반출 사고를 방지하기 위하여, 전국은행연합회에서는 국내 항공사나 복합운송주선협회에게 은행이 발급하는 수입화물인도승낙서(Letter of Guarantee)를 수령하지 않고서는 실수입자에게 수하인용 항공화물운송장 원본을 교부하지 말도록 요청하는 취지의 협조공문을 보내고, 그러한 요청을 받은 한국 복합운송주선협회는 세관이나 보

세장치장 설영인들에게 수하인용 항공화물운송장 원본 또는 국내 운송주선업체가 발행한 화물인도지시서(Delivery Order, D/O)와 상환하지 않고는 실수입자에게 화물을 반출하지 못하도록 강력히 요청하였다. 이러한 노력의 결과로, 김포세관 관할 보세장치장에서는 1997.6.2.부터 수입신고필증과 수하인용 항공화물운송장 원본을 제출받고 화물을 인도하다가, 같은 해 7.1.부터는 수하인용 항공화물운송장 원본 또는 그 대신에 운송주선업체가 발행하는 화물인도지시(승낙)서를 제출받고 화물을 인도해 주고 있으며, 서울세관 관할 영업용 보세장치장 설영인 협회와 한국복합운송주선업협회는 1997.4.30. 운송주선업자의 인도지시에 따라 화물을 반출하기로 하는 약정을 체결하기도 하였다.

[5] **화물 무단반출 사고의 발생 및 원고의 신용장대금 지급**: (1) 그런데 Y1이 이 사건 화물에 대한 수하인용 하우스 항공화물운송장 원본을 소지한 채 화물인도지시서도 발행하지 아니한 상태에서, Y2창고는, 위와 같은 제반 소지의 시행 및 특히 X로부터 X의 사전승락 없이는 A에게 화물을 반출하여 주지 말아달라는 취지의 공문을 받았음에도 불구하고, 1997.6.20. A로부터 수입신고필증만을 교부받고 위 서류 및 적하목록상의 수하인과 A가 동일인임을 확인한 후 A에게 화물을 반출하여 주고 말았다. (2) 한편, X는 1997.6.23. 화환신용장 개설은행의 지위에서, 수출자인 B로부터 화환신용장(송하인용 하우스 항공화물운송장 등 요구서류 첨부)을 매입한 매입은행에게 3차에 걸쳐 합계 미화 290,574.02달러(= 3,868.73달러 + 143,953.83달러 + 142,751.46달러) 상당을 지급하였으나, 신용장 개설의뢰인인 A가 부도나는 바람에 아직까지 이를 상환받지 못하고 있다.

[6] **손해배상채권의 양도**: 한편, X는 1998.11.10. Y1, Y2에 대하여 가지는 손해배상채권을 금융기관부실자산등의효율적처리및성업공사의설립에관한법률 제4조에 의하여 X의 승계참가인에게 양도하고, 1999.11.16.경 채권양도의 통지절차도 완료하였다

[쟁 점] [1] **Y1의 책임**: (1) Y1이 항공화물운송장상의 통지처인 A회사에게만 화물의 도착을 통지하고 수하인인 X에게 통지하지 아니한 것은 바르샤바협약에서 요구하는 주의의무 위반에 해당하는가? (2) Y1이 혼재화물적하목록을 작성함에 있어 실수입업자인 A를 수하인으로 기재한 것이 주의의무 위반에 해당하는가? (3) Y1이 Y2창고에 대한 선임 · 감독상의 주의의무가 있는가?

[2] **Y2의 책임**: (1) Y2창고가 화물이 보세운송을 위하여 실수입자인 A를 대리한 국제상운에게 인도된 때 화물의 운송관계는 종료한 것이고, Y2창고에게 화물을 보관시킨 임치인도 A로 보아야 하므로, A에 대한 화물의 반출은 적법한가? (2) Y2창고가 화물의 운송주선대리인인 Y1이 작성한 적하목록에 수하인으로 기재된 A에게 화물을

인도한 이상 화물의 반출에 대한 책임이 없는가?

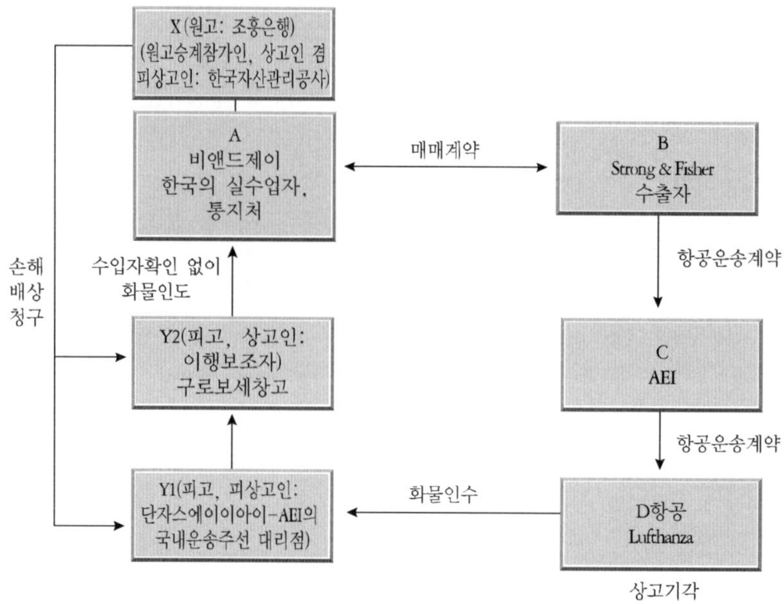

[판결요지] [1] **Y1의 책임:** (1) 원심은, 1955년 헤이그에서 개정된 "국제항공운송에 있어서의일부규칙의통일에관한협약"(이하 '개정된 바르샤바협약'이라고 한다) 제13조는 국제항송운송에 있어서 수하인은 화물이 도착지에 도착한 때에는 운송인에 대하여 채무액을 지급하고, 항공화물운송장에 기재된 운송의 조건을 충족하였으면, 항공화물운송장의 교부 및 화물의 인도를 청구할 권리를 가지며(제13조 제1항), 운송인은 달리 합의된 경우를 제외하고는 화물이 도착한 때에 즉시 그 뜻을 수하인에게 통지하여야 한다"(같은 조 제2항)고 규정하고 있고, 개정된 바르샤바협약의 규정에 따라 만들어진 이 사건 항공화물운송장 약관 제11조에 의하면, 운송인은 화물이 도착한 경우 수하인 또는 항공화물운송장에 지정된 자에게 통지하도록 되어 있는바, 따라서 이 사건의 경우에는 개정된 바르샤바협약 제13조 제2항의 '달리 합의된 경우'에 해당하므로, 국내 운송주선대리인인 Y1이 통지처로 지정되어 있는 A에게 화물의 도착사실을 통지한 이상 개정된 바르샤바협약상의 통지의무는 모두 이행하였다고 판단하였다. 원심의 위와 같은 판단은, 운송주선인의 국내대리점인 Y1이 개정된 바르샤바협약상의 운송인의 개념에 포함되어 바르샤바협약을 적용한다는 것이 아니라 이 사건 항공운송장에 관하여 개정된 바르샤바협약이 적용되므로 이를 적용

하여 내린 결과일 뿐임이 그 판시로부터 명백한바, 위와 같은 원심의 판단은 정당하다.

(2) 원심은, 이 사건 당시 적용되고 있던 관세청의 고시에 의하면, 수입화물의 입항시 국내 운송주선대리인이 세관장에게 제출하는 혼재화물적하목록의 수하인란에는 혼재항공화물운송장상의 수하인을 기재하여야 하고, 또 보세창고업자는 위 적하목록의 수하인과 수입신고필증상의 수입자를 상호 대조하여 반출자의 동일성을 확인하고 화물을 반출하도록 되어 있으나, 이러한 규정에도 불구하고 실제로는 세관에서조차 적하목록의 수하인을 실수입자로 이해하여 적하목록에 수하인을 은행으로 기재하는 경우 화주가 불분명한 것으로 처리하여 통관에 어려움이 있는 등 관세행정의 편의와 화물의 신속한 입출고를 위하여, 거의 대부분 적하목록의 수하인란에 실수입자를 기재하는 것이 보편화되어 있고, 보세창고업자도 이러한 현실을 잘 알고 있으며, 더욱이 보세창고업자가 수입신고필증상의 수하인과 적하목록의 수하인을 대조하여 반출자의 동일성을 확인하도록 한 것은 관세행정절차상의 화물반출에 필요한 하나의 요건일 뿐, 이로써 사법적인 법률관계에 있어서의 화물반출의 요건이 충족되는 것도 아니므로, Y1이 혼재화물적하목록의 수하인란에 실수입자인 A를 기재한 것을 가지고, 운송주선대리인으로서 이 사건 화물의 무단반출을 용이하게 한 어떠한 주의의무 위반이라고 보기도 어렵다고 판단하였다. 위와 같은 원심의 판단은 정당하다.

(3) 원심은, 보세창고업자인 Y2창고는 임치계약에 따라 이 사건 화물을 보관하면서 Y1으로부터 인도지시를 받거나, 수하인의 승낙을 확인할 수 있는 수하인용 항공화물운송장 원본과 상환하고서야 수입자에게 화물을 인도할 수 있는 지위에 있는 점, 특히 이 사건 무단반출의 시점은 수입화물의 무단반출 사고를 예방하기 위하여 복합운송주선협회가 보세창고업자들에게 수하인용 항공화물운송장 원본 또는 화물인도지시서를 제출받고 화물을 인도하여 줄 것을 요구하여 그러한 내용의 제도가 점차 실시되어 가고 있었던 때인 점, 이 사건 화물은 Y1이 미처 화물의 행방을 파악하기도 전으로서 보세창고에 입고된 지 불과 1주일 만에 신속하게 출고된 점 등을 고려하면, 이 사건의 경우 Y1으로서는 실수입자인 A에게 수하인용 항공화물운송장을 포함한 운송서류를 전혀 교부하지 않았는데도 보세창고업자인 Y2창고에 의하여 정상적인 업무처리를 벗어나 화물이 불법반출될 것을 사전에 예견할 수 있었다고 보기 어려우며, 오히려 Y2창고가 위와 같은 절차와 요청을 준수하여 적법하게 화물을 인도할 것으로 기대하였다고 보아야 할 것이고, 따라서 Y1에게 화물의 무단반출을 예견하여 달리 어떠한 예방조치를 취하여야 할 주의의무까지 있었다고 보기는 어렵다고 판단하였다.

영업용 보세창고업자는 공항에 도착한 항공화물이 수하인에게 인도되기 전까지 운송인을 위하여 화물을 보관하는 자로서 운송인 및 그 국내대리점인 운송취급인에 대하여 통관이 끝날 때까지 화물을 보관하고, 적법한 화물의 수령인에게 화물을 인도하는 등 운송인의 의무이행을 보조하는 지위에 있으나, 원심이 인정한 바와 같은 우리의 항공화물인도절차에 비추어 통상의 경우 그와 같은 항공화물이 입고될 영업용 보세창고의 지정에 운송인 및 운송취급인은 관여하지 아니하고, 세관 혹은 실수입업자에 의하여 보세창고가 지정되어 각 영업용 보세창고는 독립적인 사업자로서의 지위에서 자신의 책임과 판단에 따라 화물을 보관하고 인도하는 업무를 수행하고 일반적으로는 운송인 및 운송취급인으로부터 지휘·감독을 받아 그와 같은 화물의 보관 및 인도 업무를 수행하는 것으로 볼 수 없으므로, 특별한 사정이 없는 한 우리의 항공화물인도절차상 운송인 및 그 국내대리점인 운송취급인은 영업용 보세창고업자에 대하여 민법상 사용자 지위에 있다고는 볼 수 없는 점에 비추어 보면(상고이유에서 내세우는 대법원판결들은 그 사안을 달리하는 것으로 이 사건에 원용하기에 적절하지 아니하다), 위와 같은 원심의 판단은 정당하다.

[2] **Y2의 책임**: (1) 원심은, 수입화물에 대한 운송관계는 운송인이 수하인이나 그의 동의를 얻은 실수입자에게 화물을 인도함으로써 종료되고, 이 사건 화물이 국제상운에게 인도된 것은 단지 관세행정절차상 보세입고의 전단계로서의 보세운송을 위한 것일 뿐, 운송주선대리인인 Y1은 보세운송 및 보세입고 후에도 여전히 Y2창고와의 점유매개관계를 통하여 화물을 지배하면서 동시에 수하인인 X에게 화물을 인도할 의무를 부담하는 것이며, 이러한 법률관계는 실수입자인 A가 위 점유매개관계와 중첩하여 통관절차를 위해 Y2창고와 임치계약을 체결하였다 한들 달라질 수 없다고 하여 피고 구로보세창고의 주장을 이유 없다고 판단하였다. 원심이 인정한 바와 같은 우리의 국제항공화물 인도관행에 비추어 항공운송인 또는 항공운송주선인이 공항에 도착한 수입항공화물을 통관을 위하여 영업용 보세창고업자에게 인도하는 것만으로 항공화물이 항공운송인이나 항공운송주선인의 지배를 떠나 수하인에게 인도된 것으로 볼 수는 없다고 할 것인바(대판 1996.9.6, 94다46404 참조), 같은 취지에서 피고 구로보세창고의 주장을 받아들이지 아니한 원심의 판단은 정당하다.

(2) 원심은, Y1이 세관장에게 제출한 혼재화물적하목록에 수하인을 A로 기재한 것은 관세행정의 편의와 화물의 신속한 입출고를 위한 것으로서 Y2창고도 적하목록의 수하인과 항공화물운송장상의 수하인이 다르다는 점을 충분히 잘 알고 있었으므로 Y1이 다른 의사표시 없이 단지 위와 같은 내용의 적하목록을 작성한 것만으로는 A에게 화물을 인도하도록 지시한 것으로 볼 수 없다고 하면서 관세행정법상의 화물의 반출에 대한 통제는 사법상의 화물의 인도에 관한 법률관계와는 별개로 통관 또는 관세행정의 편의를 위한 것으로서, 보세창고업자는 관세법령에 의한 화물반출이 가

능하다고 하더라도 여전히 운송인과의 임치관계에 따라 운송인의 지시에 따라 화물을 인도할 의무를 부담하는 것이고, 이에 관한 X의 묵시적인 승낙이 있었다는 점을 인정할 아무런 증거도 없다고 판단하였는바, 원심의 위와 같은 사실인정과 판단은 정당하다.

[사례 Ⅲ-3-21]은 항공화물이 공항을 벗어나 보세장치장에 반입된 상태에서 무단 반출된 경우, 손해배상책임에 관하여 개정된 바르샤바협약이 적용되지 않는다고 본 사례이며 항공화물운송인 및 그 국내대리점인 운송취급인이 영업용 보세창고업자에 대하여 민법상 사용자의 지위에 있다고 볼 수 없다고 한 것은 앞의 사례와 동일하다.[1)]

[사례 Ⅲ-3-21: 대판 2004.7.22, 2001다67164]

[사실관계] [1] 주식회사 금양기전(A회사)은 일본 회사로부터 방송용 기자재를 수입하기로 하는 계약을 체결하고 그 대금 지급을 위하여 중소기업은행(X은행)에게 신용장의 개설을 의뢰하였고, X는 1997.3.29. 그 일본 회사를 수익자로 하는 취소불능 하환신용장을 개설하였다.
[2] 수출자인 일본 회사는 일본의 운송주선인인 판신전기철도 주식회사(Y1철도)이)와 화물을 일본 도쿄에서 한국의 김포공항까지 항공운송하는 내용의 항공화물운송계약을 체결한 뒤, 1997.7.29. 제 1 차 화물을, 1997.7.31. 제 2 차 화물을 Y1에게 인도하였다. Y1은 항공화물운송장(House Air Waybill)을 발행하여 그 중 송하인용은 수출자에게 주고, 수하인 'X', 통지처 'A'로 된 수하인용은 주식회사 동방항공해운(Y2)에게 송부하였다. Y1은 항공운송을 위하여 제 1 차 화물을 노스웨스트 카고에게, 제 2 차 화물을 닛폰 카고 에어라인에게 의뢰하였고, 제 1 차 화물은 1997.7.30., 제 2 차 화물은 1997.8.1. 김포공항에 도착하였다.
[3] Y1과 국내운송취급 대리점계약을 체결하고 Y1을 대리하여 수하인에게 화물을 인도하는 역할을 담당하고 있던 Y2는 화물이 김포공항에 도착하기 전에 김포세관장에게 적하목록을 작성하여 제출하면서 화물의 수하인을 실수입자인 A로 기재하였고, 항공화물운송장의 통지처인 A에게 화물의 도착사실을 통지하였다. 이에 A는 화물을 장치할 보세창고로 제 1 차 화물에 대하여는 사단법인 관우회(B) 운영의 김포세관 구

1) 최종현, "보세창고업자의 화물불법인도에 대한 운송인의 채무불이행책임", 한국해법회지 제27권 제 2 호 (2005.11), 291면.

내장치장을, 제2차 화물에 대하여는 X의 보조참가인(C) 운영의 반월보세장치장을 지정하여 김포세관장에게 신고하였다.

[4] 이에 따라 김포공항에 도착한 제1차 화물은 도착 당일인 1997.7.30. 김포세관 구내장치장에 반입되었고, 제2차 화물은 1997.8.2. 육상운송을 거쳐 반월보세장치장에 반입되었다. 당시 시행되던 보세화물관리에관한고시(1997.1.1. 관세청 고시 제96-85호, 아래에서도 같다) 제11조에 따르면 보세창고업자는 화주로부터 통관사실을 증명하는 수입신고필증을 제출받아 적하목록의 수하인과 반출자의 동일성을 확인한 뒤 화물을 반출하도록 되어 있었으나, 한국복합운송주선업협회와 서울세관 관할 영업용 보세장치장 설영인 협회가 1997.4.30. 운송주선업자의 인도 지시에 따라 화물을 반출하기로 하는 약정을 체결함에 따라, 김포세관 관할 보세장치장에서는 1997.6.2.부터 수입신고필증과 수하인용 항공화물운송장 원본을 제출받고 화물을 인도하다가, 1997.7.1.부터는 수하인용 항공화물운송장 원본 또는 운송주선업체가 발행하는 화물인도지시서를 받고 화물을 인도하여 주었다. 그러나 Y2가 화물에 대한 수하인용 항공화물운송장 원본을 소지하고 있고 화물인도지시서를 발행하지 아니하였는데도, B는 1997.7.31. 수입신고필증과 항공화물운송장 사본 및 이 사건 화물과는 아무 관련이 없는 화인국제운송 주식회사의 화물인도지시서만 교부받고 제1차 화물을 A에게 인도하였고, C는 1997.8.8. 수입신고필증만을 교부받고 제2차 화물을 A에게 인도하였다.

[쟁 점] [1] **Y1의 책임**: (1) 채무불이행책임: Y1은 항공화물운송계약상의 운송인으로서, 수하인인 X에게 화물을 인도하여야 할 채무가 있는데도 이를 이행하지 못하였으므로 X가 입은 손해를 연대하여 배상할 의무가 있는가? (2) 불법행위책임: Y1은 그 이행보조자 또는 피용자인 Y2나 보세창고업자인 B 및 C의 아래와 같은 주의의무 위반으로 인하여 무단반출 사고가 발생하였으므로, 그들의 사용자로서 손해를 배상할 책임이 있는가? (3) Y1의 책임에 개정된 바르샤바협약이 적용될 것인가?

[2] **Y2의 책임**: (1) 채무불이행책임: Y2는 항공화물운송계약상의 운송인인 Y1의 국내 운송취급인으로서, 수하인인 X에게 화물을 인도하여야 할 채무가 있는데도 이를 이행하지 못하였으므로 X가 입은 손해를 연대하여 배상할 의무가 있는가? (2) 불법행위책임: Y2는 그 자신의 아래와 같은 주의의무 위반 또는 자신의 이행보조자(혹은 피용자)인 B 및 C의 아래와 같은 주의의무 위반으로 인하여 무단반출 사고가 발생하였으므로, 직접 불법행위자 또는 B 및 C의 사용자로서, Y1과 연대하여 손해를 배상할 책임이 있는가?

[3] **주의의무위반 내용**: (1) Y2의 주의의무 위반내용: Y2는 ⓐ 화물의 도착사실을 수하인인 X에게 통지하여야 함에도 불구하고 통지처인 A에만 통지함으로써 수하인인

X의 화물인도청구권 행사를 방해하였고, ⓑ 김포세관장에게 제출하는 혼재화물사를 방을 작성함에 있어서 실수입자인 A를 수하인으로 기재함으로써 B 및 C로 하여금 무단반출을 용이하게 하였으며, ⓒ 자신의 이행보조자(혹은 피용자)인 B 및 C에게 수하인용 항공화물운송장 원본 또는 화물인도지시서와 상환하지 않고지 않이 사건 화물을 인도하지 말 작성지시하거나 감독함으로써 화물의 무단반출을 사전에 방지하지 못한 주의의무 위반이 있는가? (2) B 및 C의 주의의무 위반: B와 C는 A로화물을 하인용 항공화물운송장 원본 또는 Y2발행의 화물인도지시서와 상환하지 않고지 않화물을 인도하지 말아야 함에도 불구하고, 그러한 절차 없이 수입신고필증만을 확인하거나 이 사건 운송과 전혀 관계없는 제3자 명의의 화물인도지시서만 교부받고, 화물을 무단반출한 주의의무 위반이 있는가?

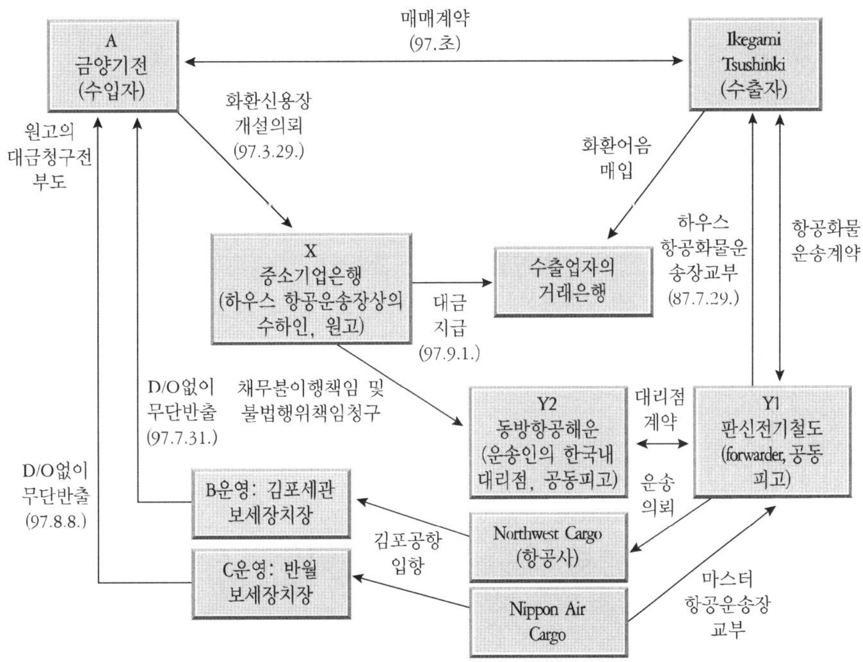

[판결요지] [1] Y1의 책임: (1) 국제항공운송에 관한 법률관계에 대하여는 일반법인 민법이나 상법에 대한 특별법으로서 개정된 바르샤바협약이 우선 적용되는데(대판 1986.7.22, 82다카1372 참조), 개정된 바르샤바협약은 제18조 제1항에 따라 손해의 원인이 된 사고가 항공운송중에 발생한 경우에 적용되고, 제18조 제2항에 따르면 항공운송중이란 수하물 또는 화물이 비행장 또는 항공기상에서 운송인의 관리하에

있는 기간을 말한다고 규정하고 있는바, 화물이 김포공항을 벗어나 보세장치장에 반입됨으로써 항공운송은 종료된 것이므로, 보세창고업자들이 화물을 항공화물운송장 원본이나 운송주선업체가 발행하는 화물인도지시서를 받지 아니하고 인도함으로써 수하인이 입게된 손해는 항공운송중에 발생한 손해라고 볼 수 없고, 결국 이 사건 손해배상책임에 관하여는 개정된 바르샤바협약이 적용되지 아니한다고 할 것이다. 따라서 보세창고업자인 B와 C가 개정된 바르샤바협약 제20조 제1항의 사용인임을 전제로 그들의 화물 무단 반출로 인하여 수하인이 입은 손해에 대하여 Y1이 개정된 바르샤바협약에 따른 손해배상책임을 져야 한다는 상고이유는 더 나아가 살펴볼 필요 없이 받아들일 수 없다. 원심이 이 사건에서 Y1의 손해배상책임 발생 여부를 결정함에 있어 개정된 바르샤바협약이 적용된다고 판단한 것은 잘못이나, Y1의 X에 대한 손해배상책임을 인정하지 아니한 원심의 결론이 옳은 이상, 원심의 이러한 잘못은 판결 결과에 영향이 없다.

(2) 원심은, 화물이 운송계약상의 수하인인 원고에게 인도되지 아니하고 A에게 인도됨으로써 운송주선인인 Y1은 X에 대하여 채무불이행책임을 져야 하지만, 이 사건에서는 당시의 관세법과 보세화물관리에관한고시에 따라 실수입자인 A가 보세창고업자들을 선임하였고, 이 사건 화물이 보세창고에 입고된 지 불과 1일 또는 1주일만에 출고되어 Y1,Y2로서는 화물의 행방을 파악하기도 어려웠으며, Y1,Y2가 화물인도지시서를 발행한 사실도 없고 수하인용 항공화물운송장도 Y2가 보관하고 있어 Y1,Y2로서는 보세창고업자들이 정상적인 절차를 거치지 아니하고 화물을 수하인이 아닌 사람에게 함부로 인도하리라는 것을 미리 예견할 수 있었다고 보기 어려우므로, Y1이나 그 대리인인 Y2가 보세창고업자들을 선임하고 감독함에 있어 과실이 없고 또 그 선임 및 사무감독에 상당한 주의를 하였다고 인정되며, 한편 위에서 본 것처럼 Y1의 대리인인 Y2가 화물 도착의 통지와 적하목록의 작성 등 운송취급인으로서의 의무를 이행함에 있어 주의의무를 다하지 아니한 과실이 있다고 볼 수도 없으므로, Y1도 X에 대하여 채무불이행 또는 불법행위책임을 지지 아니한다고 판단하였다.

영업용 보세창고업자는 공항에 도착한 항공화물이 수하인에게 인도되기 전까지 운송인을 위하여 화물을 보관하는 자로서 운송인 및 그 국내대리점인 운송취급인에 대하여 통관이 끝날 때까지 화물을 보관하고, 적법한 화물의 수령인에게 화물을 인도하는 등 운송인의 의무이행을 보조하는 지위에 있으나, 원심이 인정한 바와 같은 우리의 항공화물인도절차에 비추어 보면 통상의 경우 그와 같은 항공화물이 입고될 영업용 보세창고의 지정에 운송인 및 운송취급인은 관여하지 아니하고, 세관 혹은 실수입업자에 의하여 보세창고가 지정되며 각 영업용 보세창고는 독립적인 사업자로서의 지위에서 자신의 책임과 판단에 따라 화물을 보관하고 인도하는 업무를 수행할 뿐 일반적으로는 운송인 및 운송취급인으로부터 지휘 · 감독을 받아 그와 같은 화물의 보관 및 인도 업무를 수행하는 것으로 볼 수 없으므로, 특별한 사정이 없는 한 우리의 항공화물인도절차상 운송인 및 그 국내대리점인 운송취급인은 영업용 보세창고업자에 대하여 민법상 사용자의 지위에 있다고는 볼 수 없다고 할 것이다(상고이유에서 내세우는 대법원판결들은 그 사안을 달리하는 것으로 이 사건에 원용하기에 적절하지 아니하다). 원심의 위와 같은 판단은 그 이유의 설시에 있어서는 다소 미흡한 점이 있으나, Y1도 X에 대하여 채무불이행 또는 불법행위책임을 부담하지 아니한다고 한 결론에 있어서는 옳다.

[2] **Y2의 책임**: 원심이 1955년 헤이그에서 개정된 "국제항공운송에있어서의일부규칙의통일에관한협약(이하 '개정된 바르샤바협약'이라고 한다)" 제13조 제 2 항에 따라 운송인은 반대의 특약이 있는 경우를 제외하고 화물이 도착한 때에는 그 뜻을 수하인에게 통지하여야 하는데, 이 사건 항공화물운송장 약관 제28조에 운송인은 화물이 도착한 경우 "수하인 또는 항공화물운송장에 지정된 사람(addressee who is specified in the Air Waybill)"에게 통지하도록 규정되어 있으므로, Y2가 이 약관에 따라 항공화물운송장의 통지처운송장에게 화물 도착 사실을 통지한 이상, 개정된 바르샤바협약에 따른 통지의무를 이행한 것으로서 이와는 별도로 또는 항공의에게도 화물의 도착을 통지하여야 할 의무가 있다고 볼 수 없고, 또 관세행정의 편의와 화물의 신속한 입출고를 위하여 적하목록의 수하인을 항공화물운송장의 수하인이 아닌 실수입자로 기재하는 것이 보편화되어 있고 보세창고업자들도 이러한 사정을 잘 알고 있으므로, Y2가 적하목록의 수하인을 X로 기재하지 아니하고 A로 기재한 것만으로 운송주선인의 대리인으로서 주의의무를 위배하여 이 사건 화물의 무단 반출을 쉽게 한 잘못이 있다고 볼 수도 없으며, 나아가 특별한 사정이 없는 한 우리의 항공화물인도절차상 운송인 및 그 국내대리점인 운송취급인은 영업용 보세창고업자에 대하여 민법상 사용자의 지위에 있다고 볼 수 없는 점 등에 비추어 보면 사용자책임이 인정될 여지도 없으므로, X에 대하여 불법행위책임을 부담하지 아니한다고 판단한 것도 옳다.

제 4 절 기타 의무

1. 선하증권 교부의무

운송인은 운송물을 수령한 후 용선자 또는 송하인의 청구에 의하여 1통 또는 수통의 선하증권을 교부하여야 한다(852①). 이를 수령선하증권(received B/L)이라고 한다. 운송인은 운송물을 선적한 후 용선자 또는 송하인의 청구에 의하여 1통 또는 수통의 선적선하증권(on board B/L)을 교부하거나, 수령선하증권에 선적의 뜻을 표시하여야 한다(852②).

운송인은 선장 또는 기타의 대리인에게 선하증권의 교부 또는 선적의 표시를 위임할 수 있다(852③).

2. 운송물 공탁의무

2-1 수하인의 수령해태

수하인이 운송물의 수령을 해태한 때에는 운송인(선장)은 이를 공탁하거나 세관 기타 법령이 정하는 관청의 허가를 받은 곳에 인도할 수 있으며, 지체없이 수하인에게 그 통지를 발송하여야 한다(803①). 이 경우에는 선하증권소지인 또는 수하인에게 운송물을 인도한 것으로 본다(803③).

2-2 수하인의 수령거절

수하인을 확지할 수 없거나 수하인이 운송물의 수령을 거절한 때에는 운송인(선장)은 이를 공탁하거나 세관 기타 관청의 허가를 받은 곳에 인도하고 지체없이 그 통지를 발송하여야 한다(803②). 이 경우에는 선하증권소지인 또는 수하인에게 운송물을 인도한 것으로 본다(803③). 확지할 수 없다는 것은 현재 누가 선하증권의 소지인인지 알 수 없거나 2인 이상의 선하증권소지인이 인도를 청구한 경우(859①) 이다.

CHAPTER

4

개품운송인의 책임

제 1 절 헤이그-비스비규칙상의 운송인 책임원칙

1. 해상운송인의 책임법제

운송인이 용선자나 송하인 등에게 부담하는 의무를 위반한 경우에는 그에 따른 계약상의 책임을 부담하며, 동시에 불법행위 요건을 구비한 경우에는 불법행위에 기한 책임을 부담하는 것은 당연하다. 그러나 계약자유원칙이 지배하는 용선계약에서는 운송인의 책임내용도 당사자간의 약정에 따르면 되기 때문에 상법에서 별도의 규정을 두지 않고 있다. 그러나 운송인이 다수의 화주들과 선하증권에 의해 획일적으로 체결하는 개품운송계약에서는 선하증권에 운송인의 의무위반에 대한 책임을 면제하거나 책임을 제한하는 약관을 두는 경우가 많다. 이에 따라 상법은 제794조부터 제798조에 걸쳐 화주를 보호하기 위해 운송인의 책임원인과 면책사유 및 책임한도에 대해 일정한 기준을 정하고, 이를 감경하는 약관조항을 무효로 하는(799①), 강행적인 해상운송인의 책임법제를 마련하고 있다.

2. 국제협약

상법의 해상운송인 책임법은 종래에는 1924년 헤이그 규칙에 입각하였으나, 협약의 내용중 책임한도액의 설정, 청구권경합 등 중요한 내용은 받아들이지를 않아 불완전한 내용으로 되어 있었다. 그러나 1991년 개정상법은 1968년 헤이그-비스비규칙을 수용하여 책임한도액을 설정하고 그동안 해석상 논란이 되어 오던 여러 사항들을 입법적으로 해결하였으며, 2007년 개정상법은 책임한도액을 헤이그-비스비규칙에 따라 상향 조정하였다.

2-1 헤이그규칙

(1) 운송인의 책임과 책임제한

[사례 Ⅳ-1-1: 대판 1988.9.27, 86다카2377]
송하인 A는 한국 선사 B와 1982.10.경 송하인 소유의 681개의 나무상자와 891개의 묶음으로 포장된 건축자재들(이하 "화물")을 한국 인천항에서 사우디아라비아 담망항까지 운송하기로 하였다. 이에 따라 B는 화물을 선적한 후 선하증권을 발행하였고, 운송도중 화물 중 171개의 상자를 손상시켰다. 이에 A가 B에 대해 배상을 요구하자, B는 B가 발행한 선하증권이면약관에 "운송인은 운송물의 가격여하에 불구하고 1포장 또는 단위당 영국화 100파운드의 한도 내에서만 책임을 부담한다"라고 규정하고 있다고 하면서, 포장당 영국화 100파운드 책임제한을 할 수 있다고 주장하고 있다.

(1) 헤이그규칙의 운송인의 포장당 책임제한 규정은?
(2) B가 주장하고 있는 선하증권이면약관이 유효하게 적용될 수 있나?
(3) 만약 위 사안에서 화물이 항해과실로 인해 손상된 경우 B의 책임은?

1) 책임의 원칙　　헤이그규칙은 과실책임주의를 채택하고 있다.[1)]

2) 면책사유　　헤이그규칙은 제 4 조 제 2 항에서 (a) 항해과실,[2)] (b) 화재의

---

1) 헤이그규칙은 제 2 조 내지 제 7 조에서 운송인의 운송계약상의 의무에 관하여 상세한 규정을 두고 있는데, 주요내용은 제 3 조 및 제 4 조이다. 즉 제 3 조는 운송인의 의무 및 그 의무위반에 의한 책임을 규정하고 제 4 조는 운송인의 권리 및 면책을 규정하고 있다.

2) 운송인이나 선박은 항해 또는 선박의 취급에 관한 선장 또는 도선사 또는 운송인의 사용인의 작위, 부주의 또는 과실에 대하여 책임을 지지 않는 것으로 규정하여(헤이그규칙 제 4 조 제 2 항 (a), 항해과실(Errors of Navigation and Management of Ship)에 대해 운송인을 면책시키고 있다.

면책[1]을 규정한 것 외에 (c)호 이하에 해상에서의 고유의 위험, 천재, 전쟁, 공적행위, 공권력의 작용, 검역, 송하인측의 작위, 부작위, 동맹파업, 작업장 폐쇄 등의 15개 항목의 화물에 손해를 줄 가능성이 있는 사유를 규정하고 있는바, 이를 일괄하여 "면책리스트(카탈로그)"라고 부르고 있다.

3) 운송인의 책임　　운송인은 선박으로 하여금 항해에 견딜 수 있는 능력 즉 감항능력을 갖추기 위하여 상당한 주의를 다해야 한다. 영국법 등은 결과책임주의를 채택하고 있으며 결과책임주의는 과실의 유무를 불문하고 선박소유자에게 선박이 항해시 견딜 수 없음으로써 발생한 손해에 대하여 배상의무를 부담시키는 것이다. 운송인이 감항능력을 담보하는 시기는 선적 후 항해 전이다. 즉 항구에 정박 중 통상의 해상위험에 견디지 못하여 운송품에 멸실 또는 파손의 손해가 발생하였을 경우 운송인은 책임을 부담한다.

상사과실(Errors of Cargo Handling and Custody)은 운송품의 선적, 취급, 적부, 운송, 보관 및 양하가 적절하고 신중하게 되지 않음으로써 발생한 운송품의 손해로서 이에 대해서는 운송인은 면책약관으로 면책될 수 없다(헤이그규칙 제 3 조 제 2 항).

4) 운송인의 책임의 제한　　헤이그규칙은 운송인의 손해배상책임을 제한 또는 면제하는 규정을 두고 있다(헤이그규칙 제 4 조 제 5 항). 이는 운송인의 책임을 경감하는 의미와 운송인이 그 이상 자기의 책임을 경감하는 것을 금지하는 양면성을 가지고 있다. 운송인의 책임은 1포장(package) 또는 1단위(unit)에 대하여 중량과는 관계없이 영국통화 100파운드(pound)를 한도로 유한책임을 부담한다. 1포장이란 상자, 포대, 통, 기타의 포장 용구로 포장한 모든 물건을 말한다. 1단위란 포장에 대비되는 관념으로서 선하증권에 통상 계수 또는 계량의 단위로서 기재되는 것을 말한다.

[해 설]

(1) 헤이그규칙에는 매포장이나 단위당 영국화 100파운드를 책임제한액의 최저한도로 규정하고 있다. 다만, 우리나라 상법은 포장당 666.67SDR을 규정하고 있는바, 이보다 낮은 책임한도를 규정할 경우 상법 제790(799)조에 따라 그 적용이 배제된다고 보아야 한다.

1) 운송인은 화재에 의한 운송품의 손해에 대하여 당연히 면책된다. 다만 운송인에게 고의 또는 과실이 있는 경우에는 그러하지 아니한다(헤이그규칙 제 4 조 제 2 항 b호). 이 면책사유는 항해상의 과실에 대한 면책보다도 운송인의 이익을 보호하는 데 있다.

(2) 선하증권이면약관에서 정한 책임한도액인 영국화 100파운드는 해상운송의 거래계에서 관행으로 정하여진 책임한도액과 비교해 볼 때, 실질적으로 운송인의 배상책임을 면제하는 정도의 명목상의 금액이 될 가능성이 많고 상법이 포장당 666.67SDR을 규정하고 있음에 비추어 이는 적용될 수 없다. 대법원은 영국화 100파운드 책임제한 금액은 상법 제790(799)조에 비추어 운송인의 배상책임을 실질적으로 부인할 정도의 소액이라는 이유로 이를 무효라고 판시한 바 있다(대판 1988.9.27, 86다카2377).
(3) 항해과실로 인해 발생한 손해에 대해 운송인은 면책되므로 B는 면책이다.

2-2 헤이그-비스비규칙

(1) 운송인의 책임과 책임제한과 책임제한의 배제

1) 운송인의 책임　헤이그규칙의 내용과 대동소이하다. 헤이그-비스비규칙은 항해과실과 선박화재 등을 포함한 면책카탈로그를 그대로 유지하고 있다(헤이그-비스비규칙 제 4 조 제 2 항).

2) 운송인의 책임제한　헤이그-비스비규칙은 포장당책임제한(Package limitation of liability)과 관련하여, 화물의 성질 및 가액이 선적전에 송하인에 의하여 통고되어 선하증권에 기재되지 않는 한, 운송인은 총중량 1킬로그램당 30포왕카레 프랑(약 2SDR) 또는 운송물 1포장당 10,000포왕카레 프랑(약 666.67SDR)으로 대폭 인상하였다(헤이그-비스비규칙 제 4 조 제 5 항 (a)).

컨테이너, 팔렛 등 대형운송용기가 등장함으로써 이러한 운송용기에 적입된 화물이 포장되어 있는 경우 이를 포장으로 인정할 필요가 있게 되었다. 이에 헤이그-비스비규칙은 컨테이너, 팔렛 또는 이와 유사한 운송용기가 화물을 통합하기 위해 사용된 경우, 운송용기에 내장된 것으로 선하증권에 기재된 포장이나 단위의 수는, 포장이나 단위의 수로 간주하게 되었다. 이 경우를 제외하고는 운송용기를 포장이나 단위수로 간주한다(동조 (c)).

3) 책임제한의 배제　운송인이 의도적으로 손해를 입히거나 손해가 발생할 것을 알면서도 무모하게 행한 작위 또는 부작위로 인해 손해가 발생한 경우 운송인은 책임제한 조항을 원용하지 못한다(헤이그-비스비규칙 제 4 조의 2 제 4 항).

(2) 손해액산정의 명확화

> [사례 Ⅳ-1-2: 헤이그-비스비규칙(1)]
> 송하인 A가 선사 B에게 덴마크 헬싱괴르에서 한국 인천항으로 운송하는 2개의 컨테이너에 적입된 유제품300카툰(이하 "화물")의 운송을 의뢰하였는데, 해상운송도중 일부 화물이 손상되었다. B의 선하증권이면약관에는 덴마크법을 준거법으로 규정하고 있으며, 선하증권표면에는 포장의 내용과 개수에 "2container said to contain 300cartons" 라고 기재되어 있으며, 이중 컨테이너 1대에 적입된 140카툰이 손상되었다.
>
> (1) 책임제한에 적용될 수 있는 포장의 개수는?
> (2) A가 주장할 수 있는 책임제한 금액은?
> (3) 손해액의 산정방법은?

손해액은 운송물을 양륙한 장소 및 일시를 기준으로 하며, 이를 알 수 없는 경우에는 상품거래소의 가격으로 정하고, 상품거래소의 가격을 알 수 없는 경우 시장가격에 따르고 상품의 거래가격이나 그 당시의 시장가격이 없는 경우에는 같은 종류 및 품질의 화물의 통상가격을 고려하여 결정하게 된다(헤이그-비스비규칙 제 4 조 제 5 항 (b)).

[해 설]

(1) 1971년 영국해상화물운송법은 헤이그-비스비규칙을 국내법으로 수용한 바 있으므로, 헤이그-비스비규칙을 전제로 포장의 개수를 정하면 된다. 운송용기인 컨테이너에 개수와 아울러 컨테이너에 내장된 포장 개수가 선하증권표면에 기재되어 있는 경우 운송용기가 아닌 내장된 포장을 책임제한의 기준이 되는 포장으로 보아야 하므로(헤이그-비스비규칙 제 4 조 제 5 항 (c)), 300카툰을 총포장으로 보아야 하고 실제로 손상된 140개 카툰이 포장당 책임제한 산정의 기준이 된다.
(2) 책임제한은 손상된 포장이나 중량을 기준으로 산정한다. 포장당 666.67SDR 또는 중량당 2SDR을 적용하여 높은 금액이 책임제한 한도액이 될 것이다.
(3) 헤이그-비스비규칙 제 4 조 제 5 항(b) 참조.

(3) 제척기간

[사례 Ⅳ-1-3: 헤이그-비스비규칙(2)]
송하인 A가 운송인 B에게 2대에 컨테이너에 적입된 150박스 우유제품(이하 "화물") 운송을 의뢰하였는데, 해상운송 중 컨테이너 1대에 적입된 75박스의 화물이 멸실되었다. B의 선하증권이면약관에는 덴마크법을 준거법으로 규정하고 있으며, 제척기간(time bar)을 9개월로 규정하고 있다.

(1) 사례에서 9개월 약관이 유효한가?
(2) 한국법이나 함부르크규칙이 적용될 경우 위 약관은 유효한가?

헤이그-비스비규칙은 헤이그규칙 제3조 6항에 규정하고 있는 1년 제척기간을 그대로 유지하면서, 합의에 의해서 연장할 수 있는 것으로 개정했다(헤이그-비스비규칙 제3조 제6항 제3문, 제4문). 이 경우 1년은 화물이 인도된 날 또는 인도할 날로부터 기산한다.

구상청구권자를 보호하기 위해 구상청구기간을 소가 제기된 법원의 법에 허용하는 기간 내에 제기할 수 있도록 하고, 구상을 청구하는 자가 자신에 대한 배상청구를 결제한 날 또는 배상청구의 소장을 송달받은 날로부터 3개월 이내에는 구상청구권이 소멸되지 않도록 규정하고 있다(헤이그-비스비규칙 제3조 제6항의 2).

헤이그-비스비규칙은 모두 강행규정인 바, 운송인이 이보다 유리한 제척기간을 선하증권에 규정하더라도 이는 강행법규위반으로 무효다.

[해 설]
(1) 덴마크는 헤이그-비스비규칙을 채택하고 있으므로, 선하증권이면약관에 9개월 약관을 규정하더라도 헤이그-비스비규칙에 따라 1년의 제척기간의 적용을 받게 된다.
(2) 한국법은 제척기간을 1년, 함부르크규칙은 2년으로 규정하고 있는바, 위 약관은 강행법규위반으로 적용이 배제된다.

2-3 함부르크규칙

[사례 Ⅳ-1-4: 함부르크규칙]
송하인 A가 B에게 한국 부산항에서 이집트 누에바항까지 자동차부품 200박스(이하 "화물")의 운송을 의뢰하였고, B는 하수운송인으로 C를 선임하여 화물을 선적하게 한 후, 한국 부산항에서 하우스 선하증권을 발행하여 A에게 교부하였고, C로부터는 마스터 선하증권을 발급받았다. C는 화물을 이집트 누에바항에 도착시켜 하역을 준비하고 있던 중 마침 내린 비로 화물을 손상시켰다. 하우스 선하증권이면약관에는 준거법은 한국법, 관할은 서울중앙지법을 전속관할로 규정하고 있다.

(1) 화주 A는 어디에 소송을 제기할 수 있는가?
(2) 누구를 상대로 소송을 제기하여야 하는가?
(3) 적용되는 법규는?
(4) A는 어떠한 책임제한을 주장할 수 있는가?
(5) A는 어떠한 책임제한을 주장하여야 가장 많은 배상액을 받을 수 있는가?
(6) A는 사고 후 1년 6개월이 지난 후 소송을 제기하였는데, B는 한국법상 제척기간 도과를 다투고 있는데, B의 주장이 타당한가?
(7) 화물운송지연으로 인도가 늦어진 경우 B의 책임은?
(8) 항해과실(선박충돌)로 해수가 침투하여 화물이 손상된 경우라고 가정할 경우 B의 책임은?

(1) 적용범위

함부르크규칙도 헤이그-비스비규칙과 마찬가지로 국내 연안 운송계약에는 적용되지 않고 서로 다른 나라 사이의 국제 해상운송계약에 적용된다. 또한 헤이그-비스비규칙이 선하증권이나 기타 이와 유사한 권원증권이 발행된 해상운송계약에만 적용되나, 함부르크규칙은 선하증권이나 기타 권원증권이 발행되지 않은 해상운송계약에도 적용된다(함부르크규칙 제1조 제6항). 다만 함부르크규칙도 용선계약에는 적용되지 않는다. 복합운송에 있어서는 해상운송구간에만 적용된다(함부르크규칙 제1조 제6항).

헤이그-비스비규칙은 선적항이 체약국 내에 있는 경우에만 적용되는 데 반해, 함부르크규칙은 선적항뿐만 아니라, 양륙항이 체약국 내에 있는 경우에도 적용된다(함부르크규칙 제2조 제1항).

헤이그-비스비규칙은 동물, 갑판적, 특정화물(particular goods)을 적용범위에서 제외하고 있어, 특약에 의해 운송인의 면책이 가능하였다. 그러나, 함부르크규칙은 이를 적용대상으로 포함하고 있으므로 이를 적용대상에서 제외할 수 없고, 다만 고유한 특별한 위험으로 생긴 손해에 대해서는 책임을 부담하지 않는다(함부르크규칙 제5조 제5항).

송하인과 합의, 특정한 상거래의 관습 또는 법령에 의해 이루어지는 경우에 한해 갑판적으로 물건을 운송할 수 있다(함부르크규칙 제9조 제1항). 운송인이 송하인과 합의하에 갑판적을 할 경우 운송인은 선하증권 기타의 해상운송계약을 증명하는 증권에 그 뜻을 기재하여야 한다(동조 제2항).

(2) 운송인의 책임구간의 확대

함부르크규칙은 해상운송인은 "선적항에서의 운송도중 그리고 양륙항에서 해상운송인이 그 화물을 관리하고 있는 동안[1]"책임을 부담하도록 규정하고 있는 바, 선적시부터 양륙시까지 적용되는 헤이그-비스비규칙에 비해 그 적용범위가 넓다(함부르크규칙 제4조 제1항). 다만 우리 상법의 적용범위보다는 좁다.

(3) 운송인의 책임과 책임한도

함부르크규칙은 운송인과 실제운송인(actual carrier)으로 나누면서 이들은 송하인에 대해 연대책임을 부담한다고 규정하고 있다(함부르크규칙 제10조 제4항). 운송인은 운송인의 관리하에 있는 동안 발생한 사고에 대해 고의 또는 과실이 추정되므로, 책임을 면하기 위해서는 고의 또는 과실 없음을 입증해야 한다.

한편, 헤이그규칙이 과실책임주의에 입각하여 감항능력과 화물의 취급 등에 대한 양대 주의의무를 인정하고 그 위반에 대해 책임을 인정하면서 항해과실을 비롯하여 화재 등 17개 당연면책사유를 인정하고 있다(면책카탈로그). 함부르크규칙은 이러한 면책카탈로그를 폐지하였다. 특히 항해과실, 선박관리의 과실, 선박화재에 대한 면책을 폐지한 것은 중요한 의미를 가진다. 다만 화재와 생동물 운송에 대해 운송인의 거증책임이 어느 정도 완화되었다. 다만 항해과실면책을 폐기한 것과 관련하여 그 당위성 여부와 관련하여 찬반논쟁을 불러

1) The responsibility of the carrier for the goods under this Convertion covers the period during which the carrier is in charge of the goods at the port of loading, during the carriage and at the port of dischage(함부르크규칙 제4조 제1항).

일으키고 있다.[1)]

운송인과 실제운송인이 배상책임을 부담할 경우 책임제한을 할 수 있는데, 책임제한 금액은 포장이나 선적단위당 835계산단위 또는 중량당 2.5계산단위 중 높은 금액이다(함부르크규칙 제 6 조 제 1 항 (a)). 한편 인도지연에 대해 운임의 2.5배에 해당하는 금액으로 제한하고 있으며, 다만 해상운송계약상 지불될 총 운임을 넘지 못하도록 규정하였다(함부르크규칙 제 6 조 제 1 항 (b)).[2)] 다만, 운송인이 화물의 멸실, 훼손 또는 인도지연을 발생시키는 의도로 또는 화물의 멸실, 훼손 또는 인도지연이 발생할지도 모른다는 사실을 인식하면서도 무모하게 행하여진 운송인의 작위 또는 부작위로 인해 발생한 것임이 입증될 경우 운송인의 책임제한 항변은 배제된다(헤이그-비스비규칙 제 8 조 제 1 항). 운송인의 피용인 또는 대리인의 경우도 운송인과 같다(동조 제 2 항).

(4) 보상장의 효력

화물 수령시 또는 선적시 이상이 있음에도, 무고장 선하증권을 교부받기 위해 송하인이 운송인에게 교부하는 보상장은 운송인과 송하인간에는 유효하지만 제 3 자에 대해서는 무효이다(함부르크규칙 제17조 제 2 항).

(5) 관 할

화물운송과 관련하여 분쟁이 발생할 경우, 원고는 원고의 선택에 따라 소제기 법원의 국가법에 따라 적법한 관할권이 인정되고, 관할지역 내에 (i) 피청구인의 주된 영업소 소재지, 주소, (ii) 피고가 영업소, 지점 또는 대리점을 두고 있는 경우 계약체결지, (iii) 선적항 또는 양륙항, (iv) 해상운송계약에서 지정한 기타 장소 등에 소송을 제기할 수 있다(함부르크규칙 제21조 제 1 항). 본선 또는 자매선의 가압류지에서도 소제기를 할 수 있도록 하고 있는바, 함부르크규칙이 적용되는 경우 화주로서는 굳이 외국에서 재판을 하지 않고 선박을 가압류를 한 후 당해 국가에서 소를 제기할 수 있는바, 화주에게 상당히 편리하고 유익한 규정이라 할 것이다(동조 제 2 항 (a)).

---

1) 화주들은 항해과실면책은 다른 육상, 항공 등 이종운송에서 찾아보기 어려워 합리적인 이유가 없는 것으로서 당연히 폐기되어야 한다고 주장하는데 반해, 선주측에서는 이를 폐기할 경우 운임상승, 보험료상승 등을 야기시켜 결국 화주에게 그 부담이 돌아간다는 주장으로 맞서고 있다.

2) 중국해상법은 운송인의 인도지체로 인하여 경제손실이 초래된 화물에 대한 배상 한도액은 인도지체로 인한 화물의 운임비 액수로 규정하고 있다(중국해상법 제57조).

(6) 손해통지기간 및 제척기간

헤이그규칙은 인도당시 또는 외관상 나타나지 않는 손해에는 인도일로부터 3일 내에 손해의 개황을 서면으로 통지하지 않으면 선하증권에 기재된 대로 인도된 것으로 추정한다. 함부르크규칙은 이를 15일로 늘렸고, 인도지연에 대해서는 인도일로부터 60일 내에 서면에 의한 통지가 없으면 지연손해에 대한 청구권을 상실한다(함부르크규칙 제19조 제5항).

헤이그-비스비규칙이 제척기간을 1년으로 규정하고 있음에 반해 함부르크규칙은 소제기 또는 중재절차를 2년 내에 진행할 수 있도록 규정하고 있다(함부르크규칙 제20조 제1항). 제척기간은 연장이 가능하다(동조 제4항).

함부르크규칙이 적용되는 해상운송계약에 있어서 다른 법령도 아울러 적용되는 경우(예를 들어 상법의 제척기간 1년) 함부르크규칙이 우선하는지 아니면 한국상법이 우선하는지 논란이 될 여지가 있으나, 함부르크규칙의 모든 조항은 편면적 강행적 규정의 성격을 가지고 있음에 비추어, 2년 내에 소가 제기되면 적법한 기간 내에 소가 제기된 것으로 보아야 할 것이다. 통상 소멸시효의 경우 단기간의 소멸시효를 정한 것이 있을 경우 이에 따르고 있으나, 함부르크규칙에서 제척기간 2년을 둔 것은 화주의 운송인에 대한 소권을 최소한 2년은 보장한다는 취지이므로 소멸시효의 경우와 같이 취급되어서는 안 된다고 본다.

한편 구상청구와 관련하여서는 헤이그-비스비규칙에서는 구상청구권자에게 구상이 제기되는 나라의 법에서 허용되는 기간을 보장하며, 다만 배상을 결제한 날 또는 자신에게 소장이 송달된 날로부터 최소한 3개월을 보장하고 있으나, 함부르크규칙에서는 배상을 결제한 날 또는 자신에게 소장이 송달된 날로부터 소멸하지 않는 기간을 90일로 연장하여 구상청구권자를 보호하고 있다(동조 제5항).

[해 설]

(1) 선하증권에 전속관할로 서울중앙지방법원을 규정하고 있는 경우에는 당해 관할법원인 서울중앙지법은 관할권을 가진다. 다만, 전속관할에도 불구하고 다른 관할이 인정될 수 있는지 문제될 수 있으나, (i) 헤이그비스비규칙/미국해상물건운송법/함부르크규칙 등은 관할이 인정되는 경우를 있을 뿐만 아니라 (ii) 영국판례(The Morviken 사건)에 비추어 볼 때, 이를 긍정해야 할 것으로 보인다. 다만, 미국연방대법원은 Vimar

Seguros Y Reaseguros, S.A. v. M/V Sky Reefer 사건에서 외국에서의 중재를 규정하고 있는 경우 미국법원의 관할권을 포기하였는 바, 다소의 논란이 예상된다. 그러나, 함부르크규칙이 정하고 있는 조건이 충족될 경우 체약국에서 함부르크규칙이 법률과 같은 효력을 가지는 바, 함부르크규칙의 요건을 충족하는 법원은 관할권을 가진다고 보아야 할 것이다. 이렇게 볼 때, 선적항인 부산항을 관할한는 부산지방법원에 관할이 있다고 볼 수 있고, 누에바항은 목적항이므로 이를 관할하는 법원에 관할권이 있다. 또한, 운송인의 주소지를 관할하는 법원 등에 소송을 제기할 수 있을 것으로 보인다. 상황에 따라서는 운송인의 선박을 가압류할 경우 가압류를 한 곳을 관할하는 법원도 관할권을 가질 수 있다. 실제운송인에 대해 실제운송인의 주소지 등이 관할로 인정될 여지가 있다. 다만, 관할이 인정되기 위해서는 당해 법원이 해당국가의 법률에 의하여 관할이 인정되어야 하므로, 당해 법원이 해당국가의 법에 의해 관할이 인정되지 않는 경우에는 관할이 부인될 수 있으므로 나라에 따라 차이가 있을 수 있다고 본다. 실제운송인과 관련하여서는 여러 가지 사정을 파악해서 검토해 보아야 한다.

(2) 계약운송인인 B와 실제운송인을 상대로 소송을 제기할 수 있다.

(3) 적용되는 법규로는 선하증권이면약관에서 규정하고 있는 한국법이 적용될 것이고, 이집트가 함부르크규칙에 가입하고 있으므로 아울러 함부르크규칙이 적용된다.

(4) 함부르크규칙은 화주 A에게 유리하게 적용될 수 있는 법규인 바, 함부르크규칙이 적용됨을 주장하는 것이 유리하다고 하겠다. 책임제한 한도액이 가장 고액인 함부르크규칙이 적용됨을 주장하여야 최대한 배상을 받을 수 있다.

(5) 함부르크규칙에서 규정하고 있는 포장당 835SDR 또는 중량당 2.5SDR 중 높은 금액을 기준으로 배상을 구해야 할 것이다. 선하증권이면약관에 함부르크규칙보다 화주에게 유리한 책임제한조항이 있는 경우에는 A는 해당조항의 적용을 주장할 수도 있으나, 실제로 함부르크규칙보다 유리한 이면약관을 두는 경우는 거의 없어 함부르크규칙을 적용하여 배상을 받으면 된다고 할 것이다.

(6) 논란의 여지가 전혀 없는 것은 아니나, 함부르크규칙상 제척기간은 2년으로 규정되어 있는바, 2년 내에 소를 제기한 경우 적법한 소라고 본다.

(7) 운송지연으로 인한 인도지연의 경우 운임의 2.5배 상당이 책임제한금액이 된다.

(8) 한국법상으로는 항해과실을 이유로 B는 면책을 주장할 수 있으나, 한국법과 아울러 함부르크규칙이 적용되는 본 사안에 있어서는 B는 항해과실 면책을 주장할 수 없어, B는 책임을 부담한다.

제 2 절 상법상 운송인의 책임원칙

1. 책임원칙: 추정과실책임주의

해상운송인은 자기 또는 선박사용인이 감항능력주의의무와 운송물에 관한 주의의무를 해태하지 아니하였음을 증명하지 아니하면 운송물의 손해를 배상할 책임이 있다(794, 795①). 즉 운송인측은 무과실의 입증책임을 부담하는데 이를 추정과실책임주의라고 한다. 이러한 책임원칙은 헤이그-비스비규칙의 입장을 받아들인 것으로서, 운송인에게 일정한 면책사유와 책임제한의 이익을 부여하는 것과 균형을 이루기 위함이다.[1)]

2. 책임주체

2-1 해상운송인

책임의 주체는 해상운송인이다. 종래에는 책임의 주체를 선박소유자라고 하였으나 1991년 개정법은 이를 해상운송인으로 규정하였다. 해상운송인에는 선박임차인, 정기용선자는 물론이고 용선자도 재운송의 경우에는 자기명의로 제 3 자와 운송계약을 체결하기 때문에 책임의 주체인 해상운송인에 포함된다(809; 대판 2002.5.28, 2001다12621; 1999.2.5, 97다19090). 여기에서 해상운송인이라고 함은 송하인과 운송계약을 체결한 '계약운송인'을 말하며 실제운송인과 구분된다. 실제운송인은 계약운송인과의 하수운송(재운송)에 의해 운송계약을 이행하는 자이므로 송하인에 대해 직접 책임을 부담하지 아니하며 그 이행보조자로 될 뿐이다.

2-2 사용인 · 대리인

선원이나 기타 선박사용인과 같은 운송인의 이행보조자의 행위에 대해서

1) 최종현, "개정 해상법 하에서의 해상운송인의 지위", 한국해법회지 제30권 제 1 호(2008.4), 56면.

는 운송인이 책임을 부담한다. 그런데 운송인의 사용자 또는 그 대리인(실제운송인 포함)이 별도로 운송물 손해에 대해 수하인에 대해 책임을 부담할 것인가에 대해서는 상법은 따로 규정을 두고 있지 않다. 이들과 화주들간에는 직접적인 계약관계가 존재하지 않기 때문에 채무불이행책임은 부담하지 않지만 이들의 고의·과실로 인해 운송물에 손해가 발생한 경우에는 불법행위에 기한 책임을 부담하는 것은 당연하다.

이 경우 사용인과 대리인은 운송인이 누리는 면책사유나 책임제한의 혜택을 주장할 수 있는가 하는 점이 문제된다. 이 점에 관해서 상법 제798조는 "운송물에 관한 손해배상청구가 운송인의 사용인 또는 대리인에 대하여 제기된 경우에 그 손해가 그 사용인 또는 대리인의 직무집행에 관하여 생긴 것인 때에는 그 사용인 또는 대리인은 운송인이 주장할 수 있는 항변과 책임제한을 원용할 수 있다"라고 규정하여 이를 인정하고 있다. 이는 소위 히말라야 약관을 수용한 것이다.[1] 다만 그 손해가 그 사용인 또는 대리인의 고의 또는 운송물의 멸실훼손 또는 연착이 생길 염려가 있음을 인식하면서 무모하게 한 작위 또는 부작위로 인하여 생긴 것인 때에는 예외로 한다(대판 1992.9.8, 92다23292).

2-3 책임보험자

피해자가 직접청구권에 기해 운송인의 책임보험자에게 손해배상을 청구하는 경우에는 피보험자(운송인)의 항변권을 원용할 수 있으므로(724), 그 한도 내에서는 책임보험자도 책임의 주체로서 면책사유나 책임제한을 주장할 수 있다.

3. 책임발생원인

3-1 감항능력주의의무 위반

해상운송인은 자기 또는 선박사용인이 감항능력주의의무를 위반하지 아니하였음을 증명하지 못하면 손해배상책임을 부담한다(794).

---

1) Adler v. Dickson(The Himalaya) [1955] 1.Q.B. 158: [1954] 2Lloyd's Rep. 122: [1954] 2 Lloyd's Rep 267.

3-2 운송물에 관한 주의의무 위반: 상사과실

해상운송인은 자기 또는 선박사용인이 운송물에 관한 주의의무를 위반하지 아니하였음을 증명하지 못하면 손해배상책임을 부담한다(795①).

3-3 과실의 주체

운송인 자신뿐 아니라 운송인이 사용하는 모든 자의 과실에 대해 운송인은 책임을 부담한다. 선박사용인에는 운송인과 고용관계에 있는 선원은 물론이고 독립한 주체인 하역업자, 창고업자, 컨테이너야드(CY) 운영자 등이 포함된다. 그러므로 운송인의 이행보조자인 이들의 과실로 운송물에 손해가 생긴 경우에는 운송인은 그 책임이 있다. 다만 독립보조자들은 운송인과 고용관계에 있지 않으므로 운송인은 민법상 사용자책임은 부담하지 아니한다(대판 1997.9.9, 96다20093; 2000.3.10, 99다55052).

4. 책임의 범위

운송인은 감항능력주의의무 또는 운송물에 관한 주의의무를 위반하여 운송물의 멸실, 훼손 또는 연착으로 인한 손해를 배상할 책임이 있다.

4-1 운송물의 멸실 · 훼손 · 연착

(1) 멸　실

운송물의 멸실(loss)은 운송인이 수령한 물품을 수하인에게 인도할 수 없는 모든 경우를 말하며 그 원인을 묻지 않는다. 멸실은 해상운송인 또는 그 사용인의 의사에 기한 것이든 아니면 그 의사에 반하여 생긴 것이든 묻지 않는다. 운송물이 유실 또는 도난 당하거나 손상을 입어 그 경제적 가치를 상실하는 물리적 상실뿐 아니라 보증도 · 가도로 인하여 이를 회복할 수 없는 경우도 멸실에 해당한다.

(2) 훼　손

훼손(damage)은 운송물의 일부가 물리적으로 상실되거나 손상을 입어 가치가 저하된 것을 말하며 그 원인을 묻지 않는다. 유리제품의 파손과 같이 최초의 형태가 완전히 손상을 입은 경우는 멸실에 해당한다.

(3) 연 착

연착(delay), 즉 인도지연은 약정된 일시 또는 통상적으로 목적항에 도달되어야 할 일시에 운송물의 인도가 되지 않는 것을 말한다. 헤이그-비스비협약은 연착에 대해서는 아무런 규정을 두고 있지 않으므로 각국의 국내법에 맡겨져 있는데 우리법에서는 연착에 대한 운송인의 책임을 인정하고 있다. 정기선에 의한 개품운송의 경우에는 본선의 출항과 도착시간표가 공표되고는 있지만 이는 어디까지나 예정도착시(expected time of arrival)를 의미하는 것으로서 해상운송의 실정상 확정적인 인도일시를 약정하거나 보증하는 것은 곤란하다. 따라서 해상운송의 경우에는 기후나 항로 사정에 따라 운항기간이 달라질 수 있으므로, 연착은 단순한 예정일 경과가 아니라 이를 현저하게 경과한 경우를 말한다. 인도지연에 대한 책임한도액에 대해서는 멸실·훼손의 경우와 별도의 규정을 두고 있지 않지만 UNCITRAL 신협약안에서는 연착으로 인한 경제적 손해에 대해서는 운임액의 2.5배로 제한된다.

4-2 인과관계

운송물의 멸실·훼손·연착과 손해간에는 상당인과관계가 있어야 한다. 대판 1999.12.10, 98다9038은 "운송인이 운송계약에 따라 화물을 운송하던 도중에 화물이 멸실되었다면 특단의 사정이 없는 한 수하인에게는 당연히 그에 따른 손해가 발생하였다고 할 것이어서 화물의 멸실과 손해의 발생 사이에는 상당인과관계가 있다고 할 것이고, 화물의 멸실이 제3자의 강도 등 행위에 의하여 야기되었다고 하더라도 그로써 운송행위와 손해 발생 사이의 인과관계가 단절된다고 볼 수는 없다"고 판시하였다.

제 3 절 법정면책사유

상법은 해상운송기업의 특수성을 반영하여 운송인의 책임을 일정한 경우 면제하는 사유를 정하고 있다. 이는 헤이그-비스비규칙의 이른바 면책카탈로그를 받아들인 것인데 일반 책임법에서는 그 유례를 찾아볼 수 없는 독특한 것으로서, 지나치게 운송인보호에 기울어져 있다는 비판을 받는 원인이 되고 있다. 특히 상법 제795조 제 2 항이 정하는 운송물의 손해가 선장·해원·도선사 기타 선박사용인의 항해 또는 선박의 관리에 관한 행위 또는 화재로 인하여 생긴 경우 운송인을 면책시키는, 이른바 항해과실의 면책은 상법 제796조에서 정하는 해상고유의 위험 등에 관한 면책과는 구별된다. 왜냐하면 후자는 원래 운송인의 책임에 귀속시킬 수 없는 사유임에 대해, 항해과실 및 선박화재에 의한 손해는 운송인의 사용자의 과실에 기인하는 것으로서 운송인은 그 배상책임을 부담하는 것이 원칙임에도 불구하고, 이를 면책시키고 있기 때문이다.

이에 따라 2008년 UNCITRAL의 신협약에서는 헤이그-비스비규칙이 정하고 있는 천재지변 등 15가지 면책사유를 인정하고 있으나 가장 논란의 대상이 되어온 항해과실면책을 폐지하였다.[1)]

1. 항해과실

[사례 Ⅳ-3-1: 항해과실의 면책]

(i) Y해운사는 그 소유선박에 X상사가 미국으로 수출하는 컬러 TV 1천 세트를 적재하고 운항도중 좌초로 생긴 구멍으로 흘러 들어온 바닷물에 모두 침수되었다. 다음 각 경우 X의 손해배상청구에 대해 Y는 항해과실면책을 주장할 수 있는가?

① 사고 당시 해역은 암초가 많은 지역이었고 또한 기상상태가 악화되었음에도 불구하고 선장 A는 자신의 오랜 경험만을 믿고 해도를 보지 않고 육안으로 관찰하

1) 김인현, "UN UNCITRAL 운송법회의에서 운송인의 책임제도", 한국해법회지, 제27권 제 2 호(2005.11), 375면; 김만홍, "해기과실 면책의 존폐에 관한 고찰-중국 해상법의 개정과 논의를 중심으로", 해사법연구, 제28권 제 2 호(2006.11), 89면.

며 항해하던 중 사고가 발생한 것으로 판명된 경우

② 위 ①에서 사고 당시 기상상태는 양호한 편이었지만 A가 사용한 해도가 오래된 것으로서 사고 해역부근의 암초 등이 표기되어 있지 않은 때문으로 판명된 경우

(ii) Y해운사는 X로부터 옥수수 3천부대의 운송을 의뢰받고 이를 그 소유 선박의 맨 아래 있는 발라스트 탱크와 동일한 선창에 적재하였다. 그런데 항해도중 태풍경보가 발효되자 선장은 선박의 균형을 유지하기 위해 발라스트 탱크를 바닷물로 채우는 과정에서 탱크의 상부에 열려있는 맨홀을 통하여 바닷물이 넘쳐 그 옆에 적재되어 있던 옥수수가 침수되어 못쓰게 되었다. 다음 각 경우 X의 손해배상청구에 대해 Y는 항해과실면책을 주장할 수 있는가?

① 이 사고가 발라스트 탱크가 찼는지를 용이하게 식별하기 위해 맨홀뚜껑을 열어 두었는데 선원이 과실로 이를 닫는 것을 잊어버렸기 때문에 생긴 것으로 판명이 되었다.

② 위 ①에서 옥수수가 적재된 선창이 바닷물로 침수되기 쉬운 곳으로서 곡물을 적재하기 부적합한 곳인 경우

1-1 의 의

(1) 취 지

운송인은 선장, 해원, 도선사 기타 선박사용인의 항해 또는 선박의 관리에 관한 행위로 인하여 생긴 운송물에 관한 손해를 배상할 책임을 면한다(795②). 이를 항해과실 또는 선박관리상의 과실이라고 한다. 항해과실면책이 최초로 입법화된 것은 미국의 1983년 하터법(Harter Act)인데 이 법은 당시 만연하던 선주들의 면책약관을 제한하기 위해 운송물의 선적, 적부, 보관, 인도에 관한 과실에 대한 면책약관을 공서에 반하는 것으로 무효로 하는 대신 항해 또는 선박의 관리에 관한 과실로부터 생긴 손해에 대해서는 감항능력에 관한 주의를 다하는 것을 조건으로 하여 면책을 인정한 것이다. 이러한 하터법의 정신을 헤이그-비스비규칙에서 수용하였고 우리 상법에서도 도입하였다.

항해와 선박관리행위는 모두 선장 등 선박사용인이 담당하는 기술적인 사항으로서 운송인이 관여할 사항이 아니며 또한 선박이 일단 출항하면 운송인이 더 이상 선박을 통제할 수 없을 뿐 아니라, 이들의 사소한 잘못에 의해서도

큰 손해를 입게 되므로 이를 면책사유로 한 것이다.

(2) 항해과실의 내용

항해과실에는 항해에 관한 과실과 선박관리에 관한 과실의 2가지로 나누어진다. '항해(navigation)'라고 함은 선박의 항해·조종·정박과 같은 순수한 항해기술에 관련된 사항을 말하는데, 예를 들면 선장이 항로의 선택을 잘못하였거나 해도를 잘못 판독하거나 최신 기상정보의 수신을 게을리 하였거나 신호 등을 간과하여 충돌이나 좌초 기타 해난을 야기하는 행위를 말한다. 항해에 관한 과실은 이와 같이 그 자체로서는 큰 해석상의 문제를 야기하지는 않는다.[1]

이에 대해 '선박의 관리'(management of ship)에 관한 과실은 용이하게 이해하기 어려운 모호한 개념이다.[2] 예를 들면 선박의 안전한 항해를 위한 기관의 점검, 선창의 관리, 발라스트 탱크에의 해수유입 등이 해당된다.

1-2 감항능력주의의무 위반과의 구분

선박사고의 거의 대부분은 항해과실이 그 원인으로서 이 경우 운송인은 면책이 되지만, 만일 사고의 원인이 선박의 불감항 때문인 경우에는 운송인은 자기 또는 선박사용인의 무과실을 입증하지 못하는 한 모든 책임을 부담한다(794). 그러나 실제 항해과실과 선박 불감항은 그 구별이 쉽지 않다. [사례 Ⅳ-3-1-i]의 ①에서 좌초와 그로 인한 침수사고는 선장(A)의 항해에 관한 잘못으로 발생한 것으로 볼 수 있고, 따라서 운송인(Y)은 항해과실면책을 주장할 수 있다. 그러나 [사례 Ⅳ-3-1-i]의 ②는 선장이 아무리 주의 깊게 항해를 하였다고 하더라도 애초부터 잘못된 해도로 인해 필연적으로 사고가 발생할 수 밖에 없었다는 점에서 선박의 불감항에 해당한다.[3] 따라서 운송인(Y)은 잘못된 해도를 준비함에 있어서 자기(Y)나 선장(A)이 과실이 없었음을 입증하지 못하면 화주(X)에게 손해배상책임이 있다.

앞의 [사례 Ⅲ-2-1]에서도 선체가 견고하지만 바다에 떠돌아다니는 부유물과의 충돌로 인해 불가피하게 균열이 생긴 경우에는 항해과실에 해당하지만,

1) 金종大, "해상운송인의 책임과 적하보험 담보에 관한 연구", 한국해법회지 제21권 제2호(1999.11), 161면 이하 참조.
2) Scrutton, 244.
3) 서헌제(하) 377면.

출항당시부터 선체에 흠이 있어 항해에서 일상적으로 예상할 수 있는 부유물과의 충돌에도 쉽게 균열이 생겼다면 이는 불감항에 해당한다.

한편, 앞에서 본 [사례 Ⅲ-2-4]에서 대판 2004.7.8, 2004다8494은 "해상을 운행하던 선박이 수중에 있는 물체와 충돌하여 화물이 침수되는 사고가 발생하였으나 당시 수심이 100m 정도이고 그런 수중물체가 있음을 짐작하게 하는 수면 위의 부유물도 발견할 수 없어 미리 사고를 예견하거나 방지할 수 없었던 점에 비추어, 위 사고는 상법 제789(796)조 제 2 항 제 1 호, 제 2 호에 규정된 해상 고유의 위험 내지 불가항력 또는 상법 제788(795)조 제 2 항 소정의 항해과실에 의한 사고이므로 운송인에게 손해배상책임을 지울 수 없다"고 하여 항해과실 면책을 인정하였다.

1-3 운송물에 관한 주의의무 위반(상사과실)과의 구분

운송물에 관한 과실, 즉 상사과실과 항해·선박관리상의 과실, 즉 항해과실의 구별도 매우 어렵다. 그 구별은 손해를 발생시킨 행위가 운송물에 관련된 것인지 혹은 선박에 관련된 것인지가 기준이 된다. 아직 국내에서는 상세한 구별기준에 관한 판례가 나와 있지 않은데 영국의 판례에 의하면 "만일 손해의 원인이 전적으로 또는 주로 적하에 대한 상당한 주의를 태만히 한 것이면 운송인은 책임을 부담한다. 그러나 손해의 원인이 적하와는 달리 선박의 전부 혹은 일부에 대한 상당한 주의를 태만히 한 것이면 그 선박은 면책된다. 그러나 과실이 선박에 대한 것이 아니고 적하의 보호를 위한 선박의 속구 사용에 관한 것인 때에는 상사과실로서 면책되지 아니한다"고 보았다.[1] 즉 전적으로 선박자체의 이익에 관한 사항이 선박의 관리이고 적하의 이익 또는 적하의 보관유지를 위해 설치되어 있는 기계나 기구 및 시설을 위한 것은 운송물의 관리에 해당한다는 것이다. 독일상법 제607조도 "주로 적하의 이익에 관련되는 조치는 선박의 관리에 속하지 아니한다"고 규정하고 있다.

[사례 Ⅳ-3-1-ii]의 ①에서 보면 태풍이 오기 전에 선박의 균형을 잡기 위해 발라스트를 유입하였는데 이는 선박의 안전을 위한 것이며, 이러한 행위가 운송물의 손해를 직접적으로 야기하였으므로 이는 운송물취급상의 과실(상사과

1) Grosse Millerd v. Canadian Gov. Merchant Marine, [1929] A.C. 223; Scrutton, 247.

실)이 아니라 선박관리상의 과실(항해과실)에 해당한다.[1] 그러나 [사례 Ⅳ-3-1-i]의 ②에서는 운송물이 적재된 선창은 발라스트 탱크 옆에 있어 자주 침수되는 곳으로서 옥수수와 같은 곡물을 적재하기 부적합한 곳에 적재(적부)한 것이므로, 상사과실에 해당한다고 볼 수 있다.

1-4 운송인의 고의·과실

상법 제795조 제2항은 선박에서의 화재에 대해 "운송인의 고의 또는 과실에 기한 경우를 제외한다"라는 명문의 규정을 두고 있는데 항해과실의 경우에도 운송인 자신의 고의·과실이 있는 경우에는 면책되지 아니한다. 가령 도선사를 사용해야 할 경우에 이를 사용하지 말라는 지시를 한 경우 혹은 운송인이 항로를 오인한 지시를 한 경우 이로 인해 선박의 충돌이나 좌초가 발생하여 운송물에 손해가 생긴 경우에는 비록 그러한 사고가 항해과실에 의한 것이라도 운송인은 면책되지 아니한다. 운송인이 회사인 경우 어떠한 지위에 있는 자의 과실을 운송인의 과실로 인정할 것인가 하는 문제가 있는데 이에 대해서는 화재면책부분에서 설명한다. 그리고 운송인이 선장을 겸한 경우에는 항해과실 면책을 인정할 것인가 하는 점이 문제된다. 이 경우에는 운송인 자신의 과실이라고 하더라도 선장으로서 항해기술상의 성질을 가진 행위라는 점에 착안해서 면책을 인정하는 것이 타당할 것으로 보인다.

2. 선박화재

[사례 Ⅳ-3-2: 대판 1973.8.31, 73다977; 1977.12.13, 75다107]
Y해운사는 X방송사로부터 방송용기재를 부산에서 제주까지 운송해 달라는 위탁을 받고, 이를 그 소유선박인 도라지호의 제1하치장에 적재하였다. 때마침 폭풍주의보의 발효로 출항이 연기되자 선박의 견습선원인 A가 좁은 선원실에 원통형으로 된 보통의 석유난로를 피워둔 것을 배안에서 행상을 하던 B가 건드려서 넘어뜨리는 바람에 불이 붙게 되어 X의 방송기재가 일부는 불타고, 나머지 대부분은 그 진화작업

1) 항해과실면책을 인정하지 않은 판례에 대하여는 [사례 Ⅲ-2-8] 참조.

에 따른 습기에 젖어 방송기재로 사용하기 어려울 만큼 훼손되었다. 다음 각 경우 X의 손해배상청구에 대해 Y는 선박에서의 화재임을 이유로 그 책임을 면할 수 있는가?

① 원래 선박 운행중에는 기관의 열로서 배 전체에 난방을 하도록 하고, 기관이 움직여서 열을 낼 때까지는 석유난로로 난방하도록 하였던 것인데, 난로를 고정시키는 시설을 하지 아니한 채 그냥 불을 피운 경우 ② 선박에 고정된 난로가 있음에도 불구하고 A가 이를 사용하지 않고 임의로 석유난로를 사용한 경우

2-1 취 지

(1) 입법취지

운송인은 선장, 해원, 도선사 기타의 선박사용인의 과실로 인한 선박에서의 화재로 인해 생긴 운송물의 손해에 대해서도 그 책임을 면한다(795②본). 이는 헤이그규칙 제 4 조 2항(b)의 내용을 받아들인 것이다. 선박화재는 해상위험 중에서도 가장 전형적인 것으로서 선원들의 사소한 실화로 인해 막대한 손해를 초래할 수 있고 적하보험은 원칙적으로 화재에 의한 손해를 전보하기 때문에 화재면책을 인정하여도 화주측에 큰 불이익을 미치지 않는다는 점을 고려하여, 항해과실면책과 마찬가지 이유로 이를 면책사유로 정한 것이다.

(2) 화 재

화재의 의미에 대해서는 별도의 규정을 두고 있지 않으므로 사회통념상 화재의 개념에 의할 수밖에 없다. 다만 화재는 화염의 발생을 전제로 하고 있으므로 단순한 가열손해는 화재에 해당하지 않는다, 그러나 어분이나 면화와 같이 자체의 발열성을 가진 운송물을 기관의 벽체에 부착하여 적부하거나 혹은 목재와 같이 적부하여 발화가 된 경우는 운송물 관리에 관한 손해로서 운송인은 화재면책을 원용할 수 없다.

화재에 의해 운송물에 생기는 손해는 화재와 상당인과관계가 있는 손헤에 한정된다. 여기에는 화재의 직접작용에 의해 생긴 손해와 화재의 불가피한 결과로서 생기는 간접손해가 포함된다. 화재에 의한 훼손이라든가 열기 또는 연기 등에 의해 생긴 운송물의 변질 또는 변색이 직접손해에 해당하며, 운송물을 선창밖으로 반출함에 따른 훼손이나 방수에 의한 손해, 연소방지를 위한 처분

손해가 간접손해이다.

(3) 선박에서의 화재

본조는 단지 '화재'라고만 규정하고 화재발생의 장소를 특정하고 있지 않다. 따라서 화재는 반드시 선박 내부로부터 발생한 경우에 한정하지 않고 외부의 화재가 선내에 미친 경우도 포함된다. 다음의 [사례 Ⅳ-3-3]은 이점에 관해서 명시적으로 언급하고 있다.

[사례 Ⅳ-3-3: 대판 2002.12.10, 2002다39364]

[사실관계] [1] 그린화재해상보험 주식회사(X)는 2000.2.18. 오비맥주 주식회사(A맥주)와 피보험자를 A맥주, 보험목적물을 전남 고흥 녹동항에서 제주 성산포항으로 운송되는 맥주 10,340상자, 보험금액을 229,271,036원으로 하는 적하보험계약을 체결한 보험자이고, 세계물류 주식회사(Y)는 해상운송업을 목적으로 하는 회사이다. Y는 2000.2.경 A맥주와의 사이에 이 사건 화물을 녹동항에서 성산포항까지 운송하여 주기로 하는 운송계약을 체결하였고, 남주운수 주식회사(B운수)와 계약기간은 1999.3.1.부터 2000.2.29.까지로 정하여 Y가 의뢰한 물품을 Y가 지정하는 시간과 장소에 운송하기로 하는 계약을 체결하였으며, B운수는 1999.5.14. 흥일해운 주식회사(C해운)와의 사이에 계약기간은 1999.5.15.부터 2000.5.14.까지, 사용선박은 흥일해운 소유인 라거트레이드호, 운송구간은 녹동항에서 성산포항으로 정하여 B 운수가 의뢰한 물품을 C해운이 운송하기로 하는 계약을 체결하였다.
[2] 위 계약에 따라, C해운은 2000.2.19. 녹동항에서 선박에 화물을 적재하고 같은 날 07:40경 출항하여 같은 날 17:00경 성산포항에 도착하여, 같은 달 21. 08:00경에 있을 화물양하를 위하여 좌현으로 성산포항에 접안하여 정박중이었고, 선박의 우현에 어선 오상호가, 그 우현에 강동호가, 다시 그 우현에 3척의 어선이 더 밧줄로 연결되어 계류중이었다. 사고 전인 같은 달 20. 17:00부터 폭풍주의보가 발효되어 북서풍이 시속 14~16m로 강동호 우현 45도 각도에서 오상호 면으로 강하게 불고 있었고, 이로 인해 많은 어선들이 성산포항에서 밧줄로 묶여 계류하고 있었다. 그런데 당시에는 바람이 강하게 불고 날이 추워 강동호에 승선하고 있던 선원들이 전기장판에 전기를 공급하기 위해 선박내의 발전기를 계속 가동한 결과 전기합선이 되면서 같은 달 21. 04:00경부터 04:20경까지 사이에 위 선박의 기관실 상부 및 식당부근에서 화재가 발생하였고, 위 화재는 당시 강하게 불던 바람에 의해 좌현에 연결되어 있던 오상호로 옮겨 붙었으며, 다시 이 사건 선박의 조타실과 선창 사이에 옮겨 붙어 화

물이 손상을 입었다.
[3] A와 적하보험계약을 체결한 X는 화주 A에게 보험금을 지급하고 보험자 대위권을 근거로 운송인인 Y에게 구상청구를 하자, Y는 화물의 손상은 화재로 인하여 생긴 운송물에 관한 손해로서 면책된다고 항변하였다.

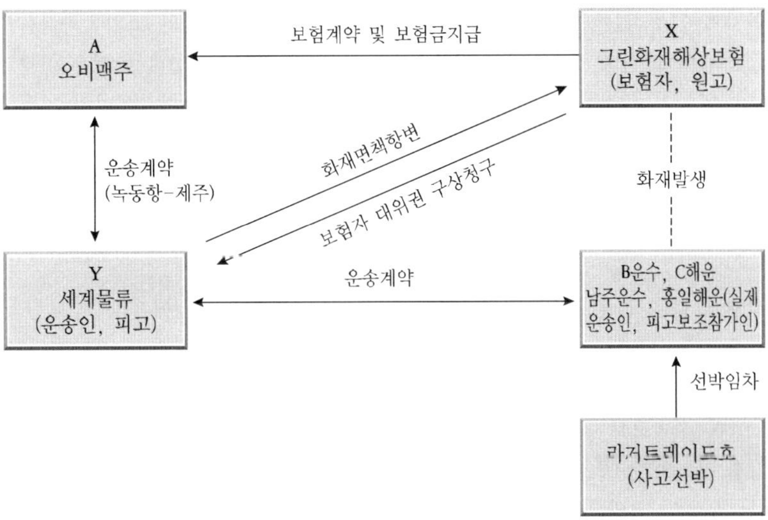

[쟁 점] [1] 상법 제795(788)조 2항에서 면책사유로 규정하는 화재라 함은 당해 선박 내부에서 발생한 것을 말하는가 아니면 다른 선박 등 당해 선박 외부에서 발생한 화재가 옮겨 붙은 경우를 포함할 것인가?
[2] 상법 제795조 2항 단서에서 규정하는 '운송인'의 고의·과실에서 운송인의 범위는 어디까지인가?

[판결요지] [원심판결요지] [1] 1991.12.31. 법률 제4470호로 개정되기 전의 상법 제788(795)조 제 2 항 본문은 '선박에서의 화재'를 면책사유로 규정하고 있다가 위 개정에 의하여 '선박에서의'라는 문구를 삭제하고 단순히 '화재'라고만 규정함으로써 문리상 화재의 발화원인이나 발생장소를 제한하지 않게 된 점, 화재를 면책사유로 하는 근거는 화재가 전형적인 해상위험의 하나로서 경미한 과실로도 거액의 손해를 발생시킨다는 점, 그리고 원인의 파악이나 과실의 판정이 곤란하다는 점 및 적하의 화재손해는 적하보험으로 보상받을 수 있다는 점 등에 있다 할 것인데, 이는 선박 내부에서 화재가 발생한 경우이거나 선박 외부에서 발생한 화재가 선박 내부로 번

진 경우를 달리 취급하여 위 조항에서 말하는 면책사유로서의 화재를 굳이 선박 내부에서 발생한 화재라고 좁게 해석할 만한 합리적인 이유를 찾아볼 수 없는 점 등에 비추어 볼 때, 이 사건에서와 같이 선박 외부인 다른 선박에서 발생한 화재가 당해 선박에 옮겨 붙은 경우도 위 조항에서 규정한 면책사유로서의 화재에 해당한다고 봄이 상당하다.

[2] 여기에서 말하는 운송인의 고의 또는 과실은 운송인 자신의 고의·과실을 의미하고, 선원이나 기타 선박사용인 등의 고의 또는 과실까지 포함하는 것은 아니라 할 것인데, 원고가 주장하는 위와 같은 과실은 선원이나 기타 선박사용인의 과실에 해당하는지 여부는 별론으로 하고, 운송인인 피고 자신의 과실이라고 할 수 없으며, 달리 이 사건 화재가 운송인의 고의 또는 과실로 인한 화재에 해당한다고 볼 아무런 증거가 없다.

[대법원 판결요지] [1] 상법 제788(795)조 제2항 본문 및 단서에서의 '화재'란, 운송물의 운송에 사용된 선박 안에 발화원인이 있는 화재 또는 직접 그 선박 안에서 발생한 화재에만 한정되는 것이 아니고, 육상이나 인접한 다른 선박 등 외부에서 발화하여 당해 선박으로 옮겨 붙은 화재도 포함한다고 해석된다.

[2] 상법 제788(795)조 제2항 단서에 따라 화재로 인한 손해배상책임의 면제에서 제외되는 사유인 고의 또는 과실의 주체인 '운송인'이란, 상법이 위 제2항 본문에서는 운송인 외에 '선장, 해원, 도선사 기타의 선박사용인'을 명시하여 규정하고, 같은 조 제1항 및 제787(794)조에서도 각 '자기 또는 선원 기타의 선박사용인'을 명시하여 규정하고 있는 점과 화재로 인한 손해에 관한 면책제도의 존재이유에 비추어 볼 때, 그 문언대로 운송인 자신 또는 이에 준하는 정도의 직책을 가진 자만을 의미할 뿐이고, 선원 기타 선박사용인 등의 고의 또는 과실은 여기서의 면책제외사유에 해당하지 아니한다고 해석하여야 할 것이며, 위 조항이 상법 제789(797)조의2 제1항 단서처럼 '운송인 자신의 고의'라는 문언으로 규정되어 있지 않다고 하여 달리 해석할 것이 아니다.

2-2 해상운송인의 고의 또는 과실

운송인 자신의 고의 또는 과실에 의해 발생한 화재손해에 대해서는 면책되지 아니한다. 그러므로 앞의 [사례 Ⅳ-3-2]에서 운송인의 면책여부는 이 화재가 운송인(Y)의 과실로 인한 것인가 아니면 사용인(A)의 과실인가에 따라 가려진다. 이에 대해 대판 1973.8.31, 73다977은 "선박안전법 제2조 제1항 제

6호의 규정에 의하면 소방시설을 하게 되어 있고, 선박설비규정 제93조의 규정에 보면 선박에 곤로를 설치할 경우에는 이동하지 아니하도록 고정할 것을 소방시설로서 요구하고 있음이 명백하다. 그럼에도 불구하고 원심은 도라지호에 따로 고정시켜놓은 난로 등이 있음에도 불구하고 이것을 이용하지 아니하고 따로 난방용 난로를 고정시키지 않고 피워놓은 것인지의 여부도 조사하지 아니하고 선박소유자인 피고(Y)의 과실이 아니라고 판시하고 있는 것이다. 이 점에서 원심은 상법 제788(795)조 제2항 단서에 규정된 선박소유자의 과실에 대한 법리를 오해하였다"고 판시하였다. 따라서 [사례 Ⅳ-3-2]의 ①은 운송인 자신의 과실로서 면책되지 않지만 [사례 Ⅳ-3-2]의 ②는 선원의 과실로서 운송인은 면책된다.

문제는 '운송인'이 회사 또는 법인인 경우 어느 범위의 사람이 운송인의 개념에 포함될 것인가 하는 점이다. 영국에서는 우리 상법과 동일한 내용을 규정하고 있는 상선법(Merchant Shipping Act) 제502조의 해석과 관련해서 법인의 업무집행기관 즉 회사의 이사 또는 선박관리인(managing owner)의 고의 또는 과실에 한정된다고 한다.[1] 이에 내해 비국에서는 보나 광범위하게 해석되고 있는데, 적어도 선장의 권한을 넘는 권한을 가진 자로서 가령, 일반적인 업무관리권을 위탁받은 사용인도 포함하는 것으로 본다.[2] 우리의 해석론으로서도 대규모 해운회사의 경우에는 육상의 고급사용인으로서 당해 선박의 관리 또는 운항에 관한 권한을 가진 자를 포함하는 것이 타당하다고 본다. 위 [사례 Ⅳ-3-3]에서 판례는 '운송인 자신 또는 이에 준하는 정도의 직책을 가진 자만을 의미할 뿐'이라고 추상적으로 언급하고 있다.

2-3 감항능력 위반과의 관계

선박화재의 면책은 운송인이 화재에 대비한 감항능력을 갖춘 경우에만 허용된다. 그러므로 선박화재가 선원의 과실이나 앞의 [사례 Ⅲ-2-9]와 같이 자연발화로 인해 발생한 경우에도 발항시 위험물을 적재함으로써 감항능력을 갖추지 못하면 운송인은 면책되지 아니한다. 이러한 취지에서 서울민지판(확) 1984.2.23, 82가합6826도 "화물손상의 원인은 선박에서의 화재로 인한 것이

1) Scrutton, 480.

2) Poor, 213.

므로 선박 소유자인 피고는 책임을 면한다고 주장하나, 운송인이 그 사용하는 자의 과실에 의하여 선박이 불감항의 상태에 있고, 이로 인하여 화재가 발생하여 운송품에 손해가 생긴 경우에는 선박에 있어서의 화재에 의한 손해에 관하여도 운송인은 면책되는 것이 아니므로 피고(Y)의 주장은 이유 없다" 고 판시하였다.[1)]

3. 그 밖의 면책사유

3-1 취 지

(1) 면책카탈로그

상법 제796조에는 앞에서 설명한 항해과실 및 선박화재 외에 해상고유의 위험 등 11가지를 면책사유로 열거하고 있다. 운송인은 이들 사유가 있었다는 것과 운송물에 관한 손해가 그 사유로 인하여 보통 생길 수 있는 것임을 증명한 때에는 이를 배상할 책임을 면한다(796본). 여기에 열거되어 있는 면책사유는 이른바 헤이그-비스비규칙의 '면책카탈로그'를 따른 것인데, 해상고유의 위험 등 해상운송에서 흔히 발생하기 쉬운 사유들을 망라하고 있다. 이러한 면책리스트가 나오게 된 것은 해상운송인이 선하증권에 삽입하는 면책약관에 일반적으로 포함되던 것을 정리한 것으로서, 그 이외의 면책사유를 추가하는 것을 무효로 함으로써(799①) 화주를 보호하려는 데 그 취지가 있다.

(2) 입증책임의 전환

11가지 면책사유가 존재하는 경우에도 감항능력주의의무(794) 및 운송물에 관한 주의의무(795①)를 다하였더라면 그 손해를 피할 수 있었음을 증명한 때에는 운송인은 면책되지 아니한다(796단). 그러므로 11가지 면책사유는 운송인을 종국적으로 면책시키는 것이 아니고 감항성 결여와 상사과실의 입증책임을 화주에게 전환시켰다는 점에서, 운송인의 책임이 감경되는 데 그 의미가 있다.

1) [사례 Ⅲ-2-9] 참조.

(3) 면책사유의 법적 성질

11가지를 그 성질별로 구분해보면 ① 자연적 불가항력 및 인위적 불가항력, ② 송하인의 행위 및 운송물의 성질과 하자, ③ 인명 혹은 재산구조 또는 정당한 이유에 기한 이로(離路) 등 3가지 유형으로 나누어 볼 수 있다. 이중에 ①과 ②는 원래 운송인에게는 과실이 없는 경우로서 과실책임주의에 의하면 이들 사유는 운송인의 책임범위에 속하지 않는 것이므로 이를 그 책임에서 제외하는 것은 당연하고, 면책사유라고 할 필요도 없는 것이다. 다만 운송물에 손해가 생긴 경우에는 운송인은 원칙적으로 운송물에 관한 주의의무를 다하였다는 입증책임을 부담함에 대해 본조에 열거하는 사유가 있는 경우에는 운송물에 관한 손해가 이들 사유에 의해 보통 생길 수 있다는 것을 증명한 때에는 운송인은 일응 책임을 면한다는 의미에서 입증책임경감사유라고 할 수 있다.

3-2 면책사유의 유형

(1) 개　관

본조에서 열거하고 있는 11가지 사유는 헤이그규칙 제 4 조 2항에 열거되어 있는 17가지 면책사유를 정리하여 재구성한 것이다. 헤이그 규칙의 내용에 충실히 따른 것이기는 하지만 규정의 문언에 약간의 변경을 가하고 그 배열을 재조정한 것이다. 원래 헤이그규칙 제 4 조 2항의 열거사항은 종래 선하증권 중에 면책사유로서 열거되던 것을 받아들인 것인데 그 사유가 중복되거나 애매할 뿐 아니라 순서가 서로 뒤바뀐 것도 있어 대륙법적인 입법에서 볼 때에는 졸렬한 것으로 보일 수도 있다. 그러나 이는 장기간 축적된 판례법의 토대위에 입법된 것으로서 영미법의 체계에서는 불가피한 것이라고 할 것이다.

(2) 해상고유의 위험(796.1)

운송인은 해상 기타 항행할 수 있는 수면에서의 위험 또는 사고로 인한 손해에 대해서는 면책이다. 이를 보통 '해상고유의 위험'(perils of the sea)이라고 하는데, 선박이 항해하는 해역, 계절 등에서 보통 그 발생을 예상할 수 없고, 일반 선량한 관리자의 주의로서는 방어할 수 없는 성질을 가진 해상에서의 특유한 파괴적인 위험, 재해 또는 사고를 말한다. 인간의 행위가 개재되지 않을 것을 그 요건으로 하지 않는 점, 해상특유의 위험임을 요건으로 하는 점에서 다음의 불가항력(acts of god)과는 개념상 구분된다. 보통 황천(bad weather), 폭풍우, 돌풍, 쓰나미, 농무 등이 그 전형적인 사례이지만 충돌, 좌초, 빙산과의 충돌 등도 여기에 포함된다. 불가항력과 해상의 고유의 위험은 그 구분이 쉽지 않고 또 그 구분의 의미도 크지 않다. 해상에서 일반적으로 발생하는 위험과 해상고유의 위험은 그 예외성, 파괴성 등에서 구분되지만 어떤 위험이 해상특유의 위험인가 아닌가는 사회통념에 의해 결정된다.

그러한 취지에서 **대판 1998.2.10, 96다45054**는 앞의 [**사례 Ⅲ-2-7**]에서 "선박은 약정된 항해에서 통상 예견되는 황천(荒天) 기타 기상이변에 대비한 준비가 되어 있어야 할 것인바, 사고 당시 제주도 부근 바다에 발표된 폭풍주의보의 예상최대파고는 3 내지 5m이고, 풍속은 뷰포트(Beaufort) 풍력계급 중 7 내지 8등급에 해당하는 14 내지 20m/s 정도였고, 선박이 항해 중 조우한 돌풍과 삼각파도에 의하여 선체 자체의 손상이나 인명피해는 없었는데도 화물창구덮개 일부만이 파손되었으며, 사고 당시 이 선박에 근접하여 항해하던 제1경진호는 아무런 손상도 입지 않은 사실을 알 수 있으므로, 이 선박이 조우하였던 기상이변에 의한 돌풍이나 삼각파도는 3월 하순경 부산에서 제주까지의 항로를 항해하는 선박이 통상 예견할 수 있는 위험 범위를 벗어난 것으로 보이지는 아니한다"고 판시하여 '해상고유의 위험'을 이유로 하는 운송인의 면책을 인정하지 아니하였다.

(3) 불가항력(796.2)

불가항력(act of god)이란 사람의 행위가 개재되지 않은 사고의 원인으로서 운송인이 사전에 예견할 수 없거나 예견하였더라도 방지할 수 없었던 일체의 자연적 재해를 말하며, 황천(bad weather), 폭풍우, 돌풍, 쓰나미, 벼락, 농무, 결빙이 그 대표적인 예이다. 즉 불가항력은 ① 인간의 행위가 개입하지 아니한 것, ② 인간의 힘으로 극복할 수 없는 것, ③ 예견할 수 없는 것의 3가지 요건을 구비해야 한다. 그러므로 가령 자연재해의 발생을 예견할 수 있는 경우, 인간의 힘에 의해 극복할 수 있는 경우 또는 인간의 행위가 개재된 경우에는 여기에서 말하는 불가항력은 아니다. 가령 이상 저온으로 인해 서리와 결합된 한파 때문에 보일러 파이프가 파열되어 운송물이 보일러로부터 유출된 물에 의

해 손상을 입은 경우에는 충분히 예견가능한 손해이므로 불가항력이라고 할 수 없다.

이러한 취지에서 대판(전) 1983.3.22, 82다카1533은 앞의 [사례 Ⅲ-3-1]에서 "불법행위로 인한 손해배상청구에 대하여 운송인이 불가항력에 의한 사고라는 이유로 그 불법행위 책임을 면하려면 그 풍랑이 선적 당시 예견 불가능한 정도의 천재지변에 속하고 사전에 이로 인한 손해발생의 예방조치가 불가능하였음이 인정되어야 한다"고 판시하였다.

불가항력 여부가 본격적으로 문제된 사안은 다음의 서해 페리호 사건에 관한 [사례 Ⅳ-3-4]이다.

[사례 Ⅳ-3-4: 대판 1998.8.21, 97다13702]

[사실관계] Y2해운조합은 그 소유선박인 서해 페리호를 Y1회사에 위탁경영하여 왔는데, Y1은 이를 서해상의 위도와 부안간의 항로에 투입하였다. 이 선박은 선장겸 운항관리자인 A가 Y1, Y2의 지휘감독을 받아 운항하고 있었는데, 사고당일 A는 최대탑재인원인 221명을 훨씬 초과한 총 362명의 여객을 승선시키고 과중한 화물 및 자갈을 실음으로써 안전한 복원력을 갖추지 못한 채 출항하였다. 선박이 항해 중 나일론 밧줄의 그물이 추진축에 감겨 선체가 우측으로 기울어지는 순간 좌측에서 덮치는 큰 파도를 받아 완전히 복원력을 상실하여 침몰하였다. 이 사고로 다수의 인명이 죽거나 다치고 X의 화물이 전부 유실되었다. X의 손해배상청구에 대해 Y1, Y2는 불가항력을 이유로 면책을 주장할 수 있는가?

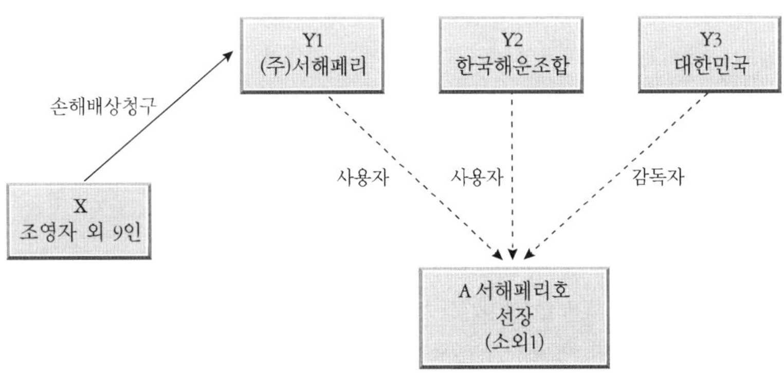

[판결요지] 선박이 항해 중 나일론 밧줄의 그물이 추진축에 감겨 선체가 우경사될 때 선미좌현에서 덮치는 큰 사추파(斜追波)를 받게 되어 완전히 복원력을 상실하여 침몰하게 되었더라도 이를 예측불가능한 자연재해 내지 불가항력적인 사고라고 보기 어렵다.

한편 다음 [사례 Ⅳ-3-5]는 본조의 불가항력 면책에 관한 것은 아니지만 태풍으로 인한 선박간의 충돌로 인한 사고에 대하여 불가항력 주장을 인정하지 않았다.

[사례 Ⅳ-3-5: 대판 1991.1.15, 88추27]

[사실관계] [1] 대한상선주식회사(A상선) 소속의 부선 거북이 24호는 열연코일 2,597.9톤을 적재하고 같은 회사 소속 예선 연안호에 예인되어 1987.7.15. 06:20 울산항내 현대중공업 자키트 제3안벽에서 약 0.3마일 떨어진 엠(M)-7 묘박지 부근인 북위 35도 28분 47초, 동경 129도 24분 00초에 도착 위치하여 선수묘7절을 투하묘박하고 예선 연안호는 부선 거북이 24호의 선미 우현에 좌현으로 계류하여 양륙을 위하여 대기하고 있었다. 한편 현대상선주식회사(B상선) 소속의 부선 현대비1003호는 총톤수 8,841.48톤인 강조 부선으로 1987.4.15. 13:00경 위 자키트 제3안벽에 우현 접안으로 계선한 후 공선상태에서 장기간 대기 중이었고 그 좌현에는 부선 현대비1005호가 우현으로 역시 공선상태로 계선되어 있었다. 그런데 그 당시는 태풍 셀마가 북상 중인 상황이었고 기상이 점점 악화되어 1987.7.16. 00:00경 기상상태는 비가 내리는 날씨에 남풍이 초속 약 30미터로 불고 파고는 5-6미터 정도였으며 태풍 셀마의 위치는 대마도 서면 약 100킬로미터의 해상에 있었고 중심기압은 970밀리바이며 북동면으로 매시 35킬로미터의 속도로 진행하고 있었다. 그리하여 예선 연안호의 선장인 김광율은 같은 달 15. 23:40경 전 선원(6명)에게 비상근무를 지시하고 같은 달 16. 00:00경에는 주기관을 가동하여 강한 바람에 선박이 주묘되지 아니하도록 선위를 유지하고 있었던 사실, X가 그 소장으로 있는 B상선 울산사무소는 위 현대비1003호에 선원을 승무시키지 아니하고 있던 중 위와 같이 태풍이 북상하자 이에 대비하여 1987.7.15. 낮에 그 선박의 계선삭을 보강하여 선수에 4개, 중앙에 9개, 선미에 8개의 계선삭으로 결박한 사실, 그런데 같은 달 16. 02:10경 강한 풍파에 의하여 위 현대비 1003호와 위 현대비 1005호의 계선삭이 절단되어 표류하면서 위 현대비1003호와 위 정박 중인 거북이 24호의 좌현선수 부위가 충돌되어 위 거북이 24호는

계속 위 현대비 1003호에 밀리며 선체가 파손 침수되어 같은 날 02:50경 북위 35도 29분 13초, 동경 129도 24분 11초 위치에서 침몰하였고, 위 예선 연안호 역시 강풍과 파랑으로 인하여 표류되는 위 현대비 1003에서 빠져 나오지 못한 채 밀리다가 현대미포조선소 제 3 번 갑문 안벽에 압류되어 같은 날 03:50경 침몰되었으며 이 사고로 인하여 위 거북이 24호의 좌우현 및 선저외판이 굴곡 및 파손되는 등 손상되고 위 연안호는 선수부 양현 외판 좌우현 외판이 굴곡 및 파열되는 등 손상되었고 위 연안호의 기관원 최창호가 허리에, 기관장 최창호가 머리에 각 상처를 입었다.

[2] Y해난심판원은 B상선 울산사무소장인 X가 위 현대비 1003호의 관리자로서 태풍 셀마에 대비하여 이 선박의 계선삭을 보강하였으나 그 조치만으로 태풍영향에 견딜 수 있다고 판단한 것은 잘못이고 당시 태풍의 영향력을 고려하여 충분하고 적극적인 안전조치를 취할 의무가 있음에도 불구하고 이를 소홀히 한 과실이 인정되고 이러한 과실도 원인이 되어 이 사건 해난이 발생하였다고 판단하여 X를 "해난의 원인에 관계있는 자"로 보아 X에 대하여 권고한다는 재결을 하였다.

[판결요지] X는 현대비 1003호의 예선삭이 절단 표류되어 생긴 이 사고는 태풍 셀마로 인한 불가항력의 사고였다고 주장하나 원래 기상상태 특히 태풍과 같은 기상의 상황은 변화무쌍하여 정확한 예측이 불가능한 속성을 지니고 있으므로 이 사건의 경우와 같이 이미 상당한 시간 전에 태풍경보가 있었던 이상 대형공선인 위 현대비 1003호의 선박관리자(X)로서는 태풍의 진로가 예상과 달라져 해상에 더 심한 강풍과 파랑이 일어날지도 모르는 경우까지 대비하여 태풍의 피해가 생기지 아니하도록 안전한 장소로 피항하는 등 안전조치를 철저히 강구하여야 할 주의의무가 있는 것이므로 이 사건의 경우 태풍 셀마의 진로가 당초 예보된 것과는 달리 이 사건 사고가 발생한 울산항의 서면으로 지나가고 그에 따라 원고측 선박이 정박 중이던 울산항은 예상보다 더 강한 태풍권에 들게 되어 위 현대비 1003호의 계선삭이 절단되어 표류하게 되었다 하더라도 이에 제대로 대비하지 못하였던 원고(X)에게 선박관리상의 잘못이 없다고는 할 수 없는 것으로서 이 사건 해난을 가지고 불가항력에 의한 사고라고 볼 수는 없다 할 것이다.

(4) 전쟁 · 폭동 · 내란(796.3)

인위적인 사유로 인한 불가항력에 속한다. 전쟁(act of war)은 주권국가간의 무력충돌로서 반드시 선전포고를 해야 하는 것은 아니다. 가령 전쟁수행중인 군함에 의한 충돌사고나 반란군에 의한 선박의 나포 등이 이에 해당한다. 그러나 전쟁으로 운항금지구역으로 선포된 구역을 임의로 항해하다가 피격된 경우에는 운송인의 과실로서 면책되지 아니한다.

폭동(riots) 또는 내란(civil commotion)은 형법상의 소요, 내란에 가까운 개념이지만 형법과 같이 엄격한 정의를 요하지 아니한다. 내란은 전쟁 특히 내전과 폭동의 중간에 위치하고 있다. 내란은 정부의 전복이나 영토점령 등 국가의 정치적 기본조직을 불법으로 파괴하는 조직적 집단폭력행위를 말한다. 이러한 유형의 행위가 있기만 하면 되고 운송물의 손해가 이들 행위 또는 불법상태에 의해 직접 생긴 것인가 아니면 간접적으로 생긴 것인가는 상관없다. 다만 이러한 집단폭력행위가 운송인이 지배할 수 없는 것이어야 하며 그 발생을 예견할 수 없는 것을 요건으로 한다.

(5) 해적행위나 그 밖에 이에 준한 행위(796.4)

헤이그-비스비규칙에서 말하는 '공적의 행위'(act of public enemy)에 해당하는 것으로서 해상에서의 강도, 절도로 인한 손해를 불가항력적인 것으로 보아 면책으로 한 것이다. 해적행위는 해적선을 사용한 경우나 아니면 육상에서의 대규모 공격이 일반적이지만 최근에 와서는 소수의 무법자가 쾌속선 등을 이용해서 항해 중 선박에 무단으로 승선하여 선원 및 선박상의 현금, 고가품 혹은 귀중품 등을 강탈하는 행위가 빈번하게 발생하고 있다. 특히 말라카해협 등과 같이 좁은 항로에 많은 선박이 항해함에 따라 항해속력을 늦출 수밖에 없는 지역에서 이러한 해적행위가 빈번하게 발생하고 있어 국제적으로 문제가 되고 있다.

해적행위에 준하는 행위라고 함은 가령 정박 중의 선박에 대한 육상으로부터의 집단강도행위, 양륙 후의 운송물에 대한 집단강도행위를 말한다. 집단적이 아닌 강도행위나 외부자 혹은 내부자의 절도행위, 혹은 선원의 비행에 의한 손해는 제외된다.

해적행위에 의한 운송물의 손해는 해적행위 그 자체로부터 직접 생긴 것만이 아니고 연착 등 이들 행위를 회피하기 위해 생긴 간접적 손해를 포함한다. 다만 주의를 기울였다면 회피할 수 있었음에도 불구하고 주의를 태만히 함으로써 해적행위의 피해자가 된 경우에는 면책을 주장할 수 없다. 아래 [사례 Ⅳ-3-6]에서는 해상운송에 이은 육상운송구간 중에 발생한 강도사건에 대해 해적면책을 주장할 수 있는가 하는 점이 문제되었다.[1)]

1) 정병석, "해사재판관할권의 문제", 한국해법회지 제25권 제 2 호(2003.11), 333면 이하 참조.

[사례 Ⅳ-3-6: 대판 1999.12.10, 98다9038]

[사실관계] [1] 삼성화재보험 주식회사(X보험사)와 아메리칸 프레지덴트 라인즈(Y해운)는 이 소송의 원고와 피고이다. 동국무역주식회사(A무역)는 멕시코의 코라텍스 에스. 에이. 드 씨. 브이.(B회사)에게 인조견사 59,060M 120상자를 미화 127,570달러(CIF 멕시코시티)에 수출함에 있어, Y와 인조견사를 운임 미화 4,084.93달러에 부산항에서 멕시코시티까지 운송하는 운송계약을 체결하였고, Y는 위 운송계약에 따라 위 인조견사를 컨테이너 1개에 적재하여 1994.5.11. 부산항에서 피고 소유의 프레지던트 링컨호에 선적하고, 같은 달 16. 선하증권을 발급하였는데, 위 선하증권에는 멕시코책임조항(MEXICO LIABILITY CLAUSE)이 첨부되었다.

[2] 위 선박은 1994.5.16. 부산항을 출발하여 같은 달 24. 양하항인 미국의 산 페드로(SAN PEDRO)항에 도착하였고, 위 인조견사는 텍사스의 누에보 라레도(NUEVO LAREDO)로 운송된 다음 같은 해 6. 13. 트레일러에 적재되어 도착지인 멕시코시티로 내륙운송되던 중 같은 달 15. 22:30경 멕시코 콜로니아 지방에서 트레일러채로 강탈당하였다.

[3] 태평염직주식회사(C염직)는 멕시코의 소외 호시마르 텍스타일(D회사)에게 인조견사 99,292M 250상자를 미화 140,001.72달러(CIF 멕시코시티)에 수출함에 있어, E쉬핑을 통하여 Y와 위 인조견사를 부산항에서 멕시코시티까지 운송하는 운송계약을 체결하였고, Y는 위 운송계약에 따라 위 인조견사를 컨테이너 1개에 적재하여 1997.6.14. 부산항에서 위 프레지던트 링컨호(항차번호 114-E)에 선적하고, 같은 달 15. 선하증권을 발급하였는데, 위 선하증권에도 멕시코책임조항이 첨부되었다. 위 선박은 1994.6.15. 부산항을 출발하여 같은 달 27. 양하항인 위 산페드로항에 도착하였고, 위 인조견사는 위 누에보 라레도로 운송된 다음 같은해 7.13. 트레일러에 적재되어 도착지인 멕시코시티로 내륙운송되던 중 같은 달 19. 00:30경 멕시코 콜로니아 지방에서 트레일러채로 강탈당하였다.

[4] 보험계약의 체결 등: X는 1994.5.10. A무역과 위 인조견사에 대하여 보험조건 전위험, 내륙운송확장담보인 해상적하보험계약을 체결하였는데, 위 트레일러가 강탈된 후인 같은 해 10.26. 위 코라텍스에게 보험금 미화 140,327달러를 지급하였고, 이재조사비용으로 멕시코화 1,043.80페소를 지출하였다. X원고는 1994.6.11. C염직과 인조견사에 대하여 보험조건 전위험담보인 해상적하보험계약을 체결하였는데, 위 트레일러가 강탈된 후인 1995.1.5. 위 태평염직으로부터 보험증권을 배염직인도받은 D회사에 어저스터즈를 통하여 보험금 미화 154,001.89달러를 지급하였고, 이재조사비용으로 멕시코화 1,078.80페소를 지출하였다.

[5] X보험사는 A 및 C와 체결한 해상보험계약에 따라 보험금을 지급하고 Y에게 보

험자대위에 기한 구상권을 행사하였다. Y는 해적행위로 인한 손해로서 면책을 주장하였다.

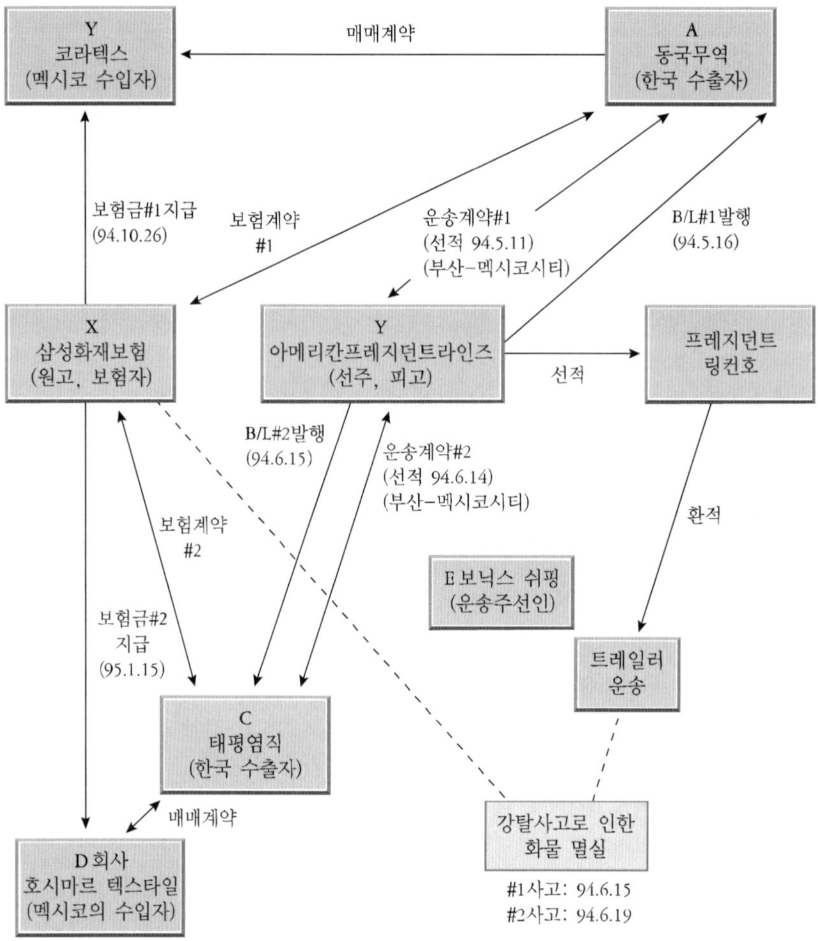

[쟁 점] [1] 선하증권 이면약관이 분쟁에 관하여 관할권을 가지고 재판을 할 법원의 소재국에서 효력을 가지는 헤이그규칙을 운송계약에 따른 법률관계의 준거법으로 지정하고 있는 경우, 헤이그규칙이나 우리 상법이 위 준거법으로 될 수 있는지 여부

[2] 섭외법률관계에서 당사자가 준거법으로 정한 외국법의 규정이나 그 적용의 결과가 우리 법의 강행규정에 위반되는 경우, 그 외국법 규정의 적용 여부 및 운송인의

손해배상책임을 정함에 있어 멕시코 국내법이나 이를 준거법으로 정한 선하증권상의 멕시코책임조항을 적용하는 것이 섭외사법 제 5 조 소정의 '선량한 풍속 기타 사회질서'에 반하는 여부
[3] 육상운송 도중 강도로 인한 운송물의 멸실이 그 자체로서 불가항력으로 인한 운송인의 면책사유가 되는지 여부 및 그 경우 운송인이나 피용자의 무과실 추정 여부
[4] 강도 등 행위에 의하여 화물이 멸실된 경우, 운송행위와 수하인의 손해 발생 사이의 인과관계의 단절 여부

[판결요지] [1] 선하증권 이면약관 제 2 조가 정하는 지상약관(Clause Paramount)이 '미합중국의 1936년 해상물건운송법(The U. S. Carriage of Goods by Sea Act, 1936)'과 함께 위 이면약관상 합의로부터 파생되는 분쟁에 관하여 관할권을 가지고 재판을 할 법원의 소재국에서 '효력을 가지는(in effect)' 헤이그규칙, 즉 1921년에 제정되고 1924년에 개정된 '선하증권에관한규정의통일을위한국제협약(International Convention for the Unification of Certain Rules of Law relating to Bills of Lading, signed at Brussels on August 25, 1924)'을 운송계약에 따른 화물의 수령, 보관, 운송, 그리고 인도에 관한 준거법으로 지정하고 있는 경우, 위 재판을 할 법원의 소재국에서 효력을 가진다고 하는 취지는 결국 위 헤이그규칙이 그 자체로서 소재국에서 법규범으로서의 효력을 가지는 것을 의미한다고 해석함이 상당한데, 우리 헌법은 제 6 조 제 1 항에서, "헌법에 의하여 체결, 공포된 조약과 일반적으로 승인된 국제법규는 국내법과 같은 효력을 가진다"고 규정하고 있고 우리나라는 그 헤이그규칙의 당사자로 가입하지 않았음은 공지의 사실이므로, 헤이그규칙은 우리나라에서 법규범으로서의 효력을 갖지는 못한다고 할 것이고, 우리 상법이 위 헤이그규칙의 대부분을 수용하고 있는 것은 사실이지만 그러한 사정만으로 위 이면약관 제 2 조에 의하여 우리 상법이 곧바로 위 운송계약에 따른 법률관계의 준거법으로 된다고 할 수 없다.
[2] 섭외법률관계에 있어서 당사자가 준거법으로 정한 외국법의 규정이나 그 적용의 결과가 우리 법의 강행규정들에 위반된다고 하더라도, 그것이 섭외사법 제 5 조가 규정하는 '선량한 풍속 기타 사회질서'에 관한 것이 아닌 한 이를 이유로 곧바로 당사자 사이의 섭외법률관계에 그 외국법의 규정을 적용하지 아니할 수는 없다. 운송인의 손해배상책임을 정함에 있어 멕시코 국내법이나 이를 준거법으로 정한 선하증권상의 멕시코책임조항을 적용하는 것이 섭외사법 제 5 조 소정의 '선량한 풍속 기타 사회질서'에 반하지 않는다.
[3] 해상운송에 있어서 해상강도로 인한 운송물의 멸실이 운송인의 손해배상책임을 면하게 하는 면책사유의 하나로서 인정되는 것과는 달리 육상에서의 강도로 인한

운송물의 멸실은 반드시 그 자체로서 불가항력으로 인한 면책사유가 된다고 할 수 없으므로, 다시 운송인이나 그 피용자에게 아무런 귀책사유도 없었는지 여부를 판단하여야 할 것이고, 그 경우 운송인이나 피용자의 무과실이 경험칙상 추단된다고 할 수도 없다.

[4] 운송인이 운송계약에 따라 화물을 운송하던 도중에 화물이 멸실되었다면 특단의 사정이 없는 한 수하인에게는 당연히 그에 따른 손해가 발생하였다고 할 것이어서 화물의 멸실과 손해의 발생 사이에는 상당인과관계가 있다고 할 것이고, 화물의 멸실이 제3자의 강도 등 행위에 의하여 야기되었다고 하더라도 그로써 운송행위와 손해 발생 사이의 인과관계가 단절된다고 볼 수는 없다.

원고의 손해배상청구액이 2억 3,000만원이고 멕시코 국내법이 적용되면 운송인의 책임이 운임의 10분의 1에 지나지 않는 근소한 액수인 69만원으로 되는 사안에서, 원고는 선하증권의 이면약관상 지상약관에 기하여 우리나라 상법이 적용되어야 하고, 멕시코내법이 준거법이 된다고 하더라도 우리나라 국제사법의 공서양속규정 위반으로 멕시코의 책임제한규정은 적용이 배제되어야 한다고 주장하였다.

대법원은 우선 선하증권의 지상약관상 우리 상법이 준거법임을 부인하고 당사자가 특약으로 삽입한 준거법조항인 멕시코책임조항에 따라 멕시코국내법이 준거법이 된다고 판시하였다. 종래 대법원은 일반적으로 외국법준거약관은 그 약관에 의하여 외국법이 적용되는 결과 그 약관이 운송인의 면책을 기도하여 본래 적용되어야 할 공서법의 적용을 면하는 것을 목적으로 하거나 합리적인 범위를 초과하여 배상청구권자에게 불리하게 된다고 판단되는 경우 무효라고 보았다(대판 1991.5.14, 91다카25314 참조). 또 선하증권상 배상액제한약관이 배상책임을 면제하는 것과 다름 없다고 할 정도로 적은 액수를 책임한도액으로 정한 경우에는 실질적으로는 책임제외약관과 다를 바 없는 것이어서 무효라고 판시하고 있다(대판 1990.11.27, 89다카21149).

그러나 [사례 Ⅳ-3-6]에서 대판 1999.12.10, 98다9038은 운송인이 면책을 기도하지 않았고, 배상책임을 면제하는 것과 다름없는 근소한 액수를 책임제한액으로 하였으나, 운송인이 육상운송까지도 그 책임을 인수하면서 육상운송 중 화물이 무장강탈 당하는 사정을 고려하여 특약으로 멕시코 책임조항을 삽입한 점을 고려하여, 위의 판례들과는 달리, 면책주장을 받아들이지 아니하였다.

한편, 육상운송 도중 강도에 의한 화물의 강탈이 불가항력(Force Majeure)이나 공적의 행위(Act of Public Enemies)로서 운송인의 면책사유에 해당하는지 여부는 멕시코 국내법에 의하여 판단되어야 할 것이며, 멕시코 국내법상 해상운송인의 손해배상책임에 있어서 일반적으로 널리 인정되고 있는 불가항력, 전쟁, 폭동 또는 내란, 해적행위 기타 이에 준한 행위 등의 면책사유는 존재하지 않는다고 보여지므로, 육상운송 도중 강도에 의한 화물의 강탈이 멕시코 국내법상 법정 면책사유는 아닌 것으로 보인다.

따라서 피고가 귀책사유나 불가항력을 입증하지 못하는 한 운송인(Y)은 손해배상책임을 면하지 못할 것이며 또한 이 사건에서 운송인이나 그 피용자에게 귀책사유가 존재하는 것으로 보이므로 Y는 면책되지 않는다.[1)]

(6) 재판상의 압류, 검역상의 제한, 그 밖에 공권에 의한 제한(796.5)

재판상의 압류는 채무불이행과 같은 운송인의 귀책사유로 인한 것이 아니어야 한다. 검역상의 제한은 가령 광우병이나 구제역에 감염된 축산물의 폐기와 같이 위생상의 목적으로 취해지는 조치이며, 기타 공권에 의한 제한은 적성국에 대한 금수조치와 같은 국제통상 목적상의 공용징수·나포·몰수 등의 조치 등을 포함한다.

(7) 송하인 또는 운송물의 소유자나 그 사용인의 행위(796.6)

이는 다음의 9호와 함께 송하인 등의 귀책사유로 인한 것으로서 당연한 사리를 규정한 것이다.

(8) 동맹파업이나 그 밖의 쟁의행위 또는 선박폐쇄(796.7)

선원들의 노동쟁의 또는 부두하역노조원들의 쟁의행위 등으로 운송물의 훼손이 생기거나 연착이 된 경우, 그러한 쟁의행위에 운송인의 귀책사유가 없으면 면책된다.

---

1) 김인현, "지상약관과 책임제한약관의 효력", 한국해법회지 제22권 제 2 호(2000.11), 172면 이하 참조.

(9) 해상에서의 인명이나 재산의 구조행위 또는 이로 인한 이로나 그 밖의 정당한 사유로 인한 이로(796.8)

인도적인 차원에서 구조행위로 인한 손해는 면책으로 하였다. 이로(deviation)는 예정항로를 벗어나는 것으로서 해상위험을 증가시키고 연착을 초래하므로 정당한 이유가 없는 한 운송인은 그로 인한 책임을 부담한다.[1] 앞의 [사례 Ⅲ-2-7]에서는 레이더고장을 수리하고 필요한 선용품을 구입하기 위해 부산항으로 이로함으로써 운항이 지체되는 바람에 목적항 근처에서 태풍에 조우하여 결과적으로 운송물이 훼손되는 사고가 발생하였는데, 이를 정당한 이로로 볼 수 있는가 하는 점이 문제된다. 이에 대해 대판 1998.2.10, 96다45054는 "발항 당시 레이더에 관한 감항능력주의의무의 이행을 다하지 아니한 선박이 출항한지 하루도 지나지 않은 상태에서 레이더의 수리 점검 및 선용품 공급을 위하여 예정된 항로를 변경한 것은 정당한 이유로 인한 이로에 해당한다고 할 수 없고, 그 후 항해 도중 항해상의 과실로 인하여 운송물이 훼손되는 사고가 발생하였다고 하더라도, 피고로서는 위 이로와 손해발생 사이에 인과관계가 없다는 점을 입증하지 않는 한 항해상의 과실에 의한 면책을 인정받을 수 없다"고 판시하였다.

(10) 운송물의 포장의 불충분 또는 기호의 표시의 불완전(796.9)

송하인의 책임있는 사유로 인한 것이므로 당연히 운송인은 면책된다. 그러나 운송인이 운송물의 수령시 포장 또는 기호의 검사의무를 부담하고 있을 경우에는 그러하지 아니하다. 아래 [사례 Ⅳ-3-7]에서는 운송인이 운송물의 포장불충분 및 기호표시의 불완전을 이유로 면책을 주장할 수 있는 여부가 문제되었다.

[사례 Ⅳ-3-7: 서울고판(확) 1998.1.16, 97나16796]

[사실관계] 일본의 수산물중개상인 A는 러시아산 대게(king crab)를 캄차가항에서 부산항으로 운송한 후 Y해운사에 이를 부산항에서 환적하여 일본의 오사카항까지

1) 이로의 기준에 대해서는 권기훈, "이로와 개별적책임제한", 한국해법회지 제14권 제 1 호(1992) 참조.

운송할 것을 의뢰하였다. A는 대게 화물을 사람이 들기에는 다소 무거운 정도인 상자당 32kg 내지 36kg으로 포장하여 마분지상자에 포장하였고, 상자안에는 스치로폴 같은 완충제를 넣지 않았으며, 상자 겉면에는 취급주의표시를 하지 않았다. 운송물이 오사카항에 도착한 후 조사결과 대게의 다리가 부서져 상품으로서의 가치가 크게 떨어진 것이 발견되었다. X보험사는 A에게 보험금을 지급한 후 보험자대위에 기하여 Y에게 구상권을 행사하였다.

[판결요지] 선하증권 이면약관은 송하인 등이 행한 운송물의 포장이 운송으로부터 발생하는 통상적인 위험을 감내하기에 부적절한 경우라고 인정되는 경우에 운송인은 그러한 포장으로 인하여 발생한 손해에 대하여 책임이 없다는 의미라고 할 것인데, 위 인정 사실만으로는 위와 같은 포장이 화물의 운송으로부터 발생하는 통상적인 위험을 감내하기에 부적절하다고 인정하기에 부족하고 달리 이를 인정할 증거가 없으나, 화물의 무게가 상자당 32 내지 36kg으로서 사람이 들기에 다소 무거운 정도로 마분지 상자에 포장되어 있다는 점 역시 화물의 훼손으로 인한 손해의 발생 및 확대의 한 원인이 되었다고 할 것이므로 피고가 배상하여야 할 손해액을 산정함에 있어 이를 참작하기로 하되, 그 비율은 위 사실관계에 비추어 20% 정도로 봄이 상당하다.

(11) 운송물의 특수한 성질 또는 숨은 하자(796.10)

운송물의 특수한 성질(inherent vice)은 운송물에 내재하는 성질 때문에 운송물이 멸실・훼손되는 것을 말하며, 가령 과일이나 생선이 부패하거나, 금속이 녹이 슬거나, 유리제품이 선박의 요동에 깨어지는 것을 말한다. 숨은 하자(latent defect)는 운송물의 흠결이 보통의 방법으로는 발견할 수 없는 것을 말한다. 앞의 [사례 Ⅲ-3-5]에서는 운송물(찹쌀)의 발열과 통풍장치 작동잘못이 경합해서 손해가 발생하였는데, 이 경우 운송인은 면책되는가? 이에 대해 대판 1978.3.28, 77다1401은 "찹쌀은 그 자체 습기와 열을 갖고 있어 증손하기 쉬운 곡물이었고 그 적부에 적합한 자재와 세심한 주의를 다하였다 하더라도, 증손 등 손상은 피고회사가 환기장치를 세심히 사용하거나 상당한 주의를 하지 아니하여 창내온도가 상승하여 곡물의 호흡작용이 방해됨으로써 일어나는 현상이라 볼 수 있을지언정 창내 환기 및 통풍이 제대로 이루어져 온도가 상승하지 아니하였음에도 불구하고 찹쌀의 특수한 성질 또는 숨은 하자로 인하여 발생한 것이라고는 볼 수 없다"고 판시하였다.

이에 대해 다음 [사례 Ⅳ-3-8]에서는 화학제품인 페놀이 운송과정에서 변질된 것이 운송물 고유의 성질에 따른 것으로서 운송인의 면책이 인정되었다.[1)]

[사례 Ⅳ-3-8: 대판 2006.5.12, 2005다21593]

[사실관계] [1] 사우스 코스트 마리타임 리미티드(Y)로부터 Y소유의 엔시시 쥬베일호를 용선한 오드프젤 탱커스 케이에스(A탱커)는 삼성물산 주식회사(C물산)가 삼성저팬 코 엘티디(D회사)로부터 수입하는 색상 최대허용치 20인 살적 페놀(Phenol in bulk) 1,019.849MT을 미국 휴스턴 모바일항에서 대한민국 부산항까지 이 사건 선박을 이용하여 운송하기로 하는 내용의 운송계약을 페놀 케미 인크(B인크)사와 체결하고, 모바일항에서 운송물을 이 선박의 14-C 탱크에 선적한 후 수하인 C물산, '선적시 무하자(CLEAN ON BOARD)'라고 기재된 선하증권을 발행하였다.

[2] 운송물의 선적 당시 송하인인 B인크가 감정인으로 선임한 인스펙토리트 아메리카 코퍼레이션은 위 14-C 탱크에서 1 푸트 샘플과 선적 완료 후의 샘플을 채취하여 ASTM D 1686 방식으로 분석한 결과 색상수치가 모두 5로서 정상이었다. 이 선박은 부산항에 도착하였는데, 같은 날 수하인인 C물산이 검정인으로 선임한 고려검정은 운송물의 샘플을 채취하여 검사한 후 색상이 최대허용치를 벗어나는 것으로 보고하였고, 이와 같은 사실이 관계 당사자들에게 통지되자 운송물의 적하보험자인 삼성화재해상보험 주식회사(X)가 선임한 주식회사 동화검정공사, C물산이 선임한 고려검정 및 선주협회(P & I Club)가 선임한 협성검정 등 관계 당사자들의 검정인들이 선박에서 샘플을 채취하여 고려검정의 실험실에서 공동으로 분석실험하였는데, 그 결과는 색상수치가 최대허용치인 20을 벗어난 26이었다. 한편, 이 때 이 사건 선박측이 선적 당시 육상 파이프 라인의 끝부분에서 채취한 샘플(제 1 샘플)과 14-C 탱크에서 채취한 샘플(제 2 샘플)도 함께 분석되었는데, 그 결과는 제 1 샘플의 색상은 22, 제 2 샘플의 색상은 25이었다. 위 검정인들은 인스펙토리트의 실험실에서 인스펙토리트가 선적 당시 채취한 샘플들을 분석한 결과 색상수치가 모두 5이었다. 운송물의 색상이 품질기준을 벗어남에 따라 C물산은 운송물을 본래의 용도에 사용할 수 없게 되었고, X와 Y와 C물산은 손실을 최소화하기 위하여 이를 헐값에 매각하기로 합의하였으며, 이에 따라 C물산은 중국 소재 삼성 트레이딩 푸동에게 운송물을 미화 317,104.515달러에 매도하고, Y의 동의를 얻어 운송물을 이 사건 선박에서 보우 파일럿호(BOW PILOT)로 환적하였다. 운송물에 대한 적하보험자인 X는 C물산에게 운송물의 훼손으로 인한 보험금 475,916,328원을 지급한 후 선주인 Y에게 구상을 청구하였다.

1) 김인현, "운송물의 특수한 성질 혹은 하자에 의한 운송인의 면책", 한국해법회지 제29권 제 2 호 (2007.11), 432면.

[3] 운송물인 페놀은 육상 탱크에서 파이프라인을 거쳐 선박 내 14-C 탱크로 유입되는 방식으로 선적되었고, 선적에 앞서 선박 내 탱크에 대하여 4시간 동안의 냉해수로 닦아내기, 15분간 증류수로 헹구기, 환기, 걸레로 훔치기, 건조의 순서에 따라 청소가 이루어졌으며, 위 인스펙토리트가 그 청소상태를 확인하여 청결증명서를 발급한 후 운송물이 선적되었다. 선박의 14-C 탱크는 다른 탱크와 완전히 분리된 파이프라인을 가지고 있고 파이프라인의 구조상 하역작업이나 세척작업 후에는 내용물이 탱크나 파이프교차지점으로 흘러가도록 되어 있어 파이프라인에 다른 물질이 잔존하기 어렵게 되어 있으며, 운송물에 대한 운송 중 보관조건은 운송물의 온도를 섭씨 55° 내지 60°로 유지하되 가열 시에는 하루 섭씨 3° 이상을 가열하지 아니하는 것이었는데, 이 사건 운송물은 운송도중 8일간(2001.3.1.부터 3.6.까지, 3.24. 및 3.25.) 섭씨 55° 이하에 있었던 적이 있으나 5° 이상 온도가 저하된 적은 없었고, 가열 시에는 하루 섭씨 3° 이상 가열된 적은 없었으며, 선적 직전의 운송물의 온도는 섭씨 63.3°이었고 이를 보관하고 있던 육상의 탱크의 온도는 섭씨 65.7°이었다. 운송물은 미국 텍사스주 남동부에 위치한 휴스턴 모바일항에서 열대지역인 파나마운하를 거쳐 약 2개월간 항해하여 대한민국 부산항에 도착하였다. 선적 당시 채취한 운송물의 샘플로는 위 인스펙토리트가 채취한 것 외에도 피고측에서 선박 내 탱크에서 1개, 선박 내 탱크와 연결되는 육상 파이프라인의 끝부분(매니폴드)에서 1개를 각 채취한 것이 있었는데 이 샘플들에 대하여 하적시인 2001.4.2. 측정한 색상수치는 탱크 내 채취 샘플이 22, 매니폴드에서 채취한 샘플이 25로서 모두 허용치를 벗어났다. 며칠 후인 2001.4.9. 위 인스펙토리트가 보관해 온 샘플 3개에 대하여 측정한 색상수치는 여전히 5였으나 2001.8.21. 다시 측정한 색상수치는 10, 20 및 30으로 변색이 진행되었으며 인스펙토리트 샘플들은 채취 후 2001.4.9.까지는 동결점(섭씨 40.8°) 이하의 저온에서 보관되었다. 운송물인 페놀은 이른바 쿠멘 과산화반응 방식으로 제조되었는데, 이와 같은 방식으로 제조된 페놀에는 라디칼과 같은 매우 불안정한 불순물이 극소량 포함될 수 있고 이러한 경우 온도 상승 없이도 자체적인 반응에 의해 예측불가능한 불순물이 추가로 생성될 수 있으며 이러한 불순물들로 인하여 페놀이 변색될 수 있고 그 변색과정은 시간의 경과에 따라 가속되며, 위와 같은 부수적인 반응은 온도 상승에 따라 촉진되는 경향이 있으며, 쿠멘법에 의하여 제조되는 페놀에 잔존할 수 있는 극미량의 과산화물 등으로 인한 변색을 방지하기 위하여 시약용으로 판매하는 순도 99.99% 이상의 고순도의 페놀에는 안정제(치아인산)를 첨가하기도 하며, 운송물을 선적하기 직전에 위 14-C 탱크로 운송한 운송물은 황산이었는데 페놀에 황산을 1:1의 비율로 첨가하였을 경우에는 반응 후에 극미량인 약 100ppm 정도의 황산만이 잔존하고 나머지 황산은 전부 페놀-4-술폰산이 되며 페놀에 황산을

100:1 또는 10:1의 비율로 첨가하였을 경우에는 황산은 전부 페놀과 반응하여 페놀-4-술폰산으로 되고 황산은 잔존하지 않으며, 페놀은 그 순도가 99% 이상인 경우에는 황산을 첨가하더라도 그 첨가 자체만으로는 전혀 변색되지 아니하고 그 순도가 98.5%인 경우에는 변색되기는 하지만 그와 같은 변색은 첨가하는 순간에 일어나고 그 이후 시간의 경과에 따라 변색이 진행되지는 않고, 운송물인 페놀은 순도가 99.99%이며, 페놀은 섭씨 55°를 기준으로 하여 상하 섭씨 5°의 온도변화를 주더라도 변색되지는 않고, 황산은 유독성이고 강렬하고 자극적인 냄새가 나기는 하지만 위 14-C 탱크의 내벽 재질인 스테인레스 스틸을 부식시키지는 않으며, 스테인레스 스틸, 철, 또는 황이 페놀에 첨가되더라도 그 자체만으로는 페놀이 변색되지는 않는다.

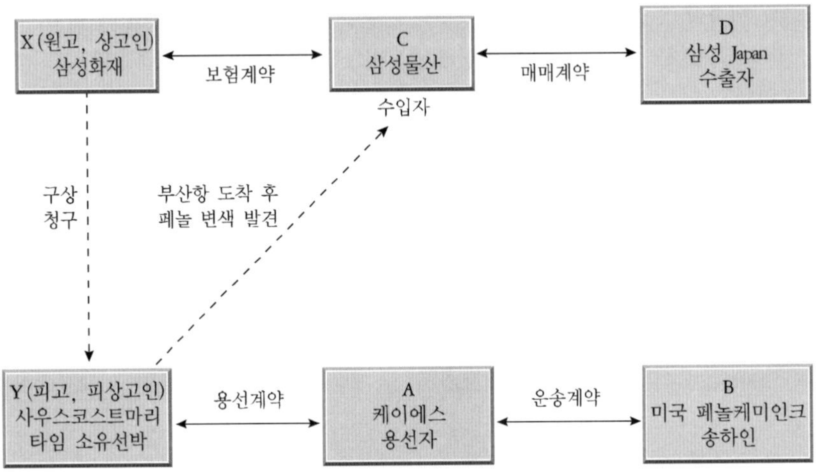

[쟁 점] X는, 운송물은 선적하기 전에는 그 색상수치가 5로서 정상적인 물품이었고, 또한 피고가 발행한 선하증권에도 "외관상 양호한 상태로 선적함" (Shipped in apparent good order and condition)이라고 기재되어 있는데 운송도중 그 색상수치가 최대허용치인 20을 벗어나는 것으로 변색되어 그 경제적 가치가 감소되어 훼손되었는바, ① Y가 운송물을 선적하기 전에 운송 용기인 14-C 탱크를 깨끗이 청소하여 탱크에 남아 있던 직전 운송물인 황산을 모두 제거하였어야 함에도 청소를 깨끗이 하지 못한 상태에서 운송물을 선적한 바람에 운송물이 탱크나 파이프라인 등에 남아 있던 직전 운송물인 황산이나 황산이 포함된 청소수와 접촉하여 변색하였고, ② Y가 운송물의 온도를 섭씨 55 내지 60°로 유지하여야 함에도 운송기간인 총 52일 중 8일간 위 적정온도를 준수하지 못하였고 또한 일시 온도가 떨어지자 지나치게 가열

하는 등 온도관리를 부적절하게 하여 운송물이 변색하였고, ③ 스테인레스 스틸로 만들어진 14-C 탱크의 운송물 접촉면인 크롬층이 부식하여 철이 노출된 상태여서 운송물과 철이 접촉되지 않도록 방벽처리를 하여야 함에도 불구하고 방벽처리를 하지 아니한 상태에서 운송물을 선적하여 운송물이 노출된 철과 접촉하여 그 촉매작용으로 인하여 변색하는 등 선박소유자인 Y의 과실에 기하여 운송물이 변색되었으므로, Y는 운송계약의 채무불이행 책임 또는 불법행위 책임에 기하여 운송물의 훼손으로 인하여 발생한 손해를 배상할 책임이 있다고 주장한다. 이에 대하여 Y는, 운송물이 변색된 것은 운송물인 페놀 자체의 고유한 성질에 기인한 것이거나 또는 페놀의 제조과정에서 발생하여 운송물에 잔존하고 있었던 여러 가지 화학적 부산물이 시간의 존적 반응을 일으켰기 때문이고, Y가 운송물에 관한 주의의무를 해태함으로 인하여 이 사건 운송물이 변색된 것은 아니므로, Y는 운송물의 변색에 대하여 책임이 없다고 주장한다.

[판결요지] [원심판결요지] [1] 종전 운송물인 황산이 이 사건 탱크 등에 남아 있다가 이 사건 운송물에 포함되어 83.1ppm의 농도로 남아 있었고 그 황산으로 인하여 페놀이 변색되었는지에 관하여 보건대, 페놀케미의 검정인인 인스펙토리트가 선적 전에 탱크의 청소상태를 확인하였고, 선박의 구조상 하역작업 후나 정소작업 후에 탱크 내에 잔존물이 남아 있을 수 없는 점, 황산은 유독성으로서 냄새가 강렬하고 자극적이어서 소량의 경우에도 쉽게 확인될 수 있는데 운송물에 83.1ppm의 농도로 황산이 남아 있었다면 탱크에 선적된 전체 화물량이 약 2000톤이므로 황산의 잔존량은 166kg(= 83.1/1,000,000×2,000,000) 이상이 되고 1리터당 순수황산의 무게가 1.8kg인 점을 감안하면 잔존한 황산의 부피는 100리터 정도가 되는데 이 정도의 분량의 황산은 탱크를 청소한 후 확인하는 과정에서 손쉽게 인식되었을 것인 점, 페놀에 황산을 소량 첨가할 경우 황산은 전부 반응하여 페놀-4-술폰산으로 생성되고 황산은 잔존하지 않는 점, 황산 자체만으로는 페놀이 변색되지 않는 점 등에 비추어 보면 X의 위 주장을 인정하기 어렵다.

[2] Y가 운송물의 온도를 적정온도 이하로 유지하고 지나치게 가열하는 등 온도관리를 부적절하게 하여 이 사건 운송물이 변색하였는지에 관하여 보건대 운송물이 운송기간 중 8일간 페놀케미가 요청한 적정온도인 섭씨 55° 이하에 있었기는 하지만 하루 섭씨 3° 이상 가열된 적은 없었던 점, 페놀은 온도의 변화 특히 섭씨 55°를 기준으로 상하 섭씨 5°의 변동만으로는 변색되지 않는 점에 비추어 X의 위 주장을 인정하기 어렵다.

[3] 스테인레스 스틸로 만들어진 탱크의 크롬층이 부식하여 철이 노출되고 운송물에

촉매작용을 하여 운송물이 변색되었는지에 관하여 보건대, 황산에 의하여는 스테인레스 스틸이 부식되지 않는 점, 스테인레스 스틸, 철, 또는 황을 페놀에 첨가하더라도 페놀이 변색되지는 않는 점에 비추어 X의 위 주장을 인정하기 어렵다.
[4] 선하증권의 표면에는 "외관상 양호한 상태로 선적함"(Shipped in apparent good order and condition)이라고 기재된 사실이 인정되기는 하나, 그 문구상으로도 외관상 양호하다는 것이지 운송물이 변색될 수 있는 특수한 성질이나 숨은 하자가 없다는 점을 나타내는 것은 아니라고 할 것이다. 쿠멘법에 의하여 제조된 페놀은 제조과정의 부산물로 인하여 그 자체로 변색될 수도 있는 성질을 가지고 있고 위와 같은 제조과정의 부산물로 인한 변색은 시간이 경과함에 따라 가속되는 점, 인스펙토리트에 의하여 보관하고 있던 운송물에 관한 샘플이 비록 선적 후 2개월 정도가 지난 2001.4.9. 비록 색상수치가 5로서 선적 전과 비교하여 그 색상수치가 전혀 변동이 없기는 하지만 위 샘플은 페놀의 동결점 이하의 온도에서 보관된 뒤 측정된 것이어서 변색반응이 느려 그 색상수치의 변동이 나타나지 않았을 가능성이 있는 반면 동일한 샘플에 대하여 그 이후 2001.8.9. 실시된 측정에서는 그 색상수치가 샘플에 따라 각각 10, 20, 30으로 변동된 점, 운송물의 선적시 채취되어 선박에 보관되어 이동된 샘플은 선박의 항로에 비추어 열대지역을 통과하는 등 위 인스펙토리트가 샘플을 페놀의 동결점 이하의 온도에서 보관하던 것과 비교하면 그 온도가 훨씬 높아서 변색반응이 더 신속히 나타났을 가능성이 있고 위 샘플은 그 색상수치가 2001.4.2.에는 22, 25이었다가 2001.5.11.에는 각각 40, 50으로 변동되었으며 운송물이 도착지에 도착한 다음 2001.4.2. 채취한 샘플 또한 그 색상수치가 2001.4.2.에는 26이었다가 2001.5.11.에는 80으로 변동되는 등 운송물에서 채취한 샘플들 모두 시간이 경과함에 따라 그 색상수치가 상승한 점, 등에 비추어 보아 운송물이 변색된 것이 운송 도중 Y의 과실에 의하여 발생하였다고 할 수는 없고 운송물인 페놀 자체가 가지고 있던 특수한 성질이나 제조과정 중에 생긴 부산물 등의 존재 등 숨은 하자로 인하여 시간이 지남에 따라 운송물이 변색된 것으로 봄이 상당하다.

[대법원판결요지] 운송물인 페놀은 그 제조과정에서 생성되는 부산물로 인하여 변색될 수 있는 가능성이 있는 물질인 점, 운송물인 페놀이 육상탱크에서 파이프라인을 통하여 선박 내 탱크로 곧바로 선적되는 과정에서 이물질이 유입될 가능성은 없어 보이는 점, 운송물인 페놀은 그 직전 운송물인 황산의 잔존이나 운송용기인 14-C 탱크의 재질로 인하여 변색된 것으로는 볼 수 없다는 점, 선적 당시 육상 파이프라인의 끝부분에서 채취하여 따로 운송한 샘플 역시 탱크 내에 보관되어 운송된 페놀과 동일한 정도의 변색을 보인 점, 인스펙토리트에서 채취한 샘플들은 하적 당시까

> 지 변색되지 않았지만 그 후 변색이 진행된 것으로 보아 그 전에 변색이 진행되지 않은 것은 동결점 이하의 온도에서 보관된 때문으로 보이는 점, 운송 중 일시적으로 발생한 섭씨 5° 범위 내에서의 온도 하락은 이 사건 운송물인 페놀의 변색과는 무관하다고 보이는 점 등에 비추어, 운송물인 페놀은 그 자체의 특수한 성질이나 제조과정에서 생성된 부산물의 존재 등 숨은 하자로 인하여 변색된 것이고, 그와 같은 변색은 그 특수한 성질이나 숨은 하자로 인하여 보통 생길 수 있는 것이라고 봄이 상당하다 할 것이다.

(12) 선박의 숨은 하자(796.11)

선박의 숨은 하자란 결국 운송인의 귀책사유가 없는 감항능력불비를 말하는 것으로서 이를 따로 면책사유로 열거할 필요가 있는지 의문이다.[1)]

제 4 절 책임제한

1. 의 의

1-1 입법취지

운송인의 책임이 면책사유에 해당되지 않는 경우에도 운송기업을 보호하고자 하는 취지에서, 상법은 이를 일정한도로 제한할 수 있도록 하고 있다. 1991년 개정 전 상법이 헤이그규칙 중 포장당 책임제한규정을 수용하지 않았기 때문에 해운실무에서 사용되는 선하증권상의 책임제한조항(대개는 1포장당 영화 100파운드)이 운송인의 책임감경약정을 무효로 하는 상법 제799조(구상법 제790조 1항)에 저촉되어 무효가 아닌가 하는 의문이 끊임없이 제기되었다. 이에 대해 종전 판례는 상법 제799조는 원칙적으로 상법상의 책임원인을 변경하는 특약을 금지하려는데 그 뜻이 있고, 이로써 발생한 결과를 경감하려는 특약, 곧 배상액제한약관까지 금지하려는 것이 아니기 때문에 해상운송인의 책임한도액을 정하는 약관은 일단 유효하고, 다만 그 한도액이 면책특약을 금지하고

1) 서헌제(하) 384면; 경익수, "운송물고유의 하자", 한국해법회지 제14권 제 1 호(1992.12), 305면.

있는 상법의 근본취지를 유명무실하게 할 정도로 소액의 명목적인 금액으로 해상운송인의 책임을 제한하는 약관은 무효라는 입장을 취하였다(대판 1965. 1.12, 63다609; 1990.11.27, 89다카21149 외).

1991년 개정상법은 이러한 판례이론과 헤이그-비스비규칙의 입장을 받아들여 제797조로써 책임한도액, 컨테이너 운송의 경우 포장단위, 책임제한의 배제사유, 선박소유자책임제한 규정과의 관계 등에 관해 규정하고, 제799조에서는 청구권경합에 관한 문제와 사용인의 책임제한이익의 원용에 관한 규정을 신설하였다.

1-2 총체적 책임제한과의 관계

해상운송인의 책임제한에 관한 규정(개별적 책임제한)은 선박소유자의 책임제한에 관한 상법 제769조 내지 제772조의 규정(총체적 책임제한)에 영향을 미치지 아니한다(797④). 그러므로 이들 양 책임제한 규정은 중첩적으로 적용될 수 있다. 따라서 해상운송인은 제797조에 의한 책임한도액이 제770조의 한도액을 초과할 때에는 제770조의 한도액으로 다시 제한 할 수 있다. 그러한 의미에서 해상운송인은 첫째로 면책사유에 의해 보호를 받고, 둘째로는 개별적 책임제한에 의하여, 그리고 셋째로는 총체적 책임제한이라는 3중의 보호를 받고 있다고 하겠다.[1)]

2. 책임제한의 대상

제한이 되는 해상운송인의 책임은 상법 제794조 내지 796조의 책임, 즉 감항능력주의의무 위반과 운송물에 관한 주의의무 위반으로 인하여 운송물에 생긴 멸실·훼손·연착손해이다(797①). 또 책임제한의 대상 채권은 운송계약상의 채권뿐 아니라 불법행위 등 비계약적 청구도 포함되며(798①), 해상운송인 자신에 대한 청구뿐 아니라 운송인의 사용인 또는 그 대리인에 대하여 소송에 제기된 경우도 포함된다(798②).

---

1) 서헌제(하) 385면; 홍승인, "해상기업주체의 책임제한에 관한 연구"(한국외대박사논문, 1991), 14면; 이러한 이중적 책임제한에 대한 비판으로는 손주찬 706면; 이균성 246면.

3. 책임한도액

3-1 손해배상액

해상운송인의 손해배상액에 대해서는 물건운송인의 경우와 같이 정액배상주의를 택하고 있다(815, 137). 즉 운송물의 전부멸실 또는 연착의 경우에는 손해배상액은 '인도할 날'의 도착지의 가격에 의하고(815, 137①), 운송물의 일부멸실 또는 훼손의 경우에는 '인도한 날'의 도착지의 가격에 의한다(815, 137②).

3-2 책임한도액

정액배상주의에 의해 산정된 운송인의 손해배상액은 다시 운송물의 매포장당 또는 선적단위당 666.67계산단위의 금액과 운송물의 총중량 매 킬로그램당 2계산단위 중 많은 금액으로 하는 2중의 한도액을 정하고 있다(837). 계산단위는 국제통화기금(IMF)의 특별인출권(SDR)에 상당하는 금액을 말한다(797⑤). 이는 헤이그-비스비규칙에 따른 것인데 종래의 상법이 책임한도액을 500계산단위로 한 것을 국제기준에 맞춘 것이다.

3-3 포장 · 선적단위

책임한도액을 정하는 단위는 포장(package) 또는 선적단위(shipping unit)이다. 이와 관련하여 컨테이너 기타의 운송용기를 하나의 포장 또는 선적단위로 볼 것인가, 아니면 컨테이너 안의 개개의 포장물을 선적단위로 볼 것인가 하는 점이 문제된다.[1] 이에 대해 상법은 선하증권 또는 운송계약을 증명하는 문서에 그 내장된 포장 또는 선적단위의 수를 기재한 때에는 그 개개의 포장 또는 선적단위를 단위로 하지만 이러한 표시가 없는 경우에는 운송용기 전체를 하나의 선적단위로 하도록 하였다(797②1). 그러나 운송의 실제를 보면 아래 [사례 Ⅳ-4-1]과 같이 개개물품의 소포장, 중포장(팔레트 등), 대포장 등 여러 포장이 있어 그 중 무엇을 기준으로 책임제한 할 것인가 하는 점이 문제된다.

그리고 해상운송인이 아닌 자가 공급한 운송용기 자체가 멸실 또는 훼손

1) 장영균, "해상운송인의 포장당 책임제한", 한국해법회지 제26권 제 2 호(2004.11), 167면 이하 참조.

된 경우에는 그 용기를 별개의 포장 또는 선적단위로 본다(797②2).

[사례 Ⅳ-4-1: 대판 2004.7.22, 2002다44267]

[사실관계] 운송인인 홍아해운 주식회사(Y해운)는 삼보컴퓨터 주식회사(A회사)와 개인용 컴퓨터 400B기종 1,872대, 433ID기종 624대 도합 2,496대에 관하여, 송하인인 A회사가 컨테이너에 화물을 직접 적입·적재·계량하는 조건(Shipper Load Stowage & Count)하에, 부산항에서 일본 요코하마항까지 운송하기로 하는 계약을 체결한 후, 선하증권을 작성함에 있어 A가 제시한 선적의뢰서에 따라 '컨테이너 또는 포장의 수(Number of Containers or Package)'란에 '40'×4(104 plts)', '포장의 종류 및 화물의 내역(Kind of Package: Description of Goods)'란에 'Shipper Load Stowage & Count, Said to be: 104plts (2,496units) of micro pc station 400B 1,872units, 433ID 624units'라고 기재하였다. 한편 A회사는 모니터, 키보드를 포함하여 컴퓨터 한 세트마다 1개의 종이상자(1 unit/carton)로 포장한 다음, 운송의 편의 등을 위하여 1개의 팰리트(pallet) 위에 24개의 위 종이상자를 올려 놓은 후(한 층에 상자씩 여섯층을 쌓았다.) 사방에 모서리 보호용 섬유판을 대고 투명한 비닐(shrink wrap)로 감싼 다음 1개의 컨테이너당 26개의 팰리트씩 4개의 컨테이너에 나누어 적재하였다. 그런데 운송 도중 1개의 컨테이너 안에 든 화물 전체(26 팰리트=624 상자)가 침수되어 화물의 적하보험자인 동부화재해상보험 주식회사(X보험사)가 선하증권의 소지인에게 그로 인한 손해를 배상하였다.

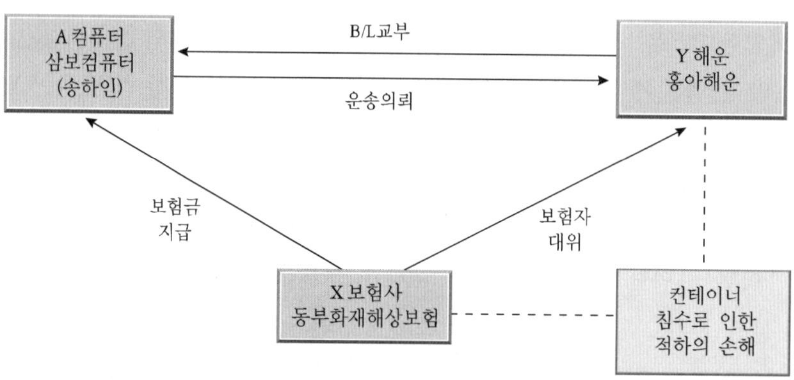

[쟁 점] 상법 제789조의2(797)에 의한 Y의 손해배상 책임제한의 기준이 되는 포장이 무엇인지 결정함에 있어 선하증권상에 나타난 포장의 기재(그 중에서도 특히 '포

장의 수')를 기준으로 하는데 선하증권의 포장의 종류 및 화물의 내역(Kind of package: Description of goods)란에 'Shipper Load Stowage & Count, Said to be'라는 유보문구와 함께 기재된 유니트인가 아니면 선하증권의 컨테이너 또는 포장의 수(Number of Containers or package)란에 기재된 팰리트인가?

[판결요지] [원심판결요지] 상법 제789조의2(797)에 의한 피고의 손해배상 책임제한의 기준이 되는 포장이 무엇인지 결정함에 있어 가장 중요한 객관적 증거자료는 선하증권상에 나타난 포장의 기재(그 중에서도 특히 '포장의 수')임이 전제이며, 선하증권의 작성경위 및 기재 내용에 비추어 보면, 이 사건 화물의 포장단위는 위 선하증권의 포장의 종류 및 화물의 내역(Kind of package: Description of goods)란에 'Shipper Load Stowage & Count, Said to be'라는 유보문구와 함께 기재된 유니트라기보다는 위 선하증권의 컨테이너 또는 포장의 수(Number of Containers or package)란에 기재된 팰리트라고 보고 피고의 손해배상책임이 손상된 팰리트의 숫자에 상응한 13,000 계산단위(=26팰리트×500 계산단위)로 제한된다.

[대법원판결요지] 여기서 '포장'이란 운송물의 보호 내지는 취급을 용이하게 하기 위하여 고안된 것으로서 반드시 운송물을 완전히 감싸고 있어야 하는 것도 아니며 구체적으로 무엇이 포장에 해당하는지 여부는 운송업계의 관습 내지는 사회 통념에 비추어 판단하여야 할 것이고, 선하증권의 해석상 무엇이 책임제한의 계산단위가 되는 포장인지의 여부를 판단함에 있어서는 선하증권에 표시된 당사자의 의사를 최우선적인 기준으로 삼아야 할 것이며, 그러한 관점에서 선하증권에 대포장과 그 속의 소포장이 모두 기재된 경우에는 달리 특별한 사정이 없는 한 최소포장단위에 해당하는 소포장을 책임제한의 계산단위가 되는 포장으로 보아야 할 것인바, 비록 '포장의 수'란에 최소포장단위가 기재되어 있지 아니하는 경우라 할지라도 거기에 기재된 숫자를 결정적인 것으로 본다는 명시적인 의사표시가 없는 한 선하증권의 다른 난(난)의 기재까지 모두 살펴 그 중 최소포장단위에 해당하는 것을 당사자가 합의한 책임제한의 계산단위라고 봄이 상당하다. 그리고 포장의 수와 관련하여 선하증권에 'Said to Contain' 또는 'Said to Be'(…이 들어 있다고 함 또는 …라고 함)와 같은 유보문구가 기재되어 있다는 사정은 포장당 책임제한조항의 해석에 있어서 아무런 영향이 없다. 이 사건 선하증권의 '포장의 종류 및 화물의 내역(Kind of package: Description of goods)'란에 기재된 '유니트'는 운송물의 개체 수를 세는 단위에 불과할 뿐 그 자체가 포장에 해당하는 것은 아니지만, 다른 한편 '포장의 수'란의 옆에 기재된 봉인번호(Seal No.)란에 'P/NO. 1-104, C/NO. 1-2,496'이라고 기재되어 있고

여기서 'P'는 팰리트(pallet)를, 'C'는 종이상자(carton)를 의미하는 것이 분명하므로, 결국 이 사건에서 유니트의 숫자가 기재된 것은 당사자의 의사해석상 포장(carton)의 숫자로 볼 수 있고, 그 숫자 대신에 팰리트의 숫자가 '컨테이너 또는 포장의 수'란에 컨테이너의 수와 함께 병기(괄호 안에)되어 있다 할지라도 거기에 기재된 숫자를 다른 난의 기재보다 우선하여 결정적인 것으로 본다는 명시적인 의사표시가 있었다는 특별한 사정이 인정되지 아니하는 이 사건에 있어서는 종이상자의 숫자가 최소포장단위로의 숫자로서 책임제한의 계산단위가 됨에는 영향이 없고, 또한 종이상자의 숫자와 관련하여 'Said to Be'와 같은 유보문구가 들어 있다는 사정 역시 결론을 달리할 사정이 되지 못한다.

4. 책임제한의 배제사유

4-1 운송인의 고의 · 무모한 행위

운송물의 멸실, 훼손 또는 연착에 대한 해상운송인의 책임제한 규정은 운송물에 관한 손해가 운송인 자신의 고의 또는 그 손해가 발생할 염려가 있음을 인식하면서 무모하게 한 작위 또는 부작위로 인하여 생긴 것인 때에는 적용되지 아니한다(797①단). 이러한 경우까지 운송인을 보호하여 책임제한의 이익을 줄 필요가 없기 때문이다. '무모한 작위 또는 부작위'는 선박소유자의 책임제한 배제사유와 동일하기 때문에 그에 대한 설명은 여기에도 그대로 적용된다.[1)]

다음 [사례 Ⅳ-4-2]에서는 책임제한 배제사유인 운송인의 고의 또는 무모한 행위가 있는가 하는 점이 문제되었다.

[사례 Ⅳ-4-2: 대판 1996.12.6, 96다31611]

[사실관계] 원양업자인 X는 용선한 선박의 수리 및 운항에 필요한 엔진부품 등을 카라치항에 있는 선장에게 운송하기 위해 Y해운사와 해상운송계약을 체결하고, 운송물을 Y로부터 인수받은 빈 컨테이너 속에 넣고 봉인을 한 다음 부산항에서 Y에게 인도하였다. Y는 운송도중 이를 다른 선박에 환적하여 카라치항에 도착하였으나, 양

1) 이주흥, "면책약관 적용배제사유로서의 중과실", 민사판례연구 XII, 280면; 김인현, "한국과 미국의 해상물건운송법에 대한 비교법적 연구", 한국해법회지 제26권 제 2 호(2004.11), 401면 이하 참조.

륙작업중에 중 컨테이너의 봉인이 파손되어 있고 그 속의 물품 중 일부가 분실된 것이 발견되어 나머지만 인도하였다. 이 분실사고는 선원들의 보관의무 소홀로 발생한 것이지만, 그 장소는 밝혀지지 않았다. 한편 X의 선박은 제때에 수리를 못하고 대기하다가 X가 한국에서 항공편으로 부품을 새로 가져온 이후에야 비로소 수리를 시작하여 뒤늦게 출항하였다. 이에 X는 이 사고가 Y 또는 Y의 사용인의 고의 또는 무모한 행위로 발생한 것이므로 첫째, 분실 화물의 시가 1천만원, 둘째 선박수리 지연으로 인한 조업 손실금 등 2억7천만원, 셋째 분실화물 재구입비 및 운송비 2천만원의 합계 3억원 전부에 대해 배상책임이 있다고 주장하였다. 그러나 Y는 선하증권상 운송인의 책임은 운송물의 총중량 1kg당 2달러를 한도로 하므로, Y의 책임은 분실물 총 중량 631kg에 2달러를 곱한 1,262달러로 제한된다고 항변하였다. 누구의 주장이 타당한가?

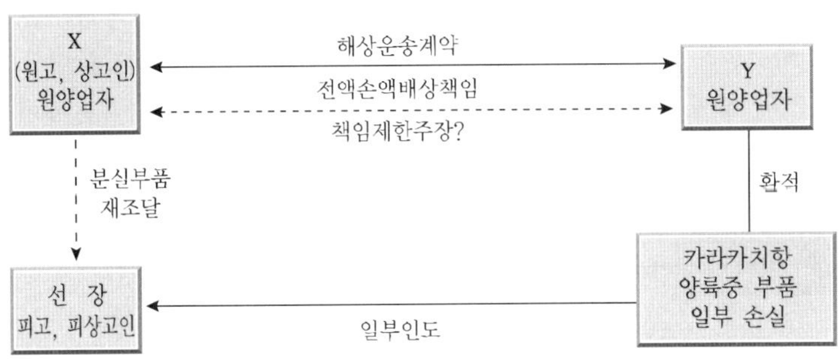

[판결요지] 상법 제789조의2(797) 제 1 항 단서에 의하여 운송인의 책임제한이 배제되기 위하여는, 운송인 본인의 고의 또는 손해발생의 염려가 있음을 인식하면서 무모하게 한 작위 또는 부작위가 있어야 하는 것이고, 운송인의 피용자인 선원 기타 선박사용인에게 고의 또는 무모한 행위가 있었다 하더라도 운송인 본인에게 그와 같은 고의나 무모한 행위가 없는 이상 운송인은 상법 제789조의2(797) 제 1 항 본문에 의하여 책임을 제한할 수 있다. 원고(X) 주장과 같이 이 사건 운송선박의 선원 등에게 고의 또는 무모한 행위가 있었다 하더라도 이를 운송인의 행위로 볼 수 없음은 물론, 이에 더 나아가 운송인인 피고(Y) 본인에게 그러한 고의 또는 무모한 행위가 있었다고 인정할 만한 아무런 증거가 없다.

한편 아래 [사례 Ⅳ-4-3]에서는 운송인의 육상 이행보조자인 보세창고업자가 보증도를 함으로써 운송물을 상실한 경우, 이는 이행보조자의 고의 또는 중대한 과실로 인한 손해라고 할 수 있는데 이 경우에도 운송인은 책임제한을 주장할 수 있는가 하는 점이 문제되었다.

[사례 Ⅳ-4-3: 대판 2001.4.27, 99다71528]

[사실관계] 주식회사 국민은행(X은행)은 1997.11.29. 한국의 수입상 A의 개설의뢰에 따라 말레이시아의 수출자(B)로 부터 수입하는 합판의 대금지급을 위하여 수입신용장을 개설하였다. 동남아해운 주식회사(Y해운)는 B로부터 화물의 운송을 인수한 후 수하인을 X의 지시인으로 하는 선하증권을 발행하였고, 선하증권의 이면약관은 "위 선하증권으로 인한 계약은 한국법에 의하여 해석되고 한국법의 적용을 받는다"고 정하고 있다. X는 1998.1.20. 매입은행에게 신용장 대금을 지급하고 신용장 선적서류인 선하증권들을 현재 소지하고 있다. 그런데 운송물은 1998.1.13. 인천항에 도착된 후 C가 운영하는 보세창고에 입고되었는데, C는 같은 해 2.25.부터 2.28.까지에 화물을 선하증권과 상환함이 없이 A에게 인도하여 주었다. C가 A에게 화물을 인도함으로써 Y의 X에 대한 화물의 인도의무는 이행불능이 되었는바, Y는 X에게 Y의 고의 또는 무모한 행위로 인하여 손해를 입었다는 취지로 그 배상을 청구하였다.

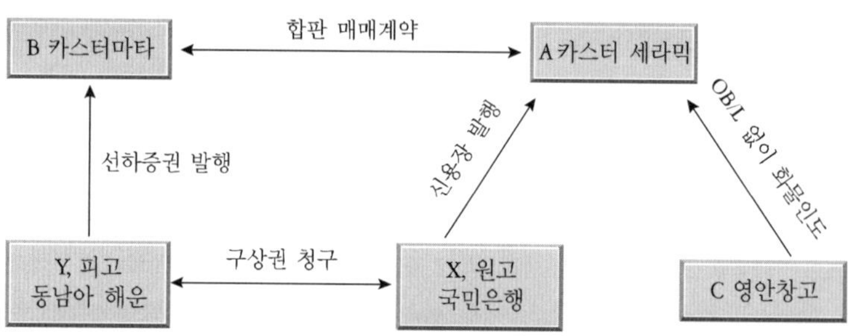

[쟁 점] 해상운송인(Y)이 책임제한을 주장할 수 없는 상법 제789조의2(797) 제1항 단서 소정의 '운송인 자신의 고의 또는 무모한 행위'에 양육지 창고업자(C)의 고의 또는 무모한 행위도 포함 여부

[판결요지] 상법 제789조의2(797) 제1항 단서에 의하여 운송인의 책임제한이 배제되기 위하여는 운송인 본인의 고의 또는 손해발생의 염려가 있음을 인식하면서 무모하게 한 작위 또는 부작위(이하 '고의 또는 무모한 행위'라고 한다)가 있어야 하는 것이고, 운송인의 피용자인 선원 기타 선박사용인에게 고의 또는 무모한 행위가 있

다 하더라도 운송인 본인에게 그와 같은 고의나 무모한 행위가 없는 이상, 운송인은 상법 제789조의2(797) 제 1 항 본문에 의하여 책임을 제한할 수 있으며, 이는 운송인의 운송이 해상운송의 성질을 가지는 한, 해상에서의 피용자뿐만 아니라 보세창고업자와 같은 육상에서의 피용자(C)에게 고의 또는 무모한 행위가 있었다 하더라도 마찬가지로 보아야 할 것이다.

다음 [사례 Ⅳ-4-4]는 갑판적 약정이 없음에도 불구하고 운송인이 임의로 갑판적을 한 경우가 '고의 또는 무모한 행위'에 해당되어 책임제한이 배제되는 여부가 문제된 사안이다.

[사례 Ⅳ-4-4: 서울서부지판 2007.12.21, 2006가합8979]

[사실관계] [1] 규델리니어텍 주식회사(X)는 산업용 로봇 제조, 종합무역 등을 하는 법인이고 카고라운드 주식회사(Y1)는 복합운송주선업, 해운중개업 등을 하는 법인이며 동진상선 주식회사(Y2상선)는 외항해상운송사업 등을 하는 법인이다. X는 2005.4.1. 일본 엔슈 리미티드(A회사)에 실린더 헤드 라인 갠트리 로더를 일본화 449,000,000엔에 수출하기로 하고, Y1회사에 화물의 운송을 의뢰하고 운임으로 17,651,118원을 지급하였다. Y1사는 Y2와 이 화물을 부산에서 일본 나고야까지 운송하기로 하는 해상운송계약을 체결하였다.

[2] 화물은 34개의 포장 단위로 플랫 랙 컨테이너(Flat-Rack Container) 7대에 적입되어 2005.4.1. 부산항에서 선박 티안순호에 선적되었고, 2005.4.6. 나고야항에 도착하여, 같은 달 14. A사에 인도되었다. 2005.4.14.부터 같은 달 18.까지 화물에 대한 포장 해체 작업 도중 플랫 랙 컨테이너 4대에 적입되었던 화물 중 상당량에 녹손 및 부식손이 발견되었다. 이에 A사 창고에서 2005.4.22. 검정인 일본 검정회사 NKKK (Nippon Kaiji Kentai Kyokai)의 다케오 미나미가 검정을 실시한 결과, 컨테이너 4대에 적입되었던 헤드 라인 갠트리 로더의 조립부속품 일부(34개 포장단위 중 13개 포장단위)에서 심한 침수손, 녹손, 부식손이 발견되었고, 이는 컨테이너 4대 갑판적 운송 중 해수 누출로 발생한 것으로 밝혀졌다. 그 후 NKKK 사는 운송인 측에 이러한 상황을 판단해 볼 것을 권유하여 2005.4.28. MSC Co. Ltd.의 엠 코구레가 운송인 측 검정인으로 지정되어 엔슈사 공장에 가서 조사를 하였다. 한편, 동양화재해상보험의 요청에 따라 2005.6.7.경 한리손해사정 소속 검정인이 검정을 실시하였는바, 해상 운송 중 해수와의 접촉으로 이 사건 화물 일부가 손상된 것으로 밝혀졌다.

[3] Y2상선은 2004.6.14. 이 사건 선박의 선주 티안진 마린 쉬핑 코 리미티드(B쉽핑)와 정기용선계약을 체결하였는데, 그 주요 내용은 다음과 같다. (1) 선장은 최대한 신속히 항해를 하여야 한다. 선장은 비록 선박소유자에 의해 고용되었더라도 선박의 용선 및 대리점 업무에 관하여 용선자의 지휘를 따라야 한다. 용선자는 자기의 비용으로 선장의 감독에 따라 화물, 컨테이너에 대한 선적, 적부, 묶기/고정, 풀기/고정시킨 것 제거, 양하 및 검수 작업을 하여야 한다(제 8 조). (2) 만일 정기용선자가 선장, 항해사 내지 기관사의 행동에 불만을 가질 만한 상당한 이유가 있다면, 선주는 정기용선자로부터 사유서를 접수하는 즉시 불만의 내용을 조사하여야 하고, 필요하다면 이를 교체하여야 한다(제 9 조).

[4] Y2상선은 화물을 선적하면서 X를 대리한 Y1라운드에 무하자 마스터 선하증권을 발행하였고, Y1라운드는 X에게 무하자 하우스 선하증권을 발행하였다. 선하증권 표면에는 화물을 갑판적으로 운송한다는 취지의 유보 문구가 기재되어 있지 않다. 다만, Y2상선 발행의 무하자 마스터 선하증권 이면 약관에 "제15조 갑판적 (1) 운송인은 컨테이너 화물을 선창 이외에 갑판 위에 선적할 권리가 있다. (2) 화물이 갑판 위에 선적되어 운송될 때, 운송인은 선하증권 표면에 이를 기록, 표시 내지 날인할 필요가 없다"는 규정이 명시되어 있고, Y1 카고라운드 발행의 무하자 하우스 선하증권 이면 약관에는 갑판적 관련 규정이 없다.

[5] 선창 내 적부되어 운송된 컨테이너 3대에 적입된 화물은 별다른 손상을 입지 않았다. X는 화물 일부의 손상으로 그 수리 및 교체 등을 위해 총 371,628,394원을 지출하였다. A사는 2005.7. Y1, Y2에 대한 손해배상채권을 X에게 양도하였고, 같은 달 29. Y1, Y2들에게 채권양도 사실을 각 통지하였다. Y1라운드는 2006.3.24. X의 제소기간 연장 요청에 대하여 2006.7.6.까지 연장에 동의하였고, 같은 해 6. 29. X의 추가 요청에 대하여 2006.10.6.까지 연장에 동의하였다.

[쟁 점] [1] Y2상선은 정기용선자에 불과하고 화물의 선적에 관하여 선장이나 선원을 지휘, 감독할 지위에 있지 않은데 X에게 손해배상책임을 부담하는가?

[2] Y2상선이 Y1라운드에게 발행한 선하증권 이면약관에 갑판적 화물 운송을 허용한다고 기재되어 있어 화물 일부를 갑판적 운송하였는데 이를 Y2상선의 고의 또는 무모한 행위로 보아 배상금액이 포장단위당 500SDR로 제한되지 않는가?

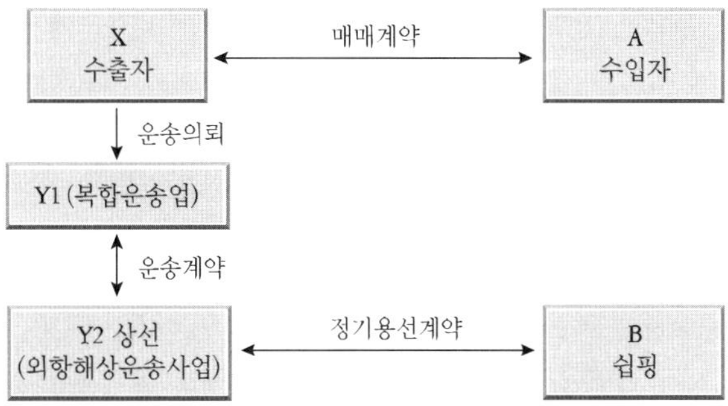

[판결요지] [1] Y2상선은 정기용선자일 뿐 제 3 자인 X에 대해 손해배상책임을 지지 않는다고 주장한다. 살피건대, 당사자 간에 체결된 정기용선계약이 그 계약 내용에 비추어 선박에 대한 점유권이 용선자에게 이전되는 것은 아니지만 선박임대차와 유사하게 용선자가 선박의 자유사용권을 취득하고 그에 선원의 노무공급계약적인 요소가 수반되는 것이라면 이는 해상기업활동에서 관행적으로 형성 발전된 특수한 계약관계로서 이 경우 정기용선자는 그 대외적인 책임관계에 있어서 선박임차인에 관한 상법 제766(850)조의 유추적용에 의하여 선박소유자와 동일한 책임을 지므로 정기용선자는 선장이 발행한 선하증권상의 운송인으로서의 책임을 부담한다(대판 1992.2.25, 91다14215 등 참조). 위 인정 사실에 의하면, Y2상선은 정기용선자이고, 정기용선계약에서 Y2상선에게 선장에 대한 지휘권, 화물·컨테이너 등에 대한 선적작업권, 선장 등의 교체요구권 등을 보장하는 등 정기용선자인 Y2상선에게 선박의 자유사용권 취득이 인정되고 선원의 노무공급계약적 요소도 포함되어 있어, Y2상선 역시 X에 대해 운송인으로서 손해배상책임을 부담한다고 봄이 타당하다.

[2] (1) 운송물에 관한 손해가 운송인 자신의 고의 또는 그 손해가 생길 염려가 있음을 인식하면서 무모하게 한 작위 또는 부작위로 인하여 생긴 것인 때에는 책임제한이 허용되지 않는다. 이 사건 화물은 직교좌표형 로봇으로서 정밀하고 예민한 제품인 점, 이 화물은 부산항에서 나고야항까지 4일 동안 해상으로 운송되었는데 갑판적은 선창 내 적부에 비하여 강한 바람이나 파도, 해수, 우수, 해풍, 직사광선, 태양열, 극심한 온도변화 등에 의하여 용기나 화물이 손상될 위험이 큰 점, 우리 상법도 이를 고려하여 갑판적으로 행하는 운송의 경우 운송인의 의무 또는 책임의 경감 또는 면제에 관한 상법 규정의 강행규정성을 배제하고(상법 제790(799)조 제 1 항, 제 2 항), 갑판에 적재한 하물이 손실된 경우 그 가액을 공동해손의 액에 산입하지 아니하도록 규정하고 있는 점(상법 제839(872)조 제 1 항, 제 2 항) 등에 비추어 보면, 별도의 갑판적 운송 약정 없이 이 사건 화물 일부를 임의로 갑판적으로 운송한 것은 위 단

서에서 말하는 무모한 행위로 평가된다. (2) Y2상선은 Y1라운드에게 발행한 선하증권의 이면약관에 갑판적 자유약관이 포함되어 있어 여전히 책임제한의 적용을 받는다고 항변하므로 살피건대, ① Y2상선이 Y1라운드나 X에게 갑판적 자유약관에 대해 아무런 설명을 하지 아니한 점, ② Y2상선 발행의 선하증권 표면에는 갑판적에 대한 규정이 없는 점, ③ Y1라운드가 X에게 발행한 선하증권에는 그 표면뿐 아니라 이면에도 갑판적에 대한 아무런 규정이 없는 점 등을 고려하면, Y2상선은 X에 대해서 선하증권 이면약관을 근거로 책임제한을 원용할 수 없다고 봄이 타당하다. (3) Y2상선은 운송인의 피용자인 선장이나 선원 등에게 화물 손상에 대한 고의 또는 무모한 행위가 있었다 하더라도 운송인 본인에게 그러한 고의 또는 무모한 행위가 없는 이상, 운송인인 피고 동진상선은 책임제한 규정을 원용할 수 있다고 항변하므로 살피건대, 정기용선계약에서는 용선자가 화물, 컨테이너에 대한 선적, 적부, 묶기/고정, 풀기/고정시킨 것 제거, 양하 및 검수 작업을 하기로 정하였고, 달리 이 선박의 선장이나 선원이 정기용선자인 Y2상선의 지시에 반하여 독자적으로 화물 일부를 갑판적으로 운송하였다고 볼 만한 아무런 증거가 없어, Y2상선의 이 부분 항변도 이유 없다.

4-2 고가물의 가액을 고지한 경우

송하인이 운송인에게 운송물을 인도할 때에 그 종류와 가액을 고지하고 선하증권 기타 운송계약을 증명하는 문서에 이를 기재한 경우에는 책임제한이 적용되지 아니한다(797③본). 이 경우에는 명시한 가액에 따른 특별운임을 지급하게 되므로 운송인은 모든 책임을 부담하는 것이 당연하기 때문이다.

그러나 송하인이 운송물의 종류 또는 가액을 고의로 현저하게 부실의 고지를 한 때에는 운송인은 자기 또는 그 사용인이 악의인 경우를 제외하고 운송물의 손해에 대해 책임을 면한다(797③단). 고가물의 특칙에 대해서는 육상운송인의 책임에서 설명한 것이 여기에도 그대로 해당한다.[1]

1) 서헌제(하) 356면.

제 5 절 비계약적 청구

1. 불법행위에 기한 청구

1-1 청구권 경합

운송물이 운송인 또는 그 이행보조자의 귀책사유에 의해 손해를 입은 경우에는 운송인의 채무불이행이 되는 동시에 운송물의 소유권에 대한 침해로서 불법행위를 구성하는 경우가 대부분이다. 이때 권리자(화주)는 운송인에 대해 계약상의 청구이외에 불법행위로 인한 청구도 할 수 있는가 하는 점이 문제된다. 특히 [사례 Ⅳ-5-1]에서 보는 바와 같이 계약상의 청구(선하증권상의 면책조항)에 대해서는 책임한도액이 정해져 있을 경우에 불법행위청구에 대해서도 이러한 책임제한을 주장할 수 있는가 하는 점이 문제된다.

학설은 대립하는데, 청구권경합설은 계약책임과 불법행위책임은 그 요건과 효과를 달리하여 병존하기 때문에 화수는 이 두 가지 청구권 중 하나를 임의로 선택하여 행사할 수 있다고 한다. 따라서 화주가 불법행위를 이유로 청구를 하는 경우에는 책임제한을 하지 못하게 된다. 이에 대해 법조경합설은 계약책임은 계약으로 맺어진 채권채무의 특별관계에 있는 자 사이에서 발생하는 배상관계인 반면 불법행위 책임은 일반적인 사회생활 관계에서 아무와의 사이에서도 발생할 수 있는 배상관계이므로, 특별관계의 계약책임이 성립하는 이상 일반관계의 불법행위책임은 배제되어야 한다고 본다. 이 견해에 따르면 운송인은 책임제한의 혜택을 누릴 수 있게 된다.[1)]

1-2 판례의 입장

종래의 상법은 이에 관해 아무런 규정을 두지 않았고 판례는 청구권경합설에 입각해서 선하증권상의 책임제한약관은 불법행위청구에 대해서는 적용되지 않는다고 판시하여 결과적으로 운송인은 책임제한의 이익을 누릴 수 없었다(대판 1962.6.21, 62다102; 1965.1.12, 63다609; 1977.12.13, 75다107; 1980.11.11, 80다

1) 서헌제(하) 362~363면.

1812). 그러나 이는 선하증권상의 책임제한을 불법행위책임에도 적용하는 헤이그-비스비규칙 및 거래현실과도 동떨어진 것으로서 많은 비판을 받았다. 이에 따라 아래 [사례 Ⅳ-5-1]에서 대법원은 청구권경합론을 유지하면서도 면책약관의 효력을 인정하는 쪽으로 그 입장을 바꾸었다.

[사례 Ⅳ-5-1: 대판(전) 1983.3.22, 82다카1533]

[사실관계] 레데리에트 에이 피 묄러주식회사(Y해운사)는 송하인 A가 수하인인 B 제철회사에 수출하는 공장건설기자재의 해상운송계약을 A와 체결하고 Y가 용선한 선박에 화물을 적재하였다. 그런데 선원들이 화물의 고정장치를 튼튼히 하지 않았기 때문에 태풍으로 화물이 동요되고 서로 부딪쳐서 그 일부는 파손되었다. X보험사는 B에게 보험금을 지급하고 B를 대위하여 Y에게 불법행위로 인한 손해배상과 운송튼히 하지으로 인한 손해배상을 선택적으로 청구하였다. 이에 대해 Y는 선하증권의 면책약관에 의하면 운송인은 멸실 또는 훼손된 운송물의 1포장 또는 1단위당 영국화 100파운드 상당가액 이상의 배상책임을 지지 않기로 규정되어 있으므로 위 금액 이상의 배상의무가 없다고 항변하였다. Y의 항변은 타당한가?

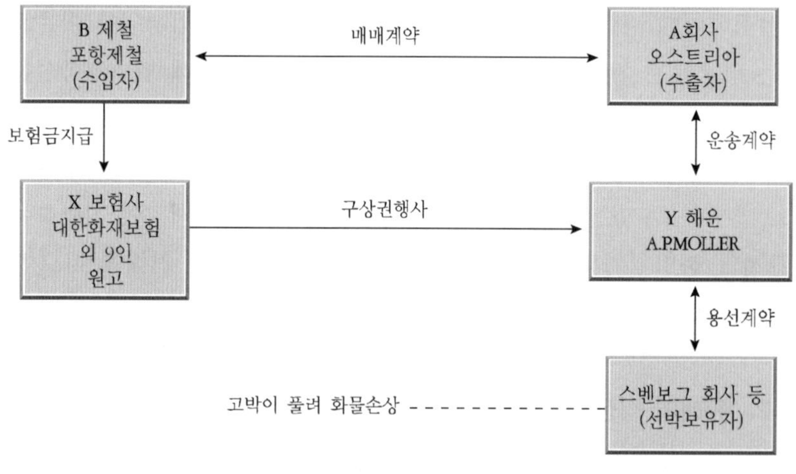

[쟁 점] [1] 화주는 운송인의 잘못으로 인해 입은 손해에 대해 운송계약상의 책임과 함께 불법행위에 기한 손해배상청구도 할 수 있는가? (청구권경합론)

[2] 청구권경합설을 취할 경우 선하증권상의 책임제한약관은 불법행위책임에 대해서도 적용되는가?

[3] 불법행위에도 책임제한약관이 허용된다고 할 경우 그 한계는 어디까지인가?

[판결요지] [원심판결] X들은 화물의 수하인이며 선하증권 소지인인 C제철을 대위하여 불법행위로 인한 손해배상과 운송채무불이행으로 인한 손해배상을 선택적으로 청구하고 있는 바 원심판결은 위 두 청구중 불법행위로 인한 손해배상 청구를 인용하고, Y가 선하증권의 면책약관에 의하면 운송인은 멸실 또는 훼손된 운송물의 1포장 또는 1단위당 영국화 100파운드 상당가액 이상의 배상책임을 지지 않기로 규정되어 있으므로 위 금액 이상의 배상의무가 없다고 항변한 데에 대하여, 설사 위 선하증권에 한 한 취지의 면책규정이 있다고 하더라도 위 규정은 운송계약상의 채무불이행으로 인한 손해배상 청구에만 적용되는 것이고 당사자간에 별도로 명시적이거나 묵시적인 합의가 없는 한 불법행위로 인한 손해배상 청구에는 적용되지 않는다.

[대법원 판결요지] [1] 일반 운송계약상의 채무불이행 책임과 불법행위 책임의 관계에 관하여 보건대, 해상운송인이 운송도중 운송인이나 그 사용인 등의 고의 또는 과실로 인하여 운송물을 멸실 또는 훼손시킨 경우에 운송계약상의 운송물 인도청구권과 그 운송물의 소유권을 아울러 가지고 있는 선하증권 소지인은 운송인에 대하여 운송계약상의 채무불이행으로 인한 손해배상청구권과 아울러 소유권 침해의 불법행위로 인한 손해배상청구권을 취득하며 이 두 청구권은 서로 경합하여 병존하고, '운송계약상의 면책특약이나 상법상의 면책조항은 오로지 운송계약상의 채무불이행 책임에만 적용될 뿐 당사자 사이에 명시적 또는 묵시적인 합의가 없는 한 불법행위로 인한 손해배상 책임에는 영향을 미치지 않는다는 것이 당원의 판례이다. 본래 채무불이행책임과 불법행위책임은 각각 요건과 효과를 달리하는 별개의 법률관계에서 발생하는 것이므로 하나의 행위가 계약상 채무불이행의 요건을 충족함과 동시에 불법행위의 요건도 충족하는 경우에는 두 개의 손해배상청구권이 경합하여 발생한다고 보는 것이 당연할 뿐 아니라, 두 개의 청구권의 병존을 인정하여 권리자로 하여금 그중 어느 것이든 선택하여 행사할 수 있게 하는 것이 피해자인 권리자를 두텁게 보호하는 길이라는 실제적인 이유에 비추어 보더라도 당원은 위와 같은 당원의 종전 견해를 변경할 필요가 없다고 본다.
논지는 이른바 법조경합설(청구권 비경합설)의 견해에 따라 계약책임이 성립하는 이상 불법행위 책임은 배제되어야 한다고 주장하고 있는바, 그 이론적 근거는 주로 계약책임은 계약으로 맺어진 채권채무의 특별관계에 있는 자 사이에서 발생하는 배상관계인 반면 불법행위 책임은 일반적인 사회생활 관계에서 아무와의 사이에서도 발

생할 수 있는 배상관계이므로 특별관계의 계약책임이 성립하는 이상 일반관계의 불법행위책임은 배제되어야 한다는 것이고, 실제적인 근거는 계약책임에 관하여 면책이나 책임제한의 특칙 또는 특약이 있다고 하여도 청구권경합설의 견해에 따라 불법행위책임을 면할 수 없다고 한다면 위와 같은 계약책임에 관한 특칙이나 특약은 무의미하게 되고 말 것이므로 오로지 계약책임만을 인정하여야 한다는 것으로 간추려 볼 수 있다.

그러나 불법행위책임이 일반적인 사회생활에서 아무와의 사이에서도 발생할 수 있는 배상관계라고 할지라도 구체적인 배상관계는 특정한 당사자인 가해자와 피해자 사이에서 발생한 생활관계로서 마치 계약책임이 특정한 당사자인 채권자와 채무자 사이에서 발생한 생활관계인 것과 다를 바 없으며 단지 그 배상청구권의 발생근거가 계약상의 의무위반이 아니라 법률에 규정된 위법행위라는 데에 계약책임과의 차이가 있는바, 계약상 의무위반의 법률관계가 위법행위의 법률관계에 대하여 반드시 특별·일반의 관계에 있다고 단정할 수는 없는 것이고, 또 논지가 내세우는 실제적 근거인 계약책임에 관한 면책이나 책임제한의 특칙 또는 특약이 불법행위책임에 적용되지 않음으로써 유명무실하게 된다는 점은 바로 청구권경합설이 장점으로 내세우는 권리자 보호의 측면을 뒤집어 공격하는 것에 지나지 않으니, 논지가 말하는 법조경합설의 견해는 받아들일 수 없다.

결국 운송인의 운송계약상 채무불이행으로 인한 손해배상책임과 불법행위로 인한 손해배상책임은 경합하여 병존하고 권리자는 그 중 어느 면의 손해배상청구권이라도 선택적으로 행사할 수 있다고 할 것이므로, 운송계약상 채무불이행 책임에 관하여 법률상 면책의 특칙이 있거나 또는 운송계약계 그와 같은 면책특약을 하였다고 하여도 일반적으로 이러한 특칙이나 특약은 이를 불법행위 책임에도 적용키로 하도 일도의 합의가 없는 한 당연히 불법행위 책임에 적용되지는 않는다고 보아야 할 것이다.

[2] 그러나 해상운송인이 발행한 선하증권에 기재된 면책약관은 위에서 본 일반 운송계약상의 면책특약과는 달리 운송계약상의 채무불이행 책임뿐만 아니라 그 운송물의 소유권 침해로 인한 불법행위책임에 대하여도 이를 적용하기로 하는 당사자간의 숨은 합의가 포함되어 있다고 보는 것이 타당하므로, 별도로 당사자 사이에 위 면책약관을 불법행위책임에도 적용키로 한 합의를 인정할 증거가 없더라도 그 면책약관의 효력은 당연히 운송인의 불법행위책임에까지 미친다고 보아야 할 것이다. 그 이유는 아래와 같다.

선하증권은 해상운송인이 운송물을 수령한 것을 증명하고 지정된 양륙항에서 정당한 소지인에게 운송물을 인도할 채무를 부담하는 유가증권으로서, 운송인과 그 증권

소지인 간에는 증권 기재에 따라 운송계약상의 채권관계가 성립하는 채권적 효력이 발생하고(861,131), 운송물을 처분하는 당사자간에는 운송물에 관한 처분은 증권으로서 하여야 하며 운송물을 받을 수 있는 자에게 증권을 교부한 때에는 운송물 위에 행사하는 권리의 취득에 관하여 운송물을 인도한 것과 동일한 물권적 효력이 발생한다(861,132,133). 그러므로 운송물의 권리를 양수한 수하인 또는 그 이후의 자는 선하증권을 교부받음으로써 그 채권적 효력으로 운송계약상의 권리를 취득함과 동시에 그 물권적 효력으로 양도목적물의 점유를 인도받은 것이 되어 그 운송물의 소유권을 취득하고, 이후 운송인에게 운송물의 멸실 또는 훼손에 대하여 운송계약상의 계약책임 뿐만 아니라 소유권 침해를 이유로 한 불법행위책임도 물을 수 있게 되는 것이다.

이와 같이 운송물의 권리를 양수하여 선하증권을 교부받아 그 소지인이 된 자는 운송인에 대하여 운송계약상의 채무불이행책임뿐만 아니라 운송물의 소유권 침해로 인한 불법행위책임도 아울러 추궁할 수 있게 된다는 점에 비추어볼 때, 운송인이 선하증권에 기재한 면책약관은 특단의 사정이 없는 한 그 증권소지인이 주장하게 될 운송계약상의 채무불이행 책임뿐만 아니라 운송물 소유권침해를 이유로 한 불법행위책임에 대하여도 이를 적용할 의도로 기재하였다고 풀이하는 것이 당사자의 의사에 부합하는 것이며, 이와 달리 위 면책약관은 오로지 계약상 채무불이행 책임만을 대상으로 한 것이고 불법행위책임의 추궁은 이를 감수할 의도였다고 보기는 어려운 것이다. 그렇다면, 위와 같은 면책약관이 기재된 선하증권을 교부받은 소지인과 운송인간에는 운송계약상의 채무불이행책임뿐만 아니라 운송물의 소유권 침해로 인한 불법행위책임에 대하여도 위 면책약관을 적용키로 한 숨은 합의가 이루어졌다고 보겠으므로, 그 면책약관을 불법행위책임에 적용키로 하는 별도의 명시적 또는 묵시적 합의가 없더라도 당연히 불법행위책임에도 그 효력이 미친다고 보아야 할 것이다.

당원은 대판 1980.11.11, 80마1812 판결 중에서 위 견해와 달리 선하증권에 기재된 면책약관(배상액제한 규정)은 운송계약상의 채무불이행 책임에만 적용되고 별도로 운송계약 당사자 사이에 불법행위 책임에도 적용키로 한 약정이 없는 한 당연히 불법행위책임에 적용되지 않는다는 견해를 표명한 바 있으나 이 부분은 폐기하기로 한다.

[3] 다만 위와 같이 선하증권에 기재된 면책약관이라고 할지라도 무제한적으로 불법행위 책임에 적용되는 것이 아님을 유의할 필요가 있다. 첫째로, 고의 또는 중대한 과실로 인한 재산권 침해에 대한 불법행위 책임을 사전에 가해자와 피해자 사이에서 면제하거나 제한하는 합의는 대체로 반사회질서 행위에 해당하여 무효라고 볼 경우가 많음에 비추어 볼 때, 선하증권의 면책약관도 특단의 사정이 없는 한 고의

> 또는 중대한 과실로 인한 불법행위 책임에는 적용되지 않는다고 보아야 한다. 둘째로, 상법 제790(799)조는 같은법 제787(794)조 내지 789(796)조의 규정에 반하여 선박소유자의 의무 또는 책임을 경감하는 당사자의 특약은 효력이 없다고 규정하고 있으므로 이 규정에 저촉되는 면책약관은 불법행위 책임에도 적용되지 않는다고 보아야 한다.
> 다만 위 상법 제790(799)조는 면책약관 중 전반적인 책임을 제외하거나 또는 특정손해에 대한 책임을 제외하는 이른바 책임제외약관과 입증책임을 변경하거나 청구에 조건을 붙이는 이른바 책임변경약관 등에 적용되고 이 사건과 같은 책임결과의 일부를 감경하는 배상액 제한 약관은 특단의 사정이 없는 한 위 법조에 저촉되지 않는다고 풀이함이 타당하다. 원래 위 상법 제790(799)조의 면책특약금지 규정은 해상운송기업이 면책약관을 남용하여 사실상 운송인의 책임을 유명무실하게 만듦으로써 화주측의 이익을 저해하는 결과를 방지하고자 하는 국제해상운송의 추세에 따른 것이나, 만일 이를 엄격히 해석하여 배상액 제한규정도 위 상법 제790(799)조의 책임경감금지에 저촉되어 무효라고 한다면, 운임수입을 기업이익으로 삼아 저렴한 운임으로 대량수송을 하는 해상운송기업이 때로는 운임을 훨씬 초과하는 운송물가액 상당의 무거운 손해배상책임까지 부담하는 위험을 안게 되어 운송기업은 필경 운임인상의 방법으로 그 위험을 화주측에 전가하려고 할 것이고 이는 오히려 화주측의 이익을 저해하는 결과가 될 뿐이므로, 위와 같은 해석은 구체적인 타당성을 결여한 것이라고 하겠으며 국제해상운송에 있어서도 상당한 범위 내의 배상액 제한은 적법하게 용인되고 있는 실정이다.

위 사례는 청구권경합론에 입각하면서도 선하증권상의 책임제한 약관의 효력이 불법행위에도 미친다고 판시함으로써 종래 이를 부정하여 국제적인 관행을 외면해온 기존 판례를 변경한, 해상운송 부분에서는 가장 획기적인 판례이다. 다만 현재로는 이 문제는 다음에서 보는 바와 같이 입법으로 해결을 한 셈이다.

1-3 상법의 규정

1991년 개정상법은 이러한 해석상의 논란을 불식시키기 위해 해상운송인의 책임에 관한 규정은 불법행위로 인한 손해배상의 책임에도 적용한다는 규정을 두었다(798①). 따라서 청구권경합과 관련하여 묵시적 합의의 존재를 전제로 면책약관의 책임제한을 적용하던 판례의 소극적 태도에서 한 걸음 더 나아가 입법적인 해결을 보았다. 이는 선박소유자의 책임제한에 관한 규정(769~776)이 청구원인여하에 불구하고 적용된다는 것(769)과 그 궤를 같이 하는 것으로서, 현대 해운법의 추세에 따른 것이다.

2. 사용자에 대한 청구

[사례 Ⅳ-5-2: 선박사용인의 책임제한]

A해운사는 X가 미국으로 수출하는 여성의류 100박스의 운송을 의뢰받고 이를 콘테이너에 넣은 후 그 소유선박에 적재하였다. 항해도중 이 선박의 선장인 Y는 태풍경보가 발효되었음에도 불구하고 파도가 별로 심하지 않을 것으로 오신하여 선원들에게 비상근무령을 하달하지 않고 태만히 대처하다가 거센 파도에 떠밀려 좌초되었다. 이로 인해 바닷물이 선창에 유입되어 X의 의류가 침수되는 사고가 발생하였다. X의 손해배상청구에 대해 A가 항해과실 또는 해상고유의 위험으로 인한 면책을 주장하자, X는 Y에게 1박스당 20,000 달러로 계산한 200만 달러의 운송물 가액손실과 예상수익 상실분 50만 달러의 합계 250만 달러를 손해배상으로 청구를 하였다.

① Y는 1박스당 666과 100분의 67계산단위의 한도액을 적용하여, 66,667계산단위로 그 책임을 제한할 수 있는가? ② 만일 태풍경보가 발효되어 선원들이 근처 항구로 대피할 것을 수차에 걸쳐 요구하였고, 인근에 항해하던 다른 큰 선박들도 모두 대피하였으나 Y가 이를 무시하고 계속 항해하다가 사고를 당한 경우에는 어떠한가?

2-1 취 지

운송인은 운송물에 손해가 발생한 경우에도 앞에서 본 바와 같이 면책사유, 개별적 책임제한, 총체적 책임제한 등으로 그 책임이 아예 면제되거나 매우 적은 금액밖에는 책임을 지지 않는다. 따라서 [사례 Ⅳ-5-2]에서 보는 바와 같이 화주(X)는 사고를 직접 유발한 운송인(A)의 사용인(Y) 또는 대리인을 상대로 손해배상청구를 하는 경우가 종종 있다. 이때에 이들도 운송인이 주장할 수 있는 항변과 책임제한을 원용할 수 있는가 하는 점이 문제되는데, 선하증권에서는 이를 인정하는 이른바 히말라야약관을 두는 것이 보통이다. 그런데 종래의 상법에는 이에 관한 규정을 두지 않았으므로, 이러한 약관조항이 상법 제799조에 반하여 무효인가 하는 의문이 종종 제기되었다.

(1) 사용인 등의 책임배제약관의 효력

종래의 히말라야 약관이 단지 책임제한원용규정을 두는 데에서 한걸음 더 나아가 그 책임을 전혀 묻지 않는다는 조항을 두는 경우가 있는데 다음의 [사례 Ⅳ-5-3]은 이 조항의 유효성 여부를 다루고 있다.

[사례 Ⅳ-5-3: 서울지판 1990.1.24, 88가합23887]

[사실관계] [1] 1987.8.경 현대종합상사주식회사(A상사)의 호주국 현지 자회사인 현대오스트랠리아주식회사(B회사)는 카나다국에서 아말가멧 카나다로부터 그 소유의 알미늄괴 199.656톤 매입한 다음 1987.8.30. 위 화물을 선박소유자 겸 운송인인 스타쉽핑 에이/에쓰 (Bergen, Norway)에 운송의뢰하였고 동 회사는 카나다국 키티마(Kitimat)항에서 기선 스타디페(Star Dieppe)호 0687항차편에 이를 선적하여 인천항으로 수송케하였다. 같은날 위 운송회사의 선하증권발행대리인인 스타쉽핑주식회사(C쉽핑)는 선하증권 2셋트를 발행하였고 위 선박은 1987.9.19. 인천항에 입항하여 그 익일경 수하인인 A상사가 그의 대리인인 대한알미늄공업주식회사를 통하여 대한통운주식회사로 하여금 위 화물을 양하하여 동 회사 창고에 입고되게 하였다. C쉽핑이 발행한 선하증권 제18조(히말라야 약관)에는 "당 운송인의 사용인 또는 대리인(servant or agent, 당 운송인이 수시 사용하는 모든 독립하수계약자 포함)에 대하여는 어떠한 상황하에서도 그 사용관계에 관련하여 행동하는 동안에 그들의 어떤 행위, 과실 또는 실수로부터 직접 또는 간접으로 생기는 모든 멸실, 훼손 또는 지연에 관하여 그 청구원인 여하에 불구한 어떠한 책임도 지우지 아니할 것을 명시적으로 합의하며, 또한 본 약관의 위 통칙규정을 침해함이 없이 당 운송인에 적용할 또는 당 운송인이 원용할 권리가 있는 본 증권기재의 모든 면책약관, 제한규정, 조건과 자유 및 그 종류여하를 불문한 모든 권리, 면책약관, 항변사유들은 당 운송인의 위 모든 사용인 또는 대리인을 보호하기 위하여 그리고 현재 또는 앞으로 당 운송인의 사용인 또는 대리인(상기와 같은 독립하수계약자 포함)이 될 사람들의 이익으로 원용되어야 하고 확장 적용되어야 하며, 모든 그러한 사용인 또는 대리인들은 그 범위에서 본 선하증권으로 증명된 본 계약의 당사자가 된 것으로 본다."라는 규정이 삽입되어 있다.

[2] 위 화물이 아직 입항하기도 전인 1987.9.18. 실수요자인 동원실업주식회사(D실업)는 A상사로부터 위 화물을 매수하였고 그 대금결제는 매수자인 D실업이 위 화물을 직접 수입한 것처럼 결제하는 방법을 취하기로 하여 1987.9.23. D실업이 아말가멧 카나다와 중소기업은행(X은행)에 의한 신용장(L/C)의 개설을 통한 수입계약을 통한

수입계약을 체결하였다. 1988.3.22. X은행은 통지은행으로부터 선적서류 송부에 의한 신용장 대금결제의 청구를 받고 1988.3.29. 화물의 대금 미화 363,879.03달러를 지급함으로써 이를 결제하였다.
[3] 한편 오리엔트해운주식회사(Y해운)는 1972.12. 위 스타쉽핑 에이/에쓰와 선박대리점계약을 체결하였으며 이에 따라 Y해운은 수수료 및 코미션을 받고 수출입화물을 유치하고 한국의 항구에서의 스타 쉽핑 에이/에쓰의 선박을 돌보아 주는 등 그의 대리인 역할을 하기로 약정하였다. 1987.9.29. D실업의 성명불상직원이 위조된 X은행 명의의 1987.9.25.자 화물선취보증서를 지참하고 와서 제시하므로 Y해운은 이를 받고 화물에 대한 화물인도지시서를 발행해 주었고, 대한통운주식회사는 이를 수취한 후 1987.10.부터 11월 사이에 화물전부를 창고로부터 출고시킨 사실을 인정할 수 있다.

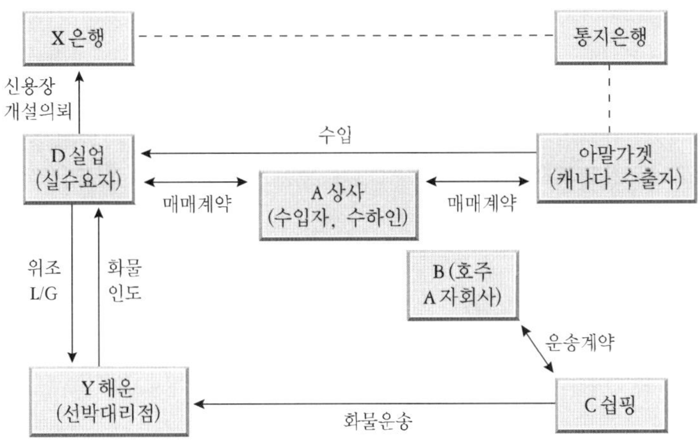

[쟁 점] [1] Y는 스타쉽핑 에이/에쓰의 선박대리점으로서 해상운송인의 사용인 또는 대리인에 대하여 어떠한 경우에도 그 책임을 묻지 아니한다는 선하증권이면약관(소위 히말라야약관)의 효력에 의해 면책되는가?
[2] 선하증권과 상환하지 아니하고 운송물을 인도함에 따라 소지인에게 불법행위로 인한 손해배상책임을 부담하는가?

[판결요지] [1] Y는 선하증권이면약관 제18조의 부제소특약에 의하면 이건 운송인의 사용인 또는 대리인 등이 그 사용관계에 관련하여 행동하는 동안에 발생시킨 모든 손해에 대하여는 그 사용인 또는 대리인을 상대로 책임을 물을 수 없도록 되어

있고 이는 제3자를 위한 계약의 법리에 따라 효력이 있으므로 피고에 대한 이 건 손해배상청구는 위 특약에 위배된다고 항변하므로 살피건대, 피고 주장과 같은 내용의 부제소특약을 설정하고 있으며, 만일 위 사용인 또는 대리인 등을 상대로 배상청구를 하는 경우에 대비하여 위 조문 후단에는 순환면책약관(Circular Indemnity Clause)까지도 설정하고 있음을 알 수 있는바, 이건과 같은 해상운송계약에 있어서는 그 운송의 특수성에 비추어 운송인에 대하여 과중한 책임을 경감시켜 주는 약관을 두는 거래관행은 있으나 이건과 같은 사용인 또는 대리인 등의 책임을 일체 묻지 않는 약관은 아직 국내의 거래관행으로 정착되었다 볼 수 없을 뿐 아니라, 만일 위 약관내용 그대로를 실행시킴은 결과적으로 사용인 또는 대리인들의 업무소홀 태만을 야기시킴으로써 실질적으로 불법행위를 유발, 조장하는 내용이 되며 그럼에도 불고하고 피해자는 가까이에 있는 직접적인 가해자인 사용인 또는 대리인을 상대로 배상을 구하지 못하고 경우에 따라서는 많은 준비와 비용이 소요되는 멀리 있는 운송인만을 상대하여야 한다는 불공정한 결과에 이르게 되는 점 등을 감안하면 이건 약관은 유효하다고 보기 어렵고 달리 원고와 피고 사이의 부제소합의가 있었다고 볼 아무런 증거 없으므로 위 주장은 이유없다.

[2] 운송인인 스타 쉽핑 에이/에쓰의 국내 선박대리점인 Y회사는 위 운송인의 이행보조자인 운송취급인이므로 운송물을 당해 선하증권의 소지인에게 그 선하증권과 상환하여 인도하여야 할 의무있다 할 것인데, Y회사는 전시 위조된 X명의의 화물선취 보증서를 수령하고 위 화물인도지시서를 발행해 줌으로써 결과적으로 선하증권과 상환하지 아니하고 운송물을 다른 사람에게 인도하였는바, 이는 선하증권 소지인인 X회사의 운송물에 대한 권리의 위법한 침해로서 불법행위가 되었다 할 것이니 Y는 X에게 이로 인하여 발생한 손해를 배상하여야 할 것이다.

(2) 사용인 등의 책임제한약관의 효력

원래의 히말라야 약관은 사용인 등의 책임을 전면적으로 배제하는 것은 아니고 이들도 운송인이 누릴 수 있는 면책사유, 책임제한 등의 항변을 원용할 수 있다는 취지이다. 1991년 개정상법은 이를 수용하여 운송물에 관한 손해배상청구가 운송인의 사용인 또는 대리인에 대하여 제기된 경우, 그 손해가 사용인 또는 대리인의 직무집행에 관하여 생긴 것인 때에는 그 사용인 또는 대리인은 운송인이 주장할 수 있는 항변과 책임제한을 원용할 수 있다는 규정을 두게 된 것이다(798②본). 운송인이 그 의무의 이행을 위해 다른 운송인을 사용한 경우, 그 실제운송인 및 그의 사용인 또는 대리인도 마찬가지로 책임제한을 주장할 수 있다(798④). 이러한 히말라야 약관의 효력에 대해서는 다음 [사례 Ⅳ-5-4]에서 다루고 있다.

[사례 Ⅳ-5-4: 부산지판 2006.3.27, 2005가단42886]

[사실관계] [1] 나이스트레이드 주식회사(X)는 중화민국의 상해애신국제무역 유한공사(A공사)로부터 안경렌즈첨가제인 IPP-27 3,000kg을 미화 22,200달러에 수입하는 계약을 체결하였다. 이 화물은 유피에스 오션 프레이트 서비스(유피에스)의 중국대리점인 프릿츠 로지스틱스(B회사)의 운송의뢰 유피에 2004.9. 23. 중국 상하이항에서 Y3회사의 선박 유선적되어 2004.9.26. 부산항에 도착하였다. Y3회사는 화물선적 당시 화물에 대하여, 송하인 B, 수하인 Y1회사, 선적항 상하이, 도착항 부산으로 기재된 마스터 선하증권을 발행하였고, B는 같은 날 유피에스를 내리하여 화물에 내하여, 송하인 A공사, 수하인 중소기업은행, 통지처 X, 인도지대리점 Y1회사, 선적항 상하이, 도착항 부산으로 기재된 하우스 선하증권을 발행하였다.
[2] (1) 하우스 선하증권의 이면약관 제6.3조는 "화물의 분실, 손상 등과 관련하여 운송인 이외의 운송관련자들(anyone participating in the performance of the Carriage other than the Carrier)을 상대로 손해배상청구가 제기된 경우 그 운송관련자들은 선하증권, 적용이 가능한 요율표, 관련 법규가 허용하는 모든 항변, 면책, 책임의 제한, 특권 등을 선하증권의 당사자들처럼 원용할 수 있고, 이와 같이 보호받는 운송관련자들에는 하수급인(Subcontractors), 하역인부, 터미널운영업자(terminals), 검수업자, 운송과 관련된 육상, 해상, 항공운송인 및 직간접적인 하청업자가 포함되며, 여기에 열거된 자들에 한정되지 아니한다"고 규정하고 있다. (2) 마스터 선하증권의 이면약관 제 4 조 (B)항에도 "모든 사용인, 대리인 및 하수급인(sub-contractor, 선박의 소유나 용선과 관련된 모든 이해관계자들, 하역업자, 창고업자, 기타 독립계약자를 포함함) 및 그들의 대리인은 운송인의 이익을 위하여 선하증권에 규정된 모든 이익을, 그러한 규정들이 마치 자신들의 이익을 위하여 명시적으로 규정된 것처럼 원용할 수 있다"고 규정하면서 히말라야 약관(Himalaya Clauses)을 적용하고 있다
[3] 그런데 물은 유기과산화물인 디이소프로필 퍼옥시디카보네이트를 함유하고 있어 상온에서는 자연발화하는 성질을 가지고 있었으므로, Y3은 B의 의뢰에 따라 이를 냉동컨테이너에 적재하여 영하 18도의 냉동상태로 보관, 운송하였는데, 부산항에 도착하여 양하 및 화물의 장치업무를 하는 터미널운영업자인 Y2회사에게 이를 인도할 당시 위 냉동컨테이너에 위험물관리코드만 부착한 채 이 사건 화물이 영하 18도의 냉동상태로 보관되어야 한다는 사실을 고지하지 아니하였다. Y3과 용역계약에

따라 화물을 인도받은 Y2는 위 냉동컨테이너에 부착된 위험물관리코드를 제대로 살피지 아니한 과실로 따로 온도를 관리할 필요가 없는 화물로 생각하여 위 냉동컨테이너에 전원을 연결하지 아니한 채 상온 상태로 부산컨테이너터미널의 일반위험물 임시장치장에 화물을 보관하였는데, 화물은 2004.9.30. 냉동컨테이너 안에서 자연발화하여 모두 소훼되었다. X는 중소기업은행으로부터 화물에 대한 하우스 선하증권을 인도받아 현재 이를 소지하고 있다([사례 Ⅳ-5-5] 참조).

[쟁 점] [1] 부두의 터미널운영업자(Y2)는 해상운송인에 대한 독립적인 계약자로서 해상운송인도 아니고 해상운송인의 사용인 또는 대리인이라고 볼 수도 없으므로 해상운송인의 사용인 또는 대리인에 대하여 운송물에 대한 손해배상청구가 해상운송인이 주장할 수 있는 항변과 책임제한을 원용할 수 있다는 내용의 규정인 상법 제789조의3(798) 제 2 항이 적용되는 여부

[2] 해상운송인 이외의 운송관련자들로 하여금 해상운송인이 제기할 수 있는 모든 항변을 원용할 수 있도록 규정한 이른바 히말라야 약관이 해상운송인의 책임을 경감하는 결과를 가져오는 것으로서 상법 제790(799)조 제 1 항에 반하지 아니하여 유효하다고 한 사례

[판결요지] [1] 해상운송인으로부터 용역계약에 따라 화물을 인도받아 보세장치장에 보관하는 부두의 터미널운영업자(Y2)는 해상운송인에 대한 독립적인 계약자로서 해상운송인도 아니고 해상운송인의 사용인 또는 대리인이라고 볼 수도 없으므로 해상운송인의 사용인 또는 대리인에 대하여 운송물에 대한 손해배상청구가 제기된 경우에 해상운송인이 주장할 수 있는 항변과 책임제한을 원용할 수 있다는 내용의 규정인 상법 제789조의3(798) 제 2 항이 적용되지 않는다.

[2] 해상운송인 이외의 운송관련자들로 하여금 해상운송인이 제기할 수 있는 모든 항변을 원용할 수 있도록 규정한 이른바 히말라야 약관이 해상운송인의 책임을 경감하는 결과를 가져오는 것은 아니므로 상법 제790(799)조 제 1 항에 반하지 아니하여 유효하다.

한편 위와 같은 하급심에서의 혼선을 정리하여 다음 [사례 Ⅳ-5-5]는 히말라야 약관에 대한 대법원의 입장을 정리하고 있다. 특히 상법 제798조 2항(구 상법 789조의3 제 2 항)은 독립적 계약자인 터미널 운영업자에 적용되지 않지만, 터미널 운영업자 등 운송관련자들은 히말라야 약관에 의한 항변 등을 원용할 수 있음을 명확히 하였다.

[사례 Ⅳ-5-5: 대판 2007.4.27, 2007다4943]

[사신관계] [1] 주식회사 나이스무역(X)는 중화민국의 상해애신국제무역 유한공사(A)로부터 안경렌즈첨가제인 IPP-27 3,000kg을 미화 22,200달러(1kg당 미화 7.4달러)에 수입하는 계약을 체결하였다. 화물은 유피에스 오션 프레이트 서비스(이하 'UPS')의 중국대리점인 프릿츠 로지스틱스(B)의 운송의뢰에 따라 2004.9.23. 중국 상하이항에서 고려해운주식회사(Y3해운)의 선박에 선적되어 2004.9.26. 부산항에 도착하였다. Y3해운은 화물선적 당시 화물에 대하여, 송하인 B, 수하인 유피에스에스씨에스코리아 주식회사(Y1회사), 선적항 상하이, 도착항 부산으로 기재된 마스터 선하증권을 발행하였고, 프릿츠 로지스틱스(B)는 같은 날 UPS를 대리하여 화물에 대하여, 송하인 A, 수하인 중소기업은행, 통지처 X, 인도지대리점 Y1회사, 선적항 상하이, 도착항 부산으로 기재된 하우스 선하증권을 발행하였다. X는 UPS의 서울 소재 현지 법인인 Y1에 'Forwarding Order'라는 표제의 문서를 보내 화물의 선적에 관하여 의뢰를 하였는데, 'Forwarding Order'에는 X가 Y1에 운송을 의뢰하는 것인지, 운송주선을 의뢰하는 것인지에 관하여는 구체적인 내용이 기재되어 있지 않았다. 한편 UPS의 중국대리점인 B는 Y1으로부터 화물의 운송에 관하여 연락을 받고, 2004.9.23. 중국 상하이항에서 화물을 Y3해운의 선박에 선적하면서, UPS를 대리하여 화물에 대하여 하우스 선하증권을 발행하였는데, 선하증권에는 Y1이 인도지대리점이라고 기재되어 있다. X는 Y1으로부터 위와 같은 내용의 선하증권을 교부받고도 소 제기 전까지는 선하증권상의 운송인 표시에 대하여 별다른 이의를 제기하지 않았다.

[2] 그런데 화물은 유기과산화물인 디이소프로필 퍼옥시디카보네이트를 함유하고 있어 상온에서는 자연발화하는 성질을 가지고 있었으므로, Y3회사는 프릿츠 로지스틱스(B)의 의뢰에 따라 이를 냉동컨테이너에 적재하여 영하 18도의 냉동상태로 보관, 운송하였는데, 부산항에 도착하여 양하 및 화물의 장치업무를 하는 터미널운영업자인 허치슨터미날(Y2)회사에게 이를 인도할 당시 위 냉동컨테이너에 위험물관리코드만 부착한 채 화물이 영하 18도의 냉동상태로 보관되어야 한다는 사실을 고지하지 아니하였다. Y2는 Y3과의 용역계약에 따라 화물을 인도받은 후 냉동컨테이너에 부착된 위험물관리코드를 제대로 살피지 아니한 과실로 따로 온도를 관리할 필요가 없는 화물로 생각하여 냉동컨테이너에 전원을 연결하지 아니한 채 상온 상태로 부산 컨테이너터미널의 일반위험물 임시장치장에 이 사건 화물을 보관하였는데, 화물은 2004.9.30. 냉동컨테이너 안에서 자연발화하여 모두 소훼되었다. X는 중소기업은행으로부터 화물에 대한 하우스 선하증권을 인도받아 현재 이를 소지하고 있다.

[3] 화물은 5개의 나무 케이스에 나뉘어 포장되어 1개의 냉동컨테이너에 적재된 상태

로 운송, 보관되었으며 이러한 포장사실은 화물에 대한 마스터 선하증권과 하우스 선하증권에 각 기재되었다. 하우스 선하증권의 이면약관 제6.3조는 "화물의 분실, 손상 등과 관련하여 운송인 이외의 운송관련자들(anyone participating in the performance of the Carriage other than the Carrier)을 상대로 손해배상청구가 제기된 경우 그 운송관련자들은 선하증권, 적용이 가능한 요율표, 관련 법규가 허용하는 모든 항변, 면책, 책임의 제한, 특권 등을 선하증권의 당사자들처럼 원용할 수 있고, 이와 같이 보호받는 운송관련자들에는 하수급인(Subcontractors), 하역인부, 터미널운영업자(terminals), 검수업자, 운송과 관련된 육상, 해상, 항공운송인 및 직간접적인 하청업자가 포함되며, 여기에 열거된 자들에 한정되지 아니한다"고 규정하고 있다. 마스터 선하증권의 이면약관 제4조 (B)항에도 "모든 사용인, 대리인 및 하수급인(subcontractor, 선박의 소유나 용선과 관련된 모든 이해관계자들, 하역업자, 창고업자, 기타 독립계약자를 포함함) 및 그들의 대리인은 운송인의 이익을 위하여 선하증권에 규정된 모든 이익을, 그러한 규정들이 마치 자신들의 이익을 위하여 명시적으로 규정된 것처럼 원용할 수 있다"고 규정하면서 히말라야 약관(Himalaya Clauses)을 적용하고 있다.

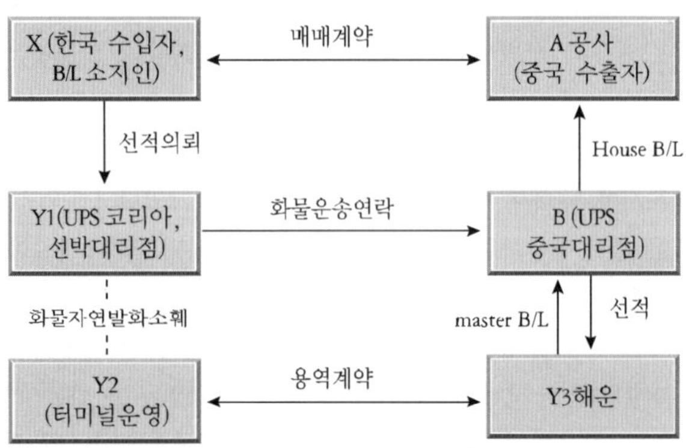

[쟁　점] [1] Y1회사는 운송인으로서의 책임이 있는가?
[2] Y1회사는 운송주선인 또는 선박대리점으로서의 책임이 있는가?
[3] Y2는 Y3의 항변 등을 원용할 수 있는가? (히말라야약관의 효력)

[판결요지] [1] 물품운송계약은 당사자의 일방에게 물품을 한 장소로부터 다른 장소로 이동할 것을 약속하고 상대방이 이에 대하여 일정한 보수를 지급할 것을 약속함으로써 성립하는 계약으로서, 운송계약에 따른 권리·의무를 부담하는 운송인은

운송의뢰인에 대한 관계에서 운송을 인수한 자가 누구인지에 따라 확정된다. 한편, 운송주선인은 자기의 명의로 물건운송의 주선을 영업으로 하는 사람으로서, 자기의 이름으로 주선행위를 하는 것이 원칙이지만 하주나 운송인의 대리인 또는, 위탁자의 이름으로 운송계약을 체결하였다고 하더라도 실제로 주선행위를 하였다면 운송주선인임에는 변함이 없다. 그런데 운송주선인이 상법 제116조에 따라 위탁자의 청구에 의하여 화물상환증을 작성하거나 상법 제119조 제 2 항에 따라 운송주선계약에서 운임의 액을 정한 경우에는 운송인으로서의 지위도 취득할 수 있지만, 운송주선인이 위 각 조항에 따라 운송인의 지위를 취득하지 않는 한, 운송인의 대리인으로서 운송계약을 체결하였더라도 운송의뢰인에 대한 관계에서는 여전히 운송주선인의 지위에 있음에 지나지 아니한다고 할 것이다. 그리고 운송주선업자가 운송의뢰인으로부터 운송관련 업무를 의뢰받았다고 하더라도 운송을 의뢰받은 것인지, 운송주선만을 의뢰받은 것인지 여부가 명확하지 않은 경우에는 당사자의 의사를 탐구하여 운송인의 지위를 취득하였는지 여부를 확정하여야 할 것이지만, 당사자의 의사가 명확하지 않은 경우에는 하우스 선하증권의 발행자 명의, 운임의 지급형태 등 제반 사정을 종합적으로 고려하여 논리와 경험칙에 따라 운송주선업자가 운송의뢰인으로부터 운송을 인수하였다고 볼 수 있는지 여부를 확정하여야 한다.

사실관계가 이와 같다면 X가 당초 Y1에게 화물의 운송관련 업무를 의뢰하였다는 사정만으로는 X가 Y1 사이에서 운송계약을 체결하였다고 단정할 수 없다고 할 것이고, 따라서 X는 Y1에 대하여 화물의 멸실에 관하여 운송인으로서의 손해배상책임을 물을 수 없다고 할 것이다.

[2] 운송주선인은 상법 제115조에 따라 자기나 그 사용인이 운송물의 수령, 인도, 보관, 운송인이나 다른 운송주선인의 선택 기타 운송에 관하여 주의를 게을리 하지 않았음을 증명한 경우에는 운송물의 멸실로 인한 손해를 배상할 책임이 없다. 한편, 선박대리점은 해상운송사업을 영위하는 자를 위하여 그 사업에 속하는 거래의 대리를 업무로 하는 자로서 운송인과의 계약에 따라 화물의 교부와 관련한 일체의 업무를 수행하는 것인데, 이러한 업무를 수행하는 선박대리점이 운송물에 대한 점유를 이전받기 이전에 실제 운송인 및 터미널 운영업자의 과실로 인하여 화물이 소훼되었다면, 선박대리점에게 운송물의 멸실에 대한 불법행위책임을 물을 수는 없다고 할 것이다. 위 법리와 원심판결이 인정한 사실관계에 비추어 보면, Y1을 운송주선인으로 볼 여지가 없지 아니하나, 화물은 그 성질상 영하 18도의 냉동상태로 보관되어야 하는 것인데도, 실제운송인인 Y3해운이 양하 및 화물의 장치업무를 하는 Y2에게 화물을 인도하면서 그와 같은 사항을 고지하지 아니하였고, 실제 운송인과의 용역계약에 따라 화물을 인도받아 보세장치장에 보관하고 있던 Y2(허치슨터미널)가 그 냉동

컨테이너의 위험물관리코드를 제대로 살피지 아니한 채 이를 상온에 방치함으로써 자연발화하여 소훼된 것이므로, 이러한 사실관계에 비추어 Y1은 자기나 그 사용인이 운송물의 수령, 인도, 보관, 운송인이나 다른 운송주선인의 선택 기타 운송에 관하여 주의를 게을리하지 않았음이 증명되었다고 할 것이어서 상법 제115조에 따른 손해배상책임을 지지 아니한다고 할 것이다. 또한 Y1은 도착지에서 화물의 인도 등의 업무를 수행할 선박지 대리점으로서의 지위도 겸하고 있었던 것으로 볼 수 있지만, 화물의 멸실은 Y1이 화물에 대한 점유를 이전받기 이전에 발생된 것이므로 Y1에게 그에 대한 불법행위책임을 물을 수도 없다고 할 것이다.

[3] 상법 제789조의3(798) 제 2 항은 "운송물에 관한 손해배상 청구가 운송인의 사용인 또는 대리인에 대하여 제기된 경우에 그 손해가 그 사용인 또는 대리인의 직무집행에 관하여 생긴 것인 때에는 그 사용인 또는 대리인은 운송인이 주장할 수 있는 항변과 책임제한을 원용할 수 있다. 그러나 그 손해가 그 사용인 또는 대리인의 고의 또는 운송물의 멸실, 훼손 또는 연착이 생길 염려가 있음을 인식하면서 무모하게 한 작위 또는 부작위로 인하여 생긴 것인 때에는 그러하지 아니하다"고 규정하고 있는바, 여기에서 '사용인 또는 대리인'이란 고용계약 또는 위임계약 등에 따라 운송인의 지휘·감독을 받아 그 업무를 수행하는 자를 말하고 그러한 지휘·감독과 관계없이 스스로의 판단에 따라 자기 고유의 사업을 영위하는 독립적인 계약자는 포함되지 아니하므로, 그러한 독립적인 계약자는 상법 제811조에 기한 항변을 원용할 수 없다고 할 것이다(대판 2004.2.13, 2001다75318, 참조). 그러나 선하증권 뒷면에 "운송물에 대한 손해배상 청구가 운송인 이외의 운송관련자(anyone participating in the performance of the Carriage other than the Carrier)에 대하여 제기된 경우, 그 운송관련자들은 운송인이 주장할 수 있는 책임제한 등의 항변을 원용할 있고, 이와 같이 보호받는 운송인 이외의 자들에는 하수급인(Subcontractors), 하역인부, 터미널 운영업자(terminals), 검수업자, 운송과 관련된 육상·해상·항공 운송인 및 직·간접적인 하청업자가 포함되며, 여기에 열거된 자들에 한정되지 아니한다는 취지"의 이른바 히말라야 약관(Himalaya Clause)이 기재되어 있다면, 그 손해가 고의 또는 운송물의 멸실, 훼손 또는 연착이 생길 염려가 있음을 인식하면서 무모하게 한 작위 또는 부작위로 인하여 생긴 것인 때에 해당하지 않는 한, 독립적인 계약자인 터미널 운영업자도 위 약관조항에 따라 운송인이 주장할 수 있는 책임제한을 원용할 수 있다고 할 것이다(대판 1997.1.24, 95다25237).

상법 제789조의3(798) 제 2 항은 '운송인이 주장할 수 있는 책임제한'을 원용할 수 있는 자를 '운송인의 사용인 또는 대리인'으로 제한하고 있어 운송인의 사용인 또는 대리인 이외의 운송관련자에 대하여는 적용되지 아니한다고 할 것이므로 당사자 사이에서 운송인의 사용인 또는 대리인 이외의 운송관련자의 경우에도 운송인이 주장할 수 있는 책임제한을 원용할 수 있다고 약정하더라도 이를 가리켜 상법 제789조의3(798)의 규정에 반하여 운송인의 의무 또는 책임을 경감하는 특약이라고는 할 수 없고, 따라서 상법 제790(799)조 제1항에 따라 그 효력이 없다고는 할 수 없다고 할 것이다. 한편, 이른바 히말라야 약관은 운송인의 항변이나 책임제한을 원용할 수 있는 운송관련자의 범위나 책임제한의 한도 등에 관하여 그 구체적인 내용을 달리 하는 경우가 있으나, 해상운송의 위험이나 특수성과 관련하여 선하증권의 뒷면에 일반적으로 기재되어 국제적으로 통용되고 있을 뿐만 아니라, 간접적으로는 운송의뢰인이 부담할 운임과도 관련이 있는 점에 비추어 볼 때, 약관의 규제에 관한 법률 제6조 제1항에서 정하는 '신의성실의 원칙에 반하여 공정을 잃은 조항'이라거나 같은 법 제6조 제2항의 각 호에 해당하는 조항에 해당한다고도 할 수 없다.

(3) 상법의 규정

운송인의 사용인 또는 대리인 등과 운송인의 책임제한총액은 포장당 또는 선적단위당 666과 100분의 67계산단위의 금액과 중량 1킬로그램당 2 계산단위의 금액 중 큰 금액을 한도로 한다(798③). 그리고 이 규정은 운송물에 관한 손해배상청구가 운송인 외에 실제운송인 또는 그 사용인이나 대리인에 대하여 제기된 경우에도 적용한다(798④). 그러므로 [사례 Ⅳ-5-2]의 ①에서 선장(Y)은 66,667계산단위로 그 책임을 제한할 수 있고, 만일 운송인(A)도 책임을 진다면 운송인(A)과 선장(Y)의 책임합계도 66,667계산단위를 그 한도로 한다.

2-2 책임제한의 배제

사용인 또는 대리인이 책임제한을 주장하는 경우에, 만일 운송물의 손해가 운송인의 사용인 또는 대리인의 고의 또는 운송물의 멸실, 훼손 또는 연착이 생길 염려가 있음을 인식하면서 무모하게 한 작위 또는 부작위로 인하여 생긴 것인 때에는 그러하지 아니하다(798②단). 이러한 경우에는 책임제한의 이익을 부여할 필요가 없기 때문이다. 따라서 앞의 [사례 Ⅳ-5-2]의 ②에서는 선장(Y)은 화주(X)가 입은 모든 손해인 250만 달러의 배상책임이 있다.

제 6 절 책임감경금지

[사례 Ⅳ-6-1: 대판 1995.4.25, 94다47919]

X는 수출상품 1,000개(총중량 2,200kg)를 168상자로 포장하여 Y해운사에 운송을 의뢰하였는데 양륙항에 도착후 조사한 결과 이중에서 130상자(1,700kg)가 분실된 것이 발견되었다. X는 분실된 운송물 가액 4만3천 달러, 수하인이 나머지 물품의 수령을 거부하여 계약이 해제됨으로써 입은 손해 1만2천 달러, 부대경비 7천 달러의 합계 6만2천 달러의 손해배상을 Y에게 청구하였다. 그런데 Y가 X에게 발행·교부한 선하증권에는 '운송인의 책임은 멸실된 총 중량 킬로그램 당 2SDR을 초과할 수 없다'고 규정하고 있었으므로, Y는 분실물 1,700kg에 2SDR을 곱한 금액인 4천8백 달러만 배상하면 된다고 항변하였다. 그러나 X는 물품의 분실로 입은 손해인 6만2천 달러에 비해 약관상의 배상액인 4천8백 달러는 운송인의 배상책임을 면제하는 것과 다름없는 적은 액수이므로, 이 약관은 상법 제799(790)조에 위반하여 무효라고 주장하였다. X의 주장은 타당한가?

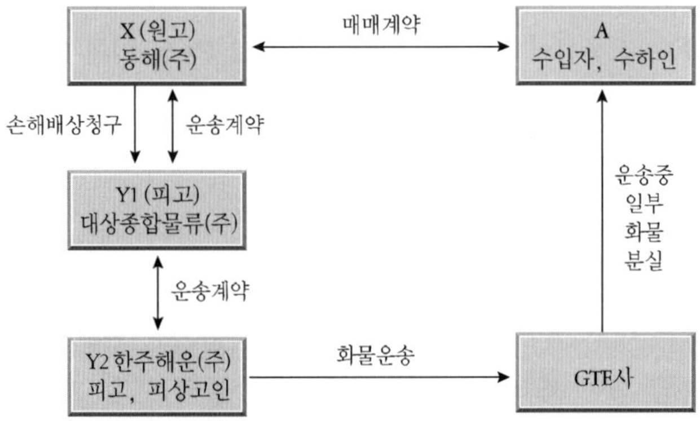

1. 원 칙

1-1 취 지

감항능력주의의무(794), 운송물에 관한 주의의무(795①), 법정면책사유(795

②,796②), 책임한도(798) 및 비계약적 청구(798)의 규정에 반하여 운송인의 의무 또는 책임을 감경 또는 면제하는 당사자간의 특약은 효력이 없으며, 보험이익의 양도약정도 마찬가지이다(799①). 운송인에 비해 교섭력이나 경제력에서 불리한 입장에 있는 개별 화주를 보호하기 위해 둔 규정으로서 위 여러 규정들이 강행규정임을 의미한다.

1-2 책임감면약관의 효력

개품운송계약은 운송인이 발행하는 선하증권에 미리 인쇄된 약관에 따라 획일적으로 계약이 체결되는데, 이러한 약관에는 운송인의 면책사유나 책임한도액을 감경하거나 제한하는 규정이 삽입되는 것이 보통이다.

(1) 책임감면약관

본조에 의해 무효로 되는 특약에는 면책약관과 책임변경약관이 포함된다. 가령 운송인에게 임의로 이로할 수 있는 권한을 부여하는 자유약관(liberty claus
본조에 의해 무효로 되는 특약에는 면책약관과 책임변경약관이 포함된다. 가령 운송인에게 임의로 이로할 수 있는 권한을 부여하는 자유약관(liberty clause)과 같이, 상법상 법정면책사유 이외의 면책사유를 추가하는 약정은 무효이다. 이와는 달리 책임을 면제하는 것이 아니라 이를 일정 한도로 제한하는 약관은 어떠한가? 이에 대해 대판 1965.1.12, 63다609는 "선하증권상의 면책약관에는 책임조건약관과 책임결과약관의 두 가지 유형이 있는바, 전자는 채무불이행 또는 불법행위의 성립요건을 흠결시키는 것이고 후자는 채무불이행 또는 불법행위의 책임을 경감시키거나 소멸시키는 경우인데 특별한 사정이 없는 한 보통의 경우는 후자를 뜻하는 것이며, 최고손해배상액을 일정한 금액으로 제한하는 이른바 배상액제한약관도 위에서 말하는 후자에 해당하는 것으로 배상액제한약관으로써 당사자의 명시적이거나 묵시적인 합의에 의하여 불법행위상의 책임을 경감시킬 수 있다"고 판시하였다. 대판 1987.10.13, 83다카1046도 "상법 제790(799)조는 책임제외약관과 책임변경약관 등에 적용되고 이 사건과 같은 배상액한정약관은 그것이 신의성실의 원칙에 반하고 공서양속에 반하는 정도의 소액이 아닌 한 적용이 안 된다"고 판시하였다(동 대판 1975.12.30, 75다1349; 1995.4.25, 94다47919). 또 운송인의 책임을 가중하거나 확장하는 약관도 유효이다(대판 1971.4.30, 71다70; 1973.8.21, 72다1520).

(2) 한 계

그러면 신의칙에 반하는 정도의 소액은 구체적으로 어느 정도를 의미하는가? 위 [사례 Ⅳ-6-1]에서 보면 화주(X)가 입은 실제 손해 6만2천 달러에 비해 약관상의 책임한도액은 4천8백 달러에 지나지 않아 그 10분의 1에도 못 미치고 있다. 이에 대해 대판 1995.4.25, 94다47919는 "배상액제한약관에서 정한 책임한도액이 배상책임을 면제하는 것과 다름없는 정도의 소액인가의 여부는 그 책임한도액이 해상운송의 거래계에서 관행으로 정하여지고 있는 책임한도액 및 운송인이 받은 운임 등과 비교하여 볼 때 실질적으로 운송인의 배상책임을 면제하는 정도의 명목상의 금액에 불과한 것인가의 여부에 따라 결정하여야 한다. 1968년 헤이그-비스비 규칙에 의하면 운송물의 매 포장당 또는 선적단위당 666.67SDR의 금액과 운송물의 총중량에 매 KG당 2SDR을 곱한 금액 중 많은 금액을 운송인의 책임한도액으로 규정하고 있으며, 우리 상법도 손해배상책임제한규정을 채택하면서 운송인의 책임한도에 대하여 매 포장당 또는 선적단위당 500SDR로 운송인의 책임을 감경한 점과 이 사건에서 운송인이 받은 운임(605.88달러) 및 위 책임한도액을 비교하여 볼 때, 1984년 복합운송증권통일규칙(FIATA)에 따라 운송물의 총중량에 매 KG당 2SDR을 곱한 금액을 한도로 규정한 이 사건 배상액제한약관의 규정이 상법 제790(799①)조에 위반된다고는 볼 수 없다"고 판시하였다(동 대판 1990.11.27, 89다카21149; 1988.9.27, 86다카2377).

2. 예 외

2-1 산 동물의 운송

산 동물의 운송에서는 상법의 규정보다 운송인의 책임을 감경하거나 면제하는 특약도 유효하다(799②전). 살아있는 동물의 운송에는 일반 화물보다 위험성이 크기 때문에 운송인의 책임감면약관의 효력을 인정한 것이다.

2-2 갑판적 화물

선하증권 기타 운송계약을 증명하는 문서의 표면에 갑판적(on deck cargo)으로 운송할 취지를 기재하여 갑판적으로 행하는 운송에 대해서는 책임감면특약의 효력이 인정된다(799②후). 앞에서 본바와 같이 갑판적은 원칙적으로 금지되며 이를 위반한 경우에는 운송인의 상사과실이 되지만, 선하증권에 갑판적 운송을 명시한 경우에는 그 위험성을 고려해서 당사자간에 합의한 책임감면특약은 유효하다.

앞의 [사례 Ⅳ-4-4]에서는 갑판적에 대한 명시적인 합의 없이 갑판에 적재한 것은 운송인 자신의 고의 또는 그 손해가 생길 염려가 있음을 인식하면서 무모하게 한 작위 또는 부작위로 인하여 생긴 손해로서 책임제한의 혜택을 인정하지 않았다.

제 7 절 책임의 보전과 소멸

1. 책임의 보전

1-1 하자통지와 해태의 효과

수하인이 운송물의 일부멸실 또는 훼손을 발견한 때에는 수령 후 지체없이 그 개요에 관하여 운송인에게 서면에 의한 통지를 발송하여야 한다. 그러나 그 멸실 또는 훼손이 즉시 발견할 수 없는 것인 때에는 수령한 날부터 3일 내에 그 통지를 발송하여야 한다(804①). 이러한 통지가 없는 경우에는 운송물이 멸실 또는 훼손 없이 수하인에게 인도된 것으로 추정한다(804②). 운송인은 수많은 수하인을 상대로 운송물을 취급하기 때문에 수하인이 운송물 수령 후 즉시 하자여부를 조사해서 통지하지 않으면 그 책임을 보전할 수 없도록 한 것이다. 다만 종래에는 통지를 하지 아니하면 운송인의 책임을 완전히 소멸시켰지만 1991년 개정상법은 하자가 없는 것으로 추정하여 수하인 측에게 반증의 기회를 주고 있다(대판 1988.9.27, 87다카2131).

다만 운송인 또는 그 사용인이 악의인 경우에는 위 추정규정이 적용되지 아니한다(804③). 악의의 운송인을 보호할 필요가 없기 때문이다.

1-2 협력의무

운송물에 멸실 또는 훼손이 발생하였거나 그 의심이 있는 경우에는 운송인과 수하인은 서로 운송물의 검사를 위하여 필요한 편의를 제공하여야 한다(804④).

1-3 강행규정

위 규정에 반하여 수하인에게 불리한 당사자간의 특약은 효력이 없다(804⑤).

2. 책임의 소멸

[사례 Ⅳ-7-1: 대판 1997.4.11, 96다42246]

Y2는 홍콩의 A사에 휴대용 가스버너 16만 달러의 수출계약을 체결하고, A는 B은행에 의뢰하여 Y2를 수익자로 하는 신용장을 개설하였다. Y2는 Y1해운사와 해상운송계약을 체결하고 화물을 인도하자 Y1은 이를 선적한 다음, 송하인을 Y2로, 수하인을 단순 지시식으로, 통지처를 A로 하는 선하증권을 작성하여 Y2에게 교부하였다. X은행은 Y2와의 수출거래약정에 따라 Y2로부터 신용장을 선적서류와 함께 매입하고 수출대금 16만 달러를 지급하였으며, Y2는 선하증권 이면에 서명하여 X에게 교부하였다. X가 B은행에 선적서류를 송부하고 신용장대금의 지급을 요구하자, B는 제시된 서류가 신용장 조건과 불일치하고, A가 선적서류의 인수를 거절한다는 이유로 이를 거절하면서, 선적서류를 X에게 반송하였다. 한편 Y1은 1993.7.10 화물을 홍콩에 양륙하여 인도준비를 완료하였는데, Y1의 홍콩대리점은 선하증권을 교부받지 않고 A에게 화물을 인도하였다. 이에 X가 1995.4.29 Y1에 대하여 운송물의 멸실 등 불법행위로 인한 손해배상을 청구하자 Y1은 첫째, X는 선하증권의 정당한 소지인이 아니며, 둘째, 1년의 제척기간이 경과하였다는 항변을 하였다. Y1의 항변은 타당한가?

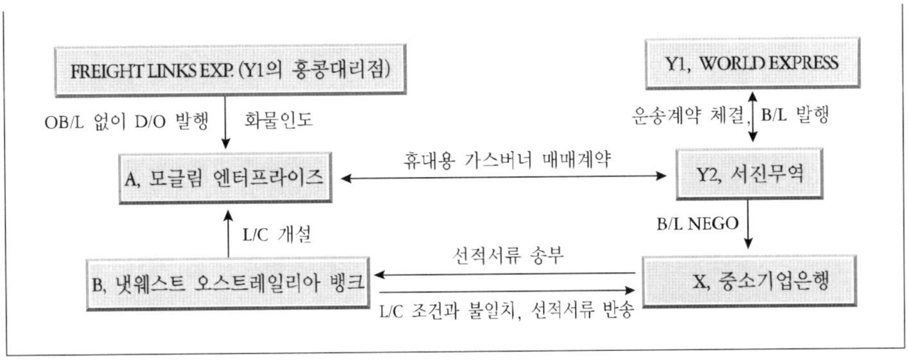

2-1 취 지

운송인의 송하인 또는 수하인에 대한 채권 및 채무는 그 청구원인의 여하에 불구하고 운송인이 수하인에게 운송물을 인도한 날 또는 인도할 날부터 1년 내에 재판상 청구가 없으면 소멸한다. 그러나 이 기간은 당사자의 합의에 의하여 연장할 수 있다(814). 그러므로 운송인의 손해배상책임의 제척기간은 1년이다. 이와 같이 단기의 제척기간을 정한 것은 다수의 화주를 상대로 하는 해상운송인으로 하여금 그 책임관계를 조속히 해결하고 증거의 보전 등 부담을 덜어주기 위함이다.

2-2 내 용

(1) 기 산 점

제척기간의 기산점은 훼손의 경우에는 인도한 날이고 멸실이나 연착의 경우에는 인도할 날이다. '인도할 날'이란 통상 운송계약이 그 내용에 좇아 이행되었으면 인도가 행하여져야 했던 날을 말한다(대판 1997.11.28, 97다28490).

(2) 청구권자

제척기간의 적용대상은 운송인의 송하인 또는 수하인에 대한 채권 및 채무이며 선하증권이 발행된 경우에는 선하증권의 정당한 소지인이다.[1)] 이와 관련하여 위 [사례 Ⅳ-7-1]에서 X는 송하인(Y2)의 단순한 서명만 기재되어 있는 선하증권을 소지하고 있는바 그를 정당한 소지인으로 볼 것인가 하는 점이 문

1) 최종현, "개정해상법하에서의 해상운송인의 지위", 한국해법회지 제30권 제 1 호(2008.4), 65면.

제되었다. 이에 대해 대판 1997.4.11, 96다42246은 "해상운송계약에 따른 선하증권이 발행된 경우에는 그 선하증권의 정당한 소지인이 상법 제811(814)조에서 말하는 '수하인'이라고 할 것이다. 그런데 원고(X)는 피고(Y1)가 서진무역(Y2)을 송하인으로 하여 단순 지시식으로 발행한 선하증권을 소지하고 있고, 그 이면에는 서진무역의 대표자인 고용국의 서명이 기재되어 있는 사실이 인정되는바, 선하증권 이면에 기재된 서진무역(Y2)의 서명은 민법 제513조 제1항 소정의 약식배서로서 유효한 것이므로, 약식배서에 의하여 선하증권을 취득한 원고(X)는 그 정당한 소지인으로 추정되어 상법 제811(814)조 소정의 '수하인'에 해당한다고 할 것이다. 그리고 원고(X)가 선하증권을 담보의 목적으로 소지하고 있다 하더라도 그 수하인으로서의 지위에 무슨 영향이 있는 것은 아니라"고 판시하였다(동 대판 1997.9.30, 96다54850; 1999.10.26, 99다41329).

(3) 불법행위책임

단기 제척기간은 청구원인을 불문하고 적용되므로 채무불이행책임뿐 아니라 불법행위책임에도 적용된다. 운송인의 책임제한이 청구원인 여하를 불문하고 적용되는 것(798①)과 마찬가지 이유에서 1991년 상법개정시 이를 명문화하였다.

2-3 악의의 경우

해상운송인의 책임에 대해서는 육상운송인의 경우와 같은, 운송인 또는 사용인의 악의가 있는 경우에 1년의 단기 제척기간의 적용을 배제하는 규정(146②)을 두고 있지 않다. 위 [사례 Ⅳ-7-1]에서는 운송인(대리인)이 선하증권과 상환하지 않고 운송물을 인도함으로써 선하증권 소지인(X)에 대해 악의 또는 중대한 과실로 인한 불법행위책임을 부담하고 있는데, 이 경우에도 1년의 단기 제척기간이 적용될 것인가 하는 점이 문제된다.[1] 이에 대해 대판 1997.4.11, 96다42246은 "상법 제789조의 3(798) 제1항은 운송인의 책임에 관한 상법의 규정은 운송인의 불법행위로 인한 손해배상의 책임에도 적용하도록 되어 있고, 제811(814)조는 '그 청구원인의 여하에 불구하고' 운송인의 수하인 등에 대한 채권 및 채무에 대하여 적용하도록 되어 있으므로, 운송인의 악의로 인한 불법행위

1) 서헌제(하) 396면.

위채무 역시 운송인이 수하인에게 운송물을 인도한 날 또는 인도할 날부터 1년 내에 재판상 청구가 없으면 소멸한다"고 판시하였다. 따라서 운송인의 악의의 경우에는 단기 제척기간이 적용되지 않는다고 판시한 종전의 판례(대판 1992.1.21, 91다14994)는 폐기되었다.

CHAPTER

5

개품운송인의 권리

제1절 개 관

해상운송인이 선적에서 양륙과 인도에 이르기까지 운송계약을 이행함에는 화주(송하인 · 수하인 · 용선자)의 협조가 필요하다. 이에 따라 운송인은 용선자 또는 송하인이 운송물을 직접 선적하는 경우에 그 선적의 청구 또는 운송물의 제공을 요구할 수 있고(792①, 829), 선적기간 내에 선적이 완료되지 않은 경우에도 선장의 발항권이 인정된다(792②, 831②). 그 외에도 운송인은 용선자에 대한 운송계약서교부청구권(828), 용선자 또는 송하인에 대한 운송관계서류교부청구권(793), 선하증권등본의 기명날인 · 서명교부청구권(856) 등의 권리를 가진다.[1)]

그러나 이러한 권리들은 운송계약의 이행을 위해 부수적으로 인정되는 것이고 해상운송인이 가지는 가장 중요한 권리는 운임청구권 및 이에 부수하는 비용의 청구권이다. 또한 운송인은 이러한 권리를 담보하기 위한 유치권과 경매권을 가진다(807②, 808).

1) 서헌재(하) 397면.

제2절 운임청구권

1. 의 의

1-1 운 임

운임은 운송이라는 일의 완성에 대한 대가로서 받는 보수를 말하며 운송인은 운송계약에 의해 이를 청구할 권리를 가진다. 용선계약에서는 이를 용선료라고 한다.

1-2 지급의무자

운임지급의무자는 용선자 또는 송하인이며 수하인도 운송물을 수령하는 때에는 그 의무자로 된다(807).

(1) 통 지 선

[사례 Ⅴ-2-1: 대판 1977.7.26, 76다2914]

일본에 소재하는 A회사의 국내 자회사인 Y는 모회사인 A와 방적기계류 수입계약을 체결한 후 거래은행인 B에 의뢰하여 A를 수익자로 한 신용장을 개설하였다. A는 X 해운사에 물품운송을 의뢰하여 B를 수하인으로, Y를 통지선으로 기재한 선하증권을 교부받고 이를 신용장과 함께 B은행에 제시하여 대금을 회수하였다. Y는 A가 발행한 환어음을 인수·지급하고 B로부터 선하증권을 교부받은 후 이를 X에게 제시하여 화물을 인도받았으며, 일부는 선하증권 없이 공도에 의해 인도받았다. 그런데 선하증권에는 '운임선불'로 기재되었지만 A는 이를 지급하지 않았고 이러한 사실을 Y도 알고 있었다. X의 운임청구에 대해 Y는 첫째, 자신은 선하증권의 소지인이 아니므로 운임지급의무를 지는 '수하인'에 해당하지 아니하며, 둘째, 선하증권상 '운임선불'의 기재가 있으므로 운임을 지급할 의무가 없다고 항변하였다. Y의 항변은 타당한가?

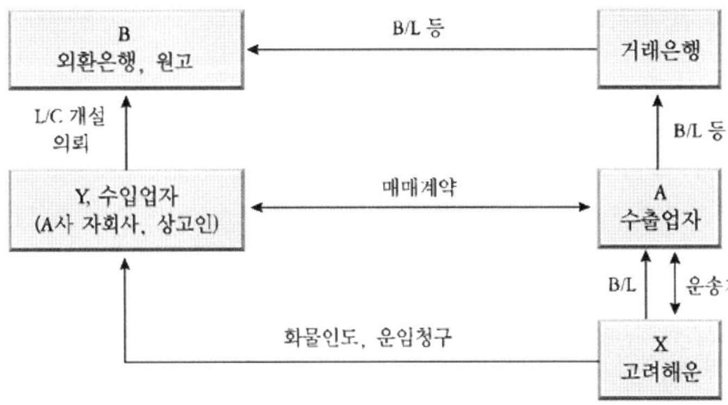

선하증권이 발행된 경우에는 선하증권의 소지인도 운임지급의무자가 된다. 그런데 [사례 Ⅴ-2-1]과 같이 선하증권상의 수하인은 형식적으로는 신용장 개설은행(B)으로 지정되며 운송물의 실질적인 수령인(Y)은 통지선(notify party)으로 하는 경우가 많은데, 이때 통지선도 운임지급의무자인 수하인에 포함되는가 하는 점이 문제된다.[1] 이에 대해 대판 1977.7.26, 76다2914는 "선하증권상 수하인을 위 은행(B)으로 지정하였던 것은 위 은행의 피고회사(Y)들에 대한 물품대금 상환채권 추심의 확보를 위하여 한 것이요 실질적인 수하인은 수입계약의 당사자이고 실수요자로서 선하증권상에 통지선으로 지정된 피고회사(Y)들이다. 선하증권의 소지인으로서 인도받은 화물에 대하여는 물론, 공도에 의하여 인도받은 뒤에 선하증권을 교부받은 화물에 대하여도 결과적으로 선하증권의 소지인이 된 것이므로 피고 회사(Y)들은 수하인의 지위에 있다고 볼 것이고, 아직 선하증권을 교부받지 못한 것이 있다 할지라도 해당 화물의 실수요자로서 원고(X)와 소외 판본방적 주식회사(A) 사이의 운송계약상 실질적인 수하인의 지위에서 공도를 받은 것이므로 운송인인 원고(X)와의 사이에는 화물의 점유를 인도받은 수하인의 지위에 있는 자"라고 판시하여 Y의 운임지급의무를 인정하였다.

1) 서헌제(하) 398면.

(2) 운송물을 수령하지 않은 경우

[사례 Ⅴ-2-2: 대판 1996.2.9, 94다27144]

한국의 Y회사는 A와 수입대행계약을 체결하고, B은행에 수익자를 필리핀의 수출상인 C로 하는 신용장 개설을 의뢰하였다. 이 신용장은 운송조건을 본선인도조건(FOB)으로 하고, 첨부서류로 '운임후불'의 기재가 된 선하증권을 제시하도록 요구하였다. C는 신용장조건에 따라 X해운사와 운송계약을 체결한 후 수출품을 X소유의 17개 냉동 컨테이너에 적재하여 선적하였다. X는 송하인 및 수출자를 C, 수하인을 B, 통지선을 Y로 하는 운임후불의 선하증권을 발행하여 C에게 교부하였다. 화물이 부산항에 도착한 즉시 X는 통지선인 Y에게 도착사실을 알리고 화물을 인수하도록 수차에 걸쳐 통지하였으나 Y가 이를 인수하지 아니하였다. 이에 X는 화물을 처분하고 그에 소요된 비용 및 운임의 지급을 Y에게 청구하였다. Y는 이에 응해야 하는가?

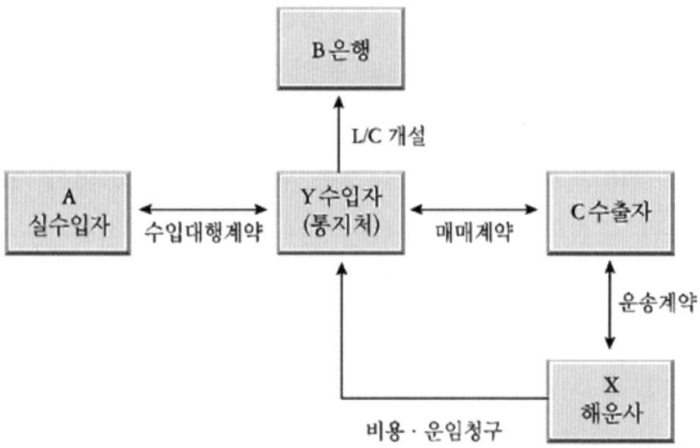

통지선을 본조에서 말하는 수하인으로 볼 경우 [사례 Ⅴ-2-2]와 같이 통지선(Y)이 운송물을 수령하지 않은 경우에도 운임지급의무가 있는가 하는 점이 문제된다. 이에 대해 대판 1996.2.9, 94다27144는 "구상법 제799조는 "개개의 물건의 운송을 계약의 목적으로 한 때에는 수하인은 선장의 지시에 따라 지체 없이 운송물을 양륙하여야 한다"고 규정하고 있으나, 상법 제800(807)조 1항에는 "수하인은 운송물을 수령하는 때에는 운송계약 또는 선하증권의 취지에 따라 운임 등을 지급하여야 한다"고 규정하고 있으므로, 수하인 또는 선하증권의 소지인은 운송물을 수령하지 않는 한 운임 등을 지급하여야 할 의무가

없다고 보아야 할 것이고, 따라서 수하인(Y)이 운송인(X)으로부터 화물의 도착을 통지받고 이를 수령하지 아니한 것만으로 바로 운송물을 수령한 수하인으로 취급할 수는 없으며, 상법 제800(807)조 1항 소정의 운임 등을 지급할 의무도 없다"고 판시하였다.

2. 운임지급시기

운임은 그 지급시기에 따라 선불운임(freight prepaid)과 후불운임(freight collect)으로 나뉘어진다. 원래 운송계약은 도급계약이므로 운송이라는 일의 완성시에 운임청구권이 발생하고 따라서 운임후불이 원칙이지만 당사자간의 약정에 따라 운임을 선불하는 경우가 있다. 가령 매도인(송하인)이 운임을 부담하는 조건의 CIF매매계약의 경우에는 운임은 선적시에 미리 지급하게 된다. 그런데 [사례 V-2-1]과 같이 선하증권에는 운임선불로 기재되어 있지만 실제로는 운임이 지급되지 않았고 그러한 사실을 수하인(Y)이 알고 있는 경우에도 수하인에게 운임지급의무가 있는가 하는 점이 문제된다. 이는 선하증권기재의 효력, 즉 채권적 효력에 관한 문제인데 대판 1977.7.26, 76다2914는 "수하인이 선하증권상에 기재되어 있는 대로 송하인에 의하여 운임이 지급결제 된 것으로 알고 화물을 수령하였던 선의의 선하증권 소지인이라면 그 증권의 문언증권성에 의하여 문언기재대로의 효력이 미쳐 운임지급의무를 면한다고 볼 것이지만, 그렇지 못하여 운임이 결제되지 아니하였음을 알고 화물을 수령한 악의의 선하증권 소지인(Y)에게까지 그 효력이 미쳐 운임지급의무를 면케 할 수는 없다"고 판시하였다.[1]

3. 운임발생요건

3-1 원 칙

운송계약은 도급계약이라는 통설에 따르면, 운임선불의 약정이 있는 경우

1) 서헌제(하) 400면.

를 제외하고는 운임청구권은 운송의 완성, 즉 운송물이 목적지에 도착해야 발생한다. 그러므로 운송물이 목적지에 도착하지 않은 때에는 운임청구권은 발생하지 아니한다. 따라서 운송물이 용선자 또는 송하인의 책임 없는 사유로 멸실한 때에는 운송인은 그 운임을 청구하지 못하고 그 운임의 전부 또는 일부를 받은 때에는 이를 반환하여야 한다(815, 134①).

3-2 예　외

운송인은 다음과 같은 경우에는 예외적으로 운송물이 목적지에 도착하지 않은 경우에도 운임을 청구할 수 있다.

(1) 운송물 멸실

운송물의 전부 또는 일부가 그 성질이나 하자 또는 용선자나 송하인의 과실로 인하여 멸실한 때에는 운송인은 운임의 전액을 청구할 수 있다(815, 134②).

(2) 선장의 처분

선장이 제750조 1항에 따라 항해계속비용 등을 지급하기 위해 또는 제865조에 따라 선박과 적하의 공동위험을 면하기 위하여 운송물을 처분한 경우에는 운송인은 운임의 전액을 청구할 수 있다(813).

(3) 선박의 침몰 등

항해도중에 선박의 침몰·수선불능·포획이 발생한 때에는 용선자 또는 송하인은 운송의 비율에 따라 현존하는 운송물의 가액의 한도에서 운임을 지급하여야 한다(810②). 그리고 법령 또는 계약에 위반하여 선적한 운송물을 선장이 운송하는 때에는 선적한 시간과 장소에서의 동종 운송물의 최고운임의 지급을 청구할 수 있다(800②).

4. 운 임 액

정기선에 의한 개품운송의 경우에는 운임은 미리 해운 항만당국에 신고되어 있는 운임률표(tariff)에 의해 정해진다. 용선계약의 경우에는 운임은 당사자간의 약정에 따라 정해지는데 상법은 이에 관한 보충규정을 두고 있다.

4-1 중량 · 용적운임

운송물의 중량 또는 용적으로 운임을 정한 때에는 운송물을 인도하는 때의 중량 또는 용적에 의해 그 액을 정한다(805). 석탄이나 곡물과 같이 운송물의 그 성질상 항해중에 건조해지거나 습기가 차서 중량 또는 용적이 변화하는 경우가 있으므로 당사자간에 분쟁을 피하기 위해 둔 규정이다.

4-2 기간운임

기간으로 운임을 정한 때에는 운송물의 선적을 개시한 날로부터 그 양륙을 종료한 날까지의 기간에 의하여 그 액을 정한다(806①). 이 기간에는 불가항력으로 인하여 선박이 선적항이나 항해도중에서 정박한 기간 또는 항해도중에서 선박을 수선한 기간을 산입하지 아니한다. 선적기간 또는 양륙기간을 경과한 후 운송물을 선적 또는 양륙한 일수도 이와 같다(806②).

5. 부수비용청구권

운송인은 운임이외에도 부수비용, 체당금, 운송물의 가액에 따른 공동해손 또는 해난구조로 인한 부담액을 지급해야 한다(807①).

제 3 절 채권담보

1. 유 치 권

1-1 의 의

상법은 선장은 운임, 부수비용, 체당금, 정박료, 운송물의 가액에 따른 공동해손 또는 해양사고구조로 인한 부담액의 지급과 상환하지 아니하면 운송물을 인도할 의무가 없다(807①②)고 규정함으로써 해상운송인의 운임청구권을 확보할 수단으로서의 유치권을 해상운송인에게 제공하고 있다.

즉, 해상물건운송인에게 해상물건운송인의 특별상사유치권이 인정된다. 이 특별상사유치권은 유치의 목적물과 피담보채권과의 견련관계가 필요하며, 유치목적물이 운송물로 제한되고, 그 운송물은 채무자 소유인지 여부를 불문한다는 점에서 민사유치권과 같고 일반상사유치권(58)과 구별된다.[1)]

1-2 한 계

유치권은 목적물의 인도를 거절함으로써 간접적으로 운임 등의 지급을 강제하는 것이다. 그러나 운송인이 이를 계속 보관해야 한다는 불편이 있을 뿐 아니라 수하인 등이 운송물의 인도를 원하지 않을 경우에는 채권담보로서의 큰 의미를 가지지 아니한다. 그러므로 이를 보충하기 위해 운송인에게 경매권을 인정하고 있다.[2)]

> [사례 Ⅴ-3-1: 해상운송인의 유치권]
>
> 해상운송인인 Y사는 X사와 1년 단위로 해상운송계약을 체결하여 오던 도중 X사가 운임선불조건으로 운송의뢰한 화물에 대한 운임의 지급을 지체하자 도착항에서 화물을 유치하고 수하인 A에 대한 인도를 거부하면서, Y사는 X사에 대하여 당해 운송화물에 대한 미지급 운임 2,000만원 및 Y사가 기존에 X를 위하여 운송하였던 화물에 대한 미지급운임 1,000만원을 지급할 때까지는 화물을 유치하겠다는 의사를 통지하였고, 이에 X사는 당해 운송화물에 대한 미지급운임 2,000만원에 대하여만 지급을 한 후에, Y사가 계속 당해 운송화물의 인도를 거부하자 기존 운송화물에 관한 미지급운임 1,000만원에 대한 Y사의 유치권행사는 불법이라는 이유로 Y사에 대하여 화물인도 및 손해배상을 구하는 소송을 제기하였다. X의 이러한 청구는 인용될 것인가?

해상운송인의 특별상사유치권은 유치목적물과 피담보채권과의 견련관계를 성립요건으로 하므로 위의 사안에서 이전에 운송된 화물에 관한 미지급운임을

1) 서헌제(하) 401면.
2) 송상현 · 김현, 해상법원론, 박영사, 2005, 218면

이유로 하여 Y사가 특별상사유치권의 행사로서 운송물의 인도를 거부하는 것은 허용되지 않는다. 그런데, 이 경우에 Y사는 일반상사유치권의 성립요건을 주장함으로써 X사의 주장에 대하여 항변할 수 있을 것인가가 본 사안의 쟁점이다.

해상운송인이 해상물건운송인으로서의 특별상사유치권외에 민사유치권이나 일반상사유치권을 행사할 수 있는가에 관한 점에 관하여는 이를 긍정하는 견해[1]가 있는 외에 특별히 논의가 되고 있지 않으나, 육상운송인의 특별상사유치권(147, 120)과 관련하여서는 운송인은 운송물에 관한 특별상사유치권은 물론 민법상의 유치권 또는 상법상의 일반상사유치권도 그 성립요건을 갖추는 한 행사할 수 있다는 견해가 다수설이며, 다만 송하인과 수하인이 동일인이 아닌 경우에는 상인간의 유치권을 배세하는 묵시적인 특약이 있다고 보아야 한다는 소수설[2]이 있다.

특별상사유치권에 관한 다수설에 따른다면 위의 사안에서 X의 청구는 Y가 일반상사유치권의 성립요건을 갖춘 채 운송물을 유치하고 있는 경우에는 기각될 것이며, 소수설에 따른다면 송하인과 수하인이 동일인이 아니므로 청구가 인용될 것이다.

2. 경 매 권

해상운송인의 유치권은 본래 목적물의 인도를 거절하여 채무자의 변제를 간접적으로 강제하는 것이기 때문에 수하인의 인도청구를 거절하고 운송인이 운송물을 계속 점유하여야 한다는 불편이 있고, 채무자인 수하인이 운송물을 인도받아 적극적으로 이것을 채무변제에 활용할 수도 없기 때문에 해상운송인의 보호에 충분하지 않을 뿐 아니라 해상운송계약관계의 신속한 해결을 위하여도 불편하다. 그러므로 상법은 제807조 1항에 열거된 운임채권 등을 지급받기 위하여 해상운송인은 법원의 허가를 얻어 운송물을 경매할 수 있다고 규정하고(808①), 운송물 인도 후에도 경매권을 행사하게 함으로써(808②본) 해상운

1) 박용섭 456면.
2) 임홍근, 상법(총칙 · 상행위), 법문사, 2001, 442면.

송인의 유치권의 단점을 보충하고 있다.

운송물경매권의 행사주체로서 상법은 제808조에서 조항제목을 "운송인의 운송물경매권"이라는 표현을 쓰고 있는데, 여기서의 "운송인"은 선박소유자 이외에 선박임차인이나 정기용선자도 포함된다.

선박소유자가 운송물경매권을 행사할 수 있는 운송채권은 상법 제807조 1항의 규정에 의한 금액, 즉 운임·부수비용·체당금·체선료·운송물의 가액에 따른 공동해손 또는 해양사고구조로 인한 부담액 등이다. 운송물경매권을 행사하려면 운송채권의 이행기가 도래하였어야 한다. 그렇지 않으면 변제기 전에 상대방의 채무이행을 간접적으로 강제하는 결과가 되기 때문이다. 다만 기간을 정하지 아니한 채권에 관하여는 채권발생과 동시에 유치권이 성립하므로, 위 금액의 지급과 상환하지 아니하면 운송물을 인도할 의무가 없고 운송물경매권을 행사할 수 있다.[1)]

한편, 운송물경매권을 점유중인 운송물에 대하여서만 행사할 수 있도록 하면 해상운송인이 운송물의 인도를 기피할 것이므로 해상운송계약관계를 신속히 종결시킴으로써 거래당사자의 이익을 보호하려는 상법 제808조의 목적을 충분히 달성할 수 없다. 따라서 선장이 수하인에게 운송물을 인도한 후에도 해상운송인이 그 운송물에 대하여 경매권을 행사할 수 있게 하여 경매권의 추급효를 인정한다(808②본).

> [사례 V-3-2: 대결 1983.8.1.자 82마카77]
>
> 선박소유자인 X사는 Y사가 말레이시아로부터 대한민국으로 수입하는 원목과 관련하여 이에 관한 항해용선계약을 체결하였으며, 대한민국에 도착한 원목화물을 Y사에게 인도하였으나, Y사가 체선료의 지급을 지체하고 있다는 이유로 인도된 원목에 대한 경매허가를 법원에 신청하였다. 그런데, Y사는 X사와 Y사간의 항해용선계약에 따르면 용선계약으로 인한 모든 분쟁은 중재판정에 따라 해결하기로 하는 중재합의가 있는데도 불구하고 다툼이 있는 체선료에 관하여 중재판정없이 경매신청을 하는 것은 부적법하다고 항변하였다. 이러한 항변은 인용될 것인가.

[사례 V-3-2]에서 다룬 대결 1983.8.1, 82마카77은 "용선계약상 용선계

1) 정병석, "선박소유자의 운송물경매권", 한국해법회지 제14권 제 1 호(1992), 196면.

약으로 인하여 발생할 당사자간의 모든 분쟁을 중재판정에 따라 해결하기로 한 중재계약이 있었다면 위 용선계약과 관련하여 재항고인이 신청인에게 배상하여야만 될 신청인주장과 같은 체선정박료 채무가 발생하였는가의 여부에 관하여 다툼이 있음에도 불구하고 법원이 그와 같이 다툼있는 체선정박료 채권의 존부와 범위를 확정하여 그 지급을 받기 위한 경매의 허부를 결정한다는 것은 결과적으로 용선계약상의 모든 분쟁을 중재판정에 의하여 해결하기로 한 당사자간의 중재약정에 위배된다 하겠으므로 그 존부에 대하여 분쟁이 있음이 기록상 명백한 체선정박료채권에 관하여 중재판정을 거침이 없이 막바로 그 지급을 받기 위해 운송물의 경매허가를 구하는 신청인의 이 사건 신청은 허용될 수 없다"는 이유로 운송물경매허가신청을 각하한 바 있다.

학설은 대개 이에 대하여 부정적인 입장으로서[1] 운송물의 경매권은 중재합의를 이유로 제한되어서는 아니된다는 입장이나, 위 대법원의 판시취지에 따른다면 Y사의 항변은 인용될 것이다.

제 4 절 채권의 소멸

운송인의 용선자, 송하인 또는 수하인에 대한 채권은 그 청구원인 여하에 불구하고 운송인의 수하인에게 운송물을 인도한 날 또는 인도할 날부터 1년 이내에 재판상 청구가 없으면 소멸한다. 그러나 이 기간은 당사자의 합의에 의하여 연장할 수 있다(814).

1) 정병석, "선박경매와 관련된 제문제", 인권과 정의 제196호, 77면, 대한변호사협회; 서영화, "외국선박에 대한 집행에 있어서의 문제점", 선박집행의 제문제, 부산지방법원, 1999, 193~194면; 정해덕, 선박집행에 관한 연구, 경희대학교 박사학위논문, 2000, 161~162면.

CHAPTER

6

용선계약

제 1 절 항해용선계약

1. 의 의

항해용선계약은 특정한 항해를 할 목적으로 선박소유자가 용선자에게 선원이 승무하고 항해장비를 갖춘 선박의 전부 또는 일부를 물건의 운송에 제공하기로 약정하고 용선자가 이에 대하여 운임을 지급하기로 약정함으로써 그 효력이 생긴다(827①).

해상법상의 항해용선계약에 관한 규정은 그 성질에 반하지 아니하는 한 여객운송을 목적으로 하는 항해용선계약에 준용한다(827②). 또한 선박소유자가 일정한 기간 동안 용선자에게 선박을 제공할 의무를 지지만 항해를 단위로 운임을 계산하여 지급하기로 약정한 경우에도 그 성질에 반하지 아니하는 한 해상법상의 항해용선계약에 관한 규정을 준용한다(827③).

2. 운송인의 의무

용선계약에서도 운송인은 감항능력주의의무와 운송물에 관한 주의의무를 부담한다. 그러나 용선계약에서는 운송인은 용선자의 특수한 용도에 맞게 선박의 전부 또는 일부의 공간을 이용하게 하는 것이 중요하므로 그 의무의 내용은 개품운송과는 상당히 다르다. 또한 개품운송에서는 운송인의 의무에 관한 규정(794, 795①, 799①)이 강행규정으로 되어 있는 것과는 달리 용선계약에서는 계약자유의 원칙에 따라 이와 달리 정할 수 있다.

2-1 선박 제공의무

[사례 Ⅵ-1-1: 대판 1994.6.14, 93다58547]

X해운사는 Y와의 사이에 Y가 중국의 A로부터 수입하는 시멘트의 운송을 위한 항해용선계약을 체결하고, 이를 군산항까지 운송하여 Y에게 하역작업준비완료 통지서를 제출하였다. 그런데 Y와 A간의 분쟁으로 Y가 화물 인수를 거부하고 운임 등도 지급하지 아니하자 X가 운임 및 체선료를 받기 위해 시멘트의 경매절차를 진행하였다. 그러나 X의 과실 없이 경매절차가 지연되다가 A의 경매절차정지신청이 받아들여져 경매집행이 정지되었다. 또한 선상에 적재된 시멘트에 석화현상이 발생하여 시간이 더 이상 경과하면 상품가치가 크게 저하될 상황에 이르러 A의 제의에 따라 X는 경매절차로 화물처분하는 것을 포기하고, A로부터 이를 사적으로 매수하여 제3자에게 전매하였다. X가 Y에게 운임과 체선료의 지급을 청구하자 Y는, 조속히 시멘트를 하역하여 경매하지 못함에 따라 증가된 체선료에 대해서는 책임이 없다고 항변하였다. Y의 항변은 타당한가?

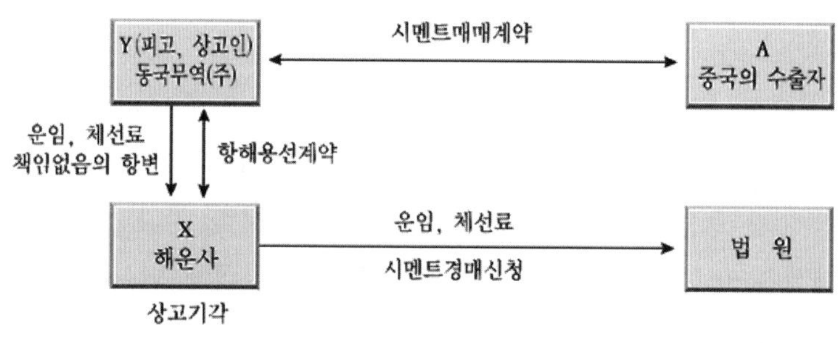

운송인은 용선자에게 계약에서 특정한 선박을 제공할 의무가 있다. 용선계약에서는 용선자의 대량화물 운송에 맞는 선박을 계약에서 정하기 때문에 용선자의 동의 없이는 해상운송인은 이를 변경하지 못한다. 이점이 선박의 개성이 중요하지 않기 때문에 선하증권에 대선약관·환적약관을 두어 임의로 선박의 변경을 인정하는 개품운송과 다르다고 하겠다. 운송인의 선박제공과 관련하여 다음과 같은 구체적인 의무가 요구된다.[1)]

(1) 선적준비완료 통지의무

용선계약에서는 용선자측에서 선적을 하므로 운송인은 운송물을 선적함에 필요한 준비가 완료된 때에는 지체없이 용선자에게 그 통지를 발송하여야 한다(829①). 통지는 원칙적으로 용선자에게 해야 하지만 제3자가 운송물을 선적할 경우에는 그 제3자가 통지의 상대방이 된다. 다만 선장이 그 제3자를 확지할 수 없거나 그 제3자가 운송물을 선적하지 아니한 때에는 선장은 지체없이 용선자에게 그 통지를 발송하여야 한다. 이 경우에는 선적기간 내에 한하여 용선자가 운송물을 선적할 수 있다(830).

(2) 정박의무

1) 정박기간

일정한 스케듈에 따라 취항하는 선박을 이용하는 개품운송과는 달리 용선계약에서는 용선자측의 요구에 따라 선박이 취항하게 되므로 운송물의 선적에 필요한 시기와 기간동안에 선적항에 정박할 의무가 중요하다. 이를 선적기간 또는 정박기간이라고 하는데 용선계약에서 정한다. 그 기간은 선적준비완료통지가 오전에 있는 때에는 그날의 오후 1시부터 기산하고 오후에 있는 때에는 다음날 오전 6시부터 기산한다. 이 기간에는 불가항력으로 인하여 선적할 수 없는 날과 그 항의 관습상 선적작업을 하지 아니하는 날을 산입하지 아니한다(829②).

2) 체 선 료

정박기간을 경과한 후 운송물을 선적한 때에는 운송인은 상당한 보수를 청구할 수 있다(829③). 이를 체선료(demurrage)라고 하는데 보통 하루에 얼마씩으로 정하며, 그 성질은 법정의 특별보수이다. 대판 1994.6.14, 93다58547은 위 [사례 Ⅵ-1-1]에서 “선박소유자가 약정 양륙기간을 초과한 기간에 대하여 용선자에게 청구할 수 있는 소위 정박료 또는 체선료는 체선기간 중 선박소유

1) 서헌제(하) 370면.

자가 입는 선원료, 식비, 체선비용, 선박이용을 방해받음으로 인하여 상실한 이익 등의 손실을 전보하기 위한 법정의 특별보수이므로 선박소유자의 과실을 참작하여 약정 정박료 또는 체선료를 감액하거나 과실상계를 할 수 없다"고 판시하였다.[1)]

해상운송인 X가 이 사건 화물을 끝까지 경매하지 못하게 된 것은 X에게 책임 있는 사유에 기인한 것이 아니므로 X로서는 용선자인 Y에 대하여 여전히 화물의 하역지연으로 인하여 발생한 정박료에서 위 전매차익금을 공제한 나머지 금액의 지급을 청구할 수 있을 것이다. 따라서 원고 X가 자신의 귀책사유에 의하여 경매권을 행사하지 아니한 것이 아니므로 Y에 대한 정박료의 지급청구권을 상실한 것으로 볼 수 없다.

아래 [사례 Ⅵ-1-2]도 양륙기간을 약정한 용선계약에 있어서 운송인(X)에게 자신의 위험을 줄이면서 화물을 하역하거나 제3자에게 화물을 처분함으로써 체선료의 발생을 방지하지 아니한 과실이 있는 경우, 그 과실을 참작하여 체선료를 감액하거나 과실상계를 할 수 없다고 본 사례이다.

[사례 Ⅵ-1-2: 대판 2005.7.28, 2003다12083]

[사실관계] [1] 원고(카와사키 키센, X)는 1997.10.24. 정리회사 동해펄프 주식회사(A)와의 사이에 A가 각국에서 수입하는 우드칩을 X회사 소속 선박인 오수마루호(X가 용선한 선박임) 또는 대체선을 이용하여 1998.1.부터 2002.12.까지, 계속적으로 운송하기로 하는 용선계약을 체결하였다. X는 1997.11.경 이 용선계약에 따른 동해펄프의 우드칩 운송용 선박으로 1998.말경까지는 라이초호를, 그 이후에는 오수마루호를 투입하기로 예정하고 이를 동해펄프에게 통고하였다가, 1998.3.경 X와 A는 당초 계획을 변경하여 오수마루호의 투입시기를 앞당겨 1998.6. 이후부터 투입하기로 하였다.

[2] 그런데 A는 1998.4.15. 부도로 인하여 더 이상 이 사건 용선계약을 이행할 수 없게 되자 같은 해 5월 6일 X에게 오수마루호를, 같은 해 6월 이후에는 다른 업체에 배정하도록 전배요청을 하였다. 이에 X는 A의 전배요청통보에 따라 선박중개회사를 통하여 1998.6.7.부터 같은 해 8.4.까지 위 선박의 157항차에 대하여 인터내셔널 아그리 트레이드사(International Agri. Trade Co. Ltd)에, 1998.8.4.부터 같은 해 10.28.까

1) 서헌제(하) 371면.

지 위 선박의 158항차에 대하여 트랜스그레인 쉬핑 비브이(Transgrain Shipping BV)에 용선을 주었다.

[3] A에 대하여 1998.8.30. 울산지방법원에 의하여 회사정리절차개시결정이 내려지고 피고 Y가 그 관리인으로 선임되었으며, A는 같은 해 9.15. 법원의 허가를 얻어 X에게 용선계약을 해지한다는 의사를 표시하였고, 그 무렵 위 해지의사표시가 X에게 도달되었다. X는 그 정리채권신고기간 내인 1998.10.2. 체선료 정산 명목, 선박 오수마루호 전배손실 명목, 선박 라이초호 체선료 명목, 용선계약해지로 인한 손해배상 명목 등으로 합계 미화 7,174,688달러를 정리채권으로 신고하였고, 이에 Y는 1998.10.19. X가 신고한 위 정리채권 가운데 위 체선료 정산 명목의 미화 261,806달러 중 253,658달러를 제외한 나머지 부분 모두에 대하여 이의를 제기하였다.

[4] 한편 라이초호(건조일 1976.6.경)는 1998.6.6. 동해펄프의 우드칩 운송을 위한 83항차를 마친 후 같은 달 18.에, 오수마루호(건조일 1981.11.경)는 1998.10.27. 158항차를 마친 후 더 이상 용선이 이루어지지 않고 있다가 1998.11.17.에 각각 폐선하기 위하여 인도되었다.

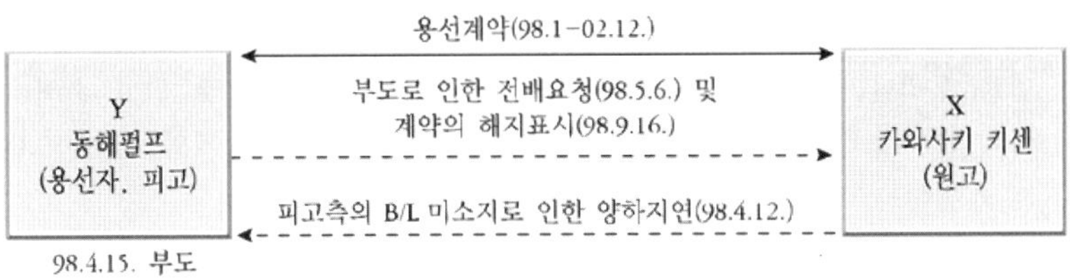

[쟁 점] [1] 양륙기간을 약정한 용선계약에 있어서 운송인(X)에게, 화물의 하역 후 유치권을 행사하거나 선하증권원본 소지인으로부터의 면책확인서를 교부받는 등으로 자신의 위험을 줄이면서 화물을 하역하거나 제3자에게 화물을 처분함으로써 체선료의 발생을 방지하지 아니한 과실이 있는 경우, 그 과실을 참작하여 체선료를 감액하거나 과실상계를 할 수 있는가?

[2] 용선계약의 해지로 인하여 용선자(Y)가 배상하여야 할 손해의 범위는 계약기간 전부에 대한 손해인가?

[3] 채무불이행으로 인한 손해배상의 방법을 규정하고 있는 민법 제394조에 정한 '금전'의 의미

[판결요지] [1] 양륙기간을 약정한 용선계약에 있어서 용선자(Y)가 약정한 기간 내에 양륙작업을 완료하지 못하고 기간을 초과하여 양륙한 경우에 운송인(X)이 그 초

과한 기간에 대하여 용선자(Y)에게 청구할 수 있는 소위 정박료 또는 체선료는 체선 기간 중 운송인(X)이 입는 선원료, 식비, 체선비용, 선박이용을 방해받음으로 인하여 상실한 이익 등의 손실을 전보하기 위한 법정의 특별보수라고 할 것이므로, 체선료의 약정이 용선자의 채무불이행으로 인한 손해배상의 예정이라는 전제하에서 운송인(X)의 과실을 참작하여 체선료를 감액하거나 과실상계를 할 수 없다.
[2] 용선계약이 해지됨과 동시에 운송인(X)은 계약의 구속력에서 해방되기 때문에 통상은 다른 곳에 선박을 용선하여 줌으로써 동일한 정도의 수입을 얻어 손해의 발생을 방지할 수 있는 것이고, 또한 다른 곳에 용선하여 줌에 있어서도 합리적인 노력을 기울여 채무불이행으로부터 발생하여야 할 손해를 최소한으로 해야 할 신의칙상의 의무가 있으므로, 용선계약이 해지됨으로 인하여 용선자(Y)가 배상하여야 할 손해의 범위는 이 사건 기간 전부에 대한 손해가 아니라 용선시장의 사정과 거래관행 등을 고려하여 이 사건 용선계약에 투입이 예정된 선박을 오수마루호의 최종항차 종료일인 1998.10.27. 후 다른 곳에 정상적으로 용선하여 줄 수 있는 시점까지의 합리적인 기간 동안의 손해로 한정함이 상당하다.
[3] 채무불이행으로 인한 손해배상을 규정하고 있는 민법 제394조는 다른 의사표시가 없는 한 손해는 금전으로 배상하여야 한다고 규정하고 있는바, 위 법조 소정의 금전이라 함은 우리나라의 통화를 가리키는 것이어서 채무불이행으로 인한 손해배상을 구하는 채권은 당사자가 외국통화로 지급하기로 약정하였다는 등의 특별한 사정이 없는 한 채권액이 외국통화로 지정된 외화채권이라고 할 수 없다.

종래 체선료의 법적 성질에 대하여는 특별보수설과 용선자(Y)의 채무불이행으로 인한 손해배상예정으로 보는 두가지 견해가 대립하여 왔는데 후자로 보는 경우에만 과실상계가 가능하다. 그동안 대법원은 특별보수설이라는 입장을 취하여 왔다(대판 1994.6.14, 93다58547). 대법원은 보증장에 대한 수령의무가 운송인에게 없으며 체선료는 법적 성질이 특별보수이므로 과실상계의 대상이 아니라는 점을 분명히 하였다.[1)]

(3) 감항능력주의의무

개품운송계약에서 설명한 내용과 크게 다르지 않다. 다만 용선계약은 특정한 대량화물(곡물 · 목재 · 시멘트 · 철광석 · 유류 등)의 운송을 위해 체결되는 것이므로 그 운송에 적합한 시설 등을 갖춘 선박을 제공하는 것이 중요하다. 그러

1) 서헌제(하) 371면.

므로 감항능력주의의무의 내용도 당사자간의 약정에서 상세히 정한다.

2-2 운송의무

(1) 수령 · 선적 · 적부의무

운송인은 다른 약정이 없으면 운송물을 선측에서 수령하여 선적하는데, 선적은 용선자 또는 송하인이 직접하는 경우와 운송인이 육상에서 운송물을 수령하여 선적은 운송인이 하는 경우가 있다. 그러나 개품운송과는 달리 용선계약에서는 선적과 적부는 대부분 용선자가 자신의 위험과 비용으로 하며 상법도 이를 전제로 하고 있다(829, 830). 따라서 용선자가 선적기간 내에 운송물을 선적하지 아니한 때에는 계약을 해제 또는 해지한 것으로 본다(836).

용선자 또는 송하인은 선적기간 안에 운송에 필요한 서류를 선장에게 교부하여야 한다(793). 운송에 필요한 서류는 화물에 관한 서류로서(선원 20.5) 선적한 적하의 동일성, 수량 및 적법성에 관한 서류를 말한다.

(2) 발항 · 지항 · 입항의무

1) 발항의무 운송인은 선적기간 내에 운송물의 선적이 완료된 때에는 지체없이 발항할 의무를 부담한다.[1] 용선자는 선적기간 내에는 운송물의 전부를 선적하지 아니한 경우에도 선장에게 발항을 청구할 수 있고(831①), 선적기간 경과 후에는 용선자가 운송물의 전부를 선적하지 아니한 경우에도 선장은 즉시 발항할 수 있는데(831②), 이러한 경우에도 용선자는 운임의 전액과 운송물의 전부를 선적하지 아니함으로 인하여 생긴 비용을 지급하고 또 운송인의 청구가 있는 때에는 상당한 담보를 제공하여야 한다(831③).

2) 직항의무 운송인은 예정항로를 따라 직항해야 하며 이로를 해서는 아니될 의무를 부담한다. 그러나 인명 · 재산구조 기타 정당한 이로는 허용된다.

3) 입항의무 운송인은 용선계약에서 정해진 양륙항 또는 용선자가 지정하는 양륙항에 입항할 의무를 부담한다.[2]

---

1) 박길상 · 양정호, "항해용선계약에서 정박기간의 개시요건", 한국해법회지 제28권 제 1 호(2006. 4), 279면.

2) 이창희, "용선자의 안정상 지정의무에 대한 소고", 한국해법회지 제27권 제 1 호(2005.4), 46면 이하 참조.

2-3 양륙 · 정박의무

(1) 양륙의무

운송물을 양륙함에 필요한 준비가 완료된 때에는 운송인(선장)은 지체없이 수하인에게 그 통지를 발송하여야 한다(838①). 양륙도 개품운송과는 달리 용선자(수하인)의 비용과 위험부담으로 한다. 그러므로 양륙준비통지를 받고도 용선자가 양륙을 지체함으로써 발생한 비용은 용선자가 부담한다(대판 1966.4.26, 66다28).

(2) 정박의무

운송인은 용선자가 운송물을 전부 양륙하는데 필요한 기간동안 선박을 양륙항에 정박시킬 의무가 있다. 이를 양륙기간이라고 하며 용선계약에서 이를 정한다. 양륙기간의 기산(838②, 829②) 및 양륙기간 경과시 상당한 보수(체선료) 청구권이 발생하는 것(838③)은 선적기간의 경우와 마찬가지이다.

(3) 인도의무

용선계약에서는 용선자 또는 수하인이 직접 양륙하므로 따로 인도의무가 문제되지는 아니한다.

2-4 책　　임

감항능력주의의무에 반하지 않는 한 용선계약에는 당사자간의 특약으로 자유롭게 운송인의 책임을 감경하거나 면제할 수 있다. 용선계약에서는 화주(용선자)가 선주에 비해 경제적인 면에서 반드시 약자라고 할 수 없어 계약자유의 원칙이 적용되므로 굳이 이를 강행법화 할 필요가 없기 때문이다. 다만 용선계약에 따라 선하증권이 발행된 경우에는 용선자 이외의 선하증권소지인에 대한 운송인의 의무 또는 책임에 관해서는 그러하지 아니하다.

3. 운송인의 권리

3-1 운임청구권

운송인에게는 운송계약에 의하여 물건의 운송을 인수한 보수로서 운임을 청구할 권리가 있다. 따라서 운송계약의 상대방인 용선자 또는 송하인은 운임지급의무자가 되며, 운송물수령 후에는 수하인도 운임지급의무자가 된다(800①).

3-2 정박료(체선료)청구권

용선계약에서는 용선자가 약정한 기간 내에 선적 또는 양륙을 끝내지 못하고 이 기간을 초과한 경우에 운송인은 용선자에게 상당한 보수를 청구할 수 있다(829③, 838③). 이를 체선료 또는 정박료라고 하는데 이는 특별보수이므로 감액하거나 과실상계할 수 없다.[1)] 수하인이 운송물을 수령한 때에는 수하인도 정박료를 지급할 의무가 있다(807①).

반면에 용선자가 선적, 양륙기간을 단축하여 선적, 양륙한 때에 용선자는 운송인에게 조출료(dispatch money)의 지급을 청구할 수 있다. 통상 조출료의 금액은 체선료의 절반으로 약정한다.

체선료 또는 정박료의 법적 성질을 무엇으로 보아야 하는가의 점이 문제된다. 체선료 또는 정박료를 손해배상금으로 보는 경우에는 체선료의 약정은 손해배상의 예정이 될 것이고 이때 법원은 그 예정액이 부당히 과다할 때에는 이를 감액할 수 있을 것이나, 대법원은 1994.6.14, 93다58547 판결 및 2005.7.28, 2003다12083 판결 등을 통하여 체선료는 체선기간중 운송인이 입는 선원료, 식비, 체선비용, 선박이용을 방해받음으로 인하여 상실한 이익 등의 손실을 전보하기 위한 법정의 특별보수로서, 운송인의 과실을 참작하여 체선료를 감액하거나 과실상계를 할 수 없음을 명확히 하고 있다.

따라서 [사례 Ⅵ-1-1]의 경우에 Y의 체선료 감액 또는 과실상계의 항변은 받아들여질 수 없다.

4. 계약의 종료

해상운송계약은 운송의 완료에 의해 종료되는 것이 일반적이지만, 해상운송의 대량성・위험성 등을 고려하여 특수한 종료원인으로서 임의해지・해제

1) 이기수, 427면, 대판 1994.6.14, 93다58547; 채이식 736면, 정찬형 798면은 '손해배상의 예정'이라고 한다.

등을 인정하고 있다.

4-1 용선자 · 송하인의 발항 전의 임의해제 · 해지

(1) 전부용선의 경우

1) 단일항해 발항전에는 전부용선자는 운임의 반액을 지급하고 계약을 해제할 수 있다(832①). 이는 법정해약금으로서 실무상으로는 공적운임(dead freight)이라고 부른다.[1] 계약해제시 운송물의 전부 또는 일부를 선적한 때에는 그 선적과 양륙비용을 용선자가 부담하고(835), 또 부수비용과 체당금을 지급하여야 한다(834①).

2) 왕복항해 왕복항해의 용선계약 또는 다른 항에서 선적항에 항행해야 할 경우에 용선자가 회항전 또는 선적항에서 발항하기 전에 계약을 해지하는 때에는 운임의 3분의 2를 지급해야 한다(832②③). 이 경우에도 용선자는 선적 · 양륙비용(835) 및 부수비용 · 체당금(834①) 외에 공동해손 · 해난구조로 인한 부담액을 운송물의 가액에 따라 지급해야 한다(834②).

(2) 일부용선 · 개품운송의 경우

1) 공동해지 일부용선자나 송하인이 다른 용선자와 송하인 전원과 공동으로 계약을 해제 또는 해지하는 경우에는 전부용선의 해제 · 해지와 동일하게 할 수 있다(833①). 그러므로 단일항해의 경우에는 각자 그 운임의 반액, 복합항해의 경우에는 3분의 2를 운송인에게 지급해야 하며 기타의 비용부담도 마찬가지이다.

2) 단독해지 일부용선자나 송하인이 개별적으로 발항전에 계약을 해제 또는 해지하는 때에는 운임의 전액을 지급해야 한다(833②). 그러나 운송물의 전부 또는 일부를 선적한 경우에는 발항전이라도 다른 용선자와 송하인의 동의를 얻지 않으면 계약을 해제 또는 해지하지 못한다(833③). 계약해제로 선적한 운송물을 다시 양륙함에 따라 발항이 지체되고 또 다른 운송물에 멸실 등의 손상이 발생할 우려가 있기 때문이다.

1) 서헌제(하) 403면.

4-2 용선자 · 송하인의 발항 후의 임의해지

발항 후에는 용선자나 송하인은 운임의 전액, 체당금, 정박료와 공동해손 또는 해난구조의 부담액을 지급하고 그 양륙하기 위하여 생긴 손해를 배상하거나 이에 대한 상당한 담보를 제공하지 아니하면 계약을 해지하지 못한다(797). 발항 후에는 선박이 이미 항해중이므로 발항전에 비해 훨씬 무거운 부담하에 계약을 해지하도록 한 것이다.

4-3 불가항력에 의한 임의해제 · 해지

(1) 발항 전의 임의해제

1) 운송물의 전부　　항해 또는 운송이 법령에 위반하게 되거나 기타 불가항력으로 인하여 계약의 목적을 달할 수 없게 된 때에는 각 당사자는 계약을 해제할 수 있다(811①). 가령 운송물에 대한 정부의 금수조치가 내려져 운송이 불가능하게 된 경우이다. 이때에는 공적운임을 지급할 필요가 없다.

2) 운송물의 일부　　불가항력 · 법령위반의 사유가 운송물의 일부에 대해 생긴 때에는 용선자는 운송인의 책임이 가중되지 아니하는 범위내에서 다른 운송물을 선적할 수 있다(812①). 이때 용선자는 지체없이 운송물의 양륙 또는 선적을 하여야 한다. 그 양륙 또는 선적을 해태한 때에는 운임의 전액을 지급하여야 한다(812②).

(2) 발항 후의 임의해제

항해도중에 불가항력 · 법령위반의 사유가 생긴 경우에 계약을 해지한 때에는 용선자는 운송의 비율에 따른 운임을 지급하여야 한다(811②).

4-4 법정원인에 의한 당연종료

해상운송계약은 발항 전후 및 용선계약과 개품운송계약을 불문하고 ① 선박이 침몰 또는 멸실한 때, ② 선박이 수선할 수 없게 된 때, ③ 선박이 포획된 때, ④ 운송물이 불가항력으로 인하여 멸실된 때에는 종료된다(810①).

위 ① 내지 ③의 사유가 항해도중에 생긴 때에는 용선자 또는 송하인은 운송의 비율에 따라 현존하는 운송물의 가액의 한도에서 운임을 지급해야 한다(820②).

제 2 절 정기용선계약

1-1 의 의

[사례 Ⅵ-2-1: 대판 1999.2.5, 97다19090]

인천항으로 귀항하던 101인경호(선주겸 선장: 임진택)가 좌초되어 구조를 요청하자 해상구난업체를 운영하는 전중현(A)이 조합의 의뢰를 받고 이를 구조하기 위해 예인선(금영2호) 1척을 소유자인 김재홍(B)으로부터 선장 김학진(C)과 선원 2명과 함께 용선하였다. 용선계약에 따르면 선박의 이용기간은 101인경호를 구조 완료할 때까지로 하고, 용선료는 1일당 66만원으로 하되, 작업 중 발생하는 사고에 관하여는 용선자가 책임지기로 하였다. A는 정원 4명인 이 선박에 15명을 승선시킨 다음 출항신고도 하지 않고, 위험하기 때문에 회항하자는 건의도 묵살한 채 선장에게 운항계속을 지시하여, 결국 파도로 선박이 침몰하는 바람에 A와 선원 등 4인이 익사하였다. A는 위 침몰사고로 인하여 사망하였는데, 피고 최병석(Y1)은 A의 처이고, 피고 전윤경(Y2), 전윤진(Y3)은 자녀들이다.

X는 익사한 선원 3인의 근로자재해보험자로서 유족보상금 등으로 1억원을 지급한 다음 A의 유족인 Y1, Y2, Y3(이하 Y라 함)에게 구상을 요구하였다. Y는 A가 이 선박의 승객 또는 항해용선자에 불과하여 선장을 지휘감독할 관계에 있지 않다는 이유로 이를 거절하였다. Y의 주장은 타당한가?

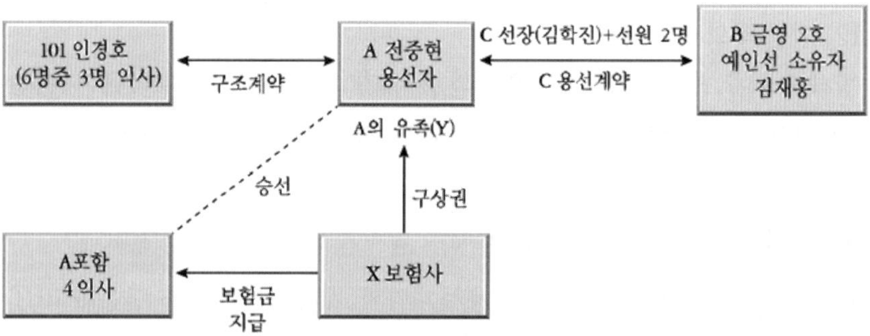

(1) 개 념

정기용선계약은 선박소유자가 용선자에게 선원이 승무하고 항해장비를 갖춘 선박을 일정한 기간동안 항해에 사용하게 할 것을 약정하고 용선자가 이에 대하여 기간으로 정한 용선료를 지급하기로 약정함으로써 그 효력이 생긴다(842). 정기용선자는 일정한 기간 인적조직을 포함한 타인소유 선박의 사용·수익권을 얻어 자기의 해상기업의 경영에 이용하는 자이다.[1)]

1) 선박·노무공급　　정기용선계약은 선박소유자 또는 임차인이 용선자에게 선원이 승무하고 항해장비를 갖춘 선박을 일정기간 동안 항해에 사용하게 할 것을 약정하고 용선자는 이에 대하여 기간으로 정한 용선료를 지급할 것을 약정하는 계약이다(842). 이와 같이 정기용선은 선박만 아니라 선장 등 인적조직을 갖춘 일체를 빌린다는 점에서 선박만을 임대하는 선체용선(849)과 구별되고, 타인의 선박을 빌려 자기의 해상기업 경영에 이용하는 해상기업주체라는 점에서 단순히 타인의 선박을 이용하는 데 그치는 항해용선자(828 이하)와 구별된다.[2)]

2) 표준계약조항　　넓은 의미의 정기용선 중 다음에서 볼 표준계약조항에 의해 체결되는 계약만을 정기용선으로 보는 것이 일반적이다. 따라서 [사례 Ⅵ-2-1]과 같이 선박과 선원의 노무공급이 혼합된 용선계약이라도 표준계약조항에 의하지 않는 계약은 정기용선이라고 할 수 없다. 다만 이러한 계약에 대해서도 선박임대차에 관한 규정(850①)이 준용된다는 점에서는 정기용선과 다르지 않다.[3)] 대판 1999.2.5, 97다19090은 "선박의 이용계약이 선박임대차계약인지, 항해용선계약인지 아니면 이와 유사한 성격을 가진 제 3 의 특수한 계약인지 여부 및 그 선박의 선장·선원에 대한 실질적인 지휘·감독권이 이용권자에게 부여되어 있는지 여부는 그 계약의 취지·내용, 특히 이용기간의 장단, 사용료의 고하, 점유관계의 유무 기타 임대차 조건 등을 구체적으로 검토하여 결정하여야 한다. 사실관계에 의하면 그 이용기간, 이용료, 해상구난업무의 성격 및 작업중 사고를 용선자(A)가 책임지기로 한 점 등에 비추어 선박이용계약이 항해용선계약이 아니라 선박임대차와 유사하게 선박사용권과 아울러 선장과 선원들에 대한 지휘·감독권을 가지는 노무공급계약적 요소가 수반된 특수한 계약이"라고 판시하여 상법 제766(850)조 1항을 준용하여 A(Y)의 C(X)에 대한 책임을 인정하였다.[4)]

---

1) 염정호, "정기용선계약하에서의 재운임 또는 재용선료에 대한 선박소유자인에 관한 연구", 한국해법해회지 제31권 제 1 호(2009.4), 160면.

2) 서헌제(하) 311면.

3) 염정호, "정기용선계약의 용선기간에 관한 연구", 한국해법회지 제28권 제 1 호(2006.4), 231면.

4) 이 판례에 대해서는 김현, 「법률신문」, (2000.6.26), 15 참조.

[사례 Ⅵ-2-1]의 원심판결도 용선자(A)가 선장에 대한 지휘·감독권을 가지고 있고 선주(B) 또한 선장에 대한 사용자의 지위에 있는 특수한 계약임을 고려하여 "선주(B)는 선장인 C의 사용자로서 C의 과실로 발생한 침몰사고로 인한 피해자들의 손해를 배상할 책임이 있다고 할 것이고, 또한 용선자(A)도 선장인 C를 지휘하여 구난작업을 위한 항해에 종사하게 한 이상 비록 일시용선이라고 하더라도 피해자에 대한 관계에서는 선장(C)의 사용자로서 손해를 배상할 책임이 있다"고 판시하였다.

(2) 경제적 효용

정기용선자는 선박만 아니라 선원 등도 함께 빌리므로 선박을 관리·운용하는데 신경 쓸 필요가 없으며 또한 선박구입에 소요되는 막대한 경비를 부담하지 않고도 경영상 필요한 선박을 적기에 이용할 수 있다. 나아가 해운시장이 불황일 경우에는 빌린 선박을 되돌려줌으로써 경영의 효율화를 기할 수 있다. 한편 선박소유자의 입장에서는 자신의 지휘·감독을 받는 선장과 선원을 통해서 선박을 적절하게 유지·관리하면서도 남아도는 선박을 용선하여 용선료 수입을 올릴 수 있는 이점이 있다. 이러한 서로간의 이해관계가 맞아 정기용선은 오날날 타인선박의 이용에 있어서 가장 보편적인 형태로 자리잡고 있다.

(3) 표준계약조항과 상법의 규정

1) 표준계약조항 　정기용선제도가 해운실무에서 널리 이용되면서 국제해운단체를 중심으로 계약의 표준화를 이루어 왔다. 그 중 중요한 것으로는 발틱회의에서 제정된 Baltime Charter와 뉴욕상품거래소가 제정한 New York Produce Exchange Form (NYPE)이 있는데 NYPE가 현재로는 가장 널리 이용된다.

2) 상법규정 　상법은 해운 현실을 반영하여 1991년 개정시 Baltime Charter의 중요규정을 참작하여 정기용선에 관한 규정을 신설하였다(842~846). 그런데 앞에서 지적한 대로 정기용선은 운송계약의 한 유형인 항해용선보다는 해상기업의 주체인 선박임대차에 더 가깝다고 할 수 있다.

1-2 법적 성질

[사례 Ⅵ-2-2: 대판 1992.2.25, 91다14215]

Y는 동남아 항로의 정기해운업자로서 일시적인 선박 부족을 보충하기 위해 선박소유자인 A회사로부터 POLSA DOS호를 3개월간 용선하기로 하고 NYPE에 의한 정기용선계약을 체결하였다. 한편 인도네시아의 수출상 B는 한국의 수입상 C와 합판수출계약을 체결한 후, 이를 인천항까지 운송하기 위해 Y와 POLSA DOS의 (항해)용선계약을 체결하였다. Y는 인도네시아 내의 대리점을 통해 '선장을 대리하여(for the master)'라는 문언을 부가하여 서명한 선하증권을 발행하여 B에게 교부하였고, B는 이를 C에게 배서양도하였다.

Y가 화물을 이 선박에 선적하여 운송도중 선박의 엔진고장으로 필리핀의 세부항에서 다른 선박으로 이를 환적한 후 인천항에 도착하였는데, 환적 당시의 부주의한 취급으로 화물이 손상을 입어 2만 5천 달러의 손해를 입었다. 한편 C는 수입합판에 대해 X보험사와 해상보험계약을 체결하였는데, 보험사고가 발생하자 X는 C에게 보험금을 지급한 후 C의 손해배상청구권을 대위하였다. Y는 X에게 손해배상책임이 있는가?

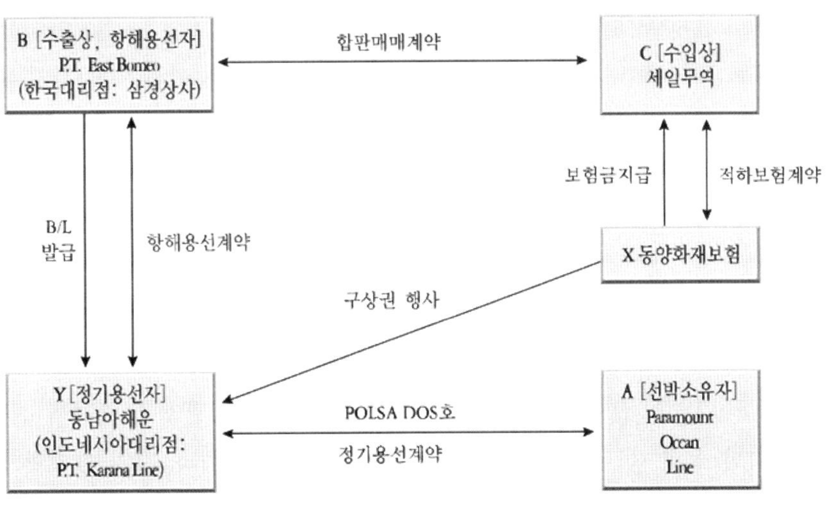

(1) 학 설

정기용선의 법적 성질에 대해서는 상법에 아무런 규정을 두지 않는데, 이를 ① 운송계약의 일종인 용선계약으로 보는 견해,[1] ② 선박임대차계약과 노

1) 정희철 513면, 이기수 352면, 정찬형 722면.

무공급계약이 혼합된 계약이라는 견해[1] 및 ③ 통상의 용선계약과는 달리 선박임대차계약에 근접하면서도 노무공급계약을 수반하는 특수계약이라는 견해[2]가 대립한다. 생각건대 용선계약은 단순한 선박의 이용자에 지나지 않으나 정기용선의 경우에는 용선기간중에는 선박의 자유사용권을 가지고 스스로 해상기업의 주체로서 이를 운영하는 것이므로 양자는 성질을 달리한다. 또한 정기용선은 선박 그 자체의 사용수익에 있다기보다는 물적조직으로서의 선박과 인적조직인 선원이 유기적으로 결합된 일체로서의 선박 이용에 그 주안점이 있으므로 단순한 선박임대차와도 구별된다는 점에서 특수계약설이 타당하다고 본다.[3]

(2) 학설의 차이

그러면 이러한 학설 대립은 실제로 어떠한 의미를 가지는가? [사례 Ⅵ-2-2]에서 보면 보험자(X)는 정기용선자(Y)에 대해 운송중의 손해에 대한 배상을 청구하고 있는데, 만일 정기용선의 법적 성질을 용선계약으로 보게 되면 용선자는 재운송자에 불과하므로 상법 제809조에 의해 손해배상청구는 용선자(Y)가 아닌 선박소유자(A)에게 해야 한다. 그러나 혼합계약설 또는 특수계약설을 취하게 되면 상법 제850조 1항이 유추적용되어 용선자(Y)는 제 3 자(X)에 대해 책임이 있다. 즉 정기용선의 법적 성질을 어떻게 보는가에 따라 정기용선자의 법적 지위가 달라지게 된다.

이에 대해 대판 1992.2.25, 91다14215는 "정기용선계약은 선박에 대한 점유권이 용선자에게 이전되는 것은 아니지만 선박임대차와 유사하게 용선자가 선박의 자유사용권을 취득하고 그에 선원의 노무공급 계약적인 요소가 수반되는 내용으로서 해상기업활동에서 관행적으로 형성 발전된 특수한 계약관계라 할 것이고, 이 경우 정기용선자는 그 대외적인 책임관계에 있어서 선박임차인에 관한 상법 제766조(850)의 유추적용에 의하여 선박소유자와 동일한 책임을 지는 것이라 할 것이므로 정기용선자인 피고(Y)는 선장이 발행한 이 사건 선하증권상의 운송인으로서의 책임을 부담한다"고 판시하였다.

1) 서 · 정 563면, 최기원 737면, 김용태 152면, 정무동 157면.
2) 양 · 박 587면, 서헌제(하) 313면.
3) 상세한 검토는 김동훈, "정기용선계약에 대한 법적 검토", 한국해법회지 제24권 제 1 호(2002.4.), 6면 참조.

1-3 내부관계

정기용선자와 선박소유자의 관계는 계약자유의 원칙이 지배되는 영역으로서 당사자간의 자유로운 특약으로 정해진다. 보통 계약의 내용은 앞에서 본 Baltime Charter나 NYPE에 의해 정형적으로 정해지는데, 상법은 이를 기초로 약간의 규정을 두고 있다.[1)]

(1) 정기용선자의 선장지휘권

정기용선자는 약정한 범위 내에서 선박 사용을 위해 선장을 지휘할 권리가 있으며, 선장 등 선박사용인이 정기용선자의 정당한 지시에 위반하여 정기용선자에게 손해가 발생한 경우에는 선박소유자가 이를 배상할 책임이 있다(843). 정기용선자가 용선한 선박을 자기의 해상기업에 사용하기 위해서는 선박을 실제로 점유하고 관리하는 선장 등 해원에 대한 지휘권이 반드시 필요하므로 이에 관한 규정을 둔 것이다.

(2) 선박소유자의 운송물 유치권 및 경매권

정기용선자가 선박소유자에게 용선료, 체당금 기타 이와 유사한 정기용선계약에 의한 채무를 이행하지 아니하는 경우에는 선박소유자는 용선료의 범위 내에서 운송물을 유치하고(807②, 844), 법원의 허가를 얻어 운송물을 경매할 수 있다(808, 844). 다만 선박소유자는 정기용선자가 발행한 선하증권을 선의로 취득한 제 3 자에 대항하지 못한다(844①단).

(3) 용선료의 연체와 계약해지

정기용선자가 용선료를 약정기일에 지급하지 아니한 때에는 선박소유자는 계약을 해제 또는 해지할 수 있다(845①). 다만 정기용선자가 운송도중 계약을 해지한 때에는 선박소유자는 적하이해관계인에 대하여 정기용선자와 동일한 운송의무가 있다(845②). 이는 일종의 개입의무로서 용선자와 선박소유자간의 사유로 인해 제 3 자가 손해를 입지 않도록 하려는 배려에서 나온 것이다.

이와 같이 선박소유자가 운송에 개입한 경우에는 선박소유자는 용선자의 제 3 자에 대한 운임위에 법정질권을 취득한다(845③). 그러나 이로써 선박소유자나 제 3 자의 용선자에 대한 손해배상청구는 영향을 받지 아니한다(845④).

---

1) 서헌제(하) 314면.

(4) 용선계약상의 채권의 시효

정기용선계약에 관하여 발생한 당사자간의 채권은, 다른 약정이 없으면 선박이 선박소유자에게 반환된 날부터 1년의 시효로 소멸한다(846).

1-4 외부관계

정기용선자가 선박의 이용과 관련하여 제3자에 대해 어떠한 지위에 있는가 하는 점이 중요하다. 특히 [사례 Ⅵ-2-2]와 같이 정기용선자가 선하증권을 발행한 경우 그 증권의 소지인에 대해서는 운송계약상의 책임을 부담하는가 하는 점이 문제된다. 이에 관해서는 상법에 아무런 규정을 두고 있지 않은데 통설은 그 법적 성질을 혼합계약 또는 특수계약으로 보기 때문에 상법 제850조의 유추적용을 긍정한다.[1)]

대판 1992.2.25, 91다14215도 이러한 취지에서 "정기용선자의 지위는 비록 위 선박에 대한 점유권을 취득하지는 않았지만 피고(Y)는 선장 및 선원들에 대한 지휘명령권 및 변경요청권을 가지고 피고의 선박대리점이 선장을 대리하여 선하증권을 발행하는 등 해상기업으로서 자신의 이름으로 위 선박을 영리에 이용하는 점에 비추 영해상기업주체인 선박임차인에 선하다고 할 것이므로, 대외적인 책임관계에 관하여는 외관을 신뢰는 외관을 신 보호를 위하여 선박임차인에 관한 상법 제766(850)조를 유추적용하여야 하고 따라서 정기용선자(Y)가 상행위는 선영리를 목적으로 선박을 항해에 사용하는 경우 선박의 이용에 관한 사항에는 외관을 신(X)에 대하여 선박소유자와 동일한 권리의무가 있다 할 것이므로, 피고(Y)는 선장이 발행한 선하증권상의 운송인으로서 운송물의 훼손으로 인한 운송계약상의 책임을 면할 수 없다"고 판시하였다.[2)]

한편, 다음 [사례 Ⅵ-2-3]은 정기용선자로부터 선복을 용선받은 재용선자가 송하인과 운송계약을 체결하였으므로, 정기용선자는 운송계약상 책임을 지는 운송인의 지위에 있지 않다고 본 사례이다. 또한 해상운송 중 인접한 화물

1) 정희철 516면, 서·정 565면, 손주찬 763면, 양·박 588면, 송·김 349면, 서헌제(하) 315면, 정찬형 725면; 임동철, "정기용선계약에서 선주 및 용선자의 제3자 에 대한 책임문제에 관한 약간의 고찰", 한국해법회지 제26권 제2호(2004.11), 43면 이하 참조.

2) 동 대판 1994.1.28, 93다18167; 2003.8.22, 2001다65977(해법회지 26-2); 서헌제, "정기용선자의 선하증권소지인에 대한 책임", 상사판례연구 II, 489면 이하 참조.

의 부적절한 포장과 적입에 기인하여 화물이 훼손되었으므로, 운송인측의 잘못이 인정되지 않는다고 본 사례이다.[1]

[사례 Ⅵ-2-3: 대판 2001.7.10, 99다58327]

[사실관계] [1] 소외 대유해운 주식회사(Y1)는 소외 대영컨벌팅 주식회사(A)와 사이에, A가 미국 소재 소외 마루찬 버지니아 잉크(B)에 수출하는 식품포장용 필름을 Y1이 부산항에서 미국 버지니아주 노르폴크항까지 운송하기로 하는 해상운송계약을 체결하고서, A에게 통지선이 B로 된 지시식 선하증권을 발행하였다. Y1은 다시 제 1 심공동피고 Y2와 사이에, Y2가 이 사건 화물을 부산항에서 노르폴크항까지 운송하기로 하는 해상운송계약을 체결하였고, 이에 Y2는 Y1에게 송하인이 A, 수하인 컨테이너 트레이드(C)로 된 기명식선하증권을 발행하였다.

[2] A는 1994.3.27.경 부산항에서, Y2와 상호용선(Space Charter)계약관계에 있던 피고Y3가 제 1 심공동피고 콘티 카피타노(Y4)와 정기용선(Time Charter)계약을 체결하고서 Y4 소유의 도쿄 세나토르호의 제 2 번 선창에다 화물을 선적하였다. A는 직접 이 사건 화물을 3개의 컨테이너에다 적입하고서 이를 봉인하였고, 선하증권들에도 하주 적입이 취지가 기재되었다(Shipper's Load and Count). 한편, Y3과 Y4는 정기용선계약을 체결하면서, ① 화물은 Y3(정기용선자)에게 선원과 선박에 관하여 관행상의 협조를 제공하여야 하고, ② 선장은 사용 및 대리관계에 있어서 Y3의 지시와 감독을 받아야 하며, ③ Y3이 선장 · 선원들의 행위에 불만이 있는 경우에 Y4(선박소유자)는 그 불만사항을 통지받는 즉시 이를 조사하여, 필요하다면 선장 · 선원들을 교체한다는 내용으로 약정하였다.

[3] 도쿄 세나토르호는 1994.3.29.경 부산항을 출발하여 파나마운하와 사바나항 등을 거쳐 1994.4.28. 22:30경 양하항인 노르포크항에 입항하였는데, 그때 제 2 번 선창에서 연기와 냄새가 심하게 발생하는 것이 목격되었다. 이에 선원들은 제 2 번 선창의 환기창을 닫고서 그 안으로 이산화탄소를 주입시켰고, 더 이상 연기가 목격되지는 않았다. 1994.5.10. B측 관계인이 참석한 가운데 이 사건 화물이 적재된 컨테이너가 개봉되었는데, 그중 일부에서는 아직도 심한 냄새가 느껴지기도 하였다. 조사 결과, 이 사건 화물은 연기에 오염되어 있었고, 열반응에 의한 변형으로 더 이상 식품을 포장하는 데 부적합하다고 판단되어 모두 폐기처분되었다.

[4] 원고(X)는 A와 사이에 이 사건 화물에 대하여 적하보험계약을 체결하였기 때문에 1994.8.10., Y1발행의 선하증권을 C에게 제시하고 화물을 인도받은 B(수입자)에

1) 김인현, "정기용선자의 책임이 부인된 도쿄 세나토르호 사건", 한국해법회지 제24권 제 1 호(2002.4), 142면 이하 참조.

게 화물의 훼손에 대한 보험금을 지급하였다. 정기용선자인 Y3은 제1심공동피고인 Y2 및 Y4와 연대하여 X에게 손해배상책임을 져야 하는가?

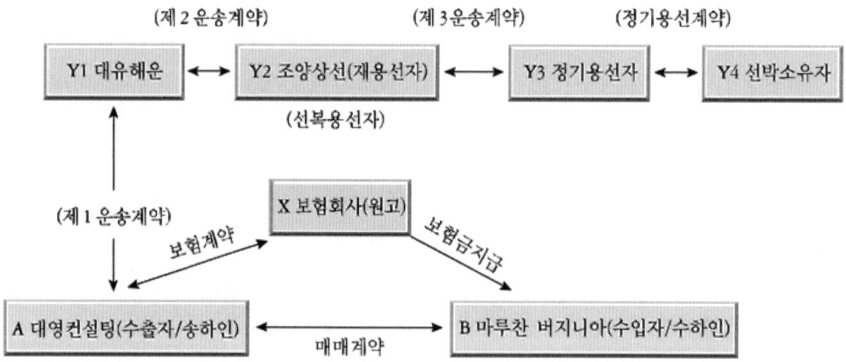

[쟁 점] 원고가 피고(Y3)에게 다음과 같은 운송계약상의 채무불이행으로 인한 손해배상청구와 불법행위로 인한 손해배상청구를 주장할 수 있는지가 쟁점이다.

쟁점 1: 도쿄 세나토르호의 정기용선자이고 이 사건 화물의 실제 운송인으로서 선복용선계약관계에 있는 조양상선(Y2)의 이행보조자인 피고 Y3가 과연 송하인(A)과의 사이에서 이 사건 화물의 운송계약관계에 있다고 할 수 있는가? 나아가 운송계약상 책임을 지는 운송인의 지위에 있다고 할 수 있는가?

쟁점 2: 이 사건 화학물질이 적입된 컨테이너를 받아 선적·적부함에 있어 피고(Y3)에게 잘못이 있는가를 밝힌 후, 운송인에게 불법행위로 인한 손해배상책임을 묻기 위해서는 청구인(X)이 실제운송인(Y3)에게 귀책사유가 있음을 입증하여야 하는가 아니면 실제운송인이 자신에게 귀책사유가 없음을 증명하여야 하는가를 판단해야 할 것이다.

[원심판결요지] 1. 피고(Y3)는 대영컨벌팅(A)과 이 사건 화물의 운송계약을 체결한 대유해운(Y1)과 다시 운송계약을 체결한 조양상선(Y2)과 사이에 상호용선계약관계에 있을 뿐이지, 대영컨벌팅과의 사이에서 직접적으로 이 사건 화물의 운송계약관계에 있지 않다. 나아가 이행보조자(Y3)는 채권자에 대한 관계에서 채권관계의 당사자가 아니므로, 비록 그의 행위로 인하여 채무불이행의 결과가 발생하였다고 하여도 이를 이유로 채무불이행책임을 부담하지 않는다.

2. 상법 제789조의 3(798) 제4항, 제1항, 제788(795)조 제1항의 규정에 의하면, 운송물에 대한 불법행위로 인한 손해배상청구가 실제 운송인에 대하여 제기된 경우에

실제운송인은 자기 또는 선원 기타의 선박사용인이 운송물의 수령, 선적, 적부, 운송, 보관, 양육과 인도에 관하여 주의를 해태하지 아니하였음을 증명하지 아니하면 운송물의 멸실, 훼손 또는 연착으로 인한 손해를 배상할 책임이 있으므로, 이 사건 화물의 훼손에 대한 과실의 입증책임은 피고에게 있다. 따라서 피고가 자기 또는 도쿄 세나토르호의 선장·선원들의 이 사건 화물의 훼손에 대한 과실 없음을 입증하지 못하면, 이 사건 화물의 훼손으로 인한 손해를 배상할 책임이 있다.

[대법원판결요지] [1] 정기용선자로부터 선복을 용선받은 재용선자가 송하인과 운송계약을 체결한 사안에서, 재용선자가 발행한 선하증권의 이면약관상 재용선자가 위 운송계약의 운송인이 됨을 명시하고 있으며, 재용선자는 정기용선자에게 일정한 선복용선료만 지급할 뿐이고 위 운송계약에 따른 운임은 모두 재용선자의 수입으로 되는 사정 등을 고려할 때, 위 정기용선자는 운송계약상 책임을 지는 운송인의 지위에 있지 않다.
[2] 상법 제789조의3(798) 제4항은 운송물에 관한 손해배상청구가 운송인 이외의 실제운송인 또는 그 사용인이나 대리인에 대하여 제기된 경우에도 제1항 내지 제3항의 규정을 적용한다고 규정하고 있고, 같은 조 제1항은 이 장의 운송인의 책임에 관한 규정은 운송인의 불법행위로 인한 손해배상의 책임에도 이를 적용한다고 규정하고 있다. 그런데 상법 제789조의3(798) 제1항에서 말하는 "운송인의 책임에 관한 규정"에 입증책임의 분배에 관한 상법 제788(795)조 제1항은 포함되지 아니하므로, 운송인에게 불법행위로 인한 손해배상책임을 묻기 위해서는 청구인이 운송인에게 귀책사유가 있음을 입증하여야 한다. 따라서 실제운송인이 자신에게 귀책사유가 없음을 증명하지 아니하면 운송물의 훼손으로 인한 손해를 배상할 책임이 있다고 한 원심의 판단은 잘못이다.
그러나 이 사건에서 보면, 실제운송인인 피고가 하주적입의 방법으로 이 사건 화학물질이 적입된 컨테이너를 환적받을 당시 그 컨테이너는 외관상 아무런 이상이 없었고 또한 이 사건 화학물질이 위험물선박운송및저장규칙이나 국제해상위험물규칙상 위험물로 분류되어 있지 아니하므로, 통상적인 방법으로 위 컨테이너를 적절하게 선적·적부하였다면, 비록 피고나 도쿄 세나토르호의 선장·선원들이 이를 받아 선적·적부하면서 컨테이너를 열고 그 안에 화물이 적절한 용기에 적절한 방법으로 포장·적입되었는지를 살피지 아니하였다고 하더라도 이를 잘못이라고 할 수 없다. 이와 같이 이 사건 화학물질이 적입된 컨테이너를 받아 선적·적부함에 있어 피고 측에게 잘못이 인정되지 아니한다면, 실제운송인인 피고는 위 컨테이너에 인접하여 선적되었다가 훼손된 이 사건 화물의 권리자인 마루찬 버지니아에 대하여도 불법행

위책임을 부담하지 아니한다.
따라서 원심이 원고의 불법행위를 원인으로 한 청구를 기각한 것은 결과적으로 옳고, 거기에 상고이유의 주장과 같은 운송인의 적부·관리·처분상 주의의무 등에 관한 법리오해나 심리미진 또는 채증법칙 위배 등의 잘못이 없으므로, 이 부분 상고이유도 모두 받아들이지 아니한다.

아래 [사례 Ⅵ-2-4]는 선박의 항행 및 관리에 관한 사항은 선주에게 그 권한과 책임이 있으므로, 정기용선된 선박의 선장이 항해상의 과실로 충돌사고를 일으켜 제3자에게 손해를 가한 경우 정기용선자가 아니라 선주가 선장의 사용자로서 책임을 부담하기 때문에 구상법 제766(850)조 1항이 유추적용될 여지는 없다고 본 사례이다.[1)]

[사례 Ⅵ-2-4: 대판 2003.8.22, 2001다65977]

[사실관계] A는 선박소유자(이하 선주)인 Y로부터 예인선 제301호를, 양권두 외 1인으로부터 부선107호를 부선과 함께 각 1년간 정기용선하기로 하면서 용선기간중 Y가 선장을 포함한 선원 3명을 고용한 뒤 예인선에 승선시켜 선원의 급여 및 선박수리비 등을 부담하고, 예인선의 선원과실 및 선체결함으로 인한 사고 발생시에는 Y가 전적으로 배상책임을 지기로 약정하였다. Y는 선장을 고용하여 예인선에 승선시켰으며, 선장은 대원호를 예인하여 항해하던 중 안전거리 미확보로 야간정박하고 있던 어선(경필호)과 충돌케 함으로써 경필호가 전복되면서 그 선원들이 모두 사망하였다. 어선의 유족들(X)은 Y선주에 대하여 손해배상청구소송을 제기할 수 있는가?

[쟁 점] 정기용선계약에 있어 선장의 과실로 인한 손해배상 책임의 귀속 – 피고(Y)가 예인선의 소유자로서 손해배상의 책임이 있는지 또는 ㈜조양이 예인선의 정기용선자(A)로서 제3자에 대한 불법행위책임을 부담하여야 하는지 여부

1) 이승호, "정기용선선장의 불법행위에 대한 선주의 책임", 한국해법회지 제26권 제1호(2004.4), 200면 이하 참조.

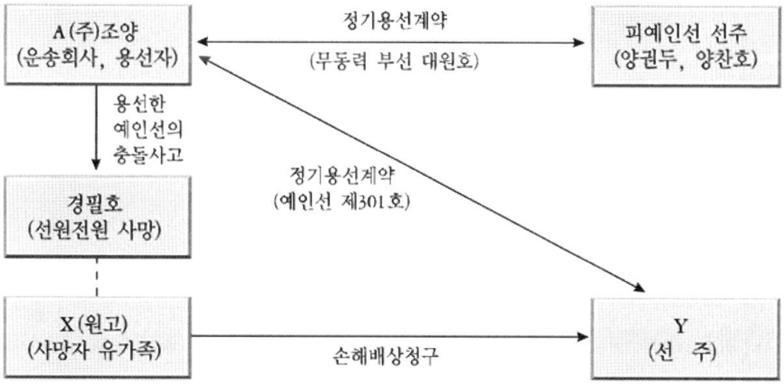

[판결요지]

[원 심] 원심에서 피고는 정기용선자(A)가 선박충돌에 대한 책임의 주체가 되어야 한다고 주장하였으나, 법원은 피고인 선주(Y)에게 손해배상책임을 인정하였다.

[대법원] 정기용선계약에 있어서 선박의 점유, 선장 및 선원에 대한 임면권, 그리고 선박에 대한 전반적인 지배관리권은 모두 선주(Y)에게 있고, 특히 화물의 선적, 보관 및 양하 등에 관련된 상사적인 사항과 달리 선박의 항행 및 관리에 관련된 해기적인 사항에 관한 한 선장 및 선원들에 대한 객관적인 지휘·감독권은 달리 특별한 사정이 없는 한 오로지 선주(Y)에게 있다고 할 것이므로, 정기용선된 선박의 선장이 항행 상의 과실로 충돌사고를 일으켜 제 3 자에게 손해를 가한 경우 용선자(A)가 아니라 선주(Y)가 선장의 사용자로서 상법 제845(878)조 또는 제846(879)조에 의한 배상책임을 부담하는 것이고, 따라서 상법 제766(850)조 1항이 유추적용될 여지는 없으며, 다만 정기용선자에게 민법상의 일반 불법행위책임 내지는 사용자책임을 부담시킬 만한 귀책사유가 인정되는 때에는 정기용선자도 그에 따른 배상책임을 별도로 부담할 수 있다.

본 판결은 정기용선중인 선박의 선박충돌사고에서 책임의 주체를 정기용선자(A)가 아닌 선박소유자 혹은 선박임차인(이하 선주)으로 판시한 리딩 케이스이다. 대법원은 상법 제846(879)조의 책임은 사용자책임으로 보아, 선장의 사용자인 선주(Y)가 책임의 주체가 되어야 한다고 판시한 것이다. 본 판결에서 대법원은 해기·상사 구별설의 입장을 취하면서, 선박충돌과 같은 해기사항은 선장을 선임하고 감독하는 선주(Y)가 부담한다는 점을 분명히 하였다. 그런데, 이러한 결과는 기존의 1992년 대법원의 판례(대판 1992.2.25, 91다14215)을 포함하여 다수설이 취하는 정기용선에 대한 선박임대차 유사설의 입장과는 배치되는 것으로 볼 여지가 있다. 따라서 기존의 대법원 판결과의 조화로운 해석이 요구된다.[1)]

제 3 절 선체용선계약

1-1 의 의

(1) 개 념

선체용선계약은 용선자의 관리・지배하에 선박을 운항할 목적으로 선박소유자가 용선자에게 선박을 제공할 것을 약정하고 용선자가 이에 따른 용선료를 지급하기로 약정함으로써 그 효력이 생긴다(847①). 선박소유자가 선장과 그 밖의 해원을 공급할 의무를 지는 경우에도 용선자의 관리・지배하에서 해원이 선박을 운항하는 것을 목적으로 하면 이를 선체용선계약으로 본다(847②).

(2) 법적 성질

선체용선계약은 그 성질에 반하지 아니하는 한 민법상 임대차에 관한 규정을 준용한다(848①). 용선기간이 종료된 후에 용선자가 선박을 매수 또는 인수할 권리를 가지는 경우 및 금융의 담보를 목적으로 채권자를 선박소유자로 하여 선체용선계약을 체결한 경우에도 용선기간 중에는 당사자 사이에서는 이 절의 규정에 따라 권리와 의무가 있다(848②).

선체용선자는 타인소유의 선박을 임차하여 상행위 기타 영리를 목적으로 항해에 사용하는 자를 말한다(850①). 즉 타인의 선박을 임차하여 해상기업을 영위하는 자이다.[2)]

(3) 타인 선박의 이용관계

타인의 선박을 이용하는 형태로는 선체용선 이외에 정기용선과 항해용선

---

1) 김인현, "정기용선된 선박의 선박충돌에 대한 책임주체", 한국해법회지 제26권 제 2 호(2004.11), 211면 이하 참조.

2) 서헌제(하) 307면.

이 있다.

1) 유 형 선체용선자는 타인의 선박을 임차하여 이를 자신의 점유·관리하에 두고 선장이나 해원도 자신이 선임하고 감독한다. 이를 실무에서는 나용선(bareboat charter)이라고 한다. 정기용선(time charter)은 선원과 함께 선박을 일정기간 임대하여 해상기업에 투입하는 것으로서 선장의 지휘감독권은 선박소유자에게 있다. 항해용선(voyage charter)은 대량화물을 운송하기 위해 선박의 전부 또는 일부분을 빌리는 것으로서 부정기항로에 많이 이용된다.

2) 차 이 선체용선과 정기용선은 타인으로부터 선박을 빌려 이를 자신의 기업활동에 투입하는 해상기업의 주체이지만, 항해용선은 단지 타인의 선박을 이용하는 화주로서의 지위에 머무른다는 점에서 근본적인 차이가 있다. 개품운송계약은 타인의 선박을 이용이 아니라 운송을 주목적으로 한다는 점에서 용선계약과는 다르다. 주로 개품운송계약은 정기선항로를 이용하여 소량의 물품을 운송한다.[1)]

1-2 내부관계

[사례 Ⅵ-3-1: 대판 1966.9.27, 66다1448]

Y해운사는 X회사 소유인 목포호를 임차하여 Y의 정기항로인 목포와 진도사이의 여객운송에 사용하기로 하였는데, 임대기간 중 목포호의 선장, 기관장 등은 X가 추천하는 선원을 승선시키기로 하였으며 임금은 Y가 지급하기로 하였다. Y는 이러한 약정에 따라 X가 추천한 선장과 기관장 등 대다수의 종전 목포호의 선원들을 그대로 채용하여 여객운송에 종사하여 오다가 중간기항지인 전남 무안군근처의 암초에 좌초되어 선박이 파손되어 항해불능상태에 빠졌다. 그런데 이 사고는 선장 A가 항로에 익숙하지 못하여 선장으로서의 주의의무를 다하지 못한 과실에 기인한 것으로 판명되었다. X는 선박이 입은 손해에 대해 Y에게 배상청구를 할 수 있는가?

(1) 선체용선계약관계

선체용선자는 임차한 선박을 사용·수익할 수 있고 선박소유자는 임차료를 청구할 수 있음은 당연하다. 그 외의 사항에 대해서는 당사자간의 계약 및 해사관습에 의하고 여기에 없는 것에 대해서는 민법의 임대차에 관한 규정이

1) 서헌제(하) 308면.

적용된다. 그러므로 선체용선자는 임대기간의 만료와 동시에 선박소유자에게 임차 선박을 원상태로 회복하여 인도할 의무가 있다(민 654, 615). 따라서 임대기간중에 임차선박에 생긴 손해에 대해서는 선체용선자는 소유자에게 이를 배상할 책임이 있다.[1)]

그런데 위 [사례 Ⅵ-3-1]과 같이 손해가 임대인(X)이 추천한 선장(A)의 경험부족과 과실에 기인한 경우에는 어떠한가? 이에 대해 대판 1966.9.27, 66다1448은 "선박소유자(X)가 선박을 임대하면서 자기가 천거하는 선장(A)이나 기관원을 계속하여 승선시키기로 약정하였으면서도 그 천거하는 선장 등이 선체용선자(Y)가 취항하려는 항로에 익숙하지 못한 사실을 알고 있었다면 이러한 선장(A)의 실수로 말미암아 일으킨 사고에 대하여는 다른 사정이 없는 한 선박소유자(X)가 전적인 책임을 져야 한다"고 판시하였다.

(2) 등기청구권

선체용선자는 선박소유자에 대하여 임대차등기에 협력할 것을 청구할 수 있다(849①). 일반적인 임대차등기청구권은 당사자간에 약정이 있는 경우에 한하여 인정되는데 비해(민 621①), 선체용선자의 경우는 상법의 특칙에 의해 당연히 인정된다는 점에서 차이가 있다. 그러므로 당사자간의 약정으로 등기청구권을 배제할 수 없다.

1-3 외부관계

[사례 Ⅵ-3-2: 대판 1975.3.31, 74다847]

선박 제15 국진호는 총톤수 99.68톤으로 해상운송 등 상행위 기타 영리를 목적으로 항해에 사용하는 선박으로 소유자 Y1은 Y2와 월 임대료 3억원에 선체용선계약을 체결하였으나 임대차등기를 하지 아니한 상태에서, Y2가 이 선박으로 해상운송업을 하여 왔다. X는 벌통 500여 상자를 제주도에서 목포항까지 운반하기 위해 Y2로부터 이 선박을 빌려, 선장 등을 지휘감독하여 벌통을 운송하기로 하였다. 그런데 이 선박이 제주항을 출항하여 목포항으로 운항중 기상상태의 악화로 추자도로 피항하다가 Y1의 피용자인 선장 A의 판단 잘못으로 암초에 부딪치면서 좌초되어, X의 벌통이 상당수 침수 또는 유실되었다.

1) 서헌제(하) 308면.

① X는 Y1과 Y2 중 누구에 대해 손해배상청구를 할 수 있는가? ② 만일 Y2에게 책임이 있다면 Y2는 상법 제746(769)조에 의해 그 책임을 제한할 수 있는가?

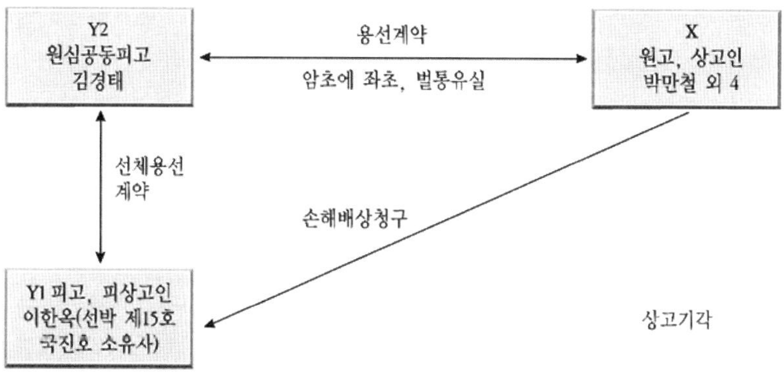

(1) 선체용선자와 제 3 자와의 관계

1) 권리주장　　선박임대차를 등기한 때에는 그 때로부터 제 3 자에 대하여 효력이 있다(849②). 선박임대차의 등기가 있으면 선박의 양수인이나 경락인에 대해서도 대항할 수 있다.

2) 권리의무의 귀속　　선체용선자가 상행위 기타 영리를 목적으로 선박을 항해에 사용하는 경우에는 그 이용에 관한 사항에는 제 3 자에 대하여 선박소유자와 동일한 권리의무가 있다(850①). 선체용선자는 비록 타인의 선박을 임차한 자이기는 하나 이를 자기의 해상기업에 이를 이용하는 기업주체이므로, 기업활동에서 생기는 권리의무가 선체용선자에게 귀속되는 것은 당연하다.[1] 그런데 [사례 Ⅵ-3-2]의 ①과 같이 선박임대차 등기를 하지 않는 경우에도 선체용선자(Y2)는 제 3 자(X)에 대해 권리의무를 부담하는가? 이에 대해 대판 1975. 3.31, 74다847은 "임대차등기를 하지 아니한 경우에는 선박에 대한 물권을 취득한 제 3 자에게 대하여 임대차를 주장하지 못할 뿐 선박소유자(Y1)가 어떠한 경우에 선박사용인(A)이 제 3 자(X)에게 가한 손해를 배상할 책임이 있느냐의 문제는 임대차의 등기유무와는 관계없이 논의되어야 할 문제로서, 상법 제746(769)조의 정한 바에 따라 선박사용인이 제 3 자에 가한 손해를 배상할 책임

1) 서헌제(하) 309면.

을 지는 선박소유자는 그 선박을 소유할 뿐만 아니라 상행위 기타 영리를 목적으로 항해에 사용한 자를 말하며, 단지 선박을 소유하는데 그치고 그 소유선박을 임대 등 사유에 의하여 항해에 사용하지 아니하는 자는 그 임대차등기의 유무에 불구하고 위 제3자에게 대한 손해를 배상할 책임을 지지 아니하며, 선체용선자(Y2)가 상행위 기타 영리를 목적으로 그 선박을 항해에 사용한 때에는 그가 위 제3자(X)에게 대한 손해를 배상할 책임이 있다 함이 상법 제766(850)조가 정한 바이다"라고 판시하였다.

3) 책임제한　　선박의 이용에 관해서는 선체용선자가 선박소유자와 동일한 권리의무를 가지므로, 위 [사례 Ⅵ-3-2]의 ②에서 선체용선자(Y2)는 제3자(X)에 대해 선주책임제한 규정에 따라 그 책임을 일정한도로 제한할 수 있다.[1]

(2) 선박소유자와 제 3 자와의 관계

선박소유자는 제3자와 직접적인 법률관계를 가지지 아니한다. 그러므로 [사례 Ⅵ-3-2]에서 선박소유자(Y1)는 선박 이용자(X)가 입은 손해에 대해 배상책임이 없다. 다만 선박의 이용에 관하여 생긴 우선특권은 선박소유자에 대하여도 그 효력이 있다(850②본). 원래 선체용선자의 채무는 선체용선자에 귀속되는 것이고 선박소유자와는 무관하므로 채권자는 임대차 목적인 선박에 대해 우선특권을 가지지 못하는 것이 원칙이다. 그러나 선박채권의 효력을 강화하고 선체용선의 효용을 증대하기 위해 예외적으로 우선특권을 인정한 것이다. 다만 우선특권자가 선박의 이용이 임대차계약에 반함을 안 때에는 그러하지 아니하다(850②단).

아래 [사례 Ⅵ-3-3]은 선박의 운항에 관하여 그 이용자가 선장, 선원들에 대하여 실질적인 지휘, 감독권을 가지고 있느냐에 따라 손해배상을 부담하기 위한 요건이 결정되는바 그 이용자는 예선을 용선하면서 선장, 선원에 대한 지휘감독권을 가지지 않은 경우 손해배상을 할 의무가 없다고 본 사례이다.[2] 한편 앞의 [사례 Ⅰ-2-2]에서 대판 2004.10.27, 2004다7040은 "선박임차인은 자신의 지휘·감독하에 있는 위 선박에 의하여 운송계약을 실제로 이행한 자이므로 화물이 자신의 관리하에 있는 동안 자기 또는 선박사용인의 고의·과

1) 서헌제(하) 310면.
2) 김인현, "선박이용자의 지위", 한국해법회지 제25권 제2호(2003.11), 205면 이하 참조.

실로 인하여 손해가 발생하였다면 불법행위로 인한 손해배상책임을 져야 한다"고 판시한 바 있다.

[사례 Ⅵ-3-3: 대판 2002.5.28, 2001다12621]

[사실관계] 피고 Y는 예선업을 영위하는 회사로서 Y소유의 예인선 장성3호가 좌초하자, A와의 사이에 크레인이 장착된 부선인 현대 700호를 사용하여 암반에 좌초된 장성3호를 만조시 들어올리는 작업을 맡아 하기로 하는 내용의 선박구조계약을 A와 체결하였다.
A가 정박중인 위 부선을 좌초지점까지 예인할 예선인 팔팔 102호를 그 소유자인 B로부터 선장 등 선원이 딸린 채로 임차하여 위 부선을 위 좌초현장까지 예인하고, 그 부선에 장착된 크레인으로 장성3호를 암반에서 들어 올려 구조작업을 완료하였다. 그런데 귀환 중에 부선이 장착된 크레인 붐대가 팔팔 102호 선장의 과실로 섬사이의 전선에 손상을 입히게 되었고 손해를 입었던 한국전력(원고, X)이 Y를 상대로 손해배상청구를 제기하였다.

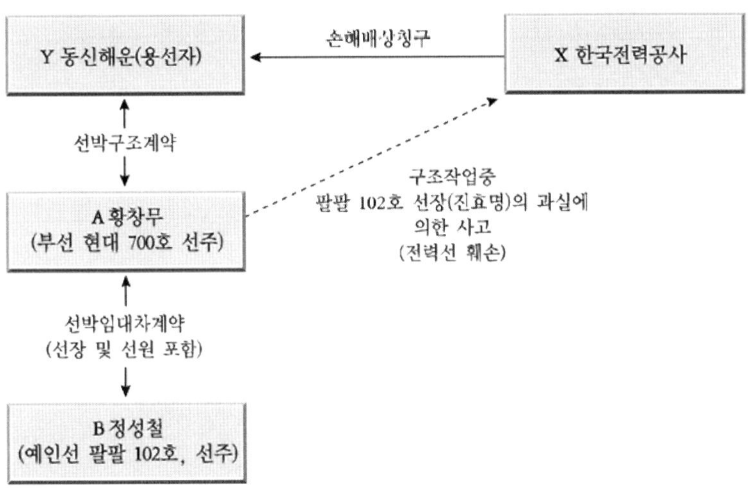

[쟁 점] 1. 선박이 운행 중 사고로 인한 손해배상에 대하여 그 선박의 이용자가 손해배상을 부담하기 위한 요건
2. 선박의 이용자가 사고 선박의 선장, 선원에 대한 실질적인 지휘, 감독권이 있었는지의 여부

[대법원판결요지] 선박의 운행 중 사고로 인한 손해배상에 대하여 그 선박의 이용자(Y)가 손해배상을 부담하기 위하여는 그 이용자가 사고 선박의 선장·선원에 대한 실질적인 지휘·감독권이 있어야 하고, 그와 같은 권한이 있는지 여부는 그 선박의 이용계약이 선박임대차계약인지, 정기용선계약인지 아니면 이와 유사한 성격을 가진 제3의 특수한 계약인지 여부 및 그 계약의 취지·내용에 선박의 선장·선원에 대한 실질적인 지휘·감독권이 이용권자에게 부여되어 있는지 여부 등을 구체적으로 검토하여 결정하여야 한다.

CHAPTER

7

운송증서

제1절 총　　설

1. 선하증권의 의의

1-1 개　　념

선하증권(Bill of Lading: B/L)은 해상물품운송계약에 따른 운송물의 수령 또는 선적을 증명하고 해상운송인에 대한 운송물의 인도청구권을 표창하는 유가증권이다(852). 선하증권은 운송물의 수령 또는 선적 후 용선자 또는 송하인의 청구에 의하여 해상운송인이 일정한 사항을 기재하고 서명하여 발행하는 것이다.

선하증권은 육상운송에서의 화물상환증에 해당하는 것이지만 연혁적으로는 화물상환증보다 먼저 발달하였으며 여기에서 확립된 법리가 육상운송에 응용되었나. 다만 상법 편제상으로는 육상운송이 해상운송보다 앞에 위치하기 때문에 입법기술상 화물상환증에 상세한 규정을 두고 선하증권에서는 몇가지 특별규정 이외에는 화물상환증에 관한 규정을 준용하고 있다(815).[1] 여기에서도 선하증권에 특별한 사항을 중심으로 설명한다.

1) 서헌제(하) 405면.

1-2 기 능

화물상환증이 실무에서 거의 이용되지 않는 것과는 대조적으로 선하증권은 광범위하게 이용되고 있다. 이는 선하증권이 물품을 대표하는 증권으로서 국제매매에서는 중요한 역할을 하고 있으며 특히 CIF 조건의 매매나 신용장거래에서는 선하증권이 물품 그 자체보다 더 중시되는 필수적인 선적서류(shipping document)를 구성하기 때문이다.[1)]

1-3 성 질

영미법에서는 선하증권의 성질을 물품의 영수증(receipt), 운송계약의 증거(evidence of contract), 권리증권(document of title)의 세 가지로 보고 있다. 그러나 우리나라를 위시한 대륙법계에서는 선하증권은 유가증권으로서 지시증권성(861, 130), 요식증권성(853), 상환증권성(861, 129; 대판 1992.2.25, 91다30026; 1982.9.14, 80다1325[2)]), 문언증권성(854), 요인증권성(852; 대판 1982.9.14, 80다1325), 인도증권성(861, 133), 처분증권성(861, 132) 등의 성질을 갖는다.[3)]

이에 따라 선하증권과의 상환 없이 운송물을 인도하고 그로 인하여 정당한 선하증권 소지인의 운송물에 대한 권리를 침해하여 손해를 입힌 경우 즉, 보증도의 경우에는 운송인에게 고의 또는 중과실에 의한 불법행위책임이 인정된다. 또한 '보증도' 등으로 운송물이 멸실된 경우 불법행위로 인한 손해배상청구권 인정된다. 또화체되어 선하증권이 양도됨에 따라 선하증권 소지인에게 이전된다.

2. 선하증권의 종류

선하증권은 그 기능과 형식에 따라서 여러 종류가 이용되고 있다.

---

1) 서헌제, 국제거래법, 법문사, 2003, 149, 290면.

2) 대판 1982.9.14, 80다1325: 선하증권에 의한 운송물의 인도청구권은 운송인이 송하인으로부터 실제로 받은 운송물, 즉 특정물에 대한 것이고 따라서 운송물을 수령 또는 선적하지 않았음에도 불구하고 선하증권이 발행된 경우에는 그 선하증권은 원인과 요건을 구비하지 못하여 목적물의 흠결이 있는 것으로서 이는 누구에 대하여도 무효라고 봄이 상당하다.

3) 최준선, "기명식선하증권의 법적성질-판례형식", 한국해법회지 제21권 제2호(1999.11), 245면 이하 참조.

2-1 선적선하증권 · 수령선하증권

수령선하증권(received B/L)은 물품을 수령했다는 문언만 기재된 선하증권이며(852①), 선적선하증권(on board B/L)은 운송물이 본선에 선적된 이후에 발행하는 선하증권이다(852②전). 다만 수령선하증권에 '선적'의 표시를 하여 선적선하증권으로 할 수 있으며(852②후), 이에 관한 판례로는 아래의 [사례 Ⅶ-1-1] 및 [사례 Ⅶ-1-2]이 있다.

수령선하증권은 선하증권이 발급된 시점부터 선적될 때까지 운송물에 아무런 위험이 발생하지 않았다는 증거가 되지 못하기 때문에 일반적인 매매계약이나 신용장에서는 선적선하증권만을 적법한 선적서류로서 요구하는 것이 보통이다. 그러나 컨테이너 복합운송이 발달하면서 수령선하증권도 널리 수용되고 있다.[1)]

[사례 Ⅶ-1-1: 대판 2002.11.26, 2001다83715, 83722]

[사실관계] [1] 피고 엔케이(Y, 수출자)는 1999.5.7.경 수입업자인 홍콩이 코리스 트레이더스(A)와 실제 매수인인 소나르가온(B)이 있는 방글라데시 다카로 수출하기로 수출계약을 체결하였다. A는 홍콩의 유씨오은행(C)에 무고장선적선하증권으로 하는 취소불능화환신용장을 개설하였다. 이 사건 신용장은 화물의 선적은 늦어도 1999.7.30.까지 되어야 하고, 그 운송은 한국에서 방글라데시의 치타공을 경유하여 다카까지 되는 것으로, 선적서류 제시는 선적일 다음날로부터 15일 이내로서 신용장 유효기간 이내에 되어야 하는 것으로 명시하고, 그 필요서류 및 특별지시사항에서 필요한 선적서류 중 하나로 무고장선적선하증권 전통을 요구하고, 국제상업회의소 제정 제5차 개정 신용장통일규칙이 적용된다고 규정하였다.

[2] Y는 1999.6.29. 원고 뉴월드쉬핑(X)과, 운임은 선지급조건으로, 선적일자는 1999.7.1.(실제 선적일이 1999.7.4.임은 Y도 알고 있었다)로 하는 운송주선계약을 체결하였다. X는 1999.6.30.경 오오씨엘 코리아(D)와 운송계약을 체결하고 부산항에서 다카까지 운송하였다. D는 화물을 실제로 선적하기 전인 1999.7.1.경 화물수령일은 1999.7.1.로 기재되고, 화물선적일은 공란으로 된 (수령)선하증권을 발행하였으나, D는 X의 요구(Y의 요구사항인 선적일자 1999.7.1.을 전달한 것임)에 따라 화물수령일은 공란이고, 화물선적일은 1999.7.1.로 기재된 (선적)선하증권을 다시 발행하여 X에게 교부하였으며, X는 1999.7.1.경 Y에게 이 사건 선하증권을 교부하였고, 실제 선적

1) 서헌제(하) 406면.

후에는 운송인 명의의 선적확인서를 발급받아서 Y에게 전달하였다.

[3] 이 사건 선하증권에는 화물을 표면상 정상적인 상태에서 수취하였음을 나타내는 인쇄문구(Received the described goods or packages or … in apparent good order …)와 함께 미리 인쇄된 '(예정된) 선박'{(INTENDED)+VESSEL/VOYAGE/ FLAG}란에는 'DUTCH NEDLLOYD EUROPA 10WM28'이라는 선박의 이름이 타이프되어 있었고, '화물수령일'(DATE CARGO RECEIVED)란은 공란, 그 하단의 '선적일자'(DATE LADEN ON BOARD)란 및 '일자'(DATED, 선하증권의 발행일을 의미하는 것으로 보인다.)란에는 스템프로 '1999.7.1.'라는 일자가 찍혀 있었으며, 선하증권에 연속된 다른 장에는 '선적은 싱가폴에서 NORDKAP/V-381W(선박의 이름) 혹은 대체선박에 연결될 예정이다. 환적지까지 갈 선박의 이름은 NEDLLOYD EUROPA 10WM28이다. 다카, 방글라데시'(SHIPMENT INTEND TO BE CONNECTED ON TO NORDKAP/V-381W OR SUB AT SINGAPORE. FEEDER NAME IS NEDLLOYD EUROPA 10WM28 DHAKA, BANGLADESH.)라고 기재되어 있었다.

[4] Y는 1999.7.1.경 X로부터 교부받은 이 사건 선하증권 등의 선적서류가 첨부된 신용장 및 화환어음의 매입을 한미은행(E)에 의뢰하였고, E는 신용장 관련 서류의 매입대금을 지급한 뒤 C에게 위 각 선적서류야음의 하면서 그 대금의 지급을 구하였으나, C는 1999.7.8. 이 사건 선하증권이 '선적은 싱가폴에서 예정된 선박 혹은 대체선박에 선적'이라는 문구를 담고 있다는 이유(B/L SHOW SHIPMENT SHIPPED IN INTENED VESSEL OR SUB AT SINGAPORE.)로 그 대금의 지급을 거절하였다.

[5] Y는 C은행의 지급거절 사실을 안 후 X와 D에게 즉시 하자의 보완을 요구하지 아니하다가 Y의 직원이 1999.8.9. D를 방문하여 이 사건 선하증권의 표면에 인쇄된 '(예정된) 선박'란에 미리 인쇄되어 있는 '(INTENDED)'라는 문구의 삭제를 요구하였고, 이에 D는 위 문구의 삭제에 협조할 것이지만 그 전제로 선하증권 원본의 회수를 요구하면서, D의 홍콩본사를 통해서 선하증권을 수정할 수 있음을 통지하였으며, E는 신용장 유효기간 만료일까지 매입대금이 결제되지 아니하자, 1999.8.16. 신용장에 첨부된 화환어음을 부도처리하고 이를 Y에게 통지하였고, Y는 1999.8.17. 이 사건 선하증권 원본을 회수한 후에 D로부터 위 문구를 삭제, 수정된 선하증권을 재발행받아 A와 협상을 통하여 이 사건 화물을 인수케 한 후 그로 인한 손해를 배상하였다.

[6] X는 Y와의 이 사건 운송주선계약에 따라 D와 이 사건 화물에 관한 운송계약을 체결하고, 이 사건 화물을 D에게 인도하였으며, 그후 이 사건 화물은 목적지까지 운송되었다. X는 Y에게 이 사건 운송주선계약에 기한 비용지출에 대한 상환금 및 운송주선인의 보수를 청구하였다.

한편 Y는, 운송주선인(X)은 송하인을 위하여 적당한 운송인을 선택하고, 가장 저렴하고 확실하며 신속한 운송경로와 시기를 정하여 운송의 주선을 하고, 운송에 필요한 서류를 준비하며, 운송물의 보관과 인도 기타 운송을 용이하고 안전하게 하는데 필요한 여러 가지 업무를 이행할 의무를 부담하는데 X는 그 주의의무를 해태하여 선하증권 상에 'INTENDED VESSEL'이라는 문구가 삭제되지 아니한 하자 있는 선적선하증권을 피고 Y에게 전달, 교부하였으므로, 운송주선계약위반에 따른 손해배상책임이 있다고 주장하였다.

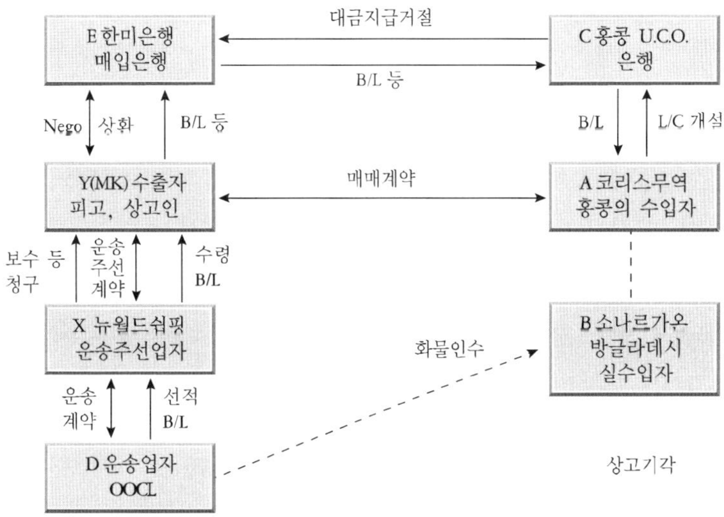

[쟁 점] [1] 제 5 차 개정 신용장통일규칙상 수취선하증권의 수리요건으로서의 본선적재표기의 요건과 그 충족 여부의 판단 기준

[2] 선하증권의 문면에 선박의 명칭과 관련하여 '예정된 선박(intended vessel)' 혹은 이와 유사한 조건을 명시하고 있는 경우 제 5 차 개정 신용장통일규칙상 선하증권에 지정된 선박에의 본선적재와 관련하여 요구되는 조건

[3] 제 5 차 개정 신용장통일규칙상 매입은행으로부터 신용장 및 그 관련 서류를 제시받은 개설은행이 신용장 및 그 서류의 하자를 이유로 신용장 대금의 지급을 거절할 경우, 개설은행은 소정의 기간 내에 매입은행에게 모든 거절 사유를 구체적으로 명시하여 통보하여야 하는지 여부

[원심판결요지] 운송주선인(X)은 위탁자로부터 물건운송계약의 주선을 위임받은 것

이므로 양자간에는 위임관계가 있으며, 운송주선인은 선량한 관리자의 주의를 가지고 그 위임받은 사무를 처리할 의무를 부담하게 되는바, 운송주선인의 구체적인 위임사무의 범위와 내용은 당사자의 의사와 계약에 이른 과정 및 주위 환경 등을 종합하여 판단해야 할 것이다. 이 사건에 있어서 Y가 주장하는 바와 같이 원고 X가 이 사건 선적선하증권상에 'INTENDED VESSEL'이라는 문구가 삭제되지 아니한 하자를 확인하고 이를 시정한 후에 피고 Y에게 교부하여야 하는 주의의무를 부담하는지 여부가 문제된다. ① 이 사건 선적선하증권의 선적일이 실제 선적일이 아닌 1999.7.1.로 된 것은 Y의 요구에 의한 것이라는 사실, ② X는 Y가 이 사건 선적선하증권을 이용하여 신용장거래를 할 예정이라는 점 및 그 신용장상에서 무고장선적선하증권이 요구되고 있는 점에 대하여 Y로부터 듣지 못하여 이를 전혀 알지 못한 사실, ③ X는 Y의 선적의뢰서와 수회에 걸친 선하증권 기재사항에 대한 요구에 의하여 최종 확인된 사항을 D에 전달한 다음 운송인인 D로부터 선하증권을 받아서 Y에게 전달하였을 뿐인 사실, ④ X는 실제 선적이 이루어진 후에 D로부터 선적확인서를 받아서 Y에게 전달한 사실을 각 인정할 수 있는바, 위와 같은 사정에 비추어 보면 원고 X와 피고 Y 사이의 이 사건 운송주선계약에 있어서는 X가 이 사건 선적선하증권상에 'INTENDED VESSEL'이라는 문구가 삭제되지 아니한 하자를 확인하고 이를 시정한 후에 Y에게 교부하여야 하는 주의의무를 부담한다고 볼 수 없다.

[대법원판결요지] [1] 제5차 개정 신용장통일규칙 제23조 a항 ii호는 신용장이 항구간 선적에 적용되는 선하증권을 요구하는 경우 선하증권에 미리 인쇄된 문언에 의하여 화물의 선적사실을 표시할 수 있으나{선적선하증권(Shipped Bill of Lading)의 경우}, 화물이 선하증권의 발행 전에 선적되지 아니한 수취선하증권(Received Bill of Lading)의 경우에는 그 선하증권에 화물이 지정된 선박에 본선적재 또는 선적되었다는 사실과 그 본선적재일이 명시되어야 한다는 취지를 규정하고 있는바(본선적재표기, On Board Notation), 이는 수취선하증권의 경우 화물이 지정된 선박에 정상적으로 선적되었는지 여부를 그 기재만으로 확인할 수 없으므로, 선하증권상으로 그와 같은 사실을 명확히 하여 화물의 선적에 따른 당사자들의 법률관계를 명확히 하고자 하려는 데 그 목적이 있으므로, 신용장통일규칙이 요구하는 본선적재표기가 정당하게 되었는지 여부는 신용장 관련 다른 서류의 기재를 참고하지 아니하고, 해당 선하증권의 문언만을 기준으로 하여 엄격하게 판단되어야 한다.

[2] 제5차 개정 신용장통일규칙 제23조 a항 ii호는 만약 선하증권에 선박과 관련하여 '예정된 선박(intended vessel)' 혹은 이와 유사한 조건을 명시하고 있는 경우, 비록 화물이 '예정된 선박'으로 지정된 선박에 선적되었다고 하더라도 지정된 선박에의

본선적재는 반드시 선하증권상에 화물이 적재된 선적일자와 선박명을 기재하도록 하고 있는바, 이는 선하증권상에 기재된 선박명에 위와 같은 '예정된 선박(intended vessel)' 등의 제한문구로 말미암아 본선적재표기(수취선하증권의 경우)상의 선적일과 선적사실에 대한 기재가 과연 화물이 선하증권 표면에 기재된 '예정된 선박'에 선적되었다는 점에 관한 것인지, 혹은 화물이 선적항에서 위와 같은 '예정된 선박'이 아닌 다른 선박에 선적이 이루어져 선하증권상의 선적항으로부터 양륙항으로 운송이 이루어진다는 점에 관한 것인지 알 수 없는 경우 그에 관한 판단의 부담을 신용장 관련 서류를 심사하는 은행에게 지우는 것은 부당하기 때문이다.

[3] 제 5 차 개정 신용장통일규칙 제14조 d항 i호는 "개설은행 및/혹은 확인은행(있는 경우), 또는 이들을 대리하는 지정은행이 서류를 거절하기로 결정한 경우에는 서류 접수일 다음 영업일로부터 기산하여 제 7 은행영업일의 마감시간까지 지체 없이 전신 또는 그 사용이 불가능할 경우에는 기타 신속한 방법으로 그 취지를 통지하여야 한다. 이러한 통지는 서류를 송부하여 온 은행에게 또는 서류를 수익자로부터 직접 받은 경우 수익자에게 하여야 한다"고 규정하고 있고, 같은 항 ii호는 "위와 같은 통지를 할 경우 은행은 서류를 거절하게 된 모든 하자사항(all discrepancies)을 명시하여야 하며, 동시에 그 은행은 제시인이 내리는 서류에 관한 지시를 기다리며 이를 보관하고 있는지 아니면 이를 제시인에게 반송 중에 있는지 여부를 기재하여야 한다"고 규정하고 있는바, 위 규정들의 취지에 비추어 매입은행으로부터 신용장 및 그 관련 서류를 제시받은 개설은행이 신용장 및 그 서류의 하자를 이유로 신용장 대금의 지급을 거절할 경우, 개설은행은 달리 특별한 약정이 없는 한 위 신용장통일규칙이 정한 소정의 기간 내에 매입은행에게 그 모든 거절 사유를 구체적으로 명시하여 통보하여야 하고, 그 기간이 지난 후에는 최초에 명시하지 아니한 새로운 하자를 주장하여 신용장 대금지급을 거절할 수 없다.

[사례 Ⅶ-1-2: 대판 2003.5.13, 2001다58283]

[사실관계] [1] 피고 은행 싱가포르 소재 영업소(Y)는, 1997.2.19. 싱가포르국 소재 소외 구차란(A)의 개설의뢰를 받고, A가 미국 소재 소외 켄이 그룹(B)으로부터 수입하는 섬유제품 대금의 결제를 위하여 제 1 수익자를 B로 하여 양도가능・취소불능신용장을 개설하였다. 이 신용장은 시티은행 샌프란시스코지점(D, 나중에 뉴욕지점으로 변경)에 의하여 양도가능하고, 양도은행은 개설은행에 신용장번호, 양수인, 양도되는 상품의 수량을 명시하여 텔렉스로 통지하여야 한다. 운송서류는 이 신용장의 유효기간

내에 발행일로부터 21일 이내에 제시되어야 한다. 이 사건 신용장의 통지은행 겸 양도은행인 시티은행 뉴욕지점은 1997.2.26.경 제1수익자인 B에게 신용장 개설을 통지하면서, "본 신용장은 제5차 신용장통일규칙(The Uniform Customs and Practice for Documentary Credits, 1993 Revision, ICC Publication No. 500, 이하, UCP 500이라 한다)에 의거한다고 첨언하였다.

[2] B는 A에게 부담하는 위 섬유제품 공급채무를 직접 이행하는 대신, 대한민국 법인인 소외 주식회사 신영텍스타일(D)로부터 이를 수입하기로 하여, D와의 사이에 섬유제품의 수입계약을 체결하고, 그 대금의 결제를 위하여, 양도은행인 C에게 제2수익자를 D로 하여, 신용장을 양도하여 줄 것을 요청하였다. C는 B의 요청을 받아들여 1997.3.12. 시티은행 서울지점을 통해, D에게 "신용장의 대금이 위와 같이 변경되어, 이 사건 신용장이 켄이(B)로부터 신영(D)에게 양도되었다"는 사실을 통지하였는바, 이때, 신용장의 양도조건으로 "양도신용장의 매입은행은 모든 서류를 시티은행 뉴욕지점에 특송으로 제시하라"는 조건을 부가하였다.

[3] 그 후 D는 B와의 수출계약에 따라, 1997.3.25. 및 같은 달 26. 양일 간 4차례에 걸쳐 섬유제품을 모두 분할선적한 후, 이 사건 신용장에서 요구하는 서류들을 갖추어 자신의 거래은행인 원고 은행(X)에게 화환어음의 매입을 의뢰하였는바, X는 그 즉시 소정의 서류심사를 마친 다음, D가 발행한 화환어음 4매를 매입하였다. X는 화환어음 매입 후, 1997.4.초경 양도통지의 부가조건에 따라 신용장의 요구서류들을 C은행에 송부하였는데, C은행으로부터 첨부된 보험증권에 하자가 있다는 지적을 받고, 같은 달 8.경 D로부터 보완된 보험증권을 교부받은 후, 같은 달 10. C은행에 이를 다시 송부하였다.

[4] 그런데, D가 이 사건 섬유제품을 선적할 무렵, 이미 Y은행은 신용장의 개설의뢰인인 A의 요구로 C은행을 통해 원수익자인 B에게 신용장을 취소하는 데 동의하여 줄 것을 통지한 상태였는데, B나 C은행은 D나 X은행에게 이러한 사실을 전혀 알려주지 아니하였다. 피고 Y은행의 상환 거절사정이 이러하였으므로, C은행은 원고 X은행으로부터 신용장 요구서류들을 송부받고, 피고 Y은행의 상환거절 위험을 두려워한 나머지, 자신이 직접 위 화환어음들을 재매입하지는 아니한 채, 중간에서 Y은행의 대금지불의사를 타진하다가, X은행의 요청에 따라 1997.4.25. 위 신용장 요구서류들을 Y은행에게 송부하였는바, Y은행은 같은 달 2. 이를 접수한 후, 며칠 간의 서류심사를 거친 후, 같은 달 6. 서류를 송부한 C은행에게 다음과 같은 이유로 수리거부를 통지하였다. "① 위 신용장 요구서류들은 원신용장의 유효기간과 서류제시기간(선하증권의 제시기간을 말하는 것으로 보여진다)이 경과된 후 제시되었다. ② 상업송장의 송하인란과 보험증권의 피보험자란에는 "SIN YOUNG TEXTILE LTD"라고 기

재되어 있으나, 상업송장의 서명이나, 보험증권의 백지식 배서는 "SIN YOUNG TEXTILE CO LTD"로 서명되었다. ③ 선하증권의 본선적재(ON BOARD) 표시란에 선적항과 선박명의 기재가 누락되었다."

[5] 한편, X는 1999.7.9. Y에 대한 이 사건 신용장대금채권을 금융기관부실자산등의효율적처리및성업공사의설립에관한법률 제 4 조에 의하여 승계참가인에게 양도하고, 2000.7.31.경 Y에 대한 채권양도의 통지절차도 완료하였다. 이에 X은행은 Y은행에게 신용장대금 지급을 청구하였다.

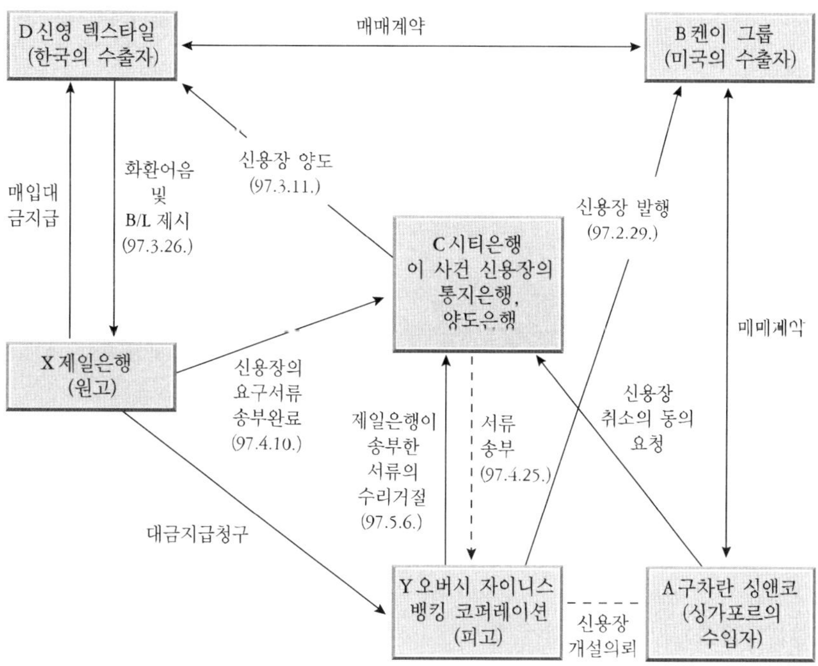

[쟁 점] [1] 제 5 차 개정 신용장통일규칙상 선하증권상의 수탁지와 선적항에 다른 기재가 있는지 여부에 대한 판단 기준

[2] 선하증권상의 표시에서 수탁자란에 컨테이너 야드(Container Yard/CY)의 기재가 있고 그 장소가 선하증권상의 선적항란에 기재된 장소와 같은 경우, 그 장소들을 같은 것으로 간주할 수 있는가?

[원심판결요지] [1] 이 사건 신용장의 개설은행인 피고 Y는 그 필요서류들이 신용장 조건과 일치하고 서류제시기간 내에 제시된 것이라면 매입은행인 원고 X로부터

이 사건 신용장대금채권을 양수한 승계참가인에게 신용장 대금을 지급할 의무가 있다고 할 것이다.
[2] 그러나 피고 Y가 주장하는 바와 같이 신용장 관련서류에 하자가 있어 신용장 대금의 지급거절이 정당한지 여부에 대하여, 이 사건 신용장의 필요서류인 각 선하증권의 문면에 화물수령장소(PLACE OF RECEIT)는 부산 컨테이너 야드(BUSAN CY), 선적항(PORT OF LOADING)은 부산항(BUSAN, SOUTH KOREA)으로 각 기재되어 있어 화물의 수령장소와 선적항이 서로 다르고, 한편, 각 선하증권의 본선적재표기는 "ON BOARD" 및 날짜만이 각 기재되어 있는바, 비록 부산 컨테이너 야드와 부산항이 실제 지리적으로 매우 근접하여 있는 것은 사실이나, 그렇다고 하더라도 위 규정이 방지하고자 하는 위험성이 전혀 없게 된다고는 단정할 수 없을 뿐만 아니라, 부산항의 사정을 잘 알지 못하는 피고 Y은행으로서는 서류의 문면상으로만 보아서는 부산 컨테이너 야드와 부산항이 얼마나 가깝게 있는지 여부조차 도저히 판단할 수 없는 것이므로, 제5차 신용장통일규칙 제23조 a항 ii호에 따라 위 각 선하증권의 본선적재표기에 신용장상의 선적항과 화물이 실제 선적된 선박명이 기재되어야 하고, 따라서 이 사건 위 각 선하증권 상의 본선적재표기에는 선적항과 선박명의 기재가 없으므로, 결국 개설은행인 피고 Y가 위와 같은 하자를 이유로 매입은행인 원고 X가 제시한 이 사건 신용장의 서류수리를 거부한 것은 정당하다 할 것이다.

[대법원판결요지] [1] 제5차 개정 신용장통일규칙 제23조 a항 ii호는 만약 선하증권이 선적항과 다른 수령지 또는 수탁지를 명시하고 있는 경우 비록 물품이 선하증권상에 지정된 선박에 적재되었다고 하더라도 본선적재표기는 신용장에 명시된 선적항과 그 물품이 적재된 선박명도 포함하고 있어야 한다고 규정하고 있는바, 과연 신용장 필요서류인 선하증권상의 수탁지와 선적항에 다른 기재가 있는지 여부는 은행이 형식상 신용장 조건과 엄격하게 합치(in accordance with)하는지를 상당한 주의를 기울여(with reasonable care) 조사 점검하여야 할 의무가 있으나, 그와 같이 엄격한 합치는 자구 하나도 틀리지 않게 완전히 일치하여야 한다는 뜻은 아니며, 약간의 차이가 있더라도 은행이 상당한 주의(reasonable care)를 기울이면 그 차이가 경미한 것으로서 문언의 의미에 차이를 가져오는 것이 아니거나 신용장 조건을 전혀 해하는 것이 아님을 문면상 알아차릴 수 있는 경우에는 신용장 조건과 합치하는 것으로 보아야 하고, 그 판단에는 구체적인 경우에 신용장 조건과의 차이가 국제적 표준은행거래관습에 비추어 용인될 수 있는지 여부도 참고로 하여야 한다.
[2] 국제상업회의소(International Chamber of Commerce, 줄여서 'ICC'라 한다)가 그 산하 은행위원회(ICC Banking Commission)의 승인하에 결정한 '국제표준은행관행

{International Standard Banking Practice (ISBP) for the examination of documents under documentary credits, ICC Publication No. 645(2003)}'은 선하증권상의 본선적재표기와 관련한 국제표준은행관행으로서, 선하증권상의 표시에서 수탁지(place of receipt)란에 컨테이너 야드(Container Yard/CY) 혹은 Container Freight Station(CFS)의 기재가 있고 그 장소가 선하증권상의 선적항(port of loading)란에 기재된 장소와 같은 경우(예를 들면, place of receipt: Hong Kong CY; port of loading: Hong Kong), 그 장소들은 같은 것으로 간주하여 본선적재표기(On board notation)상에서 따로 선적항과 선박명을 표시할 필요가 없다는 점을 들어 신용장통일규칙 제23조 a항 ii호에서 규정하고 있는 '선하증권이 선적항과 다른 수령지 또는 수탁지를 명시하고 있는 경우'에 해당하지 않는다.

2-2 유통선하증권 · 유통불능선하증권

선하증권을 배서 · 교부에 의해 양도할 수 있는가에 따른 구분이다. 선하증권은 운송물을 대표하는 증권으로서 매도인과 매수인 그리고 은행간에 양도가 가능해야 하기 때문에 대부분 유통선하증권이다. 유통선하증권(negotiable B/L)은 다시 선하증권상의 권리자인 수하인을 기재하는 방식에 따라 기명식선하증권(straight B/L), 지시식 선하증권(order B/L), 무기명식 선하증권(bearer B/L)으로 구분된다. 그러나 기명식 선하증권도 법률상 당연한 지시증권으로서 배서에 의해 양도할 수 있으므로(861, 130) 그 구분은 별다른 의미가 없다.[1)]

유통불능 선하증권(non-negotiable B/L)은 배서에 의해 양도할 수 없으며(65), 운송인은 선하증권상 수하인으로 기재된 자에 대해서만 운송물을 인도해야 한다.

2-3 무유보선하증권 · 유보선하증권

무유보선하증권(clean B/L)은 선하증권상 운송물의 외관상태에 이상이 있다는 기재가 없는 증권이며, 유보선하증권 또는 사고선하증권(foul B/L)은 그러한 기재가 되어 있는 증권이다. 유보선하증권은 운송물에 하자가 있는 것이 명백하므로 CIF계약이나 신용장거래에서 매수인이나 매입은행이 이를 수령하지 않

1) 현덕규, "기명식 선하증권의 양도성에 관련된 법적 문제들", 한국해법회지 제23권 제2호(2001.11), 301면.

는 것이 보통이다. 이에 따라 송하인은 이상이 있는 운송물인 경우에도 보상장(Letter of Indemnity: L/I)을 교부하고 운송인으로부터 무유보선하증권을 발급받는 것이 관례이다.

2-4 통선하증권 · 복합운송선하증권

통선하증권(through B/L)은 통운송계약에 기해 최초의 운송인 또는 주운송인이 발행한 선하증권이다. 이에 비해 각 구간별 운송인이 발행한 선하증권을 중간선하증권(local B/L)이라고 한다. 또 서로 다른 운송수단이 결합한 복합운송에서 복합운송인이 발행한 선하증권을 복합운송선하증권(combined transport B/L)이라고 한다.[1)]

2-5 적색선하증권

적색선하증권(red B/L)은 선하증권과 보험증권이 결합한 것으로서, 일반적인 경우 운송인이 면책되는 손해까지도 부담하기로 하는 특약이 있는 선하증권이다. 전문이 적색으로 인쇄되어 있는 까닭에 붙여진 명칭이다.

제 2 절 선하증권의 발행과 양도

1. 발 행

운송인은 운송물을 수령 또는 선적 후 용선자나 송하인의 청구에 의하여 1통 또는 수통의 선하증권을 교부하여야 한다(852①, ②).

1-1 발행자 · 청구자

발행청구권자는 용선자 또는 송하인이고 발행자는 해상운송인이다. 해상운송인에는 선박소유자 · 선박관리인 · 선박임차인 · 정기용선자 외에 재운송의

1) 손주찬 836면, 정찬형 835면, 서헌제 407면.

경우 용선자도 포함된다. 또 운송주선인도 운임을 확정한 경우(119②) 또는 개입권을 행사한 경우(116①)에는 운송인으로서 선하증권을 발행할 수 있다(대판 1987.10.13, 85다카1080).

해상운송인의 위임이 있는 경우에는 선장 또는 대리인도 발행할 수 있는데 운송계약상의 책임은 본인인 운송인에게 있다. 이러한 취지에서 대판 1997.6.27, 95다7215는 "상법 제813조의 규정에 의하여 운송인이 송하인 등에게 선하증권을 발행, 교부함에 있어 운송인 본인만이 이를 발행할 수 있는 것이라고는 볼 수 없고, 그 대리인을 통해서도 발행할 수 있다"고 판시하였다.

1-2 발행시기

선하증권은 운송물의 수령후에 발행하는 것이 원칙이며(852①) 이를 수령선하증권이라고 함은 앞에서 본바 있다. 그러나 수령선하증권은 그 유통성에 문제가 있으므로 운송물을 선적한 후에 발행되는 선적선하증권 또는 수령선하증권에 선적사실을 기재한 선하증권(852②)을 이용하는 것이 보통이다.

1-3 발행형식

각 해상운송기업은 각자의 고유한 선하증권양식을 사용하는데 보통 3 내지 4부의 원본을 한 세트로서 발행한다. 이는 장거리의 유통에서 생기는 분실위험에 대비하기 위함이지만 오늘날에도 그럴 필요가 있는지는 의문이다.

1-4 등본의 기명날인 · 서명

선하증권의 교부를 받은 용선자 또는 송하인은 발행자의 청구가 있는 때에는 선하증권의 등본에 기명날인 또는 서명하여 교부하여야 한다(856).

2. 선하증권의 기재

2-1 의 의

선하증권은 요식증권이므로 법정사항을 기재하여 발행자가 기명날인 또는 서명해야 한다(853①). 그러나 그 요식성은 엄격한 것은 아니므로 일부가 빠진 경우에도 무효가 되는 것은 아니며 또한 임의적 기재사항을 추가해도 상관없다. 실제 선하증권의 이면에는 수많은 약관들이 인쇄되어 있는 것이 보통이다. 이러한 취지에서 아래 [사례 Ⅶ-2-1]의 서울고판 1995.12.12, 95나9473(대판 1998.9.4, 96다6240의 원심)은 "선하증권과 같은 인도증권에 관하여는 어음법 제2조 제1항과 같은 규정이 적용되지 않는 점과 선하증권의 요식증권성을 엄격히 해석하여 기재사항 흠결의 경우 증권을 무효로 한다면 거래의 안전을 해치는 결과가 된다는 점에 비추어 보면, 선하증권에는 어떠한 운송품이 어떠한 선주 또는 해상운송인에 의하여 선적되고, 어느 항구에서 인도될 것으로 되어 있는가의 점이 명확히 기재되어 있으면 족하고, 그 이외의 사항에 대한 기재가 흠결되더라도 선하증권으로서의 효력이 부정되는 것은 아니라"고 판시하였다.

[사례 Ⅶ-2-1: 대판 1998.9.4, 96다6240]

[사실관계] [1] 원고 은행(X)은 1992.8.13. 태진무역(대표 곽명근: A)과 여신한도거래 약정 등을 체결하였고 A는 동년 12.경 싱가포르 소재 텔레소닉(B)과 여성용 재킷을 일본 요코하마로 수출하는 계약을 체결하였다. B는 싱가포르 소재 소외 은행(C)에 신용장을 개설하였다. A는 홍아해운(Y회사)과 부산항에서 요코하마항까지의 해상운송계약을 체결하였고, Y회사는 동년 12.8. "송하인: A, 수하인: X의 지시인, 통지처: B, 양하항: 일본 요코하마"로 된 선하증권을 A에게 발행·교부하였다.

[2] X는 동년 12.11. A에게 화환어음 매입대전을 지급하였는데, 매입한 선적서류에는 분할선적, 검사증명서의 확인을 위한 보충텔렉스의 미제시, 수익자의 선적계획통보서의 미제시 등으로 위 신용장의 조건과 불일치하는 사유가 있었고, 지급거절시에 대비하여 A로부터 매입대금의 상환을 약속하는 각서를 제출받았다. C는 동년 12.23. 신용장 조건 불일치를 이유로 X에게 신용장대금 지급거절의 통지를 하였고, 1993.1.16. 대금지급거절의 의미로 선하증권 표면에 소외 은행의 명판을 압날하였는데, 그 이외에는 달리 선하증권에 서명 또는 기명날인을 하지 않았다.

[3] 한편 Y회사는 1992.12.12. Y회사의 일본 내 선박대리점인 소외 산에이쉽핑(D)에게 위 화물을 보관하게 하였다. 그런데 A는 Y회사의 직원 E에게 이 사건 화물은 싱가포르를 매개로 한 삼각무역에 의해 수출되는 것이어서 선하증권이 은행을 통하여 싱가포르까지 송부되었다가 실제 수입자인 일본의 암비샤스(F)에게 도달하는 데에는 2~3개월이 소요된다는 이유로 A를 믿고 위 화물을 F에게 인도하여 주도록 요청하

였고, 이에 Y회사는 E에게 지시하여 1993.1.8. 선하증권을 교부받지 않고서 추후 선하증권을 제출하겠다는 위 F의 각서를 받은 다음 위 화물을 인도하였다. 그 후 A와 F는 모두 도산하였다. Y회사는 1985. 1. 14. 부산지방법원으로부터 회사정리절차 개시결정을 받고 그 관리인으로 피고 Y가 선임되어 있다. 피고 Y는 원고 X가 입은 손해를 배상할 책임이 있는가? ([사례 Ⅶ-3-1] 참조)

[쟁 점] [1] 신용장 발행은행이 신용장대금의 지급을 거절하면서 자신이 수하인으로 기재된 선하증권을 신용장 매입은행에게 반환한 경우, 그 매입은행이 선하증권의 정당한 소지인인지 여부

[2] 선하증권과 상환함이 없이 화물을 제 3 자에게 인도한 해상운송인의 선하증권 소지인에 대한 불법행위책임 성립 여부 및 해상운송인의 손해배상액의 범위(손해액의 계산)

[3] 과실상계 사유에 관한 사실인정 및 비율확정이 사실심의 전권사항인지 여부

[4] 선하증권 소지인으로서의 운송인에 대한 손해배상청구권과 신용장 매입은행으로서의 수출업자에 대한 수출거래약정상의 환매채권과의 관계

[원심판결요지] [2] 송하인으로부터 신용장 및 선하증권을 매입한 은행이 신용장 개설은행에게 선하증권을 송부하였다가 인수거절로 반송받은 경우, 그 매입 은행은 선하증권의 정당한 소지인으로서 송하인의 신용장 매입대금 상환채무에 관하여 화물상에 담보권을 취득하고 아울러 선하증권상의 모든 권리를 가지므로, 해상운송인이 선하증권과 상환 없이 화물을 제 3 자에게 인도함으로써 운송물을 멸실시킨 경우 그 행위는 선하증권의 소지인인 매입은행의 운송물에 대한 권리의 위법한 침해로서 불법행위가 되고, 해상운송인은 특별한 사정이 없는 한 이러한 권리침해의 결과가 발생될 수 있었음을 인식하고 있었다고 보아야 하고, 만약 그 결과를 인식하지 못하였다면 그와 같이 인식하지 못하게 된 점에 대하여 운송인으로서의 주의의무를 현저히 결여한 중대한 과실이 있었다고 할 것이므로 해상운송인은 그 불법행위로 인하여 선하증권 소지인 은행이 입은 손해를 배상할 책임이 있다.

해상운송인이 선하증권의 소지인인 매입은행에 배상해야 할 손해액을 매입 은행의 피담보채권인 신용장 매입대금 상환채권액의 범위 내에서 화물이 불법인도되어 멸실될 당시의 시가 상당액으로 보면서 매입은행의 과실을 20% 참작하였다.

[대법원판결요지] [1] 수출자(A)가 선하증권을 첨부한 화환어음을 발행하여 국내 거래은행(X)으로부터 할인을 받거나 또는 추심위임을 하고 그 국내은행이 신용장 개설

은행에 추심하는 방법에 의하여 수출대금이 결제되는 방식의 무역거래에 있어서는, 다른 특별한 사정이 없는 한, 수입자가 그 수출대금을 결제할 때까지는 운송증권에 의하여 표창된 운송 중인 수출품이 위 화환어음의 담보가 되는 것이고, 수출자가 신용장 발행은행(C)을 수하인으로 한 운송증권을 첨부하여 환어음을 발행한 경우에는 신용장 발행은행이 운송 목적지에서의 수출품의 반환청구권을 가지게 되고 수입자(B)가 신용장 발행은행에 수출대금을 결제하고 그로부터 이러한 반환청구권을 양수받지 않는 한 수출품을 인도받을 수 없게 되고, 신용장 발행은행이 수출대금의 결제를 거절하는 경우에는 수출대금 추심을 위하여 수출자가 발행한 환어음과 함께 운송증권 등 선적서류를 반환함으로써 위 반환청구권이 국내 거래은행(X) 또는 수출자(A)에게 이전되어 결과적으로 위 반환청구권이 수출대금을 담보하는 기능을 하게 되므로, 신용장 발행은행이 수출대금의 결제를 거부하고 자신이 수취인으로 기재된 운송증권을 다른 서류와 함께 반환한 경우, 이를 반환받은 국내 거래은행 또는 수출자는 운송증권을 그 수하인으로부터 적법하게 교부받은 정당한 소지인으로서 그 증권이 표창하는 운송물에 대한 권리를 취득한다.

[3] 불법행위에 있어서 과실상계는 공평 내지 신의칙의 견지에서 손해배상액을 정함에 있어 피해자의 과실을 참작하는 것으로 그 적용에 있어서는 가해자와 피해자의 고의·과실의 정도, 위법행위의 발생 및 손해의 확대에 관하여 어느 정도의 원인이 되어 있는가 등의 제반 사정을 고려하여 배상액의 범위를 정하는 것이나, 그 과실상계 사유에 관한 사실인정이나 그 비율을 정하는 것은 그것이 형평의 원칙에 비추어 현저히 불합리하다고 인정되지 않는 한 사실심의 전권사항에 속한다.

[4] 신용장 발행은행이 신용장대금의 지급을 거절하고 신용장 매입은행에게 선하증권 등을 반환한 후 운송인이 수출업자의 요청에 따라 선하증권과 교부하지 않고 운송물을 수입업자에게 인도한 경우, 신용장 매입은행이 선하증권의 소지인으로서 운송인에 대하여 갖게 된 선하증권에 관한 손해배상채권과 신용장 매입은행으로서 신용장 매입의뢰인인 수출업자와 그 보증인들에 대하여 갖게 된 수출거래약정상의 화환어음 환매채권은 법률상 별개의 권리라 할 것이므로, 수출업자와 그 보증인들의 신용장 매입은행에 대한 위 환매채무가 변제 등으로 일부 소멸되었다 하더라도 신용장 매입은행이 선하증권의 소지인으로서 그에 관한 손해배상채권의 이행을 구함에는 장애가 되지 아니하고, 따라서 선하증권에 관한 손해배상액을 산정함에 있어 위 환매채권에 기하여 회수된 금원을 공제하여야 할 것은 아니다.

2-2 법정기재사항

선하증권에는 ① 선박의 명칭, 국적과 톤수, ② 송하인이 서면으로 통지한 운송물의 종류, 중량 또는 용적, 포장의 종별, 개수와 기호, ③ 운송물의 외관 상태, ④ 용선자 또는 송하인의 성명 또는 상호, ⑤ 수하인 또는 통지수령인의 성명 또는 상호, ⑥ 선적항, ⑦ 양륙항, ⑧ 운임, ⑨ 발항지와 그 발항년월일, ⑩ 수통의 선하증권을 발행한 때에는 그 수를 기재해야 한다(853①).

2-3 운송물의 외관상태와 명세

선하증권에는 운송물의 외관상태(apparent good order)를 기재하도록 되어 있는데(853①3), 이는 운송인에게 외관상태에 대한 조사의무가 있음을 의미한다. 그러므로 운송인은 운송물 수령시 그 외관상태를 조사해서 만일 이상이 있으면 이를 선하증권에 기재해야 하며, 이를 해태한 경우에는 그 하자로 인한 책임을 면할 수 없다. 이러한 기재가 있는 선하증권을 유보선하증권이라고 함은 앞에서 설명한바 있다.[1)]

2-4 운송물의 명세와 부지약관

송하인의 운송물 명세에 관한 통지(853①2)가 운송인이 실제로 수령한 운송물을 정확하게 표시하고 있지 아니하다고 의심할만한 상당한 이유가 있는 때 또는 이를 확인할 적당한 방법이 없는 때에는 그 기재를 생략할 수 있다(853②). 선하증권의 문언적 효력(854)에 따라 운송인은 선하증권에 기재된 운송물의 명세대로 이를 수하인에게 인도할 의무를 부담하기 때문에 운송물 수령시 그 내용을 일일이 확인하지 않으면 안 된다.[2)] 그러나 운송물은 선적시에 이미 포장되어 있는 상태이고 대량의 화물을 취급하는 운송인으로서는 일일이 그 내용을 확인한다는 것이 사실상 불가능하므로, 송하인의 운송물 명세통지를 그대로 받아들이되 그 내용에 대해서는 책임을 지지 않는다는 점을 선하증권에 기재하는 경우가 대부분이다. 이를 실무상 부지약관(unknown clause)이라고 하는데 그 유효성에 대해서는 종래의 상법에는 아무런 규정이 없어 논란이 되었으나, 1991년 개정상법에서는 본조를 신설하여 운송물의 정확성을 확인할 수 없는 경우에만 부지약관이 허용된다는 점을 분명히 하였다.[3)]

1) 서헌제(하) 409면.
2) 최준선, "선하증권의 채권적 효력", 한국해법회지 제27권 제 2 호(2005.11), 35면.
3) 대판 2001.2.9, 98다49074; 2001.7.10, 99다58327; 고유경, "선하증권에 관한 소고", 한국해법회지

아래 [사례 Ⅶ-2-2]는 부지문구가 기재된 컨테이너 운송에서 송하인이 운송인에게 하자 없는 운송물을 인도하였다는 사실을 인정할 만한 증거가 부족하다고 한 사례이다. 한편 [사례 Ⅵ-2-3]에서 대판 2001.7.10. 99다58327도 해상운송 중 환적된 화학물질이 부적절한 포장과 적입에 기인한 화학반응으로 고열과 연기 및 가스를 분출하고 이로 말미암아 인접한 화물이 훼손된 사안에서, 실제운송인이 하주적입(Shipper's Load and Count)의 방법과 같은 통상적인 방법으로 컨테이너를 적절하게 선적·적부하였다면, 불법행위책임을 부담하지 아니한다고 보았다.[1]

[사례 Ⅶ-2-2: 대판 2001.2.9, 98다49074]

[사실관계] [1] 원고(X)는 국내해상보험회사이고, 피고(Y)는 해상운송업 등을 영위하는 홍콩법에 따라 설립된 홍콩 소재 법인이다. 소외 한솔무역(A)는 1995. 5.경 중국 소재 소외 유로셀(B)로부터 신문용지을 부산까지의 비용 및 운임을 포함하는 조건으로 수입계약을 체결하였다. Y는 1995.7.경 B로부터 중국 대련항에서 부산항까지 컨테이너 해상운송을 의뢰받아, B에게 컨테이너를 제공하였고, B는 이 사건 화물의 몸통을 마분지 등으로 포장한 다음 적재하였다.

[2] Y는 1995.7.5.경 B로부터 이 사건 화물을 컨테이너에 적재되고 봉인된 상태로 수령하여 이를 Y소속의 "제이 트러스트(J. TRUSTER)호"에 선적하고, 송하인 C, 수하인 D은행이 지시하는 자, 통지처 A, 선적항 중국 대련(DALIAN)항, 양륙항 부산항으로 기재된 이 사건 화물에 관한 무고장 선하증권을 발행하였으며, 1995.7.7. 부산항에 도착, 양하되어 같은 달 12. 부산 소재 동성컨테이너보세장치장에 입고되었다. 선하증권을 소지한 A는 1995.7.15.경 동래세관에서 이 사건 화물이 컨테이너에 실려 있는 채로 그 통관절차를 마치고, 위 화물을 반출하여 소외 E운수로 하여금 내륙운송하게 하여 그 중 일부는 같은달 18.부터 같은달 20.까지 부산 소재 F회사의 가야보세장치장에, 나머지는 같은해 8.24.부터 같은해 9.27.까지 인천 소재 G회사 남항보세장치장에 각 입고, 보관하였다.

[3] A는 위 가야보세장치장에서 이 사건 화물을 실은 컨테이너들을 입고하면서 개봉하였고, 1995.7.19.경 화물의 일부가 손상되어 있는 것을 발견하였다면서, 소외 H회사에게 화물의 손상에 관한 조사를 의뢰하였으며, H회사는 그때부터 위 각 보세장

제17권(1995.10), 84면 참조.

1) 조영철, "선하증권의 부지약관과 부지문언의 유효성에 대한 연구", 한국해법회지 제25권 제 2 호(2003.11), 31면 이하 참조.

치장에서 이 사건 화물의 상태를 조사한 결과 찌그러져 있거나 변형되어 있는 것으로 조사되었고, 이에 A는 1995.9.30.경 Y의 우리나라 선박대리점인 소외 I회사에게 이 사건 화물에 손상이 발생하였다면서 추후 그 손해액이 확정되는대로 손해배상을 청구하겠다는 통지를 하였다.

[4] 한편, X는 1995.5.27. A와 이 사건 화물에 관하여 피보험자 A, 전위험 담보 및 내륙운송확장 담보조건인 해상적하보험계약을 체결하였고, 위와 같은 이 사건 화물의 손상으로 인하여 1996.1.31. A에게 보험금을 지급하였다. X가 이 사건 선하증권의 정당한 소지인인 A에게 보험금을 지급하고 Y에 대하여 운송계약불이행 또는 불법행위에 기한 손해배상을 청구하였다.

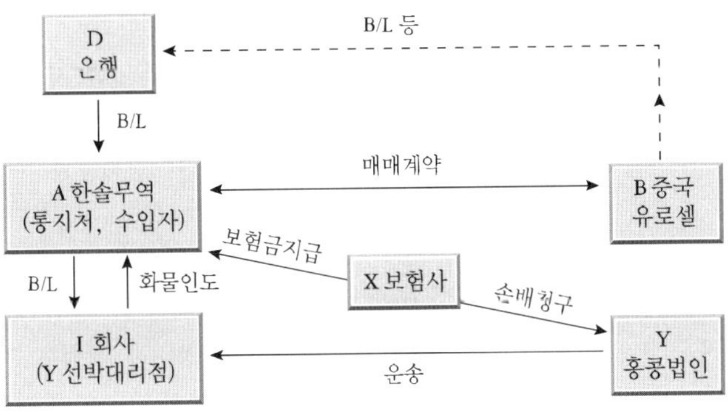

[쟁 점] [1] 선하증권 기재의 추정적 효력과 "운송물이 외관상 양호한 상태로 선적되었다"는 기재의 의미

[2] 컨테이너 운송에서 그 내용물에 관한 부지약관이 기재된 무고장선하증권이 발행된 경우 부지약관의 효력과 내용물의 상태에 관한 입증책임의 소재(=선하증권 소지인)

[판결요지] [1] 상법 제814조의2(854)의 규정에 의하면, 운송인은 선하증권에 기재된 대로 운송물을 수령 또는 선적한 것으로 추정되므로, 선하증권에 운송물이 외관상 양호한 상태로 선적되었다는 기재가 있는 무고장선하증권이 발행된 경우에는 특별한 사정이 없는 한 운송인은 그 운송물을 양호한 상태로 수령 또는 선적한 것으로 추정된다 할 것이고, 따라서 무고장선하증권의 소지인이 운송물의 훼손으로 인한 손해를 입증함에 있어서는 운송인으로부터 운송물을 수령할 당시의 화물의 손괴사실만 입증하면 되는 것이고 나아가 이러한 손해가 항해중에 발생한 것임을 입증할 필요는 없으나 선하증권에 기재되어 추정을 받는 '운송물의 외관상태'는 상당한 주의

를 기울여 검사하면 발견할 수 있는 외관상의 하자에 대하여서만 적용되는 것이지 상당한 주의를 기울이더라도 발견할 수 없는 운송물의 내부상태에 대하여서는 위 추정규정이 적용될 수 없다.

[2] 송하인측에서 직접 화물을 컨테이너에 적입하여 봉인한 다음 운송인에게 이를 인도하여 선적하는 형태의 컨테이너 운송의 경우에 있어서는, 상법 제814(853)조 1항 소정의 선하증권의 법정기재 사항을 충족하기 위하여 혹은 그 선하증권의 유통편의를 위하여 부동문자로 "외관상 양호한 상태로 수령하였다."는 문구가 선하증권상에 기재되어 있다고 할지라도, 이와 동시에 "송하인이 적입하고 수량을 셈(Shipper's Load & Count)" 혹은 "……이 들어 있다고 함(Said to Contain……)." 등의 이른바 부지문구가 선하증권상에 기재되어 있고, 선하증권을 발행할 당시 운송인으로서 그 컨테이너 안의 내용물 상태에 대하여 검사, 확인할 수 있는 합리적이고도 적당한 방법이 없는 경우 등 상법 제814(853)조 제2항에서 말하는 특별한 사정이 있는 경우에는 이러한 부지문구는 유효하고, 위 부지문구의 효력은 운송인이 확인할 수 없는 운송물의 내부상태 등에 대하여도 미친다고 할 것이어서 선하증권상에 위와 같은 부지문구가 기재되어 있다면, 이와 별도로 외관상 양호한 상태로 선적되었다는 취지의 기재가 있다 하여 이에 의하여 컨테이너 안의 내용물의 상태에 관하여 까지 양호한 상태로 수령 또는 선적된 것으로 추정할 수는 없다고 할 것이므로, 이러한 경우 선하증권 소지인은 송하인이 운송인에게 운송물을 양호한 상태로 인도하였다는 점을 입증하여야 한다. 본 사안의 경우 컨테이너 운송에서 송하인이 운송인에게 하자 없는 운송물을 인도하였다는 사실을 인정할 만한 증거가 부족하다.

2-5 선하증권 기재의 흠결의 효력

[사례 Ⅷ-2-3: 대판 2005.3.24, 2003다5535]

[사실관계] A은행은 X로부터 X와 브라질에 있는 Y와의 섬유수출 계약에 대해 2000.1.4. 신용보증을 한 바 있다. 그런데 X는 섬유수출계약을 체결하지 않았음에도 Y에게 섬유를 수출하는 것처럼 하여 2000.6.10. Z은행에 수출환어음의 매입을 신청하였고 Z은행은 A가 발행한 보증서를 담보로 수출환어음과 선적서류를 매입함으로써 X에게 미화 98,430달러를 대출해주었다. B는 X와 운송주선계약을 체결하고 X로부터 섬유가 적입되었다는 봉인 컨테이너를 수령하고 2000.6.9. A에게 선하증권을 발행하였다. 그런데 선하증권에는 "다음의 화물이 실렸다고 들었음(said to contain)"이라고 하는 소위 부지문구가 기재되어 있었는데, B가 X로부터 수령한 컨테이너에

는 원단이 적입되어 있지 않았다. 또한 선하증권에는 컨테이너가 2000.6.9. 산토스(Santos)호에 선적한 것으로 기재되어 있는데, 실제로는 2000.6.24. 라 보니타(La Bonita)호에 선적되었다.
한편, Z은행은 매입한 환어음을 추심하고자 하였으나 Y로부터 섬유수출계약이 체결된 적이 없다는 이유로 서류를 반송받자 2000.9.23. 신용보증서에 기해 A에게 미화 98, 430달러의 상환을 요청하였다. 이에 A는 Z은행에게 이 중 일부를 지급한 뒤 Z은행을 대위하여 B를 상대로 허위의 선하증권을 발행한 불법행위책임을 물어 손해배상을 청구하였다.[1)]

[쟁 점] (1) 위 선하증권의 효력은?
(2) B의 선하증권 발행으로 A가 입은 손해는 무엇인가?
(3) A는 불법행위에 기한 손해배상책임을 B에게 묻고 있는 바, 불법행위 책임이 인정되나?

[판결요지] (1) 공선하증권이 요인성을 결하였다고 하여 바로 무효가 되는 것은 아니다. 선의의 선하증권취득자가 유효를 주장하는 한 무효를 주장할 방법이 없기 때문이다. 다만, 공선하증권에 대해 선의의 취득자가 무효를 주장하면서 불법행위에 기한 배상을 구하고 있어, 이러한 의미에서는 무효라고 볼 수도 있겠다. 이러한 점과 관련하여 판례의 설시는 다소 오해의 소지를 불러일으키고 있다고 볼 수 있다.
(2) A은행이 수출환어음과 함께 선하증권을 매입하였다고 하더라도 선하증권이 운송물을 수령하지 않고 발행되어 선하증권의 소지인(A)으로서 입은 손해는 그 수출환어음의 지급거절로 인하여 발생하는 것이 아니라, 경우에 따라서는 선하증권이 담보로서의 가치가 없게 된 것으로도 발생할 수도 있다.
(3) B의 불법행위책임이 인정된다. 위 (2)에서 본 바와 같이 A가 입은 손해는 선하증권이 담보로서의 가치가 없게 되더라도 발생할 수 있기 때문이다.

상법은 선하증권의 경우에 화물상환증의 문언증권성에 관한 규정의 준용규정을 삭제하고 헤이그-비스비규칙 제3조 제4항을 수용하여 제814조의 2(854)를 신설하였다. 즉 선하증권이 발행된 경우에는 운송인이 그 증권에 기재된 대로 운송물을 수령 또는 선적한 것으로 추정한다(동조 본문). 따라서 실제 수령 또는 선적한 운송물이 선하증권의 기재내용과 상이하거나 운송물을 수령

1) [사례 Ⅶ-3-3] 참조.

하지도 않고 선하증권을 발행한 경우 운송인은 반증이 없는 한 불법행위책임이 아닌 채무불이행책임을 진다. 다만 반증이 있더라도 선하증권의 선의취득자에 대하여는 그 반증으로 대항하지 못한다(동조 단서). 그러므로 선하증권에 기재된 운송물의 수량보다 더 많은 수량이 선적되었음을 수하인이 주장하는 경우 이에 대한 입증책임은 수하인이 지고, 반대로 운송인이 선하증권에 기재된 운송물보다 실제로는 적게 선적하였음을 입증한 때에는 이로써 수하인에게 대항할 수 있다.

상법에 의하면 운송인은 선의의 선하증권소지인에 대하여 증권상 기재에 따른 책임을 지므로, 대량의 운송물을 취급하며 운송물의 내용을 일일이 확인하기 힘든 운송인에게 가혹할 수도 있다. 실무상 이같은 경우는 부지약관(unknown clause)에 의하여 운송인의 입증책임을 덜어 주고 있다.[1)]

하급심 판례 중에 선적도 하지 않고 선하증권을 발행하여 수입상에게 손해를 끼친 운송인에 대하여 불법행위에 기한 손해배상책임을 인정하는 한편, 선하증권상 선적일부터 50여 일이 지나도록 운송물이 도착하지 않았는데도 확인하지 않은 수입상의 과실을 들어 25% 과실상계한 예가 있다.[2)] 한편 대법원은 은행의 부주의를 이용하여 허위 선하증권을 사용하여 은행으로부터 환어음 매입대금을 편취한 행위에 적극 가담하여 허위 선하증권을 발행한 자는 은행

1) 최종현, "空선하증권의 효력", 한국해법학회지, 제29권, 제 1 호(2007.4), 129면.

2) 서울민지판 1995.12.15, 94가합32189(법률신문, 제2469호(1996.1.11), 13면). 이 사건에서 원고는 미국회사로부터 무기를 수입하는 계약을 체결하였고, 미국회사의 대리인인 J는 과거에 S사의 선박을 이용하여 무기를 운송하여 왔다. 그런데 J는 이 사건 무기의 운송계약을 S사와 체결하지도 않았고 무기를 선적하지도 않았으면서 S사의 국내대리점인 피고 Y사의 직원인 피고 K에게 2천만 원을 주고 이 사건 무기가 선적되었다는 내용의 S사 선하증권을 발행해 줄 것을 부탁했다. 이에 피고 K는 보관하고 있던 S사의 선하증권 양식을 이용하여 허위선하증권을 발행하여 J에게 교부하였다. 법원은 피고 K에 대하여는 원고에 대한 불법행위책임을, S사의 선박대리점인 피고 Y사에 대하여는 피고 K의 사용자로서의 불법행위책임을 인정하였다. 피고 Y사는 피고 K의 학력, 경력, 가정사정이 정상적이고 전과가 없었으므로 이 같은 자를 부장으로 고용한 것은 잘못이 아니고, 부장으로 근무하던 피고 K가 스스로 보관하던 선하증권 양식을 사용하여 단순히 소정 기재사항을 타이핑하고 서명함으로써 선하증권을 위조함을 방지하는 것은 불가능에 가깝다고 항변하였으나 받아들여지지 않았다. 한편 법원은 (1) 선하증권에 기재된 신용장번호가 신용장과 다르고, 하역항이 신용장상의 부산이 아닌 진해로, 신용장상 요구되는 '무유보 선적됨' 문구대신 '선적됨' 문구가, 신용장상 요구되는 '운임선불'이 아닌 '운임후불 약정' 문구가 기재되어 있는 등 선하증권과 신용장이 일치하지 아니하였고, (2) 선하증권상 선적일로부터 50일이 지나 신용장대금이 지급될 때까지 이 사건 무기가 한국에 도착하지 않았으며, (3) 원고는 이사건 무기가 제대로 선적되어 계약이 정상 이행될 수 있는지를 의심하고 확인하였어야 했는데 이를 제대로 하지 않았고, (4) 지급을 거절할 수 있는 신용장대금을 지급되게 하는 등의 원고의 과실을 25%로 인정하였다.

의 부주의를 이유로 손해배상책임을 경감하여 달라고 주장할 수 없다고 판시하였다.[1)]

운송인은 통상적이고 합리적인 방법으로 운송물의 외관을 확인하여 그 상태를 선하증권에 기재하면 족하고 모든 운송물의 개별적 상태를 세세하게 검사할 필요는 없다는 서울고법 판례도 있다.[2)]

허위 선하증권이 발행된 경우, 은행이 선하증권 소지인으로서 입은 손해는 반드시 수출환어음의 지급거절로 인하여 발생하는 것이 아니라 경우에 따라서는 선하증권의 담보가치가 없어짐으로써 발생할 수도 있다.[3)]

---

1) 대판 1997.9.5, 97다17452(판례공보(1997.10.15), 3011면). 원고 평화은행은 공동피고 일신피혁으로부터 피고 은산해운이 발행한 선하증권 등 선적서류를 매입하였다. 이 선하증권은 일신피혁이 자금난을 타개하기 위하여 은산해운과 공모하여, 물품이 선적되지 않았는데도 선적된 것처럼 발행된 허위 선하증권이었다. 법원은 이로 인하여 원고가 입은 손해에 대하여 은산해운과 그 대표이사의 손해배상책임을 인정한 반면, 피고들의 과실상계 항변을 배척하였다.

2) 서울고판 1998.4.14, 97나35445(원고 월드후르츠, 피고 한국특수선). 수입상인 원고(용선자)는 운송인인 피고와 피고의 리퍼1호가 에쿠아도르에서 부산까지 바나나를 운송하되 "선적, 하역, 적부 및 짐고르는 작업은 피고가 책임지는" 조건(FIOST)으로 용선계약을 체결하였다. 수출상은 검정인 에스지에스를 시켜 무작위로 화물 2%를 추출하여 품질을 검사 후 선적하였으며, 선장은 무유보선하증권을 발행하였다. 한편 1등항해사는 본선수취증에 "수확 후 해안에 장기간 적치하여 품질이 손상 적음. 선주는 목적항에서 화물품질에 대하여 책임지지 않는다"고 기재하였으며 송하인도 이를 확인하였다. 부산에서 바나나의 상당부분이 과숙된 것이 발견되어 통관할 수 없었으므로, 원고는 선장이 선적중 바나나가 손상 거나 과숙되어 있음을 알면서도 고의 또는 중과실로 무유보선하증권을 발행한 것에 대해 피고의 사용자책임을 물었다. 이에 대하여 법원은 (1) 화물 품질 및 수량에 대하여는 무유보선하증권 여부보다 에스지에스가 발행한 품질 및 수량증명서가 더욱 중요하고, (2) 운송물 외관기재를 위해 필요한 운송인의 의무는 통상적이고 합리적 방법으로 운송물 외관을 확인하여 그 상태를 기재하면 족하고 모든 운송물의 개별상태를 세세하게 검사할 필요는 없으며, (3) 선장이 통상적 표본추출방식을 통해 선하증권을 발행했다면 과실이 없다고 피고승소판결을 내렸다.

3) 대판 2005.3.24, 2003다5535(판례공보(2005.5.1), 633면)(원고 한국수출보험공사, 피고 대일해운항공). 선하증권이 2000.6.9. 발행되었으나 실제 선적일은 2000.6.24.였다. 서울고법은 2002.12.13, 2002나25053 판결에서 피고가 선하증권을 발행한 데에 아무런 과실이 없고, 원고의 손해는 계약관계 부존재를 이유로 한 수출환어음 지급거절로 인한 것이고, 그 손해는 선적일자와 선박명이 실제와 달리 선하증권에 기재된 것과 인과관계가 없다는 이유로 원고의 청구를 기각하였다. 그러나 대법원은 은행이 수출환어음과 함께 선하증권을 매입한 경우 선하증권이 운송물을 수령하지 않고 발행되어 무효라면 은행이 선하증권 소지인으로서 입은 손해는 반드시 수출환어음의 지급거절로 인하여 발생하는 것이 아니라, 경우에 따라서는 선하증권의 담보가치가 없어짐으로써 발생할 수도 있다고 하면서 2심 판결을 파기하였다.

3. 약 관

3-1 선하증권 약관

(1) 선하증권약관의 의의

선하증권 약관에는 표면약관과 이면약관이 있으며, 선하증권이 발행되면 선하증권이면약관은 당사자간의 계약내용의 일부가 된다. 선하증권 이면약관은 대개 아래와 같은 내용을 포함하고 있다. ① 용어의 정의, ② 지상약관, ③ 운송인의 책임 및 기간, ④ 운송인의 자유 재량권, ⑤ 컨테이너 운송, ⑥ 운송인의 면책, ⑦ 감항능력, ⑧ 전쟁위험, ⑨ 갑판적, ⑩ 위험품 및 불법화물, ⑪ 공동해손, ⑫ 쌍방충돌, ⑬ 특수화물, ⑭ 운임과 비용, ⑮ 손해통지 및 제척기간, ⑯ 관할 등.

선하증권에 따라서는 준거법이나 관할을 표면에 규정하고 있는 경우도 있다.

(2) 주요 이면약관

1) 지상약관　　지상약관(至上約款, Paramount Clause)은 해당 운송계약에 있어서 선하증권이 어느 법에 근거하는지, 어떤 법의 적용을 받는 것인지를 규정하는 것이다. 통상 선하증권이 헤이그규칙/헤이그-비스비규칙/미국해상물건운송법 등이 강제적으로 적용되지 않는 경우 헤이그규칙에 따른다는 내용이 대부분이다. 그 이유는 강행적으로 적용되는 법규중에 헤이그규칙이 운송인에게 유리한 편에 속하기 때문이다.

2) 면책약관　　면책약관으로는 법정면책사유와 특약상면책사유를 규정한다. 선하증권약관에 운송책임기간을 정하기도 하고 부지약관(Unknown Clause)을 규정하는 것이 일반적이다. 법정면책사유를 약관에 그대로 규정하는 경우가 많다. 우리 상법은 운송인의 과실을 운송물의 수령・선적・적부・운송・보관・양륙・인도에 관한 과실인 상사과실과 항해 또는 선박관리에 관한 과실인 항해과실로 구분하고, 운송인은 상사과실에 대하여만 책임을 지고(788①) 이 같은 책임을 경감 또는 면제하는 당사자간의 특약을 무효로 한다(790①). 또 상법은 운송물에 관한 보험의 이익을 운송인에게 양도하는 약정을 무효로 하는 점

에(790①) 미국법과 동일하다. 나아가 상법은 용선계약에 관하여는 운송인의 책임을 경감 또는 면제하는 특약이 유효하다고 규정함으로써(동조 3항) 미국법과 동일한 입장을 취하나, 용선계약에 따라 선하증권이 발행된 경우에 용선자 이외의 선하증권소지인에 대하여는 여전히 상법에 반하여 운송인의 책임을 경감 또는 면제할 수 없음을 분명히 하였다(동항 단서).

3) 부지약관 우리 상법은 헤이그-비스비규칙의 취지에 따라 선하증권의 추정적 효력을 인정하되 운송인이 선의로 선하증권을 취득한 제 3 자에 대하여는 대항할 수 없는 것으로 규정하였다(854). 헤이그-비스비규칙상은 선의의 소지인에 대하여는 선하증권의 기재와 다른 반증이 허용되지 않으나 우리 상법상으로는 선하증권 소지인이 선하증권 기재와 다른 사항을 인정할 수 있다는 자이가 있다.[1]

4) 준거법 및 법정지선택약관, 중재약관 운송계약과 관련하여 분쟁이 발생할 경우 어느 나라 법에 따라 어느 나라 법원에서 재판을 할 것인가를 정하는 것이다. 통상 선사의 선하증권에는 준거법을 영국법 또는 선사의 국적지를 준거법으로 규정하고 있으며 관할은 영국법원이나 선사의 주사무소 소재지를 관할하는 법원을 전속관할로 정하고 있다.[2]

대법원은 대한민국 법원의 관할을 배제하고 외국법원을 관할법원으로 하는 전속적 관할합의가 유효하려면 ① 당해사건이 대한민국 법원의 전속관할에 속하지 아니하고, ② 지정된 외국법원이 그 외국법상 당해 사건에 대하여 관할권을 가져야 하며, ③ 당해 사건이 그 외국법원에 대하여 합리적인 관련성을 가져야 한다고 본다. 나아가 대법원은 전속적인 관할합의가 현저하게 불합리하고 불공정한 경우에 그 관할합의는 공서양속에 반하는 법률행위에 해당하여 무효라고 판시하였다.[3] 2004년에 대법원은 원고와 수입자가 한국인이고 목적지가 울산항이며 증거방법이 모두 한국 내에 있는 경우 동경지법에 대한 전속적 국제관할 합의가 무효라고 판시하였다.[4]

1) 최종현, "선하증권상의 부지약관의 효력", 한국해법회지 제24권 제 1 호(2002.4), 166면 이하 참조.
2) 한낙현, "선하증권 중의 재판관할조항의 효력에 관한 연구", 한국해법회지(2009.4), 235면 이하.
3) 대판 1997.9.9, 96다20093. 이 판결로 인하여 당사자들간의 국제소송의 재판관할 합의 규정이 유명무실해질 가능성이 크다고 비판하는 견해로는 이성철", 섭외사건에 있어서 재판관할 합의의 효력", 해사법연구, 제12권 제1호, 390면(2000).
4) 대판 2004.3.25, 2001다53349 손해배상(판례공보(2004.5.1), 683면)(원고 한국외환은행, 피고 가와사키기센). 이 사건이 일본 동경지법과 관련성을 가지는 것은 수출자(홍콩 한화주식회사)가

한편 대법원은 당사자가 준거법으로 정한 외국법의 규정이 우리 법의 강행규정에 위반되더라도 그것이 국제사법 제10조의 '선량한 풍속 기타 사회질서'에 관한 것이 아닌 한, 이를 이유로 곧바로 당사자 사이의 섭외법률 관계에 대한 그 외국법의 적용을 거부할 수는 없다고 판시하였다.[1] 그리하여 대법원은 운송인의 손해배상책임에 관하여 멕시코 국내법을 적용하는 것이 '선량한 풍속 기타 사회질서'에 반하지 않는다고 보았다. 이 사건에서 선하증권의 지상약관은 "선하증권상의 분쟁에 관하여 관할권을 가지고 재판을 할 법원 소재국에서 효력을 가지는 헤이그규칙"을 준거법으로 지정하였다. 이에 대하여 대법원은 "우리나라가 헤이그규칙 당사자로 가입하지 않았으므로, 헤이그규칙은 우리나라에서 법규범으로서의 효력을 가지지는 못한다. 상법이 헤이그규칙의 대부분을 수용하였지만, 그것만으로 상법이 위 지상약관에 의하여 준거법이 된다고 할 수 없다"고 보았다.

5) 하역업자, 터미널운영자의 책임 및 히말라야 약관 히말라야약관이란 운송인이 화주와 운송계약을 이행하는데 관여한 피용자나 이행보조자, 예를 들어 운송인의 대리인, 하역업자, 터미널업자 등도 운송인이 향유하고 있는 책임제한관련 주장을 원용할 수 있다는 내용을 선하증권에 두는 것을 말한다.[2]

우리 상법은 히말라야약관에 관한 규정을 신설하여 제789조의 3(798) 제 2 항이 "운송물에 관한 손해배상청구가 운송인의 사용인이나 대리인에게 제기된 경우, 그 손해가 그 사용인이나 대리인의 직무집행에 관하여 생긴 것인 때에는 사용인이나 대리인은 운송인이 주장할 수 있는 항변과 책임제한을 원용할 수 있다"고 하고 있다. '사용인'은 선장이나 선원 등 운송인의 이행보조자를 의미

일본에 본점을 둔 피고와 운송계약을 체결하고 피고 소유 선박으로 화물을 운송하였다는 점 뿐이다. 반면 신용장 개설은행인 원고와 수입자인 동해펄프는 한국에 주사무소를 두고 대표자 및 사원이 한국인인 한국법인이고 운송물 멸실경위에 대하여는 원피고간에 다툼이 없고, 중요 증거방법이 모두 한국 내에 있으며 운송인의 책임범위나 면책요건에 관한 일본법이 한국법보다 운송인인 피고에게 유리하다고 볼 자료도 없으므로 동경지법에 대한 전속적 관할합의는 합리적 관련성이 없어 무효이다.

1) 대판 1999.12.10, 98다9038(판례공보(2000.1.15), 154면)(원고 삼성화재, 피고 아메리칸 프레지던트 라인즈). 원고는 문제된 이면약관(멕시코책임조항)이 불공정약관이므로 약관의규제에관한 법률 제 6 조에 의하여 관한법률 주장하였다. 그러나 대법원은 동법 제15조에 의하여 " 그적으로 통용되는 약관 기타 특별한 사정이 있는 약관으로서 대통령령이 정하는 경우"에는 제 7 조 내지 제14조의 규정을 조항별, 업종별로 제한할 수 있는데, 제 6 조 역시 대통령령으로 정하는 특정 업종 약관에는 적용되지 않는다고 판시함으로써 멕시코책임조항이 유효하다고 보았다.

2) 최세련, "운송주선인의 법적 지위 및 히말라야 약관의 적용범위", 한국해법회지 제30권 제 1 호(2008.4), 128면 이하.

하며, '대리인'은 선박대리점 등을 의미한다. 다만 하역업자는 영미법상의 독립계약자(independent contractor) 내지 우리법의 수급인에 해당하므로 '사용인이나 대리인'의 범주에 들어가지 않으며, 1991년 상법개정시 심의위원들의 의견도 대체로 이와 같았다. 그리고 운송물의 손해가 사용인이나 대리인의 고의 또는 손해가 생길 염려가 있음을 인식하면서 무모하게 한 작위나 부작위로 인하여 생겼을 때에는 운송인의 항변을 원용할 수 없다(제789조의3(798)② 단서). 판례도 1991년 개정상법이 시행되기 전에 발생한 사고에 대하여 히말라야약관의 유효성을 인정하고 있다.[1)]

(3) 주요 선사 책임제한 조항

1) 한진해운 　　각국의 국내법에 따르되 국내법에 책임제한규정이 없으면 헤이그규칙에 따른다.

2) 현대상선 　　미국과 관련해서는 포장당 미화 500불, 미국과 관련이 없는 경우에는 포장당 영화 100파운드로 규정하고 있다.

3) APL 　　포장당 미화 500불로 규정하고 있다.

4) Mearsk Line 　　미국과 관련된 경우에는 포장당 미화 500불, 헤이그-비스비규칙이 강제적으로 적용되는 경우 포장당 666.67SDR, 일반적인 경우에는 헤이그규칙 적용(포장당 영화 100파운드)에 따른다.

3-2 약관의 한계

약관에 운송인에게 유리한 규정을 두더라도 해상운송관련 국제협약에 반하거나 선량한 풍속이나 사회상규에 반하거나 공정거래법이나 약관규제법 등에 위반되는 경우에도 효력이 부인된다. 그러므로 운송인이 일방적으로 유리한 약관을 규정하고 있더라도 그 적용이 배제될 가능성이 있어 운송인의 자유는 무한정 인정될 수 없는 것이다.

---

1) 대판 1997.1.24, 95다25237(판례공보(1997.3.1), 621면)(원고 현대해상화재보험, 피고 김숙자): 상법 제789조의 2 제 2 항의 시행 전에 선하증권에 "운송물에 대한 손해배상청구가 운송인의 이행보조자에 대하여 제기된 경우, 이행보조자는 운송인이 주장할 수 있는 항변과 책임제한을 원용할 수 있다"는 조항이 있다면, 손해가 고의 또는 손해발생을 인식하면서 무모하게 한 작위 또는 부작위로 인한 것이 아닌 한 이행보조자는 운송인이 주장할 수 있는 항변과 책임제한을 원용할 수 있다.

4. 양　도

4-1 양도방법

지시식 선하증권은 배서에 의해 양도하며(861, 130본, 65, 민 508), 무기명식·소지인출급식 선하증권은 단순한 교부에 의해 양도한다(65, 민 523). 한편 선하증권은 법률상 당연한 지시증권이므로 기명식으로 발행된 경우에도 배서에 의해 양도할 수 있다(861, 130). 이러한 취지에서 **서울고판 1995.12.12, 95나9473**(대판 1998.9.4, 96다6240의 원심)은 "상법 제861조에 의하여 선하증권에 준용되는 같은 법 제130조에서 '화물상환증은 기명식인 경우에도 배서에 의하여 양도할 수 있다'라고 규정되어 있음에 비추어 선하증권은 법률상 당연한 지시증권이라고 할 것이고, 따라서 선하증권에 수하인으로 기재된 자가 선하증권을 인수한 경우 선하증권의 정당한 소지인이라 함은 당연히 수하인으로 기재된 자 또는 그로부터 시작된 배서의 연속이 있는 자"라고 판시하였다. 기명식선하증권에 배서금지의 기재가 있는 경우에는 지명채권양도방식에 따라서 양도한다(861, 130但; 대판 2001.3.27, 99다17890).[1]

4-2 배서의 효력

선하증권의 배서에는 권리이전적 효력(65, 민 508, 523)과 자격수여적 효력(65, 민 513, 524)은 있으나 담보적 효력은 없다.

1) 서헌제(하) 410면; [사례 Ⅲ-3-2: 대판 2003.1.10, 2000다70064]의 [판결요지][2] 참조.

제 3 절 선하증권의 효력

1. 선하증권의 기능과 효력

[사례 Ⅶ-3-1: 대판 1998.9.4, 96다6240]

한국의 수출상 A는 싱가포르의 B와 여성용 재킷 4,501벌을 11만 달러에 일본 요코하마로 수출하는 계약을 체결하고, B는 싱가포르의 C은행을 통해 수익자를 A로 한 신용장을 개설하였다. A는 Y해운사에 화물운송을 의뢰하였고 Y는 이를 선적한 후 송하인을 A, 수하인을 C의 지시인, 통지처를 B로 하는 선하증권을 발행·교부하였다.

A와 수출거래약정 등을 체결한 X은행은 A로부터 위 신용장에 기하여 발행한 화환어음을 선하증권 등 선적서류와 함께 매입하고, A에게 11만 달러를 지급하였는데, 매입한 선적서류에는 신용장 조건과 불일치의 사유가 있었으므로 X는 그 지급 거절에 대비하여 매입대금 상환 각서를 A로부터 제출받았다. X는 C은행에 신용장을 선하증권 등 선적서류와 함께 송부하면서 그 지급을 요구하였으나, C는 제시된 선적서류가 신용장의 조건과 불일치하고 신용장 개설의뢰인이 서류의 인수를 거절한다는 이유로 지급거절 통지와 함께 선적서류를 X에게 반환하였다. 그런데 반환된 선하증권의 표면에는 C은행의 명판이 압날되어 있을 뿐, C의 서명 또는 기명날인이 없었다.

한편 Y는 요코하마항에 화물을 양륙한 후 이를 보관하다가 A의 요청에 따라 화물의 실수입자인 일본의 D에게 화물선취보증서만 받고 인도하였으며, 그 후 A와 D는 모두 도산하였다. 이에 X는 Y에 대해 보증도로 인한 손해배상을 청구하였으나 Y는 첫째, X가 선하증권의 정당한 소지인이 아니며, 둘째 X가 화물의 보증도를 방지하기 위한 적절한 조치를 취하지 않은 과실이 있다는 항변을 하였다. Y의 항변은 타당한가?

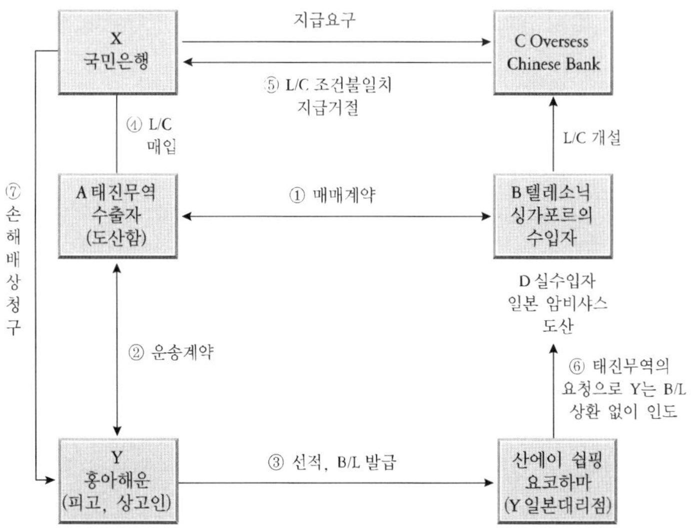

선하증권은 운송물의 인도청구권을 표창하는 유가증권으로서, 무역거래(특히 CIF 매매)에서는 선하증권의 인도로 운송물의 소유권을 이전하며, 또 [사례 Ⅶ-3-1]과 같은 신용장거래에서는 신용장 매입은행(X)은 선하증권을 담보로 하여 그 대금을 지급하는 등 중요한 기능을 한다. 따라서 선하증권으로 하여금 이러한 무역화폐로서의 기능을 수행하기 위해서는 그 정당한 소지인에게 선하증권상에 기재된 대로의 효력(채권적 효력)이 인정되어야 하고 또 선하증권의 인도가 운송물 그 자체의 인도와 동일한 효력(물권적 효력)이 인정되지 않으면 안 된다.[1)]

이러한 취지에서 대판 1998.9.4, 96다6240은 "선하증권은 해상운송인이 운송물을 수령한 것을 증명하고 양륙항에서 정당한 소지인에게 운송물을 인도할 채무를 부담하는 유가증권으로서, 운송인(Y)과 그 증권소지인(X) 간에는 증권 기재에 따라 운송계약상의 채권관계가 성립하는 채권적 효력이 발생하고, 운송물을 처분하는 당사자(A, B)간에는 운송물에 관한 처분은 증권으로서 하여야 하며 운송물을 받을 수 있는 자에게 증권을 교부한 때에는 운송물 위에 행사하는 권리의 취득에 관하여 운송물을 인도한 것과 동일한 물권적 효력이 발생하므로, 운송물의 권리를 양수한 수하인 또는 그 이후의 자는 선하증권을 교부받음으로써 그 채권적 효력으로 운송계약상의 권리를 취득함과 동시에 그 물권적 효력으로 양도 목적물의 점유를 인도받은 것이 되어 그 운송물의 소유권을 취득한다고 한다"고 판시하였다(동 대판 1983.3.22, 82다카1533; 1997.7.25, 97다19656; 2003.1.10, 2000다70064).

아래 [사례 Ⅶ-3-2]는 은행(X)이 수입물품에 양도담보를 설정하기로 하는 수입거래약정을 체결한 다음 국세의 법정기일 전에 선하증권을 취득한 경우, 양도담보의 성립 시기 및 국세기본법상 물적납세의무의 부담이 없음을 판시하고 있다.

[사례 Ⅶ-3-2: 대판 1997.7.25, 97다19656]

[사실관계] 원고 서울은행(X)는 소외 동해철강 주식회사(A)와 1993.12.17. 수입거래약정을 체결하였다. 약정내용에 의하면, A회사는 X에 대한 수입대금채무 또는 그 대

1) 서헌제(하) 411면; 최종현, "공선하증권의 효력", 한국해법회지 제29권 제1호(2007.4), 147면 이하.

금결제를 위한 대출금을 담보하기 위하여 장래에 A가 수입하는 물품을 X에 양도하기로 되어 있었다. 한편, 1994.5.19. 다시 물품들에 대하여 양도담보설정계약을 체결하였으나 이는 위 수입거래약정상의 양도담보계약을 구체적으로 확인하는 의미가 있을 뿐이고, 위 1994.5.19.자 양도담보계약이 없었다고 하더라도 X는 위 물품에 대한 선하증권 취득시에 양도담보권을 취득한다고 할 것이다. 이에 따라 X가 자신이 수취인으로 된 위 물품들에 대한 선하증권을 같은 해 5.20. 같은 해 7.15. 각 취득하였다. 피고인 대한민국(Y)은 위 선하증권의 목적물이 된 물품에 대해 과세할 수 있는가?

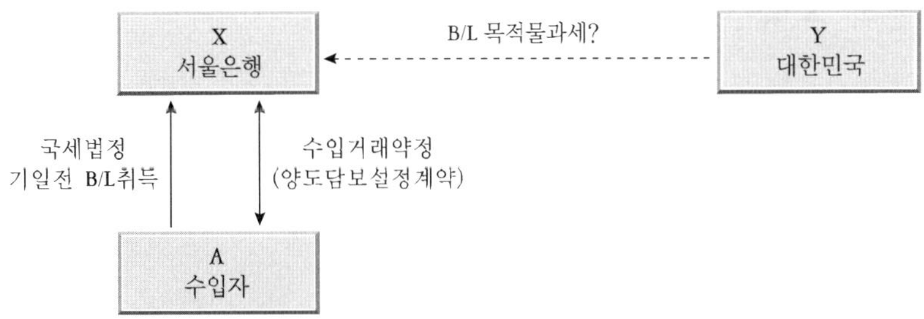

[판결요지] [1] 선하증권은 해상운송인이 운송물을 수령한 것을 증명하고 지정된 양륙항에서 정당한 소지인에게 운송물을 인도할 채무를 부담하는 유가증권으로서, 운송인과 그 증권소지인 간에는 증권 기재에 따라 운송계약상의 채권관계가 성립하는 채권적 효력이 발생하고, 운송물을 처분하는 당사자 간에는 운송물에 관한 처분은 증권으로서 하여야 하며 운송물을 받을 수 있는 자에게 증권을 교부한 때에는 운송물 위에 행사하는 권리의 취득에 관하여 운송물을 인도한 것과 동일한 물권적 효력이 발생하므로, 운송물의 권리를 양수한 수하인 또는 그 이후의 자는 선하증권을 교부받음으로써 그 채권적 효력으로 운송계약상의 권리를 취득함과 동시에 그 물권적 효력으로 양도 목적물의 점유를 인도받은 것이 되어 그 운송물의 소유권을 취득한다.

[2] 양도담보는 그 설정을 목적으로 하는 양도담보계약과 그 목적 권리의 이전에 필요한 공시 방법을 갖춤으로써 성립하고, 동산 양도담보에 있어서는 그 공시 방법으로 목적물의 인도가 있어야 한다.

[3] 은행(X)이 수입물품에 양도담보를 설정하기로 하는 수입거래약정을 체결하고 국세의 법정기일 전 수입업자로부터 선하증권을 취득한 경우, 그 수입물품에 대한 동산 양도담보는 은행이 물품의 인도를 받은 것과 동일한 효력이 있는 선하증권을 취득한 날에 성립되고, 제 3 자에게 대항하기 위하여 따로 확정일자에 의한 대항요건을

> 갖출 필요는 없으므로, 이 경우 양도담보권자의 물적납세의무는 양도담보권자가 국세의 법정기일 전에 물품에 대한 선하증권을 취득하였는지를 기준으로 하여 그 성립 여부를 가려야 하고 국세의 법정기일과 동산양도담보계약서에 받은 확정일자의 선후에 따라 가릴 것이 아니어서, 은행이 국세의 법정기일 후에 그 물품에 대한 양도담보계약서에 확정일자를 받았다고 하여도 이미 그 법정기일 전에 취득한 양도담보 재산에 의한 물적납세의무를 부담하지 아니한다.

2. 채권적 효력

선하증권도 화물상환증과 마찬가지로 채권적 효력을 가지지만, 그 문언성에 관한 규정방법에는 차이가 있다.

2-1 의 의

선하증권이 발행된 경우에는 운송인이 그 증권에 기재된 대로 운송물을 수령 또는 선적한 것으로 추정한다. 그러나 운송인은 선하증권을 선의로 취득한 제3자에게 대항하지 못한다(854). 즉 선하증권소지인은 운송인에 대해 그 증권에 기재된 바에 따라 권리를 행사할 수 있으며(대판 1972.2.22, 71다2500), 이를 선하증권의 채권적 효력 또는 문언성이라고 한다. 그런데 화물상환증의 기재에 대해서는 바로 문언적 효력을 인정하고 있는 것(131)과는 달리 선하증권의 기재에 대해서는 추정하는 효력만을 인정하여, 선의취득자가 아닌 운송계약의 당사자간에는 실제 운송물이 선하증권상의 기재된 내용과 다르다는 것을 입증하면 그 책임을 면할 수 있도록 하였다.[1)]

이러한 의미에서 선하증권의 채권적 효력은 화물상환증에 비해 다소 약화되었으나 이는 선하증권이 어음·수표와는 달리 요인증권이기 때문에 당연하다고 하겠다. 따라서 선하증권에 대해서는 화물상환증과 같은 요인증권성과 문언증권성의 괴리에서 초래되는 공권 등의 효력을 둘러싼 불법행위설과 채무불이행설의 대립은 입법적으로 해결되었다.[2)]

---

1) 최종현, "선하증권상의 부지약관의 효력", 한국해법회지 제24권 제1호(2002.4.), 172면.
2) 서헌제(상) 372~375면.

2-2 한 계

선하증권의 채권적 효력은 선의의 소지인을 보호하기 위한 것이므로 그 효력이 인정되는 범위에는 다음과 같은 제한이 있다.

(1) 인적한계

채권적 효력은 운송인과 송하인간, 악의의 소지인에게는 인정되지 아니한다. 그러므로 대판 1977.7.26, 76다2914는 "수하인이 선하증권상에 기재되어 있는 대로 송하인에 의하여 운임이 지급결제된 것으로 알고 화물을 수령하였던 선의의 선하증권 소지인이라면 그 증권의 문언증권성에 의하여 문언기재대로의 효력이 미쳐 운임지급의무를 면한다고 볼 것이지만, 그렇지 못하여 운임이 결제되지 아니 하였음을 알고 화물을 수령한 악의의 선하증권 소지인에게까지 그 효력이 미쳐 운임지급의무를 면케 할 수는 없다"고 판시하였다.[1]

(2) 사항적 한계

선하증권에 기재되어 추정을 받는 '운송물의 외관상태'는 상당한 주의를 기울여 검사하면 발견할 수 있는 외관상 하자에 대해서만 적용되는 것이지 상당한 주의를 기울이더라도 발견할 수 없는 운송물의 내부상태에 대해서는 추정규정이 적용될 수 없다.[2] 운송인이 증권에 운송물의 '내용불명' 등의 부지약관을 기재한 경우에는 실제의 운송계약에 따라 대항할 수 있음은 앞에서 본 바와 같다.

3. 물권적 효력

3-1 의 의

선하증권에 의해 운송물을 받을 수 있는 자에게 그 증권을 교부한 때에는 운송물위에 행사하는 권리의 취득에 관하여 운송물을 인도한 것과 동일한 효력이 있다(861, 133). 따라서 선하증권을 발행한 경우 운송물에 관한 처분은 선하증권으로써 하여야 한다(861, 132). '선하증권에 의해 운송물을 받을 수 있는

1) 서헌제(하) 412면; [사례 V-2-1] 참조.
2) [사례 Ⅶ-2-2] 참조.

자'라고 함은 선하증권의 정당한 소지인을 의미하는데, 기명식·지시식 선하증권의 경우에는 배서연속이 있는 최후의 소지인이며, 무기명식선하증권의 경우에는 그 소지인이고, 배서금지 선하증권의 경우에는 선하증권에 기재된 수하인이다.[1)]

앞의 [사례 Ⅶ-3-1]에서는 선하증권상의 수하인(C)이 그 수리를 거부하고 이를 신용장매입은행(X)에 반송하였는데, X를 정당한 소지인으로 볼 것인가? 이에 대해 대판 1998.9.4, 96다6240은 "수출자(A)가 선하증권을 첨부한 화환어음을 발행하여 국내 거래은행(X)으로부터 할인을 받거나 또는 추심위임을 하고 그 국내은행(X)이 신용장 개설은행(C)에 추심하는 방법에 의하여 수출대금이 결제되는 방식의 무역거래에 있어서는, 다른 특별한 사정이 없는 한, 수입자(B)가 그 수출대금을 결제할 때까지는 운송증권에 의하여 표창된 운송 중인 수출품이 화환어음의 담보가 되는 것이고, 수출자(A)가 신용장 발행은행(C)을 수하인으로 한 운송증권을 첨부하여 환어음을 발행한 경우에는 신용장 발행은행(C)이 운송 목적지에서의 수출품의 반환청구권을 가지게 되고, 수입자(B)가 신용장 발행은행(C)에 수출대금을 결제하고 그로부터 이러한 반환청구권을 양수받지 않는 한 수출품을 인도받을 수 없게 되고, 신용장 발행은행(C)이 수출대금의 결제를 거절하는 경우에는 수출대금 추심을 위하여 수출자(A)가 발행한 환어음과 함께 운송증권 등 선적서류를 반환함으로써 위 반환청구권이 국내 거래은행(X) 또는 수출자에게 이전되는 것이므로 결과적으로 위 반환청구권이 수출대금을 담보하는 기능을 하게 된다. 따라서 신용장 발행은행(C)이 수출대금의 결제를 거부하고 자신이 수취인으로 기재된 운송증권을 다른 서류와 함께 반환한 경우, 이를 반환받은 국내 거래은행(X) 또는 수출자는 운송증권을 그 수하인으로부터 적법하게 교부받은 정당한 소지인으로서 그 증권이 표창하는 운송물에 대한 권리를 취득한다(대판 1984.9.11, 83다카1661; 1987.5.12, 85다카2232; 1988.12.13, 85다카1358)"고 판시하였다.

아래 [사례 Ⅶ-3-3]은 선하증권의 소지인이 운송물을 수령하지 않고 선하증권을 발행한 운송인에 대하여 불법행위로 인한 손해배상을 청구할 수 있다고 본 사례이다.[2)]

---

1) 서헌제(하) 413면.

2) 김현, "2005년 중요 해상법 판례평석", 한국해법회지 제28권 제 2 호(2006.11), 352면.

[사례 Ⅶ-3-3: 대판 2005.3.24, 2003다5535]

[사실관계] [1] 원고 수출보험공사(X)는 원단 도소매업자인 G.M.G(A)로부터 A와 브라질 에마텍스(B)와의 섬유 원단 수출거래에 대한 수출신용보증의 인수를 요청받고 이를 승낙하여 2000.1.4. A가 발행한 수출환어음을 매입하는 방법으로 수출거래대금을 대출한 한빛은행(C)이 그 어음금을 회수하지 못함으로써 입게 되는 손해 등을 수출신용보증약관에 따라 상환하기로 하는 수출신용보증서(선적후, 이하 보증서라 함)를 발급하였다. 그런데 A는 사실상 B와 사음을 섬유 원단 수출계약을 체결한 사실이 없음을도 B에게 위 원단을 D/A 120일 이내 결제 조건부로 수출하는 것처럼 가장하여 동일한 취지의 선하증권 등의 선적서류들을 구비한 후 2000.6.10. C은행에게 수출환어음의 매입을 신청하였고, 이에 C은행은 당일 위 보증서를 담보로 수출환어음과 선적서류를 매입함으로써 A에게 대출하였다.

[2] 한편 이 사건 선하증권은 원단의 해상운송주선을 의뢰하는 A의 요청에 따라 피고 대일해운항공회사(Y)에 의해 2000.6.9. 발행되었는데, 당시 Y는 A의 원단 제조하청업체(홍일섬유)의 대표 D에 의해 사전에 적입·봉인된채 인도된 컨테이너 1대를 통째로 인수받은 관계로 A가 교부한 위 서류에만 근거하여 선하증권 표면에 송하인을 A, 수하인 B, 선적항을 부산항, 양하항 및 인도지를 브라질 파라나구아항 컨테이너 야드로 기재하되, 다만 컨테이너 내부 화물의 종류와 수량을 확인할 수 없는 관계로 '송하인이 적입하고 수량을 셈(SHIPPER'S LOAD & COUNT)', '다음의 화물이 실렸다고 함(SAID TO CONTAIN)'이라는 취지의 부지문언을 기재하였다.

[3] 그런데 위 컨테이너에는 그 무렵 D가 A로부터 제조 의뢰받아 생산한 이 사건 원단이 아닌 별개의 원단만이 적입되어 있는 상태이었다. Y는 위 별개 원단에 대하여도 A로부터 해상운송주선을 의뢰받은 관계로 같은 날 A가 교부한 별개의 상업송장 등에 기하여 송하인을 A, 수하인을 모다스 센츄리로 하되, 상품의 종류와 수량을 제외한 나머지 사항은 이 사건 선하증권과 동일한 내용으로 별개의 선하증권을 발행하였으며, 이후 별개 원단만 적입 봉인된 컨테이너는 Y로부터 해상운송을 의뢰받은 실제 해상운송인인 소외 컴파니아 수드 아메리카나 드 바포르 에스.에이.에 의하여 브라질 파라나구아항까지 운송되어 같은 해 8.13. 그곳에서 양하되었다.

[4] 한편 C은행은 위와 같이 매입한 환어음의 추심을 의뢰하였으나 B로부터 계약 관계 부존재를 이유로 서류를 반송받게 되자 사고발생 통지를 거쳐 2000. 9.23. X공사에게 상환을 요청하였던바, 이에 X공사는 같은 해 10.26. C은행에게 보험금을 지급하였고, 이후 A는 X공사에게 금원을 변제하였다.

[5] X공사 주장: Y(복합운송주선인)는 이 사건 선하증권을 발행·교부하기에 앞서 원

단의 실제 존재 여부 및 선적 여부를 확인하여야 할 주의의무가 있다고 할 것임에도 이를 게을리한 채 만연히 A가 교부한 서류에만 근거하여 위 화물이 선적되었다는 취지로 허위의 선하증권을 발행하였고, 이로 인해 X공사는 수출환어음을 매입한 C은행에게 보증서에 기한 보증채무를 이행하였으므로 Y회사는 그와 같은 불법행위로 인해 X공사가 입은 손해를 배상할 책임이 있다.

Y회사 주장: 이 사건 컨테이너는 화주측에 의하여 이미 적입·봉인된 상태로 인도되었으므로 Y회사로서는 컨테이너를 개봉하기 전에는 그 내용물을 확인할 수 없는 상태이었고, 나아가 Y회사는 A가 제출한 수출신고필증 등에 기하여 선하증권의 법정기재사항을 기재하면서 부지문언을 삽입한 이상 Y회사 발행의 위 선하증권은 허위의 선하증권이 아니다.

[6] 1심에서 원고 수출보험공사의 청구 기각, 2심에서 원고 항소기각 되었다가, 3심에서 원고의 상고가 인용되어 원심파기환송 되었다.

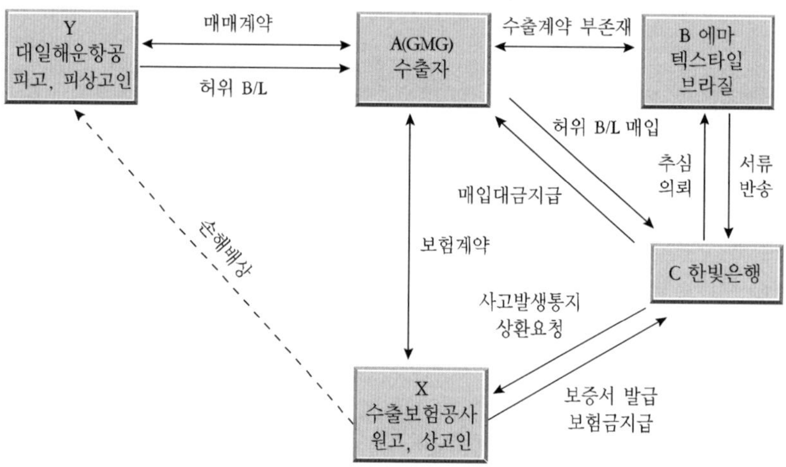

[쟁 점] [1] 선하증권의 소지인이 운송물을 수령하지 않고 선하증권을 발행한 운송인에 대하여 불법행위로 인한 손해배상을 청구할 수 있는지 여부

[2] 은행이 수출환어음과 함께 매입한 선하증권이 운송물을 수령하지 않고 발행된 것으로 무효인 경우, 은행이 선하증권의 소지인으로서 입은 손해의 발생 원인

[1심판결요지] 이 사건 선하증권 표면에 기재된 부지문언은 유효하며 그 결과 선하증권에 기재된 화물의 종류 및 수량에 관한 추정적 효력이 배제된다 할 것이어서 비록 위 컨테이너 내부에 이 사건 원단이 적입되지 않았다는 사정만으로 위 선하증권

권 기재가 허위라고 볼 수는 없고, 나아가 피고(Y) 회사가 위 선하증권 발행 이전에 위 원단의 실제 존재 및 컨테이너에의 적입 여부를 확인하기 위한 별도의 조치를 취하지 않았다고 하더라도 그것만으로 운송주선인 겸 운송인인 피고 회사에게 선하증권 발행상의 과실이 있다고 할 수 없다.

[2심판결요지] 이 사건 원단의 수입자인 에마텍스는 소외 지엠지와의 계약관계의 부존재를 이유로 환어음의 지급을 거절한 것이므로 선하증권상의 선적일자와 선박 이름이 실제의 선적일자와 선박 이름과 다르다고 하여도 위 사유는 원고의 손해발생에 아무런 영향을 끼친 바가 없어 피고(Y)의 위와 같은 선하증권 발행과 원고(X)의 손해발생 사이에는 인과관계가 없다 할 것이므로, 위 사유를 이유로 피고에게 손해배상을 청구하는 원고의 위 주장은 이유 없다 할 것이다(예컨대, 이 사건 선하증권 상의 선적일자와 선박에 위 컨테이너가 선적되었다 하더라도 소외 에마텍스는 여전히 환어음의 지급을 거절하였을 것이다).

[대법원판결요지] [1] 선하증권은 운송물의 인도청구권을 표창하는 유가증권인바, 이는 운송계약에 기하여 작성되는 유인증권으로 상법은 운송인이 송하인으로부터 실제로 운송물을 수령 또는 선적하고 있는 것을 유효한 선하증권 성립의 전제조건으로 삼고 있으므로 운송물을 수령 또는 선적하지 아니하였는데도 발행된 선하증권은 원인과 요건을 구비하지 못하여 목적물의 흠결이 있는 것으로서 무효라고 봄이 상당하고, 이러한 경우 선하증권의 소지인은 운송물을 수령하지 않고 선하증권을 발행한 운송인(Y)에 대하여 불법행위로 인한 손해배상을 청구할 수 있다.
[2] 은행이 비록 수출환어음과 함께 선하증권을 매입하였다고 하더라도 선하증권이 운송물을 수령하지 않고 발행된 선하증권으로 무효인 경우, 은행이 선하증권의 소지인(C)으로서 입은 손해는 반드시 그 수출환어음의 지급거절로 인하여 발생하는 것이 아니라, 경우에 따라서는 선하증권이 담보로서의 가치가 없는 것으로 됨으로써 발생할 수도 있다.

3-2 법리구성

선하증권의 물권적 효력에 관한 법리구성에 대해서는 절대설 · 상대설 · 대표설 등 학설의 대립이 있는데, 화물상환증의 경우와 마찬가지이므로 그 설명을 생략한다.[1)]

1) 서헌제(상) 376~379면; 서헌제(하) 413면.

제 4 절 전자선하증권

1. 전자식 자료교환방식(EDI)

1980년대에 들어와 세계무역량이 급격히 증가함에 따라 늘어나는 무역서류를 줄이기 위하여 대다수 무역국들이 문서 없는 무역을 지향함으로써 전자식 자료교환방식(Electronic Data Interchange: EDI)제도를 도입하기 시작하였다. 또한 선하증권 위조를 방지하고 전자기술의 발달로 말미암아 전통적인 유통증권인 선화증권이 해상화물운송장이라는 비유통운송문서로 대체됨에 따라 이 같은 문서를 전자식 자료교환방식으로 전달할 필요성이 생겼다. 국제상업회의소(ICC)도 이를 수용하여「무역거래조건의 해석에 관한 국제규칙 1990」(International Rules for the Interpretation of Trade Terms, 'Incoterms 1990')을 제정하여 1990년 6월 1일부터 시행하고 있으며, 특히 국제해법회는 1990년 6월 25일부터 1주일간 개최된 국제해법회 제34차 국제회의에서 전자식 선하증권에 관한 국제해법회규칙을 채택하였다.[1)]

전자식 선하증권에 의한 권리이전방식은 다음과 같다. 즉 송하인 또는 해상운송주선인의 컴퓨터에서 운송인의 컴퓨터로 데이터를 전송하는 방법으로 예약을 한다. 화물수령 후 운송인은 송하인에게 그 수령의 통지를 전자적 방식으로 전송하며 이 통지에는 그 이후 사용되어야 할 개인 암호가 포함되어 있다. 송하인은 이 통지를 받았다는 내용확인을 전송함으로써 전자적 방식에 따라 운송인에 대하여 운송물 인도청구권을 행사할 권리자로서 확정된다. 송하인은 운송인에 대하여 자신의 운송계약상의 화물 지배 및 처분권을 제 3 자에게 이전하는 취지를 개인암호를 사용하여 전송하면, 운송인은 송하인에 대하여 그 내용을 확인한 후 당해 제 3 자에게 운송계약의 내용을 구성하는 정보를 전송한다. 이에 응하여 제 3 자가 권리를 양수하는 취지를 운송인에게 응답하면 운송인은 그 제 3 자에게 새로운 개인암호를 발급하고, 이에 의하여 권리이전이

1) 송상현, "전자식 선하증권에 관한 국제적 동향: CMI의 1990년 초안을 중심으로", 서울대 법학 제32권 제 1 · 2 호(1991.8); 정진섭, "전자문서출현과 EDI의 법적 문제", 법조 제456호(1994.9), 98면; Ian Walden(ed.), EDI and the Law(London: Blenheim Online Publications, 1989).

완성된다. 이 같은 과정을 반복하여 권리가 전전유통된다. 즉 기술적으로 권리이전은 송하인에게 선하증권 대신에 개인암호를 발행함으로써 가능한데, 이 암호는 이후의 권리이전시마다 실효되고, 그 다음 권리양수인에게 새로 개인암호를 발행한다. 이와 같이 권리이전시마다 운송인은 양도인으로부터 내용확인을 받음으로써 권리이전이 실제로 이루어졌음을 확인한다. 권리이전에 필요한 새로운 개인암호를 가지는 사람으로부터만 지시를 받을 권리가 있고, 그러한 사람만이 최종수하인에 대한 화물의 인도에 관하여 지시사항을 발할 권한이 있다.[1)]

이 제도는 결국 서면(선하증권 등)을 사용하여 이루어지는 거래를 전자적 방식으로 대체하려는 것이다. 다만, 전자적 자금이체와 비교해 볼 때 은행간의 단순한 자족적 거래인 자금이체와 달리 선하증권에 담겨진 다양한 정보를 여러 다양한 거래당사자간에 이전하는 기술적으로 복잡한 거래이고, 선하증권의 물권적 효력(화물의 점유이전)이 전자식 이전으로부터 영향을 받는 문제가 있다. 이에 관하여는 선하증권소지인은 운송인에 대한 화물인도청구권에 기하여 화물에 관한 간접점유를 가지고 있으며, 선하증권의 점유이전에 의하여 화물에 대한 간접점유도 이전하는 것으로 설명하고 있으므로 국제해법회규칙에 기한 화물인도청구권의 이전에 의하여 화물에 관한 물권(간접점유)도 이전되는 것으로 본다.[2)]

2. 개정상법의 전자선하증권

현행 종이 선하증권은 위조 · 변조 · 분실의 위험이 있고 이를 제조 · 보관 · 관리 및 유통하는 데 상당한 비용이 드는 문제가 있다. 그리하여 2007년 개정상법은 종이 선하증권 대신 법무부장관이 지정하는 관리기관의 정보통신망에 서 전자문서로 발행 · 등록 · 배서 · 지급제시되는 전자선하증권제도를 도입하였다.

운송인은 상법 제852조 또는 제855조의 선하증권을 발행하는 대신에 송하

1) 손주찬, "전자식선하증권과 해상법", 한국해법회지 제21권 제 2 호(1999.11), 48면.

2) 송상현, 전게 논문, 3면.

인 또는 용선자의 동의를 얻어 법무부장관이 지정하는 등록기관에 등록을 하는 방식으로 전자선하증권을 발행할 수 있다.[1)] 이 경우 전자선하증권은 선하증권과 동일한 법적 효력을 갖는다(862①). 전자선하증권에는 ① 선박의 명칭·국적 및 톤수, ② 송하인이 서면으로 통지한 운송물의 종류·중량 또는 용적·포장의 종번·개수와 기호, ③ 운송물의 외관상태, ④ 용선자 또는 수하인의 성명·상호, ⑤ 수하인 또는 통지수령인의 성명·상호, ⑥ 선적항, ⑦ 양륙항, ⑧ 운임, ⑨ 발행지와 그 발행연월일, ⑩ 수통의 선하증권을 발행한 때에는 그 수, ⑪ 운송인의 성명 또는 상호, ⑫ 운송인의 주된 영업소소재지가 기재되어 있어야 한다(862② 참조). 전자선하증권은 운송인이 전자서명을 하여 송신하고, 용선자 또는 송하인이 이를 수신하여야 그 효력이 생긴다(통합후단).

전자선하증권의 권리자는 배서의 뜻을 기재한 전자문서를 작성한 다음 전자선하증권을 첨부하여 지정된 등록기관을 통하여 상대방에게 송신하는 방식으로 그 권리를 양도할 수 있다(862③). 이같이 배서의 뜻을 기재한 전자문서를 상대방이 수신하면 선하증권을 배서하여 교부한 것과 동일한 효력이 있고, 이같은 전자문서를 수신한 권리자는 선하증권을 교부받은 소지인과 동일한 권리를 취득한다(862④). 전자선하증권의 등록기관의 지정요건, 발행 및 배서의 전자적인 방식, 운송물의 구체적인 수령절차 그 밖에 필요한 사항은 대통령령으로 정한다(862⑤).

제 5 절 해상화물운송장

1. 의 의

현행 선하증권은 유가증권으로서 전전유통이 가능하기 때문에 화물의 도착보다 최종소지인의 권리행사가 늦어짐으로써 화물인도가 지연되는 경우가 많다. 그리하여 2007년 개정상법은 그 효력이 선하증권과 유사하나 유통성이

---

1) 정완용, "개정해상법상 전자선하증권 규정에 관한 고찰", 한국해법회지 제30권 제 1 호(2008.4), 98면 이하.

없기 때문에 화물인도지연의 우려가 적어 1970년대 이래 단기 국제운송분야에서 많이 사용되고 있는 해상화물운송장(sea waybill 또는 liner waybill)제도를 도입하였다.[1] 해상화물운송장을 발행한 운송인은 해상운송장에 명시된 수하인에게 운송물을 인도하여야 하며, 운송물의 선적 및 인도도 운송인이 직접 하게 된다. 전통적 선하증권과는 대조적으로 해상화물운송장은 비양도성을 특징으로 하며, 운송인은 스스로 수하인임을 입증한 자에게만 운송물을 인도한다. 양도성이 없으므로 도난이나 멸실의 염려 없이 용이하게 취급할 수 있다.

해상화물운송장은 권원증권이 아니며, 운송물에 관한 사항만을 전달하는 것에 불과하다. 따라서 해상화물운송장 자체가 매매거래상 반드시 필요한 것은 아니므로 매매계약당사자는 이메일이나 텔렉스로 해상화물운송장을 전송할 수 있으며, 진자신하증권과 달리 담보의 문세노 생기지 않는다.[2] 통상 해상화물운송장에는 헤이그규칙이나 헤이그-비스비규칙을 원용한다는 조항이 명시적으로 기재되어 있다. 미국에서는 해상화물운송장을 양도불능한 선하증권으로 보고, 이에 대하여 연방선하증권법과 하터법을 적용하는 반면, 미국 해상물건운송법은 권원증권에만 적용되기 때문에 당연히 해상화물운송장에 적용되는 것은 아니며, 당사자들이 합의한 경우에만 동법이 적용된다.[3]

2. 해상화물운송장의 기재사항

운송인은 용선자 또는 송하인의 청구가 있으면, 선하증권을 발행하는 대신 해상화물운송장을 발행할 수 있다(863① 전단). 해상화물운송장은 당사자 사이의 합의에 따라 전자식으로도 발행할 수 있다(동항 후단). 해상화물운송장에는 해상화물운송장임을 표시하는 외에 선하증권의 기재사항인 선박의 명칭·국적 및 톤수, 송하인이 서면으로 통지한 운송물의 종류·중량 또는 용적, 포장의 종별·개수와 기호, 운송물의 외관상태, 용선자 또는 송하인의 성명·상호, 수

1) 정완용, "해상화물운송장의 입법 방안에 관한 고찰", 한국해법회지 제26권 제 1 호(2004.11), 73면 이하 참조.

2) Tetley(4th), 2291.

3) Tetley, "Way bills: The Modern Contract of Carriage of Goods by Sea", 14 J.Mar.L. & Comm. p. 465(1983) 및 15 J.Mar.L. & Comm. p. 41(1984); 류중원, "해상화물운송장(Sea Waybill)에 관한 고찰", 인권과 정의, 제207호(1993.11), 36면.

하인 또는 통지수령인의 성명·상호, 선적항, 양륙항, 운임, 발행지와 발행연월일, 수통의 해상화물운송장을 발행한 때에는 그 수, 운송인의 성명 또는 상호, 운송인의 주된 영업소소재지를 기재하고, 운송인이 기명날인 또는 서명하여야 한다(동조 제2항).

위 기재사항 중 운송물의 중량·용적·개수 또는 기호가 운송인이 실제로 수령한 운송물을 정확하게 표시하고 있지 아니하다고 의심할 만한 상당한 이유가 있는 때 또는 이를 확인할 적당한 방법이 없는 때에는 그 기재를 생략할 수 있다(863③, 853②). 운송인이 해상화물운송장에 기재된 통지수령인에게 운송물에 관한 통지를 한 때에는 송하인 및 해상화물운송장 소지인 그 밖의 수하인에게 통지한 것으로 본다(863③, 853④).

3. 해상화물운송장의 효력

해상화물운송장이 발행된 경우, 운송인이 해상화물운송장에 기재된 대로 운송물을 수령 또는 선적한 것으로 추정한다(864①). 운송인이 운송물을 인도함에 있어 해상화물운송장에 기재된 수하인 또는 그 대리인이라고 믿을 만한 정당한 사유가 있는 때에는 수령인이 권리자가 아니라고 하더라도 운송인은 그 책임을 면한다(864②).

CHAPTER

8

선주책임제한 등

제 1 절 선박소유자의 책임제한

1. 총 설

1-1 의 의

(1) 취 지

기업은 영리활동으로 인해 타인에게 입힌 손해에 대해서는 그 전부를 배상할 책임을 지는 것이 원칙이다. 그런데 해상기업은 기업활동의 물적 수단인 선박에 거액의 자본이 투하되는 한편 그 활동무대가 바다라는 예측불허의 장소이기 때문에 단 한번의 사고에 의해서도 막대한 손해를 입게 된다는 특성을 안고 있다. 따라서 해상기업의 선박 운항에 따르는 모든 손해에 대해 무제한적으로 책임을 져야 한다면 해상기업의 유지와 발전을 도모하기 어렵게 되므로 각국의 해상법은 전통적으로 해상기업의 책임을 일정한 한도로 제한하는 선주책임제한제도를 두고 있다. 우리 상법도 제769조 이하에서 이에 관한 규정을 두고 있으며 또 그 구체적인 절차를 위해 '선박소유자 등의 책임제한절차에 관한 법'을 제정하였다.

(2) 총체적 책임제한

선박소유자의 책임제한은 선박에 관련된 사고로 인한 모든 책임을 일정한 기준에 의해 일괄적으로 제한한다는 점에서 이를 총체적 책임제한이라고 한다. 그러므로 선주책임제한제도는 해상물건운송인이 운송계약에 기해 화주에게 부담하는 책임을 제한하는 개별적 책임제한(797)과는 구별된다. 이와 같이 해상기업을 보호하기 위한 총체적 책임제한과 개별적 책임제한제도를 둠으로써 해상법은 다른 법에서는 찾아 볼 수 없는 특이성을 지니게 된다.

1-2 책임제한협약

(1) 연 혁

종래 각국은 책임제한방식과 그 한도액에 관해 프랑스법계의 위부주의, 독일법계의 집행주의, 미국법계의 선가책임주의 및 영국법계의 금액책임주의 등 구구하였다. 그러나 국제해운에 종사하는 선박은 그 운영의 범위가 전세계에 걸치기 때문에 선박사고에 대한 선주책임제한법이 각국마다 다를 경우 분쟁의 소지가 크다고 할 수 있다. 따라서 선주책임제한에 대해서는 이를 통일하기 위한 노력이 일찌기 시작되어 1924년 책임제한협약이 처음 정립되었고 이어 1957년 협약과 1976년 해사채권에 대한 책임제한협약이 체결되어 현재 발효되고 있다. 종전의 상법은 1924년 협약을 따르고 있었으나 1991년 개정상법은 1976년 협약의 입장을 수용하고 있다.

(2) 1976년 런던 해사채권에 대한 책임제한조약(Convention on Limitation of Liability for Maritime Claims)의 성립

세계해법회(CMI)가 1972년에 1957년의 브뤼셀 선박소유자책임제한조약을 대체할 새로운 조약의 기초작업을 시작하였고 1974년 국제해사기구(IMO)에게 이 조약초안을 인계하였으며 국제해사기구는 이를 약간 수정하여 1976년 런던회의에서 채택하였다. 오늘날 중요 해운국 중 동 조약을 수용하지 않은 국가는 미국, 러시아 정도이다.

1976년 조약은 원칙적으로 항해선(seagoing ship)에 대하여 적용되며(제1조 2항), 내수선과 300톤 미만의 소형선박에 대하여는 체약국이 국내법으로 특별한

책임제한규정을 둘 수 있다(1976년 조약 제15조 2항 (a)호, (b)호). 이는 내수선 및 소형선의 소유자는 영세한 것이 보통이며 이 같은 선박은 통상 해상항해를 하지 않으므로 이들의 책임을 특별히 경감하려는 취지이다. 원래의 조약초안은 20톤 미만의 유람선 및 20톤 미만의 어선에 대하여 국내법으로 특별한 규정을 할 수 있다고 규정하였으나, 1976년 조약의 채택을 위한 런던국제회의에서 대다수의 국가가 소형선의 책임제한에 대하여는 체약국에게 가능한 한 광범위한 재량권을 부여하자는 입장을 취함으로써, 체약국이 독자적으로 규제할 수 있는 소형선의 범위가 20톤 미만에서 300톤 미만으로 확대되었다.[1] 나아가 작업중인 해저시굴선 등 특수목적 선박에 대해서는 동 조약이 적용되지 않는다.

반면에 상법은 다양한 형태의 선박에 대하여 특별한 규정을 두지 아니하고, 선박소유사 책임제한 및 해상법의 적용대상인 '선박'을 "상행위 기타 영리를 목적으로 항해에 사용하는 선박"이라고 종전과 같이 정의하고 있다(740). 다만 300톤 미만의 선박에 대하여 그 소유자의 책임한도액을 경감하고 있을 뿐이다(770①2.단, 3.단).

1976년 조약은 "외국 국민의 이해관계가 관련되어 있지 않은" 사고에 대하여는 체약국이 국내법으로써 특별한 규정을 할 수 있다고 규정한다(제15조 3항). 예컨대 국내 연안만을 항해하는 여객선에 대하여는 우리 법이 특별한 규정을 할 수 있다. 이에 관하여 상법은 작은 배 또는 주로 노로 운전하는 선박에 대하여는 해상편(및 책임제한규정)이 적용되지 않는다고 규정하고 있을 뿐이다(741②).

(3) 1976년 조약에 관한 1996년 개정의정서

1976년 조약이 성립된 이후 20년간 물가상승률이 200%에 달하였으므로 책임한도액을 현실화하여야 한다는 주장에 의하여 1996년 5월 국제해사기구는 1976년 조약에 관한 개정의정서를 채택하였다. 1996년 개정의정서의 특징은 다음과 같다.

첫째, 책임한도액을 2 내지 4배 인상하였다. 특히 조약의 최저한도 적용선박의 범위를 종전의 500톤에서 2,000톤으로 상향조정하였으므로(이는 1996년 유해·위험물질 해상운송책임조약(HNS조약)의 최저적용 선박톤수 2,000톤과 통일을 기하려

---

1) 김창준, "운송인의 책임제한 배제사유", 한국해법회지 제29권 제 2 호(2007.11), 11면.

는 의도임), 2,000톤 이하의 소형선박의 소유자는 인적손해의 경우 2,000,000계산단위, 물적손해의 경우 1,000,000계산단위까지 손해를 배상하여야 한다. 이는 소형선박의 책임을 강화하자는 유럽국가들의 주장이 반영된 결과이다.

둘째, 여객의 사망이나 손해에 대한 책임한도액을 여객정원에 175,000계산단위를 곱한 금액으로 4배 정도 증액하였고, 1976년 조약하에서 선박사고당 2,500만 계산단위를 초과하지 않도록 하던 포괄적 책임한도를 폐지함으로써 여객이 경우에 따라 무제한적으로 손해배상을 청구할 수 있도록 하였다. 나아가 개정의정서는 여객에 대한 1976년 조약의 책임한도액보다 국내법상 규정된 손해배상액이 더 많은 경우에는 1976년 조약 대신 국내법을 적용할 수 있도록 유보조항을 신설하여 여객구제를 강화하였다.

셋째, 인적손해와 물적손해에 따라 서로 다르던 책임한도액의 단계를 4단계로 통일하였다. **넷째**, 앞으로 1976년 조약의 책임한도액을 쉽게 증액할 수 있도록 조약개정 절차규정을 새로 마련하였다. **다섯째**, 1996년 유해·위험물질 해상운송책임조약이 새로 제정됨에 따라 종래 1976년 조약의 적용을 받던 유해·위험물질 해상운송책임에 기한 손해배상청구권을 1976년 조약에서 배제할 수 있도록 하는 유보조항을 신설하였다.

1-3 선주책임제한의 모범사례

[사례 Ⅷ-1-1: 모범사례]

A회사 소유의 10만톤 크기의 선박이 항구에 입항 도중 선장의 판단착오로 부두와 충돌하여 부두에서 하역작업을 하고 있던 크레인기사 2인과 그 선박에 승선하고 있던 갑판원 1명이 사망하고 부두의 대형 크레인 1대가 파손되었다. 이 선박은 B회사가 철광석을 운송하기 위해 A로부터 용선한 것으로서 이 사고로 부두 앞에 좌초되었고, 사고해역은 침몰선으로부터 새어나온 기름으로 오염되었다. 사고 당시 이 선박은 선체보험과 책임보험에 부보되어 있었다.

이 사고로 인한 손해액은 ⓐ 크레인기사 사망배상금 각 20만 계산단위씩 40만 계산단위(SDR), ⓑ 갑판원 사망에 대한 배상금 10만 계산단위, 도합 50만 계산단위의 인적손해와, ⓒ 크레인수리비 및 수리할 때까지의 경제적 손실금 2,000만 계산단위, ⓓ 부두복구공사비용 200만 계산단위, ⓔ 침몰선박 및 철광석의 제거비용 100만 계산단위, ⓕ 기름오염제거비용 500만 계산단위, ⓖ 철광석 유실 손해 1,000만 계산단위, 합계 3,800만 계산단위에 달하였다(이외에도 선박의 침몰로 인한 손해가 있지만 이는 선주 자신이 입은 손해이므로 여기에서는 언급하지 않는다).
A 또는 B회사는 이러한 손해에 대해 모든 책임을 져야 하는가? 책임제한이 인정된다면 그 구체적인 액수와 절차는 어떻게 되는가?

선주책임제한제도를 보다 쉽게 이해하기 위해 위 [사례]와 같은 모범사례를 설정하기로 한다. 상법은 제769조 이하에서 선박소유자의 유한책임(책임제한)을 규정하고 있는데 그 내용은 **첫째**, 누가 책임제한을 할 수 있는가(774, 775), **둘째**, 책임제한의 대상이 되는 채무는 무엇인가(769), **셋째**, 책임제한이 배제되는 사유에는 어떠한 것이 있는가(773), **넷째**, 책임제한의 방식과 한도액은 어떠한가(770), **다섯째**, 책임제한은 구체적으로 어떠한 절차를 거치는가(776, 책임제한절차법) 하는 5가지로 나누어 볼 수 있다.[1)]

2. 책임제한을 할 수 있는 자

2-1 상법상 책임제한 주체

[사례 Ⅷ-1-2: 서울고판 1987.2.4, 99다13486]

내항여객선의 침몰사건으로 피해를 입은 사망자 유족들은 내항여객선의 운항을 지휘, 감독한 한국해운조합을 상대로 손해배상을 청구하였다. 이에 대하여 한국해운조합은 자신이 상법 제750(774)조 제1항 제1호에 의하여 선박소유자의 경우와 동일하게 책임제한을 주장할 수 있는 선박관리인에 해당한다면서 책임제한을 주장하였다. 한국해운조합의 이와 같은 주장은 타당한가?

상법은 책임제한을 할 수 있는 자를 넓게 규정하고 있는데, 이는 선박소유자만 아니고 선박을 이용하고 관리하는 과정에서 발생하는 채무에 대해 널리 책임제한을 인정하고자 하는, 운송인 중심주의에 따른 것이다.[2)]

1) 서헌제(하) 318면.
2) 이균성, "개정해상법과 해상기업관계자의 총체적 책임제한", 양승규교수화갑논문집, 429.

(1) 선박소유자(769)

1) 범 위 선박소유자에는 협의의 선박소유자와 선박공유자 및 선박임차인을 포함한다(대판 1972.6.13, 70다213). 그러나 선박을 소유하기는 하지만 이를 해상기업에 이용하지 않는 경우에는 해상기업의 주체가 아니므로 책임제한의 대상이 아니다.

2) 무한책임사원 선박소유자가 인적회사인 경우에 그 무한책임사원도 책임제한 할 수 있다(774①2). 다만 동일한 사고에서 발생한 무한책임사원과 그가 속한 회사의 책임총액은 선박마다 법정한도액을 초과하지 못한다(774②).

(2) 용선자 · 선박관리인 · 선박운항자(774①1)

1) 용 선 자 해상기업의 주체로서의 정기용선자는 물론이고 항해용선자도 포함된다. 이는 항해용선자가 자기명의로 재운송을 하는 경우에는 용선자는 선박소유자와 함께 운송계약의 당사자인 제 3 자에게 책임을 지기 때문이다(806). [사례 Ⅷ-1-1: 모범사례]에서 B는 (항해)용선자이므로 당연히 책임제한을 할 수 있다.[1]

2) 선박관리인 선박관리인은 해상기업의 주체는 아니지만 선원의 공급과 감독, 선박운항 및 선용품공급을 담당하는 자로서 손해배상책임을 부담하는 경우가 있으므로 책임제한의 주체에 포함된다. [사례 Ⅷ-1-2]에서 서울고판 1997.2.4, 96다13486은 "내항여객선의 운항을 지휘·감독한 한국해운조합은, 국가의 입장에서 안전관리를 할 뿐 해운기업이 영업으로 하는 선박관리와 다르다는 이유로, 책임제한을 할 수 없다"고 판시하였다.

3) 선박운항자 타인을 위해 선박을 운항하는 자도 그 운항에 따른 책임에 대해 책임제한을 할 수 있다.

4) 무한책임사원 용선자 · 선박관리인 · 선박운항자가 인적회사인 경우에 그 무한책임사원도 책임제한할 수 있다(774①2). 다만 동일한 사고에서 발생한 무한책임사원과 그가 속한 회사의 책임총액은 선박마다 법정한도액을 초과하지 못한다(774②).

1) 서헌제(하) 319면.

(3) 선장 · 해원 · 도선사 기타 사용인 또는 대리인(774①3)

자기의 행위로 인하여 선박소유자 또는 용선자·선박관리인·선박운항자에 대해 책임이 생기게 한 선장 · 해원 · 도선사 기타 사용인 또는 대리인도 책임제한을 주장할 수 있다(774①3). 이들은 선박소유자의 피용자로서 그 행위로 인해 제 3 자에게 손해를 가한 경우에는 선박소유자와 함께 책임을 지게 되는데 선박소유자만 책임제한 할 수 있다고 하면 불합리하기 때문이다. 동일한 사고에서 발생한 선박소유자 등의 책임과 선장등의 책임의 총액은 선박마다 법정한도액을 초과하지 못한다(774②).

(4) 선박 구조자(775의2)

해양사고 구조자의 구조활동에 직접관련하여 발생한 채권에 대해서도 책임제한 할 수 있다(775의2①). 개정 상법은 해난구조자의 책임제한에 대하여 "구조자 또는 그 피용자의 구조활동과 직접 관련하여 발생한 사람의 사망 · 신체의 상해, 재산의 멸실이나 훼손, 계약상 권리 외의 타인의 권리의 침해로 인하여 생긴 손해에 관한 채권 및 그러한 손해를 방지 혹은 경감하기 위한 조치에 관한 채권 또는 그 조치의 결과로 생긴 손해에 관한 채권에 대하여는 구조자도 책임을 제한할 수 있다"라고 규정하였다(775①). 이는 구 상법 제752조의2가 「1976년 국제해사채권 책임제한조약」의 내용을 정확하게 반영하지 못하고 있다는 지적이 있어서, 조약의 내용과 외국의 입법례를 참작하여 구조자가 구조활동과 관련하여 발생시킨 불가피한 손해에 대하여 책임제한을 주장할 수 있는 채권의 범위를 보다 구체화한 것이라고 한다.[1)]

2-2 책임보험자

상법은 선박소유자 등의 책임보험자가 책임제한을 할 수 있는 여부에 대해서는 아무런 규정을 두지 않고 있다. 여기에서 만일 피해자(채권자)가 책임보험자에 대해 직접 배상청구를 한 경우에는 책임보험자도 피보험자(선박소유자)와 마찬가지로 책임제한을 주장할 수 있는가 하는 점이 문제된다. 생각건대 상법이 근거하고 있는 1976년 협약에는 책임제한주체에 책임보험자(보통은 P&I

1) 국회법제사법위원회, 상법 일부개정법률안 심사보고서(2007.7.).

Club)를 포함하고 있을 뿐 아니라, 상법상으로도 제3자가 보험자에 대해 직접 청구권을 행사할 경우 보험자는 피보험자가 그 사고에 관하여 가지는 항변으로써 제3자에게 대항할 수 있으므로(724②단), 이를 긍정하는 것이 타당하다고 할 것이다.[1)]

3. 책임제한을 할 수 있는 채권

3-1 채권발생원인

[사례 Ⅷ-1-3: 대판 1987.6.9, 87다34; 대결 1995.6.5.자 95마325]

(i) Y해운사는 A수산회사 소속의 어선들이 북태평양 해상에서 어획한 오징어를, Y가 정기용선한 냉동운반선 제3럭키스타호로 부산항까지 운송키로 하는 내용의 계약을 체결하였다. 한편 A는 X보험사와 이 오징어운송에 관한 적하보험계약을 체결하였다. 제3럭키스타호의 선장이 A로부터 오징어를 인수하여 부산항으로 오던중 선장의 판단착오로 암초에 충돌 좌초되면서 적재된 냉동오징어가 전부 유실되자 X는 A에게 2억원의 보험금을 지급한 후 보험자대위에 기해 Y에게 구상권을 행사하였다. 이에 Y는 첫째, 운송계약상의 채무불이행을 이유로 하는 청구에 대해서는 이 사고가 선장의 항해과실에 의한 것이므로 상법 제788조 2항에 의해 면책이며 둘째, 불법행위를 이유로 하는 청구에 대해서는 상법 제747조에서 정한 한도액으로 그 책임을 제한할 수 있다고 주장하였다. Y의 주장은 타당한가?

(ii) Y원양회사가 용선한 제702파인호가 남태평양 사모아 근해상을 운항하다가 X1수산회사 소속의 제35한성호를 들이받아 제35한성호가 침몰되고 어획물이 유실되는 사고가 발생하였다. 이에 X1은 Y를 상대로 사고로 입은 어획물 등 손해 10억원의 배상청구소송을 제기하였고, 침몰한 제35한성호의 선체보험사인 X2는 11억원의 보험금을 X1에게 지급하고 X1의 Y에 대한 손해배상채권을 대위취득하여 이를 Y에게 청구하였다. Y는 X1,X2의 채권에 대해 상법 제747조에서 정한 금액을 한도로 그 책임을 제한할 수 있는가?

선박소유자는 청구원인 여하에 불구하고 상법 제769조 각호의 채권에 대하여 그 책임을 제한할 수 있다(769). '청구원인 여하'라고 함은 그 원인이

1) 송·김 125~126면, 채이식 668면.

불법행위이든 채무불이행이든 가리지 아니한다는 의미 채무 그러므로 [사례 Ⅷ-1-1: 모범사례]에서 용선자인 B는 운송계약상의 책임(ⓑⓖ)은 물론이고 불법행위책임(ⓐⓒⓓⓔⓕ)에 대해서도 책임제한을 할 수 있다.[1)]

(1) 1991년 상법개정전의 판례

'청구원인 여하'라는 문언은 1991년 상법 개정시 1976년 협약의 관련규정을 받아들인 것인데, 그 이전 판례들은 운송계약상의 채무불이행채무에 대해서만 책임제한규정이 적용된다는 입장을 고수하여 왔다. 즉 [사례 Ⅷ-1-3-i]에서 대판 1987.6.9, 87다34는 "원심이 피고(Y)에게 불법행위로 인한 손해배상책임을 인정하면서 위 상법의 규정에 의한 선박소유자의 유한책임한도에 따라 배상금액을 산정한 것은, 선박소유자의 유한책임한도에 관한 위 규정들은 운송계약불이행으로 인한 손해배상청구권에만 적용되고 선박소유자의 일반불법행위로 인한 손해배상을 구하는 사건에는 적용이 없다고 한 당원 1977.12.13 선고 75다107 판결에 상반되는 판단으로서 위법임을 면치 못한다"고 판시하였다(동 대판 1989.11.24, 87다카73; 1990.5.8, 88다카7641; 1989.11.24, 88다카16294; 1989.4.11, 88다카11428; 1990.8.28, 88다카30085; 1992.1.21, 91다14994; 1992.2.25, 91다30026).

이러한 판례의 입장은 1991년 개정전 상법이 책임한도액을 선박 톤당 15,000원이라는 비현실적인 가액으로 정하였으므로, 만일 책임제한을 인정한다면 어떠한 큰 피해를 주었어도 해상기업은 아무런 책임도 지지 않게 되는 것과 마찬가지의 결과가 되었기 때문이 아닌가 한다.

(2) 상법개정후의 판례

이와 같은 무리한 해석론으로 인해 종래의 판례는 세계적인 추세와는 동떨어진 것으로 비판을 받아 왔는데[2)], 1991년 상법 개정으로 더 이상 유지 될 수 없게 되었다. 이리하여 대결 1995.6.5, 95마325는 [사례 Ⅷ-1-3-ii]에서 "선박충돌 사고로 인하여 재항고인들(X1, X2)이 신청인(Y)에 대하여 가지는 손해배상채권은 상법 제746(769)조 제 1 호가 규정하는 '선박의 운항에 직접 관련하여 발생한 그 선박 이외의 물건의 멸실 또는 훼손으로 인하여 생긴 손해에 관한 채권'에 해당한다 할 것이고, 그러한 채권은 불법행위를 원인으로 하는

1) 서헌제(하) 321면.

2) 송상현, "대판 1987.6.9, 87다34판결에 대한 평석", 민사판례연구X, 259면.

것이라 하여도 '청구원인의 여하에 불구하고' 책임을 제한할 수 있는 것으로 규정하고 있는 제746(769)조 본문의 해석상 책임제한의 대상이 된다고 할 것이므로, 선박의 용선자인 신청인(Y)은 제750(774)조 제 1 항 제 1 호, 제746(769)조에 의하여 재항고인들(X1. X2)의 신청인(Y)에 대한 손해배상채권에 대하여 같은 법 제747(770)조의 규정에 의한 금액을 한도로 그 책임을 제한할 수 있다"고 판시하여 종래의 판례를 변경하였다.

(3) 1976년 협약의 수용

> [사례 Ⅷ-1-4: 책임제한 대상채권]
>
> A 선박과 B 선박이 해상에서 운항중 서로 충돌하는 사고가 발생하여 B 선박은 침몰되고 B 선박에 적재되어 있던 화물이 멸실되었다. 보험금을 지급한 B 선박의 선체보험사와 멸실된 화물의 화주는 이 충돌사고가 A 선박의 책임있는 사유로 인하여 발생되었다는 이유로 A 선박의 소유자를 상대로 손해배상을 청구하였다. 이에 A 선박 소유자는 선박소유자의 책임제한을 주장하였는데 손해배상청구권자들은 A 선박 소유자가 자신들에 대하여 지게 되는 손해배상책임은 불법행위를 원인으로 한 것이므로 책임제한을 주장할 수 없다고 주장하였다. 이러한 주장은 타당한가?

앞에서 본 바와 같이 상법은 선박소유자가 청구원인의 여하에 불구하고 책임제한채권에 대하여 책임을 제한할 수 있다고 규정한다(769). 이는 1976년 조약의 "whatever the basis of liability may be"(동 조약 제 2 조 1항)를 받아들인 것이다. 따라서 그 원인이 불법행위이든 채무불이행이든 가리지 아니한다. 나아가 동 조약은 제한채권이 상환청구에 의하거나(by way of recourse) 계약 등에 의한 보상청구(for indemnity under a contract)에 의하거나를 불구하고 책임제한채권으로 한다(동 조약 제 2 조 2항). 예컨대 피예인선을 예인하던 예인선이 과실로 인하여 A선과 충돌하여 A선에 손해를 입혔다고 가정할 경우 만약 예인계약상 예인선의 A선에 대한 손해배상책임을 피예인선이 보상하여야 한다 하더라도, 피예인선의 소유자는 자신의 책임을 제한할 수 있다.[1] 상법은 1976년 조약 제 2 조 2항과 같은 규정을 두지 않고 있으나 동일하게 해석하여야 할 것이다.

상법과 1976년 조약은 책임제한채권이 선박소유자의 과실 또는 채무불이

1) 송 · 김 128면.

행으로 인하여 발생했을 것을 요구하지 않으므로, 선박소유자는 자신의 무과실 책임에 대하여도 책임제한을 할 수 있다. 최근에 대법원은 선박충돌 사고로 인한 손해배상채권이 불법행위를 원인으로 하고 있지만 책임제한의 대상이 된다는 것을 분명히 하였다.[1)]

따라서 위 [사례 Ⅷ-1-4]에서도 선박소유자의 책임제한은 그 청구원인의 여하를 불문하므로 A 선박 소유자는 손해배상청구권자들에 대하여 책임제한을 주장할 수 있다. 이에 따라 [사례 Ⅷ-1-1]에서 용선자인 B는 운송계약상의 책임(ⓑⓖ)은 물론이고 불법행위책임(ⓐⓒⓓⓔⓕ)에 대해서도 책임제한을 할 수 있다.

3-2 책임제한 채권의 유형

(1) 선박에서 발생하거나 선박의 운항과 관련한 인적·물적 채권

> [사례 Ⅷ-1-5: 선박운항관련채권]
>
> A 선박이 침몰한 후 B 선박은 A 선박의 잔해와 충돌하여 선박이 파손되는 손해를 입었다. 이에 B 선박은 A 선박을 상대로 손해배상을 청구하였는데 A 선박은 선박소유자의 책임제한을 주장하였다. A 선박의 주장은 타당한가?

선박소유자는 '선박상에서 또는 선박의 운항에 직접 관련하여 발생한' 인적, 물적손해에 대하여 책임제한을 할 수 있다(769①). 이는 1976년 조약 제 2 조 1항 (a)호의 'occurring on board or in direct connection with the operation of the ship'의 문언을 옮겨 놓은 것이다. 따라서 선박이 건선거(dry dock)에 있던 중 선박소유자의 육상직원에 의하여 손해가 야기되었더라도 그 육상직원의 행위가 선박의 운항과 직접 관련된 것이라면 선박소유자는 책임을 제한할 수 있다. 그러나 선박소유자의 단순한 채무불이행은 선박의 운항에 직접 관련된 것이라 할 수 없다. 예컨대 유조선소유자가 터미널소유자와 체결한 기항계약을 위반하여 유조선이 위 터미널에 기항하지 않았기 때문에 터미널소유자가 입은 경제적 손해에 대하여 유조선소유자는 책임제한을 할 수 없다. 선박의 운항은 '항해 또는 선박관리'(navigation or management)와 유사한 개념이며 선박의 순수

1) 대판 1995.6.5, 95마325 책임제한절차개시(법원공보, 제997호(1995.8.1.), 2492면).

한 상업적 사용보다는 실질적인 사용에 보다 가까운 개념이다.[1)]

따라서 위 [사례 Ⅷ-1-5]에서 A 선박의 소유자는 '선박의 운항에 직접 관련하여' 발생한 사고가 아니기 때문에 책임제한을 주장할 수 없다. 이 같은 경우에 대비하기 위하여 발트국제해운동맹은 1976년 조약 제 2 조 1항 (a)호를 수정하여 '선박상에서 또는 선박의 운항 또는 처분에 직접 관련하여'(operation or disposition of the ship)로 할 것을 제안하였으나 이 제안은 받아들여지지 않았다.

인적손해는 선원 또는 상대방의 선원과 여객이 입은 손해 등을 말한다. 일본 선박소유자책임제한법에서는 내항선의 여객의 인적 손해에 대해서는 책임제한을 배제한다(동법 제 3 조 4항). 그러므로 내항선의 소유자는 자기 선박의 여객에 대하여 책임제한을 할 수 없는 반면, 내항선의 소유자가 상대선에 대하여 여객의 인적 손해배상을 구상할 때에 상대선은 책임제한을 행사할 수 있다. 물론 여객이 상대선에 대하여 손해배상을 청구할 때에는 상대선은 책임제한을 할 수 있다. 반면에 우리 상법상 내항선의 종류에 관계없이 내항 여객선의 소유자는 책임제한을 주장할 수 있는데, 상법이 일본법보다 합리적인 태도를 취하고 있다고 본다.[2)]

물적손해란 충돌시에 상대선의 멸실과 손상 또는 자선 및 상대선에 실린 운송물의 멸실 또는 손상, 부두 · 항로표지 등의 항만시설 또는 어선의 어획물의 손해 등을 의미한다.

[사례 Ⅷ-1-1: 모범사례]에서 보면 ⓑ는 선박 내에서 발생한 인적손해, ⓖ는 선박 내에서 발생한 물적손해, ⓐ는 선박의 운항과 관련한 인적손해, ⓒⓔⓕ는 선박의 운항과 관련한 물적 손해이다. ⓓ와 같은 항구의 구축물이나 정박시설 등에 가한 손해가 여기에 포함되는 여부에 대해서는 반대하는 견해도 있으나,[3)] 본조에서 말하는 '선박 이외의 물건'에 해당하여 책임제한채권에 포함되는 것으로 본다. 선박 내에서 생긴 손해라고 하더라도 운항과 직접 관련이 없는 사항은 제외된다. 그러므로 어선에서 어로작업 중에 발생한 손해는 운항과 관련된 손해라고 할 수 없다.[4)]

1) 손주찬, "난파물제거에 관한 선박소유자의 책임", 한국해법회지 제24권 제 1 호(2002.4), 121면 이하 참조.

2) 송 · 김 129면.

3) 정희철 523면.

(2) 운송물 · 여객 또는 수하물의 운송지연손해

지연손해는 헤이그 · 비스비규칙에서는 운송인의 책임원인이 아니지만 1978년 함부르크규칙(제 5 조 1항, 2항)에서는 책임원인으로 하고 있고 우리 상법 제794조, 제795조에 의하여서도 책임원인이 된다. 지연손해란 물리적인 손해는 아니지만 운송물, 여객, 수하물이 목적항에 연착함으로써 입는 이익의 감소 또는 판매이익의 감소 등 희망이익의 손해를 뜻한다. 지연손해에 대하여도 책임제한이 가능하게 된 것은, 1976년 런던회의에서 만약 지연손해에 대하여 선박소유자에게 무한책임을 부과한다면 멸실된 화물소유자보다 운송이 지연된 화물의 소유자가 이득을 얻는 모순이 있다고 해운업계가 주장했기 때문이다. 선박소유자는 환적항에서 발생한 사고와 같이 운송지연의 원인이 자신의 선박 외에서 발생한 경우에도 책임을 제한할 수 있다.

(3) 비계약상의 권리침해

선박소유자는 선박의 운항에 직접 관련하여 발생한 계약상 권리 이외의 타인의 권리침해로 인하여 생긴 손해에 대하여 책임을 제한할 수 있다(769.3, 1976년 조약 제 2 조 1항 C호). 이는 위 (1)호, (2)호 이외에 선박운항이나 구조작업에 직접 관련하여 발생하는 계약상 권리 이외의 권리침해로부터 발생하는 기타의 손해에 관한 채권이므로, 결국 선박운항에 직접 관련하여 발생한 불법행위로 인한 채권을 말한다. 예컨대 선박충돌시 상대선의 휴항손해, 선박이 항구의 입구를 막고 있기 때문에 다른 선박이 항구에 출입하지 못하여 입은 손해, 기름이 유출되어 어로작업을 하지 못한 기간의 손해 등이 있다.

반면에 선박소유자는 제 3 자의 계약상 권리가 침해된 경우에는 책임을 제한할 수 없다. 예컨대 선박소유자가 레이더장비나 컨테이너를 제 3 자로부터 매입하거나 임차하였을 때 선박소유자는 제 3 자의 대금채권이나 사용채권에 대하여 책임제한을 할 수 없다. 1976년 조약의 위 조항은 국제컨테이너 임대인협회가 제인하여 삽입하게 되었다. 동협회는 나아가 1976년 조약 제 3 조(책임제한을 할 수 없는 채권)에 '컨테이너 또는 레이더장비 등의 매도인 또는 임대인이 가지는 대금, 사용료채권, 선박소유자가 컨테이너 등의 매도인, 임대인에게 보상하기로 약정한 제 3 자에 대한 배상책임, 컨테이너 등의 파손으로 인한 손해에

---

4) 서헌제(하) 322면.

관한 채권'을 추가하려고 시도하였으나 이는 해운업계가 불필요한 조항이란 이유로 반대하였기 때문에 받아들여지지 않았다. 이와 같이 1976년 조약의 곳곳에서 선박소유자측과 적하 이해관계인(청구권자)측의 이해관계가 대립한 흔적을 찾아볼 수 있다.[1)]

[사례 Ⅷ-1-1]의 ⓒ중에서 크레인 수리비를 제외한, 수리할 때까지 하역작업을 할 수 없어 생기는 손실은 여기에 속한다. 비계약상의 권리에 한정되기 때문에 가령 선박의 운항에 필요한 유류공급채권과 같은 계약상의 채권은 책임제한의 대상이 아니다.

(4) 위 (1)~(3)의 손해를 방지, 경감하기 위한 조치에 관한 채권

이는 1976년 조약 제2조 1항 (f)호를 수용한 것이다. 예컨대 A선이 닻을 끌고 다니기 때문에 B선 소유자가 A선으로부터 자신의 선박을 보호하기 위하여 비용을 지출하였다면 A선 소유자는 B선의 비용상환청구에 대하여 책임제한을 주장할 수 있다.

세계해법회가 작성한 조약 초안 제12조 5항은 선박소유자가 지출한 합리적인 손해방지비용은 제3자가 선박소유자에 대하여 가지는 채권과 동일순위의 효력을 가진다고 규정하였다. 해운업계 및 보험업계는 이로써 선박소유자가 손해방지조치를 취하는 것을 장려할 수 있다고 주장하였다. 그러나 청구권자측은 첫째, 선박소유자는 스스로 손해를 방지할 법적 의무를 가지고 있으므로 설혹 선박소유자가 손해방지조치를 취했다고 하더라도 그에게 반대급부를 지급할 이유가 없고, 둘째, 선박소유자가 이미 청구권자에게 입힌 손해를 경감시키기 위하여 어떠한 조치를 취하였다고 하더라도 이로 인하여 피해자인 청구권자가 받는 보상액이 감소되어서는 아니되며, 셋째, 선박소유자가 손해방지조치를 자신의 이익을 위하여 취할지도 모르며, 손해방지를 위하여 지출한 비용이 방지된 손해금액을 초과할 가능성이 있고, 넷째, 선박소유자가 지출한 손해방지비용 중 어느 것이 합리적인 비용인지 법원이 판단하기 어렵다는 이유로 이같은 조항에 반대하여 결국 위 초안은 삭제되었다.[2)]

1) 송·김 130면.
2) 송·김 131면.

4. 책임제한을 할 수 없는 경우

4-1 책임제한 배제사유

[사례 Ⅷ-1-6: 책임제한 배제사유]

X는 일본으로부터 수입하는 펄프의 운송을 위해 Y해운사와 운송계약을 체결하였는데, Y는 펄프를 제 1 도라지호의 갑판에 선적하도록 하였다. 그러나 물량이 과다하여 항만당국의 출항허가를 받기 어렵게 되자, 선장 A는 본사(Y)의 지시를 받아 밤에 몰래 발라스트(선박의 무게중심을 잡기 위해 선박 밑부분에 담아두는 바닷물)의 일부를 배출하여 배를 가볍게 한 후 출항하였다. 제 1 도라지호가 항해중 폭풍우가 근접하고 있다는 기상통보에 따라 쓰시미 항구로 회항하기 위해 우현으로 방향을 선회하는 순간 갑판에 적재한 펄프의 무게를 이기지 못하고 전복・침몰되면서 펄프가 전량 유실되었다. X가 Y에게 펄프유실로 인한 손해배상청구를 하자 Y는 항해과실로 인한 사고이므로 면책이며, 그렇지 않다고 하더라도 상법 제747조에서 정하는 한도액으로 책임이 제한된다고 주장하였다. Y의 주장은 타당한가? 만일 A가 Y의 지시를 받지 않고 단독으로 발라스트를 배출하고 출항한 경우에는 어떠한가?

상법 및 1976년 조약은 책임한도액을 높인 대신 청구권자가 선박소유자의 책임제한권을 배제하는 것을 극히 어렵게 하였다. 상법은 "선박소유자의 고의 또는 손해발생의 염려가 있음을 인식하면서 무모하게 작위 또는 부작위를 한 때에는" 책임제한을 할 수 없다고 규정한다(769). 이는 1976년 조약(제 4 조)의 "personal act or omission, committed with the intent to cause such loss, or recklessly and with knowledge that such loss would probably result"를 그대로 수용한 결과이다. 이 같은 책임제한배제사유는 1976년 조약이 임의로 창설한 것이 아니고 1929년 바르샤바 항공협약 및 동협약의 1955년 헤이그 개정의정서(제25조), 1968년 헤이그・비스비규칙, 1974년 아테네 해상여객운송조약(제13조), 1978년 함부르크규칙(제 8 조 1항), 1980년 유엔국제복합물건운송조약(제21조 1항)에서도 동일한 책임제한배제사유를 규정하고 있으므로, 이 같은 문언이 일단 세계해상법체계에서 보편적으로 사용되는 책임제한배제사유로서 정착되었다고 할 수 있다.[1)]

1) 송・김 140면.

이 책임제한배제사유는 영국법 개념에서 나온 것이기 때문에 대륙법계 국가에서는 고의성과 무모성(intent and recklessness)에 상응하는 법적 개념이 없어서 해석상의 어려움이 있다. 1976년 조약이 이같이 엄격한 배제사유를 규정하게 된 것은, 선박소유자의 책임한도액을 해상보험시장이 인수할 수 있는 최대한도까지 인상하는 대신 해운업계에 대한 반대급부로서 선박소유자의 책임제한이 배제되는 것을 극히 예외적인 경우에만 한정하자는 선진국 해운업계 및 해상보험업계의 주장이 반영되었기 때문이다. 1957년 조약이 유효하던 때에는 선박의 항해설비에 결함이 있거나 자격이 부족한 선원을 승선시킨 결과 선박이 불감항상태에 빠지게 되면 이를 선박소유자의 고의 또는 과실로 보아 책임제한을 부인하는 경향이 있었다. 그러나 1976년 조약에서는 위와 같은 감항능력주의의무 위반은 더 이상 책임제한 배제의 이유가 될 수 없게 되었다.

(1) 손해가 선박소유자 자신의 작위 또는 부작위로 인하여 생길 것

1976년 조약은 '책임 있는 자'(a person liable)의 작위 또는 부작위에 대하여 책임제한을 부인하므로 선박이 용선된 경우 선박소유자와 용선자 중 누가 책임있는 자인지에 관하여 다툼이 있을 수 있다. 그러나 상법은 선박소유자의 작위 또는 부작위를 기준으로 하므로 이 같은 문제가 발생할 여지가 없다는 장점이 있다. 1976년 조약은(제 1 조 2항) '선박소유자'라 함은 항해선의 소유자, 용선자, 선박관리인, 운항자를 의미한다고 규정하고 있다. 이 중 예컨대 선박운항자의 작위 또는 부작위가 책임제한배제사유에 해당한다 하더라도 그 선박운항자만 책임제한권을 상실할 뿐, 선박소유자, 용선자, 선박관리인은 여전히 책임제한을 할 수 있다. 그리고 피보험자가 책임제한을 할 수 있을 때에만 책임보험자도 책임제한을 할 수 있으므로, 책임보험자의 책임제한권은 자신의 고의 또는 무모함뿐 아니라 피보험자의 고의 또는 무모함에 의하여도 상실될 수 있다.

또 동일한 선박의 소유자, 나용선자, 선박관리인이 동시에 책임보험에 가입할 수도 있으므로, 이 중 한 피보험자가 책임제한을 할 수 있는 반면 다른 피보험자는 책임제한을 할 수 없는 경우도 많다. 이 경우에 책임보험자가 책임제한을 할 수 있는지 여부는 청구권자가 어느 피보험자를 제소했는가에 달려 있다.

또 상법은 선박소유자의 작위 또는 부작위만을 책임제한 배제사유로 인정

하고 있으므로, 선박소유자의 피용자의 작위 또는 부작위에 의하여 손해가 발생하더라도 선박소유자는 책임제한권을 상실하지 않는다(대판 1996.12.6, 96다31611). 또한 대법원은 용선자가 책임제한의 주체인 경우, 용선자에게 고의 또는 무모한 행위가 없는 한 용선자의 피용자에게 고의 또는 무모한 행위가 있다는 이유만으로 책임제한이 조각되지 않는다고 판시한 바 있다(대결 1995.6.5, 95마325). 선박소유자의 부작위가 책임제한배제사유로 되는 것은 선박소유자가 필요한 특정행위를 할 법적 권한을 가지거나 그러한 특정행위를 할 것이 합리적으로 기대되는 경우에 한한다. 만약 그러한 법적 권한이 없는 경우에는 선박소유자가 고의로 또는 무모하게 그러한 부작위를 했다는 것이 아울러 입증되어야 한다.

위 [사례 Ⅷ-1-6]에서 Y사의 선장 A가 만약 본사(Y)의 지시없이 독단적으로 발라스트의 일부를 배출하고 배를 출항시켰다면 이는 피용자의 행위에 불과하므로 선박소유자인 Y사는 책임제한주장을 할 수 있다.[1] 하지만 위 사례에서는 선장이 본사의 지시를 받고 이러한 행위를 하였으므로 선박소유자 자신의 고의 또는 무모한 행위가 있었다고 해석되므로 책임제한주장을 할 수 없게 될 것이다.

(2) 선박소유자가 고의 또는 손해발생의 염려가 있음을 인지하면서 무모하게 한 행위

고의라 함은 선박소유자가 결과의 발생을 희망하거나 결과의 발생을 목적으로 하는 동시에, 작위 또는 부작위의 결과로써 손해가 발생할 것을 주관적으로 인식하는 것을 말한다. 이를 소극적(또는 미필적) 고의라고 할 수 있다. 선박소유자가 손해를 발생시키려는 주관적 고의를 가지고 있어야 하므로, '합리적이고 유능한 사람이라면 자신의 작위·부작위가 손해를 발생시키리라는 것을 알았을것' 만으로는 부족하다. 그리고 '무모함'이란 고의에 준하는 고도의 태만한 상태이므로 중과실보다 무거운 정도의 잘못이다. 따라서 위험의 존재 여부를 불합리하게 인식하지 못한 것만으로는 책임제한권을 상실하지 않는다. 세계해법회에 의하면 무모함은 피보험자에 대한 보험금 지급거절사유인 '고의의 악행'(wilful misconduct)에 가까운 개념이라고 한다.[2]

---

1) 서헌제(하) 325면.
2) 송·김 142면.

선박소유자가 법인인 경우에는 적어도 이사 이하의 지위에 있는 자의 고의 또는 무모함에 의하여 선박소유자의 책임제한권을 상실시킬 수는 없다. 만약 선박소유자가 그 의무를 위임하였다면 그 위임행위 자체가 고의로 또는 무모하게 이루어졌는지를 살펴보아야 하며 수임자의 고의 또는 무모함은 문제가 되지 않는다. 즉 선박관리가 관리회사에 위임되어 있다면 관리회사의 행위를 선박소유자의 행위로 볼 수는 없다. 따라서 선박의 관리를 명백히 유능한 관리인에게 위임한 선박소유자는 책임제한권을 상실하지 않는다.

선박소유자가 손해발생의 염려를 주관적으로 인식하였어야 하므로, 제3자가 선박소유자와 같은 상황에 있었더라면 인식할 수 있었다는 것만으로는 부족하다. 1983년에 영국법원이 판시한 Goldman v. Thai Airways International Ltd. 사건에서는 비행기 기장이 운항지침에 있는 바와 같이 '안전벨트 착용' 표시를 작동시키지 않았기 때문에 안전벨트를 매지 않은 승객이 부상당하였다. 이 경우에 기장의 부작위가 무모함에 해당하려면 안전한 운항을 하기 위하여 안전벨트 착용표시를 작동시키는 것이 필요할 뿐 아니라, 이 같은 표시를 작동시키지 않음으로 인하여 승객이 부상당할지도 모른다는 사실을 기장이 인식하였어야 한다는 것이다.[1]

위 [사례 Ⅷ-1-6]에서 선박소유자 Y가 갑판 위에 중량이 무거운 화물을 적재하였음에도 무게중심을 잡기 위한 발라스트를 배출하도록 지시한 것은 선박의 복원력이 약해져서 조그만 충격에도 침몰될 위험이 대단히 크다는 가능성을 충분히 알면서도 이러한 행위를 한 것이므로, 위에서 말하는 무모한 행위에 해당한다. 따라서 Y는 책임제한주장을 할 수 없다고 본다.[2]

(3) 피용자의 행위

고의 또는 무모한 행위는 선박소유자 자신에게 있어야 한다. 그러므로 [사례 Ⅷ-1-6]에서 선장(A)이 본사(Y)의 지시 없이 독단적으로 선박을 출항시켰다면 선박소유자(Y)는 책임제한을 할 수 있다. 판례도 이러한 입장을 분명히 하고 있는데, 대결 1995.3.24, 94마2431은 "상법 제746(769)조 단서의 규정에 의하여 책임제한이 배제되기 위하여는 책임제한의 주체가 선박소유자인 경우에

1) 송 · 김 142면.
2) 서헌제(하) 324면.

는 선박소유자 본인의, 상법 제750(774)조 제 1 항 제 1 호 소정의 용선자 등인 경우에는 그 용선자 등 본인의, 같은 조항 제 3 호 소정의 피용자인 경우에는 피용자 본인의, 고의 또는 손해발생의 염려가 있음을 인식하면서 무모하게 한 작위 또는 부작위가 있어야 하는 것이며, 피용자에게 위와 같은 고의 또는 무모한 행위가 있었다고 하더라도 선박소유자 본인에게 그와 같은 고의 또는 무모한 행위가 없는 이상 선박소유자는 상법 제746(769)조 본문에 의하여 책임을 제한할 수 있다"고 판시하였다(同 대결 1995.6.5, 95마325; 대판 1996.12.6, 96다31611).

(4) 입증책임

1976년 조약(제 4 조)은 "책임 있는 자가 고의 또는 손해발생의 염려가 있음을 인식하면서 무모하게 한 작위 또는 부작위로 인하여 손해가 생겼음이 입증된 경우에는 책임 있는 자의 책임제한권이 박탈된다"(A person liable shall not be entitled to limit his liability if it is proved that the loss resulted from his personal act or omission….)고 규정함으로써 책임제한 배제사유의 입증책임을 청구권자에게 부담시키고 있다. 상법은 입증책임에 관하여 규정하지 않고 있으나 1976년 조약에서와 같이 청구권자가 입증책임을 부담한다고 해석하여야 할 것이다.

이같이 책임제한배제사유를 엄격히 하는 동시에 입증책임까지 청구권자에게 부담시켰으므로 책임제한이 부인되는 경우는 거의 없을 것이다. 이 점은 선진국 해운업계 및 보험업계의 영향력이 1976년 조약 성립과정에 미친 대표적인 예이다. 그러나 피해자를 충분히 보호하기 위하여는, 선박소유자 등의 귀책사유로 인하여 손해가 발생한 경우에 한하여 책임제한을 부인하는 것이 공평할 것이다. 따라서 선박소유자의 고의 또는 과실(actual fault or privity)이 있으면 책임제한을 상실하게 하여야 하며, 책임제한 배제사유의 입증책임도 1957년 조약에서와 같이 선박소유자 등 책임제한권자에게 부담시키는 것이 실제에 더 맞을 것이다.

4-2 책임제한을 할 수 없는 채권

(1) 선장, 선원 등의 보수채권

[사례 Ⅷ-1-7: 대판 1987.6.23, 86다카2228]

X외 11명의 선원은 안강망어선 제702호남호의 선주인 Y와 어획고에서 4대 6의 비율로 이익을 나누어 가지는 보합제로 보수를 받기로 하고, Y가 채용한 선장 A의 지휘하에 어로작업을 하게 되었다. 당시 조업장소인 동지나 해상 부근은 폭풍주의보가 발효중이고 높이 2내지 3미터 정도의 파도가 일고 있었는데 A는 별일이 없으리라 생각하고 어로 작업을 지시한 잘못으로, 닻을 바다에 밀어 넣으려던 X의 손위에 닻이 떨어져서 전치 11주의 중상을 입었다. X의 손해배상청구에 대해 Y는 책임제한을 주장할 수 있는가?

1) 취 지 선장, 해원 기타의 사용인으로서 그 직무가 선박의 업무에 관련된 자 또는 그 상속인, 피부양자 기타의 이해관계인의 선박소유자에 대한 채권은 책임제한을 하지 못한다(773.1). 이는 경제적 지위가 낮은 피용자들이 선박소유자에 대해 가지는 임금채권을 정책적으로 보호하려는 취지이다. 그러므로 **[사례 Ⅷ-1-1: 모범사례]**에서 ⓑ는 갑판원이 B의 사용인이므로 갑판원의 사망에 대한 배상액 10만 계산단위는 책임제한의 대상에서 제외된다. 이는 같은 인적 손해라도 크레인기사는 B와 고용관계에 있지 않으므로 ⓐ가 책임제한 채권이 되는 점과 다르다고 하겠다.[1]

2) 보합제 선원의 경우 [사례 Ⅷ-1-7]과 같이 보합제로 채용된 선원(X)에 대해서도 본호가 적용될 것인지 문제된다. 이에 대해 대판 1987.6.23, 86다카2228은 "선주와 선원들 사이에 어획물을 일정한 비율로 분배하기로 한 약정은 보수약정의 한 방법일 뿐이고 그 때문에 피고(Y)와 위 김권태(A) 사이에 사용관계가 없다고 할 수 없다. 선장과 선원을 고용하고 해고하는 권한이 선주인 피고(Y)에게 있어 이들 사이에는 지휘감독관계가 있는 것이고 따라서 사용자 피용자관계가 존재한다고 할 것이다. 상법 제750(774)조 제1항, 제2항의 규정에 의한 선박소유자의 책임한도에 관한 규정은 위 제3항의 규정에 따라 피해자가 선장, 해원 기타의 선박사용인일 때에는 적용이 없으므로 선주인 피

1) 서헌제(하) 326면.

고(Y)는 원고 이재봉(X)에 대하여 무제한의 책임을 져야 한다"고 판시하였다.

(2) 해양사고구조료 또는 공동해손분담금채권

1976년조약 제 3 조 (a)호에 따른 것으로서, 해양사고구조자 또는 공동해손분담채무자가 선박소유자에게 직접 청구한 구조료 또는 공동해손분담금에 대하여 선박소유자는 책임제한을 할 수 없다. 그 이유는 이러한 채권은 선박소유자의 이익에 기여하는 것이므로 이러한 채권을 책임제한기금으로부터 배당받게 함은 불합리하기 때문이다.

(3) 유류오염 손해채권

> [사례 Ⅷ-1-8: 대핀 2000.8.22, 99다9646]
>
> X소유의 컨테이너 운반선 알렉산드리아호와 Y소유의 화물선 신후아 7호가 쌍방 선원의 과실이 경합되어(X대 Y의 과실비율 3:7) 충돌함으로써 알렉산드리아호가 침몰하였다. 이 사고로 알렉산드리아호 내에 있던 기름이 유출되어 부산 태종대 앞 바다를 오염시키고 적재되었던 컨테이너들이 해상에 떠돌아다니면서 다른 선박들의 항해에 지장을 초래하였다. 이에 X는 부산해양경찰서장으로부터 그 유류를 제거하고 컨테이너 화물 등을 수거하라는 방제명령을 받았는데, X가 가입한 상호보험회사인 A가 X를 대리하여 해양오염방제회사인 B에게 미화 87만 달러, 컨테이너 인양회사인 C에게 미화 57만 달러를 각각 지급하여 유류제거와 컨테이너수거를 하였다. X의 144만 달러 손해배상청구에 대해 Y가 책임제한을 주장하자, X는 컨테이너수거비용은 상법 제748조4호, 유류제거비용은 상법 제748조3호에 해당하여 책임제한 할 수 없다고 주장하였다. X의 주장은 타당한가?

1) 취 지 1969년 유류오염손해배상책임협약이 적용되는 채권은 책임제한의 대상이 아니다(773.3). 이는 유류오염손해에 대해서는 별도의 책임제한 협약이 있고 우리 나라도 이 협약에 가입하였을 뿐 아니라 이를 국내적으로 시행하기 위한 '유류오염손해배상보장법'이 제정되어, 이 협약과 법에 따른 별도의 책임제한이 적용되기 때문이다. 이 책임 제입류를 화물로 운송하는 선박 즉, 유조선에 의한 오염책임에만 적용되는 점을 유의할 필요가 있다.

2) 유조선이 아닌 경우 [사례 Ⅷ-1-1: 모범사례]의 ⓔ나 [사례 Ⅷ-1-8]에서의 유류제거 비용은 이들 선박이 유조선이 아니라 일반 화물선이고, 오염된

기름은 화물이 아닌 연료유로서, 본호의 적용대상이 아니다.[1] 따라서 선박소유자는 이들 채권에 대해 책임제한을 할 수 있다. 대판 2000.8.22, 99다9646도 "유류오염 방제비용 상당의 손해배상채권은 알렉산드리아호가 기름을 화물로서 운송하는 선박에는 해당하지 아니하므로, 상법 제748조 제3호에 해당하지 아니하고, 유류오염 방제에 관하여는 개항질서법이 아니라 해양오염방지법에서 규율하는 기름 등의 확산방지 및 제거 등의 명령을 받게 되는 점에 비추어 상법 제748조 제4호 소정의 '기타의 물건의 제거…에 관한 채권'으로 보기도 어려우므로, 이는 상법 제746조 제3호 또는 제4호에 규정된 제한채권에 해당한다"고 판시하였다.

(4) 난파물 제거채권

1) 취　지　　침몰·난파·좌초·유기 기타의 해양사고를 당한 선박 및 그 선박안에 있거나 있었던 적하 기타의 물건의 인양·제거·파괴 또는 무해조치(無害措置)에 관한 채권에 대해서는 책임제한을 할 수 없다(773.4). [사례 Ⅷ-1-8]에서 보는 바와 같이 침몰선이나 침몰선에서 유출된 컨테이너 등은 다른 선박의 통행에 방해가 될 뿐 아니라 또 다른 선박사고의 위험을 야기하므로 이를 제거하거나 다른 선박에 해를 미치지 않도록 하는 조치(무해조치)는 공익적 성격을 가지는 작업이다. 따라서 그러한 비용의 청구에 대해 책임제한을 허용한다면 비용을 회수하지 못할 우려 때문에 이러한 작업을 꺼려할 가능성이 있다. 따라서 이러한 채권에 대해 책임제한을 허용하지 않는 것이다.[2]

1976년 조약에서는 이를 제한채권으로 규정하고 있으나(1976년 조약 제2조 1항 (d), (e)호) 동조약 제18조 1항의 유보조항에 따라 일본의 경우와 같이 비책임제한채권으로 하였다. 우리나라와 일본은 모두 개항질서법 제28조, 동법 시행령 제16조의 3, 행정대집행법 제3조, 제5조, 제6조, 해상교통안전법 제9조, 제54조 등에 의하여 난파선 등의 제거명령을 국가기관이 내릴 수 있고, 이에 위반하면 형사처벌과 함께 국가가 행정대집행절차를 취하게 된다. 또 대집행비용은 국세체납처분의 예에 따라 선박소유자 등에게 구상하게 되어 있어서 이 같은 채권은 제한채권으로 할 수 없도록 하였다.

1) 서헌제(하) 327면.
2) 정희철 526면, 손주찬 72면, 정찬형 722면.

2) 범 위 [사례 Ⅷ-1-8]에서 보면 본호에서 말하는 채권이 난파물 제거 작업을 맡은 사업자(C)가 난파선의 소유자(X)에게 가지는 채권(57만 달러)만을 말하는가, 아니면 그 비용을 지급한 피해선박의 소유자(X)가 가해선박의 소유자(Y)에게 가지는 구상채권도 포함하는가 하는 점이 문제된다.[1] 이에 대해 대판 2000.8.22, 99다9646은 "상법 제748(773)조 제 4 호의 의미는 선박소유자에게 해상에서의 안전, 위생, 환경보전 등의 공익적인 목적으로 관계 법령에 의하여 그 제거 등의 의무가 부과된 경우에 그러한 법령상의 의무를 부담하는 선박소유자(X)에 한하여 난파물 제거채권에 대하여 책임제한을 주장할 수 없는 것으로 봄이 상당하고, 위와 같은 법령상의 의무를 부담하는 선박소유자(X)가 자신에게 부과된 의무나 책임을 이행함으로써 입은 손해에 관하여 그 손해발생에 원인을 제공한 가해선박소유자(Y)에 대하여 그 손해배상을 구하는 채권은 이 조항에 규정된 난파물 제거채권에 해당한다고 할 수 없으며, 오히려 이와 같은 구상채권은 구체적인 사정에 따라 선박소유자의 유한책임을 규정하고 있는 상법 제746(769)조 제 1 호 혹은 제 3 호나 제 4 호에 해당한다고 보는 것이 타당하다"고 판시하여 Y의 책임제한 주장을 인정하였다.

그러나 상법 제773조 4호는 "침몰, 난파, 좌초, 유기 기타의 해양사고를 당한 선박 및 그 선박 안에 있거나 있었던 적하 기타의 물건의 인양, 제거, 파괴 또는 무해조치에 관한 채권"을 비제한채권으로 할 뿐 대법원과 같이 채권의 성질에 따라 제한채권인지 여부를 달리 하지 않으므로, 가해선박에 대한 구상채권도 비제한채권으로 보아야 하지 않을까 생각된다.[2]

(5) 원자력손해에 관한 채권

1976년 조약 제 3 조 (c)호는 원자력손해에 관한 국제조약의 적용을 받는 채권을 비책임제한채권으로 하고 있고, 동조 (d)호는 원자력선의 소유자에 대한 원자력손해에 관한 채권을 비책임제한채권으로 하고 있다. 원자력손해는 그 금액이 천문학적으로 커질 수 있으므로 상법은 별도의 국제조약으로 원자력선 소유자 등의 책임제한액을 규정하려는 취지로 보인다.

---

1) 서헌제(하) 328면.

2) 김현, 판례평석: 난파물제거채권과 책임제한, 법률신문, 제2947호(2001.1.15), 13면.

5. 책임제한방식과 책임한도액

[사례 Ⅷ-1-9: 대결 1998.3.25.자 97마2758]

연해구역 취항 예인선인 99톤급 제201 해성호의 소유자인 Y는 A회사로부터 무동력 부선인 1,195톤급 제202 해성호를 리스받아 제201 해성호와 한 조를 이루어 바닷모래 운송에 사용하여 왔다. 제201 해성호는 Y소속 선장의 지휘·감독 아래 모래가 적재된 제202 해성호를 길이 180m 가량의 예인줄로 묶은 후 운항하다가 그 과실로 인하여 0.6마일 상당 거리에서 같은 방향으로 운항하고 있던 X회사 소유의 화물선 스텔라호를 미처 발견하지 못하고, 제202 해성호가 충돌하여 스텔라호는 침몰하였고, 스텔라호의 선장과 선원은 모두 구조되었다. Y가 책임제한을 할 수 있다면 201 해성호와 202 해성호에 대해 각각 한도액을 정해야 하는가, 아니면 두 선박의 톤수를 합하여 하나의 한도액으로 정해야 하는가?

5-1 책임제한방식

(1) 금액책임주의

상법은 1991년 개정전의 상법이 취하였던 선가책임주의와 금액책임주의의 병용을 버리고 금액책임주의로 일원화하면서 동시에 선박의 톤수가 커질수록 책임한도액의 증가가 줄어드는 체감적 톤수비례(sliding scale)방식을 채택하고 있다. 책임제한기금은 선박마다 매 사고를 단위로 성립하며(770②), 책임한도액을 정하는 기준톤수는 외항선의 경우는 선박법상의 국제총톤수, 내항선의 경우는 총톤수이다(772). 책임한도액의 기준 통화를 '계산단위'라고 하는데 이는 국제통화기금(IMF)의 특별인출권(S.D.R.)을 의미한다. 계산단위의 국내통화 환산시점은 사실심변론종결일이다(대판 2001.4.27, 99다71528).

(2) 예인선의 경우

[사례 Ⅷ-1-9]와 같이 예인선과 피예인선이 한 조를 이루어 운항하다가 사고를 일으킨 경우 이를 하나의 선박으로 보아 책임제한기금을 설정할 것인가 아니면, 각각 정할 것인가 하는 점이 문제된다.[1] 이에 대해 대결 1998.3.25,

---

1) 이춘원, "예부선상황에서의 충돌에 관한 몇 가지 문제점", 한국해법회지 제29권 제1호(2007.4), 37면 이하.

97마2758은 "상법 제747(770)조 제 1 항 제 3 호는 선박소유자의 책임제한에 관한 여러 입법주의 중 이른바 금액주의를 채택하면서 '그 선박'의 톤수에 따라 정하여진 금액을 책임의 한도액으로 하도록 하고 있는바, 예인선이 피예인선을 예인하면서 예선열을 이루어 운항하던 중에 선박소유자의 책임을 제한할 수 있는 채권이 발생한 모든 경우에 항법(航法) 분야에서 통용되는 이른바 예선열 일체의 원칙을 적용하여 예인선과 피예인선이 일체로서 상법 제747(770)조 제 1 항 제 3 호가 정하는 '그 선박'에 해당하는 것으로 의제할 근거는 없다고 할 것이지만, 이 사건에서 재항고인의 책임한도액은 제201 해성호와 제202 해성호 두 선박에 대하여 각각 상법 제747(770)조 제 1 항 제 3 호 본문 단서와 같은 호 (가)목, (나)목에 따라 산정한 금액을 합한 금액이 된다 할 것이다. 그와 같이 산정한 금액은 제201 해성호에 대하여 83,000계산단위가 되고, 제202 해성호에 대하여 283,065계산단위{167,000계산단위 + (1,195 − 500)×167계산단위}가 되어 합계 366,065 계산단위가 된다"고 판시하였다.[1] 이는 이 판결의 원심이 제201 해성호와 제202 해성호의 총톤수를 합한 1,294t(= 99t + 1,195t)을 기준으로 하여 책임한도액을 299,598계산단위{= 167,000계산단위 + 1,294t×167계산단위/톤}로 산정한 것을 배척한 것이다.[2]

5-2 책임한도액

(1) 여객의 손해에 대한 책임한도액

구 상법 제747조 1항 1호에 의하면 여객의 사망이나 상해에 관한 채권에 대한 책임한도액은 선박검사증서에 기재된 여객정원에 46,666계산단위를 곱하여 얻은 금액과 2,500만 계산단위에 상당하는 금액 중 적은 금액으로 한다 46,666계산단위의 산출기준은 1974년 해상여객과 수하물운송에 관한 아테네조약상의 여객 1인당 개별적 책임한도액을 1976년 조약이 받아들인 것이다. 1991년 상법 개정 작업중 일부 학자는 아테네조약과 같이 여객 1인당 책임한도액(개별적 책임제한)을 채택함으로써 국내여객운송업계를 보호하고자 하였으나, 이 같은 주장은 받아들여지지 않았다. 1976년 조약에 충실하기 위하여는 여객 1인

---

1) 김인현, "예인선 소유자의 책임제한액수 산정기준", 한국해법회지 제21권 제 2 호(1999.11), 201면 이하 참조.

2) 서헌제(하) 329면.

당 책임한도액을 채택하지 아니하는 것이 바람직하다.

상법은 제770조 1항 1호를 "여객의 사망 또는 신체의 상해로 인한 손해에 관한 채권에 대한 책임의 한도액은 그 선박의 선박검사증서에 기재된 여객의 정원에 175,000계산단위를 곱하여 얻은 금액으로 한다"고 규정함으로써 책임한도액을 4배 정도로 증액하였다.

이는 현행 선박소유자 등 여객운송인의 책임한도액이 실제 배상액을 반영하지 못하여 이보다 훨씬 높은 금액에서 합의가 이루어지고 있는 상황을 반영하고 1976년 조약의 1996년 개정의정서(Protocol of 1996 to amend the Convention on Limitation of Liability for Maritime Claims) 수준에 맞추려는 것이다.

상법은 책임한도액의 상향 조정에 따른 선박소유자의 부담을 경감하여 주기 위해서 개정안 시행 후 3년간 발생하는 사고에 대하여는 175,000계산단위를 적용하지 않고 1/2에 해당하는 87,500계산단위를 적용하도록 하는 경과조치를 두고 있다(상법 부칙 제4조).

(2) 여객 아닌 자의 손해에 대한 책임한도액

여객 이외의 사람의 사망 또는 신체의 상해로 인한 손해배상채권에 대한 책임한도액을 보면 500톤 이하의 선박은 333,000계산단위, 500톤을 초과하는 선박은 위 금액에 500톤부터 3,000톤까지에 대하여는 톤당 500계산단위를, 3,000톤부터 30,000톤까지에 대하여는 톤당 333계산단위를, 30,000톤부터 70,000톤까지에 대하여는 톤당 250계산단위를, 70,000톤을 초과한 부분에 대하여는 톤당 167계산단위를 곱한 금액을 순차로 더한 금액으로 한다. 이는 1976년 조약 제6조 1항 (a)호의 규정을 수용한 것이다.

여객 이외의 인적손해에 대한 책임한도액은 제1단계로는 상법 제770조 1항 2호에서 정한 금액이며(제1기금), 인적손해가 제1기금을 초과한 때에는 상법 제770조 1항 3호에서 정한 금액(제2기금)을 그 한도액에 추가한다. 다만 이 부분에 대해 물적손해와 경합한 경우에는 각 채권액의 비율로 충당한다(770④).

1) 제1기금(770①.2) ① 300톤 미만의 선박은 167,000계산단위, ② 300~500톤의 선박은 333,000계산단위, ③ 501~3,000톤은 333,000+(선박톤수−500)×500계산단위, ④ 3,000~30,000톤은 ③의 금액+(선박톤수−3,000)×333계산단위, ⑤ 30,001~70,000톤은 ④의 금액+(선박톤수−30,000)×250계산단위, ⑥ 70,000톤을

■ 선박소유자의 책임한도액

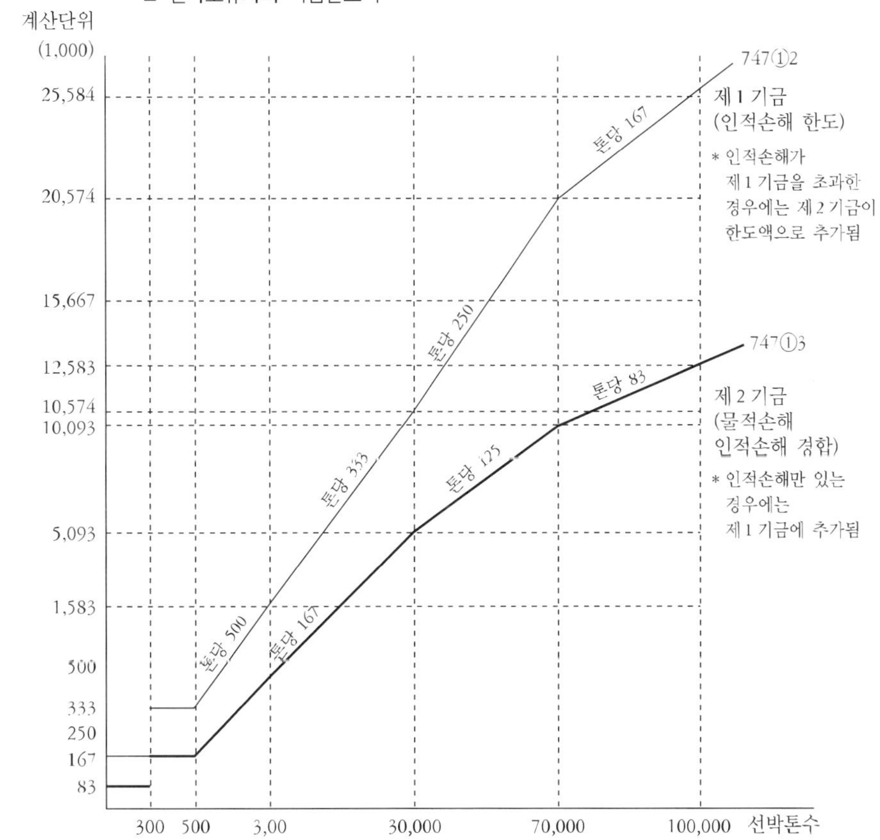

초과한 경우는 ⑤의 금액+(선박톤수−70,000)×167계산단위의 금액을 한도로 한다.[1)]

2) 제 2 기금(770①3) ① 300톤 미만의 선박은 83,000계산단위, ② 300~500톤의 선박은 167,000계산단위, ③ 501~30,000톤은 167,000+(선박톤수−500)×167계산단위, ④ 30,001~70,000톤은 ③의 금액+(선박톤수−30,000)×125계산단위, ⑤ 70,000톤을 초과한 경우는 ④의 금액+(선박톤수−70,000)×83계산단위의 금액을 한도로 한다.[2)]

(3) 물적손해에 대한 책임한도액

물적손해만이 발생한 경우 한도액은 위의 제 2 기금과 같다. 즉 500톤 이하

---

1) 서헌제(하) 330면.
2) 서헌제(하) 331면.

선박은 167,000계산단위, 500톤을 초과하는 선박은 위 금액에 500톤부터 30,000톤까지에 대하여는 톤당 167계산단위를, 30,000톤부터 70,000톤까지에 대하여는 톤당 125계산단위를, 70,000톤을 초과한 부분에 대하여는 톤당 83계산단위를 곱한 금액을 순차로 더한 금액을 책임한도액으로 한다. 이는 1976년 조약 제6조 1항 (b)호를 수용한 것이다. 인적손해와 마찬가지로 상법은 단서규정으로써 300톤 이하의 선박에 대하여 83,000계산단위의 책임한도액만을 부과한다.

인적손해와 물적손해에 대한 책임한도액을 비교하면 다음과 같다. **첫째**, 인적 손해와 물적 손해에 대한 책임한도액의 비율은 대략 2 : 1이다. 이는 인명보호가 재산보호에 우선한다는 전제에 입각한 것이다. **둘째**, 선박톤수에 따라 단계(tier)를 정할 때 인적손해에 대하여는 500톤 이하, 500톤부터 3,000톤, 3,000톤에서 30,000톤, 30,000톤에서 70,000톤, 70,000톤 초과의 5개 단계로 나누고 있는 반면, 물적손해에 대하여는 500톤에서 30,000톤까지를 한 단계로 묶어 4단계로 나누고 있다. 이는 500톤에서 3,000톤까지의 소형선박으로 인하여 발생한 인적손해가 대규모일 수 있으므로 이 경우에 인적손해를 입은 선원 등을 보호하려는 인도적인 취지에 기인한다. **셋째**, 300톤 이하의 영세선박소유자들은 부담능력이 적은 것이 보통이므로 각국의 국내법에 이를 유보함으로써 이들에 대하여는 특별히 부담을 경감시킬 수 있도록 하고 있다.

(4) 인적손해와 물적손해의 경합

여객 아닌 자의 인적손해만이 발생한 경우에 피해자는 인적손해에 대한 책임한도액에서 먼저 변제받으며, 이것으로 부족한 경우에는 물적손해에 대한 책임한도액으로부터 변제받는다(770④). 즉 인적손해만 발생하였더라도 인적손해 책임제한기금이 부족하면 선박소유자는 물적손해에 대한 책임제한기금을 형성해야 한다. 이는 인적손해를 입은 자를 보호하기 위함이다. 반면에 물적손해만이 발생한 경우에 피해자는 물적 손해에 대한 책임한도액으로부터만 변제받을 수 있다. 인적·물적 손해가 같이 발생한 경우에 인적손해의 피해자는 먼저 인적손해에 대한 책임한도액으로부터 변제받은 후, 이것으로 부족한 경우에는 물적손해에 대한 책임한도액에 대하여 물적손해를 입은 피해자와 각 채권액의 비율로 경합한다(770④). 여객의 인적 손해, 여객 아닌 자의 인적손해·물적손해에 대하여 각각 산출한 책임한도액은 선박마다 동일한 사고에서 생긴 모든 책임제한채권에 미친다(770②). 또 동일한 사고에서 책임제한권자와 청구권자가 상호 채권과 채무를 가지게 된 경우 각 채권은 상계되어 그 잔액만이 책임제한채권이 된다(771).

(5) 모범사례의 경우

[사례 Ⅷ-1-1: 모범사례]는 인적손해와 물적손해가 경합하는 경우이므로 책임한도액은 제 1 기금과 제 2 기금을 합한 총한도액이 된다. 사고선박톤수가 10만톤이므로 이를 계산하면 500,000 + 2,500×667 + 27,000×500 + 40,000×375 + 30,000×250 = 38,167,500(제 1 기금 5,584,000, 제 2 기금 12,583,500계산단위)이 된다. 이 중에서 제 1 기금은 인적손해인 ⓐ에 우선 충당되어야 하는데, ⓐ는 40만 계산단위에 불과하므로 이 기금에 의해 전액 배상된다. 만일 인적손해가 이 금액을 초과하면 초과금액은 물적손해와 함께 제 2 기금에 경합하게 된다. 다음 물적손해인 ⓒⓓⓕⓖ의 합계액 3,700만 계산단위는 제 2 기금인 12,583,500 계산단위의 한도액으로 제한된다. 이를 종합하면 B는 ⓐ40만 계산단위, ⓒⓓⓕⓖ 12,583,500계산단위, ⓑⓔ 110만 계산단위의 합계 14,083,500계산단위가 책임제한기금이 된다.[1)]

(6) 해양사고구조자의 책임한도액

구조선을 사용하여 해양사고구조작업을 하는 해양사고구조자의 책임한도액은 구조선의 선박톤수에 따른 일반적 기준(770①)에 의하여 산출된다(775①). 1976년 조약은 구조선을 전혀 사용하지 아니하고 헬리콥터 등을 사용하여 구조작업을 하거나 피구조선상에서만 해양사고 구조작업을 하는 해양사고구조자에 대하여는 1,500톤의 구조선을 사용한 해양사고 구조자로 보고 책임한도액을 산출하였다(동조약 제 6 조 4항). 이것은 1957년 조약이 유효하던 당시 영국법원의 Tojo Maru호 판결에서 구조선 외에서 구조작업을 하던 해양사고구조자가 책임제한의 혜택을 받지 못한 것을 시정하기 위하여 1976년 조약이 새로 도입한 규정이다. 우리법도 이를 받아들여 "구조활동을 선박으로부터 행하지 아니한 구조자 또는 구조를 받는 선박에서만 행한 구조자는 1,500톤의 선박에 의한 구조자로 본다"고 규정한다(775②). 구조자의 책임한도액은 구조선을 사용한 경우에

1) 서헌제(하) 331면.

는 구조선마다, 구조선을 사용하지 아니한 경우에는 구조자마다 동일한 사고로 인하여 발생한 모든 채권에 미친다(동조 3항).

(7) 선박의 톤수 및 책임한도액 계산단위

상법에서 책임한도액 산출을 위한 선박톤수는 국제총톤수로 한다(772). 국제총톤수는 선박의 톤수 측정방법을 국제적으로 통일하기 위하여 제정된 1969년의 선박톤수 측정에 관한 국제조약(International Convention on Tonnage Measurements of Ships, 1969) 및 부속서의 규정에 따라 주로 국제항해에 종사하는 선박의 크기를 나타내는 지표이다(1976년 조약 제6조 5항, 船 제3조 1항 1호). 우리나라는 1969년 조약을 1980년 1월 18일에 수락하여 1982년 12월 31일에 국내발효되었다. 또 1969년 조약에 따라 톤수측정기준은 건설교통부령으로 정하고 있다. 국제항해에 종 사하는 선박에 대하여는 1969년 조약에 의한 국제총톤수를 알 수 있으나, 국내항 사이만을 운항하는 선박은 선박법 부칙(제3조)의 경과규정에 따라 총톤수에 의하여 톤수가 측정되므로 국내항 사이만을 운항하는 선박소유자의 책임한도액은 총톤수에 의하여 산출한다. 또한 상법 부칙(제3조)은 국제항해에 종사하는 선박이라 할지라도 해양수산부장관으로부터 국제톤수증서 또는 국제톤수 확인서를 아직 교부받지 못한 선박에 대하여는 국제총톤수 대신에 총톤수를 적용한다는 예외조항을 두고 있다.

1976년 조약과 상법은 책임한도액을 계산하는 단위로서 국제통화기금(IMF)의 특별인출권(Special Drawing Right)을 채택하였다(1976년 조약 제8조 1항, 770⑤). 특별인출권의 가치는 미국, 독일, 영국, 프랑스, 일본화폐의 교환율에 기초하여 결정된다. 1976년 조약은 특별인출권을 체약국의 국내통화로 환산하는 시기로서 ① 책임제한기금을 형성한 날, ② 책임제한권자가 채권자에게 채무를 변제한 날, 또는 ③ 책임제한권자가 채권자에게 보증을 제공한 날을 열거하고 있다(동조약 제8조 1항). 반면에 상법은 이에 관하여 언급을 하지 않은 결함이 있는바, 조만간 1976년 조약과 같은 규정을 둠으로써 환산시기를 명확히 해야 할 것이다.[1)]

---

1) 송・김 139면.

6. 책임제한절차

6-1 책임제한절차법의 제정

상법개정과 함께 선박소유자 등의 책임제한절차에 관한 법률을 제정하게 되었다. 이것은 1976년 조약에서는 책임제한에 관한 실체법과 절차법을 모두 규정하고 있는 반면, 우리 법체계는 실체법과 절차법 규정을 따로 두고 있기 때문이다. 선박소유자 책임제한절차의 제정목적은 선박소유자 등의 총체적 책임제한의 항변을 허용하는 전제조건으로서 법정책임제한기금을 먼저 관할법원에 공탁·형성하게 함으로써 재산적 손해를 입은 채권자와 책임제한주체인 채무자간의 형평을 기하고, 특정법원에서 이를 일괄배당하게 함으로써 채권자마다 서로 다른 법원에 소송을 제기함에 따른 비용과 시간의 낭비를 방지하여 소송경제를 도모하고자 하는 것이다.

책임제한절차법에 의하여 선박소유자가 책임제한을 주장하려면 관할법원에 책임제한의 사유와 그 금액 등을 기재한 서면을 제출하여 책임제한절차개시신청을 하고, 법원은 그 신청이 타당하다고 판단되면 책임제한기금을 법원에 공탁하도록 명령한 후 관리인을 선임함과 동시에 신문 등에 이를 공고한다. 아울러 조사기일을 정하여 신고된 채권이 책임제한채권인지 여부와 그 내용을 조사하고 관리인, 선박소유자, 수익채무자 등의 이의가 없으면 제한채권을 확정하여 배당표를 작성하여 이를 공고한다. 이에 대하여 불복이 있는 자는 법원에 배당표에 대한 이의신청을 하여 판결로써 이를 확정하여야 하며, 관리인은 이의기간이 지나면 지체 없이 배당을 하여 책임제한절차를 종료한다.

책임제한절차법에서는 책임제한절차개시신청이 있는 경우 법원이 신청인이나 수익채무자의 신청에 의하여 책임제한절차개시결정이 있을 때까지 제한채권에 기하여 신청인 또는 수익채무자의 재산에 대하여 진행중인 강제집행·가압류·가처분·경매절차의 정지를 명할 수 있을 뿐, 소송절차는 중단되지 않는다(책임제한절차법 제16(1)조). 이 점이 회사정리절차개시결정이 있은 때에는 정리채권이나 정리담보권에 의하여 회사재산에 대한 강제집행·가압류·가처분·경매를 할 수 없으며 이미 행한 동 절차가 중지될 뿐 아니라, 회사의 재산관계의 소송절차도 중단되는 것과 다르다(회사정리법 제67조, 제68조).

책임제한절차법은 법원이 직권으로 책임제한사건에 관하여 필요한 조사를 할 수 있다고 규정하고 있으므로(동법 제5조) 직권탐지주의에 입각하고 있다. 한편 대법원은 책임제한절차개시 신청사건은 "재산권상의 신청으로서 신청목적의 가액을 산출할 수 없는 경우"에 해당한다고 본다(대결 1998.4.9, 97마832(판례공보(1998.6.1.), 1431면).

6-2 상법상의 절차 내용

(1) 개시신청

상법은 책임을 제한하고자 하는 자는 채권자로부터 책임한도액을 초과하는 청구금액을 명시한 서면에 의한 청구를 받은 날부터 1년 내에 법원에 책임제한절차개시의 신청을 하여야 한다고 규정한 다음, 책임제한절차개시의 신청, 책임제한기금의 형성, 공고, 참가, 배당 기타 필요한 사항은 따로 법률로 정한다고 규정하고 있다(776①,②).

개시신청의 성질에 대해 대결 1998.4.9, 97마832는 "책임제한절차개시신청은 어디까지나 신청인의 책임한도액을 확정하여 책임제한절차의 개시를 구하는 신청에 불과하고, 책임한도액을 초과한 제한채권자들의 채권의 존부나 범위가 직접 재판의 대상으로 되는 것이 아니고, 또 모든 제한채권자들의 채권은 같은 법이 정하는 바에 따라 장차 조사 및 확정의 절차를 거쳐야 비로소 배당을 받을 수 있게 되는 것으로서, 절차의 특성상 책임제한절차개시 신청시에는 제한채권자들의 총채권을 확정할 방법도 없으므로, 신청시를 기준으로 할 때 신청인이 직접 받게 될 경제적 이익을 객관적으로 평가할 수 없고, 따라서 재산권상의 신청으로서 그 신청 목적의 가액을 산출할 수 없는 경우에 해당한다"고 판시하였다.[1)]

(2) 개시결정

법원은 신청이 타당하다고 판단하면 책임제한기금을 법원에 공탁하도록 한후 관리인을 선임하고 신문에 이를 공고한다. 선박소유자가 책임제한개시결정을 받은 때에는 책임제한할 수 있는 다른 자도 이를 원용할 수 있다(774③).

---

1) 서헌제(하) 332면.

6-3 모범사례의 해설

[사례 Ⅷ-1-1]에서는 ⓑⓔ채권자들은 책임제한의 대상이 아니기 때문에 자유로 청구할 수 있고, 또 ⓐ채권은 책임제한의 대상이 되지만 그 채권액이 책임한도액 이내이기 때문에 책임제한절차에 상관없이 청구할 수가 있다. 그러나 ⓒⓓⓕⓖ채권 합계액 3,700만 계산단위는 이 선박의 책임제한액(제 2 기금) 12,583,500 계산단위를 초과하기 때문에 이들은 각자 이 비율에 따라 경합하게 된다(770③). 그리고 B는 이들 채권자들에게서 청구받은 날로부터 1년 이내에 법원에 책임제한절차개시의 신청을 해야 한다(776①).

그런데 이 규정에 의하면 선박소유자 등이 책임을 제한할 수 있기 위해서는 책임한도액을 초과하는 청구를 받아야만 하는데, 만일 이 사례의 ⓓ와 같이 그 청구액이 책임한도액 이내인 채권자가 먼저 청구를 하였을 때는 책임제한절차의 개시신청을 할 수 없는가 하는 점이 의문이다. 동조의 문리해석에 따르면 이러한 경우에는 개시신청을 할 수 없다고 보여지는데, 만일 그렇다면 채권자들이 동시에 배상청구를 하지 않으면 실제적으로 책임제한을 할 수 없게 되는 사태가 발생할 우려가 있다.[1)]

제 2 절 공동해손 · 선박충돌 · 해난구조

1. 공동해손

[사례 Ⅷ-2-1 : 모범사례]

A사는 부산항에서 독일 함부르크항까지 운항하는 선박에 화주 X의 화물(화물가액 400만 달리, 운임 6만 달리), 화주 Y의 화물(화물기액 200만 달리, 운임 2만 달리), 화주 Z의 화물(화물가액 100만 달러, 운임 2만 달러), 화주 B의 화물(화물가액 500만 달러, 운임 20만 달러)을 선적하고 출항하였다. 그런데 위 선박은 항해도중 선장의 과실로 좌초되었고 선장은 침몰을 면하기 위하여 화주 B의 화물 중 절반을 바다

1) 서헌제(하) 333면.

에 투기하여 배를 가볍게 하였다. 그 이후 이 선박은 예인선에 의하여 예인되어 인근 항구에 입항하여 그 곳에서 수선을 받았고 그 이후 도착항인 독일 함부르크항에 도착하였다. 이 과정에서 예선비용 80만 달러, 수리를 한 인근 항구에 입항비와 출항비로 각각 10만 달러, 선박수리비용이 100만 달러가 소요되었다. 한편 위 선박의 선가는 835만 달러로 확정되었다. 화물의 절반이 멸실된 화주 B는 운송인인 A사를 상대로 손해배상청구를 하였는데 이에 A사는 공동해손분담청구를 하였는바, A사와 B는 상대방과 X, Y, Z에 대하여 각각 얼마의 공동해손분담금을 청구할 수 있는가?

1-1 의 의

(1) 개 념

선박의 항해중 선박 및 적하가 해상위험에 의하여 입은 손해를 해손(average)이라 한다. 해손은 다시 선박의 자연소모·연료비 등 선박과 적하의 가치감소를 가져오는 소해손(petty average)과 해상 항행에서의 사고, 즉 비정상적 원인으로 발생하는 해손으로 분류된다. 소해손은 선박소유자가 운임으로 이를 보상받으므로 상법상 특별한 문제가 없다.

비정상적 원인으로 인하여 발생하는 손해는 다시 해손의 피해자가 그 해손에 대하여 책임이 있는 해상보험자, 채무불이행자, 불법행위자 등으로부터 자신의 손해를 전보받을 수 있는 단독해손(particular average)과 선박과 적하가 처한 공동의 위험을 면하게 하기 위하여 선장이 선박 또는 적하에 관하여 한 처분에 의하여 생긴 손해와 비용을 의미하는 공동해손(general average)으로 분류된다. 공동해손은 해상위험을 극복하기 위하여 선박 또는 적하에 손해를 스스로 야기한 당사자는 해상기업 관련자 모두에게 이익이 생기게 하였으므로, 이들 관련자들이 피해자의 손해를 분담하게 하는 것이 공평하다는 이념에서 기원하였다.[1] 이리하여 공동해손의 합리적인 처리의 국제적인 기준으로서 요크·앤트워프규칙(York-Amtwerp Rule)을 일찍부터 제정하여 시행하고 있으며, 우리 상법도 이 규칙을 모범으로 하여 규정하고 있다.

1) 조현정·박성호, "공동해손 손해에 대한 보험자의 보상책임 문제에 관한 연구", 한국해법회지 제21권 제 2 호(1999.11), 137면 이하 참조.

(2) 공동해손의 기능

고대나 중세에는 선박이 항해중 폭풍우를 만나면 선박의 중량을 줄임으로써 선박이 전복되는 것을 막기 위하여 투하(Jettison)하는 것이 인정되었으며, 이로써 항해를 무사히 완료했을 때에는 투하된 화물소유자가 선박소유자 및 타 화물소유자에 대하여 분담금을 청구할 권리를 가졌다.

오늘날에도 이 같은 투하는 공동해손으로서 인정되나 항해기술이 발달함에 따라 투하를 하는 경우는 좀처럼 발생하지 않으며 공동해손의 형태가 다양해지고 있다. 즉 대피항에서 발생한 비용, 항해계속을 위하여 필요한 수리비, 선박충돌 관련비용, 해난구조비 등이 공동해손의 주요 항목이 되었다. 따라서 공동해손의 현대적 의미는 선박소유자가 해난을 만나 지출한 비용을 화물소유자에 대하여 화물가액에 비례하여 청구할 수 있다는 점이다. 즉 공동해손의 원래의 목적은 일부 적하소유자의 손해를 이용하여 선박소유자와 타적하소유자가 부당이득을 얻는 것을 회피하기 위한 것이지만, 근래에 와서는 선박소유자가 해난을 만났을 때 공동해손분담에 관하여 염려할 필요 없이 신속히 선박 또는 적하를 처분할 수 있게 함으로써 선박소유자의 위험부담을 줄이는 일종의 보험으로서의 역할이 더욱 강조되게 되었다.

(3) 인정근거

공동해손제도가 인정되는 근거에 대하여는 형평설(영국), 위험공동단체설(독일) 등이 있으나 형평과 위험공동체의 이념에서 찾는 것이 타당하다. 왜냐하면 선장의 처분은 선박 및 적하가 고립적인 위험공동체를 구성하는 점에 근거를 두고 있고, 이해관계인이 손해를 공평하게 분담하는 이유는 위험공동단체가 위험을 면한 대신 손해를 공평하게 분담하는 것이 형평에 합당하기 때문이다.[1)]

(4) 법적 성질

공동해손의 법석 성실에 대하여 사무관리, 부당이득, 공동대리 등의 민법상 개념으로 설명하는 입장이 있으나 해상법상의 법률요건을 민법적 관점에서 파악하려는 태도는 옳지 않다. 따라서 상법상 공동해손은 해상법상의 특수한

1) 지상원, "선박충돌로 인한 제2차적 해손의 손해배상방지", 한국해법회지 제20권 제2호(1998.10), 211면.

법률요건으로 이해하는 것이 통설이다.[1)]

1-2 요 건

공동해손이 성립하기 위하여는 선박과 적하에 대한 절박한 공동의 위험을 면하기 위하여(위험요건), 선장이 자발적으로 비상처분을 함으로써(처분요건), 선박 또는 적하에 손해 또는 비용이 발생하여야 하며(손해 및 비용요건), 선박 또는 적하를 보존하였어야 한다(잔존요건).

(1) 위험요건(Imminent common danger)

1) 공동위험 공동해손은 선박과 적하의 공동위험을 면하기 위한 것이어야 하므로 위험이 선박과 적하에 공동인 것이어야 한다. 따라서 적하에 부패의 위험이 있는 경우, 선박만의 나포의 위험이 있는 경우 등에는 위험의 공동성이 존재하지 않으므로 단독해손이 될 뿐이다. 요크·앤트워프규칙 제A조도 "공동해상기업의 재산을 공동의 위험으로부터 면하게 하기 위하여 고의·합리적으로 비상한 손해 또는 비용을 야기하는 것"이 공동해손이라고 정의하고 있다. 위험의 정도가 동일하여야 하는가에 대하여는 견해가 나뉘어 있으나 부정함이 다수설이다. 그러나 단순히 공동이익이 존재하는 경우까지 위험의 공동성을 확대하는 것은 공동해손제도의 남용이므로 타당하지 않다.

선박 및 적하에 관계없이 인명의 구호를 위한 처분행위를 어떻게 취급할 것인가 하는 점이 문제이다. 이에 대하여 영국에서는 Montgomery v. Indemnity Mutual Marine Insurance Co.(1902) 사건에서 "인명손실의 염려가 있는 경우에 적절히 시행된 선박 및 적하의 희생에 대하여도 공동위험자에게 분담책임이 있다"고 판시하였다. 인명에 대한 위험이 있는 경우에는 선박 및 적하에 대하여도 위험이 따르는 경우가 대부분이므로 실제로 별 문제는 되지 않으나 오로지 인명에 대한 위험만이 존재하는 경우에는 공동의 위험도 존재하지 않기 때문에 공동해손의 성립을 인정할 수 없을 것이다. 가령 예선과 피예선이 예선계약을 체결한 후 피예선이 취득할 화물운임으로부터 예선료를 지급하기로 약정하고 선박을 예인하던 중 폭풍으로 인한 위험 때문에 예선의 선장이 비상조치로 예인줄을 절단하여 예선은 재난을 면한 경우에는 피예선이 침몰하였더라도

---

1) 정희철 609면, 손주찬 851면, 양·박 619면, 최기원 764면, 송·김 495면, 서헌제(하) 421면.

예선과 피예선은 하나의 위험공동체이므로 피예선의 손해를 공동해손으로 인정함이 타당하다.[1] 위 [사례 Ⅷ-2-1]에서 보면 선박의 좌초사고로 인하여 선박의 침몰뿐만 아니라 적하의 멸실에 대한 공동의 위험이 발생하였기 때문에 공동해손에 해당한다.[2]

2) 현실적 위험　　위험은 현실적이어야 하나 반드시 객관적일 필요는 없다. 따라서 사고발생의 가능성이 있는 것만으로는 부족하며, 장래의 위험에 대비하기 위하여 한 처분은 공동해손이 아니다. 그러나 위험이 있는 것으로 선장이 오신을 하였고 그러한 오신에 상당한 이유가 있는 경우에 선장이 한 처분은 공동해손으로 보아야 할 것이다. 선장이 그의 합리적 판단에 따라 위험이 있다고 생각하여 처분하면 족하다. 위 [사례 Ⅷ-2-1]에서도 선장은 그 자신의 합리적 판단에 따라 적하 중 일부를 바다에 투하하였으므로 공동해손의 요건을 충족한다.

3) 위험발생원인　　공동해손의 발생원인은 묻지 않는다. 따라서 위험이 불가항력에 의한 경우는 물론 제 3 자 또는 이해관계인의 관리에 의한 경우에도 공동해손은 성립한다. 다만 선박과 적하의 공동위험이 선박 또는 적하의 하자나 기타 과실 있는 행위로 인하여 생긴 때에는 관리자에 대한 이해관계인 또는 제 3 자의 구상권이 존재하는 데 불과하다(870).

요크·앤트워프규칙 제 D 조도 "공동해손을 산정할 때는 이해관계자의 과실 여부를 불문하고 관련 법규 및 규칙을 적용하여 정산한다"라고 규정하고 있다. 즉 공동해손분담금 청구권자는 이해관계자에 대하여 일응 분담금청구권을 가지나, 청구권자에게 과실 또는 이로 등의 귀책사유가 있을 때에는 그 과실비율만큼 분담금청구권이 감액되는 것이다.[3]

1898년의 Irrawaddy호 사건에서 미국연방대법원은 선장의 항해상 과실로 인하여 선박이 좌초한 경우, 운송물에 발생한 손해에 대하여 선박소유자는 책임을 지지 않지만 운송물 소유자 등에 대하여 공동해손분담청구를 할 수 없다고 판시하였다. 이에 대하여 불만을 가진 선박소유자들이 선장의 과실에 의한 경우에도 선박소유자의 면책을 규정하였고, 1904년의 Jason호 사건에서 동법원

1) 송·김 521면.
2) 서헌제(하) 422면.
3) 박성호, "공동해손에 있어서 요크앤트워크 규칙 적용상 문제점에 관한 연구", 한국해법회지 제 22권 제 2 호(2000.11), 113면 이하 참조.

은 선박소유자가 항해상의 과실을 범한 때에도 공동해손분담청구를 할 수 있다고 선하증권에 기재함으로써(제이슨약관) Irrawaddy호 사건 판례를 번복할 수 있다고 판시하였다. 1936년의 미국해상물건운송법이 제정된 후 제이슨 약관의 적용범위는 더욱 확대되었으며 "선박의 항해개시 전 또는 개시 후 법률 또는 계약에 의하여 운송인의 과실 여부를 불문하고 운송인이 손해배상책임을 부담하지 아니하는 사고, 위험, 손해, 해난이 발생한 경우에 송하인, 수하인, 운송물 소유자는 자신의 운송물과 관련하여 운송인이 장래에 지출하거나 이미 지출한 손해 또는 비용을 분담하여야 한다"는 내용의 신 제이슨 약관(New Jason Clause)이 선하증권과 용선계약에 널리 기재되게 되었다.

신 제이슨 약관은 선박소유자가 미국해상물건운송법 또는 기타 법령에 의거하여 면책되는 한 설사 선박소유자에게 과실이 있더라도 적하소유자에 대하여 공동해손분담청구를 할 수 있도록 함을 목적으로 한다. 따라서 운송인이 면책되지 아니하는 과실을 범한 경우 운송인의 공동해손분담청구권은 그만큼 감축된다. 예컨대 운송인이 과실로 인하여 감항능력이 부족한 선박을 제공하였거나 운송인이 이로를 한 결과 해난이 발생하여 손해 또는 비용을 발생시켰다면 운송인은 적하소유자에 대하여 공동해손분담청구를 할 수 없다. 또 운송물 자체 내에 숨은 하자가 있기 때문에 운송물이 멸실된 경우 운송물 소유자는 선박소유자에 대하여 공동해손분담청구를 할 수 없다. 제 3 자의 과실로 인하여 선박과 적하가 멸실·훼손된 경우 선박소유자와 적하소유자는 공동해손분담청구를 할 수 있다. 위 [사례 Ⅷ-2-1]에서도 비록 사고의 원인이 선장의 항해과실로 인한 것이어서 선박소유자 A는 면책되지만(788②) 적하소유자들을 상대로 공동해손분담청구를 할 수 있다고 해석된다.

(2) 처분요건(Voluntary extraordinary disposition)

1) 고 의 성　　손해 및 비용이 공동해손으로 되기 위해서는 그 처분이 행위자의 고의에 의할 것을 요한다. 해난 당시의 상황에 비추어 해안 또는 암초에의 좌초가 불가피한 경우 그에 앞서 고의로 선박을 좌초시키는 것이 고의에 의한 처분으로 볼 수 있는지에 대하여 요크·앤트워프규칙 제 5 조는 "공동의 안전을 위하여 선박을 고의로 해안에 좌초시킨 때에는 그러한 행위가 없었더라도 그 선박이 해안에 좌초되었을 것이라는 사정의 유무를 불문하고 그 결과

로 인한 멸실 또는 손상은 공동해손으로 인정한다"고 규정하여 이를 긍정한다.

2) 비상수단 처분은 항해상의 통상적인 수단이 아닌 비상수단으로서 행해진 처분을 말한다. 따라서 선박 및 적하의 공동의 위험을 피하기 위하여 선박소유자 또는 적하소유자가 해난구조자의 구조를 받았다면 당해 구조가 계약에 의한 것인지 협의의 해난구조인지를 불문하고 그 구조료는 공동해손에 포함된다(요크 · 앤트워프규칙 제6조).

3) 선 장 공동해손행위자는 일반적으로 선장이다. 그러나 공동해손행위의 주체를 선장에 국한시킬 것인가에 관하여는 견해가 대립된다. 긍정설은 누구에게나 처분권이 있다면 전문적인 식견이 없는 사람이 사태를 그릇되게 판단하여 불필요한 처분을 할 염려가 있으므로 처분의 주체는 선장에 한정되어야 한다고 하고, 부정설은 상법 제865조에 규정된 선장은 예시적인 것에 불과하고 시기적절한 처분을 실현시키기 위해서는 처분의 주체를 선장에 한정할 필요가 없다고 한다.

요크 · 앤트워프규칙 제A조에도 공동해손행위자의 범위에 관하여 명백한 규정은 없다. 따라서 공동해손행위의 주체를 확장할 여시는 있으나 우리 법과 같이 선장이라는 명문을 규정하고 있는 상태에서는 긍정설이 타당하다.

4) 소극적 목적 공동해손은 선박과 적하의 공동의 위험을 면하기 위한 것이므로 그 목적은 소극적이어야 하고, 적극적으로 공동의 이익을 위한 공동해손은 있을 수 없다. 위 [사례 Ⅷ-2-1]에서는 선장이 비상수단으로서 선박과 적하의 공동의 위험을 면하기 위한 소극적 목적으로 고의로 일부 화물을 바다에 투기하였으므로 공동해손의 처분요건을 충족한다고 할 것이다.

(3) 손해 및 비용요건(Sacrifice for the common benefit)

1) 손해 및 비용 손해는 선박 또는 적하의 어느 일방 또는 쌍방에 처분으로 인하여 생긴 것을 말하고, 비용은 피난항에서 입항하기 위한 비용 또는 위험으로부터 구조하기 위한 구조료 또는 공동해손인 수리비 등을 말한다. 처분으로 인하여 생긴 손해 및 비용에 한정되므로 위험 그 자체에 의한 피해, 예컨대 강풍에 의한 돛대의 부러짐, 파도로 인한 적하의 유실 등은 공동해손이 될 수 없다. 위 [사례 Ⅷ-2-1]에서 화주 B는 자신의 화물 중 절반이 바다에 투기되었으므로 250만 달러의 손해를 입었고, 선박소유자 A도 각종 비용으로 200

만 달러를 지출하였고 10만 달러 상당의 운임손실(화주 B에 대한 운임의 절반)을 입었다(이 모든 손해가 공동해손이 되는지는 다음 항에서 살펴본다).

2) 입법주의 어떠한 손해 또는 비용을 공동해손으로 보는지에 관하여 상법은 **첫째**, 공동안전주의(선박 및 적하의 공동안전을 위하여 야기된 손해 또는 비용만을 공동해손으로 하는 영국법의 입장), **둘째** 공동이익주의(선박 및 적하의 공동안전을 위한 것 외에 항해계속에 필요한 손해 또는 비용도 광범하게 공동해손으로 하는 입장), **셋째** 희생주의(선박 및 적하의 공동안전 또는 이익과 무관하게 공동해손행위와 상당인과관계에 있는 손해 또는 비용을 공동해손으로 하는 독일법의 입장) 중 희생주의를 택하였다. 피난항에 피난하였을 경우에 그 입항비가 공동해손비용이 됨은 위의 입법주의가 모두 동일하다. 피난항에서의 정박비와 출항비는 공동안전주의에서는 공동해손으로 인정될지 명백하지 않으나 희생주의에서는 이를 인정한다.

위 [사례 Ⅷ-2-1]에서 희생주의에 따라 공동해손을 판단하면 B의 손해 250만 달러, A의 운임손실 10만달러, 예선비용 80만달러, 입항비 10만 달러, 출항비 10만 달러하여 합계 360만 달러가 총 공동해손이 된다(선박수리비 100만 달러는 위험 그 자체에 의한 피해로서 A가 부담하여야 할 단독해손이다).[1]

3) 예 시 선박소유자는 선박의 기계·기관 훼손으로 인한 손해, 선박의 항구정박시 조명비용, 선박이 해난을 만나 연료로서 소비한 선체, 선용품, 식량비용, 운송물이 훼손되었기 때문에 상실한 운임 등을 공동해손분담금으로 청구할 수 있다(요크·앤트워프규칙 제7조, 제9조, 제15조). 또 예선료·도선료와 같이 위험을 피하기 위하여 피난항에 입항할 때 소요되는 비용, 피난항에서 운송물을 양륙 및 선적하는 비용, 예정보다 항해가 연장된 기간중 발생한 선원의 임금, 주식비, 부식비, 선박수리비 등도 공동해손에 포함된다(동규칙 제10조, 제11조, 제14조). 단 노후선의 경우에는 감가상각을 한 나머지 금액만을 공동해손으로 인정한다(동규칙 제13조). 요크·앤트워프규칙은 선박과 적하의 공동의 안전을 위한 것이든 항해를 안전히 수행하기 위한 것이든 불문하고 대피항에 대피하는 비용 및 수리비를 공동해손으로 인정한다(동규칙 제10조, 제11조).

선박에 화재가 발생한 경우 화재를 진압하기 위하여 물 또는 포말소화기를 사용하였거나 선박을 해변에 끌어올리거나 선박을 고의로 침몰시킴으로 인하여 선박이나 적하에 발생시킨 손해는 공동해손에 해당하나(동규칙 제3조), 열

1) 서헌제(하) 424면.

기나 연기 등 화재 자체로 인한 손해는 공동해손에 해당하지 않는다.

(4) 잔존요건(Successful avoidance of the peril)

1) 선박 · 적하의 잔존 선박 또는 적하가 잔존하여야 한다(866). 그런데 공동해손행위와 그 잔존물 사이에 인과관계가 있어야 한다는 인과주의 또는 효과주의와, 양자간에 인과관계는 필요 없고 선박 또는 적하가 잔존하여 있으면 된다는 잔존주의로 나뉜다. 상법의 해석상 잔존주의를 취한다고 보는 것이 통설이다.

2) 잔존물의 범위 공동해손처분 후에 보존되는 잔존물의 범위에 대하여는 적어도 선박의 보존을 필요로 한다는 선박잔존주의, 선박과 함께 적하의 전부 또는 일부가 보존되어야 한다는 병존주의, 선박 또는 적하의 전부 또는 일부의 보존으로 충분하다고 하는 종류 불문주의로 나뉜다. 상법 및 요크 · 앤트워프규칙은 종류 불문주의를 채택하고 있다고 하겠다.

위 [사례 Ⅷ-2-1]에서도 공동해손을 통하여 선박 및 적하가 잔존하였으므로 잔존요건을 충족한다.

1-3 효 과

(1) 공동해손분담청구권

1) 공동해손분담청구권자 공동해손제도는 위험공동단체에 있어서의 손해의 분담관계이므로 공동해손인 손해 또는 비용의 배상청구권자는 위험공동단체를 구성하는 선박 또는 적하의 이해관계인에 한한다. 따라서 선박소유자, 적하소유자, 선박임차인, 정기용선자 등을 포함한다. 적하가 공동해손인 손해를 입은 경우 선박소유자가 그 손해에 대하여 책임이 있는 경우에만 적하소유자가 선박소유자에 대하여 공동해손분담청구권을 가진다. 따라서 헤이그규칙 및 우리 상법 하에서는 상사과실 및 선박의 불감항성으로 인한 공동해손손해에 대하여만 선박소유자가 책임을 진다. 한편 함부르크규칙 하에서는 항해과실 면책이 폐지되었으므로 선박소유자는 항해과실로 인한 공동해손 손해에 대하여도 공동해손 분담을 하게 될 것이다. 위 [사례 Ⅷ-2-1]에서는 투기된 화물의 화주인 B와 그로 인해 운임손실과 각종 비용을 부담한 운송인 A가 청구권자가 된다. 즉 B는 250만 달러, A는 110만 달러의 공동해손분담청구권을

가진다.[1)]

2) 특정채권의 제외　상법은 공동해손의 범위를 명확히 하기 위하여 다음 화물은 공동해손정산에서 제외한다. 그러나 이러한 것이 잔존한 경우에는 그 가액을 공동해손분담액에 산입한다(872). 속구목록에 기재하지 아니한 속구, 또는 선하증권 기타의 적하의 가액을 정할 수 있는 서류 없이 선적된 화물(872①), 종류와 가액을 명시하지 아니한 유가증권 기타의 고가물(872①), 갑판적 화물, 다만 연안항행의 경우에는 예외이다(872②). 컨테이너 운송이나 원목운송과 같이 갑판적 운송이 관습인 경우에까지 공동해손 분담청구에서 제외하는 것은 형평에 맞지 않다. 이리하여 2007년 개정 상법은 이를 공동해손분담 청구에 포함시켰다. 즉 상법 제872조 제2항은 "갑판에 적재한 하물에 대하여도 제1항과 같다. 다만, 갑판에 선적하는 것이 관습상 허용되는 경우와 그 항해가 연안항행에 해당되는 경우에는 그러하지 아니하다"라고 규정하고 있다.

3) 이　자　공동해손인 손해의 발생일로부터 분담액 확정시까지는 대체로 상당한 기간이 소요되는데, 이러한 기간의 경과는 분담청구권자의 경제적 손실에 직결되므로 공동해손 손해액에 대한 이자를 인정하여야 할 것인가가 문제이다. 우리 상법에는 이자에 관한 명문규정이 없지만, 요크·앤트워프규칙 제21조는 공동해손에 속하는 비용, 희생 및 배상금에 대하여는 공동해손정산서의 확정일까지 연 7%의 이자를 인정한다고 규정하고 있다.

4) 제척기간　공동해손으로 인한 채권 및 구상채권은 그 계산이 종료한 날로부터 1년 내에 재판상 청구가 없으면 소멸한다(875 본문). 단 이 기간은 당사자의 합의에 의하여 연장할 수 있다(875 단서, 814 단서). 이 기간의 성질은 제척기간이다.

5) 공동해손분담청구권의 확보　통상 공동해손분담금을 청구할 수 있는 자는 선박소유자인데, 선박소유자는 공동해손이 발생한 사실을 자신의 해상보험자를 통하여 공표하게 된다. 나아가 공동해손으로서 적하를 처분한 경우 선박소유자는 여타 적하소유자로부터 담보를 취득하여야 한다. 공동해손분담청구권을 가진 선박소유자는 그 청구금액에 관하여 적하에 대한 유치권을 가지며, 적하소유자가 선박소유자에 대하여 공동해손분담청구권을 가지는 경우 적하소유자는 선박에 대하여 우선특권을 가진다. 그런데 선박소유자가 적하소유

1) 서헌제(하) 425면.

자에 대하여 공동해손분담청구권을 가진다 하더라도 선박소유자가 실제로 적하를 유치하면 적하뿐 아니라 선박을 활용할 수 없게 되어 비경제적이므로, 적하소유자로 하여금 공동해손분담금을 지급하겠다는 내용의 보증장을 선박소유자에게 제출하게 한 후 적하를 양륙하는 것이 보통이다. 보증장은 금융기관의 지급보증서 또는 보험자의 보증서로써 갈음할 수 있다.

(2) 공동해손의 분담

1) 분담비율　공동해손은 위험을 면한 선박 또는 적하의 가액과 운임의 반액과 공동해손액과의 비율에 따라 각 이해관계인이 분담한다(866). 상법이 운임의 반액으로 규정한 것은 계산의 번잡을 피하기 위한 것이다.

2) 분담제외　선박에 비치한 무기, 선원의 급료, 선원과 여객의 양식과 의류가 보존된 경우에는 그 가액을 공동해손의 분담에 삽입하지 아니하나, 손실된 경우에는 그 가액을 공동해손액에 삽입한다(871). 선하증권 기타 적하의 가격을 정할 수 있는 서류에 적하의 실제가격보다 고액을 기재한 경우 그 적하가 손실된 때에는 그 기재액에 의하여 공동해손분담액을 정하고, 실제가격보다 낮은 금액을 기재한 경우 그 적하가 손실된 때에는 그 기재액을 공동해손액으로 한다(873①). 적하의 가격에 영향을 미칠 사항에 관하여 허위의 기재를 한 때에도 위와 같다(873②).

3) 분담한도　공동해손분담의무자는 선박이 도달하거나 적하를 인도한 때에 현존하는 가액의 한도 내에서만 책임을 진다(868).

4) 부당이득방지　선박소유자, 용선자, 송하인 기타 이해관계인이 공동해손액을 부담한 후 선박, 속구 또는 적하의 전부 또는 일부가 그 소유자에게 복귀한 경우 그 소유자는 공동해손의 상금으로 받은 금액에서 구조료와 일부손실로 인한 손해액을 공제하고 그 잔액을 반환하여야 한다(874). 이는 선박 또는 적하소유자의 부당이득을 방지하기 위한 규정이다.

위 [사례 Ⅷ-2-1]에서 공동해손의 액은 앞에서 살펴본 바와 같이 희생주의에 따라 360만 달러로 산정되었고, 공동해손처분으로 인하여 위험을 면하게 된 선박, 적하, 운임의 액수는 X의 화물 400만 달러, Y의 화물 200만 달러, Z의 화물 100만 달러, B의 화물 250만 달러, A의 선박 835만 달러, A의 운임의 반액 15만 달러로서 합계 1,800만 달러이다. 따라서 위험을 면한 액수와 공동해손액의 비율은 20%이며 이를 각 이해관계인에게 적용하면 X의 분담액은 400만 달러의 20%인 80만 달러, Y는 40만 달러, Z는 20만 달러, B는 50만 달러, A는 170만 달러의 공동해손분담채무를 부담하게 된다. 다만 B는 자신이 받을 250만 달러의 공동해손채권에서 위 50만 달러의 분담채무를 공제한 200만 달러를 지급받게 되고, A는 위 170만 달러의 채무에서 110만 달러의 채권을 공제한 60만 달러를 공동해손분담금으로 지급하여야 할 것이다.[1)]

(3) 공동해손의 손해액 산정

1) 산정기준　　선박의 가액은 그 도달한 때와 곳의 가액을, 적하의 가액은 양륙한 때와 곳의 가액을 표준으로 한다. 다만 적하에 관하여는 그 손실로 인하여 지급을 면하게 된 운임 등 모든 비용을 공제하여야 한다(869).

2) 선박손해액　　요크・앤트워프규칙 제18조는 선박을 수리한 경우, 수리하지 않은 경우 및 전손이 된 경우로 3분하여 선박의 손해액 산정기준을 제시하고 있다. 즉 선박이 수선된 경우에는 신구교환차익을 공제한 수리비로서 합리적이고 현실적인 금액을 선박의 손해액으로 하고, 선박이 수선되지 아니한 경우에는 추정수리비용의 범위 내에서 상당한 선박의 감가액을 손해액으로 하고, 선박이 전손된 경우에는 그 선박이 손상을 입기 전 상태의 평가액에서 공동해손으로 인정할 수 없는 손해의 추정수리비용과 선박잔존물의 매각대금을 공제한 금액을 선박의 손해액으로 한다.

3) 운임손해액　　요크・앤트워프규칙 제15조는 "적하의 멸실 또는 손상에 의하여 생기는 운임의 손실이 공동해손행위로 인하여 발생한 때에는 그 손실은 공동해손으로서 배상된다"고 규정하고 있다. 상법(810②, 811②)은 비례운임에 대한 청구권을 인정하고 있으므로 선박의 항해불능으로 인하여 운임에 손실이 생기는 경우에는 운임청구권을 상실한 부분에 대하여 공동해손손실이 인정될 것이다.

(4) 공동해손분담액의 산정

요크・앤트워프 규칙 제G조는 공동해손의 금액과 이해관계자의 공동해손분담금은 문제의 항해가 종료한 시간과 장소에서의 해산(海産)의 가액을 근거

1) 서헌제(하) 426면.

로 하여 산정한다고 규정하고 있다. 동일항해 중에서 수회의 공동해손이 있는 경우의 분담액의 결정에 관하여는 특별규정이 없다. 따라서 제 2 의 공동해손을 먼저 정산하여 그 분담액을 확정하고, 그 분담액을 각 분담재산의 가액에서 공제한 것에 관하여 제 1 의 공동해손의 분담액을 결정하여야 한다. 공동해손분담금은 각 해산의 분담가액(contributory interest)에 공동해손총액/해산분담가액의 합계를 곱하여 산출한다.

1-4 정산 및 절차

(1) 의 의

공동해손인 손해 및 비용은 그 이해관계인에게 균등하게 발생하는 것이 아니므로 이를 각 이해관계인에게 균등하게 분담시키는 것이 공동해손제도의 기본이념이다. 즉 이해관계인이 보상을 받아야 할 금액 및 부담하여야 할 금액을 산정하는 절차를 공동해손의 정산(general average adjustment)이라 한다.

(2) 정산의무자

공동해손의 정산은 특약 또는 다른 관습이 없는 한 선장이 그 의무자가 된다는 것이 통설이다. 그러나 공동해손의 정산은 매우 복잡하며, 또한 전문적 지식을 필요로 하는 것이기 때문에 공동해손정산인(adjuster)에게 위임하여 처리하는 것이 관례이다.

(3) 정 산 지

특약이 없는 한 항해가 종료한 곳, 즉 선박과 적하가 종국적으로 분리된 곳이며, 항해가 중단된 경우에는 중단지가 공동해손의 정산지이다.

(4) 공동해손정산서

선박보험자는 전문적인 공동해손 정산인의 조력을 받아 공동해손 정산서를 작성하는데, 정산서에는 정확한 공동해손 금액과 이해관계자들의 공동해손 분담액을 기재한다. 복잡한 사안의 경우 정산서 작성에 몇 년이 소요될 수도 있지만, 공동해손 정산인의 정산작업은 고도의 전문성을 가지기 때문에 정산서 내용에 관하여 법적 분쟁이 발생하는 경우는 거의 없다. 또한 공동해손 정산인이 정산서를 작성하기 이전에는 공동해손분담금을 부담하게 될 것이 예상되는 자가 법원에 채무부존재확인의 소를 제기한다 해도 그 소송은 기각되는 것이 보통이다.

공동해손 정산인이 작성한 정산서는 중재판정과는 달리 독자적인 법적 효력을 가지는 것은 아니다. 그러나 운송물의 적하보험자가 공동해손분담금 지급을 보장하는 보증장을 제출한 경우에 적하보험자는 공동해손 정산서에 기재된 내용의 채무를 부담하는 것으로 간주된다. 나아가 공동해손 정산서는 공동해손금액, 이해관계자의 공동해손분담금 계산 등을 정확하게 반영하고 있다고 본다.

(5) 공동해손의 입증책임

공동해손 손실에 대한 입증책임에 관하여 우리 상법에는 명문규정이 없다. 그러나 요크·앤트워프 규칙 제E조에서는 "공동해손으로 주장된 손해 또는 비용이 정당하게 공동해손으로 인정받기 위한 입증책임은 공동해손의 청구자가 이를 부담한다"고 규정하고 있다.

원칙적으로 공동해손행위가 있었는지 여부는 사실문제가 아닌 법률문제이므로 법원이 결정할 사항이다. 그리고 공동해손행위를 하였다고 주장하는 자는 정산인이 작성한 공동해손정산서와는 별도로 공동해손행위의 존재를 입증하여야 한다. 공동해손행위가 있었다는 사실과 그 행위로 인하여 발생한 손해 또는 비용이 공동해손에 해당된다는 것이 인정된 후에야 비로소 공동해손 정산서의 내용이 타당한 것으로 간주된다. 공동해손분담금 청구문제는 선박의 목적항에서 판단하여야 하며 공동해손정산서 작성지에서 판단할 성질은 아니다.

2. 선박충돌

2-1 의　의

(1) 의　의

선박충돌(collision)은 2척 이상의 선박이 수면에서 접촉하여 손해가 발생하는 것을 말한다(876). 이와는 별개의 개념으로서 선박과 부두 등의 항만시설이 접촉한 것 또는 선박이 접안중인 선박의 옆을 빠르게 지나감으로써 물결이 일어나 접안중인 선박에 손해가 발생한 것을 간접충돌(allision)이라 한다. 간접충돌은 선박충돌이라 할 수 없다는 견해[1]가 있으나, 간접충돌의 경우에도 그 충돌을 야기한 선박에 과실이 있는 때에는 접촉사고와 다를 바 없고 또 충돌규정의 목적이 손해의 합리적인 귀속을 정하는 데 있으며 1910년 브뤼셀 선박충돌조약 제13조도 간접충돌의 경우에 동조약을 적용시키는 점을 들어 간접충돌의 경우에도 상법의 충돌규정을 유추적용하자는 견해[2]가 보다 합리적이다.

이에 따라 상법에서도 「선박충돌에 관한 조약」(1910년), 「충돌손해배상액산정에 관한 리스본규칙」(1987년)을 참조하여, "선박의 충돌이라 함은 2척 이상의 선박이 그 운용상 작위 또는 부작위로 선박 상호 간에 다른 선박 또는 선박 내에 있는 사람 또는 물건에 손해를 생기게 하는 것을 말하며, 직접적인 접촉의 유무를 묻지 아니한다"라고 규정함으로써 선박충돌의 개념에 간접충돌도 포함되는 것을 입법적으로 명확하게 규정하였다(876②).

(2) 책임의 근거

선박충돌에 관하여 관련 당사자에게 책임을 지우기 위하여는 선박충돌로 인하여 발생한 손해에 대하여 관련 당사자에게 과실이 있어야 한다.[3] 만약 선박충돌이 불가항력적으로 발생하여 관련 당사자에게 아무런 과실이 없다면 그 당사자는 타방 당사자에게 발생한 손해에 대하여 면책되며 각 선박이 자신의 손해를 부담한다(877). 선박충돌의 원인이 명백하지 아니할 때에도 마찬가지이다. 그러나 오늘날 손해조사기술이 발달하고 선박충돌에 관한 규제가 완비됨으로써 사후에 선박충돌에 관한 쌍방 선박의 과실의 정도에 관하여 비교적 정확한 판단을 내릴 수 있기 때문에 불가항력적인 선박충돌은 거의 존재하지 않는다. 또 안개, 폭풍우, 시계불량 기타 항해상의 위험이 있었다고 하여 충돌선박의 과실책임이 면제되는 것은 아니다.

충돌선박의 과실정도는 **첫째**, 충돌선박이 상당한 주의를 다하여 신중하게 항해하였는지, **둘째**, 선박 및 해상구조물의 항행 및 관리에 관한 법령을 준수하였는지, **셋째**, 항해실무상의 관행에 부합하게 행위하였는지 여부에 의하여 판

1) 최기원, 상법학신론(하), 박영사(2005), 919면.
2) 채이식, 상법강의(하), 박영사(2003), 750면.
3) 박영선, "선박항해자의 법적 보호에 관한 연구", 한국해법회지 제31권 제 1 호(2009.4), 308면.

단한다. 충돌선박이 법령에 위반하지 않았더라도 당시의 상황 하에서 합리적인 주의의무를 다하지 않았다면 과실책임을 진다. 즉 충돌선박이 신중하고 양호한 항해기술을 발휘하여 상당한 주의를 행사하였더라면 충돌을 예방할 수 있었을 경우에 충돌선박에게 배상책임이 있다. 그러나 충돌선박이 반드시 최대한의 주의의무를 행사하여야 하는 것은 아니며, 충돌선박의 직원이 판단착오를 하였더라도 통상적인 주의의무를 다하였다면 책임을 면한다. 반면에 선박의 감항능력에 대하여 상당한 주의를 행사하지 아니한 것이 충돌사고의 일부 원인이 된 경우에 그 선박소유자는 손해배상책임을 진다.

(3) 선박충돌규칙 · 관습

가해선박이 손해배상책임을 부담하게 되는 전형적인 경우로서는 가해선박이 선박충돌에 관한 규칙을 위반한 때를 들 수 있다. 미국을 포함한 주요 해운국이 채택하고 있는 선박충돌규칙으로서는 「1972년 국제해상선박충돌 예방규칙」(International Regulations for Preventing Collisions at Sea)이 있는데, 각국은 공해뿐 아니라 내수항행에 대하여도 동규칙을 적용한다. 동 규칙 제 6 조의 안전속도규칙은 "모든 선박은 항상 안전한 속도로 항행함으로써 충돌을 피하기 위하여 적절하고 효과적인 조치를 취해야 하는 동시에 그 상황이나 조건에 적합한 거리를 두고 정지할 수 있도록 해야 한다"라고 규정하고 있다.

항해상의 관습에 위반하여 선박충돌을 발생시킨 경우에도 손해배상책임이 발생할 수 있으나 이 같은 관습을 원용하려는 당사자가 구체적인 관습의 내용을 입증하여야 한다. 단 항해상 관습은 충돌규칙에 위반되지 않는 범위 내에서만 유효하며, 충돌규칙과 모순되는 항해상 관습의 효력은 인정되지 않는다.

(4) 해상교통안전법

우리나라에서는 국제선박충돌규칙만으로서는 선박교통의 안전을 확보하기 힘들 뿐 아니라 선박이 폭주하는 연안해역에서 국적에 관계없이 모든 선박의 교통을 정리하기 위하여 해상교통안전법을 제정하였다. 즉 연안수역에서의 특별한 교통방법을 정한다든가 위험방지를 위하여 적극적인 규제를 행하여 선박교통의 안전을 확보하는 것이 해상교통안전법의 제정목적이다. 연안수역에서는 해상교통안전법이 적용되는 한편, 항내 또는 항계부근에서는 개항질서법이 적용된다. 이와 관련하여 상대방 어선이 끌고 있는 어망이 상당부분 수면위로 드러나 있었는데도 이를 발견하지 못하고 상대선과 그 후미를 따르는 다른 선박 사이로 빠져나갈 수 있다고 판단하고 그대로 직진한 태영썬호의 과실을 인정하여 선장에게 업무정지 6월을 명한 것이 타당하다는 판례가 있다.[1)]

2-2 입증책임

원칙적으로 선박충돌의 피해자는 상대선의 과실 또는 불감항성으로 인하여 자신의 손해가 발생하였음을 입증하여야 한다. 다만 이에 대한 예외로서 선박충돌법에서는 특정사실을 추정함으로써 상대선에 대하여 입증책임을 부담시키는 경우가 있다. 그 대표적인 예로서는 미국연방대법원이 1874년에 확립한 이른바 '펜실베이니아 원칙'이 있는데 그 내용은 "선박충돌의 당사자인 특정선박이 선박충돌 예방규칙에 위반하였더라도 이것은 당해 선박의 과실이 선박충돌의 한 원인이었음을 추정하게 할 뿐이다. 이 경우에 당해 선박이 손해배상책임을 면하기 위하여는 자신의 과실이 선박충돌의 원인이 아니었을 뿐 아니라 그러하였을 가능성도 없었음을 입증하여야 한다"는 것이다.

펜실베이니아 원칙은 선박간의 충돌뿐 아니라 간접충돌, 선박의 좌초에도 적용된다. 이 원칙을 적용하기 위하여는 **첫째**, 충돌선박이 법령 또는 규칙을 위반하였어야 하고, **둘째** 당해 법령이나 규칙이 해상안전 또는 항해에 관련된 것이어야 하며, **셋째** 선박충돌로 인하여 당해 법령이나 규칙이 보호하려는 법익이 침해되었어야 한다.

동력선이 투묘(投錨)중인 선박 또는 해상구조물과 충돌하였다면 동력선은 자신의 과실이 없었다는 사실 또는 불가항력적 사고였음을 입증하여야 한다. 또 표류중의 선박이 투묘중의 선박 또는 해상구조물과 충돌한 경우에는 표류중의 선박이 이 같은 입증책임을 진다. 일방 선박의 과실이 없었더라면 통상 선박충돌이 발생하지 않았을 경우에는 당해 선박에게 과실이 있었음을 추정할 수 있다. 통상 선박충돌의 경우에는 인명피해, 해상오염, 해난구조, 공동해손 등의 문제가 동시에 발생하며 증거가 멸실될 가능성이 있기 때문에 항해일지,

---

1) 대판 2000.11.28, 2000추43.

기관일지 등 제반 선박서류를 신속히 수집하여야 하며 해사검정인을 선임하여 손해의 내용을 확인하는 것이 중요하다.

2-3 책임의 배분

쌍방과실 충돌선박 상호간의 책임분담에 관해서는 균분주의와 비례배분원칙이 대립한다. 그런데 미국에서는 1975년의 United States v. Reliable Transfer Co., Inc.사건에 관한 미국 연방대법원의 판결을 계기로 쌍방과실 충돌사건에 대하여 책임균분부담원칙을 폐기하고 비례배분원칙을 확립하였다. 즉 관련선박의 과실비율에 따라 손해배상책임을 부담시키되 과실비율이 판정되지 아니한 경우에만 손해배상책임을 균일하게 배분한다는 것이다. 1910년의 브뤼셀 선박충돌책임조약 및 영국법도 이 같은 비례배분원칙을 채택하고 있다.

비례배분원칙에 따라 과실비율이 결정된 이후에는 **첫째**, 선박충돌로 인하여 제3자에게 발생한 손해를 포함하여 총손해액을 결정하고, **둘째**, 각 당사자가 입은 손해액을 판정하며, **셋째**, 당사자들의 과실비율에 따른 손해배상액을 결정한다. 예컨대 선박충돌에 대하여 40%의 과실 있는 A선박이 6천만원의 손해를 입었고, 60%의 과실 있는 B선박이 4천만 원의 손해를 입었다고 가정하자. 총 손해액은 1억원(6천만원+4천만원=1억원)이므로 A선박은 1억원의 40%인 4천만원을 부담하여야 하는 반면 B선박은 1억원의 60%인 6천만원을 부담하여야 한다. 결국 과실정도가 더 큰 B선박이 손해액의 차액인 2천만원(6천만원−4천만원=2천만 원)을 A선박에게 지급하여야 하는 것이다. 이같은 비례배분원칙은 선박충돌뿐 아니라 해상법 전반에 걸쳐 적용되는 일반원칙이며, 선박의 조타시설에 하자가 있기 때문에 선박충돌이 야기되었다면 당해 선박을 건조한 조선소에게도 그 과실비율에 따라 책임을 분담시키게 된다.

2-4 손해의 범위

(1) 피해선의 손해배상청구권

선박충돌 또는 해난으로 인하여 선박이 훼손되었을 때 피해선이 가해선으로부터 지급받을 수 있는 금액은 선박이 전손상태인지 또는 분손상태여서 수리가 가능한지에 따라 달라진다.

1) 전손의 경우 만약 선박이 전손상태라면 손해액은 충돌 이전의 선박가액에 이자 및 운임을 합한 금액에서 잔존가액을 공제한 금액이다. 그런데 충돌 이전의 선박가액을 결정하는 것은 용이하지 않으므로 통상 법원은 사고 발생 당시의 당해 선박과 유사한 선박의 실제 거래가격을 참고로 하며, 전문가인 감정인의 증언에 큰 비중을 두게 된다. 그리고 피해선과 유사한 선박의 거래가격이 형성되어 있지 않은 경우에는 ① 피해선을 다른 선박으로 대체하는 비용, ② 피해선을 재건조하는 비용, ③ 피해선을 건조하는 데 소요되는 비용 및 감가상각을 고려하여 피해선의 충돌 이전 가액을 결정한다. 피해선과 유사한 선박의 시장가격이 형성되어 있다 하더라도 피해선의 소유자가 대체선 아닌 피해선만을 사용하여야 하는 등의 특별한 사정이 있는 경우에는, 유사선박의 시장가격보다는 피해선의 대체비용이 손해액 결정의 기준이 된다.

피해선을 수리하는 것이 가능하나 수리비가 피해선의 충돌전 가액을 초과하는 상태인 추정전손의 경우에도 전손의 경우와 동일한 손해액 산정방식이 적용된다. 피해자가 배상받을 수 있는 손해액은 피해선의 시장가격을 초과할 수 없으며, 추정전손의 경우에도 사고선박의 보험금액은 손해액 산정에 직접적인 영향을 미치지 아니한다.

2) 분손의 경우 피해선이 전손상태에 이르지 않은 경우에 피해선 소유자는 피해선을 충돌 이전 상태로 회복하기 위하여 소요되는 합리적인 수리비를 청구할 수 있다. 설사 피해선 소유자가 자신의 선박을 수리하지 않는 경우에도 상대선에 대하여 가지는 수리비 청구권에는 영향이 없다. 또한 피해선 소유자는 합리적인 해난구조비용을 가해선에 대하여 청구할 수 있다. 그리고 합리적인 선박수리비의 범위에 관하여는 분쟁이 발생할 여지가 많으므로 피해선의 손해액과 수리비를 결정할 때에는 상대선 소유자와 공동으로 손해사정을 하는 것이 바람직하다. 또 피해선이 일방적으로 손해액을 사정하는 경우에도 상대선 소유자에게 최소한의 통지를 해야만 피해선의 손해액의 신빙성이 높아지며, 상대선에 대하여 이 같은 통지를 하지 않은 때에는 피해선은 손해사정비용을 손해액으로서 상대선에게 청구할 수 없다. 또 피해선의 소유자가 선박충돌과 관련하여 필요 이상의 수리비를 지출하였다면 이는 손해배상으로서 가해선에 대하여 청구할 수 없다. 그리고 피해선의 수리비를 보상하는 것은 충돌 후 선박가액의 감소분을 전보하기 위한 것이므로, 수리비가 과다하게 청구된

경우에는 선박충돌로 인하여 선박가액이 실제로 감소한 부분만을 손해액으로 인정하면 된다.

선박충돌과 관련하여 피해자는 부수적으로 발생한 손해사정비용, 침몰선 제거비용, 기름오염제거 및 방지비용, 해난구조비용, 화물인양비용, 계선료, 건선거사용료, 공동해손분담금, 선원임금, 충돌선에 대한 무해조치비용이 합리적으로 발생한 범위 내에서 이를 손해배상으로서 가해선에 대하여 청구할 수 있다.

3) 간접충돌손해 선박과의 간접충돌로 인하여 손해를 입은 파이프라인 등 연안시설의 소유자도 가해선에 대하여 손해배상을 청구할 수 있다. 간접충돌로 인하여 전손된 연안시설의 손해액은 간접충돌 직전의 연안시설의 가액에서 잔존가치를 공제한 금액이며, 연안시설의 수리가 가능할 때에는 합리적인 수리에 소요되는 비용이 손해액이다. 연안시설이 훼손된 부분을 새 부품으로 교환함으로 인하여 연안시설물의 가치가 증대되었다면 그 가치증대부분을 손해액에서 공제하여야 한다. 반면에 연안시설을 수리하였는데도 가치가 증대되지 않았고 연안시설의 수명이 연장된 바도 없다면 수리비전액을 손해액으로 본다.

4) 일실이익 가해자의 과실로 인하여 훼손된 선박의 소유자는 선박수리기간 동안의 일실수익인 정박손해금(detention damage)을 배상할 것을 가해선에게 요구할 수 있다. 단 분손의 경우에 한하여 정박손해금을 청구할 수 있으며 전손의 경우에는 이를 청구할 수 없다. 피해선이 용선된 선박인 경우 정박손해금은 당해 선박의 용선료에 기초하여 산정하며, 용선되지 않은 선박의 정박손해금은 충돌 전의 당해 선박의 수입과 충돌 후의 수입의 차액에 기초하여 산정한다. 또 가해선과의 간접충돌로 인하여 연안시설의 생산성이 저하되었다면 연안시설 소유자는 그로 인하여 상실한 이익을 배상받을 수 있다.

피해선의 소유자가 일실수익 또는 기타의 손해를 배상받기 위하여는 자신의 손해를 경감하기 위하여 합리적인 노력을 다하였어야 한다. 선박수리를 정기적인 건선거작업시에 해도 무방한 데도 굳이 항해를 중단하고 건선거에 입거하여 선박을 수리한 결과 불필요한 비용이 발생하였거나, 선박충돌의 기회를 이용하여 선박충돌과 무관한 부분까지 수리한 경우에는 이를 배상받을 수 없다. 쌍방과실 선박충돌의 경우에도 피해선 소유자는 일실수익 및 수리비에 대한 선박충돌 시점으로부터 판결선고일까지의 이자를 가해선에게 청구할 수 있으며, 이자는 수리일부터가 아니라 사고일부터 발생한다. 단 피해선소유자의 악의, 청구의 고의적 지연, 청구액이 불분명한 경우 등 예외적인 경우에 한하여 법원은 원고의 판결 전 이자청구를 기각하게 된다.

5) 판례의 입장　　광주고판 2003.7.16, 2002나10553은 태영썬호/대어102호 충돌사건에서 화물선 선장이 항로지정방식에 따라 항해하지 않고 경계를 소홀히 하여 멸치어선들이 어로작업중임을 발견하지 못하고 어선들 사이로 무리하게 통과하려다 어선을 충돌한 사건에서 화물선의 과실비율을 80%로 보았다. 또 어선의 통상수리기간을 40일로 보았으며(구난 및 해경의 사고조사 6일+수리부위 조사 및 수리계획 2일+선체 청소 및 오물제거 2일+손상부위 철판작업 5일+엔진제거, 구입 및 실치 5일+브릿시 및 선원거주구역 공사 9일+항해계기 및 전기공사 4일+설치기기 시운전 2일+해상 시운전 1일+어구장비 적재 및 출어준비 4일), 멸치잡이를 위하여 임차한 가공운반선과 멸치를 육지로 옮기는 작업용 카고 크레인 임차료 상당 휴업손해와 사망자 장례식 때 지출된 유족 숙박비를 통상손해로 인정하였다. 한편 선원전도금은 통상임금의 선급금에 불과하므로 선원전도금을 임금과 별도로 배상할 필요는 없고, 해난심판 변론인 선임비용도 손해배상채권에 포함시킬 수 없다고 판시하였다.

(2) 피해선의 손해배상청구권과 선박소유자 책임제한과의 관계

> [사례 Ⅷ-2-2: 선박충돌]
>
> A선박과 B선박이 충돌하여 A선박은 5,000만원, B선박은 6,000만원의 손해를 입었는데, A선과 B선의 과실비율은 75 : 25로 판명되었다. 한편 A선의 책임제한기금은 1,000만원이고 B선의 책임제한기금은 2,000만원인바, A와 B의 책임관계는 어떻게 결정되는가?

선박충돌로 인한 손해배상채무에 관하여는 상법 제769조 소정의 선박소유자 책임제한의 적용을 받는다. 이때 양선박의 상대선에 대한 손해배상청구권을 상계한 후에 선박소유자 책임제한을 적용하느냐 또는 먼저 양 채권에 대하여 각각 책임제한을 적용한 후 나머지 채권을 상계하느냐에 따라 결과가 달라진다.

이것이 소위 단일책임설(single liability)과 교차책임설(cross liability)의 문제이다.

위 [사례 Ⅷ-2-2]에서 A선은 B선이 입은 손해 6,000만원 중 자신의 과실비율 75%에 상당하는 4,500만원의 손해배상채무를 B선에게 지는 반면, B선은 A선이 입은 손해 5,000만원 중 자신의 과실비율 25%에 해당하는 1,250만원의 손해배상채무를 A선에게 부담한다. ① 교차책임설에 따라 선박소유자 책임제한을 먼저 적용한다면 A선의 B선에 대한 채무는 4,500만원이지만 선박소유자 책임제한에 의하여 1,000만원만을 B선에게 부담하면 된다. 한편 B선의 A선에 대한 채무는 1,250만원인데 선박소유자 책임제한을 적용하더라도 B선의 책임은 불변이다. 대등액에 대하여 상계를 하고 나면 결국 과실이 적은 B선은 과실이 많은 A선에게 도리어 250만원을 지급할 책임을 진다. 반면에 ② 단일책임설에 따라 상계를 먼저 한다면 A선의 채무 4,500만원과 B선의 채무 1,250만원을 그 대등액에서 상계하여 A선은 B선에 대하여 3,250만원의 채무를 부담한다. 이에 대하여 선박소유자 책임제한을 적용하면 A선은 B선에게 1,000만원을 지급할 책임을 진다.[1)]

쌍방과실로 인하여 상대방 선박이 입은 손해에 대하여 각 선박소유자가 별개의 책임을 부담하는지 혹은 상호간의 책임을 상계한 액에 관하여 단 한 개의 책임만을 부담하는지에 관하여, 영국의 초기 판례는 단일책임설을 취하여 왔으나 1890년의 The London Steam Ship Owners' Mutual Insurance Association v. The Gramship Co. 사건을 계기로 하여 교차책임설을 따르게 되었고 현재 전세계의 해상보험실무도 교차책임설에 기초하여 선박충돌로 인한 손해를 정산한다.[2)]

교차책임설의 논거는 다음과 같다. **첫째**, 충돌이라는 사실이 하나이기는 하나 이론상으로는 과실 있는 쌍방에 별개의 불법행위가 각각 존재한다. 이는 자동차나 항공기 충돌사고의 경우 비록 충돌사실은 하나이나 쌍방에 별개의 불법행위가 성립하는 현상을 보면 명백하다. **둘째**, 상법 제879조가 민법상의 공동불법행위규정의 특칙이기는 하나 이는 손해액 결정 및 부담에 관한 특칙일 뿐이고 불법행위에 의한 손해배상의 실질관계까지 변경하는 취지는 아니다. **셋째**, 해상보험에 있어서 충돌책임보험약관이 교차책임설의 전제하에 있다.

1) 서헌제(하) 433면; 이진홍, "쌍방과실로 인한 선박충돌의 법률관계"(서울대 석사학위논문, 1987), 23~46면; 박용섭, "선박의 쌍방과실 충돌에 관한 상법 제846조의 법리연구", 한국해법회지, 제16권 제1호(1994), 33-43면; 한창희, "선박충돌과 보험처리", 인권과 정의, 제259호(1998.3), 38~39면.

2) 송·김 546면.

상법 제879조는 쌍방충돌의 경우 과실비율에 따른 책임분담원칙만을 규정할 뿐 선박소유자 책임제한과의 관계에 관한 규정이나 판례가 없으므로 충돌선박소유자의 손해배상책임의 성격 및 선박소유자 책임제한과의 관계는 전적으로 해석론에 맡겨져 있는바, 교차책임설이 통설이며 타당하다고 본다.[1)]

(3) 화물소유자의 손해배상청구권

[사례 Ⅷ-2-3: 서울지판 1997.1.23, 95가합39156]

컴퓨터 제조업체인 X회사는 필리핀의 A사로부터 컴퓨터 부품을 FOB조건으로 22만달러에 수입하는 계약을 체결하였다. 이에 따라 A의 운송주선인은 미국의 Y1해운사와 이 화물에 대한 해상운송계약을 체결하고 이를 인도한 후 수하인이 B로 된 선하증권을 발행받았으나, X는 A에게 수입대금을 지급하고 B로부터 선하증권을 양수하였다. 한편 Y1은 이 화물을 그 소유 선박 워싱턴호에 선적하여 부산항으로 운송하였는데, 워싱턴호가 부산항으로 입항하는 도중 태종대 앞바다에서 약 12노트로 항해하던 Y2해운사 소속의 한진 홍콩호와 충돌하였으며 양선박의 과실은 50대 50으로 판정되었다. 이 충돌로 인해 X의 화물이 실린 컨테이너와 화물이 심한 파손을 입고 해수에 젖어 전혀 사용할 수 없게 되었다. ① X는 Y1,Y2로부터 각각 얼마의 손해배상금을 지급받을 수 있는가? ② 위 ①에서 Y2에 대한 책임제한절차가 진행중인 경우에는 어떠한가?

1) 일방과실로 인한 충돌

이 경우에는 과실 있는 선박의 소유자만이 책임을 지는데(878), 상대선박의 적하나 선원들에 대해서는 불법행위책임을 지고(民750), 자기 선박의 인적·물적손해에 대해서는 채무불이행책임을 진다(794, 795①, 826).

2) 쌍방과실로 인한 충돌

① 문제의 소재　　상법 제879조는 쌍방과실로 인한 선박충돌의 경우에 선박소유자의 분담책임을 정하고 있는데, 이 규정은 선박소유자 상호간의 관계에만 적용되는가 아니면 제 3 자에 대한 책임관계에도 적용될 것인가 하는 점이 문제된다. 이는 동조 제 2 항이 인적손해에 대해서만 연대책임을 인정하는 규정을 두고 물적손해에 대해서는 아무런 규정을 두고 있지 않기 때문에 생기는 것이다. [사례 Ⅷ-2-3]에서 보면 Y1과 Y2선박간의 충돌로 인해 Y1에 적재되어

1) 최기원 921면; 채이식 764면; 배병태, 주석해상법, 한국사법행정학회(1987), 356~57면.

있던 X의 화물이 22만달러의 전손을 입었는데 이에 대해 Y1,Y2는 각자의 과실비율(50 대 50)에 따라서 각각 11만달러씩 분담할 것인가, 아니면 민법의 공동불법행위자의 연대책임(민760)에 따라 22만달러 전액에 대해 연대책임을 지울 것인가 하는 점이다.

② 인적 손해　　쌍방과실로 인한 선박충돌이 발생하고 그로 인해 선원이나 승객 등 제 3 자가 죽거나 다친 경우 쌍방의 선박소유자는 연대하여 그 책임을 진다(846②). 이 경우에는 자기선박의 승선자에 대해서는 채무불이행책임을 지고 상대선에 승선한 자에게는 불법행위책임을 지게 되지만 이를 구분하지 않고 공동불법행위자로서 연대책임을 부담하도록 한 것이다. 인적손해의 충분한 배상을 위해 인정한 것이다.

③ 물적 손해

i) 학설 · 판례　　물적 손해에 대해서는 본조 제 1 항을 적용하여 책임의 균분을 인정해야 한다는 견해와 본조 제 2 항을 적용하여 연대책임을 인정해야 한다는 견해가 나뉘어지지만 전자가 통설이며 판례의 입장이기도 하다.[1] 즉 **대판 1975.6.24, 75다356**은 "상법 제846조의 규정은 선박충돌에 대한 규정의 통일에 관한 조약 제 4 조의 규정에 따른 것으로서 이는 구상법 제797조의 내부적 관계를 규정한 것과는 달라 선박의 충돌로 인하여 제 3 자의 재산에 대한 손해가 가하여졌을 경우 공동불법행위의 법리에 따른 손해배상의 연대책임이 인정될 여지없다"고 판시하였다(同 대판 1972.6.13, 70다213).

ii) 자기선박의 책임　　[사례 Ⅷ-2-3]에서 X는 Y1에 대해 운송계약에 기한 손해배상청구권을 가진다. 그런데 이 충돌사고는 선장의 항해상의 과실로 인한 것이므로 Y1은 항해과실의 면책을 주장할 수 있다. 이러한 취지에서 **서울민지판 1997.1.23, 95가합39156**은 "선박충돌 사고가 발생할 당시 '워싱턴호' 및 '한진 홍콩호'의 두 선박에 설치된 레이더 등의 항해 장비를 비롯한 각종 장비는 모두 정상 가동중에 있었기 때문에 두 선박은 모두 감항능력을 갖추고 있었던 사실, 위 선박 충돌 사고는 오로지 두 선박의 항해상의 과실에 의하여만 발생한 것"이라고 판시하여 X의 Y1에 대한 배상청구를 기각하였다.

iii) 상대선박의 책임　　한편 X의 Y2에 대한 청구에 대해서는 **서울민지판 1997.1.23, 95가합39156**은 "원고(X)의 소유인 화물이 '워싱턴호'와 '한진 홍콩

---

1) 서헌제(하) 434면, 채이식 760면.

호'의 충돌로 인하여 멸실된 사실, 이 사건 선박 충돌에 대하여 피고 한진해운(Y2)의 과실이 50%인 사실은 당사자 사이에 다툼이 없고, 한편 선박의 충돌이 쌍방의 선원의 과실로 인하여 발생한 때에는 쌍방의 과실의 경중에 따라 각 선박소유자가 손해배상의 책임을 분담하는 것이므로, 피고 한진해운(Y2)은 화물의 멸실로 인하여 원고(X)가 입은 손해 중 자신의 과실비율에 따른 금원을 원고(X)에게 배상할 의무가 있다"고 판시하였다.

iv) 면책의 원용 물적 손해에 대한 연대책임을 인정할 경우에는 면책의 원용을 인정할 것인지가 문제된다. [사례 Ⅷ-2-3]에서 보면 X에 대해 Y1,Y2의 연대책임을 인정하더라도 Y1은 항해과실 면책을 주장할 수 있으므로 전혀 책임을 지지 않음에 반해, Y2는 Y1의 책임 부분까지 합해서 22만달러 전액을 X에게 부담하지 않으면 안 된다. 이는 부당하기 때문에 Y2로 하여금 Y1의 분담부분(11만달러)에 대해서는 Y1이 X에게 가지는 항해과실의 면책을 원용하도록 해야 할 것이다.[1] 그러나 판례와 같이 분할책임을 인정할 경우에는 이러한 문제가 발생하지 아니한다.

(4) 선박충돌채권의 소멸

선박충돌로 인하여 생긴 손해배상의 청구권은 그 충돌이 있는 날부터 2년 내에 재판상의 청구가 없으면 소멸한다. 그러나 이 기간의 당사자간의 합의에 의해 연장할 수 있다(881). 이는 물적 손해이든 인적 손해이든 불문한다. 이러한 취지에서 서울남부지판 1990.9.21, 90나29359는 "상법 제843조의 규정 내용과 선박충돌의 경우에는 그들 상호간에 계약관계가 있을 수 없으므로 불법행위책임만이 문제될 뿐이라는 점 등을 고려하면 같은 법 제848조 소정이 2년간의 소멸시효가 적용되는 선박의 충돌로 인하여 생긴 손해배상청구권에는 인적 손해이든 물적 손해이든 불문하고 모두 포함된다"고 판시하였다.

2-5 해양안전심판

「해양사고의 조사 및 심판에 관한 법률」에 의하여 설립된 지방해양안전심판원과 중앙해양안전심판원은 선박충돌 등 해양사고를 조사하고 심판하여 해양사고의 원인을 규명한다. 따라서 선박충돌시 쌍방의 과실비율 결정은 해양

1) 서헌제(하) 435면, 채이식 760면.

안전심판 재결에 의존하는 경향이 있다. 해양안전심판에서 조사관이 해양사고를 조사하고 심판을 청구하면 심판원이 해양사고원인에 대하여 재결을 하게 되며, 해양사고 관련자에 대한 징계의 종류에는 면허취소, 1월 이상 1년 이하의 업무정지, 견책의 세 종류가 있다(동법 제6조 제1항, 2항).

우리 대법원은 "조사관은 해양사고관련자와 대립하여 심판을 청구하고 지방해양안전심판원의 재결에 대하여 불복이 있을 때 중앙해양안전심판원에 제2심의 청구를 할 수 있는 등 공익의 대표자이다. 징계재결이 위법한 경우에 당사자가 소로써 불복하지 아니하는 한 그 재결의 취소를 구할 수 없다고 한다면, 이는 공익에 대한 침해로서 부당하다. 이러한 경우 조사관이 공익 대표자로서 대법원에 대하여 위법한 징계재결의 취소를 구할 법률상 이익이 있다"고 보아 조사관에게 중앙해양안전심판원장을 제소할 수 있는 원고적격을 인정하였다.[1] 이 사건은 화물선 크리스호가 새우잡이 어선 만성호 옆으로 지나가다가 크리스호의 선수가 만성호가 쳐 놓은 그물에 걸려 만성호를 끌고 가다가 만성호 우현과 크리스호 좌현이 충돌하여 만성호가 전복되면서 만성호 선원 4인이 익사한 사례이다. 중앙해양심판원은 크리스호가 비교적 여유있는 거리에서 만성호를 발견하고도 초기에 예측한 최근접 통과거리만을 믿고 가속을 하지 않고 경계를 소홀히 한 채 만성호에 지나치게 접근한 과실로 충돌이 발생하였다는 이유로, 크리스호 선장의 항해사 업무를 1개월 정지한다는 재결하였다. 이에 대해 원고인 크리스호 선주는 만성호가 쳐 놓은 그물줄은 야간에 관측되지 않으므로 크리스호 선장에게 과실이 있다고 할 수 없고, 오히려 만성호가 통항선박에 장애가 되는 그물을 설치해 놓고 야간에 적절한 등화조치를 하지 않았고, 경계근무 소홀로 통항선박들에 탐조등을 비추지 않았으며, 쳐 놓은 그물이 끌려갈 경우 위험이 따르는데도 투묘를 하지 않고 그물에 매어 정박한 만성호의 과실로 사고가 발생하였으므로 이 사건 징계재결은 위법하다고 주장하였다. 이에 대하여 대법원은 **첫째**, 원고가 중앙해양안전심판원 소속 직원으로서 중앙해양안전심판원이 한 징계재결에 대하여 당사자적격이 없다고 하는 피고의 본안전 항변을 배척하는 한편, **둘째** 어로 작업중인 어선들이 산재해 있는

---

1) 대판 2002.9.6, 2002추54 중앙해양안전심판재결취소(법률신문, 제3112호(2002.10.7), 8면)(원고 중앙해양안전심판원 조사관 박○○, 피고 중앙해양안전심판원장); 김현, "해양안전심판원 조사관의 원고적격", 법률신문 제3119호(2002.11.4), 15면.

이 사건 사고장소 부근 해상을 처음으로 운항하게 된 크리스호 선장으로서는 가능한 이러한 어선군을 우회함으로써 사고를 미연에 방지하여야 하고, 그렇지 아니하더라도 정박하여 조종불능상태인 만성호 뒤면을 통과하는 경우 만성호의 옆면에 그물이 쳐져 있을 수도 있으므로 상황을 판단하기 위한 시간적 여유를 얻기 위하여 속력을 충분히 줄인 후 만성호와의 사이에 안전한 거리를 두고 통과할 수 있도록 동작을 취하지 않은 직무상 과실이 있다고 보아 원고의 청구를 기각하였다.

3. 해난구조

3-1 의 의

(1) 의의와 연혁

해난구조(salvage)란 해상기업에 수반되는 해상위험에 처한 선박 및 적하의 구조를 위하여 인정한 해상법상의 특수한 법률요건이다. 해난구조는 선박 또는 적하와 같은 재산구조에 중점을 두고 있으나, 그 밖에 인명구조 또는 보물구조(고대 난파선의 인양 등)가 있다. 또한 해양사고구조는 사법상 의무 없이 구조하는 협의의 해난구조와 당사자간의 구조계약에 의하여 구조하는 경우로 나뉘어진다.

고대에는 조난물의 약탈이 횡행하였으나 비잔틴 해법, 중세도시 해법 및 루이 14세의 해사칙령이 약탈금지의 원칙을 확립한 이후, 조난물을 보호하고 구조자가 조난물을 횡령하지 못하도록 하는 것을 기본이념으로 하여 각국의 해상법이 적극적으로 해난구조를 장려하게 되었다. 해난구조에 관한 국제적 통일을 이룩하기 위하여 「1910년에 해난구조에 관한 규칙의 통일을 위한 조약」(Convention for the Unification of Certain Rules of Law Relating to Assistance and Salvage at Sea)이 성립하였다. 그리고 1967년에는 군함에 대한 해난구조 또는 군함이 행한 해양사고구조에 대하여도 1910년 조약을 적용할 것을 내용으로 하는 개정의정서가 채택되어 1910년 조약을 일부 수정하였으나 현재 10개국만이 1967년 개정의정서를 채택하였을 뿐이다. 1989년 4월에는 런던에서 국제해사기구가 「해양사고구조에 관한 국제조약」(International Convention on Salvage)을 성립시켰는데,

이는 1910년 조약을 1980년의 로이드 표준양식(Lloyd's Open Form)에 따라 수정한 것이다.[1)]

(2) 성립요건

해난구조의 성립요건은 다음과 같다. 첫째, 해양사고로 인하여 海產이 멸실 또는 훼손될 위험에 처하여야 하고, 둘째 구조자가 기존 구조계약에 의하거나 사법상의 의무이행으로서가 아니라 자발적으로 해난구조를 행하였어야 하며, 셋째 구조작업의 전부 또는 일부가 주효하였거나 환경오염손해를 방지하기 위하여 노력하였어야 한다. 해난사고는 실제로 발생하였거나 긴박한 것일 필요는 없으며 해양사고가 발생할 것이 합리적으로 예상되는 것으로 충분하다. 그러나 만약 당해 선박이 해양사고를 통제할 수 있는 상황이라면 해산이 멸실 또는 훼손될 위험에 처해 있다고 할 수 없다. 바다 속에 수백 년 가라앉아 있는 침몰선이라 할지라도 멸실될 위험에 직면하여 있는 것은 사실이므로, 침몰선에 있는 재화를 구조하는 것도 해난구조이다.

(3) 구조계약

구조자와 피구조선간에 구조계약이 체결되어 있거나 구조자가 피구조선에 대하여 사법상의 의무를 부담하는 경우에는 자발적인 해난구조라 할 수 없다. 그러나 구조자의 행위를 지배하는 제3자가 구조자에게 해난구조를 지시하였더라도 구조자의 구조의 자발성에는 아무런 영향이 없다. 또 구조자가 해난구조를 하게 된 동기는 중요한 것이 아니므로, 인도적 견지에서 무보수로 피구조선박을 구조하는 행위 뿐 아니라 경제적 대가를 목적으로 해난구조를 직업으로 하는 구조자가 행한 해양사고구조도 자발적으로 행한 것으로 볼 수 있다. 구조료청구소송에서 피청구권자는 구조자의 구조가 비자발적으로 행하여졌음을 입증하여야 한다.

그런데, 상법에서는 "당사자가 미리 구조계약을 하고 그 계약에 따라 구조가 이루어진 경우에도 그 성질에 반하지 아니하는 한 구조계약에서 정하지 아니한 사항은 이 절에서 정한 바에 따른다(887①)"라고 규정하여 계약구조에 대하여도 상법 규정을 적용할 수 있도록 하고 있다.

---

1) 임동철, "1989년 해난구조협약상의 특별보상에 관한 영국판례의 고찰", 한국해법회지 제21권 제2호(1999.11), 59면 이하.

좁은 의미의 해난구조에서는 구조자의 구조행위가 주효한 경우에 한하여 구조료청구권이 발생하기 때문에, 무성공 무보수의 원칙(no cure, no pay)에 따라 구조자가 구조행위를 했으나 선박 또는 적하를 구조하지 못한 경우에는 구조료를 청구하지 못한다. 이것은 해난구조료는 구조된 재산으로부터만 변제한다는 해난구조의 기본정신에서 유래한 것이다. 그러나 계약에 의한 해난구조의 경우에는 구조행위가 주효하지 못한 경우에도 구조자는 약정한 일정액의 구조료를 청구할 수 있다. 그런데 불주효 무보수의 원칙을 고집한다면 해양사고의 결과 기름오염이 예상되어 해난구조의 필요성이 클 때에도 구조자가 구조를 기피할 염려가 있으므로, 이를 방지하기 위하여 세계해법회가 1910년 조약과 1967년 개정의정서를 대체하기 위하여 몬트리올에서 성안한 1981년 조약안은 "해난구조의 결과가 유용하며 해난구조로 인하여 환경에 대한 피해가 방지 또는 최소화된 경우"에는 구조된 재산이 없더라도 구조자에게 구조료를 지급하도록 하고 있다. 상법도 제850조에서 이 같은 취지를 수용하였다.

(4) 예선계약과 구분

구조자가 해난구조작업 중에 해양사고를 만난 선박을 예인하는 경우가 있는데, 예선과 해난구조는 구별하여야 한다. 즉 해난구조는 피구조선박 또는 적하가 예상하지 못한 해양사고를 만날 것을 기본요소로 하며, 다만 해난구조 작업중 예선작업이 필요하게 되거나 예선작업중 피예선이 해양사고를 만날 수 있을 뿐이다. 선박소유자 또는 그 대리인이 선박을 점유하고 있을 때 구조자는 선박소유자의 명시적이거나 묵시적인 동의 없이는 해난구조를 일방적으로 행할 수 없다. 그러나 선장 및 선원들이 그 선박을 포기한 때에는 구조자는 선박소유자의 동의를 얻지 않고도 그 선박에 대하여 구조행위를 할 수 있다.

3-2 목적물과 구조자

(1) 해양사고구조의 목적물

우리 상법은 '항해선 또는 그 적하 기타의 물건'을 해난구조의 목적물로 하고 있다(882). 미국법에서도 오직 해산만을 해난구조의 목적물로 하는데 해산의 의미를 넓게 해석하여, 표류중인 시체가 휴대하고 있는 금전, 표류중인 항해일지, 해상에서 충돌한 비행기 등이 모두 해난구조의 목적물에 포함된다.

(2) 구 조 자

사법상의 의무 없이 해난구조를 행한 자는 법인이거나 또는 정부기관인지를 불문하고 구조료청구권을 가진다. 피구조선의 여객이나 선원은 피구조선박에 대하여 가지는 특수관계로 인하여 피구조선박을 구조할 사법상의 의무를 가지며, 소방관, 도선사, 공무원 등은 직무의 성격상 해난구조를 행할 공사법상 의무를 가지므로 구조자가 될 수 없다. 선원은 해양사고를 만난 자신의 선박을 구조하기 위하여 필요한 모든 조치를 취할 의무가 있기 때문에, 선박소유자 또는 선장이 선박을 포기하지 않는 한 구조행위를 했더라도 구조료를 청구하지 못한다. 그리고 여객은 자신이 승선하고 있는 선박이 해양사고를 만난 경우에 부수적인 구조행위만을 행할 의무가 있기 때문에 여객이 예외적으로 특별한 구조행위를 행한 경우에는 피구조선에 대하여 구조료를 청구할 수 있다.

피구조선소유자가 소유하는 자매선의 선장 및 선원이 피구조선을 구조한 때에는 피구조선소유자에 대하여 구조료를 청구할 수 있으며, 소방관, 도선사, 공무원들이 자신의 직무상의 의무를 초과하여 구조행위를 하였을 때에는 구조료청구권을 가진다. 군함의 직무범위에는 해난구조가 포함되지 않으므로 군함이 행한 구조행위에 대하여는 구조료를 청구할 수 있다. 구조자가 2인 이상 있을 때 한 구조자가 피구조선에 대하여 독점적으로 해난구조를 할 권리를 주장하기 위하여는 자신이 이미 피구조선을 실질적으로 점유하고 있거나 인식가능한 침몰현장을 지배하고 있으며 피구조선에 대한 해난구조를 행할 의사와 능력이 있음을 입증하여야 한다.

(3) 구조자의 부정행위(Misconduct)

구조자는 구조행위를 할 때 상당한 주의를 다하여야 하며 구조행위 중의 과실에 대하여는 손해배상책임을 지기 때문에, 전문적 구조회사의 경우에는 구조자의 과실책임을 담보하는 책임보험에 가입되어 있는 것이 보통이다. 구조료청구권은 구조자의 과실비율만큼 감액되며, 구조자가 구조행위를 할 때 중과실을 범하였거나 피구조물을 약탈하거나 손상하였을 때에는 구조료를 청구할 수 없다. 그러나 해난구조를 시도하였으나 선박이나 적하를 구조하지 못한 구조자는 중과실 또는 고의의 악행을 범하지 않은 한 선박이나 적하의 소유자 또는 제 3 자에게 발생한 손해를 배상할 필요가 없다.

이와 관련하여 우리 상법은 ① 고의 또는 과실로 인하여 해양사고를 야기한 자, ② 피구조자의 정당한 거부에 불구하고 구조를 강행한 자, ③ 구조된 물건을 은닉하거나 정당한 이유 없이 처분한 구조자는 구조료를 청구하지 못한다고 규정한다(892).

3-3 구조료(Salvage award)

(1) 구조료의 금액

해난구조의 요건이 구비된 때에 구조자는 당연히 구조료 청구권을 가지며, 구조료에는 구조자가 지급한 비용이 포함된다(882, 883). 구조료의 금액은 당사자간에 약정이 있는 경우에는 이에 의하여 결정하나 그 금액이 현저하게 부당하거나 당사자간에 합의가 성립하지 않는 때에 법원은 위난의 정도, 구조자의 노력 정도, 구조비용과 구조의 효과, 환경손해방지를 위한 노력 등 제반사정을 참작하여 구조료를 증감할 수 있다(883). 다만 구조료는 다른 약정이 없는 한 구조의 목적물의 가액을 초과하지 못하며, 구조료보다 선순위의 우선특권이 있을 경우 구조료는 그 우선특권자의 채권액을 공제한 잔액을 초과할 수 없다(884). 이것은 구조료채무자가 피구조물 외의 재산으로써 구조료를 지급하게 되는 것을 예방하기 위한 규정이다.

(2) 구조료의 산정

수개의 선박이 공동으로 구조를 행한 경우 각 선박간에 특약이 있는 경우에는 이에 의하여, 그리고 특약이 없는 경우에는 법원이 제반 사정을 참작하여 구조료를 정한다(888①). 재산 구조와 동시에 인명구조가 행하여진 경우 인명구조자는 재산구조자와의 약정이 있을 때에는 이에 의하여, 그리고 약정이 없는 경우에는 법원이 구조료를 정한다(888②). 예선이 피예선 또는 피예선의 적하를 구조하였더라도 예선계약의 이행의 범위를 넘을 만큼 특수한 노력을 제공한 경우가 아닌 한 예선은 피예선 또는 그 적하소유자에 대하여 구조료를 청구하지 못한다(890). 이것은 예선이 예선계약상 피예선을 구조할 당연한 의무를 부담하기 때문이다.

(3) 구조료의 배분

선박이 구조에 종사하여 구조료를 받은 경우에는 먼저 선박의 손해액과 구조에 소요된 비용을 선박소유자에게 지급하고 나머지 금액을 반분하여 선장과 해원에게 분배한다(889①). 해원에게 지급할 구조료의 분배는 선장이 각 해원의 노력, 구조의 효과 및 제반사정을 참작하여 그 항해가 종료하기 전에 구조료 분배안을 작성하여 해원에게 고시하여야 한다(889②). 동일소유자에 속한 선박 상호간에 있어서도 구조에 종사한 자는 상당한 구조료를 청구할 수 있다(891). 구조자의 구조료청구권은 구조된 적하에 관하여 우선특권이 있으나 구조료채무자가 그 적하를 제 3 자에게 인도한 후에는 그 적하에 대하여 우선특권을 가지지 못한다(893①). 그리고 구조료 우선특권에는 선박채권자의 우선특권에 관한 규정이 준용된다(893②).

(4) 선장의 대리권

선장은 구조료채무자를 대신하여 구조료 지급에 관한 재판상 또는 재판외의 모든 행위를 할 광범한 권한이 있다(893①). 또 선장은 구조료 청구소송에 있어서 스스로 원고 또는 피고가 될 수 있으며 그 확정판결의 효력은 구조료채무자에 대하여도 미친다(893②). 제 3 자의 소송담당의 한 예이다. 구조료청구권은 구조가 만료한 날로부터 2년 내에 재판상 청구가 없으면 소멸하나, 이 제척기간은 당사자간의 합의에 의하여 연장할 수 있다(895, 814①).

(5) 환경손해특별보상제도

상법에서는 "선박 또는 그 적하로 인하여 환경손해가 발생할 우려가 있는 경우에 손해의 경감 또는 방지의 효과를 수반하는 구조작업에 종사한 구조자는 구조의 성공 여부 및 보수의 한도에 상관없이 구조에 소요된 비용을 특별보상으로 청구할 수 있고(885①), 구조자는 구조작업으로 인하여 발생할 가능성이 있던 환경손해가 실제로 감경 또는 방지된 때에는 보상의 증액을 법원에 청구할 수 있으며(885③), 구조자의 고의 또는 과실로 인하여 손해의 감경 또는 방지에 지장을 가져 온 경우 법원은 금액을 감액 혹은 부인할 수 있도록 하였다(885④). 이는 해난사고로 인하여 환경오염의 위험이 있는 경우에도 불성공·무보수 원칙이 적용된다면 구조작업이 적극적으로 시행되지 아니할 가능성이 크므로, 환경손해방지작업을 장려하기 위한 규정이다. 아울러 상법 제886조는 "선박소유자와 그 밖에 구조된 재산의 권리자는 그 구조된 선박 또는 재산의 가액에 비례하여 구조에 대한 보수를 지급하고 특별보상을 하는 등 구조료를 지급할 의무가 있다"는 규정을 신설하였다.

3-4 계약에 의한 해양사고구조(Contract salvage)

협의의 해난구조와는 달리 계약에 의한 해난구조에서는 구조자가 피구조물을 구조하기 위하여 최대한의 노력을 다한다는 내용의 약정을 체결한 후 구조를 개시하게 된다. 세계적으로 사용되는 1980년 로이드 표준양식에는 해난구조계약에 관하여 발생하는 분쟁을 중재에 의하여 해결한다는 조항이 기재되어 대부분 있으며, 법원은 이 같은 중재조항을 유효하다고 본다. 다만 구조계약이 대부분 피구조선이 궁박에 빠져있을 때 체결되는 사례가 많음을 감안해서, 법원은 당해 구조계약을 면밀히 검토하여 구조료가 과다하거나 구조자가 부당이득을 취하였거나 사기를 범한 경우에는 당해 구조계약을 무효로 할 수 있다.

구조계약이 동등한 협상력을 가지고 있는 양 당사자의 자유의사에 의하여 체결된 경우에 법원은 구조계약을 유효하다고 본다. 피구조선의 선장이 구조자와 구조계약을 체결하였다면 그 선장은 피구조선에 적재된 적하의 소유자의 임시대리인으로 볼 수 있으므로, 적하소유자도 선장이 체결한 구조계약의 적용을 받는다. 로이드 표준양식에는 계약에 의한 구조자가 무성공 무보수의 원칙에 따라 구조의 전부 또는 일부가 성공하여야만 구조료를 청구할 수 있다고 규정되어 있다. 다만 이같은 일반원칙에 대한 예외로서, 유조선을 구조한 구조자는 구조가 성공하지 못하더라도 과실이 없는 한 자신이 합리적으로 지출한 비용 및 그 비용의 15퍼센트를 상한으로 하는 구조료를 청구할 수 있다. 이는 기름유출로 인한 환경피해를 방지하기 위함이다.

3-5 보물구조(Treasure salvage)

최근에 항해 및 탐사기술이 발전함에 따라 전통적인 해난구조의 유형과는 달리 해저 침몰선으로부터 보물 또는 문화재를 인양하는 이른바 보물구조가 성행하게 되었다. 보물구조에는 해상법뿐 아니라 국제법으로서의 해양법, 유실물에 관한 법규, 국가주권, 개인의 재산권 문제 등이 복잡하게 얽혀 있기 때문에 일단 보물구조에 관한 법적 분쟁이 발생하면 이를 해결하는 것이 쉽지 않다. 우리나라에는 보물구조에 관한 판례가 아직 없으며 미국연방대법원의 1982년 판례도 이 같은 제문제를 해결하지 못하고 있다.[1)]

보물구조에 있어서는 해난구조의 법리와 유실물의 법리(law of finds) 중 어느 것을 적용하여야 할 것인지가 문제된다. 즉 수백 년 동안 해저에 방치되어 아무도 사용하지 않은 침몰선은 소유자가 소유권을 포기한 것으로 간주할 수 있으므로, 이 같은 침몰선을 구조한 경우에는 유실물의 법리를 적용하는 것이 타당하다. 반면에 침몰선에 대하여 소유권을 주장하는 자가 있는 경우에는 그러한 침몰선을 구조하는 것은 해난구조의 범주에 속하므로 유실물의 법리는 배제된다. 그러나 대부분의 보물구조의 경우와 같이 수백 년 동안 실종된 선박에 대하여 비록 소유자가 생존해 있더라도 이에 대한 구조를 해난구조로 보지 않고 유실물로 보는 것이 적절하다고 하겠다.

보물구조를 해난구조로 보지 않는 경우에는 당해 보물의 소유권의 귀속이 문제되는데, 구조자 외에 보물에 대한 소유권을 주장하는 자가 정부인 경우가 많다. 미국판례법상 이 같은 분쟁이 많이 발생하였는데 연방정부 또는 주정부가 보물에 대한 소유권을 주장하는 근거는 당해 정부가 수백 년간 당해 보물을 점유하였다고 추정할 수 있다는 것이다. 이를 이른바 추정적 점유의 원칙(Constructive possession doctrine)이라 한다.

수백 년간 해저에 방치된 침몰선 내의 보물을 둘러싼 구조자와 정부간의 분쟁을 해결하기 위하여는 침몰선이 발견된 장소가 중요하다. 배타적 경제수역 즉 국가주권 영역 외에서 침몰선이 발견된 경우에 침몰선을 구조한 구조자는 당해 침몰선을 점유, 통제할 수 있으므로 그에 대한 소유권도 구조자에게 귀속한다.

이에 관하여 유엔 해양법협약 제149조는 “국가주권 영역 외에서 발견된 고고학적 또는 역사적 유적은 인류공영을 위하여 보존 또는 처분되어야 하며, 당해 유적이 문화적, 역사적 또는 고고학적으로 기원한 국가가 당해 유적에 대하여 우선권을 가진다”고 규정함으로써, 각국의 영해 외에서 발견된 보물이 인류공동의 재산임을 밝히고 있다. 그러나 문제는 현실적으로 어느 국가도 자국

1) 송 · 김 564면.

민이 침몰선을 탐사하여 보물을 수집하는 행위 및 보물이 온전하게 보전되도록 할 것에 대하여 규제할 권한을 가지고 있지 않다는 점이다.

마지막으로, 정부가 오랜 기간 동안 침몰선을 추정적으로 점유해 왔기 때문에 침몰선에 대한 소유권을 가지게 된 경우에 개인인 구조자가 침몰선을 구조한 후 구조료를 청구할 수 있는가 하는 문제가 발생한다. 그런데 정부는 구조행위를 허용하거나 금지할 재량권을 가지고 있기 때문에 정부가 구조자의 구조행위에 명시적 또는 묵시적으로 동의하지 않은 한 이 같은 경우에 구조자는 구조료를 청구할 수 없다. 만약 구조자가 정부의 허가 없이 구조를 하였다면, 정부는 ① 당해 피구조물이 해양사고를 만나지 않았거나, ② 당해 구조가 불법적으로 행하여졌다는 이유로 구조자의 구조료청구를 거절할 수 있다.

3-6 인명구조(Life salvage)

우리 상법의 해석상 해난구조는 재산구조가 중심이고 인명구조는 해난구조의 직접적인 대상이 아니며 다른 항행법규에서 취급될 뿐이다. 그 이유는 인명구조는 법률적 문제가 아니며 도덕적 명령에 의한 것으로서 보수의 대상이 될 수 없으며, 구조료의 부담자와 부담비율 결정이 곤란하고 피구조자의 지위라는 우연한 요소에 의하여 구조료가 다르게 되는 불합리한 점이 있기 때문이다. 그런데 이로 인하여 인명구조를 기피하는 경향이 있을 수 있으므로 인명보호 차원에서 1910년 브뤼셀 해난구조조약(제 8 조) 등 국제조약과 각국법은 인명구조에 대하여도 일정한 보수를 지급하도록 하는 추세이다.

예컨대 유엔국제법협약은 "1. 각국은 자국선박 및 그 선원·여객에 대하여 중대한 위험을 야기하지 않고 할 수 있는 범위 내에서 자국선박의 선장으로 하여금 (a) 해상에서 사망할 위험에 처해 있는 자를 구조하고, (b) 해양사고를 만나 구조를 필요로 하는 자가 있음을 알았을 때에는 합리적인 범위 내에서 가능한 한 최대의 속도로 피구조자를 구조하기 위하여 항해하며, (c) 선박충돌의 경우에는 상대선 및 그 선원, 여객을 구조하고, 상대선에 대하여 자선명(自船名), 선적항 및 다음에 기항할 항구명을 가능한 한 통지하여야 한다"고 규정한다(유엔국제법협약 제98조).

미국의 구조자법(Standby Act) 역시 선박충돌 관련 선박으로 하여금 자선 및 그 선원, 여객에 중대한 위험을 야기하지 않는 범위 내에서 상대선이 더 이상 구조를 받지 않아도 좋을 때까지 상대선을 원조하여야 한다고 규정한다. 또 해난구조법(Salvage Act)은 "선장 또는 선박을 지휘하는 자는 자선 및 선원, 여객에게 위험을 끼치지 아니하고 할 수 있는 범위 내에서 해상에서 조난될 위험에 처해 있는 자를 원조하여야 한다"고 규정한다

인명구조의 방법에는 ① 구조자가 재산구조와 인명구조를 동시에 하는 방법과, ② 한 구조자는 재산구조만을, 다른 구조자는 인명구조만을 수행하는 방법, ③ 재산구조는 하지 않고 인명구조만을 하는 방법이 있다.

이 중 구조자가 재산구조와 인명구조를 동시에 한 경우 재산구조에 대하여 구조료를 청구할 수 있음은 물론이다. 또한 구조자가 재산구조를 하고 다른 구조자는 인명구조를 했을 때, 구조료를 받은 재산구조자는 구조료의 일부를 인명구조자에게 분배하여야 한다. 이것은 해양사고가 발생했을 때 구조자가 인명은 도외시하고 재산만을 구조하려는 폐해를 방지하는 한편, 동일한 해양사고가 발생했을 때 인명을 먼저 구조하고 며칠 후 재산구조를 한 경우 먼저 인명구조를 한 자는 구조료를 받지 못하는 반면 비교적 용이하게 재산구조를 한 자가 구조료를 독점함을 막기 위함이다.[1] 인명만을 구조한 구조자는 구조료를 청구하지 못하는 것이 원칙이나, 이때에도 미국판례법은 ① 피구조선이 구조자에게 구조를 요청하였고, ② 부상당하거나 질병에 걸린 선원, 여객을 간호하여야 할 피구조선의 의무를 구조자가 대신 수행하였다면 피구조선과 구조자간에 구조계약과 유사한 준계약(quasi-contract)관계가 성립된 것으로 보아 인명구조자가 구조료를 청구할 수 있도록 하기도 한다.

인명구조자는 구조작업중의 자신의 과실로 인하여 발생한 사망 또는 부상사고에 대하여 손해배상책임을 지나, 인명구조자에게 요구되는 주의의 정도는 엄격하다고 할 수 없다. 즉 인명구조자는 ① 자신의 구조행위에 있어서의 과실로 인하여 피해자의 상태가 악화되었거나, ② 구조시 무모하거나 태만한(reckless or wanton)행위를 한 경우에만 배상책임을 진다.

---

1) 송 · 김 567면.

제 3 절 선박에 관한 권리관계

1. 선박의 등기 · 등록

[사례 Ⅷ-3-1: 대결 1998.5.18.자 97마1788]

X금고는 Y해운사에 대한 융자를 함에 있어 Y 앞으로 소유권보존등기가 되어 있는 일반 부선인 제19 중앙호에 대해, X를 근저당권자로 하고, 채권최고액을 14억원으로 하는 저당권설정등기를 경료하였다. Y가 채무를 이행하지 않자 X는 이 선박에 대한 임의경매신청을 하여 법원으로부터 경매절차개시결정을 받았으나 얼마후 법원은 이 부선이 등기할 수 없는 부선이므로 권리의 이전이 불가능하다는 이유로 경매절차취소결정을 하였다. 법원의 경매절차취소결정은 타당한가?

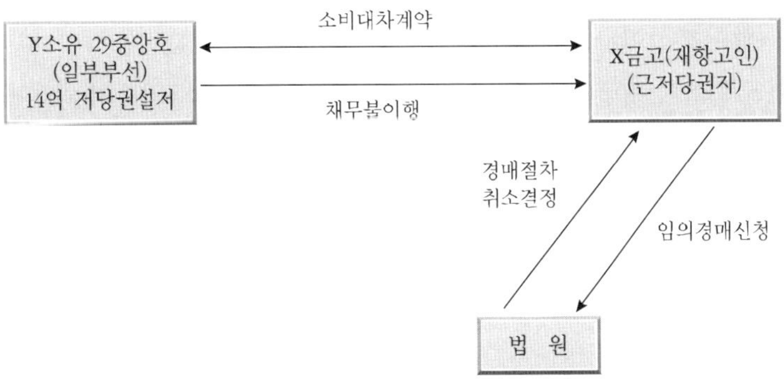

선박에 관한 권리의 공시를 위해 선박의 등기와 등록제도가 있다. 등기는 사법상의 권리관계를 공시하기 위해 법원에 하는 제도이며, 등록은 주로 행정적인 목적을 위해 해운관청에 하는 점에서 차이가 있다.[1)]

1-1 등 기

(1) 등기사항

선박등기는 선박등기부에 소유권 · 저당권 · 임차권에 관한 사항을 기재하

1) 서헌제(하) 301면, 송 · 김 113면.

는 것으로서 선적항을 관할하는 지방법원과 등기소에 한다(선등4). 선박등기의 효력은 등기사항에 따라 다른데 소유권등기는 대항요건이고(743), 저당권등기는 효력요건이며(787③), 임대차등기는 제 3 자에 대한 대항효력요건이다(849②).

(2) 등기대상선박

총톤수 20톤 미만의 선박과 단정(보트) 및 노를 저어서 운항하는 선박을 제외한 모든 선박은 선박등기부에 등기해야 한다(744②, 선등2). [사례 Ⅷ-3-1]에서는 부선(제19중앙호)이 등기대상이 되지 않는다는 이유로 경매절차가 취소되었는데, 이점에 대해 대결 1998.5.18, 97마1788은 "그 자체로서 항진능력이 없는 부선은 압항부선, 해저조망부선을 제외하고는 그 톤수 여하에 관계없이 등기할 선박에 해당하지 아니한다. 다만 선박법 시행규칙의 개정에 의하여 부선 중에서 압항부선과 해저조망부선이 새로이 선박의 종류로 포함되어 일단 그에 관한 등기도 가능하게 되었으나, 예인부선이 제외된 까닭은 분명하지 아니하다. 압항부선이나 예인부선 모두 그 자체로써는 항진능력이 없어 압선 또는 예선으로부터 추진력을 제공받아 항행하고, 그 규모와 기능면에서 별다른 차이가 없음에도 구태여 압항부선만을 한정하여 선박으로 보아 등기능력을 인정하는 것은 타당성이 없고, 더욱이 오늘날 해운산업에서 부선의 역할이 크고 부선 건조에 대자본이 투입되고 있는 현실을 고려하면, 압항부선뿐만 아니라 예인부선을 포함한 부선 전체에 대하여 포괄적으로 선박의 종류에 포함시켜 그 등기를 허용하는 것이 바람직하나, 이는 어디까지나 입법론에 불과하다"고 판시하였다(동 대판 1987.11.24, 87누593).[1]

아래 [사례 Ⅷ-3-2]는 세무공무원이 국세징수법 제29조의 규정에 의한 압류조서를 작성하고 체납자에게 압류동산을 보관시켰다 하더라도 봉인 기타의 방법으로 압류재산임을 명백히 하지 아니한 이상 압류의 효력이 없다고 본 사례이다.

1) 김인현, "예인부선의 등기능력", 한국해법회지 제21권 제 2 호(1999.11), 207면 이하 참조.

[사례 Ⅷ-3-2: 대판 1987.11.24, 87누593]

[사실관계] 원고 X는 소외 대동운수(A)로부터 이 사건 부선을 매수하고(1980.12.4), 부선을 인도받지 못하자 부선에 대한 가처분신청을 하여 부선의 처분 및 점유이전을 금하는 취지의 가처분 결정을 받고(1981.8.18), 이 사건 부선의 인도를 구하는 소송을 제기하였다(1986.2.18). 한편, A가 법인세를 체납하였다는 이유로 그 소속공무원이 1985.8.23 부선이 소재한 현장에 임하여 부선을 체납자인 A로 하여금 보관하게 하는 방법으로 압류하면서도 봉인 기타의 방법으로 압류재산임을 명백히 하지 아니한 채 다만 압류조서만을 작성한 후 Y명의로 부선등록관할청인 부산지방해운항만청에 압류등록촉탁을 하여 그 무렵 위 항만청에 비치된 부선등록원부에 그러한 취지로 기재되도록 하였다(1985.8.23).

[쟁 점] 1. 압류목적물의 매수인겸 가처분권자가 압류처분무효확인을 구할 법률상 이익이 있는지 여부
2. 부선등록원부에의 등록의 효력 및 등기할 선박이 아닌 부선의 압류방법
3. 봉인 기타의 방법으로 압류재산임을 명백히 하지 아니한 압류의 효력

[판결요지] 1. 압류목적물인 부선 등의 매수인 겸 가처분권자는 당해 압류처분의 무효확인을 구할 법률상 이익이 있다.
2. 국세징수법 제45조의 규정은 선박등기법의 적용대상이 되어 등기할 수 있는 선박에 관한 압류절차를 정한 것으로 해석되고, 부선에 대하여는 관할해운관청에 해운항만청 훈령인 부선등록사무처리요령에 의하여 부선등록원부가 작성비치되어 있으나 이는 부선소유자의 의뢰를 받아 그 부선에 관한 소유권을 등록받아 놓은 것에 불과하고 부선등록원부에의 등록만으로는 권리의 설정, 보존, 이전, 변경, 처분의 제한 또는 소멸 등 어떠한 효력도 발생하는 것이 아니어서 부선등록원부에의 등록과 선박에 관한 등기를 동일하게 볼 수 없으므로 등기할 선박이 아닌 선박에 대하여는 국세징수법 제38조 규정에 의한 동산의 압류절차에 의하여 압류를 하여야 하고 국세징수법 제45조에 의하여 소관등기소에 압류촉탁을 하여 압류하거나 부선등록원부를 비치하고 있는 관할 항만청에 압류촉탁을 하여 압류할 수는 없다.
3. 국세징수법 제38조의 규정에 의하면 세무공무원이 같은 법 제29조의 규정에 의한 압류조서를 작성하고 납세자에게 압류동산을 보관시켰다 하더라도 봉인 기타의 방법으로 압류재산임을 명백히 하지 아니하였다면 압류의 효력이 없다.

1-2 등　록

선적항을 관할하는 해운관청에 비치된 선박원부에 일정한 사항을 기재하는 것을 등록이라고 한다.[1] 등록이 되면 해운관청은 선박국적증서를 교부해야 한다(선박3②).

2. 선박 소유권의 변동

[사례 Ⅷ-3-3: 대판 1999.6.22, 99다7602]

A는 자신이 영향력을 가지고 있는 X회사의 공금을 유용해서 준설선 사업을 하기 위해, 준설선의 형식상 명의는 X회사로 하되 실질적인 운용은 자신이 대표자로 있는 B회사가 하도록 하였다. 이를 위해 A는 일단 B회사 명의로 준설선을 제작한 후 이를 2억원으로 평가하여 X에게 양도하기로 하는 합의서를 작성하고, 이 양도합의에 기해 부선 등록원부상 소유자 명의를 B에서 X로 바꾸는 변경등록을 하였다. 그러나 A는 양도 합의 이후에도 여전히 B의 직원인 준설선 선장을 통해 이를 관리하다가 선장이 사직하자 그 시동 열쇠를 넘겨받아 보관하여 왔다.

한편 Y는 B에 대한 어음금채권을 피보전권리로 삼아 법원의 가압류결정을 받은 다음 B를 상대로 한 본안소송에서도 8천 7백만원을 지급하라는 가집행선고부 승소판결을 받아 준설선을 경매에 붙인 결과, C가 이를 8천만원에 경락받았다. 이에 X는 이 준설선의 소유권이 자신에게 있다는 이유로 Y를 상대로 제3자 이의의 소를 제기하였다. X의 주장은 타당한가?

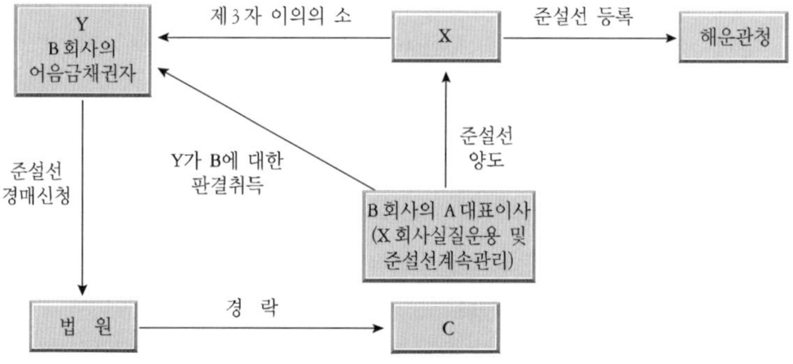

1) 강동수, "선박의 등기와 등록제도 일원화에 관한 고찰", 한국해법회지 제25권 제1호(2003.4), 118면 이하 참조; 이윤철 · 김진권, "소형선박 등록제도에 관한 비교법적 고찰", 제27권 제1호(2005.4), 75면 이하 참조.

2-1 소유권의 취득과 상실

선박소유권의 취득·상실의 원인은 일반동산과 마찬가지로 양도·합병·상속이 있는데, 선의취득은 등기선의 경우에는 허용되지 않는다고 본다. 선박특유의 원인으로는 조선·보험위부(710)·선박공유지분 매수(760, 761)·선장경매처분(753)·포획·몰수·수용 등이 있다.

2-2 소유권의 양도

(1) 등 기 선

선박에 관한 권리의 이전은 당사자간의 합의만으로 효력이 생긴다. 그러나 이를 등기하고 선박국적증서에 등재하지 아니하면 제 3 자에게 대항하지 못한다(743). 이와 같이 등기를 제 3 자에 대한 대항요건으로 함으로써 물권변동에 관한 일반원칙에 예외를 인정한 것은, 선박이 항해 중에 양도된 경우 현실적인 인도가 어렵다는 점을 고려한 것이다.[1)]

(2) 비등기선

비등기선인 경우에는 민법의 일반원칙에 따라 인도에 의해 그 양도의 효력이 발생한다(744②, 민188). [사례 Ⅷ-3-3]에서 X는 비등기선인 준설선에 대해 선박등록원부에 소유자로 등록하였으나 인도를 받지 않은 상태에서 그 소유권을 주장하고 있다. 이에 대해 대판 1999.6.22, 99다7602는 "항진추진기가 없어서 선박등기의 대상이 되지 아니하는 부선에 대하여 관할 해운관청에 작성·비치되어 있는 부선 등록원부는 부선소유자의 의뢰를 받아 그 부선에 관한 소유권을 등록받아 놓은 것에 불과하고, 부선등록원부에의 등록만으로는 권리의 설정·보존·이전·변경·처분의 제한 또는 소멸 등 어떠한 효력도 발생하는 것이 아니어서 부선 등록원부에의 등록을 선박에 관한 등기와 동일하게 볼 수 없는 것이고, 선박등기의 대상이 되지 아니하는 부선에 대하여는 민법 제188조 제 1 항이 정하는 바에 따라 유체동산인 그 부선을 인도하여야 물권 양도의 효력이 생기는 것이므로, 부선에 대한 변경등록이 있었다 하여 그로써 동산 물권변동의 요건인 인도에 갈음할 수 있는 것으로 볼 수는 없다"고 판시하

1) 정희철 507면, 최기원 672면, 송·김 116면, 서헌제(하) 303면, 정찬형 714면.

여 X의 주장을 기각하였다.[1)]

제 4 절 선박우선특권 등

1. 선박우선특권의 의의

1-1 개념 및 존재이유

> [사례 Ⅷ-4-1: 대판 1978.5.23, 77다1679]
>
> Y1해운회사는 그 소유선박인 구룡호에 관하여 일본의 X와, 이 선박이 일본에 기항할 때에 소요되는 하역비·부두비용·도선료로부터 그 선박의 선장과 선원등에 대한 식사공급·급유·통신·교통비와 선박의 수리·도장·청소·광고료 등에 이르기까지 선박대리점으로서의 모든 업무를 Y1의 대리인으로서 수행하고 그 소요비용은 Y1이 부담하기로 하는, 선박대리점 계약을 체결하였다. X1은 이 계약에 기하여 구룡호의 일본에서의 운항에 관하여 입항세와 통신료 및 A로부터 공급받은 유류비 등 18만달러(1천8백만엔)를 지급하였으나, Y1으로부터 이를 지급받지 못하였다. 한편 Y1은 구룡호를 Y2에 매도하였는데, Y2는 Y1의 X에 대한 채무를 인수한바 없다. X는 구룡호에 대해 선박우선특권에 기한 경매청구를 할 수 있는가?

선박우선특권은 선박에 관한 특정한 법정채권에 관하여 선박관련 채권자가 당해 선박과 부속물 등에 대하여 다른 채권자보다 우선특권을 받을 수 있도록 인정된 법정담보권이다(771①). 일정한 해사채권자에게 선박우선특권을 인정하는 이유는 해상기업에 수반되는 위험성으로 인하여 해사채권자에게 확실한 담보를 제공할 필요성과 아울러, 선박소유자에게 책임제한을 인정하는 대신 해사채권자를 두터이 보호해야 한다는 형평의 필요성 때문이다. 만약 선박소유자가 무한책임을 진다면 해사채권자도 선박소유자의 육상재산에 대하여도 청구할 수 있기 때문에 다른 채권자에 비하여 특별히 보호할 필요가 없다. 그러나 선박소유자 책임제한제도에 의하여 선박소유자의 책임은 선박톤수를 기

1) 同 대판 1966.12.20, 66다1554; 1967.12.19, 67다1591; 1969.7.29, 68다2236.

준으로 한 일정금액에만 한정되기 때문에 해사채권자는 이 한도에서만 청구할 수 있는 데 비하여, 육상채권자는 선박소유자의 모든 재산에 대하여 청구할 수 있어서 불공평하므로 해사채권자에게 선박우선특권을 부여하여 별도로 보호하는 것이다.1)

이러한 선박우선특권의 인정은 세계적인 현상으로서 각국의 특성에 맞게 발전된 해상법분야의 특수한 담보제도이기 때문에 나라마다 그 내용이 약간씩 상이하다. 현대에 이르러서는 선박우선특권의 본래적 취지와는 달리 공공의 이익을 도모하기 위한 사회정책적 규정도 다수 삽입하게 되었다.

[사례 Ⅷ-4-1]에서 보면 선박 구룡호와 관련된 X의 채권(18만달러)에 대해서는 선박 양도시 Y1,Y2간에 인수약정이 없으므로, X가 구룡호를 경매하여 그 채권을 변제받기 위해서는 추급권(785)이 인정되는 선박우선특권자 이어야 한다. 그런데 X의 채권이 선박우선특권이 인정되는 선박채권에 해당하는가, 아니면 일반채권에 지나지 않는가 하는 점이 명확하지 않다. 이에 대해 대판 1978.5.23, 77다1679는 "상법 제861조에서 말하는 선박 우선 특권있는 채권이라 함은 선주 또는 선박운항사가 선박에 관하여 같은조 제 1 항에 각호에 정한 노력, 물품 또는 비용을 제공받고 그로 인한 채무를 이행하지 아니하는 경우에 그 선박을 담보로 하여 그로부터 다른 채권보다 우선하여 변제 받을 수 있도록 하기 위하여 생기는 것이지, 선주 또는 선박 운항자(Y1)가 같은 조 제 1 항 각호에 정한 노력 등에 대하여 자기의 대리인(X)으로 하여금 그 노력등의 제공자(A)에게 댓가를 지불하고 그 노력 등의 제공을 받은 경우에는 선박 우선특권있는 채권이 발생할 여지가 없다 할 것이다. 이 사건에서 원고(X)가 앞서본 금원들을 지급함으로써 가지는 피고 삼정해운(Y1)에 대한 채권은 원고가 상법 제861(777)조 제 1 항 각호 소정의 노력등의 직접 제공자로서 가지는 채권이 아니라 동 피고회사(Y1) 소유 선박이 같은 조항 각호 소정의 채권자들(A)로부터 노력 등의 제공을 받음에 당하여 원고가 동 피고회사와의 앞서본 선박대리점 계약에 의하여 그 선주인 동 피고회사의 대리인으로서 그 댓가를 지급한 것이므로, 그로 인하여는 같은 법조에 규정한 선박우선특권있는 채권이 발생할 여지가 없고 원고의 이 사건 채권은 같은법 소정의 선박 우선특권있는 채권에 해

1) 정영석 · 우보현, "2007년 해상법 판례동향과 그 연구", 상사판례연구 제21집 4권(2008), 480면 이하 참조.

당하지 않는다"고 판시하였다.

그러므로 만일 X가 A에게 유류대금을 지급하지 않고 A가 직접 Y1에게 대금을 청구하는 경우에는 A의 채권은 선박우선특권있는 채권에 해당하므로, A는 구룡호에 대해 경매권을 행사할 수 있을 것이다.

1-2 특 성

상법은 선박우선특권에 관하여는 그 성질에 반하지 않는 한 민법의 저당권에 관한 규정을 준용하고 있는데(777②), 선박우선특권의 특성은 다음과 같다.

(1) 법정담보물권성

선박우선특권은 계약이나 불법행위 등으로부터 생기는 일정한 해사채권의 담보를 위하여 법률상 당연히 발생하는 법정담보물권이다. 따라서 당사자간의 약정으로 선박우선특권을 창설할 수 없는 점에서 질권·저당권 등의 약정담보물권과 다르다. 또한 피담보채권이 없으면 선박우선특권이 성립할 수 없고 채권이 소멸하면 선박우선특권도 소멸한다는 점에서 선박우선특권도 저당권과 마찬가지로 부종성이 있으나, 장래의 채권을 담보하기 위하여 성립할 수 없는 점에 차이가 있다(민 357).

(2) 성립 및 피담보채권에 있어서의 특성

선박우선특권은 해사계약 또는 해사불법행위 등 해사거래관계에서 생기며, 해산(maritime property)을 그 목적물로 한다. 또한 선박우선특권은 해산에 대하여 제공된 용역채권 또는 선박 등 해산에 의하여 생긴 손해로 인하여 발생한 채권을 담보한다. 다만 선박우선특권이 생기는 채권에는 법률상 제한이 있다.

(3) 공시방법의 결여

선박우선특권의 성립을 위하여는 유치권이나 저당권의 경우와 같은 점유나 등기 등의 공시방법을 필요로 하지 않으며, 우선특권 있는 채권을 발생하게 하는 사정이 생긴 그 시점에 선박우선특권이 성립한다.

(4) 효력상의 특성

선박우선특권은 선박관련채권자를 특별히 보호하기 위해 인정된 법정담보물권인 만큼 일정한 공시방법 없이도 약정담보권인 선박저당권이나 질권보다 우선적 효력이 인정된다(788). 또 선박우선특권은 선박소유권의 이전으로 인하여 영향을 받지 않는 추급력이 인정된다(785). 그러므로 소유권이 선의의 제 3 자에게 이전한 경우에도 선박우선특권자는 그 선박에 대하여 경매권을 행사하고 우선변제를 받을 권리가 있다.

(5) 우선순위상의 특성

민법상의 담보물권 상호간의 우선순위는 그 설정의 선후에 의한다(民 333, 370). 그러나 상법상 선박우선특권의 우선순위는 대체로 「1926년 선박우선특권 및 저당권규칙의 통일을 위한 국제조약」(International Convention for the Unification of Certain Rules Relating to Maritime Liens and Mortgages)(이하 1926년 선박우선특권 및 저당권조약 혹은 1926년조약)에 따라 특별한 원칙이 법정되어 있다(782, 783, 784).

(6) 소멸원인상의 특성

선박우선특권은 저당권과 동일한 소멸원인으로서 목적물의 멸실, 피담보채권의 소멸, 경매, 포기, 혼동 등에 의하여 소멸하는 외에 1년의 기간경과로 인하여 소멸하는 특징이 있다(786). 특별한 공시방법 없이 저당권이나 질권보다 강력한 효력이 인정되는 선박우선특권의 특성상 선박소유자나 일반채권자의 이익보호를 위해 단기간의 소멸기간을 인정한 것이다.

(7) 실행상의 특성

영미법상 선박우선특권의 제일 큰 특성은 통상적인 대인소송이 아니라 대물소송에 의하여 구체적으로 실행된다는 점이다. 즉 영국의 경우는 해사법원(admiralty court) 그리고 미국의 경우는 연방법원이 선박 등 목적물을 압류하고 경매하여 그 매각대금을 우선순위에 따라서 채권자에게 배당하게 된다. 우리나라의 경우는 선박우선특권의 실행에 관하여 민사집행법 제 3 편 「담보권의 실행 등을 위한 경매」중 제269조에 정한 절차에 따르게 하고 있다.

1-3 국제적 통일경향

선박은 해상기업주체의 재산인 동시에 중요한 담보수단이 된다. 해상기업자가 그의 선박을 사용하여 기업활동을 영위하는 과정에서 부담하는 각종의 채무를 담보하기 위하여 선박상에 담보권이 설정되는 경우에, 각국이 선박우선특권의 피담보채권의 인정범위 및 효과를 달리한다면 기존의 선박우선특권자, 선박저당권자 및 기타의 채권자는 극히 불안정한 상태에 빠지게 된다. 선박우선특권은 선박저당권자에 우선하는 효력이 인정될 뿐 아니라 아무런 공시방법도 없기 때문에 해사금융수단으로서 중요한 지위를 가지는 선박저당권제도에 대한 중대한 위협이 되고 해사금융을 저해할 우려가 있다. 이러한 이유로 선박우선특권에 관한 각국의 법제의 국제적 통일이 요망된다.

그리하여 선박우선특권의 국제적 통일화가 국제법협회(ILA)의 1885년의 브뤼셀 회의 및 1888년의 함부르크 만국상법회의에서 중점적인 문제로 되었다. 그 후 세계해법회는 1902년 브뤼셀 회의 이후 선박우선특권 및 선박저당권에 관한 통일조약을 작성하는 데 노력하여 1910년 브뤼셀 외교회의에서 조약안을 성립시켰다. 그러나 각국에서 이를 받아들이지 않았으므로 1922년 브뤼셀 외교회의에서 이를 대폭 개정하여 선박소유자 책임제한조약 및 선하증권조약과 함께 채택되기에 이르렀고, 1924년에 서명되어 선박우선특권 및 저당권 통일조약으로 성립하였다. 이는 1910년의 조약안을 크게 개정한 것으로서 비교적 대륙법주의를 많이 채택하고 영미법주의를 채택한 부분이 적었기 때문에 영국은 서명하지 않았다.

그 후 영국의 제안에 의하여 1926년 브뤼셀 외교회의에서 위 조약을 수정하여 신조약을 작성한 것이 1926년 조약이다. 그리고 우리 상법 제 8 장 「선박채권」편은 이 조약의 실체적 규정을 거의 그대로 수용하고 있다. 1926년 조약은 프랑스를 제외하고 영국, 미국 등 유력한 해운국가들이 자국법과 다르다는 이유로 비준하지 않았기 때문에 국제통일조약으로서의 실효성이 감소되어 선박담보법에 관한 각국법의 통일을 기대할 수 없었다. 또 1924년 선박소유자책임제한조약이 성립함에 따라 1926년 조약을 이에 일치시켜야 했으므로 1965년 세계해법회의 뉴욕회의에서 신조약을 채택하고 1967년 브뤼셀 해사법외교회의에서 약간 수정하여 「1967년 해상우선특권 및 저당권조약」이 성립하였다. 그러나 선박우선특권제도가 각국에 고유한 물권법상의 원칙으로부터 벗어나기 어려울 뿐 아니라 강제집행제도와 깊이 관련되어 있는 점에서 많은 국가는 1967년 조약도 수용하지 않고 있다.

1967년 조약이 실효성 있는 조약의 기능을 다하지 못하였으므로 세계해법회는 1967년 조약의 개정작업을 진행하였다. 그 후 세계해법회는 1985년에 '1967년 해상우선특권 및 저당권조약의 개정초안'(이하 '1985년 세계해법회 개정초안')을 채택하였다. 그리고 유엔무역개발회의(UNCTAD)와 국제해사기구는 제네바에서 개최한 외교회의에서 「1993년 선박우선특권 · 저당권조약」(이하 '1993년 조약')을 채택하였다.

선박우선특권과 관련된 조약으로서 「1952년 선박가압류조약」(International Convention Relating to the Arrest of Seagoing Ships)이 있는데 우리나라와 미국은 이 조약을 수용하지 않고 있다. 1952년 조약은 담보를 취득하기 위한 채권보전적 의미의 선박가압류에 대하여만 적용되며 확정판결이나 중재판정을 강제집행하기 위한 조치에 대하여는 적용되지 아니한다(동조약 제 1 조 2항). 최근에 유엔무역개발회의와 국제해사기구는 1952년 조약을 개정하여 「1999년 선박가압류조약」을 성립시켰다. 1999년 조약 성립과정에서 가압류를 할 수 있는 해사채권을 제한적 열거방식(closed list)으로 규정할 것인지 혹은 개방방식/예시적 방식(open list)으로 규정할 것인지에 관하여 다툼이 있었다. 전자는 세계적으로 통일적 기준을 마련하고 선박가압류의 남용을 방지하기 위하여 예외적 경우에만 가압류를 허용하자는 입장이고, 후자는 법적용상 융통성을 발휘할 수 있고 기술발전에 따라 앞으로 발생하는 해사채권의 유형까지 포함할 수 있는 장점이 있다. 결국 1999년조약은 제한적 열거방식을 채택하였다. 동조약은 10개국이 비준 · 가입한 날로부터 6개월 후에 발효하며 우리나라가 동조약에 가입하였는지 여부에 관계없이 우리 선박이 동조약 체약국의 영해에 들어가면 동조약의 적용을 받으므로(동조약 제 8 조 1항), 동조약 발효 후에는 동조약에 가입하는 것을 고려해야 할 것이다.

1-4 상법의 규정

우리 상법 제 5 편 제 8 장의 선박우선특권의 규정은 선박담보제도로서 선박우선특권, 선박저당권 및 선박질권을 규율하고 있는데, 그 주된 내용은 선박우선특권에 관한 것이다(777~786, 788). 선박우선특권은 점유나 공시방법을 필요로 하지 않으면서도 선박저당권에 우선하는 강력한 권리로서 종래 선박소유자와 일반채권자의 이익을 지나치게 위협하고 있어 이에 따른 3당사자간의 이해관계의 합리적 조정을 위한 입법적 보완이 필요하다는 주장이 계속되어 왔다.[1] 또한 우리 상법은 1926년 조약의 내용을 바탕으로 하여 규정되었는데 동 조약의 내용이 1967년 조약의 내용과 비교할 때 선박저당권자의 이익보호에 소홀하였고 각국의 실정에 적합하지 못했다는 평에 따라, 1991년의 상법개정에서는 1967년 조약을 토대로 선박저당권자 및 선박소유자를 보호하기 위하여 선박우선특권이 인정되는 피담보채권의 범위를 축소조정하였다.

1967년 조약은 선박우선특권이 발생하는 채무자로서 선박소유자, 선박임차인, 기타 용선자, 선박관리인, 선박운항자를 인정하고 있다(1967년 조약 제4조 1항 단서). 이에 비하여 1985년 세계해법회 개정초안(1985년 세계해법회 개정초안 제4조 1항)과 1993년 조약(1993년조약 제4조 1항)은 용선자만이 선박우선특권 있는 채권의 채무자일 가능성이 적다는 이유로 용선자를 채무자의 범위에서 삭제하였다. 우리 상법상 선박우선특권의 채무자의 범위를 1967년 조약과 같이 선박소유자 외에 선박임차인, 정기용선자, 선박관리인 및 선박운항자를 포함시키는 것이 바람직하다. 왜냐하면 선박채권자로서는 채무자가 법률상 선박소유자인지 여부를 확인하기 곤란할 뿐 아니라, 선박소유자는 당해 선박의 임대 또는 용선에 의하여 선박우선특권 있는 채권이 발생할 수 있음을 예상할 수 있기 때문이다.

2. 선박우선특권의 피담보채권

2-1 채권자의 공동이익을 위한 비용채권 등(777①1)

[사례 Ⅷ-4-2: 대판 1998.2.10, 97다10468]

A소유의 드래곤호가 광양항을 출항하다가 일방과실로 B소유의 제5금동호와 충돌하여 B에게 39억원의 수리비용이 발생하자, B는 수리비채권이 선박우선특권이 있는 채권임을 이유로 드래곤호에 관하여 선박임의경매신청을 하였다. 경매법원은 선박감수보존명령을 발하는 동시에 이를 경매에 붙여 C가 41억원에 낙찰받아 이를 인수하

1) 김진권, "선박우선특권과 선원임금채권의 준거법에 대한 고찰", 한국해법회지 제30권 1호(2008.4), 150면 이하.

였다. 한편 선박감수보존인인 X는 경락시까지 소요된 비용 47억원을 경매법원에 집행비용으로 청구하였으며, 대한민국(Y) 산하 여수지방해운항만청도 동기간동안의 정박료 23억원을 청구하였다. 그러나 경매법원은 낙찰대금이 X가 청구한 선박감수보존비용에도 미치지 못하자 이를 모두 집행비용에 충당하기로 하면서 X,Y간에 안분하여 X에게 27억원, Y에게 14억원을 각각 지급하였다. 그러나 X는 Y의 정박료채권은 집행비용이 아니라 상법 제861(777)조 제1항 제1호 소정의 선박우선특권있는 채권에 불과하므로 배당금을 모두 X에게 지급해야 한다는 이유로, Y가 지급받은 금액의 반환을 청구하였다. X의 주장은 타당한가?

(1) 채권자의 공동이익을 위한 소송비용, 선박과 속구의 경매에 관한 비용

선박우선특권의 실행을 위한 재판비용으로서 이에 대하여 제1순위의 우선특권을 인정한 것은 당해 채권의 원인된 행위가 채권의 목적물을 담보하는 역할을 수행하기 때문이다. 소송비용은 당사자가 특정한 소송수행을 위하여 소송계속 전이나 계속 중에 지출한 비용을 말하며, 재판상 비용으로서 민사소송법이 규정하는 서류, 도면작성료, 번역료, 집행관수수료 등이 포함된다.[1] 경매에 관한 비용으로는 제수수료, 인지대, 송금료, 선박평가료, 감수비용 등을 들 수 있다. 상당하다고 인정되는 일정한 범위의 변호사비용도 포함된다고 보아야 할 것이다. 이 경우 소송비용과 경매비용은 우선특권을 부여하지 아니하더라도 민사소송법상 비용확정절차에서 확보될 수 있는 것이 아닌가 하는 의문이 있으나 이는 오직 채권자의 공동이익을 위하여 지출된 소송비용과 경매비용에 국한됨을 주의하여야 한다. 1993년 조약은 채권자의 공동이익을 위한 소송비용, 선박과 속구의 경매에 관한 비용에 대하여 선박우선특권을 인정하지 아니한다. 2004년 한국해법학회 개정시안도 "선박과 속구의 경매에 관한 비용"을 선박우선특권의 피담보채권에서 제외하였다.

한편 상법은 제777조 제1항 1호(구 상법 제861조 제1항 1호)에서 선박 등에 대한 일반채권보다 우선하여 행사할 수 있는 선박우선특권이 있는 채권 가운데 '선박과 속구에 관한 경매비용'을 삭제하고 있다. 이것은 경매비용은 절차법에서 당연히 우선적으로 공제될 절차적 비용이기 때문에 선박우선특권이 있는 피담보채권으로 열거할 필요가 없다는 점에서, 그리고 「선박우선특권과 저당

1) 송상현, 민사소송법, 신정2판, 박영사, 1999, 455면.

권조약」에서도 같은 취지에서 삭제하고 있는 점을 감안하였다.

[사례 Ⅷ-4-2]에서 Y의 정박료채권이 여기에서 말하는 '경매에 관한 비용'에 해당하는 여부가 문제가 되는데, 만일 이를 긍정한다면 Y의 정박료채권(23억원)은 B의 수리비채권(39억원)보다 우선하기 때문에(866①), 경락대금 41억원에서 Y가 먼저 배당을 받고 나머지를 B에게 지급해야 한다. 그러나 이를 부인할 경우에는 위 사례와 같이 집행비용으로서 X와 나누어 가질 수밖에 없는 것이다.[1] 이점에 대해 대판 1998.2.10, 97다10468은 "선박경매에 있어서 선박을 압류항에 정박시켜 두지 아니하면 경매절차를 속행할 수 없으므로, 선박에 대한 압류의 효력이 발생한 때부터 경락대금 지급시까지의 기간 동안에 선박의 정박을 위하여 발생한 정박료는 선박경매를 수행하기 위한 것으로서 당해 집행사건의 집행비용에 해당한다고 보아야 할 것이지 상법 제861조 제1항 제1호 소정의 선박우선특권에 해당한다고 볼 수는 없다"고 판시하여 X의 청구를 인정하지 않았다.

(2) 항해에 관하여 선박에 과한 제세금

세금을 피담보채권으로 인정한 것은 국고의 세입을 중시한 공익적인 이유에 의한 것이다. 제세금이라 함은 등대세, 항세, 운하세 등을 말한다. 각국은 정도의 차이는 있으나 국세채권의 우선적 지위를 확보하는 국내법을 가지고 있으므로 이 같은 세금에 우선특권을 부여할 필요가 없다고 할지 모르나, 이것도 문제의 항해에 관하여 부과된 세금만을 의미한다.

(3) 도선료와 예선료

1) 도 선 료 도선이란 항구나 연해구역 등에서 선박에 탑승하여 선박을 안전한 수로로 인도하는 것을 말하며, 이러한 도선업무에 대하여는 선박의 안전과 국가정책적 이유에서 국가적 통제를 과하는 것이 세계 공통적 특색이다. 우리나라에서도 국가의 면허를 받은 도선사가 아니면 도선업무를 행하지 못하도록 되어 있고(도선법 제4조), 일정한 선박이 특정한 항 또는 연해구역에서 운항할 때에는 대한민국 도선사를 승무시키도록 하는 강제도선제도(compulsory pilotage)를 택하고 있다(동법 제12조).

---

1) 서헌제(하) 446면.

1926년 조약도 도선료에 대하여 우리법과 같은 제1순위의 우선특권을 인정하였으나, 1967년 조약에서는 선원의 임금채권보다 후순위로 규정하였다. 1993년 조약도 도선료에 선박우선특권을 인정한다(1993년조약 제 4 조 1항 (d)호).

2) 예 선 료 예선료는 예선계약에 의하여 예선소유자가 피예선소유자에게 예선행위를 제공하고 그 반대급여로서 받는 보수를 말한다. 예선계약은 법률상 도급계약의 성질을 가지는 것, 단순한 고용계약의 성질을 가지는 것, 또는 독립한 해상운송계약의 성질을 가지는 것이 있다. 1926년 조약에서는 예선료에 대하여 특별한 규정을 두고 있지 않다. 독일상법 및 영국 상선법(Merchant Shipping Act)도 예선료에 대하여 우선특권을 인정하지 않는다. 반면 미국에서는 연방 선박우선특권법(Federal Maritime Lien Act)에 의하여 예선료에 대한 우선특권이 인정된다. 1967년 조약, 1985년 만국해법회 개정초안과 1993년 조약에서는 선박우선특권의 대상에서 예선료를 제외시키고 있다(1967년 조약, 1985년 만국해법회 개정초안 각 제 4 조 1항 2호).

(4) 최후 입항 후의 선박과 속구의 보존비와 검사비

[사례 Ⅷ-4-3: 대결 1998.2.9.자 97마2525]

연근해를 운행하는 유류운송선인 제 1 도라지호가 울산항에 정박하여 포항항으로 출항 준비중에 기관실에서 화재가 발생하여 갑판 및 기관엔진 등이 소실되자 X가 이를 수리하였다. 이 선박은 수리를 마치고 부산항으로 출항하였다가 울산항에 입항하였으며, 얼마후 다시 부산항으로 출항하는 등 항해를 계속하였다. 수리비 채권을 변제받지 못한 X는 그 채권이 상법 제861(777)조 제 1 항 제 1 호 소정의 '최후 입항 후의 선박과 그 속구의 보존비와 검사비'에 해당하는 선박우선채권임을 전제로 선박의 경매신청을 하였다. X의 신청은 타당한가?

선박이 최후항에 입항한 후 선박과 그 속구의 상태를 유지 · 보존하기 위하여 지출하는 제비용을 말하며, 최후항이라 항해를 종료한 항구 예컨대 경매를 시행하는 때 및 선박을 타인에게 양도한 때에 선박이 존재하는 항구이다. 대법원 판례도 최후항은 목적하는 항해가 종료되어 돌아온 항구뿐 아니라, 선박의 경매 또는 양도처분으로 인하여 항해를 폐지한 시점에 선박이 존재하는 항구를 포함한다고 해석하고 있다(대판 1996.5.14. 96다3609; 대결 1998.2.9. 97마2525, 2526).

이러한 비용에 선박우선특권을 부여하는 이유는 이러한 채권이 선박의 가치를 보전하는 데 기여하였기 때문이다. 선박이 경매절차를 위하여 압류되어 보존되고 있는 동안의 감수 · 보존경비, 선박의 정박을 위한 정박료, 수선료, 검사비 등이 이에 속한다. 대법원은 선박보존비를 넓게 해석하여 연해구역에서 근해구역으로 항해구역 변경에 따라 선박의 갑판 · 속구 등의 수리공사를 한 경우 그것이 항해를 위한 선박과 속구의 상태 및 기능을 유지 · 보전하기 위한 것이라고 인정함으로써 그 수리비 및 이에 따른 검사비를 본호 소정의 채권으로 보았다(대판 1980.3.25, 79다2032).

[사례 Ⅷ-4-3]에서 제 1 도라지호는 울산항에서 수리를 받은 후에도 운항을 계속하고 있는데, 울산항에서 발생한 수리비채권은 본호에서 말하는 최후항에서 발생한 보존비에 포함될 것인가 하는 점이 문제된다.[1] 이에 대해 대결 1998.2.9, 97마2525는 "상법 제861(777)조 제 1 항 제 1 호가 최후 입항 후의 선박보존비 등에 대하여 선박우선특권을 부여하는 것은, 이러한 비용의 지출이 없으면 다른 채권자들도 선박 경매대금으로부터 변제를 받기가 불가능하게 될 것이라는 점에서 이러한 비용은 경매에 관한 비용에 준하는 성질을 가지기 때문이며, 따라서 '최후 입항 후'라는 의미는 목적하는 항해가 종료되어 돌아온 항뿐만 아니라 선박이 항해 도중 경매 또는 양도처분으로 항해가 중지되어 경매되는 경우의 선박보존비용도 이에 포함되지만, 이 선박이 연근해를 운행하는 유류운송선으로서 화재로 인한 수리를 마친 후에도 다시 부산항을 향하여 출발하여 그 항해를 계속한 이상, 수리비는 선박의 상태 및 가치를 유지·보존하기 위한 비용일지라도 최후의 입항 후에 발생한 것이 아니므로 그 수리비 채권을 두고 본호 소정의 선박보존비 등에 해당한다고 볼 수 없다"고 판시하였다(동대판 1996.5.14, 96다3609). 이러한 판례의 입장에 따른다면 X가 제 1 도라지호에 대한 선박우선특권을 행사하기 위해서는 수리직후라든지 적어도 부산항에 입항하기전에 경매절차에 들어갔어야 한다.[2]

어떠한 비용이 선박의 보존 · 검사비용에 해당하는지 문제가 되는데, 대판 1980.3.25, 79다2032는 "원고가 본건 선박에 대하여 한 수리공사가 연해구역에서 근해구역으로 항행구역의 변경에 따른 수리공사이라는 점은 공인되지

1) 서헌제(하) 446면.
2) 정완용, "선박우선특권의 피담보채권", 한국해법회지 제21권 제 1 호(1999.11), 221면.

만 선박구조를 변경한 공사라고는 할 수 없고 오히려 항해를 위한 선박과 속구의 상태 및 기능을 유지보전하기 위하여 이를 수리하고 이에 따른 검사비이므로, 원고주장의 (1) 비상용 소화펌프의 13종의 갑판본공사대, (2) 우현스팀파이프 취환공사의 23종의 갑판공사대, (3) 주기관 피스톤 분해소재의 5종의 기관부공사대, (4) 보드라이트 신설부착의 7종의 전기공사대, (5) 라이프 자 R의 13종의 속구대 및 (7)의 검사비는 상법 제361조 제 1 항 제 1 호 소정의 최후입항후의 선박과 그 속구의 보전비 및 검사비에 해당한다"고 판시하였다.

1926년 조약은 이러한 비용을 선박우선특권의 피담보채권으로 인정하였지만(동조약 제 2 조 1호), 1967년 조약, 1985년 세계해법회 개정초안, 1993년 조약에서는 배제되어 있다. 구체적으로 어떠한 채권이 선박의 유지·보존비에 해당하는지에 관하여는, 선박에 편리하고 유용하며 필요한 수신, 보급 기타 용역에 관한 채권이면 우선특권이 인정된다고 넓게 해석함으로써 개정 전 상법의 5호, 6호 삭제에 따른 입법적 미비를 보완하여야 할 것이다.[1)]

2-2 선원 기타 선박사용인의 고용계약으로 인한 채권(2호)

[사례 Ⅷ-4-4: 부산지판 1984.5.25, 83가합3923]

수협중앙회(X)는 A회사 소유 원양어선인 풍양호에 관하여 채권최고액을 4억원으로 하는 선박근저당권을 설정하고, A에게 2억 5천만원을 대여하였는데, 이를 변제받지 못하게 되자 선박임의경매신청을 하여 법원으로부터 선박경매개시결정을 받았다. 한편 Y 등은 풍양호의 선원들로서 어로작업을 하였는데도 A로부터 6천만원의 임금(급료·보합금·전재수당·조업독려비·실업수당)을 지급받지 못했다고 주장하면서, 임금채권이 상법 제861(777)조 제 1 항 제 2 호의 선박우선특권있는 채권에 해당된다는 이유로 풍양호에 관한 선박임의경매신청을 하여 X의 경매사건에 기록 첨부되었다. 이에 X는 첫째, 풍양호는 어선으로서 상법 제861조에 정해진 선박우선특권의 목적인 선박이 아니고 둘째, 보합금 또는 조업독려비는 선박의 항해와 관계없는 어로계약상의 채권에 불과하여 선박우선특권있는 채권에 해당되지 않고 셋째, Y등은 임금채권을 가지고 풍양호의 어획물에 대하여 유치권을 행사할 수 있었음에도 이를 행사하지 아니한 이상 선박우선특권이 소멸되었다는 이유로, Y를 상대로 선박우선특권부존재확인청구를 하였다. X의 청구는 타당한가?

---

1) 송·김 431면.

위험한 선박의 항해상 노무에 종사하여 생계를 유지하는 선장과 선원 및 가족의 생계를 보호한다는 사회정책적인 견지에서 선원우선특권을 인정한 것이다. 선원은 임금을 받을 목적으로 선박 내에서 노무를 제공하기 위하여 고용된 자를 말하며, 선원·해원 및 예비원이 이에 해당한다(선원법 제3조 1항). 기타 선박사용인이란 선원에 해당하는 자를 제외하고 선박에 노무를 제공하는 경비원·선박관리인 등을 가리킨다.

이 같은 채권에는 선원의 임금(선원법 제47조), 실업수당(동법 제40조), 송환수당(동법 제42조), 퇴직금(동법 제51조), 유급휴가수당(동법 제67조), 부상 또는 질병에 대한 요양보상금(동법 제85조) 등 선원법에서 규정하고 있는 각종 수당이 포함된다. 그러나 선원보험법상 인정되는 선원보험료채권에는 선박우선특권이 부여되지 않는다(선원보험법 제15조).

[사례 Ⅷ-4-4]에서 보면 선박소유자(A)와 선원(Y)간에 어획대금을 일정하게 나누어 가지는 보합금이나 조업독려금이 본호에서 말하는 '고용계약으로 인한 채권'에 해당하는가 하는 점이 문제된다.[1] 이에 대해 부산지판 1984.5.25, 83가합3923은 "상법 제861조 제1항 제2호에 정해진 채권은 법령이나 당사자사이의 계약에 의하여 선원에게 지급하도록 되어 있는 모든 채권을 포함하는 것이므로, 선장이나 선원들에게 어획실적을 기준으로 보합금 및 조업독려비를 지급하도록 어로계약이 되어 있다면 보합금 및 조업독려비채권도 위 채권에 포함된다"고 판시하였다(동 서울고판 1986.6.9, 85다4234).

2-3 선박의 구조료채권과 공동해손분담채권(3호)

이를 인정하는 이유는 해양사고구조나 공동해손이 선박의 가치를 보전한 데에 주어진 특혜라고 할 수 있고, 이들 채권이 선박소유자와 채권자의 공동이익을 위한 것이기 때문이다. 또한 구조료채권에 우선특권을 부여함으로써 해양사고구조를 장려한다는 의미도 있다.

(1) 선박의 구조에 관한 보수

선박의 구조에 관한 보수라 함은 해양사고구조의 결과 구조자가 취득하는 구조료를 말한다. 여기에는 상법이 규정하는 협의의 해양사고구조, 즉 의무 없

---

1) 서헌제(하) 448면.

는 자발적 구조에 대한 구조료뿐만 아니라 구조계약에 기하여 구조한 경우의 보수도 포함된다. 일반적으로 선박우선특권의 객체가 되는 것은 선박, 속구, 운임 그리고 선박과 운임의 부수채권이지만, 상법은 구조에 종사한 자의 보수채권은 구조된 적하에 대하여도 우선특권이 있음을 규정하고 있다(893① 본문). 상법상 유일하게 인정되는 적하에 대한 우선특권이라 하겠는데, 채무자가 구조된 적하를 제 3 취득자에게 인도한 후에는 그 적하에 대하여 이 권리를 행사하지 못하는 점(동항 단서)에 그 특색이 있으며, 이 우선특권에는 상법 제777조 이하의 선박우선특권에 관한 규정을 준용한다(893②). 1993년 조약도 해양사고구조료채권에 대하여 선박우선특권을 인정한다(1993년조약 제 4 조 1항 (c)호).

(2) 공동해손의 분담에 관한 채권

공동해손이란 선박 및 적하의 공동위험을 면하기 위하여 선장이 선박 또는 적하에 대하여 한 처분으로 말미암아 생긴 손해 또는 비용을 말한다(865). 공동해손제도는 이 손해 또는 비용을 공동해손처분에 의하여 위험을 면한 선박과 적하의 이해관계인에게 공평하게 분담시키는 것이고 이에 따라 이해관계인이 부담하는 금액을 공동해손분담금이라 한다. 따라서 원칙적으로 공동해손분담금채권은 선박의 손해를 위하여 적하에 설정될 수도 있고 적하의 손해를 위하여 선박 위에 설정될 수도 있다. 그러나 상법은 이에 관하여 특별한 규정을 두고 있지 않기 때문에 공동해손으로 선박이 손해를 입은 경우 선박소유자의 적하에 대한 우선특권이 인정되지 않는다. 다만 공동해손분담금채권에 기하여 적하에 대한 유치권이 인정될 뿐이다(807②).

1926년 조약(제 2 조 3호)과 1967년 조약(제 4 조 1항 5호) 및 1985년 만국해법회 개정초안(제 4 조 1항 5호)은 모두 공동해손분담금채권에 선박우선특권을 인정한다.

2-4 선박충돌 등으로 인한 손해배상채권(4호)

[사례 Ⅷ-4-5: 충돌채권]

A선박과 B선박은 해상에서 충돌하였는데 조사결과 이는 B선박의 일방적인 과실로

판명되었다. 이 사고로 B선박에 적재되어 있던 X의 화물이 멸실되었고 A선박도 파손되었다. 이에 A선박 소유자는 B선박에 대하여 우선특권에 기한 경매신청을 하였는데 B선박의 화주인 X도 자신의 화물이 멸실된 것에 대한 손해배상청구권이 우선특권이 인정되는 채권이라면서 위 경매절차에서 우선특권을 주장하였다. X의 이러한 주장은 타당한가?

(1) 인정근거

선박의 충돌로 인한 손해 기타의 항해사고로 인한 항해시설・항만시설 및 항로에 대한 손해와 선원이나 여객의 생명・신체에 대한 손해배상채권에 선박우선특권이 인정된다(777①4). 이 채권은 선박충돌 등 불법행위로 인한 배상채권으로서 선박소유자의 책임제한의 대항을 받게 되므로 이 같은 채권자에게 우선특권을 인정하는 것이 형평에 맞기 때문이다.

(2) 운송물의 손해배상채권

상법은 선박우선특권의 피담보채권으로서 '적하 및 수하물에 대한 손해'를 삭제하고 '항만시설에 대한 손해'를 추가하였다. 그 결과 종래 선박우선특권에 의하여 강력한 권리를 향유하던 화주의 선박소유자에 대한 운송물의 손해배상채권에 대하여 우선특권이 인정되지 않게 되었는지에 대하여 논란이 있다.

1) 제 1 설 　선박우선특권은 일정한 공시방법도 없이 선박소유자에 대하여 저당권자나 질권자보다 강력한 권리를 행사하기 때문에 선박의 정상적 운항에 지장을 초래하여 선박소유자의 이익을 크게 손상시킬 위험이 크고, 선박에 대한 일반채권자의 이익과의 조정을 위해서도 선박우선특권의 피담보채권의 범위는 최대한 좁히는 것이 합당하다. 대부분 소액인 적하의 손해를 배상받기 위하여 선박의 정상적 운항에 지장을 초래하는 것은 형평의 원칙에 어긋나므로 개정을 통하여 종래 화주가 가지고 있던 운송물 손해배상청구권을 담보하기 위한 선박우선특권은 삭제되었으며 이 같은 상법개정 내용은 타당하다.[1) 1967년 조약 및 1993년 조약도 이 채권을 선박우선특권의 피담보채권에서 제외하고 있다. 제 1 설에 대하여는 선박우선특권이 인정되는 근본적인 이유가 선박소유자의 책임제한에 대응하여 해사채권자의 이익을 보호하기 위하여 인정된

1) 정해덕, "선박집행에 관한 연구", 경희대학교 박사학위논문(2000.2), 145~46면.

권리인 만큼 선박소유자의 책임제한의 적용을 받는 채권자에게는 되도록 선박우선특권을 인정해야 형평의 원칙에 합당하므로 상법이 화주의 채권을 선박우선특권의 대상에서 제외시킨 것은 불합리하다고 비판하는 견해가 있다.[1)]

2) 제 2 설 법이 '적하 및 수하물에 대한 손해의 배상채권'을 제외하였으므로 원칙적으로 화물의 멸실・훼손에 대하여는 선박우선특권이 인정되지 않으나, 선박충돌로 인한 손해에 대하여는 선박우선특권이 인정되므로 선박충돌로 인한 화물의 멸실・훼손에 대하여는 선박우선특권이 인정된다고 보는 견해이다.

3) 제 3 설 법 개정시 4호의 내용 중 '적하 및 수하물에 대한 손해배상채권'을 삭제한 것은 동 채권을 선박우선특권이 인정되는 채권에서 제외한 것이 아니고 개정 전 상법의 문언이 모호하여 해석상 오류를 낳을 위험이 있었으므로 의미를 분명히 하기 위하여 문구를 수정한 것뿐이라고 해석하는 입장이다. 즉 상법이 '선박충돌로 인한 손해'라 했지만 선박충돌로 인한 손해는 무수하므로 화물에 대한 손해도 여기에 포함되어 선박우선특권이 인정된다는 것이다. 개정 전 상법은 '선박의 충돌 또는 기타의 항해사고로 인한 항해시설 및 항로에 대한 손해, 선원이나 여객의 생명, 신체에 대한 손해와 적하 및 수하물에 대한 손해의 배상채권'이라고 규정하고 있었으므로 '선박의 충돌 또는 기타의 항해사고'로 빚어진 '항해시설 및 항로에 대한 손해', '선원이나 여객의 생명, 신체에 대한 손해', '적하 및 수하물에 대한 손해의 배상채권'에만 선박우선특권이 인정된다고 해석할 여지도 있었다. 이 같은 해석에 의한다면 '선박충돌 및 기타의 항해사고로 인한 적하 및 수하물에 대한 손해의 배상채권'에만 선박우선특권이 인정된다고 할 수 있었다. 즉 '선박의 충돌'이라는 문언이 '기타 항해사고'의 예시에 불과한 것으로 취급되어 '선박충돌로 인한 선박에 대한 손해의 배상채권'에는 선박우선특권을 인정할 수 없다는 결과가 되어 불합리하다는 비판이 있었다. 결론적으로 제 3 설에 의하면 상법개정에 의하여 종래 그 문언의 모호함으로 인하여 해석상 혼란을 야기하였던 문제점을 보완하기 위해 본호의 내용을 '선박의 충돌로 인한 손해 기타의 항해사고로 인한 항해시설・항만시설 및 항로에 대한 손해와 선원이나 여객의 생명, 신체에 대한 손해의 배상채권'이라고 규정함으로써 '선박의 충돌로 인한 손해'를 독립된 채권으로 규

1) 서헌제, "개정상법(보험・해상편)", 인권과 정의(1992. 7), 65면.

정하였다고 보고, '선박충돌로 인한 손해'의 범위 속에 '적하 및 수하물에 대한 손해배상채권'도 역시 포함된다고 본다.

4) 결 론 선박우선특권이 인정되는 피담보채권의 범위를 최소한으로 줄임으로써 선박소유자 및 선박저당권자의 이익이 침해되는 경우를 최대한 줄이고자 하는 각국의 입법 태도 및 1967년 조약에 부응하기 위하여는 제 1 설이 타당하다.[1)]

위 [사례 Ⅷ-4-5]에서도 제 1 설에 의하면 현행법상으로는 화주 X는 적하에 대한 손해배상청구권자로서 우선특권이 인정되지 않는 채권자라고 하겠다.

(3) 항만시설에 대한 손해

최근에 대부분의 국가들은 해운업의 발달에 따라 보다 깊고 안전한 항구·운하·수로 등을 제공해야 할 국가적 의무가 증가함에 따라 자국의 이익보호를 위하여 법령에 의한 특별권을 국가에게 부여하는바, 이러한 세계적 추세에 따라 상법은 항만시설에 대한 손해를 선박우선특권의 피담보채권으로 인정하였다. 항만시설에 대한 투자의 막대함과 그 재원을 확보해야 하는 공익적 견지에서 특별히 인정된 국가정책적 규정이다.

3. 선박우선특권의 목적물

우리 상법은 선박우선특권의 목적물의 범위를 해산(maritime res)으로 제한하고 있다(777①, 778~781 등). 즉 선박우선특권의 목적물은 선박·속구·그 채권이 생긴 항해의 운임 및 선박과 운임에 부수한 채권이다(777① 본문).

3-1 선박과 속구

선박우선특권의 목적물은 선박우선특권을 발생시킨 선박과 그 속구이다. 선박은 등기·등록유무를 불문하고, 선박이 난파된 경우에는 난파물 위에 선박우선특권이 미치며 건조중인 선박도 포함된다(790). 다만 선박우선특권의 피담보채권 중 선박소유자책임제한의 대항을 받는 채권의 경우는 선박소유자의 책

1) 송·김 435면.

임제한기금이 선박우선특권의 목적물이 된다. 선박우선특권의 목적이 되는 선박이라 함은 상법(제740조)에 정해진 상행위 기타 영리를 목적으로 항해에 사용되는 선박을 뜻하는데, 원양어선은 상행위선은 아닐지라도 상행위 이외의 기타 영리선에 포함된다(부산지판 1984.5.25. 83가합3923). 그리고 속구는 속구목록에 기재한 물건에 한하여 선박의 종물로 추정된다(742).

위에서 이미 언급하였던 [사례 Ⅷ-4-5]에서도 A선박은 원양어선이므로 선박우선특권의 목적물이 될 수 없다는 주장은 위 하급심판결에 의할 때에 타당하지 않다. 어선은 상행위 이외의 기타 영리선에 포함되기 때문이다.

3-2 선박과 운임의 부수채권

선박과 운임에 부수한 채권은 ① 선박이나 속구의 멸실·훼손 또는 운임의 손실로 인하여 선박소유자 등이 제3자에 대하여 가지는 손해배상청구권, ② 공동해손으로 인한 선박 또는 운임의 손실에 대하여 선박소유자가 가지는 공동해손분담금청구권, ③ 해양사고구조로 인하여 선박소유자가 가지는 구조료청구권 등이다(778). 이 중 선박소유자가 가지는 손해배상청구권은 선박의 변형물로 볼 수 있고 선박이 선박우선특권의 목적물로 되는 이상 그 멸실 등으로 인한 손해배상청구권도 당연히 포함되는 것이다. 그리고 공동해손 분담금청구권 및 해양사고구조료청구권은 선박의 이용에 의하여 발생한 것이므로 운임과 같은 성질을 가진다. 그러나 선박소유자 등이 수령한 보험금 기타의 장려금이나 보조금에 대하여는 선박우선특권을 행사하지 못한다(780). 이는 1926년 조약 제4조 3항의 취지를 따른 것이다.

3-3 운　임

해상운송인이 운송계약에 의하여 물건의 운송을 인수한 보수로서 받는 것이 운임이며, 미수운임 즉 운임청구권과 지급받은 운임이라도 선박소유자나 그 대리인이 소지하고 있는 금액은 선박우선특권의 목적물이 된다(779). 또한 운임은 그 우선특권이 생긴 항해에 있어서의 운임에 한하나, 선원 기타의 선박사용인의 고용계약으로 인한 채권은 고용계약 존속 중의 모든 항해로 인한 운임의 전부에 대하여 우선특권이 미친다(781). 운임을 선박우선특권의 목적물로 하는 이유는 운임이 선박의 이용에 의하여 통상 발생하는 이익 중 대표적인 것이기 때문이다.

3-4 입 법 론

상법의 선박우선특권제도는 1926년 조약에 따른 것인데, 동 조약은 선박우선특권의 목적물인 해산의 범위에 관하여 1924년 선박소유자 책임제한조약을 기초로 하고 있다. 그 후 선박소유자 책임제한제도에 관하여 1957년 조약과 1976년 해사채권책임제한조약이 성립되어 금액책임주의로 단일화되었으므로, 선박우선특권의 목적물도 1926년 조약의 입장을 벗어나 선박우선특권의 목적물로서 선박만을 인정하는 1967년조약에 따라 개정함이 타당하다. 그러나 이같이 선박우선특권의 목적물로서 선박만을 인정한다 하더라도 우리 상법상의 선박우선특권에는 담보물권에 관한 규정이 준용되는 결과 선박의 부수채권에도 담보물권의 부종성에 의하여 우선특권의 효력이 미칠 것이며, 결국 제외되는 것은 운임 및 운임에 대한 부수채권뿐일 것이다. 해운업의 발달에 따라 선박의 규모는 대형화·고급화하는 반면, 당해 채권이 발생된 항해의 운임액수는 상대적으로 경미한 액수이고 상황에 따라 가변적일 뿐만 아니라 당사자의 의사에 의하여 그 존재가 좌우되기 때문에 선박우선특권의 목적물로서는 부적절하다 할 것이므로 선박우선특권의 목적물로서 운임을 삭제한다 하여 큰 문제는 없을 것이다. 실무상으로도 선박우선특권을 행사하는 채권자가 운임을 목적물로 기재하는 경우는 거의 없다.

4. 선박우선특권의 순위와 효력

4-1 순 위

상법은 제829조 내지 제835조 및 제872조에서 선박우선특권 상호간의 순위 및 다른 담보물권과의 순위를 규정하고 있다.

1) 동일항해에 관한 선박우선특권이 경합하는 경우에는 상법 제777조 1항 각호의 기재순서에 따르므로(기재순위주의, 782①), 동순위 기재의 선박우선특권

은 동일순위가 된다. 그러나 해양사고구조료채권 및 공동해손분담금채권이 경합하는 때에는 뒤에 발생한 것이 앞에 발생한 것에 우선하며, 동일한 사고로 인한 채권은 동시에 생긴 것으로 본다(782②). 여기서 동일 항해라 함은 정기선의 경우는 선적항을 출항하여 선적항에 도착할 때까지를 말하며, 부정기선의 경우는 하나의 용선계약에 의한 항해가 개시된 때로부터 목적항에서 양하작업이 완료한 때까지를 말한다.

2) 수회의 항해에 관한 선박우선특권이 경합하는 경우에는 뒤의 항해에 관한 채권이 앞의 항해에 관한 채권에 우선한다(783①). 그 이유는 뒤의 항해에 관하여 발생한 채권으로 인하여 앞의 항해에 관한 채권이 보존되어 변제를 받을 수 있게 되었기 때문이다. 선박사용인의 고용계약으로 인한 채권은 고용계약중의 모는 항해로 인한 운임의 전부에 대하여 선박우선특권이 있으며, 이러한 선박우선특권은 최후의 항해에 관한 다른 채권과 동일한 순위로 된다(783②).

3) 동일 순위의 선박우선특권이 경합하는 경우 채권자는 각 채권액의 비율에 따라서 변제를 받는다(채권액비율주의, 784).

4) 선박우선특권과 유치권과의 순위 　선박을 목적으로 하는 유치권이 성립하여 선박우선특권과 경합하는 경우에 유치권자는 목적물에 대하여 우선변제를 받을 권리가 인정되지 않기 때문에 선박우선특권자가 우선한다. 그러나 유치권자는 자기의 채권의 변제를 받을 때까지 목적물의 점유를 계속하고 그 반환을 거부할 수 있다. 따라서 선박우선특권자 또는 선박의 경락인은 유치권자에게 변제하여야만 유치권을 소멸시킬 수 있으므로 유치권은 사실상 선박우선특권에 우선하게 된다. 우리 상법도 1967년 조약이나 1993년 조약과 같이 선박우선특권과 유치권과의 관계를 명확히 규정해야 할 것이다.

4-2 상법상 순위의 조정

상법은 선박우선특권의 순위를 정함에 있어서 1926년 조약에 따라 항해단위로 구분하고 있다(782, 783). 그런데 19세기 말 내지 20세기 초의 항해개념에 입각한 이 항해주의(Voyage Rule)는 무엇을 하나의 항해로 정할 것인가 하는 기준이 불명확할 뿐 아니라, 오랜 항해기간 동안에 신용을 부여함으로써 선박소유자와 선박우선특권자 쌍방을 보호하였던 항해주의가 과학의 발달로 인한 항해기간의 단축으로 인하여 이제는 합리적 근거를 찾기 힘들게 되었다. 1967년 조약, 1985년 세계해법회개정초안, 1993년 조약도 항해주의를 채택하고 있지 않으므로 우리 상법도 선박우선특권의 순위에 관하여 항해주의를 버리고 1967년 조약(제5조)에 따르는 것이 바람직하다.[1)]

각국의 해상법은 전통적으로 선원 등의 임금채권과 공동해손, 해양사고 구조료채권에 높은 순위의 우선특권을 부여하고 있다. 그런데 상법(777①)은 이들 채권보다 높은 제1순위의 채권으로서 재판비용, 항해에 관하여 선박에 과한 세금, 도선료와 예선료, 최후입항 후의 선박과 속구의 보존비와 검사비 등을 인정하고 있다. 이는 지나치게 많은 종류의 채권에 제1순위의 우선특권을 부여하는 것이므로, 제1순위 채권으로서 선원 등의 임금채권을 규정하고 제2순위로서 항해에 관하여 선박에 과한 제세금·도선료 및 상법이 신설한 항만시설에 대한 손해 등의 순서로 우선순위를 인정하는 것이 바람직할 것이다.

4-3 효 력

상법은 선박우선특권의 효력에 관하여 우선변제권 및 추급권만을 규정하고 있고(777②, 785), 그 외의 일반적 효력에 관하여는 민법의 저당권에 관한 규정을 준용하도록 한다.

(1) 경매청구권

선박우선특권자는 저당권자와 같이 변제를 받기 위하여 선박우선특권의 목적물에 대한 경매를 청구할 수 있다(민 제363조 1항). 실무상 선박수리업자들이 과다한 비용을 선박우선특권채권으로 신고하여 경매신청을 하고 일단 선박을 정박하게 하여 운항권을 뺏음으로써 선박소유자 등을 운항이익이 상실되는 불리한 지위로 떨어뜨리는 예가 많다. 이 경우에는 선박우선특권에 의한 경매사건이 일반경매사건과 같이 경락허가결정 및 배당절차에 따라 채권의 만족을 얻는 경우는 드물고 대부분은 채무자의 일방적인 패배로서 합의에 의해 종결되는 것이 대부분이다. 민사소송법상 정박의무로부터의 해방을 통하여 집행법원이 일정한 요건하에 채무자에 대하여 압류중 선박의 항행을 허가할 수 있는

1) 정완용, "선박저당권에 관한 연구", 경희대학교 박사학위논문(1988), 113면.

길은 있으나, 항행허가에는 압류채권자의 동의를 얻게 함으로써 항행허가제도가 유명무실해지고 있다. 이를 해결하기 위하여 담보제공을 요건으로 항행을 허가하도록 하고 불귀항의 경우 손해배상을 명하도록 하자는 의견이 있다.[1] 또한 기타 저당권의 효력에 관한 민법 제358조 이하의 규정이 선박우선특권에도 준용된다. 그리고 선박우선특권에 기한 경매절차는 민사소송법에 따른다.

(2) 우선변제권

선박우선특권자는 목적물의 경락대금으로부터 다른 채권자에 앞서 자신의 채권의 우선변제를 받을 수 있다(777② 전문). 선박저당권자나 질권자보다 우선적인 권리이며, 선박우선특권자 상호간에는 선박우선특권의 순위에 관한 상법 제782조 내지 제784조에 규정된 우선순위에 의하여 변제를 받는다.

(3) 추 급 권

우리 상법은 선박우선특권은 선박소유권의 이전으로 인하여 영향을 받지 아니한다고 규정하는바(785), 이를 선박우선특권의 추급권이라 한다. 영미법상 선박우선특권은 떨쳐 버릴 수 없는(indelible) 성질을 가지고 있다는 것과 같은 의미이다. 이는 선박우선특권이 해사법원의 대물소송에 의하지 않고는 소멸될 수 없음을 의미하는 것으로서, 우선특권의 존재를 몰랐던 선의의 제 3 자에 대하여도 추급권이 있으며 파산이나 회사정리에 의하여도 영향을 받지 않는다.[2]

5. 선박우선특권의 소멸

선박우선특권은 피담보채권의 소멸, 목적물의 멸실과 같은 민법상의 저당권의 일반적 소멸원인에 의하여 소멸하는 외에 상법상의 특별한 소멸원인에 의하여도 소멸된다.

5-1 단기소멸기간

상법은 "선박우선특권자의 우선특권은 그 채권이 생긴 날로부터 1년 내에

1) 문종술, "선박우선특권에 있어서의 몇 가지 문제", 부산지방변호사회지(1991), 24~27면.
2) 파산법 제84조, 회사정리법 제123조 1항.

실행하지 아니하면 소멸한다"고 규정하고 있다(786). 이는 공시방법도 없이 선박저당권이나 질권에 우선하는 선박우선특권을 오랫동안 존속시키면 선박소유자나 다른 채권자에게 불이익할 뿐 아니라 선박의 담보력을 떨어뜨리며 선박매매 기타 거래활동을 저해하므로 선박우선특권에 관한 법률관계를 신속히 종결시키기 위한 것이다. 그 성질은 제척기간이다.[1)]

5-2 경　　매

선박우선특권에 기한 경매가 종료하면 당시까지 그 선박 위에 설정되어 있던 모든 선박우선특권이 소멸하는가에 관하여 우리 상법에는 아무런 규정이 없다. 그런데 영미해상법상 선박에 대한 압류·경매는 선박소유자에 대한 대인소송절차에 의하거나 또는 대물소송절차에 의하여 실행할 수 있다. 그러나 선박우선특권은 대물소송절차를 수행하는 해사법원에 의해서만 집행될 수 있기 때문에 대물소송절차에 의한 선박경매에 의하여만 선박우선특권이 소멸되는 것이다. 이 경우 일단 선박경매를 수반하는 해사법원의 대물소송판결이 내리면 모든 선박우선특권에 대한 집행이 이루어져 어느 선박우선특권자가 그 절차에 관여하였는지 여부 또는 그 절차를 알았는지 여부를 불문하고 당해 선박 위에 존재하였던 모든 담보물권은 소멸된다. 그리고 1967년 조약, 1985년 세계해법회개정초안, 1993년 조약도 선박의 경매로 인하여 선박우선특권이 소멸한다고 규정한다(1967년 조약, 1985년 세계해법회개정초안 각 제11조 1항, 1993년 조약 제12조 1항).

우리 상법은 직접적으로 규정을 두지 않았지만 저당목적물에 관하여 경매가 이루어지면 목적물 위의 저당권은 소멸한다. 즉 저당권자가 직접 그 저당권을 실행하지 않고 목적물에 대한 일반채권자 기타의 담보권자가 경매를 신청하여 실행된 경우에도 저당권자는 자신의 우선순위에 따라 매각대금으로부터 변제를 받을 수 있을 뿐이고 그에 따라 저당권은 소멸하는 것이다(민사집행법 제91조 제2항). 상법은 선박우선특권에 대하여 민법의 저당권에 관한 규정을 준용하므로 경매가 선박우선특권의 소멸사유에 해당한다고 볼 수 있다. **부산지결 1988.2.8. 87라253도** "우선특권 있는 선박채권자가 경매청구권을 행사하여

1) 송상현, "선박우선특권의 소멸에 관하여", 민사판례연구 IV(1982), 158면 이하; 법무부, 상법개정안대비표(보험·해상편)(1989.10.17), 137면.

그 경매절차가 종료된 경우에는 그 소유권 이전시기인 경락대금완납시까지 그 선박 위에 존재하였던 모든 우선특권은 소멸한다"고 판시하여 이 같은 입장을 취한다.

5-3 선박의 멸실

선박우선특권의 목적물인 선박이 완전히 소멸되면 선박우선특권도 멸실된다. 그러나 선박이 아무런 흔적이나 잔존물을 남기지 않고 완전히 파괴되거나 멸실되는 경우는 드물고 난파물, 보험금 청구권, 선박멸실에 책임 있는 제 3 자에 대한 손해배상청구권 등이 남는 경우가 대부분이다. 난파물 등의 잔존물이 있는 경우에는 그 잔존물 위에 선박우선특권이 존속하는 반면, 선박에 관하여 발생한 보험금 청구권에 관하여는 상법 제780조가 이를 선박우선특권의 대상으로 하지 않고 있다. 그리고 선박소유자가 과실 있는 제 3 자에 대하여 가지는 손해배상청구권은 선박의 부수채권에 포함되므로 그 위에 선박우선특권이 존속한다.

5-4 피담보채권의 소멸

담보물권의 소멸에 관한 부종성에 따라 피담보채권이 시효, 변제 기타의 사유로 소멸하면 그 위의 선박우선특권도 소멸된다.

5-5 선박우선특권의 포기

선박우선특권은 법정담보물권이므로 선박우선특권만의 포기는 인정되지 않고 그 피담보채권의 면제 또는 포기에 의하여만 소멸될 수 있다. 참고로 영미법에서는 선박우선특권의 포기(waiver of liens)가 상당히 광범위하게 인정된다.

6. 건조중의 선박에 대한 우선특권

상법 제790조는 "이 장의 규정은 건조중의 선박에 준용한다"고 규정함으로써 상법 제5편 해상 중 제8장 선박채권에 관한 규정을 건조중의 선박에 준용하고 있다. 건조중의 선박은 법률상 선박이라고 할 수 없음에도 불구하고 등기를 인정하고 있고, 선박우선특권의 목적물도 될 수 있다. 이와 같이 선박으로서의 경제적 가치도 보유하지 아니하고 건조물로서의 물리적 구성도 갖추지 못한 장래물에 불과한 건조중인 선박에 선박담보권을 인정하는 이유는, 선박건조에 막대한 자금과 장시일이 소요되므로 선박건조중 금융의 원활을 기하여 조선을 장려하려는 취지이다.

그러나 건조중의 선박에 상법 제8장의 규정을 준용한다 하더라도 상법 제777조에 제한적으로 열거되어 있는 선박우선특권이 인정되는 피담보채권의 대부분이 완성된 선박을 전제로 한 규정이므로, 건조중인 선박에 대하여서는 실질적으로 선원 기타의 선박사용인의 고용계약으로 인한 채권(777①2)에 관하여만 등기할 수 있을 뿐 다른 채권은 사실상 발생할 여지가 없다. 그러므로 본조의 규정은 선박저당권에 관하여 중요한 의의를 지닌 규정이라 할 수 있을 뿐 선박우선특권에 관하여는 그다지 실익이 없다.

7. 선박저당권

7-1 총 설

(1) 선박저당권의 개념

선박저당권은 채권을 담보하기 위하여 등기된 선박을 목적으로 당사자간의 합의에 따라 설정되는 해상법상의 특수한 저당권이다.

원래 민법상 저당권은 부동산만을 목적으로 설정되는 것이나 선박은 동산이지만 그 성질이 부동산과 유사하고 선박등기부에 의하여 공시가 가능하므로 상법에서는 등기선박에 한하여 저당권제도를 인정한다. 그러나 선박저당권은 고도의 위험이 전제된 바다 위를 항행하는 동산으로서의 선박을 목적물로 한다는 점에서 민법상의 저당권과 다르다. 그러나 선박저당권도 ① 채권담보를 위하여 당사자간의 약정에 의하여 성립하는 담보물권이라는 점, ② 저당권의 목적물인 선박의 점유이전 없이 설정되고, ③ 목적인 선박과 속구에 대하여 우선변제권을 행사할 수 있다는 점에서 민법상의 부동산 저당권과 그 성질이 유사하다. 그러므로 선박저당권의 순위, 효력, 소멸 등에 관하여는 민법상의 저당권규정을 준용하도록 한 것이다(787③).

(2) 선박저당권제도의 성립배경

선박은 법률상 동산이므로 본래 저당권의 목적이 될 수는 없고 질권의 목적이 될 수 있을 뿐이다. 그런데 질권을 설정하면 선박의 점유를 채권자에게 이전하여야 하므로 선박을 운항할 수 없게 되어 해상기업의 원활한 운영을 위해 부적당할 뿐 아니라 국민경제적 입장에서도 바람직하지 않다. 따라서 선박에 대하여도 점유의 이전을 요하지 않고 계속적으로 선박을 사용·수익하여 기업활동을 할 수 있는 담보방법이 요구되고, 또한 해상기업에 금융을 제공하는 자의 입장에서는 선박을 점유할 필요 없이 두자사금을 안선하게 확보할 수 있는 수단으로서 선박저당권이 고안되었다. 선박저당의 경우 한 곳에 고정되어 있지 아니한 선박을 목적물로 하면서도 그 소유는 채무자에게 남겨두어 사용, 수익하게 함을 본질로 하므로 등기·등록과 같은 확실한 공시방법을 요구한다. 따라서 우리 상법을 포함한 각국의 해상법은 등기된 선박만이 저당권의 목적으로 될 수 있다고 규정하고 있다.

7-2 목 적 물

우리 상법은 등기한 선박은 저당권의 목적으로 할 수 있다고 규정하고(787①) 선박저당권은 그 속구에 미친다고 하여(787②) 선박저당권의 목적물의 범위를 명백히 하고 있다.

(1) 선 박

우리 상법 제740조는 선박을 "상행위 기타 영리를 목적으로 항해에 사용하는 선박"이라고 정의하기 때문에, 선박저당권의 목적물로서의 선박은 상행위 기타 영리를 목적으루 항해에 사용하는 선박으로서 등기된 선박이이야 한다. 따라서 상행위 기타 영리를 목적으로 운항하는 선박이 아니거나 등기할 수 없는 선박, 등기하지 않은 선박은 저당권의 목적이 될 수 없다. 또 선박법 제8조에 의거한 선박등기법 제2조는 "이 법은 총톤수 20톤 미만의 선박·단주(端舟)와 노도(櫓棹)만으로 운전하는 배를 제외한 모든 선박에 이를 적용한다"고 규정하고 있으므로 등기할 수 없는 20톤 미만의 소형선박은 민법의 동산질권 규정에 따라 질권을 설정하거나 선박유치권에 의하여 채권의 변제를 확보해야 할 것이다. 이와 반대로 등기선박은 질권의 목적으로 하지 못한다(789). 질권의 목적으로 할 수 있다면 선박의 점유가 질권자에게 이전되어 선박을 이용할 수 없게 되므로 선박저당제도의 의의를 상실하게 하기 때문이다.

선박저당권에 대하여도 물상대위에 관한 민법 규정이 준용되므로 선박저당권자는 선박의 경매 또는 공매대금 위에 물상대위권을 가진다. 선박의 멸실 또는 훼손으로 인해 발생한 채권도 선박의 변형물이라 할 수 있으므로 물상대위가 인정된다. 물상대위의 범위는 통상 ① 선박이 입은 물적 손해에 의하여 선박소유자가 보유하는 손해배상청구권, ② 공동해손분담금 중 선박소유자가 받을 금액, ③ 구조료 중 선박소유자가 받을 금액, ④ 선박보험금 또는 그 청구권으로 본다. 그러나 선박이용의 보수인 운임, 용선료, 체선료 등에 대하여는 선박저당권의 효력이 미치지 않는다. 왜냐하면 선박저당권은 그 설정자의 선박이용권을 박탈하지 않기 때문이다.

상법은 선박관리인인 경우를 제외하고 각 선박공유자는 공유자간에 조합관계가 있는 경우에도 다른 공유자의 승낙 없이 그 지분을 타인에게 양도할 수 있다고 규정하고 있으므로(759), 선박공유지분은 선박관리인의 지분이 아닌 한 각각 저당권의 목적으로 할 수 있다.[1]

(2) 속　구

선박저당권은 선박의 속구에 미친다(787②). 속구란 컴퍼스, 해도, 닻, 닻줄, 구명정, 레이더 등과 같이 단독물로서도 경제적 가치가 큰 선박설비에 속하는 물건을 말한다. 속구목록에 기재된 속구는 물론 선박의 종물 아닌 속구에도 저당권의 효력이 미친다. 또 저당권 설정 당시의 속구는 물론 그 후에 추가된 물건이더라도 저당권 실행 당시의 속구에 대하여는 저당권의 효력이 미친다.[2] 다만 선박소유자의 소유가 아닌 속구는 저당권의 목적이 될 수 없다.

1) 이영욱, 신해상법(법문사, 1975), 392면; 이원석, 해상・보험법(세영사, 1987), 251면.
2) 이원석, 250면; 배병태, 411면; 홍광식, "선박채권의 담보와 실행", 재판자료 제52집 보험・해상법에 관한 제문제(상)(법원행정처, 1991), 706면.

(3) 건조중의 선박에 대한 저당권

우리 상법상 건조중인 선박에 대하여도 선박저당권의 설정이 인정된다(790). 원래 건조중인 선박은 아직 미완성이므로 선박의 소유권보존등기를 할 수 없다. 그리고 선박저당권은 소유자의 존재를 전제로 하는 제한물권이므로 선박저당권을 설정하기 위해서는 선박의 소유권등기가 되어 있어야 한다. 이러한 원칙을 따른다면 건조중인 선박에 대해서는 선박저당권을 설정할 수 없다. 그러나 선박건조에는 장기간에 걸쳐 막대한 자금이 소요되므로 각국에서는 건조중인 선박을 담보로 하여 금융의 원활화를 위한 법제도를 마련하고 있다. 건조 예정의 선박 또는 건조중의 선박에 대한 소유권 및 저당권의 등기에 관한 국제적인 법률문제를 해결하기 위하여, 1967년에 '건조중인 선박에 대한 제권리의 등기에 관한 조약(Convention Relating to Registration of Rights in Respect of Vessels under Construction, Brussel, May 27th, 1967.)'이 성립되었다.

7-3 효력 및 순위

(1) 효 력

우리 상법상 선박저당권의 효력에 관하여는 민법이 준용되므로(787③), 선박저당권은 경매권 및 우선변제권을 가진다. 즉 선박저당권에 의하여 담보되는 채권의 변제기가 도래하였음에도 채무자가 변제하지 않는 경우 선박저당권자는 저당목적물인 선박과 속구를 일정한 절차에 따라서 경매·환가하고 그 대금으로부터 다른 채권자에 우선하여 채권의 변제를 받을 수 있다.

(2) 순 위

선박저당권 상호간에는 등기의 전후에 의하여 그 순위를 결정한다(787③, 民 제370조, 제373조). 선박저당권과 선박우선특권이 경합하는 때에는 선박우선특권이 선박저당권에 우선하며(788), 선박저당권과 유치권이 경합하는 때에는 선박저당권이 우선한다. 그러나 유치권자는 자신의 피담보채권을 변제받을 때까지 선박을 유치할 수 있으므로 사실상 선박저당권보다 강력한 효력을 가진다. 또한 선박저당권과 선박임차권 사이에는 등기의 전후에 의하여 순위가 결정된다(849②).

7-4 과 제

선박저당제도는 해사채권자의 이익을 특별히 보호하고자 민법상의 일반담보권자에 비하여 강력한 효력을 부여함에도 불구하고 해사채권자의 입장에서는 민법상의 부동산저당제도에 비해 결코 유리하지 않다. 왜냐하면 선박저당권은 담보의 목적물인 선박이 해상위험으로 인하여 멸실할 위험이 높고, 항해를 거듭할수록 감가상각에 따른 재산가격의 감소가 따르기 때문에 채권자의 이익보호에 충분하지 않기 때문이다. 따라서 현재 선박저당권제도는 충분히 이용되지 못하고 있으므로, 해상기업에 대한 투자를 촉진함으로써 해상기업의 발전을 도모하기 위하여는 선박우선특권의 범위를 합리적으로 축소함으로써 선박저당권을 강화할 필요가 있다.

제 5 절 선박의 강제집행(선박담보권의 실행)

1. 총 설

1-1 적 용 법

선박담보권의 실행이란 채권자가 담보목적물인 선박을 환가하여 그 대가로부터 피담보채권의 변제를 받는 것을 의미한다. 우리 법상 이러한 선박담보권의 실행에 관한 절차에 관하여 종래에는 경매법 제 4 장 「선박의 경매」에 규정되었으나, 현재는 담보권의 실행을 위한 경매는 민사집행법 제269조에 따라 제172조에서 제186조, 제264조에서 제268조에 정한 절차에 따르게 하고 있다.

특히 민사집행법은 선박의 집행과 관련하여 선박국적증서 등의 수취명령(제174조), 선박집행신청 전의 선박국적증서 등의 인도명령(제175조), 보증의 제공에 의한 경매절차의 취소(제181조) 등 개정전 민사소송법에 없던 조항을 신설하였다.

1-2 실행절차

민사집행법은 강제집행절차와 담보권실행절차를 통합하여 「담보권실행 등을 위한 경매」라는 장을 동법 제3편에 포함시켰다. 이러한 형식적 통합 이외에 담보권 실행개시의 요건으로서 집행명의를 요구하고 그 이후의 절차도 가능한 한 강제집행절차와 동일하게 하였다. 또 담보권의 존재를 증명하는 문서의 제출이 있을 때에 한하여 경매를 개시하도록 하여(제264조) 무권리자 또는 흠이 있는 담보권에 기한 경매를 방지하고, 채무자 및 소유자에게 실체상의 이유에 기한 이의를 할 수 있도록 하고 있다(제265조). 그리고 동법은 경매절차의 정지 및 집행처분의 취소제도를 정비하여 경매에 의하여 소유권을 상실하게 되는 자를 위한 경매절차상의 보장을 하고 그럼에도 불구하고 경매에 의하여 권리를 상실한 자가 불복을 신청하지 않은 경우에 매수인을 보호할 수 있도록 경매에 공신적 효과를 부여하였다. 이러한 담보권 실행절차에 관한 제도는 동법 제269조에 의하여 선박담보권실행으로서의 경매에도 적용된다.

1-3 특 성

선박은 동산이지만 저당권을 설정할 수 있으므로 선박에 대한 강제집행에 관하여는 일반의 동산집행과는 달리 법원이 집행기관이 되고 부동산의 강제경매절차와 유사한 절차에 따라 경매절차를 진행한다. 따라서 선박집행은 강제경매 개시결정에 의하여 절차가 개시되고 대부분의 실행절차가 부동산 강제경매절차에 준한다(민사집행법 제269조). 그러나 동산이고 이동성을 가지는 선박에 대하여 부동산과 같이 등기부상 압류의 취지를 기재하는 것만으로는 집행절차에서 압류채권자의 지위가 불완전하므로, 선박집행의 개시결정을 함에 있어서 선박의 출항을 금지함과 동시에 집행관에게 선박국적증서 기타 선박의 항행에 필요한 문서를 수취하여 집행법원에 제출하도록 하고(동법 제174조), 당해 선박을 관할구역 내에 정박시키도록 하고 있다(동법 제176조).

당사자 사이에 담보권이나 채권의 존재에 관하여 다툼이 있을 수 있다. 선박은 항행에 의하여 비로소 수익을 얻을 수 있는데 선박경매가 개시되어 출항을 금지당하면 채무자 또는 소유자는 막대한 손해를 입게 되므로 선박소유자의 정상적인 영업활동을 보장하기 위해 선박의 항행허가제도 및 보증의 제공에 의한 경매절차의 취소를 인정해 쌍방의 이해관계를 조정하고 있다(동법 제181조, 제268조).

1-4 집행대상으로서의 선박

(1) 등기할 수 있는 선박

민사집행법의 선박에 대한 강제집행규정은 등기할 수 있는 선박에 적용된다(민사집행법 제172조). 선박법은 한국선박의 소유자는 선박의 등기를 한 후 선적항을 관할하는 해운관청에 당해 선박의 등록을 하도록 규정하고 있고(船 제8조), 다만 총톤수 20톤 미만의 선박이나 단주(端舟) 또는 노도(櫓櫂)만으로 운전하거나 주로 櫓櫂만으로 운전하는 선박에 대하여는 위 제8조의 규정을 적용하지 아니한다고 하고 있다. 등기할 수 있는 선박은 현실로 등기가 되어 있지 아니하더라도 선박집행의 대상이 된다. 이러한 경우에는 미등기부동산에 대하여 처분제한의 등기를 하는 경우와 같이 미등기 선박소유권의 경매개시결정의 등기의 촉탁에 의하여 등기공무원이 선박소유권 보존등기를 하는 방법이 있으므로 집행법원은 등기의 촉탁을 하여야 할 것이다. 실무에서는 채권자대위에 의하여 등기를 하고 경매신청을 하는 것이 보통이다.

(2) 외국선박

민사집행법은 외국선박에 대한 강제집행에는 등기부에 기입할 절차에 관한 규정을 적용하지 아니한다고 규정하여(제186조) 외국선박에 대하여 당연히 강제집행을 할 수 있는 것으로 하고 있다. 그런데 국내선박의 경우 등기할 수 있는 선박인지 여부에 따라 민사집행법의 적용 여부가 결정되는 것에 비추어 외국선박도 그 선적국에서 등기할 수 있는지 여부에 따라 그 취급을 달리하여야 한다는 견해가 있을 수 있다. 그러나 등기할 수 있는지 여부는 절차법적 문제일 뿐 아니라 국내에서 외국선박의 등기 여부를 조사할 방법이 없기 때문에 외국선박에 대하여도 한국선박의 경우와 같이 20톤 미만의 선박과 端舟 또는 櫓櫂만으로 운전하는 선박에 대하여는 민사집행법상의 선박집행에 관한 규정을 적용하지 않는 것이 타당할 것이다.[1]

1) 권오곤, "외국선박집행상의 몇 가지 문제점", 재판자료, 제34집(법원행정처, 1986.12), 628면.

(3) 건조중의 선박

건조중의 선박은 항행능력을 가지지 아니하므로 선박이라고 할 수 없지만, 특별히 등기를 인정하고 선박우선특권과 선박저당권에 관한 규정을 준용하도록 하고 있다(874).

민사집행법상 강제집행의 대상인 선박은 등기할 수 있는 선박인데 건조중인 선박은 선박이 아니므로 건조중의 선박의 집행에 관하여 동산집행의 방법에 따라야 한다는 견해[1]와, 건조중의 선박도 실질적으로는 선박과 같이 저당권의 목적으로 되고 저당권은 등기에 의해 공시되어 선박과 마찬가지로 권리관계가 복잡하게 되므로 선박집행에 적용되는 특칙을 적용하여야 한다는 견해[2]가 대립되고 있다. 선박집행의 대상을 등기할 수 있는 선박으로 한정하고 선박집행의 기본적 절차로서 선박국적증서 등의 제출을 규정한 취지 등에 비추어, 소유권보존등기 및 압류의 등기를 할 수 없으며 선박국적증서도 발행되지 아니한(船 제 8 조) 건조중인 선박은 유체동산 집행절차에 의한다고 보아야 한다는 제 1 설에 찬성한다.[3]

1-5 관할법원

선박에 대한 강제집행은 압류 당시의 정박항을 관할하는 지방법원을 집행법원으로 하는데(민사집행법 제173조), 정박항이란 선박이 항구에 정박하는 경우에 한정하는 취지가 아니고 선박이 현재 소재하는 곳을 의미한다. 또 '압류 당시'를 언제로 보느냐에 관하여는 ① 경매신청시에 선박이 법원의 관할에 소재하면 된다는 경매신청시설, ② 경매개시결정시에 선박이 법원의 관할 내에 소재하여야 한다는 경매개시결정시설, ③ 경매개시결정이 송달된 시점과 선박의 감수・보존처분이 집행된 시점 중 빠른 때가 기준시가 된다는 압류의 효력발생시설 등이 있다. 이 중 경매개시결정시설이 우리나라의 통설이다.

통설에 의하면, 집행법원의 관할의 항정(恒定)이란 면에서 보면 제 1 설도 일리가 있으나 선박은 집행절차중에는 압류한 장소에 정박시켜야 하는 점에 비추어 볼 때 제 1 설에 의하면 경매신청당시에는 선박이 있었으나 그 후 출항

1) 박두환, 신강제집행법(고시계, 1991), 375~76면.
2) 권오곤, 628면.
3) 송・김 503면.

한 경우에도 관할권이 있는 것으로 되어 경매절차의 취소를 할 수 없다는 불합리한 결과가 된다고 한다. 또 제3설에 의하면 압류의 효력발생 여부는 절차개시 이후의 문제로서 효력발생시를 기준하여 관할권을 논하는 것은 신청인에게나 집행법원으로서도 지극히 불안정한 상태로서 불합리하다고 한다.

한편 제3설인 압류의 효력발생시설에 의하면 민사집행법 제180조는 선박이 압류 당시 그 법원 관할 내에 없음이 판명된 때에는 그 절차를 취소하여야 한다고 규정하고 있는바, 위 조문의 '압류 당시'는 법원이 선박소재 여부를 판단하기 곤란한 경매개시결정시라고 하기보다는 압류의 효력발생시라고 함이 합리적이고, 제180조의 '압류 당시'와 제173조의 '압류 당시'를 다르게 해석할 이유가 없으며, 더구나 극히 단시간 정박하는 선박의 경우에는 그 선박이 입항하기 전까지 경매신청이나 개시결정을 할 수 없어 채권자에게 지나치게 불리하다. 제3설에 찬성하고자 한다.[1)]

압류선박이 압류 당시부터 그 법원의 관할 내에 없었음이 후일 판명된 때에는 그 집행절차를 취소하여야 한다(제180조). 또한 압류 선박이 압류 후 관할구역 밖으로 발항한 때에는 집행법원은 선박의 소재지를 관할하는 법원으로 사건을 이송할 수 있다(제182조 1항). 이 이송결정에는 불복하지 못한다(동조 2항).

2. 보전처분(선박국적증서 등의 인도명령)

선박집행의 신청 전에 선박국적증서 등을 수취하지 아니하면 집행이 현저하게 곤란하게 될 우려가 있는 경우 선적소재지를 관할하는 지방법원(선적이 없는 때에는 대법원규칙이 정하는 법원)은 신청에 의하여 채무자에 대하여 선박국적증서 등을 집행관에게 인도할 것을 명할 수 있고, 급박한 경우에는 선박의 소재지를 관할하는 지방법원도 이 명령을 할 수 있다(민사집행법 제175조 1항).

하역작업의 기계화로 인하여 선박의 선적・양륙작업이 입항 후 극히 단시일 내에 이루어져 선박이 즉시 출항하게 되는 경우가 많고, 그러한 기간 동안 경매신청을 하여 경매개시결정을 얻은 후 선박국적증서 등을 인도받는 것이 곤란한 경우가 적지 않게 발생하므로 선박집행의 신청 전이라도 선박의 정박

1) 송・김 504면.

처분을 인정할 필요가 있다는 실무상의 요청에 따라 선박집행의 신청 전이라도 채무자로부터 선박국적증서 등을 인도받을 수 있는 보전처분을 규정한 것이다.

그리고 선박국적증서 인도명령은 경매개시결정 등 선박집행에 갈음하는 제도는 아니고 장래의 선박집행을 용이하게 하기 위한 일종의 보전처분이므로 집행관은 선박국적증서 등의 인도를 받은 날로부터 5일 이내에 채권자가 선박집행의 신청을 한 것을 증명하는 문서를 제출하지 아니한 때에는 그 선박국적증서 등을 반환하여야 한다(동조 2항). 선박국적증서 인도명령에 대해서는 즉시항고할 수 있고(동조 3항), 동 명령신청을 배척한 재판에 대해서는 보통항고를 할 수 있다(民訴 제439조). 위 인도명령은 그 선고나 송달일부터 14일을 지난 때에는 집행하지 못한다(민사집행법 제175조 4항, 제292조 2항). 또 동 명령은 이를 채무자에게 송달하기 전이라도 집행할 수 있다(제175조 4항, 제292조 3항).

3. 선박경매의 신청과 선박경매개시결정

3-1 선박경매의 신청

(1) 경매개시문서의 제출

선박경매는 신청채권자가 담보권의 존재를 증명하는 서류를 제출하여야만 개시된다(민사집행법 제264조, 제269조). 채권자가 경매를 신청함에 있어 담보권의 존재를 입증하여야 하는 것은 당연하다. 경매신청시의 첨부서류는 원칙적으로 부동산 강제경매 신청시의 첨부서류에 준하나(제172조), 채무자 명의의 부동산등기부등본 대신 선박에 관한 등기사항을 포함한 등기부초본을 첨부하는 점(제177조 1항 2호)과 채무자가 소유자인 경우에는 그 소유자로서 선박을 점유함을, 그리고 채무자가 선장인 경우에는 선장으로서 선박을 지휘함을 소명할 수 있는 증서를 첨부하여야 하는 점(동항 1호)이 나르다. 뿐만 아니라 신청채권자는 공부(公簿)를 주관하는 공무소가 원거리에 있는 때에는 등기부초본의 송부청구를 법원에 신청할 수 있는 점 또한 다르다(동조 2항). 그리고 신청채권자가 담보권의 승계인인 때는 승계를 증명하는 문서를 제출하여야 한다(민소 제264조 2항). 승계를 증명하는 문서는 승계가 상속 기타 일반승계인 경우는 사문서도 가능하나, 특정승계인 경우는 판결의 등본이나 기타 공문서에 의하여야 할 것이다.

집행법원은 관계문서가 제출되면 실체적 권리의 유무를 심사하지 않고 경매개시결정을 하여야 한다. 그러므로 선박우선특권에 기하여 선박경매를 신청한 경우에도 신청채권자가 그 우선특권을 증명하는 문서를 제출한 경우에는 경매를 개시하여야 한다. 이 경우 신청채권자는 계약서, 납품서, 관계자의 보고서 등 담보권의 존재를 추정할 수 있는 문서를 제출하면 족하지만, 집행법원은 일정한 공시방법 없이 경매권이 인정되는 선박우선특권의 특성상 담보권의 존재에 관하여 실질적으로 판단하는 것이 바람직할 것이다.

(2) 경매신청서의 기재사항

경매의 신청은 서면으로 하여야 하는데 신청절차는 부동산 강제경매신청의 경우에 준하나(제172조), 신청서의 기재사항 중 채권자, 채무자 외에 선장의 성명과 현재지를 표시하는 점, 부동산의 표시 대신 선박표시를 하는 점, 선박의 정박항을 표시하는 점(민사집행규칙 제95조)이 다를 뿐이다.

3-2 선박경매개시결정

요건을 충족한 적법한 경매신청이 있으면 집행법원이 선박경매의 개시결정을 함으로써 선박경매절차가 개시된다. 선박경매 개시결정은 원칙적으로 부동산 강제경매개시결정에 준한다(제172조 본문). 예컨대 개시결정에는 채권자, 채무자, 법원, 선박을 특정하고 경매원인인 일정한 채권과 집행할 수 있는 일정한 채무명의를 기재하여야 하고(제83조 1항), 압류는 선박에 대한 채무자의 관리 및 이용에 영향을 미치지 아니한다(동조 2항). 경매개시결정을 한 후에 법원은 직권 또는 이해관계인의 신청에 의하여 선박에 대한 침해행위를 방지하기 위하여 필요한 조치를 할 수 있다(동조 3항). 선박압류는 채무자에게 경매개시결정이 송달된 때 또는 민사소송법 제94조에 의한 경매신청의 등기가 된 때에 그 효력이 생긴다(동조 4항). 선박 강제경매신청을 각하하는 재판에 대하여는 즉시항고를 할 수 있다(동조 5항).

경매개시결정에는 ① 집행관에 대하여 선박국적증서 기타 선박의 항행에 필요한 문서를 수취하여 집행법원에 제출하라는 명령(제269조, 제174조), ② 정박명령(제176조), ③ 압류선언 등의 명령이 따르게 된다. 압류의 효력은 경매개시결정의 송달, 압류의 기입등기시에 생기고, 집행관이 국적증서 등을 수취한 때에는 개시결정의 송달 또는 그 등기 전에 생기며(민소규 제167조의 2), 감수・보존처분이 있는 경우에는 개시결정의 송달 전에도 효력이 생긴다(민사집행법 제178조 2항). 선적항 외에서는 채무자의 법정대리인인 선장에게 개시결정을 송달해도 무방하다(749①).

4. 경매개시결정에 따른 부수절차

경매개시결정에 의한 압류에 부수하여 동 결정과 동시에 또는 그 후에 행하는 절차는 다음과 같다.

4-1 정박명령

선박은 집행절차중 압류항에 정박하게 하여야 하므로(제176조 1항), 법원은 경매개시결정과 동시에 또는 그 후에 정박명령을 하여야 한다. 압류된 선박이 출항하면 집행이 불가능해질 우려가 있으므로 압류된 선박을 확보하고 그 항행으로 인한 손상을 방지하며 경매신청인에게 실물을 볼 기회를 주기 위하여 압류된 선박의 정박을 명하는 것이다.

정박명령의 성질에 관하여는 견해가 나뉘는바, 정박명령은 선박의 정박의무를 확인적으로 선언하는 것에 불과하고 정박명령이 독립한 채무명의가 될 수 없다는 설[1]과 정박명령을 집행관에 대한 직무명령으로 보아 채권자는 정박명령정본을 발부받아 집행관에 대하여 정박을 위한 집행의 신청을 할 수 있다는 설이 있다.[2] 적극적인 집행처분으로서의 감수보존명령이 있으므로 정박명령은 그러한 집행까지는 예정하지 않는 것으로 보인다. 따라서 정박명령을 채무명의나 집행처분으로 보기는 어려울 것이므로 제 1 설에 찬동한다.

정박명령의 효력은 채무자에 대한 압류의 효력이 발생한 때부터 소멸에 이르기까지, 즉 경락인이 대금을 완납하고 법원이 압류의 등기를 말소하는 등

1) 남기정, 실무강제집행(법률문화원, 1999), 367면.
2) 법원행정처, 법원실무제요 강제집행(하)(법원행정처, 1993), 26면.

광의의 환가절차가 종료할 때까지 존속한다. 그러나 정박명령은 채무자가 선박을 출항시키는 것을 금하는 데 그치므로 채무자나 그 가족들이 선박을 점유하는 것은 무방하다. 채무자가 정박의무에 위반하여 출항하고 귀항하지 않으면 목적물 멸실의 경우에 준해서 경매절차를 취소할 수밖에 없을 것이다(민소 제172조, 제96조).

4-2 선박국적증서 등의 수취명령

선박집행과 관련하여 민사소송법 개정의 중요한 내용 중의 하나는, 법원이 선박강제경매개시결정을 한 경우 집행관에게 선박국적증서 기타 항행에 필요한 문서를 선장으로부터 수취하여 법원에 제출할 것을 명하도록 한 것이다(제174조). 개정전 민사소송법에서는 선박의 점유를 감수·보존인에게 이전하는 감수·보존처분제도를 두었으나 그것은 피압류선박을 압류한 항구에 정박시키는 방법으로서 압류채권자에게 과다한 경제적 부담을 주어 반드시 적당한 방법이라고 할 수 없었다. 그리하여 민사소송법은 감수보존제도 외에 법원이 집행관에게 선박국적증서 등을 수취하여 법원에 제출할 것을 명하게 함으로써 선박의 정박을 확보하게 하였다. 선박은 선박국적증서 기타의 문서를 선내에 비치하지 않으면 법률상 항행할 수 없으므로(船 제10조) 선박의 정박을 확보하기 위하여는 선박으로부터 이러한 문서를 수취하는 것이 가장 간편하고 효율적이며 채권자에게 과다한 부담을 지우지 않는 방법이다.

경매개시결정이 있는 날부터 2월이 경과하기까지 집행관이 선박국적증서 등을 수취하지 못하고 선박의 소재가 분명치 않은 때에는 법원이 경매절차를 취소할 수 있다. 수취명령의 대상인 문서는 선박국적증서 기타 선박의 항행을 위하여 필요한 문서이다. 선박의 항행을 위하여 필요한 문서란 선박이 항행하기 위하여 법률상 이를 구비하여 선내에 비치 또는 제시하여야 하는 문서인데, ① 선박법 제9조 또는 선원법 제20조에 규정된 선박국적증서, 가선박국적증서, 승무원명부, 항해일지, 여객명부, 화물에 관한 서류, ② 선박안전법 제9조에 규정된 선박검사증서, 임시항행허가증 등을 의미한다.

4-3 감수 · 보존처분

선박압류 또는 정박명령의 효력은 선박을 압류항에 정박할 의무를 확인할 뿐 강제력이 없고 국적증서 등의 인도를 받았다 하더라도 여전히 선체는 채무자가 점유하고 있게 되므로, 선박의 감수(선체 · 속구의 장소적 변동을 감시 · 방지) 또는 보존(선체 · 속구의 가치변동을 방지)을 할 필요가 있다.

법원은 채권자의 신청에 의하여 선박의 감수와 보존에 필요한 처분을 할 수 있는데(제178조 1항) 이를 감수 · 보존처분이라 한다. 감수 · 보존처분의 신청은 선박강제경매신청 후라면 개시결정 전이라도 할 수 있다(민사집행규칙 제102조). 그리고 이 신청은 경락허가결정 확정시까지 할 수 있다. 감수 · 보존처분을 함에 있어서는 집행관 기타 적당하다고 인정되는 자를 감수인 또는 보존인으로 정하고 감수 또는 보존을 명하여야 한다(민사집행규칙 제103조 1항). 감수처분과 보존처분은 따로 할 수도 있고 동시에 중복하여 할 수도 있다(동조 4항). 감수인은 선박을 점유하고 선박이나 그 속구의 이동을 방지하기 위하여 필요한 조치를 취할 수 있고(동조 2항), 보존인은 선박이나 그 속구의 효용 또는 가치의 변동을 방지하기 위하여 필요한 조치를 취할 수 있다(동조 3항). 감수 · 보존처분을 한 때에는 개시결정 송달 전에도 압류의 효력이 있다(민사집행법 제178조 2항). 감수 · 보존처분을 명하는 것은 결정으로 하며 이 처분에 대하여는 집행에 관한 이의를 신청할 수 있다.

5. 선박압류의 제한

[사례 Ⅷ-5-1: 선박압류의 제한] X 선박에 연료를 제공한 Y 회사는 X 선박이 연료비를 지급하지 아니하자 연료비대금채권을 확보하기 위하여 X 선박을 가압류하고자 하였다. 그런데 X 선박은 발항준비를 완료하였다는 이유로 선박을 가압류할 수 없다고 주장하였다. 이러한 주장은 타당한가?

항해준비를 완료한 선박과 그 속구는 압류 또는 가압류를 하지 못하며 항해가 끝날 때까지는 경매를 할 수 없다(744 전단). 항해준비를 완료하였다 함은 사실상 및 법률상 선박이 출발항에서 선박의장, 선원의 승선, 적하의 선적, 여객의 승선, 법정서류의 비치를 종료함으로써 발항준비를 완료한 것을 말한다. 항해준비를 완료한 선박에 대하여 압류 및 경매를 허용하면 해상운송인, 적하이해관계인 등에게 손해를 줄 염려가 있고 발항 전에 압류할 수 있는 데도 이를 하지 아니한 채권자를 보호하는 것보다 선의의 다수 이해관계인을 보호하는 것이 형평에 맞기 때문이다. 그러나 이러한 압류 및 경매금지는 선박의 수리비, 연료, 식료품 대금과 같이 항해를 준비하기 위하여 생긴 채무에 대하여는 적용되지 아니한다(744 후단). 또 채권자가 그 시기까지 압류하지 못하였다는 것은 그 과실 또는 해태원인이 있는 경우가 많기 때문에 그러한 채권자를 보호할 필요가 없다는 것도 다른 이유가 된다.

위 [사례 Ⅷ-5-1]에서 Y 회사가 가지는 연료비 채권은 항해를 준비하기 위하여 생긴 채무이므로 항해준비를 완료한 선박이라고 하더라도 압류, 가압류를 할 수 있다. 따라서 X 선박의 주장은 타당하지 않다.

6. 선박압류의 해제

6-1 서　설

민사집행법은 선박경매의 특수성을 감안하여 일반적인 집행처분의 취소 외에 압류의 해제방법으로서 보증의 제공에 의한 경매절차의 취소 및 항행허가제도를 두고 있다. 항행허가제도는 종전부터 인정된 제도이지만 보증의 제공에 의한 경매절차의 취소는 실무계의 요청에 따라 민사소송법이 신설한 제도이다.

민사집행법은 무효인 담보권에 기한 경매개시결정이 되지 않도록 배려하고 있다. 그러나 경매개시결정은 채무자에게 변명할 기회를 주지 않고 채권자의 신청에만 의하여 발령되므로 경매개시의 원인인 채권의 존재와 효력 등에 관하여 채권자와 채무자 사이에 다툼이 있는 경우가 많다. 특히 선박우선특권은 공시방법이 없기 때문에 채권의 존재 및 범위가 불분명하여 채권자들의 횡포가 심한바, 채권자들은 존재하지도 않는 허위의 채권이나 실제보다 많은 액수의 채권으로 경매를 신청하여 선박소유자의 운항권을 빼앗음으로써 선박소유자를 불리한 지위로 전락시키는 경우가 자주 있다. 선박은 항행함으로써 수익을 얻는 것인데 압류되어 선박의 출항이 금지되는 경우에 채무자 또는 소유자가 받게 되는 손실은 치명적이므로 일정한 요건하에 선박의 압류를 해제하여 선박소유자의 항행권을 회복시켜 주는 제도가 필요하다.

이러한 조치로서 개정 전 민사소송법에 있어서는 일정한 이해관계인의 동의에 의해 선박의 항행허가를 얻는 방법이 유일한 방법이었으나 이는 모든 이해관계인의 동의를 요하므로 거의 이용될 수 없었고, 실무상으로는 채무부존재확인의 소를 제기하고 구 민사소송법 제507조(현 민사집행법 제46조)의 잠정처분에 의하여 압류집행을 취소시켜 출항시키는 예가 많았다. 그러나 제507조에 의한 집행취소와 경매목적물인 선박의 출항은 압류된 선박의 출항을 의도하여 제정된 조항이 아니고 법원에 따라서는 제507조에 의해 선박에 대한 경매를 취소할 수 있는지 의문을 제기하여 허용하지 않는 경우도 있었다. 또한 채권자의 입장에서도 선박의 출항은 경매절차의 속행을 사실상 불가능하게 만들고 집행취소결정을 받을 때 채무자가 제공한 담보 역시 채권자의 채무변제에 즉시 사용될 수 없어, 채무자의 구제와 압류채권자의 이익을 조정하기 위한 선박압류해방제도의 개신이 요구되있다.

그리하여 민사집행법은 채무자 또는 소유자가 경매정지문서를 제출하여 경매개시결정의 위법을 다툴 의사를 명백히 하면서 압류채권자 및 배당요구채권자의 채권 및 집행비용의 총액에 상당한 보증을 제공한 경우, 집행법원이 배당 등의 절차를 제외하고 경매절차를 취소하여 선박을 압류에서 해방시키는 제도를 신설하였다(제181조).

6-2 항행(운행)허가제도

(1) 서 설

경매개시결정이 발하여지면 선박은 출항이 금지되고 채무자는 항해에 의한 이익을 상실하며 채권자 등도 채무자의 일반재산이 감소되어 불이익을 입게 된다. 또 선박경매는 무엇보다 사법상의 권리실현을 위하여 신청한 것이고 공익상의 이유에 기한 것이 아니므로, 선박의 출항을 인정함에 의하여 생기는 불이익(예컨대 불귀항, 선박의 항해중 멸실·훼손)을 받을 위험이 있는 압류채권자 기타의 이해관계인이 동의한다면 선박경매절차를 일시 중단하여 선박항행을 인정해도 무방하다. 그리하여 민사소송법은 항행허가의 요건 및 동의를 요하는 이해관계인의 범위, 항행허가의 효력을 구체적으로 규정하였다(제176조 2항). 즉 법원은 영업상의 필요 기타 상당한 이유가 있다고 인정한 때에는 채무자의 신청에 의하여 선박의 항행을 허가할 수 있고 이 경우 채권자, 최고가매수신고인, 차순위매수신고인 및 경락인의 동의가 있어야 한다고 규정함으로써 동의를 하여야 할 이해관계인의 범위를 명확히 하였다. 또한 항행허가의 결정은 그 신청당사자뿐 아니라 압류채권자 이외의 채권자, 최고가매수신고인, 차순위매수신고인 및 경락인에게도 고지하여야 한다(민사집행규칙 제100조). 위 항행허가결정에 대해서는 즉시항고할 수 있고(민사집행법 제176조 3항), 항행허가결정은 확정되어야 효력이 있다(동조 4항).

(2) 요　건

항행허가의 요건은 다음과 같다.

1) 영업상 필요 기타 상당한 이유가 있을 것　상선의 경우 항행자체가 영업상 필요에 의한 것이라고도 볼 수 있겠으나, 이 같은 추상적인 요건으로서는 족하지 아니하고 당해 출항이 구체적으로 당해 선박의 영업에 필요하다는 것이 요구된다. 상선이 아닌 경우에도 위와 유사한 정도로 출항이 필요한 상당한 사유가 요구된다.

2) 채권자, 최고가매수신고인, 차순위매수신고인 및 경락인의 동의가 있을 것　민사집행법에서는 명문으로 동의를 받아야 할 이해관계인을 구체적으로 나열함으로써 해석상 의문이 없도록 하였다.

6-3　보증의 제공에 의한 경매절차의 취소제도

(1) 개　요

채무자가 선박집행의 일시정지에 관한 문서를 제출하고 압류채권자 및 배당요구채권자의 채권과 집행비용의 합계액 상당을 공탁한 후 경매절차취소신청을 하면, 법원은 배당절차 이외의 절차를 취소하여야 한다(제181조 1항). 보증의 제공에 의한 압류의 취소에 의하여 집행의 목적을 선박으로부터 채무자가 제공한 보증으로 이행함으로써, 압류채권자 및 배당요구채권자는 배당받을 권리를 유지하고 채무자는 압류를 해제하여 선박을 출항시킬 수 있다.

(2) 요 건

1) 채무자가 민사집행법 제49조 제 2 호 또는 4호의 서류를 제출할 것 민사집행법은 강제집행의 일시정지를 명한 취지를 기재한 재판의 정본(제49조 2호), 집행할 판결 후에 채권자가 변제를 받았거나 의무이행의 유예를 승낙한 취지를 기재한 증서(동조 4호) 등이 제출된 경우 강제집행을 정지하거나 제한하도록 규정하고 있다(동조 본문). 강제집행의 일시정지를 명하는 재판은 종국적인 정지를 얻기까지의 응급처분으로서, 실무상으로는 선박우선특권 있는 채무부존재확인의 소를 제기하여 민사집행법 제46조의 가처분을 받거나, 경매개시결정에 대한 이의신청에 부가하여 동법 제34조 2항의 가처분(제86조)을 신청하여 경매절차의 일시정지를 명하는 가처분을 받게 된다. 동조 4호의 서류는 채무명의가 성립한 이후에 변제 또는 변제의 유예가 있는 경우 그것에 의하여 채권자가 강제집행을 취하할 것이 예상되므로 채무자를 보호하기 위하여 그 집행을 정지하는 것이다.

2) 보증의 제공 채무자가 압류채권자 및 배당요구채권자의 채권과 집행비용에 상당한 금액을 공탁하여야 한다. 배당요구채권자는 보증의 제공시까지 배당요구를 한 채권자를 말하나, 배당요구는 경락기일까지 할 수 있으므로 경락기일 이후에 보증을 제공하는 경우에는 경락기일까지 배당요구한 채권자의 채권액만 공탁하면 되고, 경락기일 이후에 배당요구한 채권자에 대하여는 담보를 제공할 필요가 없다. 집행비용은 보증제공시까지 발생한 집행비용을 계산하여야 한다.

3) 보증의 제공시기 압류된 선박에 대한 경매절차가 개시되어 경매기일이 열려 매수신청을 하는 경우 매수신청인의 권리 내지 기대적 이익을 무시하고 경매절차를 취소할 수 없으므로 위 보증은 매수신고 이전에 법원에 제출되어야 한다.

(3) 경매절차취소결정

민사집행법 제49조 제 2 호 또는 4호의 서류를 제출하고 일정한 금액을 공탁한 때에는 법원은 신청에 의하여 배당절차 이외의 절차를 취소하여야 한다(제181조 1항). 재판의 형식은 결정이며 위 신청을 기각한 재판에 대하여는 즉시

항고할 수 있다(동조 3항). 위 경매취소결정은 즉시항고에도 불구하고 확정을 기다리지 않고 당사자에게 고지함으로써 즉시 효력이 생긴다(동조 4항). 따라서 압류채권자와 배당요구채권자가 불복하더라도 선박은 출항할 수 있다.

(4) 경매절차취소 이후의 조치

1) 배당 등의 실시　　보증의 제공에 의한 강제경매절차의 취소를 얻기 위하여 제출한 민사집행법 제49조 2호 또는 4호의 서류에 의한 집행정지가 실효된 때에는 법원은 공탁한 보증금을 배당하여야 한다(제181조 2항). 보증의 제공에 의하여 경매절차가 취소되면 압류된 선박은 즉시 출항할 수 있고 선박에 대신하여 압류채권과 배당요구채권자의 채권 및 집행비용을 위한 보증이 남게 되어 보증에 대하여 배당을 실시하게 된다. 다만 위 보증은 압류채권자, 배당요구채권자를 위하여 제공된 것이므로 위 보증에 대하여 배당을 요구할 수 있는 채권자도 위 압류채권자 및 배당요구채권자에 한정된다.

2) 보증의 취소　　채무자가 보증의 제공에 의하여 경매절차취소의 결정을 얻은 후 채무부존재확인의 소, 경매개시결정에 대한 이의, 청구이의의 소 등에서 승소판결을 얻어 선박집행의 전부 또는 일부의 집행불허의 판결을 얻은 때에는 보증은 그 효력을 상실하고, 보증을 제공한 채무자는 보증의 전부 또는 일부의 취소결정을 받아 그 반환을 청구할 수 있다.

7. 환가준비절차

7-1 준　　용

현황조사, 개시결정등기, 공과주관청에의 최고, 최저경매가격결정, 경매기일 지정, 물건명세서 작성 등은 모두 부동산강제경매의 경우에 준한다(제172조 본문).

7-2 특　　칙

(1) 경매기일의 공고내용

부동산강제경매시의 경매기일공고내용에 관한 민사집행법 제106조를 준용하되, 동조 1호의 부동산 표시 대신 선박표시와 그 정박장소를 기재하여야 한다.

(2) 경매기일의 공고방법

공고방법은 강제경매시의 기일공고방법에 관한 규정에 준하되, 선적항의 지방법원 관할 외에서 압류한 때에는 집행법원은 경매기일공고를 선적항의 지방법원에 송부하여 그 법원게시판에 게시할 것을 촉탁하여야 한다.

8. 환가절차

다음의 절차 이외에는 모두 부동산강제경매에 있어서의 환가절차에 준한다.

8-1 선박지분의 집행

채권자가 선박지분 집행신청을 하려면 기타 재산권 집행신청의 예에 의하되(민사집행법 제251조), 채무자가 선박의 지분을 소유하고 있음을 증명할 선박등기부등본이나 기타의 증명서를 첨부하여야 한다(제185조 2항). 압류명령은 채무자 외에 선박관리자에게도 송달하여야 한다(동조 3항). 압류명령을 선박관리자에게 송달하면 채무자에게 송달한 것과 동일한 효력이 있다(동조 4항).

8-2 선장에 대한 판결의 집행

선장에 대한 판결에 의하여 선박채권자를 위하여 선박을 압류한 때에는 그 압류는 소유자에 대하여도 효력이 있다(제179조 1항 전문). 이 경우 선박소유자도 이해관계인으로 되고(동항 후문) 압류 후 선장이 된 자도 이해관계인으로 되며(동조 3항 전문), 이 경우에 전 선장은 그 관계인으로서의 책임이 면제된다(동항 후문). 즉 선장의 교체가 있으면 새로운 선장이 채무자의 지위를 승계하고 전 선장은 탈퇴하는 것이다. 압류 후의 소유자나 선장의 변경은 집행절차의 속행에 영향을 미치지 아니한다(동조 2항).

9. 배당 · 이전등기 · 선박인도

배당절차, 대금지급 후의 이전등기 등 절차, 선박인도절차 등은 모두 부동산강제경매의 경우에 준하여 처리한다.

즉 경락허가결정이 확정된 경우에 매각대금이 배당에 참가한 각 채권자를 만족시킬 수 없는 때에는 매각대금을 배당하여야 한다(제145조). 각 채권자는 경락기일까지 그 채권에 관한 계산서를 제출하여야 한다. 경락허가결정이 확정되면 경락인은 대금지급기일에 경락대금을 지급하여야 하고, 경락인이 경락대금을 지급하면 법원은 배당기일을 정한다(제146조). 법원은 배당표를 작성하여 실시하며, 채무자 또는 채권자는 이의를 신청할 수 있다(제149조 내지 제151조). 경락대금이 완납된 경우 법원은 경락인의 소유권 등기, 말소등기 등을 촉탁하여야 한다. 법원은 경락대금을 납부한 후 6월 내에 경락인의 신청에 의하여 채무자, 소유자 또는 압류의 효력이 발생한 후에 점유를 시작한 선박점유자에 대하여 선박을 경락인에게 인도할 것을 명할 수 있다. 단 점유자가 경락인에게 대항할 수 있는 권원을 가진 경우에는 그러하지 아니하다(제136조).

APPENDIX

부 록

〈부록 Ⅰ〉 표준선하증권

BILL OF LADING
OR MULTIMODAL TRANSPORT DOCUMENT

Consignor/Shipper

Bill of Lading No.

Consignee(Complete Name and Address/Non-Negotiable Unless Consigned to Order)

Notify Party

For Delivery of Goods Please Apply to:

Pre-Carriage by | Place of Receipt

Vessel / Voyage No. | Port of Loading

Port of Discharge | Place of Delivery | Final Destination(For the Merchant's Ref. Only)

Particulars Furnished by Consignor/Shipper

Container No. & Seal No. Marks & No.	No. & Kinds of Containers or Packages	Description of Goods	Gross Weight (KGS)	Measurement (CBM)

Excess Value Declaration(Refer to §Ⅱ- 4.3) : ____________________

Total Number of Containers or Packages(In Words) | Freight Payable at

Freight & Charges	Prepaid	Collect

Received by the Carrier, the Goods specified herein in apparent good order and condition unless otherwise stated, to be transported to such place as agreed, authorized or permitted herein and subject to all the terms and conditions appearing on the front and reverse of this Bill of Lading or Multimodal Transport Document(hereinafter called the 'B/L') to which the Merchant agrees by accepting this B/L, notwithstanding any local privileges, customs or any other agreements between the parties. The particulars of the Goods provided herein were stated by the shipper and the weight, measurements, quantity, condition, contents and value of the Goods are unknown to the Carrier. In witness whereof three(3) original B/L(s) have been signed unless otherwise stated herein. If two(2) or more original B/L(s) have been issued and either one(1)has been surrendered, all the other(s) shall be null and void. If required by the Carrier one(1) duly endorsed original B/L must be surrendered in exchange for the Goods or delivery order.

Place and Date of Issue | No. of Original B/L

Signature

____

Bill of Lading No.

As a Carrier

Authorized By ***Korea International Freight Forwarders Association 1997****(210×297㎜)*

운송주선인협회 국제연맹 복합운송선하증권

Consignor

FBL

NEGOTIABLE FIATA
MULTIMODAL TRANSPORT
BILL OF LADING
issued subject to UNCTAD/ICC Rules for
Multimodal Transport Documents (ICC Publication 481).

Consigned to order of

Notify address

Place of receipt

Ocean vessel | Port of loading

Port of discharge | Place of delivery

ORIGINAL

Marks and numbers	Number and kind of packages	Description of goods	Gross weight	Measurement

according to the declaration of the consignor

Declaration of Interest of the consignor in timely delivery (Clause 6.2.)

Declared value for ad valorem rate according to the declaration of the consignor (Clauses7 and 8).

The goods and instructions are accepted and dealt with subject to the Standard Conditions printed overleaf.

Taken in charge in apparent good order and condition, unless otherwise noted herein, at the place of receipt for transport and delivery as mentioned above.

One of these Multimodal Transport Bills of Lading must be surrendered duly endorsed in exchange for the goods. In Witness whereof the original Multimodal Transport Bills of Lading all of this tenor and date have been signed in the number stated below, one of which being accomplished the other (s) to be void.

Freight amount	Freight payable at	Place and date of issue
Cargo Insurance through the undersigned ☐not covered ☐Covered according to attached policy	Number of Original FBL's	Stamp and signature
For delivery of goods please apply to:		ACTING AS A CARRIER

항공운송장

IATA

Shipper's Name and Address | Shipper's Account Number

Not Negotiable

Air Waybill

Issued by

Copies 1, 2 and 3 of this Air Waybill are originals and have the same validity.

Consignee's Name and Address | Consignee's Account Number

It is agreed that the goods described herein are accepted in apparent good order and condition (except as noted) for carriage SUBJECT TO THE CONDITIONS OF CONTRACT ON THE REVERSE HEREOF. ALL GOODS MAY BE CARRIED BY ANY OTHER MEANS INCLUDING ROAD OR ANY OTHER CARRIER UNLESS SPECIFIC CONTRARY INSTRUCTIONS ARE GIVEN HEREON BY THE SHIPPER, AND SHIPPER AGREES THAT THE SHIPMENT MAY BE CARRIED VIA INTERMEDIATE STOPPING PLACES WHICH THE CARRIER DEEMS APPROPRIATE. THE SHIPPER'S ATTENTION IS DRAWN TO THE NOTICE CONCERNING CARRIERS' LIMITATION OF LIABILITY. Shipper may increase such limitation of liability by declaring a higher value for carriage and paying a supplemental charge if required.

Issuing Carrier's Agent Name and City

Accounting Information

Agent's IATA Code | Account No.

Airport of Departure (Addr. of First Carrier) and Requested Routing

Reference Number | Optional Shipping Information

To | By First Carrier | Routing and Destination | to | by | to | by | Currency | CHGS Code | WT/VAL PPD COLL | Other PPD COLL | Declared Value for Carriage | Declared Value for Customs

Airport of Destination | Requested Flight/Date | Amount of Insurance | INSURANCE—If Carrier offers insurance, and such insurance is requested in accordance with the conditions thereof, indicate amount to be insured in figures in box marked "Amount of Insurance."

Handling Information

SCI

No. of Pieces RCP	Gross Weight	kg lb	Rate Class Commodity Item. No.	Chargeable Weight	Rate / Charge	Total	Nature and Quantity of Goods (incl. Dimensions or Volume)

Prepaid | Weight Charge | Collect

Other Charges

Valuation Charge

Tax

Total Other Charges Due Agent

Total Other Charges Due Carrier

Shipper certifies that the particulars on the face hereof are correct and that insofar as any part of the consignment contains dangerous goods, such part is properly described by name and is in proper condition for carriage by air according to the applicable Dangerous Goods Regulations.

Signature of Shipper or his Agent

Total Prepaid | Total Collect

Currency Conversion Rates | CC Charges in Dest. Currency

Executed on (date) | at (place) | Signature of Issuing Carrier or its Agent

For Carrier's Use only at Destination | Charges at Destination | Total Collect Charges

ORIGINAL 3 (FOR SHIPPER)

IATA CASS—Korea

〈부록 Ⅱ〉 선하증권 이면약관(○○해운)

Preamble	전 문
RECEIVED by the Carrier from the Shipper in apparent good order and condition unless otherwise indicated herein, the Goods, or the container(s) or package(s) said to contain the cargo herein mentioned, to be carried subject to all the terms and conditions provided for on the face and back of this Bill of Lading by the Vessel named herein or any substitute at the Carrier's option and/or other means of transport, from the place of receipt or the port of loading to the port of discharge or the place of delivery shown herein and there to be delivered to Consignee or on-carrier on payment of all charges due thereon.	① 수령확인조항 이 선하증권 안에서 별도로 기재하지 않는 한, 운송인은 화주로 부터 여기에 기재된 화물 또는 화물이 내장되어 있다고 말한 컨테이너 또는 포장을 외관상 양호한 상태로 수령하였다. 이 선하증권의 표면 및 이면에 규정된 모든 조항에 따라서 이 선하증권이 지정한 선박 또는 운송인이 선택한 대체선 및 또는 기타의 운송수단에 의하여 수령지 또는 선적항에서 양하항 또는 인도지까지 운송하고 관련 제반 비용을 받은 후 수하인 또는 후속 운송인 측에 인도하여야 한다.
IF REQUIRED by the Carrier, this Bill of Lading duly endorsed must be surrendered in exchange for the Goods or delivery order. None of the terms of this Bill of Lading can be waived by or for the Carrier except by written waiver signed by a duly authorized agent of the Carrier.	② 상환조항 만일에 운송인의 요구가 있다면 정당하게 배서한 이 선하증권을 화물 또는 하도 지시서와 상환하여 제출하여야 한다. ③ 엄격조항 선하증권의 어떠한 조항도 운송인이 정당하게 승인한 대리인에 의하여 날인된 서면포기서에 의하지 아니하고서는 운송인에 의하여 또는 운송인을 위해서 포기하지 못한다.
IN ACCEPTING THIS BILL OF LADING the Merchant agrees to be bound by all the stipulations, exceptions, terms and con-	④ 수락·우선조항 이 선하증권을 수령함에 있어서 이것과 반대되는 지역적 관습 또는 특권에도 불

ditions on the face and back hereof, whether written, typed, stamped or printed, as fully as if signed by the Merchant any local custom or privilege to the contrary notwithstanding.

구하고, 화주가 서명한 것과 똑같이, 이 선하증권의 표면 또는이면의 수기, 타이프, 스탬프, 인쇄된 모든 규정, 면책조항에 의하여 구속됨을 화주는 합의한다.

IN WITNESS WHEREOF, the undersigned, on behalf of Hanjin Shipping Co., Ltd., the master and the owner of the Vessel has signed the number of Bill(s) of Lading stated above all of the same tenor and date, one of which being accomplished, the others to stand void.

⑤ 서명조항

위의 증거로서(주)한진해운를 대리한 서명자, 본선의 선장 및 선주는 위와 동일한 문언과 날짜를 명기한 선하증권의 한 묶음에 서명하였다. 이 가운데 1통이 사용되면 다른 것은 무효이다.

1. Definition

제1조 정의

When used in this Bill of Lading

이 선하증권에 사용되는 용어는 다음과 같이 정의한다.

a) "Bill of Lading" means this contract of carriage for the Goods made between Carrier and Merchant, effective for all modes of transport from place of receipt to place of delivery.

a) 선하증권은 해상운송인과 화주 사이에 성립된 화물운송계약을 의미하며, 수령지에서 인도지까지의 모든 운송형태에 적용한다.

b) "Carrier" means Hanjin Shipping Co., Ltd., its vessel, agents and subcontractors at all stages of carriage; in context of Multimodal Transportation, "Ocean Carrier" means Hanjin Shipping Co., Ltd., the Vessel, her owner, operator and charterers and the agents and subcontractors of each; "Inland Carrier" means any barge line vessel, trucker or railroad with custody of the Goods under this Bill of Lading, and

b) 운송인이란 모든 운송과정에 있어서 한진해운, 동사의 선박, 대리점 및 재운송계약자를 의미한다. 복합운송의 관계에 있어서 해상운송인은 한진해운, 동사의 선박, 선박소유자, 선박운항자, 용선자 및 각각의 대리인 및 하수급운송인을 의미한다. 내륙운송인이란 이 선하증권에 의거하여 화물을 보관하는 바지선, 트럭 운송 또는 철도 및 각각의 대리인과 재운송계약자를 의미한다.

agents and subcontractors of each.	
c) "Goods" means the cargo as described on the face of this Bill of Lading and trailers, containers and transportable tanks when delivered to the Carrier by the Merchant containing the cargo.	c) 화물이란 이 선하증권의 표면에 명기된 화물과 화주가 운송인에게 인도하는 화물이 적재된 트레일러, 컨테이너 및 운송탱크를 의미한다.
d) "Multimodal Transportation" means carriage of the Goods under this Bill of Lading by the Ocean Carrier and one or more Inland Carriers for a single freight charge to the Merchant.	d) 복합운송이란 해상운송인과 하나 이상의 내륙운송인이 이 선하증권에 따라서 화주에게 단일의 운임을 부과하는 화물의 운송을 의미한다.
e) "Laden on board" means physically laden on board the first means of transport operated in the service of the Carrier.	e) 선적이란 운송인이 운영하는 최초의 운송기관 위에 물리적으로 적재된 것을 의미한다.
f) "Merchant" means any actual or previous holder of this Bill of Lading.	f) 화주란 이 선하증권의 실질적 또는 이전 소지인을 의미한다.
g) "Package" means the single largest unit of Goods(e.g, container, pallet, box, bale) delivered by Merchant to Carrier for carriage pursuant to the terms of this Bill of Lading.	g) 포장이란 이 선하증권의 조건에 따라서 운송하기 위하여 화주가 운송인에게 인도한 화물의 단일의 최대 짐짝(예를 들면 컨테이너, 팰릿상자, 푸대)을 의미 한다.
h) "Particulars" is that description of the Goods provided by the Merchant to the Carrier, and shall include all manner of description, marks, numbers, weight, measure, nature and value of the items constituting the Goods.	h) 명세란 화주가 운송인에게 신고한 화물의 상세를 말하며 화물에 대한 제반 설명, 마크, 수량, 무게, 치수, 성질 및 화물을 구성하는 항목들의 가액을 포함한다.
I) "Subcontractor" identifies all interests engaged in owning, operating or chartering	I) 하수급인이란 선박, 바지, 피더선, 하역인, 터미날운영자, 창고업자, 자동차운송

the vessel, lighterers, feeder line, tevedores, terminal operators, warehousemen, truckers, railroads, and the agents of each of them, and all other persons or legal entities performing services pursuant to contract with Ocean or Inland Carriers with respect to the Goods.

인, 철도 등을 소유, 운항 또는 용선하는 형태로 종사하는 모든 이해관계인 및 그들의 대리인, 그리고 "화물과 관련하여 해상 또는 내륙운송인과의 계약에 따라서 운송업무를 수행하는 기타 모든 사람들 또는 법인들을 말한다."

j) "Vessel" means the vessel named in this Bill of Lading, and includes all assisting or substitute vessels, lighters or other conveyances. N.B. The plural shall include the singular, and the singular shall include the plural throughout this Bill of Lading: the headings are for information purposes only. Any mention in this Bill of Lading of parties to be notified of the arrival of the Goods is solely for information, and failure to give such notification shall not involve the Carrier in any liability nor relieve the Merchant of any obligation.

j) 선박이란 이 선하증권에서 명기된 선박을 의미한다. 또한 모든 지원 또는 대체 선박, 바지 또는 기타 운송수단을 포함한다. *주의: 이 선하증권의 전체에 있어서 복수는 단수를 포함하고, 그리고 단수는 복수를 포함한다. 조항의 제목은 정보 목적으로 한 것이다. 이 선하증권에서 화물의 도착을 당사자에게 통지한다는 모든 언급은 단지 참고용이다. 그리고 이러한 통지를 송달하지 못한 것은 운송인에게 어떠한 책임을 발생시키지도 않으며, 화주의 어떠한 의무도 면제시키는 것이 아니다.

2. Paramount Clause

a) This Bill of Lading shall have effect subject to the International Convention for the Unification of Certain Rules relating to Bills of Lading, dated at Brussels 25 August 1924(The Hague Rules) as enacted in the country of shipment, unless the protocol, dated Brussels 23 February 1968(The Hague-Visby Rules) or the United States Carriage of Goods by Sea Act, 1936(U.S. COGSA, 46 U.S.C. Appendix 1300- 1315) apply compulsorily.

제2조 최고약관

a) 만일 1968년 2월 23일 브뤼셀에서 채택된 의정서(헤이그-비스비 규칙) 또는 미국의 1936년 해상화물운송법(미국 COGSA, 미국법률 제46편, 부속 1300-1315)이 강행적으로 적용되지 아니한다면, 이 선하증권은 선적국에서 입법된 바와 같이, 1924년 8월 25일 브뤼셀에서 채택된 선하증권에 관한 일부규칙의 통일에 관한 국제협약(헤이그규칙)을 조건으로 효력을 가진다.

b) When no such enactments are in force in the country of shipment, the corresponding Hague Rules, Hague-Visby Rules or U.S. COGSA legislation(Hague/Visby/COGSA legislation) of the country of destination shall apply, but in respect of shipments to which no such enactments are compulsorily applicable, the terms of the Hague Rules shall apply.

b) 만일에 선적국에서 위의 법률이 제정되지 않은 경우, 목적지 국가의 해당 헤이그 규칙, 헤이그-비스비규칙 또는 미국 COGSA(Hague/Visby/COGSA 법률)를 적용한다. 그러나 선적과 관련하여 위의 법률이 강행적으로 적용되지 않는 경우에, 헤이그 규칙의 조항을 적용하여야 한다.

c) The applicable Hague/Visby/COGSA legislation shall govern throughout the time when the Goods are in the actual or constructive custody of the Carrier. The Carrier takes all reservation possible under the Hague/Visby/ COGSA legislation relating to the period before loading and after discharging and while the Goods are in the charge of another Carrier, and to deck cargo and live animals.

c) 화물이 현실적 또는 추정적으로 운송인의 보관하에 있는 경우, 전 기간 동안 적용 가능한 헤이그/비스비/COGSA 법률을 준거법으로 한다. 운송인은 화물의 선적전과 양하후의 기간 및 화물이 다른 운송인의 관리 아래에 있는 동안, 그리고 갑판적 화물과 생동물에 관하여 헤이그/비스비/COGSA 법률하의 가능한 모든 유보권을 갖는다.

3. Litigation and Claim

제3조 소송 및 손해배상청구

a) Disputes arising under the Bill of Lading shall be determined at the option of the Merchant by the courts and in accordance with the law(including choice of law) at

i) the Carrier's principal place of business,(being Seoul, Korea, except for actions under U.S. COGSA, where the Carrier's principal place of business also includes Long Beach, California.); or

ii) the place of receipt of the Goods by the Carrier, or the port of discharge.

a) 선하증권에서 발생된 분쟁은 화주의 선택에 의하여 다음의 장소에서의 법원과 법률(법의 선택을 포함)에 따라서 결정된다.

i) 운송인의 영업상 주사무소(대한민국 서울임. 단 미국의 코그사에 의거한 소송인 경우 운송인의 영업상 주사무소가 캘리포니아주의 롱비치를 포함한다.)

ii) 운송인이 화물을 수령한 곳 또는 양하항

b) No proceedings may be brought before other tribunals by the Merchant unless Merchant and Carrier shall have agreed in advance in writing in both the choice of another tribunal and the law to be applied. Carrier may sue Merchant wherever Merchant or Goods are found.	b) 화주와 운송인이 사전에 다른 법원과 적용법의 양자를 서면으로 합의하지 아니한 경우에, 화주는 다른 법원에 소송을 제기할 수 없다. 운송인은 화주 또는 화물이 발견되는 어느 곳에서든 화주를 상대로 소송할 수 있다.
c) Suit shall not be deemed brought against the Carrier until jurisdiction shall have been obtained of the Carrier by service of summons.	c) 운송인에게 소환장의 송달로써 재판관할이 확정될 때까지는, 운송인에 대한 소송은 제기된 것으로 보지 아니한다.
d) Claims for loss of or damage to the Goods may be filed at the offices of the Carrier or their agent at the port of discharge; claims must be filed and suits commenced within the applicable Hague/Visby/COGSA periods, unless the Merchant claims these rules are inapplicable and loss or damage occurred in the custody of the Inland Carrier, when claims must be filed, and suits commenced, within the time limits provided by law or tariff applicable to the Inland Carrier.	d) 화물의 멸실 또는 훼손에 관한 클레임은 양하항에 소재하는 운송인 또는 그 대리점의 사무소에서 할 수 있다. 클레임의 청구나 소송의 제기는 헤이그/비스비/COGSA 해당 규칙에서 정한 기한안에 이루어져야 한다. 다만 화주가 이들 규칙이 적용될 수 없으며, 멸실 또는 훼손이 내륙 운송인의 보관하에서 발생하였다고 주장하는 경우 내륙운송인에게 적용할 수 있는 법률 또는 운임표에 의하여 정해진 기한 안에 클레임을 제기하고 또한 소송을 개시해야 한다.
e) Nothing in this Bill of Lading, expressed or implied, shall operate to limit or deprive the Carrier of any statutory protection or exemption or limitation of liability authorized by any applicable laws, statutes or regulations whether the action is founded in contract, in tort, or otherwise.	e) 소송이 계약상, 불법행위 또는 기타에 근거로 한 것이든지 아니든지 간에, 이 선하증권에 명시 또는 묵시된 어떠한 조항도 적용할 법, 법령 또는 규칙에 의하여 인정된 제정법상의 보호, 면책 또는 책임제한에 관한 운송인의 권리를 제한하거나 박탈하여서는 안된다.

4. Responsibility	제4조 운송인의 책임
a) The Carrier shall be responsible for and shall enjoy the immunities and limitation against loss or damage pursuant to the applicable Hague/Visby/ COGSA legislation for all periods when the Goods are in the actual or constructive custody of the Carrier.	a) 화물이 현실적으로 또는 추정적으로 운송인의 관리하에 있는 전 기간 동안에 운송인은 적용 가능한 헤이그/비스비/COGSA 법률에 의거하여 멸실 또는 훼손에 관하여 책임을 져야 하고, 또한 면책과 책임제한을 향유한다.
b) Where it is forbidden by law to extend Hague/Visby/COGSA legislation to the inland part of the Multimodal Transportation contract, the Carrier shall not be responsible for loss or damage to the Goods while the Goods are in the custody of the Inland Carrier in excess of the scope for which the Inland Carrier would have assumed the responsibility subject to its tariff.	b) 만일 헤이그/비스비/코그사 법률이 복합운송계약의 내륙부분에까지 확대하는 것을 법률로써 금지하는 경우, 내륙운송인이 운임표에 근거하여 책임을 져야 할 범위를 초과하여 화물이 내륙운송인의 보관하에 있는 동안 발생한 화물의 멸실 또는 훼손에 대하여 운송인은 책임을 지지 아니한다.
c) If, despite the terms herein, no legal regime clearly applies to the period of inland carriage, the Carrier and Inland Carrier shall not, in any circumstances, be liable for that part of any claim for damages caused by acts of God, acts or restraint of authority, inherent vice of the Goods, wrongful act or neglect of the Merchant, strike or stoppage of labor of any kind or extent, insufficient or defective packaging or marking or numbering of the Goods or Packages, or any cause, event or consequence which the Carrier could not avoid or prevent by reasonable diligence; nor for any other cause excluded by tariff.	c) 이 선하증권상의 규정에도 불구하고, 내륙운송의 기간에 적용할 법률제도가 분명하게 없는 경우, 운송인과 내륙운송인은 어떠한 경우에도 천재지변, 당국의 행위 또는 억제, 화물의 고유한 흠, 화주의 부당행위 또는 과실, 어떠한 종류나 규모의 노동자의 스트라이크 또는 작업정지, 화물 또는 짐짝의 포장, 마크 표시 또는 숫자 표시의 불충분 또는 불완전 또는 운송인이 상당한 주의로써 회피하거나 방지할 수 없는 모든 원인, 사고 또는 결과에 기인한 화물손상에 대한 어떠한 클레임의 그 부분에 대해서 책임을 지지 아니한다. 그리고 운임표에 의거하여 제외된 기타의 모든 원인에 대해서도

	책임을 지지 아니한다.
d) In context of Multimodal Transportation, where the Merchant or Carrier cannot establish in whose custody loss or damage occurred to Goods delivered to the Carrier in actual good condition, it shall be deemed, as between the Merchant and any Carrier, that the loss or damage occurred onboard the Vessel while in the custody of the Ocean Carrier.	d) 복합운송과 관련하여, 실질적으로 양호한 상태로 운송인에게 인도한 화물에서 생긴 멸실 또는 훼손이 누구의 보관하에서 발생하였는가를 화주 또는 운송인이 밝힐 수 없는 경우에, 화주와 모든 운송인 사이에 관한 한, 해상운송인의 보관 하에 있는 동안에 선박에서 그 멸실과 훼손이 발생된 것으로 본다.
e) The Carrier shall not be responsible for loss of or damage to the Goods occurring before receipt of the Goods by the Carrier at the place of receipt or after delivery by the Carrier at the place of delivery.	e) 운송인은 화물을 수령지에서 수령하기 전에 또는 인도지에서 운송인이 인도한 후에 발생한 화물의 멸실 또는 훼손에 관하여 책임이 없다.
f) Where damage is alleged to the contents of any Package delivered by the Carrier without notation for external damage, it shall in all circumstances be a prerequisite to Carrier's liability that the Merchant shall first demonstrate its delivery of the contents of the Package in actual good condition at the Carrier's place of receipt.	f) 운송인이 인도한 짐짝이 외부적으로 손해의 흔적이 없으나, 짐짝의 내용물에 손해가 발생하였음을 주장할 경우에, 화주는 어떠한 상황에서도 운송인에게 책임을 묻기 위해서 먼저 운송인이 수령한 장소에서 화주가 짐짝의 내용물이 실제로 양호한 상태로 운송인에게 인도하였음을 반드시 증명하여야 한다.
g) The Carrier shall not be responsible for any loss of or damage to live animals arising or resulting from any cause whatsoever.	g) 운송인은 생동물의 멸실 또는 훼손에 관하여서는 어떠한 원인 등에 의하여 발생한 것이라도 책임이 없다.
h) In respect of Goods carried on deck and identified on this Bill of Lading to be so carried, all risks of loss or damage	h) 갑판적 화물과 선하증권상에서 갑판적이 확인된 화물에 관하여, 갑판적 화물의 보관 또는 운송에 있어서 고유한 위험

from perils inherent in or incident to the custody or carriage of such Goods on deck shall be borne exclusively by the Merchant without recourse to the Carrier.

또는 사고로 말미암아 생긴 멸실 또는 훼손의 모든 위험에 대하여 화주는 운송인에게 손해배상청구를 하지 못하고 전적으로 부담한다.

5. Tariff

제5조 운임요율표

Where a public tariff has been filed by Carrier, Ocean Carrier or Inland carrier governing all or part of the period of carriage, the terms of this Bill of Lading may, to some extent, be modified by the terms of that tariff and by documents referenced therein, such as uniform inland Bills of Lading. To the extent of any actual inconsistency between tariff and this Bill of Lading, the terms of this Bill of Lading shall control to the fullest extent permitted by law.

운송인, 해상운송인 또는 내륙운송인이 운송기간의 전부 또는 일부를 규제하는 공공운임표를 작성한 경우에, 선하증권의 조항은 어느 범위까지 위 운임표의 조항에 의하여, 또한 운임표에 언급된 정형화된 내륙선하증권과 같은 관련서류에 의하여 수정될 수도 있다. 운임표와 선하증권 사이에 실제로 불일치가 있는 범위에 대해서, 이 선하증권의 조항은 법이 허용하는 최대의 범위까지 규제한다.

6. Sub-Contraction and Additional Instruction

제6조 하도급계약 및 추가지시

a) The Carrier shall be entitled to sub-contract on any terms the whole or any part of the handling, storage or carriage of the Goods and any and all duties whatsoever undertaken by the Carrier in relation to the Goods. Every servant, agent and sub-contractor(including all interests engaged in the owning or chartering of the Vessel, stevedores, warehousemen, and other independent contractors) and the agents of each shall have the benefit of all provi-

a) 운송인은 화물의 취급, 보관 또는 운송의 전부 또는 일부 그리고 화물에 관련하여 운송인이 져야 할 의무의 일부 또는 전부에 대하여 하도급계약을 체결할 권리가 있다. 모든 사용인, 대리인 및 하수급인(선박의 소유 또는 용선에 종사하는 모든 이해관계인, 하역인, 창고인과 기타 독립계약자을 포함)과 각자의 대리인은 본 증권상에서의 운송인을 위한 제반 규정의 이익을, 마치 명시적으로 자기의 이익을 규정한 것처럼 향유한다.

sions herein for the benefit of the Carrier as if the provisions were expressly for their benefit; and in entering into this contract of carriage, the Carrier does so not only on his own behalf but also as agent for all such servants, agents and sub-contractors to the fullest extent permitted by the law applicable to Himalaya Clauses.	운송계약을 체결함에 있어서 운송인은 히말라야 약관에 적용될 법률에 의하여 허용되는 최대 한도까지 자기를 위한 것 뿐만 아니라, 사용인, 대리인 및 하수급인을 위한 대리인으로서 계약을 체결한다.
b) Where the Carrier arranges alternative inland transportation as agent for the Merchant, the Merchant's rights and liabilities shall be governed by the law or contract applicable to the inland carriage, without further liability of the Carrier as a carrier.	b) 운송인이 화주를 위한 대리인으로서 별도의 내륙운송을 준비한 경우에 화주의 권리와 책임은 내륙운송에 적용될 법률 또는 계약에 의하여 규제를 받는다. 다만, 운송인으로서 운송인의 추가적 책임은 지지 아니한다.
7. Liberties	**제7조 운송인의 재량권**
a) The Carrier shall make commercially reasonable efforts to carry the Goods expeditiously to the place of delivery, but the Carrier does not warrant any specific route, vessel, method of transport or delivery date, and shall have liberty to perform the carriage in any commercially reasonable manner and by any reasonable means, methods and routes including the right to transship Goods using other Carriers, conveyances or containers. The Carrier shall always have liberty to comply with directions, howsoever given, of any government national or local authority.	a) 운송인은 신속하게 화물을 인도지까지 운송하기 위하여 상사적으로 합리적인 노력을 실행하여야 한다. 그러나 운송인은 어떠한 특정항로, 선박, 운송수단 또는 인도일을 보증하는 것이 아니다. 운송인은 다른 운송인, 운송수단 또는 컨테이너를 사용하여 화물을 환적하는 권리를 포함하여 상사적으로 합리적인 방법과 적절한 모든 수단, 방법 및 항로로써 운송을 수행할 자유를 가진다. 운송인은 언제라도 모든 국가 또는 지방정부당국의 지시가 어떻게 주어지든지 이에 따를 자유를 가진다.
b) At any stage in the carriage, the Goods may, at the Carrier's absolute discretion,	b) 운송의 모든 단계에서 운송인의 절대적인 자유의사로서, 운송인의 소유 또는

be carried as a single shipment or as several shipments on any means of transport, whether owned or operated by the Carrier or not.

운항여부에 상관없이 어떠한 운송수단을 이용해서라도 화물을 단일 선적물 또는 복수선적물로 운송할 수 있다.

c) The Carrier shall make commercially reasonable efforts to complete the carriage and to deliver the Goods at the place designated for delivery, but does not guarantee such delivery and shall be excused from all consequences of nondelivery at such place,(and shall remain entitled to full freight and charges and his lien,) if such delivery is commercially unfeasible, or would delay or imperil the interests of the Carrier or the Goods, the Goods of others or the general enterprise.

c) 운송인은 운송을 완성하고 그리고 인도를 위해 지정된 장소에 화물을 인도하기 위하여 상사적으로 합리적인 노력을 다하여야 한다. 그러나 인도를 보증하는 것이 아니다. 만일 그 인도가 상사적으로 실행할 수 없거나, 또는 지연되거나 또는 운송인 또는 그 화물, 다른 사람의 화물 또는 일반 기업의 이익을 위해한다면, 운송인은 그러한 장소에서 인도하지 못한 모든 결과에 대하여 책임을 면하게 된다(그리고 운송인은 운임과 비용에 대한 청구권 및 유치권은 여전히 존재).

d) In particular, the Carrier is excused from full performance of the contract of carriage by the existence or apprehension of war, declared or undeclared, hostilities, warlike or belligerent acts or operations, riots, civil commotions, boycotts or other disturbances; epidemics or diseases, quarantine, sanitary or similar regulations or restrictions; shortage, absence or obstacles of labor or facilities for loading, discharge, delivery or handling of the Goods; strikes, lockouts or other labor troubles, whether partial or general, and whether or not involving employees of the Carrier, his agents or sub-contractors; congestion of ports, berths, freight stations or terminals; closure of, obstacle in or danger to any canal, waterway, land route or railroad;

d) 특히, 운송인은 다음 사항이 존재하는 경우에 운송계약의 완전수행으로부터 책임을 면한다; 선전포고의 유무에 관계없는 전쟁, 적대행위, 유사전쟁 또는 교전행위 또는 활동, 폭동, 내란, 거부 또는 기타소요; 전염병 또는 질병, 검역, 위생 또는 유사한 규칙 또는 제한; 화물의 선적, 양하, 인도 또는 취급을 위한 근로자 또는 시설의 부족, 결여 또는 장해; 부분적으로 발생했건 전체적으로 발생했건 그리고 운송인의 고용인, 대리인 또는 재수급인의 관련 여부를 묻지 않고 동맹파업, 작업장 폐쇄, 기타 노동쟁의; 항, 선석, 하치장 또는 터미날의 혼잡; 운하, 수로, 육로 또는 철도의 폐쇄, 장해 또는 위험; 운송을 방해하게 하는 결빙, 사태, 지진 또는 기타 자연적 영향에 대해 모든 운송계약의 수행으로부터 책임을 면

ice, landslide, earthquake or other natural effects creating obstacles to carriage. This list is descriptive and not exhaustive, and the existence of any of these similar conditions prior to receipt of the Goods shall not constitute waiver of the Carrier's rights.	한다. 이 목록은 예시적이지 전체적인 것은 아니다. 화물을 수령하기 전에 이와 유사한 조건이 존재하였어도 운송인의 권리를 포기한 것이 아니다.
e) If the Goods are unclaimed during a reasonable time or whenever, in the Carrier's opinion, the Goods will deteriorate, decay or diminish in value, the Carrier may sell, abandon or otherwise dispose of such Goods at the risk and expense of the Merchant and Goods.	e) 합당한 기간 동안 화물을 안 찾아가거나, 운송인이 판단할 때, 화물의 품질이 저하되거나, 부패하거나 또는 가액이 감소한 때에는 언제라도, 화주와 화물의 위험과 비용으로써 그 화물을 매각하거나, 포기하거나 또는 달리 처분할 수가 있다.
f) If, in the Carrier's option, good cause exists to fear danger, injury, loss, delay, disadvantage to the Carrier, the Goods, the Goods of others or to the general enterprise, the Carrier shall be entitled to dispose of the Goods in such way as the Carrier may deem advisable, or to cancel the contract of carriage without compensation and to require the Merchant to take prompt delivery of the Goods. Such actions by the Carrier shall constitute complete and final delivery and full performance of this contract, and the Carrier shall thereafter be free from any responsibility for the Goods.	f) 운송인의 의견으로서 운송인에게 화물, 다른 사람의 화물 또는 일반기업에게 위험, 부상, 멸실, 연착 또는 불이익의 불안이 존재한다는 타당한 이유가 있는 경우에 운송인이 적당하다고 생각하는 방법으로 처분하거나, 또는 배상없이 운송계약을 취소하거나, 또한 화주에게 화물을 신속하게 인도해 가도록 요구할 수 있다. 그러한 운송인의 행위는 완전하고 최종적인 인도 및 계약의 완전한 수행으로 해석하여야 하며 그 후에 있어서 운송인은 화물에 대한 어떠한 책임으로부터도 면제된다.
g) Any action taken by the Carrier pursuant to this clause for the intended benefit of the Vessel, the Goods, the Goods of others or the general enterprise shall fall	g) 선박, 화물, 다른 사람의 화물 또는 일반기업의 의도적인 이익을 위하여 이 조항에 따라서 취한 운송인의 조치는 운송계약의 범위에 속한다. 그리고 그러한 조

within the contractual carriage, and such action or delay resulting therefrom shall not constitute a deviation at law, and the Carrier shall be entitled to the full benefit of all privileges, rights and immunities contained in the Bill of Lading.

치 또는 그로부터 발생한 지연은 법률상의 이로로 해석해서는 아니된다. 또한 운송인은 이 선하증권상에 포함된 특권, 권리 및 면책의 모든 이익을 누린다.

8. Container

제8조 컨테이너

a) On any Vessel or other mode of transportation designed to carry containers, the Carrier has the right to carry Goods in containers in any area designed for such carriage. Such carriage of the Goods shall constitute "under deck" stowage for all purposes, including Hague/Visby/COGSA regulations and General Average.

a) 컨테이너를 운송하도록 설계된 모든 선박 또는 다른 운송수단에 관하여, 운송인은 그러한 운송을 위하여 지정된 어떤 지역에 컨테이너 화물을 운송할 권리를 가지고 있다. 그러한 화물의 운송은 헤이그/비스비/코그사 규칙과 공동해손을 포함하여, 모든 목적상 갑판하적으로 해석하여야 한다.

b) Where the Goods are not already packed into containers at the time of receipt, the Carrier shall be at liberty to pack and carry them in any type of container.

b) 화물을 수령할 때에 그 화물이 컨테이너 속에 들어 있지 않은 경우에, 운송인은 어떠한 형태의 컨테이너 속에라도 그 화물을 실어서 운송할 자유권을 가진다.

c) The Merchant shall indemnify the Carrier against any loss of or damage to the Carrier's container or other equipment while in the possession or control of the Merchant, his agents or sub-contractors engaged by or on behalf of the Merchant.

c) 화주는 자기의 대리인 또는 하수급인이 운송인의 컨테이너 또는 다른 장비를 점유 또는 관리 중 발생시킨 멸실 또는 훼손에 대하여 배상하여야 한다.

d) The Carrier shall in no event be liable for and the Merchant shall indemnify and hold the Carrier harmless from and against any loss of or damage to property of oth-

d) 화주, 자기의 대리인 또는 하수급인이 운송인의 컨테이너나 그 내용물의 취급 중 또는 점유 또는 관리 중에 다른 사람의 재산을 멸실 또는 훼손시켰거나 또는

er persons or injuries to other persons caused by the Carrier's container or the contents thereof during handling by, or while in the possession or control of, the Merchant, his agents or sub-contractors.	다른 사람에게 상해를 입힌 경우에, 운송인은 어떠한 경우에도 책임이 없으며 화주는 배상해야 하고 또한 운송인에게 무해하게 해야 한다.
e) If the Carrier's container is delivered sealed by the Merchant to the Carrier, this Bill of Lading is evidence of the receipt only of the number of containers shown on the Bill of Lading, and the condition and any particulars of the contents are unknown to the Carrier; and the Merchant warrants that the containers and contents thereof are suitable for handling and carriage. In the event of breach of this warranty, the Carrier shall not be responsible for any loss of or damage to or in connection with the Goods and the Merchant shall be liable for loss of or damage to any other property, or for personal injury or the consequences of any other accidents or events whatsoever. If such containers are delivered by the Carrier with seals intact, such delivery shall be full and complete performance of the Carrier's obligation hereunder and the Carrier shall not be liable for any loss of or damage to the contents of the containers.	e) 만일 화주가 운송인의 컨테이너를 밀봉하여 운송인에게 인도하였다면, 이 선하증권은 표시된 컨테이너의 수량을 수령한 증거일 뿐이고, 그리고 운송인은 내용물의 상태와 명세를 알지 못하며 화주는 컨테이너와 그것의 내용물이 취급과 선적에 적합하다는 것을 담보하는 것이다. 만일 화주가 이 담보를 위반하면, 운송인은 화물의 또는 화물에 관련된 멸실 또는 훼손에 관하여 책임이 없다. 그러나 화주는 다른 재산의 멸실 또는 훼손 혹은 다른 사람의 상해 혹은 기타 일체의 사고 또는 사건의 결과에 대하여 책임을 져야 한다. 운송인이 컨테이너의 밀봉이 이상없이 인도하였을 경우에, 그러한 인도는 이 선하증권에 의거하여 운송인의 의무를 완전히 수행한 것이다. 그리고 운송인은 컨테이너 내용물의 멸실 또는 훼손에 관하여 책임이 없다.
f) The Carrier does not undertake to carry the Goods in refrigerated, heated, insulated, ventilated or any other special containers, unless special arrangements for the carriage of such containers have been	f) 운송인과 화주 사이에 화물을 랭동용, 가열용, 절연용, 통풍용 또는 기타 특수한 컨테이너로써 운송할 특별한 조치를 서면으로 합의하지 아니하였고, 또한 특별운임을 지급하지 아니하였다면, 운송인

agreed to in writing between the Carrier and the Merchant and special freight has been paid. The Carrier does not accept responsibility for the function of special containers supplied by or on behalf of the Merchant. The Carrier does not guarantee the maintenance of any temperature inside any container.

은 그러한 컨테이너로써 화물을 운송할 의무가 없다. 운송인은 화주에 의하여 또는 화주를 위하여 공급된 특수 컨테이너의 기능에 대하여 책임을 지지 아니한다. 운송인은 컨테이너의 내부 온도의 유지를 보증하지 아니한다.

9. Freight

제9조 운임

a) Freight shall be payable at any lawful rate agreed with the Merchant, and will be calculated on the basis of the Particulars furnished by the Merchant; but the Carrier may at any time open, examine, weigh, measure and value the Goods and Packages to determine the accuracy of the Merchant's Particulars. If it is determined by the Carrier that the freight or charges should be higher, the Carrier may collect the additional amount from the Merchant who shall also be liable for all expenses associated with recalculation of freight or charges.

a) 운임은 화주와 합의한 적법한 운임율로서 지급되어야 한다. 그리고 화주가 신고한 화물의 명세를 근거로 해서 계산되어야 한다. 그러나 운송인은 언제라도 화주의 명세의 정확성을 판단하기 위하여 화물과 포장을 개방하고 검사하며, 무게를 달고, 용적을 측정하고 또한 가액을 평가할 수 있다. 만일 운송인이 운임과 비용을 더 높여야 한다고 판단한 경우에, 운송인은 운임 또는 비용의 재계산과 연계하여서 화주가 책임져야 할 모든 경비를 추가액으로 징수할 수 있다.

b) Full freight and all advance charges shall be considered completely earned on receipt of the Goods by the Carrier, whether the Vessel or the Goods be damaged, lost or not lost, or the journey frustrated or abandoned. All freight and charges shall be paid in full without any offset, counterclaim or deduction, and shall be paid in the currency named in this Bill of

b) 운송인은 선박과 화물이 손해를 입었거나, 멸실했거나 또는 멸실하지 아니하였거나, 또는 항해가 중단되었거나 혹은 포기되었거나 관계없이, 화물을 수령한 때에 운임 전액과 모든 선불비용을 확정적으로 취득한 것으로 본다. 운임과 비용의 전액은 상계, 반대청구 또는 공제하지 않고 전액 지급되어야 한다. 그리고 이 선하증권에서 정한 현금으로 지급되어야

Lading.	한다.
c) Each Merchant shall be severally liable to the Carrier for the payment of all freight, charges and other amounts due the Carrier.	c) 각 화주는 운송인에게 지급할 모든 운임, 비용 및 기타 금액의 지급에 관하여 운송인에게 각자 책임을 져야 한다.
10. Merchants Responsibility	**제10조 화주의 책임**
a) Each Merchant shall be responsible for any failure to perform any Merchant's obligations under any of the terms of this Bill of Lading; and each shall indemnify the Carrier against and hold it harmless upon written demand from all liability, loss, damages and expense which the Carrier may sustain or incur arising or resulting from any such failure of performance by the Merchant or any of them. The responsibility of each Merchant shall not be diminished by the existence of any lien claim on the Goods.	a) 각 화주는 이 선하증권의 모든 조항에 따른 화주의 어떠한 의무 불이행에 대하여도 책임을 져야 한다. 그리고 화주들 또는 그들의 어느 누가 수행하지 아니 함으로 말미암아 운송인이 입거나 또는 발생하는 모든 책임, 멸실, 훼손 및 비용에 대하여 화주는 운송인에게 보상해야 하고, 또한 서면상 요구를 하면 운송인을 무해하도록 해야 한다. 각 화주의 책임은 화물상의 유치권의 설정에 의하여 소멸되지 아니한다.
b) Any reference on the face of the Bill of Lading to any particulars of the Goods is furnished by the Merchant, and the Carrier shall not be responsible for the accuracy thereof. The Merchant warrants to the Carrier that the particulars furnished by him are correct.	b) 선하증권의 표면상에 언급된 화물에 관한 명세사항은 화주에 의해 제공된 것인 바 운송인은 그 명세의 정확성에 관해서 책임을 지지 아니한다. 화주는 자기가 신고한 사항이 정확하다는 것을 운송인에게 담보하여야 한다.
c) Each Merchant warrants that equipment, whether owned or leased by the Carrier, would be returned to the Carrier within a reasonable time stipulated in the applicable	c) 각 화주는 장비가 운송인의 소유이든 또는 임차한 것이든 간에, 적용 운임표에 명시된 적절한 기간 안에 운송인에게 장비를 반환할 것을 보증하여야 한다. 또한

tariff and further promises and agrees to pay equipment detention charges stipulated in the applicable tariff including the costs and expenses of recovering the same in case failure to do so.

각 화주는 반환하지 못할 경우에 있어서 반환을 회복하는 비용을 포함하여, 적용 운임표에 규정된 장비지체료를 추가로 지급할 것을 약속 합의한다.

11. Lien

제11조 유치권

a) The Carrier shall have a lien on the Goods, for all freight, dead freight, demurrage and the costs and expenses of recovering the same and any other sums whatsoever payable by the Merchant under this Bill of Lading or any other Bill of Lading between Carrier and Merchant and may enforce this lien, by all available means, including public or private sale. The net proceeds of any such sale, after first deducting all costs and expenses in executing the lien shall be applied towards the settlement of the amounts due the Carrier. If on sale of the Goods, the proceeds fail to cover the amount due and the cost and expenses incurred, the Carrier shall be entitled to recover the deficit from the Merchant.

a) 운송인은 이 선하증권 또는 운송인과 화주 사이의 기타 선하증권에 따라서 화주가 지급하여야 할 모든 운임, 부적운임, 제선료 및 그러한 금액을 회수하기 위한 비용과 기타 금액 등에 관하여 화물에 대한 유치권을 가지며 이러한 유치권에 대해 공매 또는 사경매를 포함한 모든 가용 수단에 의해 강제집행을 할 수 있다. 그리고 유치권을 실행함에 있어서 모든 비용을 먼저 공제한 후의 순매각 잔금을 운송인에게 지급할 금액의 정산에 적용하여야 한다. 화물을 매각함에 있어서 매각잔금이 지급해야 할 금액과 발생된 비용을 충당하지 못할 경우에도, 운송인은 화주로부터 그 부족액을 회수할 권리를 가진다.

b) The Carrier shall have a lien on the Goods for all expenses and charges incurred in protecting or caring for the Goods, whether the Goods be damaged or not, and for any payment or liability of whatsoever nature incurred by the Carrier in connection with the Goods, including legal fees incurred through attachments or

b) 운송인은 화물에 관한 압류 또는 소유권 확인소송 또는 기타 소송으로 말미암아 발생한 법적 비용을 포함하여, 화물의 손상 여부와 무관하게, 화물을 보호하거나 또는 관리하는데 발생한 모든 지출과 비용에 관해서도 또한 화물과 관련하여 운송인이 입는 지불 또는 어떠한 성질의 책임에 대해서 화물에 대한 유치권을 가

interpleader or other proceedings in respect of the Goods.	진다.
12. Dangerous Goods, Contraband	**제12조 위험물, 금제품**
a) The Carrier undertakes to carry Goods of a hazardous, injurious or dangerous nature only upon the Carrier's written acceptance of a prior written application by the Merchant for the carriage of such Goods.	a) 운송인은 유해성, 위해성 또는 위험성이 있는 화물의 운송에 관하여 화주로부터 사전에 서면의 신청이 있고, 이것을 운송인이 서면으로 수락한 때에 한하여 화물의 운송을 인수한다.
b) The Merchant shall ensure that the nature of dangerous Goods is distinctly and permanently marked and manifested on the outside of the packages and containers, and shall submit all documents or certificates required by any applicable statutes or regulations.	b) 화주는 위험 화물의 성질을 화물의 포장과 컨테이너의 외부에 명확하고 지워지지 않게 명기하여야 하고, 그리고 적용할 모든 법령 또는 규칙에 의하여 요구되는 모든 서류 또는 증서를 제출하여야 한다.
c) Whenever Goods are discovered to be contraband or prohibited by any applicable laws or regulations, the Carrier shall be entitled to have such Goods rendered innocuous, thrown overboard or discharged or otherwise disposed of at the Carrier's discretion without compensation.	c) 화물이 적용법령 또는 규칙에 의하여 수출입의 금제 또는 금지품으로 판명되는 경우, 운송인은 손해배상 없이 운송인 임의로 화물을 무해하게 하거나, 선외로 버리거나, 또는 양하하거나 혹은 달리 처분할 권리를 가진다.
13. Delivery	**제13조 인 도**
a) The Carrier shall have the right to deliver the Goods at any time at any place designated by the Carrier within the geographic limits of the place of delivery.	a) 운송인은 언제든지 인도지의 지리적 한계 내에서 지정된 어떠한 장소에서도 화물을 인도할 권리를 가진다

b) In any case the Carrier's responsibility shall cease when the Goods have been delivered to the Merchant, its agent or subcontractors or otherwise according to law at the place designated by the Carrier. Delivery of the Goods to the custody of Customs or any other authorities shall always constitute final discharge of the Carrier's responsibility hereunder.

b) 어떠한 경우에도, 운송인의 책임은 운송인이 지정한 장소의 법에 따라서 화주, 그 대리인 또는 하수급인 기타에게 인도될 때에 종료한다. 이 선하증권에 따라서 세관 또는 기타 당국의 관리하로 화물을 인도한 것은 운송인의 책임을 최종적으로 종료시킨 것으로 한다.

c) For Goods received by the Carrier in containers the Carrier shall only be responsible for delivery of the total number of containers shown on the face of the Bill of Lading, and shall not be required to unpack the containers.

c) 이미 컨테이너에 실린채 운송인이 수령한 화물에 관하여 운송인은 선하증권 표면에 기재된 컨테이너 전체 수량의 인도 책임만 진다. 그리고 컨테이너를 개방하도록 운송인에게 요구해서는 안된다.

d) Where the Goods have been packed into containers by the Carrier, the Carrier shall unpack the containers and deliver the contents there of and shall not be required to deliver the Goods in containers.

d) 운송인이 화물을 컨테이너 안에 적입한 경우, 운송인은 컨테이너를 개방하고 컨테이너 속의 내용물을 인도하여야 한다. 그리고 운송인은 화물을 컨테이너에 넣은 채로 인도하도록 요구받지 아니한다.

e) The Carrier shall not be liable for failure to deliver in accordance with marks unless the Goods or Packages shall have been clearly, legibly and permanently marked.

e) 화물 또는 포장이 분명하고, 읽기 쉽고 그리고 지워지지 않게 마크되어 있지 아니한다면, 운송인은 마크에 따라서 인도하지 못한 것에 대하여 책임이 없다.

14. Notice of Claim and Time for Suit

제14조 손해배상청구의 통지 및 제소기간

a) Unless notice of loss or damage and the general nature of such loss or damage be given in writing to the Carrier or his agent at the place of delivery at the time

a) 멸실 또는 훼손의 통지 및 그 멸실 또는 훼손의 일반적인 성질이 서면으로써 운송인 또는 그 대리인에게 화물의 인도지에서 인도시에 통지되지 아니한다

of delivery, such removal shall be evidence of the delivery by the Carrier of the Goods as described in the Bill of Lading. If the loss or damage be not apparent, the notice must be given in writing to the Carrier within three days after delivery.

면, 화물의 인도는 선하증권상에 명시된 대로 운송인이 화물을 인도한 증거가 된다. 만일 멸실 또는 훼손이 외관상 분명하지 아니한 경우, 통지는 인도후 3일 안에 운송인에게 서면으로 통지하여야 한다.

b) In any event and however founded the Carrier shall be discharged from all liability unless suit is brought within one year after the delivery of the Goods or the date when the Goods should have been delivered.

b) 어떠한 경우에도 또한 어떻게 화물의 손상이 발견되었다 하더라도, 만일 소송이 화물의 인도 후 또는 화물이 인도되었을 날로부터 1년안에 제기되지 아니한다면, 운송인의 모든 책임은 면제된다.

c) Where the Merchant contests the general application of Hague/Visby/COGSA legislation, proof that damage actually occurred in the care, custody or control of the Inland Carrier, and that claim or suit were not timely made within the time limits provided by law and tariff applicable to the Inland Carrier shall create an absolute defense to the liability of the Ocean Carrier.

c) 화주가 헤이그/비스비/COGSA 법률의 일반적 적용을 항변할 경우, 손해가 내륙운송인의 관리, 보관 또는 감독하에서 실질적으로 발생한 것에 대한 증명과 내륙운송인에게 적용할 법률과 운임표에 의하여 규정된 시효기간 안에 클레임 또는 소송이 적기에 제기되지 않은 것에 대한 증명은 해상운송인의 책임에 대하여 절대적인 방어가 된다.

15. Damage

제15조 손해배상

a) In no event shall the Carrier be liable for more than the contract to the Marchant of the damaged or lost items at the place and time they were or should have been delivered to the Merchant. Where permitted by law, the Carrier's liability hereunder shall not exceed the Merchant's net invoice cost, freight and in-

a) 어떠한 경우에도 운송인은 화주에게 화물을 인도 또는 인도하였어야 또는 시기에 훼손 또는 멸실된 품목에 대하여 화주와의 계약가액 이상으로 책임을 지지 아니한다. 법이 허용할 경우에, 선하증권상에서 운송인의 책임은 화주의 순송장가액, 운임 및 보험료가 지급되었다면 이를 초과하지 못한다.

surance premiums, if paid.

b) In no event shall the Carrier be responsible for consequential damages, for lost profits, for non-compensatory damages, for exemplary damages, or for damages of any kind arising from delay, loss of market, depreciation or damages payable by the Merchant to any third party.

b) 어떠한 경우에도 운송인은 결과손해, 상실이익, 비보상적 손해, 징벌적 손해, 연착으로 발생한 모든 종류의 손해, 시장상실, 가치하락, 화주가 제 3 자에게 지급할 손해에 대하여 책임을 지지 아니한다

16. Limitation of Damage

제16조 손해배상에 대한 책임제한

a) Damages shall, in all events, be limited in accordance with the applicable Hague/Visby/COGSA legislation.

a) 모는 경우에 있어서 손해배상은 적용할 헤이그/비스비/COGSA 법률에 따라서 제한을 받는다.

b) Unless the nature and value of the Goods have been declared in by the Merchant before shipment and inserted in this Bill of Lading, and ad valorem freight regulated in the applicable tariff paid in advance;

i) Where Hague Rules apply, the Carrier shall in no event be liable for loss or damage in an amount exceeding the minimum allowable limit per package or unit in the applicable version of the Hague Rules.

ii) Where U.S. COGSA applies, the Carrier shall in no event be or become liable for any loss or damage to or in con nection with the Goods in an amount exceeding U.S. dollars 500 per package or, in case of Goods not shipped in packages, per customary freight unit.

b) 화물의 성질과 가액을 화주가 서면으로써 신직 진에 신고하지 않았서나, 이 선하증권에 삽입하지 아니하였거나, 그리고 선지급의 적용 운임표상에서 종가운임으로 규제되지 아니한 경우, 운송인의 책임은 다음과 같이 제한된다.

i) 헤이그 규칙을 적용할 경우, 운송인은 어떠한 경우에도 헤이그 규칙의 규정에서 짐짝 또는 단위당 허용된 최소액을 초과하는 금액으로써 멸실 또는 훼손의 책임을 지지 아니한다.

ii) 미국의 COGSA를 적용하는 경우, 운송인은 어떠한 경우에도 화물의 또는 화물과 관련한 모든 멸실 또는 훼손에 관하여 짐짝당 또는 화물이 짐짝으로 선적되지 아니한 경우에는 관습적 운임단위당 미화 500달러를 초과하는 금액으로 책임을 지지 아니한다.

17. Generous Average and Special Charge	第17조 공동해손 및 특별비용
a) General Average to be adjusted, stated and settled at any port or place at the Carrier's option, according to the York-Antwerp Rules 1974(as amended 1990) in the currency selected by the adjuster, who shall be appointed by the Carrier.	a) 공동해손은 1974년 요크안트워프규칙(1990년 개정)에 따라서, 운송인이 지정한 정산인이 채택한 통화로써, 운송인이 선정한 항 또는 장소에서 정산되고, 정산서가 작성되고 그리고 결재되어야 한다
b) Average agreement, non-separation agreement, deposit or bond shall be furnished by the Merchant to the Carrier before delivery of Goods subject to claims for contribution in General Average.	b) 화주는 화물이 인도되기 전에 공동해손맹약서, 불분리합의서, 공탁금 또는 본드를 공동해손의 분담채권으로 하여 운송인에게 제시해야 한다.
c) The Amended Jason Clause as approved by the Baltic and International Maritime Conference(BIMCO) is incorporated here by this reference.	c) 발틱, 국제해운회의소(빔코)가 승인한 바에 따라서 개정 제이슨약관은 이 조항에 의하여 이 선하증권에 합일시킨다.
d) The Both-to-Blame Collision Clause as adopted by BIMCO is incorporated here by this reference.	d) 빔코가 채택한 쌍방과실충돌약관을 이 조항에 의하여 이 선하증권에 합일시킨다.
e) In case of special charges or expenditures unforeseen by the terms this Bill of Lading, and not compensable in General Average, the Merchant shall reimburse the Carrier for all such special charges and expenditures that might be applicable to the Goods.	e) 이 선하증권의 조항에 의하여 예측되지 아니한 특별비용 또는 소요비용 및 공동해손으로 전보되지 아니하는 경우, 화주는 동 화물에 적용되는 그러한 특별비용과 소요비용을 운송인에게 상환하여야 한다.
18. Deviation	第18조 항로이탈
No reasonable or customary action taken	화물의 운송기간중에 운송인이 취한

by the Carrier during the carriage of the Goods shall constitute a deviation, and in particular, no action taken by the Carrier pursuant to the Liberties Clause above shall constitute a deviation if it was taken for the intended benefit of the Vessel, the Goods, the Goods of others or the general enterprise. It shall be prerequisite to the Merchant's claim for damages on account of deviation that the Merchant's insurance shall first have been cancelled on account of the alleged deviation. No deviation shall oust the right to limit liability or damages, and the Carrier shall always be entitled to the full benefit of all privileges, rights and immunities contained in this Bill of Lading and any incorporated tariffs.	합리적이고 관행적인 조치는 이로를 구성하지 아니한다. 또한, 특히 운송인이 위의 자유약관에 따라서 취한 행위는 선박, 화물, 제3자의 화물 또는 일반기업의 계획된 이익을 위하여 취해진 것이라면 이로를 구성하지 아니한다. 이로 때문에 화주가 손해배상 청구를 할려면 화주의 적하보험이 추정이로 때문에 취소되는 것이 전제조건이 되어야 한다. 이로는 책임 또는 손해배상을 제한하는 권리를 박탈하는 것이 아니다. 또한 운송인은 이 선하증권 및 합의된 운임표에 포함된 모든 특권, 권리 및 면책의 전반적인 이익을 향유한다.
19. Severability of Term	**제19조 약관의 엄격성**
a) The terms of this Bill of Lading are severable, and if any part or term is declared invalid or unenforceable, the validity or enforceability of any other part or term shall not be affected.	a) 이 선하증권의 조항들은 엄격하게 해석해야 한다. 그리고 이 조항의 어느 부분이 무효 또는 효력이 발생하지 아니한다고 공포된 경우에도, 다른 부분 또는 조항의 효력 또는 시행력은 영향을 받지 아니한다.
b) In particular, if any term of this Bill of Lading is held to be repugnant to the applicable Hague/Visby/COGSA legislation or to any tariff to any extent, such term shall be void to that extent but no further	b) 특히 이 선하증권의 어느 조항이 적용할 헤이그/비스비/COGSA 법률 또는 어떠한 운임표의 어느 범위까지 저촉되는 경우에, 그러한 조항은 저촉 범위까지 무효이나, 그 이상은 무효가 아니다.

〈부록 Ⅲ〉 1924년 헤이그규칙

International Convention For The Unification of Certain Rules of Law Relating to Bills of Lading(1924)
(1924년 선하증권에 관한 규정의 통일을 위한 국제협약)

Article 1 In this convention the following words are employed with the meaning set out below:	제1조 이 협약에서 사용된 용어들은 아래에 설명한 의미로 사용된다.
(a) "Carrier" includes the owner or the charterer who enters into a contract of carriage with a shipper;	(a) "운송인(carrier)"이라 함은 송하인과 운송계약을 체결하는 선주 또는 용선자를 포함한다.
(b) "Contract of carriage" applies only to contracts of carriage covered by a bill of lading or any similar document of title, in so far as such document relates to the carriage of goods by sea, including any bill of lading or any similar document as aforesaid issued under or pursuant to a charter party from the moment at which such bill of lading or similar document of title regulates the relations between a carrier and a holder of the same;	(b) "운송계약(Contract of carriage)"은 선하증권 또는 이와 유사한 권리증권에 의하여 증명되는 운송계약에만 적용한다. 단 용선계약에 의하여 발행되는 선하증권 또는 이와 유사한 권리증서는 운송인과 선하증권소지인간의 관계를 정하는 순간부터 적용된다.
(c) "Goods" includes goods, wares, merchandises, and articles of every kind whatsoever except live animals and cargo which by the contract of carriage is stated as being carried on deck and is so carried;	(c) "화물(goods)"이라 함은 생동물과 운송계약에 의하여 갑판적(갑판적)화물이라고 기재되고 또 그렇게 운송되는 화물을 제외한, 모든 종류의 물품, 제품 및 상품을 포함한다.
(d) "Ship" means any vessel used for the	(d) "선박(ship)"은 해상운송에 사용되는

carriage of goods by sea;

일체의 선박을 뜻한다.

(e) "Carriage of goods" covers the period from the time when the goods are loaded on to the time they are discharged from the vessel.

(e) "화물운송(Carriage of goods)"의 기간은 물품이 선박에 적재되는 때부터, 선박으로 부터 양륙되는 기간을 말한다.

Article 2

Subject to the provisions of Article 6, under every contract of carriage of goods by sea the carrier, in relation to the loading, handling, stowage, carriage, custody, care and discharge of such goods shall be subject to the responsibilities and liabilities, and entitled to the rights and immunities hereinafter set forth.

제 2 조

제 6 조에서 정한 경우를 제외하고, 운송인은 모든 해상운송계약에서 화물의 선적, 취급, 선내 적부, 운송, 보관, 관리 및 양륙에 관하여 이 규칙에서 정한 의무와 책임을 지며 또 권리와 면책권을 갖는다.

Article 3

1. The carrier shall be bound before and at the beginning of the voyage to exercise due diligence to

(a) Make the ship seaworthy ;

(b) Properly man, equip, and supply the ship ;

(c) Make the holds, refrigerating and cool chambers, and all other parts of the ship in which goods are carried, fit and safe for their reception, carriage and preservation.

2. Subject to the provisions of Article 4 the carrier shall properly and carefully load, handle, stow, carry, keep, care for, and discharge the goods carried.

3. After receiving the goods into his

제 3 조

1. 운송인은 발항(발항)전과 발항 당시에 상당한 주의로서 다음의 사항을 이행하여야 한다.

(a) 선박의 감항능력을 갖추는 것 ;

(b) 선박승무원의 배치, 선박의장 및 보급품을 적절히 하는 것 ;

(c) 선창, 냉동실, 냉기실(냉기실) 기타 화물이 적재되는 선박의 모든 부분을 화물의 수취, 운송, 보관을 위하여 적합하고 안전하게 하는 것.

2. 제 4 조의 적용의 경우를 제외하고, 운송인은 화물의 적재, 취급, 선내작업, 운송, 보관, 관리 및 양륙에 있어 적절하고 신중히 하여야 한다.

3. 운송인, 선장 또는 운송인의 대리인

charge the carrier or the master or agent of the carrier shall, on demand of the shipper, issue to the shipper a bill of lading showing among other things	은 화물을 자기 관리아래로 인수한 후 송하인이 요구하면 다음 사항을 기재한 선하증권을 송하인에게 교부하여야 한다.
(a) the leading marks necessary for identification of the goods as the same are furnished in writing by the shipper before the loading of such goods starts, provided such marks are stamped or otherwise shown clearly upon the goods if uncovered, or on the cases or coverings in which such goods are contained, in such a manner as should ordinarily remain legible until the end of the voyage;	(a) 화물 선적개시 전에 송하인이 서면으로 통지한 것과 동일한 화물임을 증명하는 데 필요한 주요 하인(하인). 단, 이러한 하인은 무포장일 때는 동 화물자체에, 그리고 포장화물일 때는 화물이 들어 있는 상자나 포장에 항해가 끝날 때까지 통상 읽어 볼 수 있도록 남아 있게 명확히 압인(압인)되거나 그 밖의 방법으로 표시되어야 한다.
(b) either the number of packages or pieces, or the quantity, or weight, as the case may be, as furnished in writing by the shipper;	(b) 송하인이 서면으로 통지한 내용과 같은 포장의 개수 또는 경우에 따라 수량이나 중량.
(c) the apparent order and condition of the goods. Provided that no carrier, master or agent of the carrier shall be bound to state or show in the bill of lading any marks, number, quantity, or weight which he has reasonable ground for suspecting not accurately to represent the goods actually received, or which he has no reasonable means of checking.	(c) 화물의 외관상태. 단, 운송인, 선장 또는 그 대리인은 화물의 하인, 수량, 용적 또는 중량이 실제로 인수한 화물을 정확히 나타내지 못한다고 의심할 만한 상당한 근거가 있거나, 또는 이를 검사할 적절한 방법이 없는 경우에는 선하증권에 이를 기재하거나 표시할 의무가 없다.
4. Such a bill of lading shall be prima facie evidence of the receipt by the carrier of the goods as there in described in accordance with paragraph(3),(a)(b) and(c).	4. 이와 같은 선하증권은 위 3항의 (a),(b),(c)에 따라 기재된 대로 운송인이 화물을 인수하였다는 추정적 증거(추정적 증거)가 된다.

5. The shipper shall be deemed to have guaranteed to the carrier the accuracy at the time of shipment of the marks, number, quantity and weight, as furnished by him, and the shipper shall indemnify the carrier against all loss, damages, and expenses arising or resulting from inaccuracies in such particulars. The right of the carrier to such indemnity shall in no way limit his responsibility and liability under the contract of carriage to any person other than the shipper.

5. 송하인은 선적시 운송인에게 자기가 통지한 대로 하인, 번호, 수량 및 중량의 정확성을 담보(담보)한 것으로 간주하며, 또한 송하인은 이러한 사항의 부정확성의 결과로 야기되는 모든 손실, 손상 및 비용을 운송인에게 보상하여야 한다. 이와 같은 손해배상에 관한 운송인의 권리는 운송인이 송하인 이외의 모든 자에 대한 운송계약상의 의무와 책임에 대해서 어떠한 방법으로도 제한받지 않는다.

6. Unless notice of loss or damage and the general nature of such loss or damage be given in writing to the carrier or his agent at the port of discharge before or at the time of the removal of the goods into the custody of the person entitled to delivery thereof under the contract of carriage, or if the loss or damage be not apparent, within three days, such removal shall be prima facie evidence of the delivery by the carrier of the goods as described in the bill of lading.

6. 운송계약에 의해서 화물을 인도받을 권리가 있는 자에게 화물이 인도되기 전 또는 그 당시에, 운송인 또는 그 대리인에게 화물의 멸실, 손상과 또 그 멸실 및 손상의 개략적인 설명을 서면으로 통지하지 않거나, 또는 만일 멸실이나 손상이 외관상 분명하게 드러나지 않을 경우는 화물인도 후 3일 이내에 그러한 통지가 없는 한, 운송인은 선하증권기재 대로 화물을 인도하였다고 추정된다.

The notice in writing need not be given if the state of the goods has, at the time of their receipt, been the subject of joint survey or inspection.

화물을 인수할 당시 동 화물의 상태에 관하여 공동조사나 검사를 한 경우에는 위와 같은 서면통지가 필요하지 않다.

In any event the carrier and the ship shall be discharged from all liability in respect of loss or damage unless suit is brought within one year after delivery of the goods or the date when the goods should have been delivered.

실제 화물이 인도된 날로부터 또는 화물이 인도되었어야 할 날로부터 1년 내에 소송이 제기되지 않으면 운송인 및 선박은 어떠한 경우의 멸실 및 손상에 대한 책임으로부터 면제된다.

In the case of any actual or appre-

화물에 현실적 또는 추정적 멸실이나

hended loss or damage the carrier and the receiver shall give all reasonable facilities to each other for inspecting and tallying the goods.

손상이 발생한 경우에 운송인과 수하인은 검사와 검수를 함에 있어서 모든 합리적인 편의를 상호 제공하여야 한다.

7. After the goods are loaded the bill of lading to be issued by the carrier, master, or agent of the carrier, to the shipper shall, if the shipper so demands, be a "shipped"bill of lading, provided that if the shipper shall have previously taken up any document of title to such goods, he shall surrender the same as against the issue of the"shipped" bill of lading, but at the option of the carrier such document of title may be noted at the port of shipment by the carrier, master, or agent with the name or names of the ship or ships upon which the goods have been shipped and the date or dates of shipment, and when so noted, if it shows the particulars mentioned in paragraph(3) of Article 3, shall for the purpose of this article be deemed to constitute a "shipped" bill of lading.

7. 화물이 선적된 후 운송인, 선장 또는 운송인의 대리인이 송하인에게 교부하는 선하증권은 송하인의 요구가 있는 경우에는 "선적"선하증권이어야 한다. 단, 송하인이 이 화물에 대한 다른 어떤 권리증서를 교부받았을 경우에는 "선적"선하증권의 교부와 상환하여 동 권리증서를 반환하여야 한다. 그러나 운송인의 재량에 따라 운송인, 선장 또는 운송인의 대리인은 그 권리증서에 화물이 선적된 선박명과 선적일자를 기재할 수 있으며, 이와 같이 기재된 권리증서가 제3조 3항에 규정 사항을 표시하고 있을 경우 그러한 증서는 본조의 취지에 따라 "선적" 선하증권의 요건을 구비한 것으로 간주한다.

8. Any clause, covenant, or agreement in a contract of carriage relieving the carrier or the ship from liability for loss or damage to or in connection with, goods arising from negligence, fault, or failure in the duties and obligations provided in this article, or lessening such liability otherwise than as provided in this convention, shall be null and void and of no effect. A benefit of insurance in favour of the carrier or similar clause shall be deemed to be a

8. 본 협약에 규정된 의무를 태만, 과실 또는 불이행하여 발생된 화물의 멸실, 손상 또는 화물에 관련된 멸실, 손상에 대한 책임으로부터 운송인 또는 선박을 면제시키거나, 본 협약의 규정과 달리 이러한 책임을 경감시키는 운송계약상의 일체의 조항, 계약 또는 합의사항은 효력이 없다.
보험의 이익을 운송인에게 양도하는 조항 또는 이와 유사한 모든 조항은 운송인의 책임을 면제하는 조항으로 간주

clause relieving the carrier from liability.

된다.

Article 4.

제4조

1. Neither the carrier nor the ship shall shall be liable for loss or damage arising or resulting from unseaworthi- ness unless caused by want of due diligence on the part of the carrier to make the ship seaworthy, and to secure that the ship is properly manned, equipped, and supplied, and to make the holds, refrigerating, and cool chambers and all other parts of the ship in which goods are carried, fit and safe for their reception, carriage and preservation in accordance with provisions of paragraph(1) of Article 3.

1. 제3조 1항 규정에 따라 선박을 감항(감항)상태로 하고 선원의 배치, 선박의 의장(의장) 및 필수 보급품들을 적절히 구비하고 선박의 창내, 냉동실, 냉기실 및 화물운송에 사용되는 기타 모든 부분을 화물의 인수, 운송, 보관에 적합하고 안전하게 하는 데 있어서, 운송인이 상당한 주의를 하지 않은 데에 원인이 있지 않은 한, 운송인 또는 선박은 선박의 불감항성의 결과로 발생되는 멸실 또는 손상 등에 대한 책임이 없다.

Whenever loss or damage has resulted from unseaworthiness the burden of proving the exercise of due diligence shall be on the carrier or other person claiming exemption under this article.

선박의 불감항성 때문에 멸실이나 손상이 발생하는 경우에는 상당한 수의를 경수하였다는 입증책임은 본조의 규정에 따라 면책을 주장하는 운송인 또는 그 밖의 자에게 있다.

2. Neither the carrier nor the ship shall be responsible for loss or damage arising or resulting from:

2. 운송인이나 선박은 다음 각호에 기인하여 발생한 멸실이나 손상에 대하여 면책된다.

(a) Act, neglect, or default of the master, mariner, pilot, or the servants of the carrier in the navigation or in the management of the ship.

(a) 항해 또는 선박관리에 있어서 선장, 선원, 도선사 또는 운송인의 고용인의 행위와 태만 또는 과실.

(b) Fire, unless caused by the actual fault or privity of the carrier.

(b) 화재. 단, 운송인의 고의 또는 과실에 의한 경우 제외.

(c) Perils, dangers and accidents of the sea or other navigable waters.

(c) 해상 또는 기타 항해가능 수면에서의 재해, 위험, 사고.

(d) Act of God.

(d) 천재지변.

(e) Act of war.

(e) 전쟁행위.

(f) Act of public enemies.	(f) 공적(공적)의 행위.
(g) Arrest or restraint of princes, rules or people, or seizure under legal process.	(g) 군주, 관헌(관헌) 또는 인민에 의한 억류 또는 재판상의 차압.
(h) Quarantine restrictions.	(h) 검역상의 제한.
(i) Act or omission of the shipper or owner of the goods, his agent or representative.	(i) 송하인, 소유권자 또는 이들의 대리인이나 지정인의 태만행위.
(j) strikes or lockouts or stoppage or restraint of labour from whatever cause, whether partial or general.	(j) 원인여하를 불문하고 부분 또는 전면적 동맹파업, 직장폐쇄, 노동의 정지 또는 방해.
(k) Riots and civil commotions.	(k) 폭동 및 내란.
(l) Saving or attempting to save life or property at sea.	(l) 해상에서의 인명 및 재산의 구조 또는 구조의 기도에 의한 것.
(m) Wastage in bulk or weight or any other loss or damage arising from inherent defect, quality or vice of the goods.	(m) 화물고유의 하자, 품질 또는 결함에 의한 용적이나 중량의 감손(감손) 및 기타 일체의 멸실 또는 손상.
(n) Insufficiency of packing.	(n) 포장의 불충분에 의한 것.
(o) Insufficiency or inadequacy of marks.	(o) 하인(하인)의 불충분 또는 부적당
(p) Latent defects not discoverable by due diligence.	(p) 상당한 주의를 하여도 발견할 수 없는 숨은 하자.
(q) Any other cause arising without the actual fault or privity of the carrier, or without the fault or neglect of the agents or servants of the carrier, but the burden of proof shall be on the person claiming the benefit of this exception to show that neither the actual fault or privity of the carrier nor the fault or neglect of the agents or servants of the carrier contributed to the loss or damage.	(q) 운송인의 사실상의 고의나 과실 또는 그의 대리인이나 고용인의 과실이나 태만에 의하지 않은 그 밖의 모든 원인. 그러나 화물의 멸실이나 손상이 운송인의 과실이나 고의 또는 그의 대리인이나 고용인의 과실이나, 태만에 의하여 발생하지 않았다는 입증책임은 이러한 면책의 혜택을 주장하는 자에게 있다.
3. The shipper shall not be responsible for loss or damage without the act, fault or neglect of the shipper, his agents or his servants.	3. 송하인은, 운송인이나 선박이 입은 멸실이나 손해에 대하여, 송하인 또는 그 대리인이나 고용인의 행위, 과실 또는 태만에 원인이 있지 않는 한, 책임이 없다.

4. Any deviation in saving or attempting to save life or property at sea, or any reasonable deviation shall not be deemed to be an infringement or breach of this convention or of the contract of carriage, and the carrier shall not be liable for any loss or damage resulting therefrom.

4. 해상에서 인명이나 재산을 구조하거나 이러한 구조를 하기 위한 이로(이로) 또는 그 외의 합리적인 이로는 본 협약이나 운송계약의 위반이나 침해로 간주하지 않으며, 운송인은 이러한 결과로 발생된 일체의 멸실이나 손상에 대하여 책임지지 않는다.

5. Neither the carrier nor the ship in any event be or become liable for any loss or damage to or in connection with goods in an amount exceeding £100 per package or unit, or the equivalent of that sum in other currency unless the nature and value of such goods have been declared by the shipper before shipment and inserted in the bill of lading. This declaration if embodied in the bill of lading shall be prima facie evidence, but shall not be binding or conclusive of the carrier.

5. 운송인이나 선박은 어떠한 경우에도 화물의 멸실, 손상 또는 화물에 관련된 멸실이나 손상에 대하여 송하인이 선적 전에 이러한 화물의 성질과 가격을 고지하여 선하증권에 기재하지 않은 경우에는 포장당 또는 단위당 100파운드를 초과하거나 또는 다른 통화로 100파운드 상당액을 초과하여 책임지지 않는다. 선하증권에 구현되어 있을 경우 이러한 기재는 추정적 증거로 되며, 이러한 기재가 운송인을 기속하거나 결정적 증거로 되는 것은 아니다.

By agreement between the carrier, master or agent of the carrier and the shipper another maximum amount than that mentioned in this paragraph may be fixed, provided that such maximum shall not be less than the figure above named.

운송인, 선장 또는 운송인의 대리인과 송하인은 합의에 의하여 본조에서 규정한 금액과 다른 최고금액을 정할 수도 있다. 단, 이러한 협정 최고액은 위에 언급된 금액보다 작아서는 안 된다.

Neither the carrier nor the ship shall be responsible in any event for loss or damage to, or in connection with goods if the nature or value thereof has been knowingly misstated by the shipper in the bill of lading.

송하인이 화물의 성질과 가액을 고의로 허위 통지하여 선하증권에 잘못 기재되는 경우에는 운송인이나 선박은 화물의 멸실이나 손상에 대하여 어떠한 경우도 책임지지 않는다.

6. Goods of an inflammable, explosive or dangerous nature to the shipment

6. 인화성, 폭발성 또는 위험성 있는 화물의 선적의 경우, 운송인, 선장 또는

whereof the carrier, master or agent of the carrier has not consented with knowledge of their nature and character, may at any time before discharge be landed at any place or destroyed or rendered innocuous by the carrier without compensation and the shipper of such goods shall be liable for all damages and expenses directly or indirectly arising out of or resulting from such shipment. If any such goods shopped with such knowledge and consent shall become a danger to the ship or cargo, they may in like manner be landed at any place, or destroyed or rendered innocuous by the carrier without liability on the part of the carrier except to general average, if any.

운송인의 대리인이 동 화물의 그러한 성질 및 특징을 알았다면 선적을 허용하지 않았을 화물에 대하여는, 운송인은 양하전 언제 어디서도 손해배상의 책임없이 양륙하거나 파괴 또는 무해화(무해화)시킬 수 있다. 그리고 송하인은 이러한 화물선적으로 인하여 직접 또는 간접적으로 발생하는 모든 손해와 비용에 대해서 책임이 있다. 만일 운송인이 화물의 성질을 알고 선적된 경우라도, 그것이 선박이나 화물에 위험을 끼치게 될 경우, 운송인은 공동해손이 성립되는 경우를 제외하고, 위에 언급된 방법으로 아무런 책임없이 어떤 장소에서든지 양하, 파괴 또는 무해화시킬 수 있다.

Article 5

A carrier shall be at liberty to surrender in whole or in part all or any of his rights and immunities or to increase any of his responsibilities and obligations under this convention provided such surrender or increase shall be embodied in the bill of lading issued to the shipper.

The provisions of this convention shall not be applicable to charter parties, but if bills of lading are issued in the case of a ship under a charter party they shall comply with the terms of this convention. Nothing in these rules shall be held to prevent the insertion in a bill of lading of any lawful provision regarding general average.

제5조

운송인은 본 협약에 규정된 권리와 면책의 전부 또는 일부를 포기하거나 그의 의무와 책임을 증가시킬 수 있는 자유를 갖는다. 단, 이러한 포기나 증가 본 협약의 규정은 용선계약에는 적용되지 않는다. 그러나 용선계약 하에서도 선하증권이 발행된 경우에는 이러한 선하증권은 이 협약의 규정에 따른다. 본 규칙의 어떠한 규정도 공동해손에 관한 합법적 조항을 선하증권에 삽입하는 것을 못하게 하지는 않는다.

Article 6

Notwithstanding the provisions of the preceding articles, a carrier, master or agent of the carrier and a shipper shall in regard to any particular goods be at liberty to enter into any agreement in any terms as to the responsibility and liability of the carrier for such goods, and as to the rights and immunities of the carrier in respect of such goods, or his obligation as to seaworthiness, so far as this stipulation is not contrary to public policy, or the care or diligence of his servants or agents or in regard to the loading, handling, stowage, carriage, custody, care and discharge of the goods carried by sea, provided that in his case no bill of lading has been or shall be issued and that the terms agreed shall be embodied in a receipt which shall be a non-negotiable document and shall be marked as such.

Any agreement so entered into shall have full legal effect: Provided that this article shall not apply to ordinary commercial shipments made in the ordinary course of trade, but only to other shipments where the character or condition of the property to be carried or the circumstances, terms and conditions under which the carriage is to be preformed are such as reasonably to justify a special agreement.

제6조

전 각조의 규정에도 불구하고 운송인, 선장 또는 운송인의 대리인과 송하인은 어떠한 특정화물에 관하여도 동 화물에 대한 운송인의 의무와 책임 또한 동 화물의 운송인의 권리와 면책에 관하여 이러한 약정이 공공질서에 반하지 않는 한, 감항성에 대한 운송인의 의무, 해상운송화물의 선적, 취급, 선내 작업, 운송, 보관, 관리 및 양하에 대한 운송인의 사용인 또는 대리인의 주의 등에 관하여 어떠한 조건으로로도 자유로이 협약을 체결할 수 있다. 단, 이러한 경우에는, 선하증권을 발행하지 않았거나 발행하지 않는 것을 조건으로 하여 약정된 비유통성(non- negotiable) 증서라고 명시된 화물수취증에 구현되어 있어야 한다.

이와 같이 체결된 약정은 완전한 법적 효력을 갖는다. 단, 본 조항은 통상의 상거래에 의하여 선적되는 통상의 상업적 적하에 적용되는 것이 아니고 운송해야 할 재산의 특성과 상태 또는 운송이행에 따르는 사정과 조건에 대하여 특약할 만한 정당한 이유가 있는 그 밖의 적하에 한하여 적용한다.

Article 7

Nothing herein contained shall prevent a carrier or a shipper from entering into any agreement, stipulation, condition, reser-

제7조

본 협약의 어떠한 규정도 해상운송화물의 선적 전과 양하 후에 있어서 화물을 보관, 관리, 취급할 때 또는 이에 관

vation or exemption as to the responsibility and liability of the carrier or the ship for the loss or damage to, or in connection with, the custody and care and handling of goods prior to the loading on, and subsequent to, the discharge from the ship on which the goods are carried by sea.

련하여 발생되는 멸실 또는 손상에 대한 운송인 또는 선박 의 의무 및 책임에 관하여 운송인이나 송하인이 어떠한 협정, 계약, 조건, 유보 또는 면책을 체결하는 것을 못하게 하지는 않는다.

Article 8

The provisions of this convention shall-shall not affect the rights and obligations of the carrier under any statute for the time being in force relating to the limitation of the liability of owners of seagoing vessels.

제8조

본 협약의 제 규정은 항해선박의 선주의 책임을 제한하는데 관계되는 현행법상의 운송인의 권리와 의무에 영향을 미치지 않는다.

Article 9

The monetary units mentioned in this convention are to be taken to be gold value. Those contracting states in which the pound sterling is not a monetary unit reserve to themselves the right of translating the sums indicated in this convention in terms of pound sterling into terms of their own monetary system in round figures.

The national laws may reserve to the debtor the right of discharging his debt in national currency according to the rate of exchange prevailing on the day of the arrival of the ship at the port of discharge of the goods concerned.

제9조

본 협약에서 언급되는 화폐단위는 금(금)본위가액으로 한다.

파운드스털링(pound sterling)이 화폐단위로 사용되고 있지 않는 계약당사자 국가들은 본 협약에 파운드스털링으로 표시된 금액을 자국의 화폐제도에 따라 개수(개수)로 환산할 권한을 유보한다.

채무자는 국내법에 의하여 관계된 화물을 실은 선박이 양륙항에 도착하는 당일의 환율시세에 의하여 자기의 채무를 자국통화로 변제할 권리를 유보한다.

Article 10

The provision of this convention shall

제10조

본 규칙은 어느 계약 당사국에서나

apply to all bills of lading issued in any of the contracting states.

발행되는 모든 선하증권에 적용된다.

Article 11

After on interval of not more than two years from the day on which the convention is signed, the Belgian Government shall place itself in communication with the governments of the high contracting parties which have declared themselves prepared to ratify the convention with a view to deciding whether it shall be put into force.

The ratifications shall be deposited at Brussels at a date to be fixed by agreement among the said governments.

The first deposit of ratifications shall be recorded in a preces-verbal signed by the representatives of the powers which take part therein and by the Belgian Minister for Foreign Affairs.

The subsequent deposit of ratifications shall be made by means of written notification, addressed to the Belgian Government and accompanied by the instrument of ratification.

A duly certified copy of the procces-verbal relating to the first deposit of ractifications, of the notifications referred to in the previous paragraph, and also of the instruments of ratification accompanying them, shall be immediately sent by the Belgian Government through the diplomatic channel, to the powers who have signed this convention or who have acceded to it. In the cases contemplated in the preceding

제11조

본 협약이 서명된 날로 부터 기산하여 2년의 기간이 경과하기 전에 벨기에 정부는 본 협약의 시행여부를 결정하기 위하여 비준의 준비를 선언한 체약당사국 정부와 협의를 개시하여야 한다.

비준서는 체약국 정부간에 합의로 정한 일자에 Brussels에 기탁되어야 한다.

비준서의 첫 번째 기탁은 이에 참가한 국가의 대표들과 벨기에 외부부장관이 서명한 조서의사록에 기록된다.

그 이후의 비준서의 기탁은 벨기에 정부 앞으로 비준서가 첨부된 서면통지로이루어 진다.

비준서의 첫번째 기탁에 관한 의사록, 전항에서 언급한 통지 및 이에 첨부된 비준서등의 인증사본은 벨기에 정부가 외교통로를 통하여 본 협약에 서명하거나 승락한 국가에 즉시 송부하도록 한다. 전항에서 언급된 방식(서면통지)으로 비준이 이루어지는 경우에는 벨기에 정부가 그러한 통지를 접수하는 같은 일자에 이들 국가에 알리도록 한다.

paragraph, the said Government shall inform them at the same time of the date on which it received the notification.

Article 12

Non-signatory states may accede to the present convention whether or not they have been represented at the international Conference at Brussels.

A state which desires to accede shall notify its intention in writing to the Belgian Government, forwarding to it the document of accession, which shall be deposited in the archives of the said Government.

The Belgian Government shall immediately forward to all the states which have signed or acceded to the convention a duly certified copy of the notification and of the act of accession, mentioning the date on which it received the notification.

Article 13

The high contracting parties may at the time of signature, ratification or accession, declare that their acceptance of the present convention does not include any or all of the self-governing dominions, or of the colonies, overseas possessions, protectorates or territories under their sovereignty or authority, and they may subsequently accede separately on behalf of any self-governing dominion, colony, over-seas possession, protectorate or territory excluded in their declaration.

They may also denounce the convention

제12조

비 서명 국가는 Brussels국제협의회에 대표를 파견하였든 안 하였든 관계없이 본 협약에 가입할 수 있다.

가입을 희망하는 국가는 이러한 의향을 벨기에 정부에 서면으로 통지하여야 하며, 벨기에 정부 문서록에 기탁될 가입동의 문서를 동 정부에 발송하여야 한다.

벨기에 정부는 본 협약에 서명하거나 가입 동의한 모든 국가에서 이러한 통지서 접수일자를 표시하여 가입동의서 및 통지서의 인증사본을 즉시 송부하도록 한다.

제13조

체약당사국은 본 협약을 서명, 비준, 동의 시에 본 협약의 승인이 자국의 주권·권력하에 있는 자치령, 식민지, 해외 속령, 보호령, 또는 지배령의 전부 또는 그 일부에 대해서는 적용되지 않음을 선언할 수 있으며, 또 동 선언에서 제외된 자치령, 식민지, 해외속령, 보호령 또는 지배령을 대신하여 개별적으로 가입, 동의할 수도 있다.

체약국은 동 규정에 따라 그들의 주

separately in accordance with its provisions in respect of any self-governing dominion, or any colony, overseas possession, protectorate of territory under their sovereignty or authority.

권·권력하에 있는 자치령, 식민지, 해외 속령, 보호령 또는 지배령에 대해서 개별적으로 협약을 폐기할 수도 있다.

Article 14

The present convention shall take effect, in the case of the states which have taken part in the first deposit of ratifications, one year after the date of the protocol recording such deposit. As respects the states which ratify subsequently or which accede, and also in cases in which the convention is subsequently put into effect in accordance with Article 12, it shall take effect six months after the notifications specified in paragraph(2) of Article 11 and paragraph(2) of Article 12 have been received by the Belgian Government.

제14조

본 협약은 비준서의 제 1 회 기탁에 참가한 국가의 경우에는 동 기탁은 기록한 의정서일자로부터 1년 후에 효력을 발생한다. 추후에 본 협약에 비준하거나 동의한 국가에 관하여는, 그리고 제12조에 따라 본 협약이 추후에 시행될 경우에는 벨기에 정부가 제11조(2)항 및 제12조(2)항에 규정된 통지서를 접수한 날로부터 6개월 후에 효력이 발생한다.

Article 15

In the event of one of the contracting states wishing to denounce the present convention, the denuncia- tion shall be notified in writing to the Belgian Government, which shall immediately communicate a duly certified copy of the notification to all the other states, informing them of the date on which it was received. The denunciation shall only operate in respect of the state which made the notification, and on the expiry of one year after the notification has reached the Belgian Government.

제15조

체약국 중 어느 한 국가가 본 협약의 폐기를 원하는 경우에는 그러한 폐기의사를 서면으로 벨기에 정부에 통지하여야 하며, 벨기에 정부는 다른 모든 체약국에게 폐기통지서의 접수일자를 알리는 동 폐기통지의 인증사본을 즉시 전달하여야 한다. 협약의 폐기는 그러한 의사를 통지한 국가에 한하며, 통지서가 벨기에 정부에 도착된 때로 부터 1년을 경과한 때에 효력을 발생하게 된다.

Article 16	第16條
Any one of the contracting states shall have the right to call for a fresh conference with a view to considering possible amendments.	각 체약국은 가능한 협약개정안의 심의를 위하여 새로운 회의의 개최를 제의할 권리를 갖는다.
A state which would exercise this right should notify its intention to the other states through the Belgian Government, which would make arrangements for convening the conference.	이러한 권리를 행사하려는 국가는 회의소집을 준비하게 될 벨기에 정부를 통하여 그러한 의사를 다른 체약국에게 통지하여야 한다.
Done at Brussels, in a single copy, August 25, 1924.	1924년 8월 25일, Brussels에서 1통을 작성하였음.

〈부록 Ⅳ〉 1968년 헤이그-비스비규칙

The Brussels Protocol, 1968에 의해 개정된
Hague Rules 조문내용
=〉 The Hague-Visby Rules, 1968(헤이그-비스비규칙)

☞ 편집자 주: 1) 조문중 〈 abc 〉는 추가,
(abc)는 삭제,
[abc] 는 개정된 조문의 표시임.
2) 개정으로 변경된 조항은 전문을 수록하였음.

	(Hague Rules, 1924의)
Article 1, 2, Article 3 Paragraph 1,2,3 Paragraph 4 〈 〉 added	제1, 2조 : 변동없음. 제3조 제1, 2, 3항 : 변동없음. 제4항 : 〈 〉 내의 사항이 추가됨.
4. Such a Bill of Lading shall be prima facie evidence of the receipt by the carrier of the goods as therein described in accordance with paragraph 3(a),(b), and(c). 〈 However, proof to the contrary shall not be admissible when the Bill of Lading has been transferred to a third party acting in good faith〉.	4. 이와 같은 선하증권은 위 3항의 (a),(b),(c)에 따라 기재된 대로 운송인이 화물을 인수하였다는 추정적 증거(推定的證據)가 된다. 〈 다만 반대의 증명은 선하증권이 선의(善意)로 행동하는 제3자에게 이전된 경우에는 반증이 허용되지 않는다.〉
Paragraph 5. Paragraph 6, subparagraph 4 shall be(deleted) and replace by .	제5항 : 변동없음. 제6항 : 줄 그은 부분을 삭제하고, [ ]의 내용과 같이 개정 및 6bis추가.
6. Unless notice of loss or damage and the general nature of such loss or damage be given in writing to the carrier or his agent at the port of discharge before or at	6. 운송계약에 의해서 화물을 인도받을 권리가 있는 자에게 화물이 인도되기 전 또는 그 당시에, 운송인 또는 그의 대리

the time of the removal of the goods into the custody of the person entitled to delivery thereof under the contract of carriage, such removal shall be prima facie evidence of the delivery by the carrier of the goods as described in the Bill of Lading.	인에게 화물의 멸실, 손상과 또 그 멸실 및 손상에 대한 개략적인설명을 서면으로 통지를 하지 않는 한, 운송인은 선하증권의 기재대로 화물을 인도하였다고 추정된다.
If the loss or damage is not apparent, the notice must be given within three days of the delivery of goods.	만약 멸실이나 손상이 외관상 분명치 않는 경우는 인도 후 3일 이내에 이러한 통지를 하여야 한다.
The notice in writing need not be given if the state of the goods has at the time of their receipt been the subject of joint survey or inspection.	화물인수 당시 동 화물의 상태에 관하여 공동조사나 검사를 한 경우에는 서면통지가 필요하지 않다.
~~In any event the carrier and the ship shall be discharged from all liability in respect of loss or damage unless suit is brought within one year after delivery ofthe goods or the date when the goods should have been delivered.~~	~~실재 화물인도일로부터 또는 화물이 인도되었어야 할 날로부터 1년 내에 소송이 제기되지 않으면 운송인 및 선박은 어떠한 경우의 멸실 및 손상에 대한 책임으로부터 면제된다.~~
Subject to paragraph 6bis, the carrier and the ship shall in any event be discharged from all liability whatsoever in respect of the goods, unless suit is brought within one year of their delivery or of the date when they should have been delivered. This period may, however, be extended if the parties so agree after the case of action has arisen :	제6조의 2를 조건으로, 운송인 또는 선박은 어떠한 경우도 화물을 인도한 시점 또는 인도했어야 할 시점으로부터 1년 이내에 소송이 제기되지 않는 한 화물에 관한 모든 책임으로부터 면제된다. 다만 이 기간은 당사자가 소송원인의 발생 후에 합의한 경우는 연장될 수 있다.
In the case any actual or apprehended loss or damage, the carrier and the receiver shall give all reasonable facilities to each other for inspecting and tallying the goods.	현실적 또는 추정적 멸실이나 손상이 발생한 경우에 운송인과 수하인은 화물의 검사와 검수를 위해서 모든 합리적인 편의를 상호 제공하여야 한다.

〈 6 bis

"An action for indemnity against a third person may be brought even after the expiration of the year the preceding paragraph if brought within provided for in the time allowed by the law of the Court seized of the case. However, the time allowed shall be not less than three months, commencing from the day when the person bringing such action for indemnity has settled the claim or has been served with process in the action against himself"〉.

〈 제6조의 2(추가)

"제3자에 대한 배상청구소송은 사건이 계류된 법정지의 법에 의하여 허용된 기간 내에 제기되었을 때는 전항에서 규정하는 기간이 만료된 후에도 제기될 수 있다. 다만 허용되는 기간은 그 배상청구 소송을 제기하는 자가 손해배상을 지급한 날 또는 그자에 대한 소송에 대해 소장의 송달을 받은 날로부터 기산하여 3개월 미만이어서는 안 된다〉.

Paragraph 7, 8.

제7, 8항 : 변동없음.

Article 4.

Paragraph 1, 2, 3, 4.

Paragraph 5. Delete and replace

~~5. Neither the carrier nor the ship in any event be or become liablefor any loss or damage to or in connection with goods in an amount exceeding £100 per package or unit, or the equivalent of that sum in other currency unless the nature and value of such goods have been declared by the shipper before shipment and inserted in the bill of lading. This declaration if embodied in the bill of lading shall be prima facie evidence, but shall not be binding or conclusive of the carrier. By agreement between the carrier, master or agent of the carrier and the shipper another maximum amount than that mentioned in this paragraph may be fixed, provided that such maximum shall not be less than the figure above named. Neither the car-~~

제4조

제1, 2, 3, 4항 : 변동없음.

제5항(개정)

~~5. 운송인이나 선박은 어떠한 경우에도 화물의 멸실이나 손상또는 화물에 관련된 멸실이나 손상에 대하여 송하인이 선적 전에 이러한 화물의 성질과 가격을 고지하여 선하증권에 기재하지 않은 경우에는 포장당 또는단위당 100파운드를 초과하거나 또는 다른 통화로 100파운드 상당액을 초과하여 책임지지 않는다. 선하증권에 구현되어 있을 경우 이러한 기재는 추정증거로 되며, 이러한 기재가 운송인을 구속하거나 결정적 증거가 되는 것은 아니다.~~

~~운송인, 선장 또는 운송인의 대리인과 송하인은 합의에 의하여 본조에서 규정한 금액과 다른 최고금액을 정할 수도 있다. 단, 이러한 협정최고액은 위에 언급된 금액보다 작아서는 안된다.~~

~~송하인이 화물의 성질과 가액을 고의로~~

~~rier nor the ship shall be responsible in any event for loss or damage to, or in connection with goods if the nature or value thereof has been knowingly misstated by the shipper in the bill of lading.~~	~~허위통지하여 선하증권에 잘못 기재되는 경우에는 운송인이나 선박은 화물의 멸실이나 손상에 대하여 어떠한 경우도 책임지지 않는다.~~
5.(a) Unless the nature and value of such goods have been declared by the shipper before shipment and inserted in the Bill of Lading, neither the carrier nor the ship shall in any event be or become liable for any loss or damage to or in connection with the goods in an amount exceeding the equivalent of Frcs. 10,000(666.67 units of account) per package or unit or Frcs. 30(2 units of account) per kilo of gross weight of the goods lost or damaged, whichever is the higher.	5.(a) 화물의 성질 및 가액을 선적전에 송하인이 신고하거나 선하증권에 기재되어 있지 않는 한, 운송인 또는 선박은 어떠한 경우에도 1포장 또는 1단위당 10,000프랑, 또는 멸실 혹은 훼손된 화물 중량 1kg당 30프랑 중 높은 쪽의 액수에 상당하는 금액을 초과하여 화물 또는 화물에 관한 멸실 또는 훼손에 대한 책임을 지지 아니한다.
(b) The total amount recoverable shall be calculated by reference to the value of such goods at the place and time at which the goods are discharged from the ship in accordance with the contract or should have been so discharged.	(b) 배상해야 할 총액은 계약에 따라 선박에서 양륙되거나 또는 양륙되었어야 할 장소 및 때의 화물의 가액을 참조하여 산정한다.
The value of the goods shall be fixed according to the commodity exchange price, or if there be no such price, according to the current market price, or if there be no commodity exchange price or current market price, by reference to the normal value of goods of the same kind and quality.	화물의 가액은 상품거래소 가격에 따라 또는 이러한 가격이 없는 경우에는 그 때의 시장가격에 따라 결정된다. 상품거래소가격도 시장가격도 없는 경우에는 동종 또는 동일 품질의 물건의 통상 가액을 참조하여 결정하여야 한다.
(c) Where a container, pallet or similar article of transport is used to consolidate goods, the number of packages or units	(c) 컨테이너, 파랫드 또는 이와 유사한 운송요구가 여러 개의 화물을 통합하기 위하여 사용되는 경우에는 선하증권면에

enumerated in the Bill of Lading as packed in such article
of transport shall be deemed the number of packages or units for the purpose of this package or units are concerned. Except as aforesaid such article of transport shall be considered the package or unit.

그러한 운송용구에 적입된 것으로 수량 표시가 되어 있는 포장 또는 단위의
수가 포장 또는 단위와 관련하는 한, 본항의 적용상 포장 또는 단위의 수로 간주된다. 이와 같은 경우를 제외하고는 그러한 용구가 포장 또는 단위로 해석된다.

(d) A Franc means a unit consisting of 65.5 milligrams of gold of milesimal fineness 900. The date of conversion of the sum awarded into national currencies shall be governed by the law of the Court seized of the case.

(d) 프랑이라 함은 순도 1,000분의 900의 金 65.5 밀리그램으로 구성되는 단위를 말한다. 국내통화로 산정된 총액의 환산일은 사선이 세류된 법정시의 법에 의하여 규제받는다.

(e) Neither the carrier nor the ship shall be entitled to the benefit of the limitation of liability provided for in this paragraph if it is proved that the damage resulted from an act or omission of the carrier done with intent 또는 to cause damage, or recklessly and with knowledge that damage would probably result.

(e) 운송인 또는 선박이 손해를 발생 시킬 의도가 있었거나 또는 무모하게, 그리고 손해가 발생할 것이라는 것을 알면서 행한 작위 또는 부작위에 의해서 손해가 발생한 것이 입증되었을 때는 운송인, 선박은 본 항의 책임제한의 이익을 상실한다.

(f) The declaration mentioned in sub-paragraph(a) of this paragraph, if embodied in the Bill of Lading, shall be prima facie evidence, but shall not be bounding or conclusive on the carrier.

(f) 본항(a)호에 규정된 신고가 선하증권면에 기재되어 있을 경우에는 추정적 증거가 되지만 운송인에 대해 구속력을 갖거나 결정적인 것은 아니다.

(g) By agreement between the carrier, master or agent of the carrier and the shipper other maximum amount than those mentioned in sub-paragraph(a) of this paragraph may be fixed, provided that no

(g) 운송인, 선장 또는 운송인의 대리인은 송하인과의 합의에 의거 본항(a)호에 규정된 금액이 아닌 최고한도액을 정할 수 있다. 단, 그렇게 합의한 한도액은 본항(a)호에서 정하고 있는 한도액보다 작

maximum amount so fixed shall be less than the appropriate maximum mentioned in that sub-paragraph	지 않아야 한다.
(h) Neither the carrier nor the ship shall be responsible in any event for loss or damage to, or in connection with goods if the nature or value thereof has been knowingly misstated by the shipper in the Bill of Lading .	(h) 송하인의 고의에 의하여 화물의 성질과 가액이 선하증권에 잘못 기재되어 있는 경우에는 운송인 또는 선박은 어떠한 경우에도 화물의 멸실이나 손상에 대하여 책임지지 않는다.
Paragraph 6.	제 6 항 : 변동없음.
[Article 4-2 1. The defenses and limits of liability provided for in this Convention shall apply in any action against the carrier in respect of loss or damage to goods covered by a contract of carriage whether the action be founded in contract or in tort.	[제 4 조의 2 (추가) 1. 본 조약이 규정한 항변사유 및 책임한도는 소송이 계약에 기초한 것이든 불법행위를 기초로 한 것임을 구분하지 않고 운송계약에 의하여 포함된 화물의 멸실 또는 훼손에 관하여 운송인에 대한 일체의 소송에 적용된다.
2. If such an action is brought against a servant or agent of the carrier(such servant or agent not being an independent contractor), such servant or agent shall be entitled to avail himself of the defenses and limits of liability which the carrier is entitled to invoke under this Convention.	2. 소송이 운송인의 사용인 또는 대리인(이러한 사용인 또는 대리인은 독립계약자가 아닐 것)에 대하여 제기된 경우에, 동 사용인 또는 대리인은 운송인이 조약에 의거하여 원용하는 항변사유 및 책임의 한도를 이용할 수 있는 권리를 가진다.
3. The aggregate of the amounts recoverable from the carrier, and such servants and agents, shall in no case exceed the limit provided for in this Convention.	3. 운송인 및 이러한 사용인 또는 대리인으로 부터 지급 받아야 될 금액의 합계는 본 조약이 규정한 한도를 초과하지 않는다.
4. Nevertheless, a servant or agent of the carrier shall not be entitled to avail	4. 다만 이들이 손해를 발생시킬 의도가 있었거나 또는 무모하게, 그리고 손해

himself of the provisions of this Article, if it is proved that the damage resulted from an act or omission of the servant or agent done with intent to cause damage or recklessly and with knowledge that damage would probably result].

가 발생할 것이라는 것을 알면서 행한 사용인 또는 대리인의 작위 또는 부작위에 의해서 손해가 발생한 것이 입증되었을 때는 운송인의 사용인 또는 대리인은 본 4조의 규정을 이용할 수 있는 이익을 상실한다].

Article 5, 6, 7. 8

제5, 6, 7, 8조 : 변동없음

Article 9.

~~The monetary units mentioned in this convention are to be taken to be gold value. Those contracting states in which the pound sterling is not a monetary unit reserve to themselves the right of translating the sums indicated in this convention in terms of pound sterling into terms of their own monetary system in round figures.~~

~~The national laws may reserve to the debtor the right of discharging his debt in national currency according to the rate of exchange prevailing on the day of the arrival of the ship at the port of discharge of the goods concerned.~~

[This Convention shall not affect the provisions of any International Convention or national law governing liability for nuclear damage].

제9조(개정)

~~본 협약에서 언급되는 화폐단위는 금(金)본위가액으로 한다.~~

~~파운드 스털링이 화폐단위로 사용되고 있지 않는 계약당사자 국가들은 본 협약에 파운드스털링으로 표시된 금액을 자국의 화폐제도에 따라 개략적인 수(概數)로 환산할 권한을 유보한다.~~

~~채무자는 국내법에 의하여 관계된 화물을 실은 선박이 양하항에 도착하는 당일의 환율시세에 의하여 자기의 채무를 자국통화로 변제할 권리를 유보한다.~~

~~[본 조약은 원자력 손해에 대한 책임을 규제하는 일체의 국제조약 또는 국내법의 규~~정에 영향을 미치지 아니한다].

Article 10.

~~The provision of this convention shall apply to all bills of lading issued in any of the contracting states.~~

[The provisions of the Convention shall apply to every Bill of Lading relating to

제10조(개정)

~~본 규칙은 어느 계약당사국에서나 발행되는 모든 선하증권에 적용된다.~~

[본 조약의 규정은 선박, 운송인, 송하인 수하인, 기타 이해관계인의 국적에 관계

the carrier of goods between ports in two different States if ;	없이 다음과 같은 경우의 다른 2국에 있는 항구간의 화물운송에 관한 모든 선하증권에 적용된다.
(a) the Bill of Lading is issued in a contracting State, or	(a) 선하증권이 체약국에서 발행되는 경우.
(b) the carriage is from a port in a contracting State, or	(b) 운송이 체약국의 항구에서 이루어지는 경우.
(c) the contract contained in or legislation of any State giving effect to them are to govern the contract, whatever may be the nationality of the ship, the carrier, the shipper, the consignee, or any other interested person.	(c) 선하증권에 포함된 계약 또는 선 하증권에 의하여 증명되는 계약이 본 조약의 규칙 또는 조약규정의 효력을 부여하고 있는 국내법이 계약에 적용된다고 정하고 있는 경우.
Each contracting State shall apply the provisions of this Convention to the Bill of Lading mentioned above.	각 체약국은 본 조약의 규정을 선하증권에 적용하여야 한다.
This Article shall not prevent a contracting State from applying the rules of this Convention to Bill of Lading not included in the preceding paragraphs].	본 조는 체약국이 전 2항에 포함되어 있지 않은 선하증권에 대해 이 조약의 원칙을 적용하는 것을 방해하지 않는다].
Article 11, 12, 13, 14, 15, 16	제11, 12, 13, 14, 15, 16조 : 변동없음

〈부록 Ⅴ〉 UNCITRAL 신협약

United Nations Convention on Contracts for the International Carriage of Goods Wholly or Partly by Sea

The States Parties to this Convention,

Reaffirming their belief that international trade on the basis of equality and mutual benefit is an important element in promoting friendly relations among States,

Convinced that the progressive harmonization and unification of international trade law, in reducing or removing legal obstacles to the flow of international trade, significantly contributes to universal economic cooperation among all States on a basis of equality, equity and common interest, and to the well-being of all peoples,

Recognizing the significant contribution of the International Convention for the Unification of Certain Rules of Law relating to Bills of Lading, signed in Brussels on 25 August 1924, and its Protocols, and of the United Nations Convention on the Carriage of Goods by Sea, signed in Hamburg on 31 March 1978, to the harmonization of the law governing the carriage of goods by sea,

Mindful of the technological and commercial developments that have taken place since the adoption of those conventions and of the need to consolidate and modernize them,

Noting that shippers and carriers do not have the benefit of a binding universal regime to support the operation of contracts of maritime carriage involving other modes of transport,

Believing that the adoption of uniform rules to govern international contracts of carriage wholly or partly by sea will promote legal certainty, improve the efficiency of international carriage of goods and facilitate new access opportunities for previously remote parties and markets, thus playing a fundamental role in promoting trade and economic development, both domestically and internationally,

Have agreed as follows:

Chapter 1 General provisions

Article 1 Definitions

For the purposes of this Convention:

1. Contract of carriage means a contract in which a carrier, against the payment of

freight, undertakes to carry goods from one place to another. The contract shall provide for carriage by sea and may provide for carriage by other modes of transport in addition to the sea carriage.

2. Volume contract means a contract of carriage that provides for the carriage of a specified quantity of goods in a series of shipments during an agreed period of time. The specification of the quantity may include a minimum, a maximum or a certain range.

3. Liner transportation means a transportation service that is offered to the public through publication or similar means and includes transportation by ships operating on a regular schedule between specified ports in accordance with publicly available timetables of sailing dates.

4. Non-liner transportation means any transportation that is not liner transportation.

5. Carrier means a person that enters into a contract of carriage with a shipper.

6.(*a*) Performing party means a person other than the carrier that performs or undertakes to perform any of the carrier's obligations under a contract of carriage with respect to the receipt, loading, handling, stowage, carriage, care, unloading or delivery of the goods, to the extent that such person acts, either directly or indirectly, at the carrier's request or under the carrier's supervision or control.

(*b*) Performing party does not include any person that is retained, directly or indirectly, by a shipper, by a documentary shipper, by the controlling party or by the consignee instead of by the carrier.

7. Maritime performing party means a performing party to the extent that it performs or undertakes to perform any of the carrier's obligations during the period between the arrival of the goods at the port of loading of a ship and their departure from the port of discharge of a ship. An inland carrier is a maritime performing party only if it performs or undertakes to perform its services exclusively within a port area.

8. Shipper means a person that enters into a contract of carriage with a carrier.

9. Documentary shipper means a person, other than the shipper, that accepts to be named as shipper in the transport document or electronic transport record.

10. Holder means:

(*a*) A person that is in possession of a negotiable transport document; and(i) if the document is an order document, is identified in it as the shipper or the consignee, or is the person to which the document is duly endorsed; or(ii) if the document is a blank endorsed order document or bearer document, is the bearer thereof; or

(*b*) The person to which a negotiable electronic transport record has been issued or transferred in accordance with the procedures referred to in article 9, paragraph 1.

11. Consignee means a person entitled to delivery of the goods under a contract of carriage or a transport document or electronic transport record.
12. Right of control of the goods means the right under the contract of carriage to give the carrier instructions in respect of the goods in accordance with chapter 10.
13. Controlling party means the person that pursuant to article 51 is entitled to exercise the right of control.
14. Transport document means a document issued under a contract of carriage by the carrier that:
(*a*) Evidences the carrier's or a performing party's receipt of goods under a contract of carriage; and
(*b*) Evidences or contains a contract of carriage.
15. Negotiable transport document means a transport document that indicates, by wording such as to order or negotiable or other appropriate wording recognized as having the same effect by the law applicable to the document, that the goods have been consigned to the order of the shipper, to the order of the consignee, or to bearer, and is not explicitly stated as being non-negotiable or not negotiable.
16. Non-negotiable transport document means a transport document that is not a negotiable transport document.
17. Electronic communication means information generated, sent, received or stored by electronic, optical, digital or similar means with the result that the information communicated is accessible so as to be usable for subsequent reference. 18. Electronic transport record means information in one or more messages issued by electronic communication under a contract of carriage by a carrier, including information logically associated with the electronic transport record by attachments or otherwise linked to the electronic transport record contemporaneously with or subsequent to its issue by the carrier, so as to become part of the electronic transport record, that:
(*a*) Evidences the carrier's or a performing party's receipt of goods under a contract of carriage; and
(*b*) Evidences or contains a contract of carriage.
19. Negotiable electronic transport record means an electronic transport record:
(*a*) That indicates, by wording such as to order, or negotiable, or other appropriate wording recognized as having the same effect by the law applicable to the record, that the goods have been consigned to the order of the shipper or to the order of the consignee, and is not explicitly stated as being non-negotiable or not negotiable; and
(*b*) The use of which meets the requirements of article 9, paragraph 1.

20. Non-negotiable electronic transport record means an electronic transport record that is not a negotiable electronic transport record.
21. The issuance of a negotiable electronic transport record means the issuance of the record in accordance with procedures that ensure that the record is subject to exclusive control from its creation until it ceases to have any effect or validity.
22. The transfer of a negotiable electronic transport record means the transfer of exclusive control over the record.
23. Contract particulars means any information relating to the contract of carriage or to the goods(including terms, notations, signatures and endorsements) that is in a transport document or an electronic transport record.
24. Goods means the wares, merchandise, and articles of every kind whatsoever that a carrier undertakes to carry under a contract of carriage and includes the packing and any equipment and container not supplied by or on behalf of the carrier.
25. Ship means any vessel used to carry goods by sea.
26. Container means any type of container, transportable tank or flat, swapbody, or any similar unit load used to consolidate goods, and any equipment ancillary to such unit load.
27. Vehicle means a road or railroad cargo vehicle.
28. Freight means the remuneration payable to the carrier for the carriage of goods under a contract of carriage.
29. Domicile means(*a*) a place where a company or other legal person or association of natural or legal persons has its(i) statutory seat or place of incorporation or central registered office, whichever is applicable,(ii) central administration or(iii) principal place of business, and(*b*) the habitual residence of a natural person.
30. Competent court means a court in a Contracting State that, according to the rules on the internal allocation of jurisdiction among the courts of that State, may exercise jurisdiction over the dispute. *Article 2 Interpretation of this Convention*

In the interpretation of this Convention, regard is to be had to its international character and to the need to promote uniformity in its application and the observance of good faith in international trade.

Article 3 Form requirements

The notices, confirmation, consent, agreement, declaration and other communications referred to in articles 19, paragraph 2; 23, paragraphs 1 to 4; 36, subparagraphs 1(*b*),(*c*) and(*d*); 40, subparagraph 4(*b*); 44; 48, paragraph 3; 51, subparagraph 1(*b*); 59, paragraph 1; 63; 66; 67, paragraph 2; 75, paragraph 4; and 80, paragraphs 2 and 5, shall be in writing. Electronic communications may be used for these purposes, provided that the use of such means is with the consent of the person by which it is communicated and of the person to which it is communicated.

Article 4 Applicability of defences and limits of liability

1. Any provision of this Convention that may provide a defence for, or limit the liability of, the carrier applies in any judicial or arbitral proceeding, whether founded in contract, in tort, or otherwise, that is instituted in respect of loss of, damage to, or delay in delivery of goods covered by a contract of carriage or for the breach of any other obligation under this Convention against:

(*a*) The carrier or a maritime performing party;

(*b*) The master, crew or any other person that performs services on board the ship; or

(*c*) Employees of the carrier or a maritime performing party.

2. Any provision of this Convention that may provide a defence for the shipper or the documentary shipper applies in any judicial or arbitral proceeding, whether founded in contract, in tort, or otherwise, that is instituted against the shipper, the documentary shipper, or their subcontractors, agents or employees.

Chapter 2 Scope of application

Article 5 General scope of application

1. Subject to article 6, this Convention applies to contracts of carriage in which the place of receipt and the place of delivery are in different States, and the port of loading of a sea carriage and the port of discharge of the same sea carriage are in different States, if, according to the contract of carriage, any one of the following places is located in a Contracting State:

(*a*) The place of receipt;

(*b*) The port of loading;

(*c*) The place of delivery; or

(*d*) The port of discharge.

2. This Convention applies without regard to the nationality of the vessel, the carrier, the performing parties, the shipper, the consignee, or any other interested parties.

Article 6 Specific exclusions

1. This Convention does not apply to the following contracts in liner transportation:

(*a*) Charter parties; and

(*b*) Other contracts for the use of a ship or of any space thereon.

2. This Convention does not apply to contracts of carriage in non-liner transportation except when:

(*a*) There is no charter party or other contract between the parties for the use of a ship or of any space thereon; and

(*b*) A transport document or an electronic transport record is issued.

Article 7 Application to certain parties

Notwithstanding article 6, this Convention applies as between the carrier and the consignee, controlling party or holder that is not an original party to the charter party or other contract of carriage excluded from the application of this Convention. However, this Convention does not apply as between the original parties to a contract of carriage excluded pursuant to article 6.

Chapter 3 Electronic transport records

Article 8 Use and effect of electronic transport records

Subject to the requirements set out in this Convention:

(*a*) Anything that is to be in or on a transport document under this Convention may be recorded in an electronic transport record, provided the issuance and subsequent use of an electronic transport record is with the consent of the carrier and the shipper; and

(*b*) The issuance, exclusive control, or transfer of an electronic transport record has the same effect as the issuance, possession, or transfer of a transport document.

Article 9 Procedures for use of negotiable electronic transport records

1. The use of a negotiable electronic transport record shall be subject to procedures that provide for:

(*a*) The method for the issuance and the transfer of that record to an intended holder;

(*b*) An assurance that the negotiable electronic transport record retains its integrity;

(*c*) The manner in which the holder is able to demonstrate that it is the holder; and

(*d*) The manner of providing confirmation that delivery to the holder has been effected, or that, pursuant to articles 10, paragraph 2, or 47, subparagraphs 1(*a*)(ii) and(*c*), the electronic transport record has ceased to have any effect or validity.

2. The procedures in paragraph 1 of this article shall be referred to in the contract particulars and be readily ascertainable.

Article 10 Replacement of negotiable transport document or negotiable electronic transport record

1. If a negotiable transport document has been issued and the carrier and the holder agree to replace that document by a negotiable electronic transport record:

(*a*) The holder shall surrender the negotiable transport document, or all of them if more than one has been issued, to the carrier;

(*b*) The carrier shall issue to the holder a negotiable electronic transport record that includes a statement that it replaces the negotiable transport document; and

(*c*) The negotiable transport document ceases thereafter to have any effect or validity.

2. If a negotiable electronic transport record has been issued and the carrier and the holder agree to replace that electronic transport record by a negotiable transport document:

(*a*) The carrier shall issue to the holder, in place of the electronic transport record, a negotiable transport document that includes a statement that it replaces the negotiable electronic transport record; and

(*b*) The electronic transport record ceases thereafter to have any effect or validity.

Chapter 4 Obligations of the carrier

Article 11 Carriage and delivery of the goods

The carrier shall, subject to this Convention and in accordance with the terms of the contract of carriage, carry the goods to the place of destination and deliver them to the consignee.

Article 12 Period of responsibility of the carrier

1. The period of responsibility of the carrier for the goods under this Convention begins when the carrier or a performing party receives the goods for carriage and ends when the goods are delivered.

2.(*a*) If the law or regulations of the place of receipt require the goods to be handed over to an authority or other third party from which the carrier may collect them, the period of responsibility of the carrier begins when the carrier collects the goods from the authority or other third party.

(*b*) If the law or regulations of the place of delivery require the carrier to hand over the goods to an authority or other third party from which the consignee may collect them, the period of responsibility of the carrier ends when the carrier hands the goods over to the authority or other third party.

3. For the purpose of determining the carrier's period of responsibility, the parties may agree on the time and location of receipt and delivery of the goods, but a provision in a contract of carriage is void to the extent that it provides that:

(*a*) The time of receipt of the goods is subsequent to the beginning of their initial loading under the contract of carriage; or

(*b*) The time of delivery of the goods is prior to the completion of their final unloading under the contract of carriage.

Article 13 Specific obligations

1. The carrier shall during the period of its responsibility as defined in article 12, and

subject to article 26, properly and carefully receive, load, handle, stow, carry, keep, care for, unload and deliver the goods.

2. Notwithstanding paragraph 1 of this article, and without prejudice to the other provisions in chapter 4 and to chapters 5 to 7, the carrier and the shipper may agree that the loading, handling, stowing or unloading of the goods is to be performed by the shipper, the documentary shipper or the consignee. Such an agreement shall be referred to in the contract particulars.

Article 14 Specific obligations applicable to the voyage by sea

The carrier is bound before, at the beginning of, and during the voyage by sea to exercise due diligence to:

(*a*) Make and keep the ship seaworthy;

(*b*) Properly crew, equip and supply the ship and keep the ship so crewed, equipped and supplied throughout the voyage; and

(*c*) Make and keep the holds and all other parts of the ship in which the goods are carried, and any containers supplied by the carrier in or upon which the goods are carried, fit and safe for their reception, carriage and preservation.

Article 15 Goods that may become a danger

Notwithstanding articles 11 and 13, the carrier or a performing party may decline to receive or to load, and may take such other measures as are reasonable, including unloading, destroying, or rendering goods harmless, if the goods are, or reasonably appear likely to become during the carrier's period of responsibility, an actual danger to persons, property or the environment.

Article 16 Sacrifice of the goods during the voyage by sea

Notwithstanding articles 11, 13, and 14, the carrier or a performing party may sacrifice goods at sea when the sacrifice is reasonably made for the common safety or for the purpose of preserving from peril human life or other property involved in the common adventure.

Chapter 5 Liability of the carrier for loss, damage or delay

Article 17 Basis of liability

1. The carrier is liable for loss of or damage to the goods, as well as for delay in delivery, if the claimant proves that the loss, damage, or delay, or the event or circumstance that caused or contributed to it took place during the period of the carrier's responsibility as defined in chapter 4.

2. The carrier is relieved of all or part of its liability pursuant to paragraph 1 of this article if it proves that the cause or one of the causes of the loss, damage, or delay

is not attributable to its fault or to the fault of any person referred to in article 18.

3. The carrier is also relieved of all or part of its liability pursuant to paragraph 1 of this article if, alternatively to proving the absence of fault as provided in paragraph 2 of this article, it proves that one or more of the following events or circumstances caused or contributed to the loss, damage, or delay:

(*a*) Act of God;

(*b*) Perils, dangers, and accidents of the sea or other navigable waters;

(*c*) War, hostilities, armed conflict, piracy, terrorism, riots, and civil commotions;

(*d*) Quarantine restrictions; interference by or impediments created by governments, public authorities, rulers, or people including detention, arrest, or seizure not attributable to the carrier or any person referred to in article 18;

(*e*) Strikes, lockouts, stoppages, or restraints of labour;

(*f*) Fire on the ship;

(*g*) Latent defects not discoverable by due diligence;

(*h*) Act or omission of the shipper, the documentary shipper, the controlling party, or any other person for whose acts the shipper or the documentary shipper is liable pursuant to article 33 or 34;

(*i*) Loading, handling, stowing, or unloading of the goods performed pursuant to an agreement in accordance with article 13, paragraph 2, unless the carrier or a performing party performs such activity on behalf of the shipper, the documentary shipper or the consignee;

(*j*) Wastage in bulk or weight or any other loss or damage arising from inherent defect, quality, or vice of the goods;

(*k*) Insufficiency or defective condition of packing or marking not performed by or on behalf of the carrier;

(*l*) Saving or attempting to save life at sea;

(*m*) Reasonable measures to save or attempt to save property at sea;

(*n*) Reasonable measures to avoid or attempt to avoid damage to the environment; or

(*o*) Acts of the carrier in pursuance of the powers conferred by articles 15 and 16.

4. Notwithstanding paragraph 3 of this article, the carrier is liable for all or part of the loss, damage, or delay:

(*a*) If the claimant proves that the fault of the carrier or of a person referred to in article 18 caused or contributed to the event or circumstance on which the carrier relies; or

(*b*) If the claimant proves that an event or circumstance not listed in paragraph 3 of this article contributed to the loss, damage, or delay, and the carrier cannot prove that this event or circumstance is not attributable to its fault or to the fault of any person referred to in article 18.

5. The carrier is also liable, notwithstanding paragraph 3 of this article, for all or part of the loss, damage, or delay if:

(*a*) The claimant proves that the loss, damage, or delay was or was probably caused by or contributed to by(i) the unseaworthiness of the ship;(ii) the improper crewing, equipping, and supplying of the ship; or(iii) the fact that the holds or other parts of the ship in which the goods are carried, or any containers supplied by the carrier in or upon which the goods are carried, were not fit and safe for reception, carriage, and preservation of the goods; and

(*b*) The carrier is unable to prove either that:(i) none of the events or circumstances referred to in subparagraph 5(*a*) of this article caused the loss, damage, or delay; or(ii) it complied with its obligation to exercise due diligence pursuant to article 14.

6. When the carrier is relieved of part of its liability pursuant to this article, the carrier is liable only for that part of the loss, damage or delay that is attributable to the event or circumstance for which it is liable pursuant to this article.

Article 18 Liability of the carrier for other persons

The carrier is liable for the breach of its obligations under this Convention caused by the acts or omissions of:

(*a*) Any performing party;

(*b*) The master or crew of the ship;

(*c*) Employees of the carrier or a performing party; or

(*d*) Any other person that performs or undertakes to perform any of the carrier's obligations under the contract of carriage, to the extent that the person acts, either directly or indirectly, at the carrier's request or under the carrier's supervision or control.

Article 19 Liability of maritime performing parties

1. A maritime performing party is subject to the obligations and liabilities imposed on the carrier under this Convention and is entitled to the carrier's defences and limits of liability as provided for in this Convention if:

(*a*) The maritime performing party received the goods for carriage in a Contracting State, or delivered them in a Contracting State, or performed its activities with respect to the goods in a port in a Contracting State; and (*b*) The occurrence that caused the loss, damage or delay took place:(i) during the period between the arrival of the goods at the port of loading of the ship and their departure from the port of discharge from the ship;(ii) while the maritime performing party had custody of the goods; or(iii) at any other time to the extent that it was participating in the performance of any of the activities contemplated by the contract of carriage.

2. If the carrier agrees to assume obligations other than those imposed on the carrier under this Convention, or agrees that the limits of its liability are higher than the limits specified under this Convention, a maritime performing party is not bound by this agreement unless it expressly agrees to accept such obligations or such higher limits.

3. A maritime performing party is liable for the breach of its obligations under this Convention caused by the acts or omissions of any person to which it has entrusted the performance of any of the carrier's obligations under the contract of carriage under the conditions set out in paragraph 1 of this article.

4. Nothing in this Convention imposes liability on the master or crew of the ship or on an employee of the carrier or of a maritime performing party.

Article 20 Joint and several liability

1. If the carrier and one or more maritime performing parties are liable for the loss of, damage to, or delay in delivery of the goods, their liability is joint and several but only up to the limits provided for under this Convention.

2. Without prejudice to article 61, the aggregate liability of all such persons shall not exceed the overall limits of liability under this Convention.

Article 21 Delay

Delay in delivery occurs when the goods are not delivered at the place of destination provided for in the contract of carriage within the time agreed.

Article 22 Calculation of compensation

1. Subject to article 59, the compensation payable by the carrier for loss of or damage to the goods is calculated by reference to the value of such goods at the place and time of delivery established in accordance with article 43.

2. The value of the goods is fixed according to the commodity exchange price or, if there is no such price, according to their market price or, if there is no commodity exchange price or market price, by reference to the normal value of the goods of the same kind and quality at the place of delivery.

3. In case of loss of or damage to the goods, the carrier is not liable for payment of any compensation beyond what is provided for in paragraphs 1 and 2 of this article except when the carrier and the shipper have agreed to calculate compensation in a different manner within the limits of chapter 16.

Article 23 Notice in case of loss, damage or delay

1. The carrier is presumed, in absence of proof to the contrary, to have delivered the goods according to their description in the contract particulars unless notice of loss of or damage to the goods, indicating the general nature of such loss or damage, was

given to the carrier or the performing party that delivered the goods before or at the time of the delivery, or, if the loss or damage is not apparent, within seven working days at the place of delivery after the delivery of the goods.

2. Failure to provide the notice referred to in this article to the carrier or the performing party shall not affect the right to claim compensation for loss of or damage to the goods under this Convention, nor shall it affect the allocation of the burden of proof set out in article 17.

3. The notice referred to in this article is not required in respect of loss or damage that is ascertained in a joint inspection of the goods by the person to which they have been delivered and the carrier or the maritime performing party against which liability is being asserted.

4. No compensation in respect of delay is payable unless notice of loss due to delay was given to the carrier within twenty-one consecutive days of delivery of the goods.

5. When the notice referred to in this article is given to the performing party that delivered the goods, it has the same effect as if that notice was given to the carrier, and notice given to the carrier has the same effect as a notice given to a maritime performing party.

6. In the case of any actual or apprehended loss or damage, the parties to the dispute shall give all reasonable facilities to each other for inspecting and tallying the goods and shall provide access to records and documents relevant to the carriage of the goods.

Chapter 6 Additional provisions relating to particular stages of carriage

Article 24 Deviation

When pursuant to applicable law a deviation constitutes a breach of the carrier's obligations, such deviation of itself shall not deprive the carrier or a maritime performing party of any defence or limitation of this Convention, except to the extent provided in article 61.

Article 25 Deck cargo on ships

1. Goods may be carried on the deck of a ship only if:

(*a*) Such carriage is required by law;

(*b*) They are carried in or on containers or vehicles that are fit for deck carriage, and the decks are specially fitted to carry such containers or vehicles; or

(*c*) The carriage on deck is in accordance with the contract of carriage, or the customs, usages or practices of the trade in question.

2. The provisions of this Convention relating to the liability of the carrier apply to the

loss of, damage to or delay in the delivery of goods carried on deck pursuant to paragraph 1 of this article, but the carrier is not liable for loss of or damage to such goods, or delay in their delivery, caused by the special risks involved in their carriage on deck when the goods are carried in accordance with subparagraphs 1(*a*) or(*c*) of this article.

3. If the goods have been carried on deck in cases other than those permitted pursuant to paragraph 1 of this article, the carrier is liable for loss of or damage to the goods or delay in their delivery that is exclusively caused by their carriage on deck, and is not entitled to the defences provided for in article 17.

4. The carrier is not entitled to invoke subparagraph 1(*c*) of this article against a third party that has acquired a negotiable transport document or a negotiable electronic transport record in good faith, unless the contract particulars state that the goods may be carried on deck.

5. If the carrier and shipper expressly agreed that the goods would be carried under deck, the carrier is not entitled to the benefit of the limitation of liability for any loss of, damage to or delay in the delivery of the goods to the extent that such loss, damage, or delay resulted from their carriage on deck.

Article 26 Carriage preceding or subsequent to sea carriage

When loss of or damage to goods, or an event or circumstance causing a delay in their delivery, occurs during the carrier's period of responsibility but solely before their loading onto the ship or solely after their discharge from the ship, the provisions of this Convention do not prevail over those provisions of another international instrument that, at the time of such loss, damage or event or circumstance causing delay:

(*a*) Pursuant to the provisions of such international instrument would have applied to all or any of the carrier's activities if the shipper had made a separate and direct contract with the carrier in respect of the particular stage of carriage where the loss of, or damage to goods, or an event or circumstance causing delay in their delivery occurred;

(*b*) Specifically provide for the carrier's liability, limitation of liability, or time for suit; and

(*c*) Cannot be departed from by contract either at all or to the detriment of the shipper under that instrument.

Chapter 7 Obligations of the shipper to the carrier

Article 27 Delivery for carriage

1. Unless otherwise agreed in the contract of carriage, the shipper shall deliver the

goods ready for carriage. In any event, the shipper shall deliver the goods in such condition that they will withstand the intended carriage, including their loading, handling, stowing, lashing and securing, and unloading, and that they will not cause harm to persons or property.

2. The shipper shall properly and carefully perform any obligation assumed under an agreement made pursuant to article 13, paragraph 2.

3. When a container is packed or a vehicle is loaded by the shipper, the shipper shall properly and carefully stow, lash and secure the contents in or on the container or vehicle, and in such a way that they will not cause harm to persons or property.

Article 28 Cooperation of the shipper and the carrier in providing information and instructions

The carrier and the shipper shall respond to requests from each other to provide information and instructions required for the proper handling and carriage of the goods if the information is in the requested party's possession or the instructions are within the requested party's reasonable ability to provide and they are not otherwise reasonably available to the requesting party.

Article 29 Shipper's obligation to provide information, instructions and documents

1. The shipper shall provide to the carrier in a timely manner such information, instructions and documents relating to the goods that are not otherwise reasonably available to the carrier, and that are reasonably necessary:

(*a*) For the proper handling and carriage of the goods, including precautions to be taken by the carrier or a performing party; and

(*b*) For the carrier to comply with law, regulations or other requirements of public authorities in connection with the intended carriage, provided that the carrier notifies the shipper in a timely manner of the information, instructions and documents it requires.

2. Nothing in this article affects any specific obligation to provide certain information, instructions and documents related to the goods pursuant to law, regulations or other requirements of public authorities in connection with the intended carriage.

Article 30 Basis of shipper's liability to the carrier

1. The shipper is liable for loss or damage sustained by the carrier if the carrier proves that such loss or damage was caused by a breach of the shipper's obligations under this Convention.

2. Except in respect of loss or damage caused by a breach by the shipper of its obligations pursuant to articles 31, paragraph 2, and 32, the shipper is relieved of all or part of its liability if the cause or one of the causes of the loss or damage is not attributable to its fault or to the fault of any person referred to in article 34.

3. When the shipper is relieved of part of its liability pursuant to this article, the shipper is liable only for that part of the loss or damage that is attributable to its fault or to the fault of any person referred to in article 34.

Article 31 Information for compilation of contract particulars

1. The shipper shall provide to the carrier, in a timely manner, accurate information required for the compilation of the contract particulars and the issuance of the transport documents or electronic transport records, including the particulars referred to in article 36, paragraph 1; the name of the party to be identified as the shipper in the contract particulars; the name of the consignee, if any; and the name of the person to whose order the transport document or electronic transport record is to be issued, if any.

2. The shipper is deemed to have guaranteed the accuracy at the time of receipt by the carrier of the information that is provided according to paragraph 1 of this article. The shipper shall indemnify the carrier against loss or damage resulting from the inaccuracy of such information.

Article 32 Special rules on dangerous goods

When goods by their nature or character are, or reasonably appear likely to become, a danger to persons, property or the environment:

(*a*) The shipper shall inform the carrier of the dangerous nature or character of the goods in a timely manner before they are delivered to the carrier or a performing party. If the shipper fails to do so and the carrier or performing party does not otherwise have knowledge of their dangerous nature or character, the shipper is liable to the carrier for loss or damage resulting from such failure to inform; and

(*b*) The shipper shall mark or label dangerous goods in accordance with any law, regulations or other requirements of public authorities that apply during any stage of the intended carriage of the goods. If the shipper fails to do so, it is liable to the carrier for loss or damage resulting from such failure.

Article 33 Assumption of shipper's rights and obligations by the documentary shipper

1. A documentary shipper is subject to the obligations and liabilities imposed on the shipper pursuant to this chapter and pursuant to article 55, and is entitled to the shipper's rights and defences provided by this chapter and by chapter 13.

2. Paragraph 1 of this article does not affect the obligations, liabilities, rights or defences of the shipper.

Article 34 Liability of the shipper for other persons

The shipper is liable for the breach of its obligations under this Convention caused by the acts or omissions of any person, including employees, agents and subcontractors, to which it has entrusted the performance of any of its obligations, but the shipper is not liable for acts or omissions of the carrier or a performing party acting on behalf of the carrier, to which the shipper has entrusted the performance of its obligations.

Chapter 8 Transport documents and electronic transport records

Article 35 Issuance of the transport document or the electronic transport record

Unless the shipper and the carrier have agreed not to use a transport document or an electronic transport record, or it is the custom, usage or practice of the trade not to use one, upon delivery of the goods for carriage to the carrier or performing party, the shipper or, if the shipper consents, the documentary shipper, is entitled to obtain from the carrier, at the shipper's option:

(*a*) A non-negotiable transport document or, subject to article 8, subparagraph(*a*), a non-negotiable electronic transport record; or

(*b*) An appropriate negotiable transport document or, subject to article 8, subparagraph(*a*), a negotiable electronic transport record, unless the shipper and the carrier have agreed not to use a negotiable transport document or negotiable electronic transport record, or it is the custom, usage or practice of the trade not to use one.

Article 36 Contract particulars

1. The contract particulars in the transport document or electronic transport record referred to in article 35 shall include the following information, as furnished by the shipper:

(*a*) A description of the goods as appropriate for the transport;

(*b*) The leading marks necessary for identification of the goods;

(*c*) The number of packages or pieces, or the quantity of goods; and

(*d*) The weight of the goods, if furnished by the shipper.

2. The contract particulars in the transport document or electronic transport record referred to in article 35 shall also include:

(*a*) A statement of the apparent order and condition of the goods at the time the carrier or a performing party receives them for carriage;

(*b*) The name and address of the carrier;

(*c*) The date on which the carrier or a performing party received the goods, or on which the goods were loaded on board the ship, or on which the transport document or electronic transport record was issued; and

(*d*) If the transport document is negotiable, the number of originals of the negotiable transport document, when more than one original is issued.

3. The contract particulars in the transport document or electronic transport record re-

ferred to in article 35 shall further include:

(*a*) The name and address of the consignee, if named by the shipper;

(*b*) The name of a ship, if specified in the contract of carriage;

(*c*) The place of receipt and, if known to the carrier, the place of delivery; and

(*d*) The port of loading and the port of discharge, if specified in the contract of carriage.

4. For the purposes of this article, the phrase apparent order and condition of the goods in subparagraph 2(*a*) of this article refers to the order and condition of the goods based on:

(*a*) A reasonable external inspection of the goods as packaged at the time the shipper delivers them to the carrier or a performing party; and

(*b*) Any additional inspection that the carrier or a performing party actually performs before issuing the transport document or electronic transport record.

Article 37 Identity of the carrier

1. If a carrier is identified by name in the contract particulars, any other information in the transport document or electronic transport record relating to the identity of the carrier shall have no effect to the extent that it is inconsistent with that identification.

2. If no person is identified in the contract particulars as the carrier as required pursuant to article 36, subparagraph 2(*b*), but the contract particulars indicate that the goods have been loaded on board a named ship, the registered owner of that ship is presumed to be the carrier, unless it proves that the ship was under a bareboat charter at the time of the carriage and it identifies this bareboat charterer and indicates its address, in which case this bareboat charterer is presumed to be the carrier. Alternatively, the registered owner may rebut the presumption of being the carrier by identifying the carrier and indicating its address. The bareboat charterer may rebut any presumption of being the carrier in the same manner.

3. Nothing in this article prevents the claimant from proving that any person other than a person identified in the contract particulars or pursuant to paragraph 2 of this article is the carrier.

Article 38 Signature

1. A transport document shall be signed by the carrier or a person acting on its behalf.

2. An electronic transport record shall include the electronic signature of the carrier or a person acting on its behalf. Such electronic signature shall identify the signatory in relation to the electronic transport record and indicate the carrier's authorization of the electronic transport record.

Article 39 Deficiencies in the contract particulars

1. The absence or inaccuracy of one or more of the contract particulars referred to in article 36, paragraphs 1, 2 or 3, does not of itself affect the legal character or validity of the transport document or of the electronic transport record.

2. If the contract particulars include the date but fail to indicate its significance, the date is deemed to be:

(*a*) The date on which all of the goods indicated in the transport document or electronic transport record were loaded on board the ship, if the contract particulars indicate that the goods have been loaded on board a ship; or

(*b*) The date on which the carrier or a performing party received the goods, if the contract particulars do not indicate that the goods have been loaded on board a ship.

3. If the contract particulars fail to state the apparent order and condition of the goods at the time the carrier or a performing party receives them, the contract particulars are deemed to have stated that the goods were in apparent good order and condition at the time the carrier or a performing party received them.

Article 40 Qualifying the information relating to the goods in the contract particulars

1. The carrier shall qualify the information referred to in article 36, paragraph 1, to indicate that the carrier does not assume responsibility for the accuracy of the information furnished by the shipper if:

(*a*) The carrier has actual knowledge that any material statement in the transport document or electronic transport record is false or misleading; or

(*b*) The carrier has reasonable grounds to believe that a material statement in the transport document or electronic transport record is false or misleading.

2. Without prejudice to paragraph 1 of this article, the carrier may qualify the information referred to in article 36, paragraph 1, in the circumstances and in the manner set out in paragraphs 3 and 4 of this article to indicate that the carrier does not assume responsibility for the accuracy of the information furnished by the shipper.

3. When the goods are not delivered for carriage to the carrier or a performing party in a closed container or vehicle, or when they are delivered in a closed container or vehicle and the carrier or a performing party actually inspects them, the carrier may qualify the information referred to in article 36, paragraph 1, if:

(*a*) The carrier had no physically practicable or commercially reasonable means of checking the information furnished by the shipper, in which case it may indicate which information it was unable to check; or

(*b*) The carrier has reasonable grounds to believe the information furnished by the shipper to be inaccurate, in which case it may include a clause providing what it reasonably considers accurate information.

4. When the goods are delivered for carriage to the carrier or a performing party in a closed container or vehicle, the carrier may qualify the information referred to in:

(*a*) Article 36, subparagraphs 1(*a*),(*b*), or(*c*), if:

(i) The goods inside the container or vehicle have not actually been inspected by the carrier or a performing party; and

(ii) Neither the carrier nor a performing party otherwise has actual knowledge of its contents before issuing the transport document or the electronic transport record; and

(*b*) Article 36, subparagraph 1(*d*), if:

(i) Neither the carrier nor a performing party weighed the container or vehicle, and the shipper and the carrier had not agreed prior to the shipment that the container or vehicle would be weighed and the weight would be included in the contract particulars; or

(ii) There was no physically practicable or commercially reasonable means of checking the weight of the container or vehicle.

Article 41 Evidentiary effect of the contract particulars

Except to the extent that the contract particulars have been qualified in the circumstances and in the manner set out in article 40:

(*a*) A transport document or an electronic transport record is prima facie evidence of the carrier's receipt of the goods as stated in the contract particulars;

(*b*) Proof to the contrary by the carrier in respect of any contract particulars shall not be admissible, when such contract particulars are included in:

(i) A negotiable transport document or a negotiable electronic transport record that is transferred to a third party acting in good faith; or (ii) A non-negotiable transport document that indicates that it must be surrendered in order to obtain delivery of the goods and is transferred to the consignee acting in good faith;

(*c*) Proof to the contrary by the carrier shall not be admissible against a consignee that in good faith has acted in reliance on any of the following contract particulars included in a non-negotiable transport document or a non-negotiable electronic transport record:

(i) The contract particulars referred to in article 36, paragraph 1, when such contract particulars are furnished by the carrier;

(ii) The number, type and identifying numbers of the containers, but not the identifying numbers of the container seals; and

(iii) The contract particulars referred to in article 36, paragraph 2.

Article 42 Freight prepaid

If the contract particulars contain the statement freight prepaid or a statement of a similar nature, the carrier cannot assert against the holder or the consignee the fact that the freight has not been paid. This article does not apply if the holder or the consignee is also the shipper.

Chapter 9 Delivery of the goods

Article 43 Obligation to accept delivery

When the goods have arrived at their destination, the consignee that demands delivery of the goods under the contract of carriage shall accept delivery of the goods at the time or within the time period and at the location agreed in the contract of carriage or, failing such agreement, at the time and location at which, having regard to the terms of the contract, the customs, usages or practices of the trade and the circumstances of the carriage, delivery could reasonably be expected.

Article 44 Obligation to acknowledge receipt

On request of the carrier or the performing party that delivers the goods, the consignee shall acknowledge receipt of the goods from the carrier or the performing party in the manner that is customary at the place of delivery. The carrier may refuse delivery if the consignee refuses to acknowledge such receipt.

Article 45 Delivery when no negotiable transport document or negotiable electronic transport record is issued

When neither a negotiable transport document nor a negotiable electronic transport record has been issued:

(*a*) The carrier shall deliver the goods to the consignee at the time and location referred to in article 43. The carrier may refuse delivery if the person claiming to be the consignee does not properly identify itself as the consignee on the request of the carrier;

(*b*) If the name and address of the consignee are not referred to in the contract particulars, the controlling party shall prior to or upon the arrival of the goods at the place of destination advise the carrier of such name and address;

(*c*) Without prejudice to article 48, paragraph 1, if the goods are not deliverable because(i) the consignee, after having received a notice of arrival, does not, at the time or within the time period referred to in article 43, claim delivery of the goods from the carrier after their arrival at the place of destination,(ii) the carrier refuses delivery because the person claiming to be the consignee does not properly identify itself as the consignee, or(iii) the carrier is, after reasonable effort, unable to locate the consignee in order to request delivery instructions, the carrier may so advise the controlling party and request instructions in respect of the delivery of the goods. If, after reasonable effort, the carrier is unable to locate the controlling party, the carrier may so advise the shipper and request instructions in respect of the delivery of the goods. If, after reasonable effort, the carrier is unable to locate the shipper, the carrier may so advise the documentary shipper and request instructions in respect of the delivery of the goods;

(*d*) The carrier that delivers the goods upon instruction of the controlling party, the shipper or the documentary shipper pursuant to subparagraph(*c*) of this article is discharged from its obligations to deliver the goods under the contract of carriage.

Article 46 Delivery when a non-negotiable transport document that requires surrender is issued

When a non-negotiable transport document has been issued that indicates that it shall be surrendered in order to obtain delivery of the goods:

(*a*) The carrier shall deliver the goods at the time and location referred to in article 43 to the consignee upon the consignee properly identifying itself on the request of the carrier and surrender of the non-negotiable document. The carrier may refuse delivery if the person claiming to be the consignee fails to properly identify itself on the request of the carrier, and shall refuse delivery if the non-negotiable document is not surrendered. If more than one original of the non-negotiable document has been issued, the surrender of one original will suffice and the other originals cease to have any effect or validity;

(*b*) Without prejudice to article 48, paragraph 1, if the goods are not deliverable because(i) the consignee, after having received a notice of arrival, does not, at the time or within the time period referred to in article 43, claim delivery of the goods from the carrier after their arrival at the place of destination,(ii) the carrier refuses delivery because the person claiming to be the consignee does not properly identify itself as the consignee or does not surrender the document, or(iii) the carrier is, after reasonable effort, unable to locate the consignee in order to request delivery instructions, the carrier may so advise the shipper and request instructions in respect of the delivery of the goods. If, after reasonable effort, the carrier is unable to locate the shipper, the carrier may so advise the documentary shipper and request instructions in respect of the delivery of the goods;

(*c*) The carrier that delivers the goods upon instruction of the shipper or the documentary shipper pursuant to subparagraph(*b*) of this article is discharged from its obligation to deliver the goods under the contract of carriage, irrespective of whether the non-negotiable transport document has been surrendered to it.

Article 47 Delivery when a negotiable transport document or negotiable electronic transport record is issued

1. When a negotiable transport document or a negotiable electronic transport record has been issued:

(*a*) The holder of the negotiable transport document or negotiable electronic transport record is entitled to claim delivery of the goods from the carrier after they have arrived at the place of destination, in which event the carrier shall deliver the goods at the time and location referred to in article 43 to the holder:

(i) Upon surrender of the negotiable transport document and, if the holder is one of the persons referred to in article 1, subparagraph 10(*a*)(i), upon the holder properly identifying itself; or

(ii) Upon demonstration by the holder, in accordance with the procedures referred to in article 9, paragraph 1, that it is the holder of the negotiable electronic transport record;

(*b*) The carrier shall refuse delivery if the requirements of subparagraph(*a*)(i) or(*a*)(ii) of this paragraph are not met;

(*c*) If more than one original of the negotiable transport document has been issued, and the number of originals is stated in that document, the surrender of one original will suffice and the other originals cease to have any effect or validity. When a negotiable electronic transport record has been used, such electronic transport record ceases to have any effect or validity upon delivery to the holder in accordance with the procedures required by article 9, paragraph 1.

2. Without prejudice to article 48, paragraph 1, if the negotiable transport document or the negotiable electronic transport record expressly states that the goods may be delivered without the surrender of the transport document or the electronic transport record, the following rules apply:

(*a*) If the goods are not deliverable because(i) the holder, after having received a notice of arrival, does not, at the time or within the time period referred to in article 43, claim delivery of the goods from the carrier after their arrival at the place of destination,(ii) the carrier refuses delivery because the person claiming to be a holder does not properly identify itself as one of the persons referred to in article 1, subparagraph 10(*a*)(i), or(iii) the carrier is, after reasonable effort, unable to locate the holder in order to request delivery instructions, the carrier may so advise the shipper and request instructions in respect of the delivery of the goods. If, after reasonable effort, the carrier is unable to locate the shipper, the carrier may so advise the documentary shipper and request instructions in respect of the delivery of the goods;

(*b*) The carrier that delivers the goods upon instruction of the shipper or the documentary shipper in accordance with subparagraph 2(*a*) of this article is discharged from its obligation to deliver the goods under the contract of carriage to the holder, irrespective of whether the negotiable transport document has been surrendered to it, or the person claiming delivery under a negotiable electronic transport record has demonstrated, in accordance with the procedures referred to in article 9, paragraph 1, that it is the holder;

(*c*) The person giving instructions under subparagraph 2(*a*) of this article shall indemnify the carrier against loss arising from its being held liable to the holder under subparagraph 2(*e*) of this article. The carrier may refuse to follow those instructions if the person fails to provide adequate security as the carrier may reasonably request;

(*d*) A person that becomes a holder of the negotiable transport document or the negotiable electronic transport record after the carrier has delivered the goods pursuant to subparagraph 2(*b*) of this article, but pursuant to contractual or other arrangements made before such delivery acquires rights against the carrier under the contract of carriage, other than the right to claim delivery of the goods;

(*e*) Notwithstanding subparagraphs 2(*b*) and 2(*d*) of this article, a holder that becomes a holder after such delivery, and that did not have and could not reasonably have had knowledge of such delivery at the time it became a holder, acquires the rights incorporated in the negotiable transport document or negotiable electronic transport record. When the contract particulars state the expected time of arrival of the goods, or indicate how to obtain information as to whether the goods have been delivered, it is presumed that the holder at the time that it became a holder had or could reasonably have had knowledge of the delivery of the goods.

Article 48 Goods remaining undelivered

1. For the purposes of this article, goods shall be deemed to have remained undelivered only if, after their arrival at the place of destination:

(*a*) The consignee does not accept delivery of the goods pursuant to this chapter at the time and location referred to in article 43;

(*b*) The controlling party, the holder, the shipper or the documentary shipper cannot be found or does not give the carrier adequate instructions pursuant to articles 45, 46 and 47;

(*c*) The carrier is entitled or required to refuse delivery pursuant to articles 44, 45, 46 and 47;

(*d*) The carrier is not allowed to deliver the goods to the consignee pursuant to the law or regulations of the place at which delivery is requested; or (*e*) The goods are otherwise undeliverable by the carrier.

2. Without prejudice to any other rights that the carrier may have against the shipper, controlling party or consignee, if the goods have remained undelivered, the carrier may, at the risk and expense of the person entitled to the goods, take such action in respect of the goods as circumstances may reasonably require, including:

(*a*) To store the goods at any suitable place;

(*b*) To unpack the goods if they are packed in containers or vehicles, or to act otherwise in respect of the goods, including by moving them; and

(*c*) To cause the goods to be sold or destroyed in accordance with the practices or pursuant to the law or regulations of the place where the goods are located at the time.

3. The carrier may exercise the rights under paragraph 2 of this article only after it has given reasonable notice of the intended action under paragraph 2 of this article to the person stated in the contract particulars as the person, if any, to be notified of the arrival of the goods at the place of destination, and to one of the following persons in the order indicated, if known to the carrier: the consignee, the controlling party or the shipper.

4. If the goods are sold pursuant to subparagraph 2(*c*) of this article, the carrier shall hold the proceeds of the sale for the benefit of the person entitled to the goods, subject to the deduction of any costs incurred by the carrier and any other amounts that are due to the carrier in connection with the carriage of those goods.

5. The carrier shall not be liable for loss of or damage to goods that occurs during the time that they remain undelivered pursuant to this article unless the claimant proves that such loss or damage resulted from the failure by the carrier to take steps that would have been reasonable in the circumstances to preserve the goods and that the carrier knew or ought to have known that the loss or damage to the goods would result from its failure to take such steps.

Article 49 Retention of goods

Nothing in this Convention affects a right of the carrier or a performing party that may exist pursuant to the contract of carriage or the applicable law to retain the goods to secure the payment of sums due.

Chapter 10 Rights of the controlling party

Article 50 Exercise and extent of right of control

1. The right of control may be exercised only by the controlling party and is limited to:

(*a*) The right to give or modify instructions in respect of the goods that do not constitute a variation of the contract of carriage;
(*b*) The right to obtain delivery of the goods at a scheduled port of call or, in respect of inland carriage, any place en route; and
(*c*) The right to replace the consignee by any other person including the controlling party.
2. The right of control exists during the entire period of responsibility of the carrier, as provided in article 12, and ceases when that period expires.
Article 51 Identity of the controlling party and transfer of the right of control
1. Except in the cases referred to in paragraphs 2, 3 and 4 of this article:
(*a*) The shipper is the controlling party unless the shipper, when the contract of carriage is concluded, designates the consignee, the documentary shipper or another person as the controlling party;
(*b*) The controlling party is entitled to transfer the right of control to another person. The transfer becomes effective with respect to the carrier upon its notification of the transfer by the transferor, and the transferee becomes the controlling party; and
(*c*) The controlling party shall properly identify itself when it exercises the right of control.
2. When a non-negotiable transport document has been issued that indicates that it shall be surrendered in order to obtain delivery of the goods:
(*a*) The shipper is the controlling party and may transfer the right of control to the consignee named in the transport document by transferring the document to that person without endorsement. If more than one original of the document was issued, all originals shall be transferred in order to effect a transfer of the right of control; and
(*b*) In order to exercise its right of control, the controlling party shall produce the document and properly identify itself. If more than one original of the document was issued, all originals shall be produced, failing which the right of control cannot be exercised.
3. When a negotiable transport document is issued:
(*a*) The holder or, if more than one original of the negotiable transport document is issued, the holder of all originals is the controlling party;
(*b*) The holder may transfer the right of control by transferring the negotiable transport document to another person in accordance with article 57. If more than one original of that document was issued, all originals shall be transferred to that person in order to effect a transfer of the right of control; and
(*c*) In order to exercise the right of control, the holder shall produce the negotiable

transport document to the carrier, and if the holder is one of the persons referred to in article 1, subparagraph 10(*a*)(i), the holder shall properly identify itself. If more than one original of the document was issued, all originals shall be produced, failing which the right of control cannot be exercised.

4. When a negotiable electronic transport record is issued:

(*a*) The holder is the controlling party;

(*b*) The holder may transfer the right of control to another person by transferring the negotiable electronic transport record in accordance with the procedures referred to in article 9, paragraph 1; and

(*c*) In order to exercise the right of control, the holder shall demonstrate, in accordance with the procedures referred to in article 9, paragraph 1, that it is the holder.

Article 52 Carrier's execution of instructions

1. Subject to paragraphs 2 and 3 of this article, the carrier shall execute the instructions referred to in article 50 if:

(*a*) The person giving such instructions is entitled to exercise the right of control;

(*b*) The instructions can reasonably be executed according to their terms at the moment that they reach the carrier; and

(*c*) The instructions will not interfere with the normal operations of the carrier, including its delivery practices.

2. In any event, the controlling party shall reimburse the carrier for any reasonable additional expense that the carrier may incur and shall indemnify the carrier against loss or damage that the carrier may suffer as a result of diligently executing any instruction pursuant to this article, including compensation that the carrier may become liable to pay for loss of or damage to other goods being carried.

3. The carrier is entitled to obtain security from the controlling party for the amount of additional expense, loss or damage that the carrier reasonably expects will arise in connection with the execution of an instruction pursuant to this article. The carrier may refuse to carry out the instructions if no such security is provided.

4. The carrier's liability for loss of or damage to the goods or for delay in delivery resulting from its failure to comply with the instructions of the controlling party in breach of its obligation pursuant to paragraph 1 of this article shall be subject to articles 17 to 23, and the amount of the compensation payable by the carrier shall be subject to articles 59 to 61.

Article 53 Deemed delivery

Goods that are delivered pursuant to an instruction in accordance with article 52, paragraph 1, are deemed to be delivered at the place of destination, and the provisions of chapter 9 relating to such delivery apply to such goods.

Article 54 Variations to the contract of carriage

1. The controlling party is the only person that may agree with the carrier to variations to the contract of carriage other than those referred to in article 50, subparagraphs 1(*b*) and(*c*).

2. Variations to the contract of carriage, including those referred to in article 50, subparagraphs 1(*b*) and(*c*), shall be stated in a negotiable transport document or in a non-negotiable transport document that requires surrender, or incorporated in a negotiable electronic transport record, or, upon the request of the controlling party, shall be stated in a non-negotiable transport document or incorporated in a non-negotiable electronic transport record. If so stated or incorporated, such variations shall be signed in accordance with article 38.

Article 55 Providing additional information, instructions or documents to carrier

1. The controlling party, on request of the carrier or a performing party, shall provide in a timely manner information, instructions or documents relating to the goods not yet provided by the shipper and not otherwise reasonably available to the carrier that the carrier may reasonably need to perform its obligations under the contract of carriage.

2. If the carrier, after reasonable effort, is unable to locate the controlling party or the controlling party is unable to provide adequate information, instructions or documents to the carrier, the shipper shall provide them. If the carrier, after reasonable effort, is unable to locate the shipper, the documentary shipper shall provide such information, instructions or documents.

Article 56 Variation by agreement

The parties to the contract of carriage may vary the effect of articles 50, subparagraphs 1(*b*) and(*c*), 50, paragraph 2, and 52. The parties may also restrict or exclude the transferability of the right of control referred to in article 51, subparagraph 1(*b*).

Chapter 11 Transfer of rights

Article 57 When a negotiable transport document or negotiable electronic transport record is issucd

1. When a negotiable transport document is issued, the holder may transfer the rights incorporated in the document by transferring it to another person:

(*a*) Duly endorsed either to such other person or in blank, if an order document; or

(*b*) Without endorsement, if:(i) a bearer document or a blank endorsed document; or(ii) a document made out to the order of a named person and the transfer is between the first holder and the named person.

2. When a negotiable electronic transport record is issued, its holder may transfer the rights incorporated in it, whether it be made out to order or to the order of a named person, by transferring the electronic transport record in accordance with the procedures referred to in article 9, paragraph 1.

Article 58 Liability of holder

1. Without prejudice to article 55, a holder that is not the shipper and that does not exercise any right under the contract of carriage does not assume any liability under the contract of carriage solely by reason of being a holder.

2. A holder that is not the shipper and that exercises any right under the contract of carriage assumes any liabilities imposed on it under the contract of carriage to the extent that such liabilities are incorporated in or ascertainable from the negotiable transport document or the negotiable electronic transport record.

3. For the purposes of paragraphs 1 and 2 of this article, a holder that is not the shipper does not exercise any right under the contract of carriage solely because:

(*a*) It agrees with the carrier, pursuant to article 10, to replace a negotiable transport document by a negotiable electronic transport record or to replace a negotiable electronic transport record by a negotiable transport document; or

(*b*) It transfers its rights pursuant to article 57.

Chapter 12 Limits of liability

Article 59 Limits of liability

1. Subject to articles 60 and 61, paragraph 1, the carrier's liability for breaches of its obligations under this Convention is limited to 875 units of account per package or other shipping unit, or 3 units of account per kilogram of the gross weight of the goods that are the subject of the claim or dispute, whichever amount is the higher, except when the value of the goods has been declared by the shipper and included in the contract particulars, or when a higher amount than the amount of limitation of liability set out in this article has been agreed upon between the carrier and the shipper.

2. When goods are carried in or on a container, pallet or similar article of transport used to consolidate goods, or in or on a vehicle, the packages or shipping units enumerated in the contract particulars as packed in or on such article of transport or vehicle are deemed packages or shipping units. If not so enumerated, the goods in or on such article of transport or vehicle are deemed one shipping unit.

3. The unit of account referred to in this article is the Special Drawing Right as de-

fined by the International Monetary Fund. The amounts referred to in this article are to be converted into the national currency of a State according to the value of such currency at the date of judgement or award or the date agreed upon by the parties. The value of a national currency, in terms of the Special Drawing Right, of a Contracting State that is a member of the International Monetary Fund is to be calculated in accordance with the method of valuation applied by the International Monetary Fund in effect at the date in question for its operations and transactions. The value of a national currency, in terms of the Special Drawing Right, of a Contracting State that is not a member of the International Monetary Fund is to be calculated in a manner to be determined by that State.

Article 60 Limits of liability for loss caused by delay

Subject to article 61, paragraph 2, compensation for loss of or damage to the goods due to delay shall be calculated in accordance with article 22 and liability for economic loss due to delay is limited to an amount equivalent to two and one-half times the freight payable on the goods delayed. The total amount payable pursuant to this article and article 59, paragraph 1, may not exceed the limit that would be established pursuant to article 59, paragraph 1, in respect of the total loss of the goods concerned.

Article 61 Loss of the benefit of limitation of liability

1. Neither the carrier nor any of the persons referred to in article 18 is entitled to the benefit of the limitation of liability as provided in article 59, or as provided in the contract of carriage, if the claimant proves that the loss resulting from the breach of the carrier's obligation under this Convention was attributable to a personal act or omission of the person claiming a right to limit done with the intent to cause such loss or recklessly and with knowledge that such loss would probably result.

2. Neither the carrier nor any of the persons mentioned in article 18 is entitled to the benefit of the limitation of liability as provided in article 60 if the claimant proves that the delay in delivery resulted from a personal act or omission of the person claiming a right to limit done with the intent to cause the loss due to delay or recklessly and with knowledge that such loss would probably result.

Chapter 13 Time for suit

Article 62 Period of time for suit

1. No judicial or arbitral proceedings in respect of claims or disputes arising from a breach of an obligation under this Convention may be instituted after the expiration of a period of two years.

2. The period referred to in paragraph 1 of this article commences on the day on which the carrier has delivered the goods or, in cases in which no goods have been delivered or only part of the goods have been delivered, on the last day on which the goods should have been delivered. The day on which the period commences is not included in the period.
3. Notwithstanding the expiration of the period set out in paragraph 1 of this article, one party may rely on its claim as a defence or for the purpose of set-off against a claim asserted by the other party.

Article 63 Extension of time for suit

The period provided in article 62 shall not be subject to suspension or interruption, but the person against which a claim is made may at any time during the running of the period extend that period by a declaration to the claimant. This period may be further extended by another declaration or declarations.

Article 64 Action for indemnity

An action for indemnity by a person held liable may be instituted after the expiration of the period provided in article 62 if the indemnity action is instituted within the later of:

(*a*) The time allowed by the applicable law in the jurisdiction where proceedings are instituted; or

(*b*) Ninety days commencing from the day when the person instituting the action for indemnity has either settled the claim or been served with process in the action against itself, whichever is earlier.

Article 65 Actions against the person identified as the carrier

An action against the bareboat charterer or the person identified as the carrier pursuant to article 37, paragraph 2, may be instituted after the expiration of the period provided in article 62 if the action is instituted within the later of:

(*a*) The time allowed by the applicable law in the jurisdiction where proceedings are instituted; or

(*b*) Ninety days commencing from the day when the carrier has been identified, or the registered owner or bareboat charterer has rebutted the presumption that it is the carrier, pursuant to article 37, paragraph 2.

Chapter 14 Jurisdiction

Article 66 Actions against the carrier

Unless the contract of carriage contains an exclusive choice of court agreement that complies with article 67 or 72, the plaintiff has the right to institute judicial proceedings under this Convention against the carrier:

(*a*) In a competent court within the jurisdiction of which is situated one of the following places:

(i) The domicile of the carrier;

(ii) The place of receipt agreed in the contract of carriage;

(iii) The place of delivery agreed in the contract of carriage; or

(iv) The port where the goods are initially loaded on a ship or the port where the goods are finally discharged from a ship; or

(*b*) In a competent court or courts designated by an agreement between the shipper and the carrier for the purpose of deciding claims against the carrier that may arise under this Convention.

Article 67 Choice of court agreements

1. The jurisdiction of a court chosen in accordance with article 66, subparagraph *b*), is exclusive for disputes between the parties to the contract only if the parties so agree and the agreement conferring jurisdiction:

(*a*) Is contained in a volume contract that clearly states the names and addresses of the parties and either(i) is individually negotiated or(ii) contains a prominent statement that there is an exclusive choice of court agreement and specifies the sections of the volume contract containing that agreement; and

(*b*) Clearly designates the courts of one Contracting State or one or more specific courts of one Contracting State.

2. A person that is not a party to the volume contract is bound by an exclusive choice of court agreement concluded in accordance with paragraph 1 of this article only if:

(*a*) The court is in one of the places designated in article 66, subparagraph(*a*);

(*b*) That agreement is contained in the transport document or electronic transport record;

(*c*) That person is given timely and adequate notice of the court where the action shall be brought and that the jurisdiction of that court is exclusive; and

(*d*) The law of the court seized recognizes that that person may be bound by the exclusive choice of court agreement.

Article 68 Actions against the maritime performing party

The plaintiff has the right to institute judicial proceedings under this Convention against the maritime performing party in a competent court within the jurisdiction of which is situated one of the following places:

(*a*) The domicile of the maritime performing party; or

(*b*) The port where the goods are received by the maritime performing party, the port where the goods are delivered by the maritime performing party or the port in which the maritime performing party performs its activities with respect to the goods.

Article 69 No additional bases of jurisdiction

Subject to articles 71 and 72, no judicial proceedings under this Convention against the carrier or a maritime performing party may be instituted in a court not designated pursuant to article 66 or 68.

Article 70 Arrest and provisional or protective measures

Nothing in this Convention affects jurisdiction with regard to provisional or protective measures, including arrest. A court in a State in which a provisional or protective measure was taken does not have jurisdiction to determine the case upon its merits unless:

(*a*) The requirements of this chapter are fulfilled; or

(*b*) An international convention that applies in that State so provides.

Article 71 Consolidation and removal of actions

1. Except when there is an exclusive choice of court agreement that is binding pursuant to article 67 or 72, if a single action is brought against both the carrier and the maritime performing party arising out of a single occurrence, the action may be instituted only in a court designated pursuant to both article 66 and article 68. If there is no such court, such action may be instituted in a court designated pursuant to article 68, subparagraph(*b*), if there is such a court.

2. Except when there is an exclusive choice of court agreement that is binding pursuant to article 67 or 72, a carrier or a maritime performing party that institutes an action seeking a declaration of non-liability or any other action that would deprive a person of its right to select the forum pursuant to article 66 or 68 shall, at the request of the defendant, withdraw that action once the defendant has chosen a court designated pursuant to article 66 or 68, whichever is applicable, where the action may be recommenced.

Article 72 Agreement after a dispute has arisen and jurisdiction when the defendant has entered an appearance

1. After a dispute has arisen, the parties to the dispute may agree to resolve it in any competent court.

2. A competent court before which a defendant appears, without contesting jurisdiction in accordance with the rules of that court, has jurisdiction.

Article 73 Recognition and enforcement

1. A decision made in one Contracting State by a court having jurisdiction under this

Convention shall be recognized and enforced in another Contracting State in accordance with the law of such latter Contracting State when both States have made a declaration in accordance with article 74.

2. A court may refuse recognition and enforcement based on the grounds for the refusal of recognition and enforcement available pursuant to its law.

3. This chapter shall not affect the application of the rules of a regional economic integration organization that is a party to this Convention, as concerns the recognition or enforcement of judgements as between member States of the regional economic integration organization, whether adopted before or after this Convention.

Article 74 Application of chapter 14

The provisions of this chapter shall bind only Contracting States that declare in accordance with article 91 that they will be bound by them.

Chapter 15 Arbitration

Article 75 Arbitration agreements

1. Subject to this chapter, parties may agree that any dispute that may arise relating to the carriage of goods under this Convention shall be referred to arbitration.

2. The arbitration proceedings shall, at the option of the person asserting a claim against the carrier, take place at:

(*a*) Any place designated for that purpose in the arbitration agreement; or

(*b*) Any other place situated in a State where any of the following places is located:

(i) The domicile of the carrier;

(ii) The place of receipt agreed in the contract of carriage;

(iii) The place of delivery agreed in the contract of carriage; or

(iv) The port where the goods are initially loaded on a ship or the port where the goods are finally discharged from a ship.

3. The designation of the place of arbitration in the agreement is binding for disputes between the parties to the agreement if the agreement is contained in a volume contract that clearly states the names and addresses of the parties and either:

(*a*) Is individually negotiated; or

(*b*) Contains a prominent statement that there is an arbitration agreement and specifies the sections of the volume contract containing the arbitration agreement.

4. When an arbitration agreement has been concluded in accordance with paragraph 3 of this article, a person that is not a party to the volume contract is bound by the designation of the place of arbitration in that agreement only if:

(*a*) The place of arbitration designated in the agreement is situated in one of the places referred to in subparagraph 2(*b*) of this article;

(*b*) The agreement is contained in the transport document or electronic transport record;

(*c*) The person to be bound is given timely and adequate notice of the place of arbitration; and

(*d*) Applicable law permits that person to be bound by the arbitration agreement.

5. The provisions of paragraphs 1, 2, 3 and 4 of this article are deemed to be part of every arbitration clause or agreement, and any term of such clause or agreement to the extent that it is inconsistent therewith is void.

Article 76 Arbitration agreement in non-liner transportation

1. Nothing in this Convention affects the enforceability of an arbitration agreement in a contract of carriage in non-liner transportation to which this Convention or the provisions of this Convention apply by reason of:

(*a*) The application of article 7; or

(*b*) The parties' voluntary incorporation of this Convention in a contract of carriage that would not otherwise be subject to this Convention.

2. Notwithstanding paragraph 1 of this article, an arbitration agreement in a transport document or electronic transport record to which this Convention applies by reason of the application of article 7 is subject to this chapter unless such a transport document or electronic transport record:

(*a*) Identifies the parties to and the date of the charter party or other contract excluded from the application of this Convention by reason of the application of article 6; and

(*b*) Incorporates by specific reference the clause in the charter party or other contract that contains the terms of the arbitration agreement.

Article 77 Agreement to arbitrate after a dispute has arisen

Notwithstanding the provisions of this chapter and chapter 14, after a dispute has arisen the parties to the dispute may agree to resolve it by arbitration in any place.

Article 78 Application of chapter 15

The provisions of this chapter shall bind only Contracting States that declare in accordance with article 91 that they will be bound by them.

Chapter 16 Validity of contractual terms

Article 79 General provisions

1. Unless otherwise provided in this Convention, any term in a contract of carriage is void to the extent that it:

(*a*) Directly or indirectly excludes or limits the obligations of the carrier or a maritime performing party under this Convention;

(*b*) Directly or indirectly excludes or limits the liability of the carrier or a maritime performing party for breach of an obligation under this Convention; or

(*c*) Assigns a benefit of insurance of the goods in favour of the carrier or a person referred to in article 18.

2. Unless otherwise provided in this Convention, any term in a contract of carriage is void to the extent that it:

(*a*) Directly or indirectly excludes, limits or increases the obligations under this Convention of the shipper, consignee, controlling party, holder or documentary shipper; or

(*b*) Directly or indirectly excludes, limits or increases the liability of the shipper, consignee, controlling party, holder or documentary shipper for breach of any of its obligations under this Convention.

Article 80 Special rules for volume contracts

1. Notwithstanding article 79, as between the carrier and the shipper, a volume contract to which this Convention applies may provide for greater or lesser rights, obligations and liabilities than those imposed by this Convention.

2. A derogation pursuant to paragraph 1 of this article is binding only when:

(*a*) The volume contract contains a prominent statement that it derogates from this Convention;

(*b*) The volume contract is(i) individually negotiated or(ii) prominently specifies the sections of the volume contract containing the derogations;

(*c*) The shipper is given an opportunity and notice of the opportunity to conclude a contract of carriage on terms and conditions that comply with this Convention without any derogation under this article; and

(*d*) The derogation is neither(i) incorporated by reference from another document nor(ii) included in a contract of adhesion that is not subject to negotiation.

3. A carrier's public schedule of prices and services, transport document, electronic transport record or similar document is not a volume contract pursuant to paragraph 1 of this article, but a volume contract may incorporate such documents by reference as terms of the contract.

4. Paragraph 1 of this article does not apply to rights and obligations provided in articles 14, subparagraphs(*a*) and(*b*), 29 and 32 or to liability arising from the breach thereof, nor does it apply to any liability arising from an act or omission referred to in article 61.

5. The terms of the volume contract that derogate from this Convention, if the volume contract satisfies the requirements of paragraph 2 of this article, apply between the carrier and any person other than the shipper provided that:

(*a*) Such person received information that prominently states that the volume contract derogates from this Convention and gave its express consent to be bound by such derogations; and

(*b*) Such consent is not solely set forth in a carrier's public schedule of prices and services, transport document or electronic transport record.

6. The party claiming the benefit of the derogation bears the burden of proof that the conditions for derogation have been fulfilled.

Article 81 Special rules for live animals and certain other goods

Notwithstanding article 79 and without prejudice to article 80, the contract of carriage may exclude or limit the obligations or the liability of both the carrier and a maritime performing party if:

(*a*) The goods are live animals, but any such exclusion or limitation will not be effective if the claimant proves that the loss of or damage to the goods, or delay in delivery, resulted from an act or omission of the carrier or of a person referred to in article 18, done with the intent to cause such loss of or damage to the goods or such loss due to delay or done recklessly and with knowledge that such loss or damage or such loss due to delay would probably result; or

(*b*) The character or condition of the goods or the circumstances and terms and conditions under which the carriage is to be performed are such as reasonably to justify a special agreement, provided that such contract of carriage is not related to ordinary commercial shipments made in the ordinary course of trade and that no negotiable transport document or negotiable electronic transport record is issued for the carriage of the goods.

Chapter 17 Matters not governed by this convention

Article 82 International conventions governing the carriage of goods by other modes of transport

Nothing in this Convention affects the application of any of the following international conventions in force at the time this Convention enters into force, including any future amendment to such conventions, that regulate the liability of the carrier for loss of or damage to the goods:

(*a*) Any convention governing the carriage of goods by air to the extent that such convention according to its provisions applies to any part of the contract of carriage;

(*b*) Any convention governing the carriage of goods by road to the extent that such convention according to its provisions applies to the carriage of goods that remain loaded on a road cargo vehicle carried on board a ship;

(*c*) Any convention governing the carriage of goods by rail to the extent that such convention according to its provisions applies to carriage of goods by sea as a supplement to the carriage by rail; or

(*d*) Any convention governing the carriage of goods by inland waterways to the extent that such convention according to its provisions applies to a carriage of goods without trans-shipment both by inland waterways and sea.

Article 83 Global limitation of liability

Nothing in this Convention affects the application of any international convention or national law regulating the global limitation of liability of vessel owners.

Article 84 General average

Nothing in this Convention affects the application of terms in the contract of carriage or provisions of national law regarding the adjustment of general average.

Article 85 Passengers and luggage

This Convention does not apply to a contract of carriage for passengers and their luggage.

Article 86 Damage caused by nuclear incident

No liability arises under this Convention for damage caused by a nuclear incident if the operator of a nuclear installation is liable for such damage:

(*a*) Under the Paris Convention on Third Party Liability in the Field of Nuclear Energy of 29 July 1960 as amended by the Additional Protocol of 28 January 1964 and by the Protocols of 16 November 1982 and 12 February 2004, the Vienna Convention on Civil Liability for Nuclear Damage of 21 May 1963 as amended by the Joint Protocol Relating to the Application of the Vienna Convention and the Paris Convention of 21 September 1988 and as amended by the Protocol to Amend the 1963 Vienna Convention on Civil Liability for Nuclear Damage of 12 September 1997, or the Convention on Supplementary Compensation for Nuclear Damage of 12 September 1997, including any amendment to these conventions and any future convention in respect of the liability of the operator of a nuclear installation for damage caused by a nuclear incident; or

(*b*) Under national law applicable to the liability for such damage, provided that such law is in all respects as favourable to persons that may suffer damage as either the Paris or Vienna Conventions or the Convention on Supplementary Compensation for Nuclear Damage.

Chapter 18 Final clauses

Article 87 Depositary

The Secretary-General of the United Nations is hereby designated as the depositary of this Convention. *Article 88 Signature, ratification, acceptance, approval or accession*

1. This Convention is open for signature by all States at Rotterdam, the Netherlands, on 23 September 2009, and thereafter at the Headquarters of the United Nations in New York.

2. This Convention is subject to ratification, acceptance or approval by the signatory States.

3. This Convention is open for accession by all States that are not signatory States as from the date it is open for signature.

4. Instruments of ratification, acceptance, approval and accession are to be deposited with the Secretary-General of the United Nations.

Article 89 Denunciation of other conventions

1. A State that ratifies, accepts, approves or accedes to this Convention and is a party to the International Convention for the Unification of certain Rules of Law relating to Bills of Lading signed at Brussels on 25 August 1924, to the Protocol to amend the International Convention for the Unification of certain Rules of Law relating to Bills of Lading, signed at Brussels on 23 February 1968, or to the Protocol to amend the International Convention for the Unification of certain Rules of Law relating to Bills of Lading as Modified by the Amending Protocol of 23 February 1968, signed at Brussels on 21 December 1979, shall at the same time denounce that Convention and the protocol or protocols thereto to which it is a party by notifying the Government of Belgium to that effect, with a declaration that the denunciation is to take effect as from the date when this Convention enters into force in respect of that State.

2. A State that ratifies, accepts, approves or accedes to this Convention and is a party to the United Nations Convention on the Carriage of Goods by Sea concluded at Hamburg on 31 March 1978 shall at the same time denounce that Convention by notifying the Secretary-General of the United Nations to that effect, with a declaration that the denunciation is to take effect as from the date when this Convention enters into force in respect of that State.

3. For the purposes of this article, ratifications, acceptances, approvals and accessions in respect of this Convention by States parties to the instruments listed in paragraphs 1 and 2 of this article that are notified to the depositary after this Convention has entered into force are not effective until such denunciations as may be required on the part of those States in respect of these instruments have become effective. The deposi-

tary of this Convention shall consult with the Government of Belgium, as the depositary of the instruments referred to in paragraph 1 of this article, so as to ensure necessary coordination in this respect.

Article 90 Reservations

No reservation is permitted to this Convention.

Article 91 Procedure and effect of declarations

1. The declarations permitted by articles 74 and 78 may be made at any time. The initial declarations permitted by article 92, paragraph 1, and article 93, paragraph 2, shall be made at the time of signature, ratification, acceptance, approval or accession. No other declaration is permitted under this Convention.

2. Declarations made at the time of signature are subject to confirmation upon ratification, acceptance or approval.

3. Declarations and their confirmations are to be in writing and to be formally notified to the depositary.

4. A declaration takes effect simultaneously with the entry into force of this Convention in respect of the State concerned. However, a declaration of which the depositary receives formal notification after such entry into force takes effect on the first day of the month following the expiration of six months after the date of its receipt by the depositary.

5. Any State that makes a declaration under this Convention may withdraw it at any time by a formal notification in writing addressed to the depositary. The withdrawal of a declaration, or its modification where permitted by this Convention, takes effect on the first day of the month following the expiration of six months after the date of the receipt of the notification by the depositary.

Article 92 Effect in domestic territorial units

1. If a Contracting State has two or more territorial units in which different systems of law are applicable in relation to the matters dealt with in this Convention, it may, at the time of signature, ratification, acceptance, approval or accession, declare that this Convention is to extend to all its territorial units or only to one or more of them, and may amend its declaration by submitting another declaration at any time.

2. These declarations are to be notified to the depositary and are to state expressly the territorial units to which the Convention extends.

3. When a Contracting State has declared pursuant to this article that this Convention extends to one or more but not all of its territorial units, a place located in a territorial unit to which this Convention does not extend is not considered to be in a Contracting State for the purposes of this Convention.

4. If a Contracting State makes no declaration pursuant to paragraph 1 of this article, the Convention is to extend to all territorial units of that State.

Article 93 Participation by regional economic integration organizations

1. A regional economic integration organization that is constituted by sovereign States and has competence over certain matters governed by this Convention may similarly sign, ratify, accept, approve or accede to this Convention. The regional economic integration organization shall in that case have the rights and obligations of a Contracting State, to the extent that that organization has competence over matters governed by this Convention. When the number of Contracting States is relevant in this Convention, the regional economic integration organization does not count as a Contracting State in addition to its member States which are Contracting States.

2. The regional economic integration organization shall, at the time of signature, ratification, acceptance, approval or accession, make a declaration to the depositary specifying the matters governed by this Convention in respect of which competence has been transferred to that organization by its member States. The regional economic integration organization shall promptly notify the depositary of any changes to the distribution of competence, including new transfers of competence, specified in the declaration pursuant to this paragraph.

3. Any reference to a Contracting State or Contracting States in this Convention applies equally to a regional economic integration organization when the context so requires.

Article 94 Entry into force

1. This Convention enters into force on the first day of the month following the expiration of one year after the date of deposit of the twentieth instrument of ratification, acceptance, approval or accession.

2. For each State that becomes a Contracting State to this Convention after the date of the deposit of the twentieth instrument of ratification, acceptance, approval or accession, this Convention enters into force on the first day of the month following the expiration of one year after the deposit of the appropriate instrument on behalf of that State.

3. Each Contracting State shall apply this Convention to contracts of carriage concluded on or after the date of the entry into force of this Convention in respect of that State.

Article 95 Revision and amendment

1. At the request of not less than one third of the Contracting States to this Convention, the Secretary-General of the United Nations shall convene a conference of the Contracting States for revising or amending it.

2. Any instrument of ratification, acceptance, approval or accession deposited after the

entry into force of an amendment to this Convention is deemed to apply to the Convention as amended.

Article 96 Denunciation of this Convention

1. A Contracting State may denounce this Convention at any time by means of a notification in writing addressed to the depositary.

2. The denunciation takes effect on the first day of the month following the expiration of one year after the notification is received by the depositary. If a longer period is specified in the notification, the denunciation takes effect upon the expiration of such longer period after the notification is received by the depositary.

DONE at New York, this eleventh day of December two thousand and eight, in a single original, of which the Arabic, Chinese, English, French, Russian and Spanish texts are equally authentic.

IN WITNESS WHEREOF the undersigned plenipotentiaries, being duly authorized by their respective Governments, have signed this Convention.

〈부록 Ⅵ〉 해상법관련 조문

제5편 해상 〈개정 2007.8.3〉

제1장 해상기업 〈개정 2007.8.3〉

제1절 선박 〈개정 2007.8.3〉

제740조(선박의 의의) 이 법에서 "선박"이란 상행위나 그 밖의 영리를 목적으로 항해에 사용하는 선박을 말한다. [전문개정 2007.8.3]

제741조(적용범위) ① 항해용 선박에 대하여는 상행위나 그 밖의 영리를 목적으로 하지 아니하더라도 이 편의 규정을 준용한다. 다만, 국유 또는 공유의 선박에 대하여는 「선박법」 제29조 단서에도 불구하고 항해의 목적·성질 등을 고려하여 이 편의 규정을 준용하는 것이 적합하지 아니한 경우로서 대통령령으로 정하는 경우에는 그러하지 아니하다.

② 이 편의 규정은 단정(短艇) 또는 주로 노 또는 상앗대로 운전하는 선박에는 적용하지 아니한다. [전문개정 2007.8.3]

제742조(선박의 종물) 선박의 속구목록(屬具目錄)에 기재한 물건은 선박의 종물로 추정한다. [전문개정 2007.8.3]

제743조(선박소유권의 이전) 등기 및 등록할 수 있는 선박의 경우 그 소유권의 이전은 당사자 사이의 합의만으로 그 효력이 생긴다. 다만, 이를 등기하고 선박국적증서에 기재하지 아니하면 제3자에게 대항하지 못한다. [전문개정 2007.8.3]

제744조(선박의 압류·가압류) ① 항해의 준비를 완료한 선박과 그 속구는 압류 또는 가압류를 하지 못한다. 다만, 항해를 준비하기 위하여 생긴 채무에 대하여는 그러하지 아니하다.

② 제1항은 총톤수 20톤 미만의 선박에는 적용하지 아니한다. [전문개정 2007.8.3]

제2절 선장 〈개정 2007.8.3〉

제745조(선장의 선임·해임) 선장은 선박소유자가 선임 또는 해임한다. [전문개정 2007.8.3]

제746조(선장의 부당한 해임에 대한 손해배상청구권) 선박소유자가 정당한 사유 없이 선장을 해임한 때에는 선장은 이로 인하여 생긴 손해의 배상을 청구할 수 있다. [전문개정 2007.8.3]

第747條(선장의 계속직무집행의 책임) 선장은 항해 중에 해임 또는 임기가 만료된 경우에도 다른 선장이 그 업무를 처리할 수 있는 때 또는 그 선박이 선적항에 도착할 때까지 그 직무를 집행할 책임이 있다. [전문개정 2007.8.3]

第748條(선장의 대선장 선임의 권한 및 책임) 선장은 불가항력으로 인하여 그 직무를 집행하기가 불능한 때에 법령에 다른 규정이 있는 경우를 제외하고는 자기의 책임으로 타인을 선정하여 선장의 직무를 집행하게 할 수 있다.

[전문개정 2007.8.3]

第749條(대리권의 범위) ① 선적항 외에서는 선장은 항해에 필요한 재판상 또는 재판 외의 모든 행위를 할 권한이 있다.

② 선적항에서는 선장은 특히 위임을 받은 경우 외에는 해원의 고용과 해고를 할 권한만을 가진다.

[전문개정 2007.8.3]

第750條(특수한 행위에 대한 권한) ① 선장은 선박수선료·해난구조료, 그 밖에 항해의 계속에 필요한 비용을 지급하여야 할 경우 외에는 다음의 행위를 하지 못한다.

1. 선박 또는 속구를 담보에 제공하는 일
2. 차재(借財)하는 일
3. 적하의 전부나 일부를 처분하는 일

② 적하를 처분할 경우의 손해배상액은 그 적하가 도달할 시기의 양륙항의 가격에 의하여 정한다. 다만, 그 가격 중에서 지급을 요하지 아니하는 비용을 공제하여야 한다.

[전문개정 2007.8.3]

第751條(대리권에 대한 제한) 선장의 대리권에 대한 제한은 선의의 제 3 자에게 대항하지 못한다.

[전문개정 2007.8.3]

第752條(이해관계인을 위한 적하의 처분) ① 선장이 항해 중에 적하를 처분하는 경우에는 이해관계인의 이익을 위하여 가장 적당한 방법으로 하여야 한다.

② 제 1 항의 경우에 이해관계인은 선장의 처분으로 인하여 생긴 채권자에게 적하의 가액을 한도로 하여 그 책임을 진다. 다만, 그 이해관계인에게 과실이 있는 때에는 그러하지 아니하다.

[전문개정 2007.8.3]

第753條(선박경매권) 선적항 외에서 선박이 수선하기 불가능하게 된 때에는 선장은 해무관청의 인가를 받아 이를 경매할 수 있다.

[전문개정 2007.8.3]

第754條(선박의 수선불능) ① 다음 각 호의 경우에는 선박은 수선하기 불가능하게 된 것으로 본다.

1. 선박이 그 현재지에서 수선을 받을 수 없으며 또 그 수선을 할 수 있는 곳에 도달하기 불가능한 때

2. 수선비가 선박의 가액의 4분의 3을 초과할 때

② 제1항 제2호의 가액은 선박이 항해 중 훼손된 경우에는 그 발항한 때의 가액으로 하고 그 밖의 경우에는 그 훼손 전의 가액으로 한다.

[전문개정 2007.8.3]

第755条(보고 · 계산의 의무) ① 선장은 항해에 관한 중요한 사항을 지체 없이 선박소유자에게 보고하여야 한다.

② 선장은 매 항해를 종료한 때에는 그 항해에 관한 계산서를 지체 없이 선박소유자에게 제출하여 그 승인을 받아야 한다.

③ 선장은 선박소유자의 청구가 있을 때에는 언제든지 항해에 관한 사항과 계산의 보고를 하여야 한다.

[전문개정 2007.8.3]

제3절 선박공유 〈개정 2007.8.3〉

第756条(선박공유자의 업무결정) ① 공유선박의 이용에 관한 사항은 공유자의 지분의 가격에 따라 그 과반수로 결정한다.

② 선박공유에 관한 계약을 변경하는 사항은 공유자의 전원일치로 결정하여야 한다.

[전문개정 2007.8.3]

第757条(선박공유와 비용의 부담) 선박공유자는 그 지분의 가격에 따라 선박의 이용에 관한 비용과 이용에 관하여 생긴 채무를 부담한다.

[전문개정 2007.8.3]

第758条(손익분배) 손익의 분배는 매 항해의 종료 후에 있어서 선박공유자의 지분의 가격에 따라서 한다.

[전문개정 2007.8.3]

第759条(지분의 양도) 선박공유자 사이에 조합관계가 있는 경우에도 각 공유자는 다른 공유자의 승낙 없이 그 지분을 타인에게 양도할 수 있다. 다만, 선박관리인의 경우에는 그러하지 아니하다.

[전문개정 2007.8.3]

第760条(공유선박의 국적상실과 지분의 매수 또는 경매청구) 선박공유자의 지분의 이전 또는 그 국적상실로 인하여 선박이 대한민국의 국적을 상실할 때에는 다른 공유자는 상당한 대가로 그 지분을 매수하거나 그 경매를 법원에 청구할 수 있다.

[전문개정 2007.8.3]

第761条(결의반대자의 지분매수청구권) ① 선박공유자가 신항해를 개시하거나 선박을 대수선할 것을 결의한 때에는 그 결의에 이의가 있는 공유자는 다른 공유자에 대하여 상당한 가액으로 자기의 지분을 매수할 것을 청구할 수 있다.

② 제1항의 청구를 하고자 하는 자는 그 결의가 있은 날부터, 결의에 참가하지 아니

한 경우에는 결의통지를 받은 날부터 3일 이내에 다른 공유자 또는 선박관리인에 대하여 그 통지를 발송하여야 한다.
[전문개정 2007.8.3]

제762조(해임선장의 지분매수청구권) ① 선박공유자인 선장이 그 의사에 반하여 해임된 때에는 다른 공유자에 대하여 상당한 가액으로 그 지분을 매수할 것을 청구할 수 있다.
② 선박공유자가 제1항의 청구를 하고자 하는 때에는 지체 없이 다른 공유자 또는 선박관리인에 대하여 그 통지를 발송하여야 한다.
[전문개정 2007.8.3]

제763조(항해 중 선박 등의 양도) 항해 중에 있는 선박이나 그 지분을 양도한 경우에 당사자 사이에 다른 약정이 없으면 양수인이 그 항해로부터 생긴 이익을 얻고 손실을 부담한다.
[전문개정 2007.8.3]

제764조(선박관리인의 선임·등기) ① 선박공유자는 선박관리인을 선임하여야 한다. 이 경우 선박공유자가 아닌 자를 선박관리인으로 선임함에는 공유자 전원의 동의가 있어야 한다.
② 선박관리인의 선임과 그 대리권의 소멸은 등기하여야 한다.
[전문개정 2007.8.3]

제765조(선박관리인의 권한) ① 선박관리인은 선박의 이용에 관한 재판상 또는 재판 외의 모든 행위를 할 권한이 있다.
② 선박관리인의 대리권에 대한 제한은 선의의 제3자에게 대항하지 못한다.
[전문개정 2007.8.3]

제766조(선박관리인의 권한의 제한) 선박관리인은 선박공유자의 서면에 의한 위임이 없으면 다음 각 호의 행위를 하지 못한다.
1. 선박을 양도·임대 또는 담보에 제공하는 일
2. 신항해를 개시하는 일
3. 선박을 보험에 붙이는 일
4. 선박을 대수선하는 일
5. 차재하는 일
[전문개정 2007.8.3]

제767조(장부의 기재·비치) 선박관리인은 업무집행에 관한 장부를 비치하고 그 선박의 이용에 관한 모든 사항을 기재하여야 한다.
[전문개정 2007.8.3]

제768조(선박관리인의 보고·승인) 선박관리인은 매 항해의 종료 후에 지체 없이 그 항해의 경과상황과 계산에 관한 서면을 작성하여 선박공유자에게 보고하고 그 승인을 받아야 한다.

[전문개정 2007.8.3]

제 4 절 선박소유자 등의 책임제한 〈개정 2007.8.3〉

第769조(선박소유자의 유한책임) 선박소유자는 청구원인의 여하에 불구하고 다음 각 호의 채권에 대하여 제770조에 따른 금액의 한도로 그 책임을 제한할 수 있다. 다만, 그 채권이 선박소유자 자신의 고의 또는 손해발생의 염려가 있음을 인식하면서 무모하게 한 작위 또는 부작위로 인하여 생긴 손해에 관한 것인 때에는 그러하지 아니하다.

1. 선박에서 또는 선박의 운항에 직접 관련하여 발생한 사람의 사망, 신체의 상해 또는 그 선박 외의 물건의 멸실 또는 훼손으로 인하여 생긴 손해에 관한 채권
2. 운송물, 여객 또는 수하물의 운송의 지연으로 인하여 생긴 손해에 관한 채권
3. 제 1 호 및 제 2 호 외에 선박의 운항에 직접 관련하여 발생한 계약상의 권리 외의 타인의 권리의 침해로 인하여 생긴 손해에 관한 채권
4. 제 1 호부터 제 3 호까지의 채권의 원인이 된 손해를 방지 또는 경감하기 위한 조치에 관한 채권 또는 그 조치의 결과로 인하여 생긴 손해에 관한 채권

[전문개정 2007.8.3]

第770조(책임의 한도액) ① 선박소유자가 제한할 수 있는 책임의 한도액은 다음 각 호의 금액으로 한다.

1. 여객의 사망 또는 신체의 상해로 인한 손해에 관한 채권에 대한 책임의 한도액은 그 선박의 선박검사증서에 기재된 여객의 정원에 17만5천 계산단위(국제통화기금의 1 특별인출권에 상당하는 금액을 말한다. 이하 같다)를 곱하여 얻은 금액으로 한다.
2. 여객 외의 사람의 사망 또는 신체의 상해로 인한 손해에 관한 채권에 대한 책임의 한도액은 그 선박의 톤수에 따라서 다음 각 목에 정하는 바에 따라 계산된 금액으로 한다. 다만, 300톤 미만의 선박의 경우에는 16만7천 계산단위에 상당하는 금액으로 한다.
   가. 500톤 이하의 선박의 경우에는 33만3천 계산단위에 상당하는 금액
   나. 500톤을 초과하는 선박의 경우에는 가목의 금액에 500톤을 초과하여 3천톤까지의 부분에 대하여는 매 톤당 500 계산단위, 3천톤을 초과하여 3만톤까지의 부분에 대하여는 매 톤당 333 계산단위, 3만톤을 초과하여 7만톤까지의 부분에 대하여는 매 톤당 250 계산단위 및 7만톤을 초과한 부분에 대하여는 매 톤당 167 계산단위를 각 곱하여 얻은 금액을 순차로 가산한 금액
3. 제 1 호 및 제 2 호 외의 채권에 대한 책임의 한도액은 그 선박의 톤수에 따라서 다음 각 목에 정하는 바에 따라 계산된 금액으로 한다. 다만, 300톤 미만의 선박의 경우에는 8만3천 계산단위에 상당하는 금액으로 한다.
   가. 500톤 이하의 선박의 경우에는 16만7천 계산단위에 상당하는 금액

나. 500톤을 초과하는 선박의 경우에는 가목의 금액에 500톤을 초과하여 3만톤까지의 부분에 대하여는 매 톤당 167 계산단위, 3만톤을 초과하여 7만톤까지의 부분에 대하여는 매 톤당 125 계산단위 및 7만톤을 초과한 부분에 대하여는 매 톤당 83 계산단위를 각 곱하여 얻은 금액을 순차로 가산한 금액

② 제1항 각 호에 따른 각 책임한도액은 선박마다 동일한 사고에서 생긴 각 책임한도액에 대응하는 선박소유자에 대한 모든 채권에 미친다.

③ 제769조에 따라 책임이 제한되는 채권은 제1항 각 호에 따른 각 책임한도액에 대하여 각 채권액의 비율로 경합한다.

④ 제1항 제2호에 따른 책임한도액이 같은 호의 채권의 변제에 부족한 때에는 제3호에 따른 책임한도액을 그 잔액채권의 변제에 충당한다. 이 경우 동일한 사고에서 제3호의 채권도 발생한 때에는 이 채권과 제2호의 잔액채권은 제3호에 따른 책임한도액에 대하여 각 채권액의 비율로 경합한다.

[전문개정 2007.8.3]

제771조(동일한 사고로 인한 반대채권액의 공제) 선박소유자가 책임의 제한을 받는 채권자에 대하여 동일한 사고로 인하여 생긴 손해에 관한 채권을 가지는 경우에는 그 채권액을 공제한 잔액에 한하여 책임의 제한을 받는 채권으로 한다.

[전문개정 2007.8.3]

제772조(책임제한을 위한 선박톤수) 제770조 제1항에서 규정하는 선박의 톤수는 국제항해에 종사하는 선박의 경우에는 「선박법」에서 규정하는 국제총톤수로 하고 그 밖의 선박의 경우에는 같은 법에서 규정하는 총톤수로 한다.

[전문개정 2007.8.3]

제773조(유한책임의 배제) 선박소유자는 다음 각 호의 채권에 대하여는 그 책임을 제한하지 못한다.

1. 선장·해원, 그 밖의 사용인으로서 그 직무가 선박의 업무에 관련된 자 또는 그 상속인, 피부양자, 그 밖의 이해관계인의 선박소유자에 대한 채권
2. 해난구조로 인한 구조료 채권 및 공동해손의 분담에 관한 채권
3. 1969년 11월 29일 성립한 「유류오염손해에 대한 민사책임에 관한 국제조약」 또는 그 조약의 개정조항이 적용되는 유류오염손해에 관한 채권
4. 침몰·난파·좌초·유기, 그 밖의 해양사고를 당한 선박 및 그 선박 안에 있거나 있었던 적하와 그 밖의 물건의 인양·제거·파괴 또는 무해조치에 관한 채권
5. 원자력손해에 관한 채권

[전문개정 2007.8.3]

제774조(책임제한을 할 수 있는 자의 범위) ① 다음 각 호의 어느 하나에 해당하는 자는 이 절의 규정에 따라 선박소유자의 경우와 동일하게 책임을 제한할 수 있다.

1. 용선자·선박관리인 및 선박운항자
2. 법인인 선박소유자 및 제1호에 규정된 자의 무한책임사원

3. 자기의 행위로 인하여 선박소유자 또는 제1호에 규정된 자에 대하여 제769조 각 호에 따른 채권이 성립하게 한 선장· 해원·도선사, 그 밖의 선박소유자 또는 제1호에 규정된 자의 사용인 또는 대리인

② 동일한 사고에서 발생한 모든 채권에 대한 선박소유자 및 제1항에 규정된 자에 의한 책임제한의 총액은 선박마다 제770조에 따른 책임한도액을 초과하지 못한다.

③ 선박소유자 또는 제1항 각 호에 규정된 자의 1인이 책임제한절차개시의 결정을 받은 때에는 책임제한을 할 수 있는 다른 자도 이를 원용할 수 있다.

[전문개정 2007.8.3]

제775조(구조자의 책임제한) ① 구조자 또는 그 피용자의 구조활동과 직접 관련하여 발생한 사람의 사망·신체의 상해, 재산의 멸실이나 훼손, 계약상 권리 외의 타인의 권리의 침해로 인하여 생긴 손해에 관한 채권 및 그러한 손해를 방지 혹은 경감하기 위한 조치에 관한 채권 또는 그 조치의 결과로 인하여 생긴 손해에 관한 채권에 대하여는 제769조부터 제774조(제769조제2호 및 제770조 제1항제1호를 제외한다)까지의 규정에 따라 구조자도 책임을 제한할 수 있다.

② 구조활동을 선박으로부터 행하지 아니한 구조자 또는 구조를 받는 선박에서만 행한 구조자는 제770조에 따른 책임의 한도액에 관하여 1천500톤의 선박에 의한 구조자로 본다.

③구조자의 책임의 한도액은 구조선마다 또는 제2항의 경우에는 구조자마다 동일한 사고로 인하여 생긴 모든 채권에 미친다.

④ 제1항에서 "구조자"란 구조활동에 직접 관련된 용역을 제공한 자를 말하며, "구조활동"이란 해난구조 시의 구조활동은 물론 침몰·난파·좌초·유기, 그 밖의 해양사고를 당한 선박 및 그 선박 안에 있거나 있었던 적하와 그 밖의 물건의 인양·제거·파괴 또는 무해조치 및 이와 관련된 손해를 방지 또는 경감하기 위한 모든 조치를 말한다.

[전문개정 2007.8.3]

제776조(책임제한의 절차) ① 이 절의 규정에 따라 책임을 제한하고자 하는 자는 채권자로부터 책임한도액을 초과하는 청구금액을 명시한 서면에 의한 청구를 받은 날부터 1년 이내에 법원에 책임제한절차개시의 신청을 하여야 한다.

② 책임제한절차 개시의 신청, 책임제한의 기금의 형성·공고·참가·배당, 그 밖에 필요한 사항은 별도로 법률로 정한다.

[전문개정 2007.8.3]

제5절 선박담보 〈개정 2007.8.3〉

제777조(선박우선특권 있는 채권) ① 다음의 채권을 가진 자는 선박·그 속구, 그 채권이 생긴 항해의 운임, 그 선박과 운임에 부수한 채권에 대하여 우선특권이 있다.

1. 채권자의 공동이익을 위한 소송비용, 항해에 관하여 선박에 과한 제세금, 도선료·예선료, 최후 입항 후의 선박과 그 속구의 보존비·검사비
2. 선원과 그 밖의 선박사용인의 고용계약으로 인한 채권
3. 해난구조로 인한 선박에 대한 구조료 채권과 공동해손의 분담에 대한 채권
4. 선박의 충돌과 그 밖의 항해사고로 인한 손해, 항해시설·항만시설 및 항로에 대한 손해와 선원이나 여객의 생명·신체에 대한 손해의 배상채권

② 제1항의 우선특권을 가진 선박채권자는 이 법과 그 밖의 법률의 규정에 따라 제1항의 재산에 대하여 다른 채권자보다 자기채권의 우선변제를 받을 권리가 있다. 이 경우 그 성질에 반하지 아니하는 한 「민법」의 저당권에 관한 규정을 준용한다.

[전문개정 2007.8.3]

第778條(선박·운임에 부수한 채권) 제777조에 따른 선박과 운임에 부수한 채권은 다음과 같다.

1. 선박 또는 운임의 손실로 인하여 선박소유자에게 지급할 손해배상
2. 공동해손으로 인한 선박 또는 운임의 손실에 대하여 선박소유자에게 지급할 상금
3. 해난구조로 인하여 선박소유자에게 지급할 구조료

[전문개정 2007.8.3]

第779條(운임에 대한 우선특권) 운임에 대한 우선특권은 지급을 받지 아니한 운임 및 지급을 받은 운임 중 선박소유자나 그 대리인이 소지한 금액에 한하여 행사할 수 있다.

[전문개정 2007.8.3]

第780條(보험금 등의 제외) 보험계약에 의하여 선박소유자에게 지급할 보험금과 그 밖의 장려금이나 보조금에 대하여는 제778조를 적용하지 아니한다.

[전문개정 2007.8.3]

第781條(선박사용인의 고용계약으로 인한 채권) 제777조 제1항제2호에 따른 채권은 고용계약 존속 중의 모든 항해로 인한 운임의 전부에 대하여 우선특권이 있다.

[전문개정 2007.8.3]

第782條(동일항해로 인한 채권에 대한 우선특권의 순위) ① 동일항해로 인한 채권의 우선특권이 경합하는 때에는 그 우선의 순위는 제777조 제1항 각 호의 순서에 따른다.

② 제777조 제1항 제3호에 따른 채권의 우선특권이 경합하는 때에는 후에 생긴 채권이 전에 생긴 채권에 우선한다. 동일한 사고로 인한 채권은 동시에 생긴 것으로 본다.

[전문개정 2007.8.3]

第783條(수회항해에 관한 채권에 대한 우선특권의 순위) ① 수회의 항해에 관한 채권의 우선특권이 경합하는 때에는 후의 항해에 관한 채권이 전의 항해에 관한 채권에 우선한다.

② 제781조에 따른 우선특권은 그 최후의 항해에 관한 다른 채권과 동일한 순위로 한다.

[전문개정 2007.8.3]

第784條(동일순위의 우선특권이 경합한 경우) 제781조부터 제783조까지의 규정에 따른 동일순위의 우선특권이 경합하는 때에는 각 채권액의 비율에 따라 변제한다.

[전문개정 2007.8.3]

第785條(우선특권의 추급권) 선박채권자의 우선특권은 그 선박소유권의 이전으로 인하여 영향을 받지 아니한다.

[전문개정 2007.8.3]

第786條(우선특권의 소멸) 선박채권자의 우선특권은 그 채권이 생긴 날부터 1년 이내에 실행하지 아니하면 소멸한다.

[전문개정 2007.8.3]

第787條(선박저당권) ① 등기한 선박은 저당권의 목적으로 할 수 있다.

② 선박의 저당권은 그 속구에 미친다.

③ 선박의 저당권에는 「민법」의 저당권에 관한 규정을 준용한다.

[전문개정 2007.8.3]

第788條(선박저당권 등과 우선특권의 경합) 선박채권자의 우선특권은 질권과 저당권에 우선한다.

[전문개정 2007.8.3]

第789條(등기선박의 입질불허) 등기한 선박은 질권의 목적으로 하지 못한다.

[전문개정 2007.8.3]

第790條(건조 중의 선박에의 준용) 이 절의 규정은 건조 중의 선박에 준용한다.

[전문개정 2007.8.3]

제 2 장 운송과 용선 〈개정 2007.8.3〉

제 1 절 개품운송 〈개정 2007.8.3〉

第791條(개품운송계약의 의의) 개품운송계약은 운송인이 개개의 물건을 해상에서 선박으로 운송할 것을 인수하고, 송하인이 이에 대하여 운임을 지급하기로 약정함으로써 그 효력이 생긴다.

[전문개정 2007.8.3]

第792條(운송물의 제공) ① 송하인은 당사자 사이의 합의 또는 선적항의 관습에 의한 때와 곳에서 운송인에게 운송물을 제공하여야 한다.

② 제 1 항에 따른 때와 곳에서 송하인이 운송물을 제공하지 아니한 경우에는 계약을 해제한 것으로 본다. 이 경우 선장은 즉시 발항할 수 있고, 송하인은 운임의 전액을 지급하여야 한다.

[전문개정 2007.8.3]

제793조(운송에 필요한 서류의 교부) 송하인은 선적기간 이내에 운송에 필요한 서류를 선장에게 교부하여야 한다.

[전문개정 2007.8.3]

제794조(감항능력 주의의무) 운송인은 자기 또는 선원이나 그 밖의 선박사용인이 발항 당시 다음의 사항에 관하여 주의를 해태하지 아니하였음을 증명하지 아니하면 운송물의 멸실·훼손 또는 연착으로 인한 손해를 배상할 책임이 있다.

1. 선박이 안전하게 항해를 할 수 있게 할 것
2. 필요한 선원의 승선, 선박의장(의장)과 필요품의 보급
3. 선창·냉장실, 그 밖에 운송물을 적재할 선박의 부분을 운송물의 수령·운송과 보존을 위하여 적합한 상태에 둘 것

[전문개정 2007.8.3]

제795조(운송물에 관한 주의의무) ① 운송인은 자기 또는 선원이나 그 밖의 선박사용인이 운송물의 수령·선적·적부(積付)·운송·보관·양륙과 인도에 관하여 주의를 해태하지 아니하였음을 증명하지 아니하면 운송물의 멸실·훼손 또는 연착으로 인한 손해를 배상할 책임이 있다.

② 운송인은 선장·해원·도선사, 그 밖의 선박사용인의 항해 또는 선박의 관리에 관한 행위 또는 화재로 인하여 생긴 운송물에 관한 손해를 배상할 책임을 면한다. 다만, 운송인의 고의 또는 과실로 인한 화재의 경우에는 그러하지 아니하다.

[전문개정 2007.8.3]

제796조(운송인의 면책사유) 운송인은 다음 각 호의 사실이 있었다는 것과 운송물에 관한 손해가 그 사실로 인하여 보통 생길 수 있는 것임을 증명한 때에는 이를 배상할 책임을 면한다. 다만, 제794조 및 제795조 제1항에 따른 주의를 다하였더라면 그 손해를 피할 수 있었음에도 불구하고 그 주의를 다하지 아니하였음을 증명한 때에는 그러하지 아니하다.

1. 해상이나 그 밖에 항행할 수 있는 수면에서의 위험 또는 사고
2. 불가항력
3. 전쟁·폭동 또는 내란
4. 해적행위나 그 밖에 이에 준한 행위
5. 재판상의 압류, 검역상의 제한, 그 밖에 공권에 의한 제한
6. 송하인 또는 운송물의 소유자나 그 사용인의 행위
7. 동맹파업이나 그 밖의 쟁의행위 또는 선박폐쇄
8. 해상에서의 인명이나 재산의 구조행위 또는 이로 인한 항로이탈이나 그 밖의 정당한 사유로 인한 항로이탈
9. 운송물의 포장의 불충분 또는 기호의 표시의 불완전
10. 운송물의 특수한 성질 또는 숨은 하자

11. 선박의 숨은 하자
[전문개정 2007.8.3]

제797조(책임의 한도) ① 제794조부터 제796조까지의 규정에 따른 운송인의 손해배상의 책임은 당해 운송물의 매 포장당 또는 선적단위당 666과 100분의 67 계산단위의 금액과 중량 1킬로그램당 2 계산단위의 금액 중 큰 금액을 한도로 제한할 수 있다. 다만, 운송물에 관한 손해가 운송인 자신의 고의 또는 손해발생의 염려가 있음을 인식하면서 무모하게 한 작위 또는 부작위로 인하여 생긴 것인 때에는 그러하지 아니하다.
② 제1항의 적용에 있어서 운송물의 포장 또는 선적단위의 수는 다음과 같이 정한다.
1. 컨테이너나 그 밖에 이와 유사한 운송용기가 운송물을 통합하기 위하여 사용되는 경우에 그러한 운송용기에 내장된 운송물의 포장 또는 선적단위의 수를 선하증권이나 그 밖에 운송계약을 증명하는 문서에 기재한 때에는 그 각 포장 또는 선적단위를 하나의 포장 또는 선적단위로 본다. 이 경우를 제외하고는 이러한 운송용기 내의 운송물 전부를 하나의 포장 또는 선적단위로 본다.
2. 운송인이 아닌 자가 공급한 운송용기 자체가 멸실 또는 훼손된 경우에는 그 용기를 별개의 포장 또는 선적단위로 본다.
③ 제1항 및 제2항은 송하인이 운송인에게 운송물을 인도할 때에 그 종류와 가액을 고지하고 선하증권이나 그 밖에 운송계약을 증명하는 문서에 이를 기재한 경우에는 적용하지 아니한다. 다만, 송하인이 운송물의 종류 또는 가액을 고의로 현저하게 부실의 고지를 한 때에는 운송인은 자기 또는 그 사용인이 악의인 경우를 제외하고 운송물의 손해에 대하여 책임을 면한다.
④ 제1항부터 제3항까지의 규정은 제769조부터 제774조까지 및 제776조의 적용에 영향을 미치지 아니한다.
[전문개정 2007.8.3]

제798조(비계약적 청구에 대한 적용) ① 이 절의 운송인의 책임에 관한 규정은 운송인의 불법행위로 인한 손해배상의 책임에도 적용한다.
② 운송물에 관한 손해배상청구가 운송인의 사용인 또는 대리인에 대하여 제기된 경우에 그 손해가 그 사용인 또는 대리인의 직무집행에 관하여 생긴 것인 때에는 그 사용인 또는 대리인은 운송인이 주장할 수 있는 항변과 책임제한을 원용할 수 있다. 다만, 그 손해가 그 사용인 또는 대리인의 고의 또는 운송물의 멸실·훼손 또는 연착이 생길 염려가 있음을 인식하면서 무모하게 한 작위 또는 부작위로 인하여 생긴 것인 때에는 그러하지 아니하다.
③ 제2항 본문의 경우에 운송인과 그 사용인 또는 대리인의 운송물에 대한 책임제한금액의 총액은 제797조 제1항에 따른 한도를 초과하지 못한다.
④ 제1항부터 제3항까지의 규정은 운송물에 관한 손해배상청구가 운송인 외의 실제운송인 또는 그 사용인이나 대리인에 대하여 제기된 경우에도 적용한다.
[전문개정 2007.8.3]

제799조(운송인의 책임경감금지) ① 제794조부터 제798조까지의 규정에 반하여 운송인의 의무 또는 책임을 경감 또는 면제하는 당사자 사이의 특약은 효력이 없다. 운송물에 관한 보험의 이익을 운송인에게 양도하는 약정 또는 이와 유사한 약정도 또한 같다.

② 제1항은 산 동물의 운송 및 선하증권이나 그 밖에 운송계약을 증명하는 문서의 표면에 갑판적(甲板積)으로 운송할 취지를 기재하여 갑판적으로 행하는 운송에 대하여는 적용하지 아니한다.

[전문개정 2007.8.3]

제800조(위법선적물의 처분) ① 선장은 법령 또는 계약을 위반하여 선적된 운송물은 언제든지 이를 양륙할 수 있고, 그 운송물이 선박 또는 다른 운송물에 위해를 미칠 염려가 있는 때에는 이를 포기할 수 있다.

② 선장이 제1항의 물건을 운송하는 때에는 선적한 때와 곳에서의 동종 운송물의 최고운임의 지급을 청구할 수 있다.

③ 제1항 및 제2항은 운송인과 그 밖의 이해관계인의 손해배상청구에 영향을 미치지 아니한다.

[전문개정 2007.8.3]

제801조(위험물의 처분) ① 인화성·폭발성이나 그 밖의 위험성이 있는 운송물은 운송인이 그 성질을 알고 선적한 경우에도 그 운송물이 선박이나 다른 운송물에 위해를 미칠 위험이 있는 때에는 선장은 언제든지 이를 양륙·파괴 또는 무해조치할 수 있다.

② 운송인은 제1항의 처분에 의하여 그 운송물에 발생한 손해에 대하여는 공동해손분담책임을 제외하고 그 배상책임을 면한다.

[전문개정 2007.8.3]

제802조(운송물의 수령) 운송물의 도착통지를 받은 수하인은 당사자 사이의 합의 또는 양륙항의 관습에 의한 때와 곳에서 지체 없이 운송물을 수령하여야 한다.

[전문개정 2007.8.3]

제803조(운송물의 공탁 등) ① 수하인이 운송물의 수령을 게을리한 때에는 선장은 이를 공탁하거나 세관이나 그 밖에 법령으로 정한 관청의 허가를 받은 곳에 인도할 수 있다. 이 경우 지체 없이 수하인에게 그 통지를 발송하여야 한다.

② 수하인을 확실히 알 수 없거나 수하인이 운송물의 수령을 거부한 때에는 선장은 이를 공탁하거나 세관이나 그 밖에 법령으로 정한 관청의 허가를 받은 곳에 인도하고 지체 없이 용선자 또는 송하인 및 알고 있는 수하인에게 그 통지를 발송하여야 한다.

③ 제1항 및 제2항에 따라 운송물을 공탁하거나 세관이나 그 밖에 법령으로 정한 관청의 허가를 받은 곳에 인도한 때에는 선하증권소지인이나 그 밖의 수하인에게 운송물을 인도한 것으로 본다.

[전문개정 2007.8.3]

제804조(운송물의 일부 멸실 · 훼손에 관한 통지) ① 수하인이 운송물의 일부 멸실 또는 훼손을 발견한 때에는 수령 후 지체 없이 그 개요에 관하여 운송인에게 서면에 의한 통지를 발송하여야 한다. 다만, 그 멸실 또는 훼손이 즉시 발견할 수 없는 것인 때에는 수령한 날부터 3일 이내에 그 통지를 발송하여야 한다.

② 제1항의 통지가 없는 경우에는 운송물이 멸실 또는 훼손 없이 수하인에게 인도된 것으로 추정한다.

③ 제1항 및 제2항은 운송인 또는 그 사용인이 악의인 경우에는 적용하지 아니한다.

④ 운송물에 멸실 또는 훼손이 발생하였거나 그 의심이 있는 경우에는 운송인과 수하인은 서로 운송물의 검사를 위하여 필요한 편의를 제공하여야 한다.

⑤ 제1항부터 제4항까지의 규정에 반하여 수하인에게 불리한 당사자 사이의 특약은 효력이 없다.

[전문개정 2007.8.3]

제805조(운송물의 중량 · 용적에 따른 운임) 운송물의 중량 또는 용적으로 운임을 정한 때에는 운송물을 인도하는 때의 중량 또는 용적에 의하여 그 액을 정한다.

[전문개정 2007.8.3]

제806조(운송기간에 따른 운임) ① 기간으로 운임을 정한 때에는 운송물의 선적을 개시한 날부터 그 양륙을 종료한 날까지의 기간에 의하여 그 액을 정한다.

② 제1항의 기간에는 불가항력으로 인하여 선박이 선적항이나 항해도중에 정박한 기간 또는 항해 도중에 선박을 수선한 기간을 산입하지 아니한다.

[전문개정 2007.8.3]

제807조(수하인의 의무, 선장의 유치권) ① 수하인이 운송물을 수령하는 때에는 운송계약 또는 선하증권의 취지에 따라 운임 · 부수비용 · 체당금 · 체선료, 운송물의 가액에 따른 공동해손 또는 해난구조로 인한 부담액을 지급하여야 한다.

② 선장은 제1항에 따른 금액의 지급과 상환하지 아니하면 운송물을 인도할 의무가 없다.

[전문개정 2007.8.3]

제808조(운송인의 운송물경매권) ① 운송인은 제807조 제1항에 따른 금액의 지급을 받기 위하여 법원의 허가를 받아 운송물을 경매하여 우선변제를 받을 권리가 있다.

② 선장이 수하인에게 운송물을 인도한 후에도 운송인은 그 운송물에 대하여 제1항의 권리를 행사할 수 있다. 다만, 인도한 날부터 30일을 경과하거나 제3자가 그 운송물에 점유를 취득한 때에는 그러하지 아니하다.

[전문개정 2007.8.3]

제809조(항해용선자 등의 재운송계약시 선박소유자의 책임) 항해용선자 또는 정기용선자가 자기의 명의로 제3자와 운송계약을 체결한 경우에는 그 계약의 이행이 선장의 직무에 속한 범위 안에서 선박소유자도 그 제3자에 대하여 제794조 및 제795조에 따른 책임을 진다.

[전문개정 2007.8.3]

第810조(운송계약의 종료사유) ① 운송계약은 다음의 사유로 인하여 종료한다.

1. 선박이 침몰 또는 멸실한 때
2. 선박이 수선할 수 없게 된 때
3. 선박이 포획된 때
4. 운송물이 불가항력으로 인하여 멸실된 때

② 제1항 제1호부터 제3호까지의 사유가 항해 도중에 생긴 때에는 송하인은 운송의 비율에 따라 현존하는 운송물의 가액의 한도에서 운임을 지급하여야 한다.

[전문개정 2007.8.3]

第811조(법정사유로 인한 해제 등) ① 항해 또는 운송이 법령을 위반하게 되거나 그 밖에 불가항력으로 인하여 계약의 목적을 달할 수 없게 된 때에는 각 당사자는 계약을 해제할 수 있다.

② 제1항의 사유가 항해 도중에 생긴 경우에 계약을 해지한 때에는 송하인은 운송의 비율에 따라 운임을 지급하여야 한다.

[전문개정 2007.8.3]

第812조(운송물의 일부에 관한 불가항력) ① 제810조 제1항 제4호 및 제811조 제1항의 사유가 운송물의 일부에 대하여 생긴 때에는 송하인은 운송인의 책임이 가중되지 아니하는 범위 안에서 다른 운송물을 선적할 수 있다.

② 송하인이 제1항의 권리를 행사하고자 하는 때에는 지체 없이 운송물의 양륙 또는 선적을 하여야 한다. 그 양륙 또는 선적을 게을리한 때에는 운임의 전액을 지급하여야 한다.

[전문개정 2007.8.3]

第813조(선장의 적하처분과 운임) 운송인은 다음 각 호의 어느 하나에 해당하는 경우에는 운임의 전액을 청구할 수 있다.

1. 선장이 제750조 제1항에 따라 적하를 처분하였을 때
2. 선장이 제865조에 따라 적하를 처분하였을 때

[전문개정 2007.8.3]

第814조(운송인의 채권·채무의 소멸) ① 운송인의 송하인 또는 수하인에 대한 채권 및 채무는 그 청구원인의 여하에 불구하고 운송인이 수하인에게 운송물을 인도한 날 또는 인도할 날부터 1년 이내에 재판상 청구가 없으면 소멸한다. 다만, 이 기간은 당사자의 합의에 의하여 연장할 수 있다.

② 운송인이 인수한 운송을 다시 제3자에게 위탁한 경우에 송하인 또는 수하인이 제1항의 기간 이내에 운송인과 배상 합의를 하거나 운송인에게 재판상 청구를 하였다면, 그 합의 또는 청구가 있은 날부터 3개월이 경과하기 이전에는 그 제3자에 대한 운송인의 채권·채무는 제1항에도 불구하고 소멸하지 아니한다. 운송인과 그 제3자 사이에 제1항 단서와 동일한 취지의 약정이 있는 경우에도 또한 같다.

③ 제2항의 경우에 있어서 재판상 청구를 받은 운송인이 그로부터 3개월 이내에 그 제3자에 대하여 소송고지를 하면 3개월의 기간은 그 재판이 확정되거나 그 밖에 종료된 때부터 기산한다.

[전문개정 2007.8.3]

第815条(준용규정) 제134조, 제136조부터 제140조까지의 규정은 이 절에서 정한 운송인에 준용한다.

[전문개정 2007.8.3]

第816条(복합운송인의 책임) ① 운송인이 인수한 운송에 해상 외의 운송구간이 포함된 경우 운송인은 손해가 발생한 운송구간에 적용될 법에 따라 책임을 진다.

② 어느 운송구간에서 손해가 발생하였는지 불분명한 경우 또는 손해의 발생이 성질상 특정한 지역으로 한정되지 아니하는 경우에는 운송인은 운송거리가 가장 긴 구간에 적용되는 법에 따라 책임을 진다. 다만, 운송거리가 같거나 가장 긴 구간을 정할 수 없는 경우에는 운임이 가장 비싼 구간에 적용되는 법에 따라 책임을 진다.

[전문개정 2007.8.3]

제2절 해상여객운송 〈개정 2007.8.3〉

第817条(해상여객운송계약의 의의) 해상여객운송계약은 운송인이 특정한 여객을 출발지에서 도착지까지 해상에서 선박으로 운송할 것을 인수하고, 이에 대하여 상대방이 운임을 지급하기로 약정함으로써 그 효력이 생긴다.

[전문개정 2007.8.3]

第818条(기명식의 선표) 기명식의 선표는 타인에게 양도하지 못한다.

[전문개정 2007.8.3]

第819条(식사·거처제공의무 등) ① 여객의 항해 중의 식사는 다른 약정이 없으면 운송인의 부담으로 한다.

② 항해 도중에 선박을 수선하는 경우에는 운송인은 그 수선 중 여객에게 상당한 거처와 식사를 제공하여야 한다. 다만, 여객의 권리를 해하지 아니하는 범위 안에서 상륙항까지의 운송의 편의를 제공한 때에는 그러하지 아니하다.

③ 제2항의 경우에 여객은 항해의 비율에 따른 운임을 지급하고 계약을 해지할 수 있다.

[전문개정 2007.8.3]

第820条(수하물 무임운송의무) 여객이 계약에 의하여 선내에서 휴대할 수 있는 수하물에 대하여는 운송인은 다른 약정이 없으면 별도로 운임을 청구하지 못한다.

[전문개정 2007.8.3]

第821条(승선지체와 선장의 발항권) ① 여객이 승선시기까지 승선하지 아니한 때에는 선장은 즉시 발항할 수 있다. 항해 도중의 정박항에서도 또한 같다.

② 제 1 항의 경우에는 여객은 운임의 전액을 지급하여야 한다.

[전문개정 2007.8.3]

第822条(여객의 계약해제와 운임) 여객이 발항 전에 계약을 해제하는 경우에는 운임의 반액을 지급하고, 발항 후에 계약을 해제하는 경우에는 운임의 전액을 지급하여야 한다.

[전문개정 2007.8.3]

第823条(법정사유에 의한 해제) 여객이 발항 전에 사망 · 질병이나 그 밖의 불가항력으로 인하여 항해할 수 없게 된 때에는 운송인은 운임의 10분의 3을 청구할 수 있고, 발항 후에 그 사유가 생긴 때에는 운송인의 선택으로 운임의 10분의 3 또는 운송의 비율에 따른 운임을 청구할 수 있다.

[전문개정 2007.8.3]

第824条(사망한 여객의 수하물처분의무) 여객이 사망한 때에는 선장은 그 상속인에게 가장 이익이 되는 방법으로 사망자가 휴대한 수하물을 처분하여야 한다.

[전문개정 2007.8.3]

第825条(법정종료사유) 운송계약은 제810조 제 1 항제 1 호부터 제 3 호까지의 사유로 인하여 종료한다. 그 사유가 항해 도중에 생긴 때에는 여객은 운송의 비율에 따른 운임을 지급하여야 한다.

[전문개정 2007.8.3]

第826条(준용규정) ① 제148조 · 제794조 · 제799조 제 1 항 및 제809조는 해상여객운송에 준용한다.

② 제134조 · 제136조 · 제149조 제 2 항 · 제794조부터 제801조까지 · 제804조 · 제807조 · 제809조 · 제811조 및 제814조는 운송인이 위탁을 받은 여객의 수하물의 운송에 준용한다.

③ 제150조, 제797조 제 1 항 · 제 4 항, 제798조, 제799조 제 1 항, 제809조 및 제814조는 운송인이 위탁을 받지 아니한 여객의 수하물에 준용한다.

[전문개정 2007.8.3]

제 3 절 항해용선 〈개정 2007.8.3〉

第827条(항해용선계약의 의의) ① 항해용선계약은 특정한 항해를 할 목적으로 선박소유자가 용선자에게 선원이 승무하고 항해장비를 갖춘 선박의 전부 또는 일부를 물건의 운송에 제공하기로 약정하고 용선자가 이에 대하여 운임을 지급하기로 약정함으로써 그 효력이 생긴다.

② 이 절의 규정은 그 성질에 반하지 아니하는 한 여객운송을 목적으로 하는 항해용선계약에도 준용한다.

③ 선박소유자가 일정한 기간 동안 용선자에게 선박을 제공할 의무를 지지만 항해를

단위로 운임을 계산하여 지급하기로 약정한 경우에도 그 성질에 반하지 아니하는 한 이 절의 규정을 준용한다.

[전문개정 2007.8.3]

第828条(용선계약서) 용선계약의 당사자는 상대방의 청구에 의하여 용선계약서를 교부하여야 한다.

[전문개정 2007.8.3]

第829条(선적준비완료의 통지, 선적기간) ① 선박소유자는 운송물을 선적함에 필요한 준비가 완료된 때에는 지체 없이 용선자에게 그 통지를 발송하여야 한다.

② 운송물을 선적할 기간의 약정이 있는 경우에는 그 기간은 제1항의 통지가 오전에 있은 때에는 그 날의 오후 1시부터 기산하고, 오후에 있은 때에는 다음날 오전 6시부터 기산한다. 이 기간에는 불가항력으로 인하여 선적할 수 없는 날과 그 항의 관습상 선적작업을 하지 아니하는 날을 산입하지 아니한다.

③ 제2항의 기간을 경과한 후 운송물을 선적한 때에는 선박소유자는 상당한 보수를 청구할 수 있다.

[전문개정 2007.8.3]

第830条(제3자가 선적인인 경우의 통지 · 선적) 용선자 외의 제3자가 운송물을 선적할 경우에 선장이 그 제3자를 확실히 알 수 없거나 그 제3자가 운송물을 선적하지 아니한 때에는 선장은 지체 없이 용선자에게 그 통지를 발송하여야 한다. 이 경우 선적기간 이내에 한하여 용선자가 운송물을 선적할 수 있다.

[전문개정 2007.8.3]

第831条(용선자의 발항청구권, 선장의 발항권) ① 용선자는 운송물의 전부를 선적하지 아니한 경우에도 선장에게 발항을 청구할 수 있다.

② 선적기간의 경과 후에는 용선자가 운송물의 전부를 선적하지 아니한 경우에도 선장은 즉시 발항할 수 있다.

③ 제1항 및 제2항의 경우에 용선자는 운임의 전액과 운송물의 전부를 선적하지 아니함으로 인하여 생긴 비용을 지급하고, 또한 선박소유자의 청구가 있는 때에는 상당한 담보를 제공하여야 한다.

[전문개정 2007.8.3]

第832条(전부용선의 발항 전의 계약해제 등) ① 발항 전에는 전부용선자는 운임의 반액을 지급하고 계약을 해제할 수 있다.

② 왕복항해의 용선계약인 경우에 전부용선자가 그 회항 전에 계약을 해지하는 때에는 운임의 3분의 2를 지급하여야 한다.

③ 선박이 다른 항에서 선적항에 항행하여야 할 경우에 전부용선자가 선적항에서 발항하기 전에 계약을 해지하는 때에도 제2항과 같다.

[전문개정 2007.8.3]

第833条(일부용선과 발항 전의 계약해제 등) ① 일부용선자나 송하인은 다른 용선자와

송하인 전원과 공동으로 하는 경우에 한하여 제832조의 해제 또는 해지를 할 수 있다.

② 제1항의 경우 외에는 일부용선자나 송하인이 발항 전에 계약을 해제 또는 해지한 때에도 운임의 전액을 지급하여야 한다.

③ 발항 전이라도 일부용선자나 송하인이 운송물의 전부 또는 일부를 선적한 경우에는 다른 용선자와 송하인의 동의를 받지 아니하면 계약을 해제 또는 해지하지 못한다.

[전문개정 2007.8.3]

제834조(부수비용 · 체당금 등의 지급의무) ① 용선자나 송하인이 제832조 및 제833조 제1항에 따라 계약을 해제 또는 해지를 한 때에도 부수비용과 체당금을 지급할 책임을 면하지 못한다.

② 제832조 제2항 및 제3항의 경우에는 용선자나 송하인은 제1항에 규정된 것 외에도 운송물의 가액에 따라 공동해손 또는 해난구조로 인하여 부담할 금액을 지급하여야 한다.

[전문개정 2007.8.3]

제835조(선적 · 양륙비용의 부담) 제833조 및 제834조의 경우에 운송물의 전부 또는 일부를 선적한 때에는 그 선적과 양륙의 비용은 용선자 또는 송하인이 부담한다.

[전문개정 2007.8.3]

제836조(선적기간 내의 불선적의 효과) 용선자가 선적기간 내에 운송물의 선적을 하지 아니한 때에는 계약을 해제 또는 해지한 것으로 본다.

[전문개정 2007.8.3]

제837조(발항 후의 계약해지) 발항 후에는 용선자나 송하인은 운임의 전액, 체당금 · 체선료와 공동해손 또는 해난구조의 부담액을 지급하고 그 양륙하기 위하여 생긴 손해를 배상하거나 이에 대한 상당한 담보를 제공하지 아니하면 계약을 해지하지 못한다.

[전문개정 2007.8.3]

제838조(운송물의 양륙) ① 운송물을 양륙함에 필요한 준비가 완료된 때에는 선장은 지체 없이 수하인에게 그 통지를 발송하여야 한다.

② 제829조 제2항은 운송물의 양륙기간의 계산에 준용한다.

③ 제2항의 양륙기간을 경과한 후 운송물을 양륙한 때에는 선박소유자는 상당한 보수를 청구할 수 있다.

[전문개정 2007.8.3]

제839조(선박소유자의 책임경감 금지) ① 제794조에 반하여 이 절에서 정한 선박소유자의 의무 또는 책임을 경감 또는 면제하는 당사자 사이의 특약은 효력이 없다. 운송물에 관한 보험의 이익을 선박소유자에게 양도하는 약정 또는 이와 유사한 약정도 또한 같다.

② 제799조 제2항은 제1항의 경우에 준용한다.

[전문개정 2007.8.3]

第840조(선박소유자의 채권 · 채무의 소멸) ① 선박소유자의 용선자 또는 수하인에 대한 채권 및 채무는 그 청구원인의 여하에 불구하고 선박소유자가 운송물을 인도한 날 또는 인도할 날부터 2년 이내에 재판상 청구가 없으면 소멸한다. 이 경우 제814조 제1항 단서를 준용한다.

② 제1항의 기간을 단축하는 선박소유자와 용선자의 약정은 이를 운송계약에 명시적으로 기재하지 아니하면 그 효력이 없다.

[전문개정 2007.8.3]

第841조(준용규정) ① 제134조, 제136조, 제137조, 제140조, 제793조부터 제797조까지, 제798조 제1항부터 제3항까지, 제800조, 제801조, 제803조, 제804조 제1항부터 제4항까지, 제805조부터 제808조까지와 제810조부터 제813조까지의 규정은 항해용선계약에 준용한다.

② 제1항에 따라 제806조의 운임을 계산함에 있어서 제829조 제2항의 선적기간 또는 제838조 제2항의 양륙기간이 경과한 후에 운송물을 선적 또는 양륙한 경우에는 그 기간경과 후의 선적 또는 양륙기간은 선적 또는 양륙기간에 산입하지 아니하고 제829조 제3항 및 제838조 제3항에 따라 별도로 보수를 정한다.

[전문개정 2007.8.3]

제4절 정기용선 〈개정 2007.8.3〉

第842조(정기용선계약의 의의) 정기용선계약은 선박소유자가 용선자에게 선원이 승무하고 항해장비를 갖춘 선박을 일정한 기간동안 항해에 사용하게 할 것을 약정하고 용선자가 이에 대하여 기간으로 정한 용선료를 지급하기로 약정함으로써 그 효력이 생긴다.

[전문개정 2007.8.3]

第843조(정기용선자의 선장지휘권) ① 정기용선자는 약정한 범위 안의 선박의 사용을 위하여 선장을 지휘할 권리가 있다.

② 선장 · 해원, 그 밖의 선박사용인이 정기용선자의 정당한 지시를 위반하여 정기용선자에게 손해가 발생한 경우에는 선박소유자가 이를 배상할 책임이 있다.

[전문개정 2007.8.3]

第844조(선박소유자의 운송물유치권 및 경매권) ① 제807조 제2항 및 제808조는 정기용선자가 선박소유자에게 용선료 · 체당금, 그 밖에 이와 유사한 정기용선계약에 의한 채무를 이행하지 아니하는 경우에 준용한다. 다만, 선박소유자는 정기용선자가 발행한 선하증권을 선의로 취득한 제3자에게 대항하지 못한다.

② 제1항에 따른 선박소유자의 운송물에 대한 권리는 정기용선자가 운송물에 관하여 약정한 용선료 또는 운임의 범위를 넘어서 행사하지 못한다.

[전문개정 2007.8.3]

第845조(용선료의 연체와 계약해지 등) ① 정기용선자가 용선료를 약정기일에 지급하지 아니한 때에는 선박소유자는 계약을 해제 또는 해지할 수 있다.

② 정기용선자가 제3자와 운송계약을 체결하여 운송물을 선적한 후 선박의 항해 중에 선박소유자가 제1항에 따라 계약을 해제 또는 해지한 때에는 선박소유자는 적하이해관계인에 대하여 정기용선자와 동일한 운송의무가 있다.

③ 선박소유자가 제2항에 따른 계약의 해제 또는 해지 및 운송계속의 뜻을 적하이해관계인에게 서면으로 통지를 한 때에는 선박소유자의 정기용선자에 대한 용선료·체당금, 그 밖에 이와 유사한 정기용선계약상의 채권을 담보하기 위하여 정기용선자가 적하이해관계인에 대하여 가지는 용선료 또는 운임의 채권을 목적으로 질권을 설정한 것으로 본다.

④ 제1항부터 제3항까지의 규정은 선박소유자 또는 적하이해관계인의 정기용선자에 대한 손해배상청구에 영향을 미치지 아니한다.

[전문개정 2007.8.3]

第846조(정기용선계약상의 채권의 소멸) ① 정기용선계약에 관하여 발생한 당사자 사이의 채권은 선박이 선박소유자에게 반환된 날부터 2년 이내에 재판상 청구가 없으면 소멸한다. 이 경우 제814조 제1항 단서를 준용한다.

② 제840조 제2항은 제1항의 경우에 준용한다.

[전문개정 2007.8.3]

제5절 선체용선 〈개정 2007.8.3〉

第847조(선체용선계약의 의의) ① 선체용선계약은 용선자의 관리·지배 하에 선박을 운항할 목적으로 선박소유자가 용선자에게 선박을 제공할 것을 약정하고 용선자가 이에 따른 용선료를 지급하기로 약정함으로써 그 효력이 생긴다.

② 선박소유자가 선장과 그 밖의 해원을 공급할 의무를 지는 경우에도 용선자의 관리·지배하에서 해원이 선박을 운항하는 것을 목적으로 하면 이를 선체용선계약으로 본다.

[전문개정 2007.8.3]

第848조(법적 성질) ① 선체용선계약은 그 성질에 반하지 아니하는 한 「민법」상 임대차에 관한 규정을 준용한다.

② 용선기간이 종료된 후에 용선자가 선박을 매수 또는 인수할 권리를 가지는 경우 및 금융의 담보를 목적으로 채권자를 선박소유자로 하여 선체용선계약을 체결한 경우에도 용선기간 중에는 당사자 사이에서는 이 절의 규정에 따라 권리와 의무가 있다.

[전문개정 2007.8.3]

第849조(선체용선자의 등기청구권, 등기의 효력) ① 선체용선자는 선박소유자에 대하여 선체용선등기에 협력할 것을 청구할 수 있다.

② 선체용선을 등기한 때에는 그 때부터 제3자에 대하여 효력이 생긴다.

[전문개정 2007.8.3]

第850조(선체용선과 제3자에 대한 법률관계) ① 선체용선자가 상행위나 그 밖의 영리를 목적으로 선박을 항해에 사용하는 경우에는 그 이용에 관한 사항에는 제3자에 대하여 선박소유자와 동일한 권리의무가 있다.

② 제1항의 경우에 선박의 이용에 관하여 생긴 우선특권은 선박소유자에 대하여도 그 효력이 있다. 다만, 우선특권자가 그 이용의 계약에 반함을 안 때에는 그러하지 아니하다.

[전문개정 2007.8.3]

第851조(선체용선계약상의 채권의 소멸) ① 선체용선계약에 관하여 발생한 당사자 사이의 채권은 선박이 선박소유자에게 반환된 날부터 2년 이내에 재판상 청구가 없으면 소멸한다. 이 경우 제814조 제1항 단서를 준용한다.

② 제840조 제2항은 제1항의 경우에 준용한다.

[전문개정 2007.8.3]

제6절 운송증서 〈개정 2007.8.3〉

第852조(선하증권의 발행) ① 운송인은 운송물을 수령한 후 송하인의 청구에 의하여 1통 또는 수통의 선하증권을 교부하여야 한다.

② 운송인은 운송물을 선적한 후 송하인의 청구에 의하여 1통 또는 수통의 선적선하증권을 교부하거나 제1항의 선하증권에 선적의 뜻을 표시하여야 한다.

③ 운송인은 선장 또는 그 밖의 대리인에게 선하증권의 교부 또는 제2항의 표시를 위임할 수 있다.

[전문개정 2007.8.3]

第853조(선하증권의 기재사항) ① 선하증권에는 다음 각 호의 사항을 기재하고 운송인이 기명날인 또는 서명하여야 한다.

1. 선박의 명칭 · 국적 및 톤수
2. 송하인이 서면으로 통지한 운송물의 종류, 중량 또는 용적, 포장의 종별, 개수와 기호
3. 운송물의 외관상태
4. 용선자 또는 송하인의 성명 · 상호
5. 수하인 또는 통지수령인의 성명 · 상호
6. 선적항
7. 양륙항

8. 운임
9. 발행지와 그 발행연월일
10. 수통의 선하증권을 발행한 때에는 그 수
11. 운송인의 성명 또는 상호
12. 운송인의 주된 영업소 소재지

② 제1항 제2호의 기재사항 중 운송물의 중량·용적·개수 또는 기호가 운송인이 실제로 수령한 운송물을 정확하게 표시하고 있지 아니하다고 의심할 만한 상당한 이유가 있는 때 또는 이를 확인할 적당한 방법이 없는 때에는 그 기재를 생략할 수 있다.

③ 송하인은 제1항 제2호의 기재사항이 정확함을 운송인에게 담보한 것으로 본다.

④ 운송인이 선하증권에 기재된 통지수령인에게 운송물에 관한 통지를 한 때에는 송하인 및 선하증권소지인과 그 밖의 수하인에게 통지한 것으로 본다.

[전문개정 2007.8.3]

제854조(선하증권 기재의 효력) ① 제853조 제1항에 따라 선하증권이 발행된 경우 운송인과 송하인 사이에 선하증권에 기재된 대로 개품운송계약이 체결되고 운송물을 수령 또는 선적한 것으로 추정한다.

②제1항의 선하증권을 선의로 취득한 소지인에 대하여 운송인은 선하증권에 기재된 대로 운송물을 수령 혹은 선적한 것으로 보고 선하증권에 기재된 바에 따라 운송인으로서 책임을 진다.

[전문개정 2007.8.3]

제855조(용선계약과 선하증권) ① 용선자의 청구가 있는 경우 선박소유자는 운송물을 수령한 후에 제852조 및 제853조에 따라 선하증권을 발행한다.

② 제1항에 따라 선하증권이 발행된 경우 선박소유자는 선하증권에 기재된 대로 운송물을 수령 또는 선적한 것으로 추정한다.

③ 제3자가 선의로 제1항의 선하증권을 취득한 경우 선박소유자는 제854조 제2항에 따라 운송인으로서 권리와 의무가 있다. 용선자의 청구에 따라 선박소유자가 제3자에게 선하증권을 발행한 경우에도 또한 같다.

④ 제3항의 경우에 그 제3자는 제833조부터 제835조까지 및 제837조에 따른 송하인으로 본다.

⑤ 제3항의 경우 제799조를 위반하여 운송인으로서의 의무와 책임을 감경 또는 면제하는 특약을 하지 못한다.

[전문개정 2007.8.3]

제856조(등본의 교부) 선하증권의 교부를 받은 용선자 또는 송하인은 발행자의 청구가 있는 때에는 선하증권의 등본에 기명날인 또는 서명하여 교부하여야 한다.

[전문개정 2007.8.3]

제857조(수통의 선하증권과 양륙항에 있어서의 운송물의 인도) ① 양륙항에서 수통의 선

하증권 중 1통을 소지한 자가 운송물의 인도를 청구하는 경우에도 선장은 그 인도를 거부하지 못한다.

② 제1항에 따라 수통의 선하증권 중 1통의 소지인이 운송물의 인도를 받은 때에는 다른 선하증권은 그 효력을 잃는다.

[전문개정 2007.8.3]

제858조(수통의 선하증권과 양륙항 외에서의 운송물의 인도) 양륙항 외에서는 선장은 선하증권의 각 통의 반환을 받지 아니하면 운송물을 인도하지 못한다.

[전문개정 2007.8.3]

제859조(2인 이상 소지인의 운송물인도청구와 공탁) ① 2인 이상의 선하증권소지인이 운송물의 인도를 청구한 때에는 선장은 지체 없이 운송물을 공탁하고 각 청구자에게 그 통지를 발송하여야 한다.

② 선장이 제857조 제1항에 따라 운송물의 일부를 인도한 후 다른 소지인이 운송물의 인도를 청구한 경우에도 그 인도하지 아니한 운송물에 대하여는 제1항과 같다.

[전문개정 2007.8.3]

제860조(수인의 선하증권소지인의 순위) ① 제859조에 따라 공탁한 운송물에 대하여는 수인의 선하증권소지인에게 공통되는 전 소지인으로부터 먼저 교부를 받은 증권소지인의 권리가 다른 소지인의 권리에 우선한다.

② 격지자에 대하여 발송한 선하증권은 그 발송한 때를 교부받은 때로 본다.

[전문개정 2007.8.3]

제861조(준용규정) 제129조 · 제130조 · 제132조 및 제133조는 제852조 및 제855조의 선하증권에 준용한다.

[전문개정 2007.8.3]

제862조(전자선하증권) ① 운송인은 제852조 또는 제855조의 선하증권을 발행하는 대신에 송하인 또는 용선자의 동의를 받아 법무부장관이 지정하는 등록기관에 등록을 하는 방식으로 전자선하증권을 발행할 수 있다. 이 경우 전자선하증권은 제852조 및 제855조의 선하증권과 동일한 법적 효력을 갖는다.

② 전자선하증권에는 제853조 제1항 각 호의 정보가 포함되어야 하며, 운송인이 전자서명을 하여 송신하고 용선자 또는 송하인이 이를 수신하여야 그 효력이 생긴다.

③ 전자선하증권의 권리자는 배서의 뜻을 기재한 전자문서를 작성한 다음 전자선하증권을 첨부하여 지정된 등록기관을 통하여 상대방에게 송신하는 방식으로 그 권리를 양도할 수 있다.

④ 제3항에서 정한 방식에 따라 배서의 뜻을 기재한 전자문서를 상대방이 수신하면 제852조 및 제855조의 선하증권을 배서하여 교부한 것과 동일한 효력이 있고, 제2항 및 제3항의 전자문서를 수신한 권리자는 제852조 및 제855조의 선하증권을 교부받은 소지인과 동일한 권리를 취득한다.

⑤ 전자선하증권의 등록기관의 지정요건, 발행 및 배서의 전자적인 방식, 운송물의

구체적인 수령절차와 그 밖에 필요한 사항은 대통령령으로 정한다.
[전문개정 2007.8.3]

제863조(해상화물운송장의 발행) ① 운송인은 용선자 또는 송하인의 청구가 있으면 제852조 또는 제855조의 선하증권을 발행하는 대신 해상화물운송장을 발행할 수 있다. 해상화물운송장은 당사자 사이의 합의에 따라 전자식으로도 발행할 수 있다.
② 해상화물운송장에는 해상화물운송장임을 표시하는 외에 제853조 제1항 각 호 사항을 기재하고 운송인이 기명날인 또는 서명하여야 한다.
③ 제853조 제2항 및 제4항은 해상화물운송장에 준용한다.
[전문개정 2007.8.3]

제864조(해상화물운송장의 효력) ① 제863조 제1항의 규정에 따라 해상화물운송장이 발행된 경우 운송인이 그 운송장에 기재된 대로 운송물을 수령 또는 선적한 것으로 추정한다.
② 운송인이 운송물을 인도함에 있어서 수령인이 해상화물운송장에 기재된 수하인 또는 그 대리인이라고 믿을만한 정당한 사유가 있는 때에는 수령인이 권리자가 아니라고 하더라도 운송인은 그 책임을 면한다.
[전문개정 2007.8.3]

제3장 해상위험 〈개정 2007.8.3〉

제1절 공동해손 〈개정 2007.8.3〉

제865조(공동해손의 요건) 선박과 적하의 공동위험을 면하기 위한 선장의 선박 또는 적하에 대한 처분으로 인하여 생긴 손해 또는 비용은 공동해손으로 한다.
[전문개정 2007.8.3]

제866조(공동해손의 분담) 공동해손은 그 위험을 면한 선박 또는 적하의 가액과 운임의 반액과 공동해손의 액과의 비율에 따라 각 이해관계인이 이를 분담한다.
[전문개정 2007.8.3]

제867조(공동해손분담액의 산정) 공동해손의 분담액을 정함에 있어서는 선박의 가액은 도달의 때와 곳의 가액으로 하고, 적하의 가액은 양륙의 때와 곳의 가액으로 한다. 다만, 적하에 관하여는 그 가액 중에서 멸실로 인하여 지급을 면하게 된 운임과 그 밖의 비용을 공제하여야 한다.
[전문개정 2007.8.3]

제868조(공동해손분담자의 유한책임) 제866조 및 제867조에 따라 공동해손의 분담책임이 있는 자는 선박이 도달하거나 적하를 인도한 때에 현존하는 가액의 한도에서 책임을 진다.

[전문개정 2007.8.3]

제869조(공동해손의 손해액산정) 공동해손의 액을 정함에 있어서는 선박의 가액은 도달의 때와 곳의 가액으로 하고, 적하의 가액은 양륙의 때와 곳의 가액으로 한다. 다만, 적하에 관하여는 그 손실로 인하여 지급을 면하게 된 모든 비용을 공제하여야 한다.

[전문개정 2007.8.3]

제870조(책임있는 자에 대한 구상권) 선박과 적하의 공동위험이 선박 또는 적하의 하자나 그 밖의 과실 있는 행위로 인하여 생긴 경우에는 공동해손의 분담자는 그 책임이 있는 자에 대하여 구상권을 행사할 수 있다.

[전문개정 2007.8.3]

제871조(공동해손분담제외) 선박에 비치한 무기, 선원의 급료, 선원과 여객의 식량·의류는 보존된 경우에는 그 가액을 공동해손의 분담에 산입하지 아니하고, 손실된 경우에는 그 가액을 공동해손의 액에 산입한다.

[전문개정 2007.8.3]

제872조(공동해손분담청구에서의 제외) ① 속구목록에 기재하지 아니한 속구, 선하증권이나 그 밖에 적하의 가격을 정할 수 있는 서류 없이 선적한 하물 또는 종류와 가액을 명시하지 아니한 화폐나 유가증권과 그 밖의 고가물은 보존된 경우에는 그 가액을 공동해손의 분담에 산입하고, 손실된 경우에는 그 가액을 공동해손의 액에 산입하지 아니한다.

② 갑판에 적재한 하물에 대하여도 제1항과 같다. 다만, 갑판에 선적하는 것이 관습상 허용되는 경우와 그 항해가 연안항행에 해당되는 경우에는 그러하지 아니하다.

[전문개정 2007.8.3]

제873조(적하가격의 부실기재와 공동해손) ① 선하증권이나 그 밖에 적하의 가격을 정할 수 있는 서류에 적하의 실가보다 고액을 기재한 경우에 그 하물이 보존된 때에는 그 기재액에 의하여 공동해손의 분담액을 정하고, 적하의 실가보다 저액을 기재한 경우에 그 하물이 손실된 때에는 그 기재액을 공동해손의 액으로 한다.

② 제1항은 적하의 가격에 영향을 미칠 사항에 관하여 거짓 기재를 한 경우에 준용한다.

[전문개정 2007.8.3]

제874조(공동해손인 손해의 회복) 선박소유자·용선자·송하인, 그 밖의 이해관계인이 공동해손의 액을 분담한 후 선박·속구 또는 적하의 전부나 일부가 소유자에게 복귀된 때에는 그 소유자는 공동해손의 상금으로 받은 금액에서 구조료와 일부손실로 인한 손해액을 공제하고 그 잔액을 반환하여야 한다.

[전문개정 2007.8.3]

제875조(공동해손 채권의 소멸) 공동해손으로 인하여 생긴 채권 및 제870조에 따른 구상채권은 그 계산이 종료한 날부터 1년 이내에 재판상 청구가 없으면 소멸한다. 이 경우 제814조 제1항 단서를 준용한다.

[전문개정 2007.8.3]

제2절 선박충돌 〈개정 2007.8.3〉

제876조(선박충돌에의 적용법규) ① 항해선 상호 간 또는 항해선과 내수항행선 간의 충돌이 있은 경우에 선박 또는 선박 내에 있는 물건이나 사람에 관하여 생긴 손해의 배상에 대하여는 어떠한 수면에서 충돌한 때라도 이 절의 규정을 적용한다.

② 이 절에서 "선박의 충돌"이란 2척 이상의 선박이 그 운용상 작위 또는 부작위로 선박 상호 간에 다른 선박 또는 선박 내에 있는 사람 또는 물건에 손해를 생기게 하는 것을 말하며, 직접적인 접촉의 유무를 묻지 아니한다.

[전문개정 2007.8.3]

제877조(불가항력으로 인한 충돌) 선박의 충돌이 불가항력으로 인하여 발생하거나 충돌의 원인이 명백하지 아니한 때에는 피해자는 충돌로 인한 손해의 배상을 청구하지 못한다.

[전문개정 2007.8.3]

제878조(일방의 과실로 인한 충돌) 선박의 충돌이 일방의 선원의 과실로 인하여 발생한 때에는 그 일방의 선박소유자는 피해자에 대하여 충돌로 인한 손해를 배상할 책임이 있다.

[전문개정 2007.8.3]

제879조(쌍방의 과실로 인한 충돌) ① 선박의 충돌이 쌍방의 선원의 과실로 인하여 발생한 때에는 쌍방의 과실의 경중에 따라 각 선박소유자가 손해배상의 책임을 분담한다. 이 경우 그 과실의 경중을 판정할 수 없는 때에는 손해배상의 책임을 균분하여 부담한다.

② 제1항의 경우에 제3자의 사상에 대한 손해배상은 쌍방의 선박소유자가 연대하여 그 책임을 진다.

[전문개정 2007.8.3]

제880조(도선사의 과실로 인한 충돌) 선박의 충돌이 도선사의 과실로 인하여 발생한 경우에도 선박소유자는 제878조 및 제879조를 준용하여 손해를 배상할 책임이 있다.

[전문개정 2007.8.3]

제881조(선박충돌채권의 소멸) 선박의 충돌로 인하여 생긴 손해배상의 청구권은 그 충돌이 있은 날부터 2년 이내에 재판상 청구가 없으면 소멸한다. 이 경우 제814조 제1항 단서를 준용한다.

[전문개정 2007.8.3]

제 3 절 해난구조 〈개정 2007.8.3〉

제882조(해난구조의 요건) 항해선 또는 그 적하 그 밖의 물건이 어떠한 수면에서 위난에 조우한 경우에 의무 없이 이를 구조한 자는 그 결과에 대하여 상당한 보수를 청구할 수 있다. 항해선과 내수항행선 간의 구조의 경우에도 또한 같다.

[전문개정 2007.8.3]

제883조(보수의 결정) 구조의 보수에 관한 약정이 없는 경우에 그 액에 대하여 당사자 사이에 합의가 성립하지 아니한 때에는 법원은 당사자의 청구에 의하여 구조된 선박·재산의 가액, 위난의 정도, 구조자의 노력과 비용, 구조자나 그 장비가 조우했던 위험의 정도, 구조의 효과, 환경손해방지를 위한 노력, 그 밖의 제반사정을 참작하여 그 액을 정한다.

[전문개정 2007.8.3]

제884조(보수의 한도) ① 구조의 보수액은 다른 약정이 없으면 구조된 목적물의 가액을 초과하지 못한다.

② 선순위의 우선특권이 있는 때에는 구조의 보수액은 그 우선특권자의 채권액을 공제한 잔액을 초과하지 못한다.

[전문개정 2007.8.3]

제885조(환경손해방지작업에 대한 특별보상) ① 선박 또는 그 적하로 인하여 환경손해가 발생할 우려가 있는 경우에 손해의 경감 또는 방지의 효과를 수반하는 구조작업에 종사한 구조자는 구조의 성공 여부 및 제884조와 상관없이 구조에 소요된 비용을 특별보상으로 청구할 수 있다.

② 제1항에서 "비용"이란 구조작업에 실제로 지출한 합리적인 비용 및 사용된 장비와 인원에 대한 정당한 보수를 말한다.

③ 구조자는 발생할 환경손해가 구조작업으로 인하여 실제로 감경 또는 방지된 때에는 보상의 증액을 청구할 수 있고, 법원은 제883조의 사정을 참작하여 증액 여부 및 그 금액을 정한다. 이 경우 증액된다 하더라도 구조료는 제1항의 비용의 배액을 초과할 수 없다.

④ 구조자의 고의 또는 과실로 인하여 손해의 감경 또는 방지에 지장을 가져 온 경우 법원은 제1항 및 제3항에서 정한 금액을 감액 혹은 부인할 수 있다.

⑤ 하나의 구조작업을 시행한 구조자가 제1항부터 제4항까지의 규정에서 정한 특별보상을 청구하는 것 외에 제882조에서 정한 보수도 청구할 수 있는 경우 그 중 큰 금액을 구조료로 청구할 수 있다.

[전문개정 2007.8.3]

제886조(구조료의 지급의무) 선박소유자와 그 밖에 구조된 재산의 권리자는 그 구조된 선박 또는 재산의 가액에 비례하여 구조에 대한 보수를 지급하고 특별보상을 하는 등 구조료를 지급할 의무가 있다.

[전문개정 2007.8.3]

제887조(구조에 관한 약정) ① 당사자가 미리 구조계약을 하고 그 계약에 따라 구조가 이루어진 경우에도 그 성질에 반하지 아니하는 한 구조계약에서 정하지 아니한 사항은 이 절에서 정한 바에 따른다.

② 해난 당시에 구조료의 금액에 대하여 약정을 한 경우에도 그 금액이 현저하게 부당한 때에는 법원은 제883조의 사정을 참작하여 그 금액을 증감할 수 있다.

[전문개정 2007.8.3]

제888조(공동구조자 간의 구조료 분배) ① 수인이 공동으로 구조에 종사한 경우에 그 구조료의 분배비율에 관하여는 제883조를 준용한다.

② 인명의 구조에 종사한 자도 제1항에 따라 구조료의 분배를 받을 수 있다.

[전문개정 2007.8.3]

제889조(1선박 내부의 구조료 분배) ① 선박이 구조에 종사하여 그 구조료를 받은 경우에는 먼저 선박의 손해액과 구조에 들어간 비용을 선박소유자에게 지급하고 잔액을 절반하여 선장과 해원에게 지급하여야 한다.

② 제1항에 따라 해원에게 지급할 구조료의 분배는 선장이 각 해원의 노력, 그 효과와 사정을 참작하여 그 항해의 종료 전에 분배안을 작성하여 해원에게 고시하여야 한다.

[전문개정 2007.8.3]

제890조(예선의 구조의 경우) 예선의 본선 또는 그 적하에 대한 구조에 관하여는 예선계약의 이행으로 볼 수 없는 특수한 노력을 제공한 경우가 아니면 구조료를 청구하지 못한다.

[전문개정 2007.8.3]

제891조(동일소유자에 속한 선박 간의 보수) 동일소유자에 속한 선박의 상호 간에 있어서도 구조에 종사한 자는 상당한 구조료를 청구할 수 있다.

[전문개정 2007.8.3]

제892조(구조료청구권 없는 자) 다음 각 호에 해당하는 자는 구조료를 청구하지 못한다.

1. 구조받은 선박에 종사하는 자
2. 고의 또는 과실로 인하여 해난사고를 야기한 자
3. 정당한 거부에도 불구하고 구조를 강행한 자
4. 구조된 물건을 은닉하거나 정당한 사유 없이 처분한 자

[전문개정 2007.8.3]

제893조(구조자의 우선특권) ① 구조에 종사한 자의 구조료채권은 구조된 적하에 대하여 우선특권이 있다. 다만, 채무자가 그 적하를 제3취득자에게 인도한 후에는 그 적하에 대하여 이 권리를 행사하지 못한다.

② 제1항의 우선특권에는 그 성질에 반하지 아니하는 한 제777조의 우선특권에 관한 규정을 준용한다.

[전문개정 2007.8.3]

제894조(구조료지급에 관한 선장의 권한) ① 선장은 구조료를 지급할 채무자에 갈음하여 그 지급에 관한 재판상 또는 재판 외의 모든 행위를 할 권한이 있다.

② 선장은 그 구조료에 관한 소송의 당사자가 될 수 있고, 그 확정판결은 구조료의 채무자에 대하여도 효력이 있다.

[전문개정 2007.8.3]

제895조(구조료청구권의 소멸) 구조료청구권은 구조가 완료된 날부터 2년 이내에 재판상 청구가 없으면 소멸한다. 이 경우 제814조 제1항 단서를 준용한다.

[전문개정 2007.8.3]

참고서적 및 인용약어표

Ⅰ. 참고문헌

1. 한 국 서

저 자	서 명	발행년도	인용약어
곽윤직	채권각론	2007	곽윤직
곽윤직	채권총론	2007	곽윤직
국회 법제 사법위원회	상법 일부개정안 심사보고서	2007	
김인현	해상법(2판)	2007	김인현
박용섭	해상법론	1998	박용섭
법무부	상법개정특별분과위원회 회의록(해상편)	2006	법무부
법원행정처	법원실무제요 강제집행(하)	1993	법무부
서돈각 · 정완용	상법강의(하)	1996	서 · 정
서헌제	국제거래법(4판)	2006	서헌(국제)
______	콘테이너복합운송의 책임법리	1986	서헌제
______	사례중심체계 상법강의(상)(2판)	2003	서헌제(상)
______	사례중심체계 상법강의(하)(2판)	2005	서헌제(하)
손주찬	상법(하)	2005	손주찬
송상현	민사소송법(신정 2판)	1999	송상현
송상현 · 박인환	민사소송법(신정 5판)	2008	송 · 박
송상현 · 김현	해상법원론(3판)	2005	송 · 김
심재두	해상운송법	1997	심재두
양승규 · 박길준	상법요론(제 3 판)	1993	양 · 박
엄윤대	신체계 선하증권론	2006	엄윤대
여성구	1994년 요크-안트워프규칙의	1998	여성구
	해설	1998	여성구

이균성	신체계해상법강론	1988	이균성
이기수 · 최병규 · 김인현	보험법 · 해상법	2006	이기수
이주흥	해상운송법	1992	이주흥
임동철	해상법 · 국제운송법연구	1990	임동철
임홍근	상법(총칙 · 상행위)	2001	임홍근
정희철	상법학(하)	1990	정희철
정찬형	상법강의(하) 제10판	2008	정찬형
정해덕	국제해상소송 · 중재	2007	정해덕
채이식	상법강의(하)	2003	채이식
최기원	상법학신론(하)	2005	최기원
한국해사문제 연구소	용선계약과 해상물건운송계약	1996	
해양수산부 · 해양경찰청	런던협약 '72 및 '96의정서 해설	2006	
해운항만청	국제해사기구 유해 · 위험물질	1996	

2. 일 본 서

郭倖碤	海上保險代位の研究	1990	서울: 정흥문화사
落合誠一	運送責任の基礎理論	1979	東京: 弘文堂
稻葉威雄 · 寺田逸郎	船舶の所有者等の責任の制限に關する法律の解說	1989	東京: 法曹會
保險每日新聞社	貨物保險の查定實務	1986	東京: 保險每日新聞社
________	船舶保險の查定實務	1986	東京: 保險每日新聞社
小島 孝	商法(保險 · 海商)判例百選	1977	東京: 有裴閣
阿部士郎	海事判例百選	1973	東京: 有裴閣
鈴木忠葉一 · 三ケ月章	注解民事執行法(4)	1985	第一法規
原茂太一	堪航能力擔保義務論	1983	東京: 千倉書房
田村諄之輔 · 平出慶道 編	保險法 · 海商法	1992	東京: 青林書院
中村眞澄	海商法	1990	東京: 成文堂
戶田修三	海商法	1990	東京: 文眞堂

3. 서 양 서

Aikens, R., Bools, M., and Lord, R.	Bills of Lading	2006	
Alderton, P. ed	Port Management and Operations(2d ed.)	2005	
Ambrose, C. and Maxwell. K.	London Maritime Arbitration(2d ed.)		
Bell, M., Bichou, K., and Evans, A.	Risk Management in Port Operations, Logistics and Supply Chain Security	2007	
Berlingieri, F.	Arrest of Ships(4th ed.)	2006	
Boland, C.	Reinsurance London Market Practice	2000	
Brice, G.	Maritime Law of Salvage(3d ed.)	1996	Brice(3d)
Brodie, P.	Commercial Shipping Handbook(2d ed.)	2006	
	Dictionary of Shipping Terms(4th ed.)	2003	
Bundock, M.	Shipping Law Handbook(4th ed.)	2007	
Cato, D.	Arbitration Practice and Procedure : Interlocutory and Hearing Problems(3d ed.)	2002	
Clarke, M.	The Law of Insurance Contracts(5th ed.)	2006	
Clarke, M. and Yates, D.	Contracts of Carriage by Land and Air	2004	
Coles, R. and Ready, N. Taylor, A., Kimball, J., Martowski, D., and Lambert, L.	Ship Registration : Law & Practice	2007	Cooke(3d)
Cox, R., Merrett, L., and Smith, M.	Private International Law of Reinsurance and Insurance	2006	
Davies, D.	Commencement of Laytime(4th ed.)	2006	
Davis, M.	Bareboat Charters(2d ed.)	2005	
De La Rue, C., Anderson, C., and Marion, M.	Shipping and the Environment(2d ed.)	2007	
Fogarty, A.	Merchant Shipping Legislation(2d ed.)	2004	
Force, R. Yiannopoulos, A.N., and Davies, M.	Admiralty and Maritime Law	2006	
Glass, D.	Freight Forwarding and Multimodal Transport Contracts	2004	

Glass, D., Todd, P., and Clarke, M.	Standard Form Contracts for the Carriage of Goods	2000
Golderin, I., Turner, P., and Hannaford, M.	Ship sale and Purchase(5th ed.)	2007
Gorton, L., Sandevarn, A., and Hillenius, P.	Shipbroking and Chartering Practice(6th ed)	2004
Griggs, P., Williams, R., and J. Farr	Limitation of Liability for Maritime Claims (4th ed.)	2005
Hazelwood, S	P & I Clubs : Law and Practice(3d ed.)	2000
Hodges, S.	Law of Marine Insurance	2001
Horn, B. and Hopkins, R.	Arbitration Law Handbook	2007
Institute of Maritime Law, University of Southamton	The Ratification of Maritime Conventions	2005
Lees, G. and Williamson, W.	Handbook for Marine Radio Communication (4th ed.)	2004
Lucas, L., McLean, J., and Green, P.	Reinsurance Management	2000
Meeson, N.	Admiralty Jurisdication and Practice(3d ed.)	2003
Merkin, R.	Arbitation Act 1996(3d ed.)	2005
________	Marine Insurance Legislation(3d ed.)	2005
Michel, K.	War, Terror and Carriage by Sea	2004
Miller, M.	Marine War Risks(3d ed.)	2005
Phillips, N. and Craig, N.	Merchant Shipping Act 1995 : An Annotated Guide 1996(2d ed.)	2001
Richardson, J.	Combined Transport Documents : A Handbook of Contracts for the Combinned Transport Industry	2000
Riley, K.	The Nuts and Bolts of Reinsurance	2000
Rose, F.	General Average : Law and Practice(2d ed.)	2005
________	International Maritime and Commercial Law Yearbook	2002
________	Lex Mercatoria : Essays on International Commercial Law in Honour of Francis Reynolds	2000

Rose, F.	Marine Insurance : Law and Practice	2004	
Smith, P.	Ship Arrest Handbook(2d ed.)	2005	
Tetley, W.	Marine Cargo Claims(4th ed.)	2007	Tetley(4th)
Thomas, D.	Legal Issues Relalting to the Charterparties	2008	
________	Liability Regimes in Contemporary Maritime Law	2007	
________	Marine Insurance-The Law in Transition	2006	
________	Modern Law of Marine Insurance	2002	
Todd, P.	Maritime Fraud	2003	
Wilford, M., Coghlin, T., and Kimball, J.	Time Charters(5th ed.)	2003	Wilford(5th)
Willingalc, M.	Ship Managcmcnt(4th cd.)	2005	
Wilson, J.	Carriage of Goods by Sea(4th ed.)	2001	

Ⅱ. 법령약어(가나다순)

(국 사) ································ 국제사법(법 6465호, 개정: 2001.4.7)
(도 선) ································ 도선법(법 9443호, 개정: 2009.2.6.)
(민) ·· 민법(법 9650호, 개정: 2009.5.8.)
(민 소) ································ 민사소송법(법 9171호, 개정: 2008.12.26)
(민 집) ································ 민사집행법(법 8622호, 개정: 2007.8.3)
(상) ·· 상법(법 9746호, 개정: 2009.5.28)
*괄호 안에 숫자만 표시한 법령은 모두 상법 조문 번호임.
(선 등) ································ 선박등기법(법 5972호, 개정: 1999.4.15)
(선 박) ································ 선박법(법 9007호, 개정: 2008.3.28)
(선 박 시) ···························· 선박법시행령(대통통령 20722, 개정: 2008.2.29)
(선 안) ································ 선박안전법(법9446호, 개정: 2009.2.6)
(선 안 시) ···························· 선바안전법시행령(대통령령 20722호, 개정: 2008.2.29)
(선 원) ································ 선원법(법 9447호, 개정: 2009.2.6)
(선 원 시) ···························· 선원법시행령(법 21530호, 개정: 2009.6.9)
(선 직) ································ 선박직원법(법 8852호, 개정: 2008.2.29)
(수 구) ································ 수난구호법(법 8852호, 개정: 2008.2.29)
(영 해 보) ···························· 영국해상보험법(The Marine Insurance Act 1906)

(원 자 배) ······························ 원자력손해배상법(법 8852호, 개정: 2008.2.29)
(제한절차) ······························ 선박소유자 등의 책임제한절차에 관한 법률 (법 8581호, 개정: 2007.8.3)
(U.C.C.) ································· Uniform Commercial Code(미국통일상법전)

Ⅲ. 판결·결정약어

(대 판) ······························ 대법원판결
(대 결) ······························ 대법원결정
(○○고판) ······························ ○○고등법원판결
(○○(민)지판) ························ ○○(민사)지방법원판결
(일최고판) ······························ 일본최고재판소판결
(일 대 판) ······························ 일본대심원판결
(일○○고판) ··························· 일본○○고등재판소판결
(일○○지판) ··························· 일본○○지방재판소판결
(BGH) ···································· 독일의 Bundesgerichtshof 판결
(RG) ······································· 독일의 Reichsgerichtshof 판결

판례색인

사항색인

[ㅈ]

[공저자약력]

서 헌 제
서울대학교 법과대학 졸업
서울대학교 대학원 법학석사 및 법학박사
미국 U. of Washington, UC Berkeley 연구교수
중앙대학교 법과대학장 · 행정대학원장 역임
[현] 중앙대학교 법학전문대학원 교수(e-mail : suhhunje@cau.ac.kr)
외교통상부 · 공정거래위원회 · 법무부 자문위원
대한상사중재원 중재인, 외무고시 · 사법시험 · 공인회계사 · 세무사 시험위원

[주요저서]
「컨테이너 복합운송인의 책임법리」(삼지원), 1986
「통상문제와 법」(제 2 판, 율곡출판사), 1995
「공정거래법심결례 100선」(공저, 법문사), 1996
「대외통상환경변화와 법제개편」(집문당), 1996
「국제경제법」(제 2 판, 율곡출판사), 1998
「사례중심체계 어음 · 수표법」(제 2 판, 법문사), 2000
「사례중심체계 회사법」(법문사), 2000
「국제거래법」(제 4 판, 법문사), 2007
「사례중심체계 상법강의(상)」(법문사), 2003
「사례중심체계 상법강의(하)」(법문사), 2005
「상법의 이해」(율곡출판사), 2001
「캐나다와 영국의 문화정책 및 법제에 관한 연구」(한국법제연구원), 2006
「도난 · 불법반출문화재에 관한 법리적 연구」(한국법제연구원), 2007

김 현
서울대학교 법과대학 및 대학원 졸업
미국 코넬대학교 법학석사
미국 워싱턴대학교 법학석사 · 박사
행정고시 24회 2차 및 사법시험 25회 합격
미국 뉴욕주 변호사
미국 보글앤드게이츠 법률회사
런던국제중재재판소 · 대한상사중재원 중재인
사법연수원 · 인하대 외래교수
국토해양부 · 교육과학기술부 법률고문
[현] 법무법인 세창 대표변호사
서울지방변호사회 회장

정 재 곤

전남대학교 경영대학 졸업

부산대학교 대학원 법학석사

중앙대학교 대학원 법학박사

중앙대학교 연구교수 역임

[현] 중앙대학교 글로벌인적자원개발대학원 강사

(e-mail : jg1128@yahoo.co.kr)

[주요저서]

「법정관리비리실태」(경실련 경제정의연구소), 2001

「선거혁명 국민대토론」(공명선거실천시민운동협의회), 2002

「상법의 쟁점」(태학관법정연구회), 2004

「게임경영법률」(게임산업개발연구원), 2005

「상법의 이해」(공저, 제 2 판, 회경사), 2006

「국제거래법」(공저, 법문사), 2007

「베트남 토지법제에 관한 연구-외국인투자를 중심으로-」(공저, 아시아법연구소), 2007

해상물품운송계약론

2009年 2月 20日 初版印刷

2009年 2月 25日 初版發行

共著者 서헌제 · 김 현 · 정재곤

發行人 安 鍾 萬

發行處 (株)博 英 社

서울特別市 鍾路區 平洞 13-31番地

電話 (733)6771 FAX (736)4818

登錄 1959. 3. 11. 제300-1959-1호(倫)

www.pakyoungsa.co.kr e-mail: pys@pakyoungsa.co.kr

定 價 35,000원 ISBN 978-89-7189-715-7